지도 작업 조고은

FREEDOM AND ORGANIZATION

BERTRAND RUSSELL

일러두기
― 본문의 인명과 지명은 국립국어원 외래어표기법을 따랐습니다.
― 본문 중 괄호는 모두 저자의 글이며, 출판사가 부연설명한 부분은 대괄호로 표시했습니다.
― 원서의 미주 중 본문 내용과 관련된 주석은 각주로 달고, [원주]로 표시했습니다. 그 외
의 각주는 역주입니다.
― 각 부 '시대적 배경'과 본문의 소제목은 원서에는 없는 내용으로 한국 독자의 이해를 돕
기 위해 출판사에서 편집한 내용입니다.

01

정통성의 원칙

보나파르트의 몰락에 대한 어느 공화주의자의 감상

⋯⋯나는 너무 늦게 깨달았다,
너와 프랑스가 먼지 속에 내팽개쳐졌기에 무력이나 기만보다
미덕에 영원한 적이 더 많다는 것을, 해묵은 관습, 합법적 범죄,
시간의 가장 추악한 자식인 빌어먹을 신앙이라는 적이 있다는 것을.

—셸리

시대적 배경

유럽의 정치질서

동아시아에서는 민족과 나라의 경계가 대체로 일치해서 분열기와 통일기가 반복됐다. 이와 달리 유럽은 민족과 나라의 경계가 일치하지 않았고, 귀족들이 옛날부터 다른 나라 가문과 혼인하는 것이 일반적이었다. 그래서 유럽 귀족들은 같은 민족인 백성들보다는 혼인으로 연결된 다른 나라의 귀족과 더 큰 동질감을 느꼈다. 국제정세 역시 서로 간의 견제, 다른 나라들의 이합집산으로 힘의 균형이 유지되었고, 강대국끼리 견제하는 과정에서 약소국 역시 생존과 이익을 도모할 수 있었다. 귀족 간의 동질감과 각국의 세력균형을 바탕으로 18세기 유럽의 정치질서는 상대국가를 없애거나 파괴하는 것이 아니라 세력 확장이 주된 목표가 되었다.

18세기에는 네덜란드와 스웨덴이 쇠퇴하고 러시아와 프로이센이 새롭게 성장했다. 이에 따라 기존 강국이었던 영국, 프랑스, 오스트리아에 러시아, 프로이센까지 다섯 나라가 유럽의 5대 열강으로 각축을 벌이기 시작했다.

프랑스혁명

미국 독립전쟁을 지원하다 재정난에 직면한 루이 16세는 귀족 신분에게 세금을 부과하기 위해 1789년 평민, 귀족, 성직자로 구성된 삼부회를 소집했다. 삼부회에서 평민 대표들은 성직자와 귀족의 특권을 폐지하고 평등한 과세를 주장했지만 관철되지 않자 국민회의를 선포했다. 당황한 정부가 군대를 동원했으나 이에 대항하여 파리 시민들이 봉기하면서 프랑스혁명이 일어났다.

권력을 장악한 혁명세력은 초기에는 입헌군주제를 추구했지만 루이 16세가 국외로 탈출하려다 실패하는 사건이 일어나고 다른 나라들이 대프랑스동맹을 결성하면서 강경파가 주도권을 잡는다. 루이 16세와 왕비 마리 앙투아네트가 처형되는 등 로베스피에르의 공포정치가 자행되었다. 얼마 안 가 공포정치는 막을 내렸지만 이후에도 정국은 안정을 찾지 못하고 정치 불안, 왕당파의 반란, 대프랑스동맹의 침입으로 혼란을 거듭하다 1799년 나폴레옹의 쿠데타로 막을 내리게 되었다.

나폴레옹의 등장과 몰락

프랑스 정국이 혼란스러워지면서 군대의 영향력이 커졌다. 마침내 뛰어난 전공으로 명성이 높던 나폴레옹이 쿠데타를 일으켜 정권을 잡는 데 성공한다. 나폴레옹은 기존의 세력균형 원리로 대표되던 유럽의 정치질서를 전복시키며 유럽전역을 정복해나갔다. 그러나 영국 침공에는 실패하고 대신 영국과의 모든 교역을 금지하는 대륙봉쇄령을 선포한다. 러시아가 대륙봉쇄령을 어기자 나폴레옹은 1812년 65만 대군을 동원해 러시아 원정에 나섰다. 하지만 유행병과 혹독한 추위에 시달린 원정군은 수도인 모스크바를 점령하고도 결국 아무런 성과 없이 퇴각한다. 러시아 원정으로 심각한 손실을 본 나폴레옹은 다시 결성된 대프랑스 동맹에 패배한 뒤 엘바 섬으로 유배당했다. 1814년 나폴레옹은 엘바 섬을 탈출해서 재기를 노리지만 워털루 전투에서 패배하면서 백일천하에 그치게 된다.

나폴레옹의 유산과 빈 회의

나폴레옹은 프랑스혁명을 통해 성장하였지만 스스로 황제 자리에 올라 프랑스혁명의 유산을 부정한 셈이 되었다. 그러나 한편으로 계속되는 혼란을 종식시키고 구체제와는 본질적으로 다른 시민적 평등을 바탕으로 한 근대국가로의 개혁을 추진하였다. 이를 통해 프랑스혁명의 사회적 성과가 보존될 수 있었고, 군사 정복을 통해 전 유럽에 프랑스혁명의 이념을 퍼뜨리며 자유주의와 민족주의의 불씨를 불어넣었다.

나폴레옹이라는 거인이 사라진 빈자리를 새로운 질서로 다시 짜기 위해 오스트리아의 빈으로 열강의 권력자들이 속속 모여들기 시작했다. 오스트리아의 메테르니히, 러시아의 알렉산드르 1세, 영국의 캐슬레이, 프랑스의 탈레랑이 그 주인공이었다.

01
나폴레옹의 후계자들

고통과 희망이 만났을 때 이상주의가 탄생한다. 따라서 이상주의는 불행한 시대의 종식이 눈에 보일 듯 가까워질 때 최고조에 달한다. 거대한 전쟁의 끝에서 사람들은 승리자 중에서 이 이상주의의 수호자가 되어줄 만한 인물에게 모든 희망을 걸게 마련이다. 나폴레옹이 몰락한 후 대중은 환호와 함께 이 역할을 러시아의 알렉산드르 1세에게 맡겼고, 그는 선뜻 받아들였다. 이쯤에서 윤리적 우위를 놓고 차르 알렉산드르의 경쟁자들이 도덕적으로 그리 대단할 게 없었다는 사실을 언급해야 할 것 같다. 군주로는 오스트리아의 프란츠 2세, 프로이센의 프리드리히 빌헬름 3세, 당시 영국의 섭정 왕세자였던 조지 4세, 프랑스의 루이 18세가 있었고, 정치가로는 메테르니히, 캐슬레이, 탈레랑이 있었다.

차르의 미약한 동료 군주들

이 가운데 프란츠 2세는 신성로마제국의 마지막 황제였다. 이 칭호는 샤를마뉴 대제로부터 프란츠한테까지 대대로 내려왔는데, 자신이야말로 야만족 정복자의 진정한 적자라고 믿은 나폴레옹에 의해 박탈당하고 말았다. 프란츠는 나폴레옹에게 늘 패배를 당하다 못해 결국에는 이 "코르시카 출신 벼락출세자"가 오스트리아를 상대로 전쟁에 나서는 버릇이 없어지기를 바라며 자기 딸 마리 루이즈를 아내로 주었다. 1812년 러시아 원정의 참패 이후 나폴레옹이 더 이상 무적으로 보이지 않기 시작했을 때, 프란츠는 주요 군주 가운데 가장 늦게 대프랑스동맹에 가담했다. 분쟁의 시기 내내 오스트리아는 나폴레옹이 제시하는 어느 거래에서든 기꺼이 제 잇속만 챙겼다. 또 영웅주의보다는 편의주의를 겨냥한 정책을 추구한 결과, 오스트리아 군대는 규모가 컸음에도 1813년과 1814년의 전쟁에서 프로이센 군대보다도 활약이 미미했다. 사실 이 정책은 프란츠가 아니라 그의 대신 메테르니히 탓이었다. 젊은 나이에 황제 밑에서 일하게 된 메테르니히는 그의 주인에게 모든 변화가 달갑지 않다는 사실을 마음에 새겼고, 곧 외교를 책임지게 되었다. 외부 책임에서 벗어나자 프란츠는 제국의 내정을 다스리는 더 마음에 맞는 일에 맘껏 집중할 수 있었다. 오스트리아는 사법체계가 워낙 중앙집권화되어 있어서 아주 사소한 기소 내용의 세부사항까지도 프란츠의 눈에 띄었다. 그러한 사안들에 취미를 붙인 그는 심지어 사법 집행과정에까지 관심을 갖게 되었다. 그는 좀처럼 판결을 바꾸지 않았고, 왕으로서 결코 사면을 베풀지 않았다. 프란츠는 가장 가까운 사람들에게도 아무런 애정을 불러일으키지 않았으며 외부세계에는 사실상 알려지지 않았다.

프리드리히 빌헬름은 그의 병사들이 혁혁한 공을 세웠음에도 프란츠 2세보다 더 인간적인 존경을 얻지 못했다. 1805년 오스트리아가 나폴레옹에게 난타당하는 동안 프로이센은 오락가락하는 관망자였고, 이듬해 예나 전투*에서 참패를 당함으로써 프리드리히 대왕에서 시작된 프로이센의 모든 위신은 하루아침에 온데간데없이 사라져버렸다. 딱한 왕은 프로이센 동쪽 끄트머리로 피신해야 했고, 1807년 알렉산드르와 나폴레옹이 틸지트에서 화평을 논의할 때 아름다운 왕비를 보내 두 황제에게 선처를 호소했다. 나폴레옹은 흔들리지 않았지만 정중한 알렉산드르는 곤경에 처한 미인의 보호자를 자처하고 싶어 했다. 나폴레옹은 알렉산드르의 소망을 존중하는 차원에서 프리드리히가 프로이센 왕국의 일부를 보유하는 것을 허락했다. 알렉산드르에 대한 프리드리히의 감사의 마음은 진심이었고 오래갔지만, 우유부단한 성정 탓에 프리드리히는 마지막까지도 신뢰할 수 없는 인물이었다. 그는 심지어 가장 가까운 사람들에게도 경멸당했다.

조지 3세는 아메리카 식민지를 잃고 당시 수상이었던 윌리엄 피트의 가톨릭 해방령† 도입에 반대한 후 뒤늦게 정신 이상 판정을 받았지만 여전히 영국의 국왕 자리를 유지했다. 그러나 실질적인 국왕 역할은 후에 조지 4세가 되는 섭정 왕세자가 수행했다. 섭정 왕세자는 비만을 몹시 부끄러워하면서도 너무 욕심이 많아 비만을

---

* 프랑스군과 프로이센군이 격돌한 전투로, 이 전투에서 프로이센군이 괴멸당하면서 나폴레옹이 사실상 독일 전역에 대한 지배권을 확립했다.

† 가톨릭교도가 공직에 취임할 수 있게 하여 가톨릭에 대한 차별을 철폐하는 정책.

고치려는 시도를 전혀 하지 않는, 나이 지긋한 멋쟁이였다. 그는 정치적으로는 가장 반동적인 것 일체를 대변했고, 사적으로는 가장 야비한 것 일체를 대변했다. 아내에 대한 왕세자의 태도가 어찌나 치졸했던지 그가 런던 거리에 모습을 드러낼 때면 야유가 들릴 정도였다. 궁정의 사람들은 점차 그의 행동거지에 적응하게 되었지만 외국의 귀부인들은 도저히 참을 수 없었다. 지금까지 알려진 바에 따르면 그는 평생토록 단 한 명의 인간으로부터도 존경을 얻는 데 실패했다.

유럽이 힘을 합쳐 선조의 왕좌에 복귀시켜 준, 그리고 어떤 의미에서는 22년간의 전쟁이 그를 위해서 치러졌다고까지 할 수 있는 루이 18세는 단점이 거의 없었지만, 장점은 더 없었다. 늙고 뚱뚱하고 통풍에 걸린 그는 사반세기 전 젊은 시절 떠난 고국에서 사실상 이방인이었다. 약삭빠른 구석이 없지 않았지만 친구들 대부분보다는 선량했다. 그러나 루이 18세는 자신이 복위할 수 있는 유일한 방법이었던 조국의 패배를 바라며 프랑스의 적들 사이에서 망명 시절을 보냈다. 그의 측근들은 혁명을 피해 도망친 제후와 귀족들이었는데, 이들은 국민공회와 나폴레옹이 창조한 프랑스에 대해 아무것도 몰랐다. 외적들의 피후견인으로서 그는 자신의 나라에서 도저히 존경받을 수 없었다. 외국 정부들은 루이 18세의 허약함에서 나폴레옹의 강력함이 앗아갔던 바로 그 안정에 대한 희망을 보았기에 그를 왕위에 앉혔다.

유럽의 결정권자, 오스트리아의 메테르니히

이런 인물들이 대중의 지지를 놓고 알렉산드르와 경쟁했던 군주들이다. 정치가 중에서 그와 경쟁했던 이들은 일반적으로 더 유능했지만 열광적 지지를 끌어낼 만한 인물들은 아니었다. 그 가운데 대평화의 시기 전체를 통틀어 가장 강력했던 사람은 오스트리아의 지배자인 메테르니히였다. 그는 자신의 정책이 불가피하게 초래한 1848년의 혁명으로 실각할 때까지 유럽의 결정권자나 다름없었다. 1814년부터 1848년까지 전 시기에 걸쳐 그는 반동의 도구이자 자유주의자들의 근심거리, 혁명가들에게는 공포의 대상이었다. 그의 근본적인 정치 원리는 단순했다. 권력자들은 신이 정한 사람들이며, 따라서 이 체제는 신성모독죄라는 위협으로 뒷받침되어야 한다는 것이다. 더욱이 그 자신이 이러한 권력자들의 우두머리였기 때문에 그에게 이 정치 원리는 너무도 자명해 보였다.

1773년 라인란트의 유서 깊은 귀족 가문에서 태어난 메테르니히는 18세기와 19세기를 잇는 유형을 대표한다. 그의 아버지는 프랑스 혁명군의 독일 침공으로 영지의 많은 부분을 잃었고, 이러한 저간의 사정은 혁명에 대한 메테르니히의 애정을 키우는 데 도움이 되지 않았다. 그의 아버지가 딱히 두드러지지는 않았지만 칭찬할 만한 경력을 쌓았던 오스트리아 외교부는 젊은 메테르니히에게 당연한 직업이었다. 그의 장래는 7년전쟁 시기에 프랑스 – 오스트리아 동맹을 이끌어낸 유명한 카우니츠의 부유한 손녀와 결혼함으로써 밝아졌다. 메테르니히는 단 한 순간도 독일 민족주의에 공감하지 않았으며 다른 어떤 민족주의에도 공감하지 않았다. 그에게 국가는 군주의 개인적 영지일 뿐이었고, 결속을 위한 다른 어떤 원칙도 필요하지 않았다. 서독일은 전통적으로 친親프랑스적이었고 독일인, 마자르인, 슬라브인, 이탈리아인을 포함한 영토를 다스리는 오스트리아는 19세기 내내 민족주의의 주적이었다. 이런 측면에서 메테르니히는 오스트리아처럼 혁명 이전 시대의 전통을 계속 이어갔다. 이 점은 교회에 대한 태도에서도 마찬가지인데, 메테르니히는 비록 독실한 가톨릭교도이기는 했으나 교황의 세속적 기능에 대해서는 딱히 존중하지 않았고, 정치적으로는 종종 반反교권적이었다.

그러나 메테르니히의 성격 중에는 그를 빅토리아 시대 사람으로 여기게 할 만한 다른 특징들도 있었다(그가 죽었을 때 빅토리아 여왕은 재위 22년째였다). 자만심은 어느 한 시대만의 특유한 성질이 아니지만, 메테르니히 특유의 거만하고 점잔 빼는 태도는 나폴레옹 시기와 1차 세계대전 사이의 시대에 속한다. 우리가 그의 회상록을 믿는다면, 그는 전혀 야심이 없었으며 오로지 의무감과 다른 이들에게는 자신과 같은 능력이 결여되어 있다는 고통스러운 깨달음 때문에 공직에 머물렀다. 그는 자신의 도덕적 위대함을 너무 확신하여 그 점이 타인들에게도 똑같이 명백할 것이라고 여겼다. 1813년 후반, 형세를 관망하다 마침내 프랑스와 러시아 사이에서의 이중 게임을 접은 메테르니히는 딸에게 이렇게 썼다. "나는 나폴레옹이 나에 대한 생각을 한시도 떨칠 수 없으리라 확신한단다. 그에게 나는 일종의 양심의 화신으로 비치겠지." 세속적 영예로부터 몸을 사리는 것을 극복하게 만든 요인들에 대한 그 스스로의 설명은 아주 인상적이다.

공직 생활이 내키지 않았다는 것은 이미 언급했다. 나는 모든 사람이 각자 인생의 행위에 대해 책임을 질 자세가 되어 있어야 한다고 확신했으며, 사방에서 산산이 무너지고 있던 사회를 떠받치는 엄청난 어려움을 뼈저리게 인식했다. 18세기의 잘못으로 기반이 흔들리고 있었던 사회를 구하기 위해 채택된 거의 모든 수단이 내 양심의 법정 앞에서는 탐탁지 않았다. 마지막으로, 나는 내 정신이 너무 조심스러워서 이미 확고하게 굳어졌기에 어떤 일을 떠맡든 더 향상될 수 없다고 믿었다. 그래서 독립적인 내 성격이 부차적 역할을 맡기를 거부하는 무대에는 결코 나서지 않으리라고 결심했다. 물론 나는 내 자신이 개혁가의 역할을 담당할 수 있으리라고 생각하지도 않았다.

폭넓은 정치 분야를 신중하게 교육 받은 덕택에 나는 일찍이 정치의 광범위한 규모에 대해 숙고하는 데 익숙했다. 나는 곧 이 영역의 본성과 위엄에 대한 나의 사고방식이 중요한 정치적 역할을 담당해왔던 대다수의 관점과 본질적으로 다르다는 것을 주목하게 되었다.

따라서 외교 분야에서 과거와 당대의 유명한 이름들은 그에게 존경을 불러일으키지 않았다고 그는 말한다.

그들의 발자취를 따르지 않겠다고 결심하고, 양심과 조화를 이루는 길을 여는 것도 체념한 나는 자연스레 저 거대한 정치적 사안들에 투신하지 않는 쪽을 택했고, 그 사안들 속에서 성공보다는 실질적으로 패배할 전망이 더 크다고 생각했다. '실질적으로'라고 말한 것은 내가 도덕적으로 실패할 것을 두려워해본 적이 없기 때문이다. 공직에 들어선 사람은 도덕적 실패에 대하여 언제나 꺼내들 수 있는 확실한 방책이 있는데, 그것은 바로 은퇴이다.

다른 사람들이 보기에는 나폴레옹 시대의 오스트리아는 과히 영예로운 역할을 수행하고 있지 않았다. 그러나 메테르니히의 기억 속에서는 그런 식으로 묘사되지 않았다. 그는 "막중한 책임감을 느낀 나는 의지할 곳이 단 두 군데라는 사실을 깨달았는데, 바로 프란츠 황제의 확고부동한 기개와 나 자신의 양심이었다"라고 말한다.

메테르니히의 성공은 그의 사교술 덕분이지만, 독자는 그의 회상록을 통해서는 그가 사회적으로 어떤 사람이었는지 도통 알아내기 힘들 것이다. 그는 어떤 경우에도 심오하지 않았다. 자신의 계획을 실행하는 데는 영리했지만 그렇다고 계획을 짜내는 데 비범한 적은 거의 없었다. 쾌활하고 상냥해서 그가 적극적으로 공격하는 사람들만 그를 싫어했다. 그는 그 시대 대부분의 외교관들과 마찬가지로, 그러나 다른 이들보다 더 성공적으로, 정치와 애정사를 결합했다. 알아낼 만한 정치적 비밀을 쥐고 있는 귀부인들은 그의 관심을 받았고, 그녀들은 보통 그 관심을 거부할 수 없었다. 때때로 게임은 양쪽에서 진행되었다. 메테르니히는 오랫동안 나폴레옹의 여동생 카롤린 뮈라와 절친한 사이었다. 메테르니히는 그녀로부터 때로는 나폴레옹의 비밀을, 때로는 나폴레옹의 경무대신 푸셰가 메테르니히에게 전해져도 나쁘지 않다고 판단하고 흘린 정보들을 알아냈다. 1814년 오스트리아가 카롤린의 남편인 나폴리 왕 조아생 뮈라*와 손을 잡자, 탈레랑은 루이 18세에게 메테르니히가 카롤린에 대한 애정에 휘둘렸다고 대놓고 비난했다. 그러나 오스트리아가 취한 초반의 이러한 태도에는 합당한 정치적 동기가 있었고, 그

---

* 　나폴레옹의 부하로 공을 인정받아 나폴리 왕이 되었다.

러한 동기들이 사라지자 카롤린의 매력도 효용을 잃었다. 메테르니히가 신사다운 태도 때문에 정치적인 귀부인들과의 게임에서 때로 한 수 당했을지도 모르지만, 가슴 때문에 머리의 판단을 그르쳤다고 비난하기는 어렵다.

무엇보다도 메테르니히는 영국이나 러시아와 같은 영지 귀족이 아니라 루이 14세가 만들어낸 궁정 귀족 유형이었다. 중대한 사안들은 천박한 계층의 이해관계를 고려할 필요가 없는 군주들과 대신들의 몫이었다. 비열하고 지저분한 프랑스 혁명가들에 대해 넌더리를 내며 고민해야 할 때를 제외하고는 메테르니히에게 민중은 존재하지 않는 것이나 마찬가지였다. 나중에 민중이 다시금 주제넘게 나서기 시작하자 그는 바퀴벌레를 대하듯 본능적으로 그들을 짓밟았다. 그는 매우 교양 있는 신사, 민주주의가 밀어닥치기 전 거의 마지막 신사였다.

냉철한 평화주의자, 영국의 캐슬레이

영국의 외상 캐슬레이는 존경스러울 만큼 자신을 드러내지 않았던 인물로, 개인적인 사심이 없었으며 외교에서 공평무사했다. 그는 총명하지 않았고, 외국인들은 유럽대륙의 지리에 대한 그의 무지를 비웃었다(나중에 미국 대통령 우드로 윌슨*에게도 그런 것처럼).† 그러나 그는 건전한 양식을 지녔고 대부분의 동시대인들보다 권모

---

* 파리평화회의에서 민족자결주의 원칙을 주장하며 유럽의 국경선을 새로 그리려고 했다. 윌슨이 비웃음을 산 것은 캐슬레이처럼 유럽대륙 바깥의 제3자로서 유럽 내 국경선을 새로 그리려고 했기 때문이다.

† [원주]이와 관련해 탈레랑은 카우니츠의 언급을 인용한다. "영국인들이 얼마나 뭘 모르는지는 정말이지 대단하다."

술수를 덜 부렸다. 또 과시적이지 않으면서 판단이 빨랐다. 빈 회의에서 오스트리아 정부는 각국의 거의 모든 사절들에게 하녀로 위장한 스파이를 심는 데 성공했고, 이들은 쓰레기통에 버려진 내용물들을 짜 맞춰 경찰에게 보냈다. 그러나 캐슬레이는 자기 하녀들을 따로 데려와 비밀경찰에게 어려움을 야기했고, 경찰들은 보고서에서 이를 몹시 투덜거렸다. 그는 좀처럼 다른 이를 속이지 않는 사람이었지만 한편으로 다른 사람이 그를 속이기도 쉽지 않았다. 그의 서신을 보면 사람들은 그를 감정이 없고 계급과 국적을 제외하고는 아무런 편견도 없는 사람으로 여길 것이다. 개인적 호의나 적대감은 그의 의견을 형성하는 데 아무런 역할도 하지 않은 것 같다. 그는 외국인에 대해 철저히 영국인다운 의심을 품고 있었다. 1815년 1월 30일 그는 배서스트 백작에게 보낸 편지에서 "현재는 대륙의 어느 나라에게도 절대 돈을 주지 마십시오. 그들이 쪼들릴수록 더 좋습니다. 서로 싸우지 않을 테니까요"라고 썼다. 나폴레옹의 몰락 후에 그는 진심으로 평화를 갈망했다. 오스트리아의 대신 겐츠는 빈 회의에 대해 이야기하면서 이렇게 말했다. "영국은 평화를, 그 무엇보다도 평화를—그리고 이런 말하긴 유감이지만—어떤 대가를 치르고라도 또 거의 어떤 조건에서라도 평화를 바랐다." 외교 사안에서 캐슬레이는 적지 않은 공로를 세웠다. 그러나 그는 영국 역사상 가장 잔인하고 최악의 정부 중 하나였던 리버풀 백작 내각(1812~1827)＊의 주요 일원이었고, 이 점에서 충분히 비난받아 마땅하다. 이 차갑고 한 치의 오차도 없는 사고의 소유자가 끝내는 자

＊ 리버풀 내각이 복고적이고 억압적인 정책 일변도로 나간 것을 가리킨다.

살로 이어지는 일종의 광기에 굴복하고 말았다는 점은 심리학적으로 놀라운 일이다. 그레빌*이 제대로 평가했듯이, 그의 "위대한 특성은 냉정하고 단호한 용기였으며 그것은 그의 모든 행동이 결연하고 자신에 차 보이게 만들었고, 그의 친구들에게 감탄과 헌신을 자아냈으며, 가장 맹렬한 반대파들에게도 존경을 이끌어냈다." 외무장관으로서 캐슬레이가 보낸 편지들을 보면 그가 대사들에게 반발심을 야기하지 않으면서도 권위 있게 편지를 쓸 수 있었다는 사실에 놀라게 된다. 심지어 워털루 전투에서 나폴레옹을 물리친 웰링턴 공작도 그로부터 지시를 받는 데 예외가 아니었다. 그러나 그레빌이 말한 것처럼 업무상 캐슬레이와 긴밀하게 접촉했던 이들은 그에게 헌신했지만, 그가 가진 무미건조한 성격은 광범위한 열광을 이끌어낼 수 없었다. 이는 그의 사망 소식에 대해 그레빌이 한 말에서도 엿볼 수 있다. "시내에 갔을 때 침울한 기색, 상황에 맞는 표정을 띤 사람들을 여러 명 만나고서 나는 뭐라 표현할 수 없이 화가 났다. 그 사람들이 그의 죽음을 조금도 신경 쓰지 않는 게 분명했기 때문이다. 사실, 그들이 여기에 대해 뭔가를 느꼈다면 그것은 그 사람의 죽음에 대한 슬픔보다는 오히려 현 사건에 대한 만족감이었을 것이다." 자존심이 강한 사람이라면 자신의 조문弔文이 이런 것임을 알고 싶지 않을 것이다. 그러나 나는 캐슬레이 경이 이런 것에 신경이나 썼을지 의심스럽다.

---

* 국왕의 자문기관인 추밀원 서기관으로 그가 쓴 일기는 당시 정치 상황을 파악할 수 있는 사료로 평가받는다.

자유분방한 풍운아, 프랑스의 탈레랑

빈 회의에 참석한 주요 인사 가운데 마지막으로 남은 사람은 부르봉 왕가를 대변한 탈레랑이다. 1754년에 프랑스의 지체 높은 귀족 가문에서 태어난 그는 어른이 되고 나서도 어느 정도 구체제를 즐길 기회가 있었고, 늦게 태어나서 그 시절을 누리지 못한 사람은 인생의 진정한 즐거움을 모른다는 생각을 고수했다. 어린 시절의 사고 탓에 [한쪽 다리를 절게 된] 탈레랑은 군인의 길이 막혔고, 따라서 그의 부모는 그를 성직에 예정해놓고 동생을 영지의 상속자로 지정했다. 그는 오툉 주교가 되었지만 귀족 출신 고위 성직자에게는 깊은 신앙심이 요구되지 않았던 까닭에 방탕하고 자유분방했으며, 매우 지적인 친구들과 사귀며 인생을 즐길 수 있었다. 성직에 대한 혐오와 더불어 굳은 확신을 바탕으로 그는 혁명과 운명을 같이 하기로 했고, 성직자 민사 기본법*을 지지했다. 그러나 공포정치가 시작되자 탈레랑은 도망쳐야 했다. 그는 영국으로 도망쳤지만 영국 정부는 그를 프랑스의 스파이로 의심해 체류를 거부했다. 결국 영국에서 미국으로 건너간 그는 많은 친구를 사귀었는데, 그중에서 가장 중요한 인물은 재무장관을 지낸 알렉산더 해밀턴이었다. 마침내 폭풍우가 잦아들자 그는 프랑스로 돌아왔다.

결국 탈레랑은 나폴레옹의 외무대신으로서 자신의 재능을 발휘할 기회를 찾았다. 그는 영웅적이지 않았고 가능하다면 언제나 첨예한 대립을 피했다. 나폴레옹과 의견이 엇갈릴 때는 사임을 하기보다는 그의 뜻에 따랐다. 어찌됐든 실행할 생각이었던 일에 대

---

*   성직자의 임명과 봉급을 국가가 맡게끔 하는 법안으로 가톨릭교회에 대한 국가의 통제력 강화
　　가 목적이었다.

해서는 뇌물을 받기를 마다하지 않았고, 이런 식으로 막대한 재산을 모았다. 하지만 뇌물이 그의 정책에 영향을 미쳤다는 증거는 없다. 탈레랑의 미덕 중 하나는 영웅적이지 않은 지성을 지녔다는 점이다. 그는 성격이 원만하고 증오하는 대상이 거의 없었다. 전쟁을 싫어하고 국가 간 자유로운 상업 교류를 촉진하기 위해 할 수 있는 모든 일을 했다. 비록 성공을 거두지는 못했지만 나폴레옹의 야심을 억제하기 위해 노력했고, 여기에 실패하자 나폴레옹의 몰락을 예감하고 부르봉 왕가와 계략을 꾸미기 시작했다. 1808년 독일의 에어푸르트에서 나폴레옹과 알렉산드르가 세계를 분할하기 위해 만났을 때, 탈레랑은 여전히 나폴레옹 밑에서 일하고 있었음에도 알렉산드르에게 나폴레옹에 대해 경고했다. 배신이 발각되자 해임되었지만 신망까지 잃지는 않았다. 그리고 나폴레옹이 몰락하자마자 다시 권력을 장악했다. 왕정복고로 다시금 전면에 복귀한 성직자들과 극렬 왕당파들의 적대감 때문에 그의 권력이 오래가지는 않았지만 말이다.

탈레랑에게는 놀라운 면이 좀 있었다. 그는 사제였지만 결혼을 했다. 귀족이었지만 출생이나 집안에서 내세울 게 없는 여자와 결혼했다. 그녀는 결혼하기 전이나 결혼한 후나 공공연하게 평범한 삶을 살지 않은 여자였다. 그러나 탈레랑은 어떤 상황에서도 동요하는 법이 없이 침착한 태도를 유지했고, 바로 그 점이 나폴레옹의 신경을 거슬렀다. 한번은 황제가 그를 공개적으로 질책했는데, 탈레랑의 무관심한 태도는 나폴레옹으로 하여금 갈수록 더 큰 분노를 불러일으켰다. 마침내 나폴레옹은 그가 절름발이인 점과 아내의 부정을 조롱했다. 탈레랑은 조금의 동요도 없이 미소를 지었고, 나폴레옹의 장황한 비난이 마침내 끝나자 구경꾼들에게 돌아서서 어깨를 으쓱하며 말했다. "저렇게 위대한 사람이 저리도 본데없이 굴어서야, 원!"

탈레랑처럼 격동의 시기를 산 사람도 드물다. 루이 15세 치세 때 태어나서 빅토리아 여왕 재위기에 사망했다. 무수한 연애를 했는데, 그 가운데 많은 경우는 진정한 애정이 담긴 것이었다. 아닌 게 아니라 애정은 그의 성격의 핵심 요소 가운데 하나였다. 그가 늙었을 때 자유사상과 자유연애는 유행이 지난 것이 되었다. 빅토리아식 도덕이 영국에서와 마찬가지로 프랑스에서도 대세가 되었다. 그는 새로운 관습 규범이 요구하는 대로* 최대한의 미덕을 가장했고 임종의 자리에서 가장 극적인 방식으로 교회와 화해하면서 변화하는 시대에 적응했다. 임종을 지키는 사제에게 자신이 주교로서 합당한 종부성사를 받아야 한다고 상기시킨 것이다.

하지만 탈레랑은 내심으로 루이 16세 시대의 자유주의적 귀족들이 가졌던 태도를 평생토록 유지했다. 이런 유형의 남자들 대부분은 기요틴에서 목이 달아나거나, 전쟁에서 죽거나, 공포정치 동안의 두려움으로 반동주의자가 되었다. 탈레랑은 유연성과 침착한 달관, 월등한 지성으로 이 모든 재난을 피해갔다. 화술이 어찌나 매력이 넘쳤던지 늙은 후에도, 도덕적으로는 부흥했으나 지적으로는 쇠약해진 세기의 요조숙녀들을 사로잡을 수 있었다. 처음에는 그를 타락한 인간쯤으로 여기던 숙녀들도 곧 그의 재치와 교양, 넓은 식견, 진정한 다정함의 마력에 사로잡혔다. 탈레랑은 난봉꾼이 틀림

---

*   [원주]루이 18세에게 쓴 편지에서 그는 "우리 시대의 병폐인 그 종교적 무관심이라는 정서"라고 말한다.

없었지만 흠잡을 데 없이 강직한 많은 사람들보다 해를 덜 끼쳤다.

유럽의 구세주, 러시아의 알렉산드르 1세

자신이 직접 외교를 담당한 알렉산드르 황제는 이 유능한 인물들의 호적수가 될 만했다. 메테르니히, 캐슬레이, 탈레랑은 모두 그에게 영향력을 행사하려고 했지만 실패했고, 프로이센 국왕은 심지어자기 대신들의 조언에도 불구하고 그를 맹목적으로 따랐다. 나중에메테르니히가 알렉산드르의 견해에 영향력을 행사할 수 있는 지위를 얻은 것은 사실이지만, 그때는 알렉산드르의 후반기 성격 국면에 속한다. 1814년에 그는 완전히 독자적으로 판단했다. 그는 엄한도장에서 외교를 배웠다. 할머니는 방종한 계몽군주 예카테리나 여제였고, 아버지는 미치광이 차르 파벨 1세였다. 할머니는 알렉산드르가 태어나자마자 그를 부모로부터 떼어놓았고, 교육을 직접 챙겼다. 아들이 좋은 황제감이 아니라는 것을 감지한 여제는 아들을 건너뛰고 손자를 후계자로 만들고 싶어 했다. 알렉산드르가 아직 열여덟 살이 되지 않았을 때 예카테리나는 이러한 생각을 편지로 써보냈다. 알렉산드르는 답장을 써야만 했다. 늙은 독재자와 제정신이 아닌 사이코패스 사이에 낀 처지에서 일반적인 소년이라면 적절한 편지 양식을 찾기 어려웠으리라. 그러나 알렉산드르는 달랐다. 그는 이렇게 썼다.

> 폐하!
> 폐하께서 영예롭게도 제게 보여주신 신뢰와 황송하게도 다른 서신들에 대한 설명으로서 친히 편지를 써주신 친절함에 감사의 마음을

금할 길이 없습니다. 폐하의 귀중한 후의에 부응하고자 제가 열의를 다해 폐하의 후의를 얼마나 소중히 여기는지 폐하께서도 아시길 바라마지 않습니다. 폐하께서 지금까지 하사하시고 또 앞으로도 하사하실 그 모든 은혜에 충분히 보답할 수 없다는 것은, 심지어 제 피로도 그 은혜를 갚을 수 없다는 것은 사실입니다. 이 서신들은 폐하께서 친절하게도 최근에 제게 전하신 모든 의견들, 그리고 제가 이렇게 말씀드리는 것을 허락하신다면, 그 온당하기 그지없는 의견들을 명백하게 확인해줍니다. 다시금 폐하의 발 앞에 가장 생생한 감사의 마음과 가장 깊은 존경과 어느 누구도 침범할 수 없는 애정을 감히 전하며, 폐하의 미천한 충복이자 손자인 알렉산드르가 이만 올립니다.

알렉산드르

1796년 9월 24일

진정한 손자의 모범이 아닌가! (일부가 주장하듯이) 만약 편지가 아버지 손에 들어더갔더라도 그가 아들의 의무를 손자로서보다 덜 했다는 증거가 없으니 문제될 게 전혀 없다. 이런 훈련의 결과, 그는 메테르니히나 탈레랑에게 속아 넘어갈 걱정을 할 필요가 없었다.

학문적 관점에서 보면 알렉산드르가 받은 교육은 대부분의 왕자들보다 훨씬 좋았다. 1812년 전쟁 와중에도 그는 칸트와 페스탈로치에 대해 멍청한 젊은 귀부인들과 대화를 나누곤 했다. 예카테리나는 손자에게 18세기 계몽주의와 심지어 정치적 자유주의의 세례도 막지 않았고, 이런 교육 방침은 프랑스혁명이 그녀를 반동주의자로 탈바꿈시킨 후에도 바뀌지 않았다. 알렉산드르의 가정교사는 라 아르프라는 고매한 스위스인이었다. 아버지와 할머니가 그의 무의식을 오염시키는 동안, 라 아르프는 그의 의식에 합리적 자비심을 불어넣었다. 라 아르프는 민주주의를 지지했고 (이성적 범위 안에서) 프랑스혁명을 칭송했으며, 처음에는 나폴레옹을 좋게 생각했다. 라 아르프의 청렴함은 다소 고지식한 유형이었다. 그는 파벨을 후계에서 제외하려는 예카테리나의 계획을 순전히 법률적 이유로 반대했다. 비록 파벨이 그를 미워했고, 제위에 오른다면 러시아에 해만 끼칠 게 분명했지만 말이다. 파벨의 상속권을 박탈하려는 계획은 결국 실행되지 않았지만, 계획을 반대했다는 이유로 라 아르프는 해고되고 말았다. 한편으로 예카테리나는 파벨의 제위 승계를 앞두고 사전준비에 착수했다. 그녀는 알렉산드르의 교육이 끝났다고 선언하고, 그가 성인이 된 것처럼 보이게 하려고 열여섯 살에 결혼을 시켰다.

파벨은 4년간 재위했는데, 이 기간은 러시아 전체는 물론 알렉산드르에게도 공포의 시절이었다. 마침내 파벨의 측근들 사이에서 암살 음모가 꾸며졌다. 그 소식을 전해 들은 알렉산드르는 공모자들에게 가능하면 아버지를 죽이지 말고 제위만 박탈해달라고 부탁했다. 이는 무척 어렵고 위험한 일이었으리라. 그래서 그들은 파벨을 살해한 후 알렉산드르가 알아서 상황을 이용하게 만들었다. 가장 확실하게 연루된 사람들은 궁정에서 제거되었지만 처벌은 가능한 최소한도로 이루어졌다. 러시아 전체가 안도의 한숨을 내쉬었고, 알렉산드르를 기쁘게 맞아들였다. 비록 의심을 받기는 했지만 그의 공모는 무마되었고, 한 세기도 더 지난 후에야 확실하게 알려졌다. 이 사건은 그의 양심에 결코 치유되지 못할 상처를 입혔으며 훗날 그의 기이하고 다소 불길한 형태의 신앙심은 이것과 큰 관련이 있다. 그 영향은 초기에는 거의 눈에 띄지 않았다. 그러나 1815년 신성동맹부터 1825년 죽을 때까지 알렉산드르는 점점 깊어만 가는 우울에 빠져들었고, 결국에는 현대판 오레스테스*의 완벽한 실례가 되었다.

재위 전반기 동안 외부세계에 비친 알렉산드르의 모습은 사뭇 달랐다. 그는 유쾌하고 늠름했으며 과할 정도로 옷을 잘 입었다. 정치적으로 자유주의자였으며, 이상주의적 목표를 증진시키는 데 열심이었다. 매우 아끼는 정부가 있었고, 그녀한테서 자식을 여러 명 보았다. 누이 예카테리나에 대한 알렉산드르의 애정은 관습적인 수준보다 더 열렬해서 아무리 바빠도 그녀에게 편지 쓸 시간만큼은 항상 있었다. 그가 누이에게 보낸 편지는 아주 허심탄회하게 쓰여서 역사적으로 가치가 높다. 그는 누이가 자신의 정부와 친구가 된 것을 고마워했고, 어머니에 맞서 그녀와 한편이 되었다. 그는 누이에게 과장된 애정 표현을 퍼붓는 것을 좋아했다. 이를테면 "안녕, 내 눈의 매력덩어리이자 내 가슴이 흠모하는 대상이며 이 시대의 빛, 자연의 경이, 아니 이 모든 것보다 더 훌륭한 납작코 비시암 비시아모브나"라고 끝을 맺는 식이었다(이것은 [나폴레옹에게 참패한] 아우스터리츠 전투 직전에 쓰인 것이다). 예카테리나는 쾌활하고 눈치라곤 없는 젊은 숙녀였고 한두 차례 오빠의 정치적 판단을 그르치게 해 유럽 정세에 중대한 결과를 초래했다. 1812년 나폴레옹이 침공했을 때 알렉산드르가 표면상으로 패배를 거듭하자 이에 대한

---

*   존속 살해의 벌로 미쳐버렸던 그리스 신화 속 인물.

항의로 일어난 애국적 시위에 그녀가 동참했던 순간을 제외하고는 남매는 언제나 좋은 관계로 지냈다.

1801년 제위에 올랐을 때 알렉산드르는 스물두 살에 불과했고 정무에 대해 아는 게 별로 없었다. 그는 라 아르프를 다시 불러들이고 개인적 친구들로 구성된 자문위원회를 통해 개혁조치를 도입하려고 애썼다. 그는 파벨이 초래한 폐해를 원상 복구하는 데 성공했고, 검열을 완화했으며 교육을 개선시켰다. 그러나 농노 해방이나 헌법 도입 같은 문제에서는 난관이 만만치 않다는 것을 느꼈다. 외교에서는, 처음에는 라 아르프가 여전히 숭배하고 있던 나폴레옹과 화친했다. 그러나 나폴레옹이 스위스를 힘으로 위협하고 또 스스로 황제가 되어 애국자이자 민주주의자인 라 아르프의 심기를 건드리자 알렉산드르도 나폴레옹한테서 등을 돌렸고, 1805년과 1806년에 불운한 전투를 치르게 됐다. 러시아는 처음에는 오스트리아와 그다음에는 프로이센과 동맹을 맺어 프랑스에 대항했지만 아우스터리츠 전투와 프리들란트 전투에서 패배를 당했다. 이후 틸지트 조약과 동서 황제 간의 갑작스러운 우정이 이뤄졌다. 처음에는 밀월관계가 이어졌고, 각자는 상대방이 진실하다고 믿었다. 그러나 두 사람이 헤어지자마자 불협화음이 나오기 시작했다. 오스만 제국과 싸우고 있던 알렉산드르는 [루마니아 북동부인] 몰다비아와 [서부의] 왈라키아를 갖기를 원했다. 반면 나폴레옹은 까딱하다간 영국과 손을 잡게 될 우려가 있는 오스만 제국을 거스르고 싶지 않았다. 따라서 그는 프로이센을 대가로 요구했고, 알렉산드르는 아름다운 프로이센의 루이제 왕비에게 한 약속 때문에 동의할 수 없었다. 마침내 나폴레옹은 오스만 제국의 분할과 인도의 공동 정복으로 이어지는 거창한 계획으로 알렉산드르를 현혹하려고 애썼다. 『천일야화』를 즐기던 알렉산드르에게 남아 있던 소년다운 측면은 이 제안에 매혹되었고, 결국 나폴레옹이 바라던 대로 반응했다. 그러나 알렉산드르의 기민함을 완전히 잠재울 수는 없는 법이었다. 그는 몰다비아와 왈라키아뿐만 아니라 콘스탄티노플도 가져야 한다는 조건을 내걸었다. 그런 후에야 비로소 그는 시리아에서 기꺼이 나폴레옹을 돕기로 했다. 하지만 먼저 알렉산드르가 자기 몫을 챙겨야 했다. 서신에 의한 합의가 불가능한 것으로 드러나자 두 군주는 에어푸르트에서 만나기로 동의했고, 나폴레옹은 그곳에서 개인적 영향력으로 자신의 뜻을 관철할 수 있기를 희망했다. 그러나 나폴레옹은 누이에게 다음과 같은 편지를 보낸 알렉산드르를 과소평가했다. "보나파르트는 나를 바보로만 여기는 눈치야. 하지만 마지막에 웃는 자가 진정한 승자이고 나로 말할 것 같으면 내 모든 희망을 하느님께 걸었어." 그가 '나폴레옹' 대신 '보나파르트'라고 지칭한 단순한 사실만으로도 적대감이 깔려 있음을 짐작할 수 있다. 만약 그 사실이 알려졌다면 모든 우정은 불가능해졌으리라.

한편, 알렉산드르는 스웨덴에 속해 있던 핀란드를 정복하기 위해 외견상 프랑스와 우호관계를 한동안 유지했다. 그 일이 마무리되자 그는 스웨덴이 노르웨이를 획득하는 것을 돕겠다고 약속함으로써 스웨덴의 환심을 샀다. 노르웨이는 덴마크 영토였고, 덴마크는 프랑스와 우호관계에 있었다. 하지만 그가 몰다비아와 왈라키아를 획득하는 데 나폴레옹이 여전히 도울 기미를 보이지 않자 그는 프랑스와의 우호관계가 더는 쓸모가 없다고 생각했다. 600척의 영국 선박이 대륙봉쇄령에도 불구하고 핀란드 만까지 가서 러시아에 영국 상품을 내려놓았다. 이에 나폴레옹이 불만을 표시하자 알렉산드르는 퉁명스럽게 부인하는 것으로 만족해했다. 결국 프랑스 대육군Grande Armée이 모스크바로 진격했으나 퇴각하는 과정에서 소멸해버렸다. 유럽은 알렉산드르를 구세주로 환영했고 큰 승리를 거둔 동맹군은 파리에 입성했다. 승리를 자신이나 그의 장군들 공으로 돌릴 수 없었던 알렉산드르는 이 모든 사건의 진행에서 신의 손길을 보았다. 프로이센은 프랑스의 타락과 무신론에 맞선 도덕적 힘의 승리를 보았다. 오스트리아는 옛 권리의 정당성이 입증되었다고 보았다. 영국은 해군력과 값싼 제품의 승리를 보았다. 그리고 세계 전반은 평화의 희망을 보았다. 여기까지가 우리가 다룰 시대가 열릴 때의 상황이었다.

02

빈 회의

알렉산드르, 프리드리히 빌헬름, 메테르니히, 캐슬레이는 유럽의 지도를 다시 그릴 권력을 집단적으로 보유했다. 특히, 몇몇 국가들에 대해서는 어떤 형태든 그들이 선택한 정부를 수립할 권한이 있었다. 몇몇 조약이 그들의 자유를 제한하긴 했다. 1813년에 러시아, 영국, 오스트리아는 잇따라 1806년 나폴레옹 침공 이전의 프로이센 영토를 복원시키기로 약속했었다. 파리 조약(1814년 5월 30일)은 프랑스에 1792년의 국경선을 부과했다. 이로써 혁명기와 나폴레옹 시대에 정복한 모든 영토는 부정되었다. 이 영토를 새로운 주인들에게 배분하는 문제는 프랑스가 배제되었던 몇 개의 안건 중 하나였다.

22년에 걸친 전쟁이 끝난 뒤 프랑스가 완전히 동맹국의 처분에 맡겨졌고, 그 22년 동안 대륙의 거의 모든 나라가 프랑스에 침공을 당했다는 사실을 고려한다면 파리 조약의 온건함은 놀라울 정도였다. 그것은 대체로 알렉산드르의 관대함 덕분이었다. 그는 군대의 선두에 서서 파리에 입성한 후, 적은 나폴레옹이지 프랑스가 아니라고 선언했다. 그는 프랑스 임시정부의 반半자발적인 부르봉 왕정의 복고를 수용하고, 이를 근거로 프랑스의 적법한 국왕들이 과거에 소유했던 영토 일체를 보전해주었다.

알렉산드르의 관대함은 러시아와 가장 가까운 동맹국인 프로이센의 맹렬한 반발에 부닥쳤고, 영국에게는 우려를 불러일으켰다. 1814년 1월 30일 캐슬레이는 당시 수상이었던 리버풀 백작에게 편지를 썼다.

> 저는 현재 가장 큰 위험은 알렉산드르 황제가 전쟁을 수행하면서 취하는 기사도적 태도에서 나온다고 생각합니다. 그는 파리에 대해서, 정치적이거나 군사적인 동맹과는 뚜렷이 다른 '개인적' 감정을 갖고 있습니다. 그는 당당한 근위대와 함께 적국의 수도에 입성할 기회를 찾고 있는 듯하며, 아마도 그의 수도 모스크바가 겪었던 고난에 대비시킴으로써 자신의 자비와 관용을 보이려는 듯합니다.

이러한 알렉산드르의 소망은 온전히 충족되었고, 그 결과 파리 시민들은 알렉산드르에게 그가 바랐던 열광적 지지를 보여주었다. 다른 동맹국들은 만약 프랑스가 더 많은 영토를 할양했다 하더라도 어차피 그 영토는 러시아에 가지 않았을 것이며, 알렉산드르가 폴란드 문제처럼 자기에게 더 절실한 문제들에서는 그리 관대하지 않았다는 점을 지적했다. 그러나 이러한 견해는 사정을 아는 일부에게만 퍼졌을 뿐 대중이 보여주는 따뜻한 환영에는 별 영향을 미치지 않았다.

고상한 명분, 정통성의 원칙

빈 회의에서 결정해야 할 영토 문제는 많고 복잡했다. 참석자들은 일종의 원칙이 있으면 회의에서 도출된 결정들이 정당하게 보이는 데 도움이 되지 않을까 생각했다. 메테르니히의 동료이자 빈 회의에서의 맹활약으로 명성이 높은 겐츠는 자신의 인상을 1815년 2월 12일자 비망록에서 이렇게 표현했다.

> 빈 회의가 진행되던 시기에 이 회의의 본질과 목적에 대해 철저히 이해했던 사람들은 회의의 결과에 대한 그들의 견해가 어떠했든지 간에 결코 그것이 어떻게 흘러갈지 잘못 짚을 수 없었을 것이다. "사회 질서의 재건", "유럽 정치 체제의 쇄신", "정당한 권력 분할 위에 근거한 지속적 평화" 같은 거창한 표현들이 사람들을 진정시키고 이 엄숙한 모임에 위엄과 당당한 분위기를 부여하기 위해 내뱉어졌다. 그러나 빈 회의의 진짜 목적은 정복자들 간에 정복당한 자로부터 빼앗은 전리품을 나누는 것이었다.

그러나 이런 말을 대놓고 공언할 수는 없는 노릇이었다. 더욱이 대부분의 사안에는 이해관계가 없는 강대국이 하나씩은 존재했고, 그럴 때면 그들은 원칙 논리를 더 강조하기 마련이었다. 이런 상황에서 빈 회의가 귀를 닫지 않을 유일한 도덕적 호소를 발견한 사람은 탈레랑이었다. 이 목적을 위해 그는 1830년까지 유럽을 지배할 '정통성의 원칙'을 고안했다. 그는 이 원칙을 루이 18세에게 자신의 지침으로 하사해달라고 요청하면서 원칙에 대해 설명했다. 군사적 패배 후 프랑스는 도덕적 힘에 의존할 수밖에 없었다. 탈레랑은 이를 제공했고, 틀림없이 혼자서 몰래 재미있어했을 것이다.

정통성의 원칙은, 넓게 말해 영토는 그 영토를 세습한 군주에게 속해야 한다는 주장이었다. 군주 자신이 어떤 보상에 대한 대가로 자발적으로 내놓는 게 아니라면 말이다. 이런 근거에서 부르봉 왕가가 통치한다면 프랑스는 루이 16세 시절의 모든 영토에 대한 권리가 있었다. 그러나 이 원칙은 조심스럽게 진술되어야 했다. 예를 들어, 영국에서 이전 왕조인 스튜어트 왕조가 복귀되어야 한다는 뜻이 되면 안 될 것이다. 프랑스에 의해 정복되기 전 독립 공화국이었다가 이제는 사르데냐 국왕에게 넘겨질 제노바 같은 경우도 있었다. 제노바 사람들은 정통성의 원칙을 제기할 수도 있었을 텐데, 안타깝게도 그 대신 더 나중의 회의*에 속하는 원칙, 즉 자결권을 내세웠다. 설상가상으로 그들은 민주정 체제를 선호했다. 이것은 위험했다. 탈레랑은 다음처럼 말한다.

제노바는 헌법 수립 계획을 밝혔지만 헌법의 민주주의적 정신 때문에 그 계획은 결코 용인될 수 없다. 제노바의 항복은 불가피한데, 그들이 이 굴복 행위에 유독 저항감을 느끼기 때문이다. 또한 벨기에를 네덜란드에, 작센을 프로이센에, 이탈리아를 오스트리아에 통합하려는† 상황에서 각지에서 크게 늘어나고 있는 불화와 쓰라림의 싹을 어디에서든 최대한 제거하는 데에도 도움이 될 것이다.

---

* 　1차대전의 전후 처리를 논의한 파리평화회의를 말한다.

† 　오스트리아는 롬바르디아와 베네치아를 획득했다.

따라서 정통성은 군주들에게 반대하여 민중이 제기할 수는 없었다. 공화국이 그 원칙을 제기할 수 없었다고 말하는 것은 지나칠 것이다. 스승 라 아르프에 대한 알렉산드르의 애정 덕분에 스위스는 그러한 원칙을 내세울 수 있었기 때문이다. 그러나 폴란드는 그러지 못했다. 폴란드에는 더 이상 정통성을 지닌 국왕이 없었으며, 폴란드 분할은 프랑스에 의해 이뤄진 게 아니었기 때문이다. 쉽게 말해서 영토는 여전히 우리가 사유 토지를 취급하듯이 다뤄졌다. 우리는 토지 임차인들이 단순히 그렇게 하고 싶다고 결정한다고 해서 그들이 살고 있는 땅을 소유할 권리를 얻을 수 있다고 생각하지 않는다. 오늘날 대부분의 사람들에게 그런 주장은 터무니없는 소리로 들릴 것이다. 마찬가지로 정부 수립과 관련해 자결 원칙은 빈의 협상가들에게 터무니없는 소리로 들렸을 것이다. 어느 군주가 어떤 땅에 대해 세습적 권리가 있다면 빈 회의는 그의 권리 주장을 무시할 수 없었다. 하지만 그러한 세습적 권리를 소유한 군주가 없다면 그 영토는 강대국 간의 거래에 의해 배분될 수 있었다.

빈 회의는 앞에서 나왔듯이 제노바의 경우처럼 민주주의의 냄새가 풍기는 것이라면 무엇이든 노골적으로 반감을 드러냈다. 영국의 헌정체제는 전통이었기 때문에 허용되었다. 한편, 프랑스에는 다양한 이유로 헌법이 부여되었다. 우선 러시아에서는 자유주의적이었던 알렉산드르가 있었다. 영국은 헌법이 프랑스를 부르봉 왕가와 화해시키고 왕정을 안정시키리라 기대했다. 오스트리아와 프로이센은 약간 주저했지만, 헌법에 내재된 해악이 결국 프랑스를 약화시켜 자신들이 루이 14세와 나폴레옹에게 당한 일이 재연되는 것을 막을 수 있으리라 믿었다. 그 밖의 다른 곳에서는 헌법이 장려되지 않았다. 이 문제에서 영국의 휘그당은 토리당 정부에 반대했다. 혈기 왕성한 휘그이자 쉽게 묵살할 수 없는 존재였던 윌리엄 벤팅크는 이탈리아에서 제노바 사람들을 선동하고 시칠리아 국왕이 자행한 만행을 규탄함으로써 자국 정부에 적잖은 골칫거리를 안겼다. 1814년 5월 7일 캐슬레이는 그에게 편지를 보냈다.

거대한 도덕적 변화가 유럽에서 일어나고 있으며, 자유의 원칙들이 최고조로 작동하고 있습니다. 이 사실을 알아채지 못하는 건 불가능합니다. 문제는 그 이행이 너무 급작스러워서 세계를 더 이롭거나 행복한 어떤 곳으로 만들지 못할 수도 있다는 점입니다. 우리는 프랑스와 에스파냐, 네덜란드, 시칠리아에 새로운 정치 체제를 수립시켰습니다. 이제 그 이상의 시도를 부추기기보다 우선 그 결과들을 기다려봅시다. 물론 그러한 시도들은 발생할 수 있고, 우리는 그 결과를 받아들여야 합니다. 그러나 저는 현재 널리 퍼져 있는 이 위태롭기 짝이 없는 원칙의 작동을 가속하기보다는 늦추는 쪽이 낫다고 확신합니다.

우리가 오스트리아와 사르데냐의 협력을 바란다면, 이탈리아에서 그러한 움직임을 자제하는 것이 더욱 필수적입니다. 이탈리아에서 프랑스를 몰아내는 동안에는 모든 위험을 감수할 합당한 이유가 있었지요. 그러나 지금의 유럽은 그러한 처방이 필요하지 않습니다. 그리고 전반적인 평화와 안정의 관점에서, 저는 이 순간 이탈리아인들이 애써 이룬 내적 안정을 해치기보다는 다른 곳에서 벌어지는 일들이 가져올 미지의 파급을 조용히 기다리는 모습을 더 보고 싶군요.

말이 난 김에 에스파냐와 시칠리아의 헌법은 재빨리 폐기되었음을 언급하고 가야 할 것 같다.

옹졸한 서유럽 강대국들과는 대조적으로 알렉산드르는 폴란드에, 아니 그보다는 빈 회의를 통해 마침내 획득한 폴란드 일부 영토에 헌법을 주기로 결심했다. 그러나 이 헌법의 역사는 알렉산드르의 자유주의 역시 미사여구에 불과했다는 것을 보여준다. 입법부는 양원으로 구성되었는데, 하원은 71명의 토지 소유 귀족 대표와 51명의 도시 대표로 구성되었다. 상원은 황실 가족과 일부 주교, 소수의 관리로 구성되었다. 의회는 2년에 한 번 30일간 소집되었다. 의회는 정부가 발의한 법안을 수용하거나 거부할 수 있지만 스스로 발의할 수는 없었다. 1818년 첫 개원에서는 모든 게 잘 굴러갔다. 양원은 이혼에 관한 법안만 빼고 알렉산드르가 발의한 법안을 모두 수용했고, 이에 대해 알렉산드르는 그들의 원칙을 존중하고 그들의 독립성의 증거를 확인하니 기쁘다는 우아한 연설을 했다. 그러나 1820년 의회는 알렉산드르가 발의한 법안을 모두 거부했다. 노발대발한 알렉산드르는 헌법을 무시하고 1825년까지 의회를 다시 소집하지 않았다. 그 이후로 의회는 1829년에 딱 한 번 열렸다. 1830년에 폴란드 반란이 일어났고, 그때부터 1차 세계대전때까지 러시아령 폴란드는 차르가 전제적으로 통치했다. 그럼에도 불구하고 빈에서 알렉산드르는 폴란드를 향한 자신의 자유주의적 의도와 그의 지배 아래 통합됨으로써 폴란드가 얻을 이점을 요란하게 과시했다.

탈레랑이 제안한 정통성의 원칙은 메테르니히의 구미에도 꼭맞았다. 그러나 여기에는 나폴리라는 난관이 있었다. 나폴리의 왕

뮈라는 왕위를 보전해주겠다는 오스트리아와의 협약에 넘어가 처남인 나폴레옹을 배신했다. 하지만 나폴레옹이 사라진 후 이 협약은 더 이상 쓸모가 없었고, 탈레랑은 부르봉 왕가 출신의 적법한 시칠리아 국왕 페르디난도 1세의 권리를 강력하게 주장했다. 다행스럽게도 이 미묘한 문제는 뮈라의 경솔한 행동으로 자연스럽게 해결되었다. 나폴레옹이 엘바 섬에서 돌아왔을 때 뮈라는 자신의 배신을 뉘우쳤다. 따라서 나폴레옹이 다시 몰락했을 때 함께 몰락했다. 덕분에 메테르니히는 조금도 거리낌 없이 정통성의 원칙을 끌어안을 수 있었다.

이 원칙에 대한 영국의 태도는 일종의 호의로, 영국의 이해관계와 충돌하지 않는 한 언제든 따른다는 식이었다. 물론 이 원칙은 식민지에는 적용될 수 없었다. 영국은 네덜란드가 프랑스에 강제병합되면서 상실한 중요 식민지 일부에 대해 영구적 영유권을 주장했다. 네덜란드 총독이었던 오라녜 공은 그에 대한 보상으로 벨기에를 얻었고 매우 고마워했다. 물론 1830년에 다시 잃게 되지만 말이다.* 유럽대륙 외부와 멀리 대해에서 영국의 태도는 이해관계에 좌우되었지만, 유럽대륙에서는 정통성의 원칙으로 충분했다. 영국에게 중요한 모든 문제들은 회의가 시작되기 전에 이미 정리가 되어 있었기 때문이다.

명분을 압도한 실리, 전리품 분배와 영토 분할
한편, 프로이센과 러시아는 크게 반발했다. 러시아의 반대는 부분

---

* 벨기에가 1830년 네덜란드로부터 독립한 것을 가리킨다.

적으로는 알렉산드르의 애매한 자유주의 탓이었지만 주된 원인은 러시아와 프로이센의 영토적 야심이 복잡하게 얽힌 데 있었다. 그는 프로이센 국왕에게 프로이센이 1806년 이전에 보유했던 영토를 보장하겠다고 약속한 바 있었다. 그러나 1806년 전의 프로이센은 알렉산드르가 갖기를 원하는 폴란드의 일부를 갖고 있었다. 따라서 알렉산드르는 프로이센이 폴란드를 포기하고 대신 다른 곳에서 보상을 받아야 한다고 주장했다. 가장 편리한 방법은 작센을 프로이센에게 주는 것이었는데, 작센 국왕이 적절한 순간에 나폴레옹을 버리지 못했기 때문이었다. 그러나 작센 국왕은 정통성 있는 군주였다.

루이 18세와 탈레랑은 그가 폐위되어야 한다는 말에 펄쩍 뛰었다. 오스트리아는 러시아와 프로이센 둘 다를 두려워했기에 프랑스 편을 들었다. 영국은 프로이센을 강화하고 러시아를 약화시키고 싶었다. 따라서 캐슬레이는 처음에는 작센에 대한 프로이센의 요구는 지지했지만 실질적으로 폴란드 전체를 갖겠다는 러시아의 요구에는 반대했다. 그러나 그는 곧 러시아에 대한 반대와 프로이센에 대한 지지가 양립할 수 없다는 사실을 깨달았다. 결국 캐슬레이는 둘 다 반대하기로 마음을 정하고 오스트리아와 프랑스 편에 가담했다. 이 문제가 빈 회의의 대부분 기간을 잡아먹었다.

애당초, 10월 1일에 탈레랑은 알렉산드르와 면담에서 그가 차르의 몰염치라고 부른 요구에 맞서 정통성의 원칙이 가진 윤리적 중요성을 강조했다. 하지만 알렉산드르는 탈레랑을 탐탁지 않게 여겼다.

그를 냉소주의자로 여겼기 때문이기도 하지만, 더 큰 이유는 나폴레옹이 앙기엥 공작을 모반죄로 처형한 것*에 러시아가 항의했을 때, 탈레랑이 그래도 아버지를 살해하는 것보다는 낫다고 응수했기 때문이다. 이번과 마찬가지로 그 당시에도 탈레랑은 지극히 신실한 알렉산드르보다 도덕적으로 우위에 있었다. 탈레랑이라면 그러한 상황을 틀림없이 재미있어했겠지만 10월 1일의 면담에 대한 회상록의 묘사에서는 그러한 감정을 드러내지는 않았다.

> **알렉산드르** 이제 우리 문제를 이야기해보세. 그 문제를 여기서 매듭지어야 하네.
>
> **탈레랑** 그건 폐하께 달렸습니다. 폐하께서 그 문제에 관해 프랑스에게 보여주신 것과 똑같은 영혼의 위대함과 고귀함을 보여주신다면 그 문제는 쉽게 또 행복하게 마무리될 것입니다.
>
> **알렉산드르** 하지만 우리는 이 합의에서 각자의 이해를 찾아야 하네.
>
> **탈레랑** 각자의 권리도 찾아야지요.
>
> **알렉산드르** 나는 내가 점령한 땅을 가질 걸세.
>
> **탈레랑** 폐하께서는 폐하께 적법한 영토만을 원하셔야 합니다.
>
> **알렉산드르** 짐은 열강과 뜻을 같이 하네.
>
> **탈레랑** 폐하께서는 프랑스도 그 열강 가운데 하나로 치시는 건지요?
>
> **알렉산드르** 물론일세. 하지만 각국의 이해 추구를 원치 않는다면 그대는 대체 어찌할 심산인가?
>
> **탈레랑** 저는 정의를 우선시하고 이해관계는 그다음입니다.
>
> **알렉산드르** 유럽의 이해관계가 정의라네.

---

* 이로써 부르봉 왕가의 명문 콩데 가의 대가 끊겼고, 프랑스에 대한 국제여론이 크게 악화되었다.

탈레랑 폐하, 그런 말은 폐하답지 않습니다. 폐하께 어울리지 않아요. 그리고 폐하의 속마음도 그것을 허락하지 않을 것입니다.

알렉산드르 아니, 다시 말하네만, 유럽의 이해관계가 곧 정의일세.

이 시점에서 탈레랑은 뒤로 돌아 벽에 머리를 박으며 외쳤다. "유럽, 유럽, 불행한 유럽이여! 폐하께서 방금 그것을 파괴했다고 말씀드려도 되겠습니까?" 알렉산드르는 대답했다. "점령한 곳을 포기하느니 차라리 전쟁을 택하겠네." 탈레랑의 묘사는 이어진다.

나는 어깨를 늘어트린 채 "일이 잘못돼도 우리 탓은 아닙니다"라고 말하는 사람처럼 고뇌에 차 있지만 결연한 몸짓으로 침묵을 지켰다. 황제도 얼마간 침묵을 깨트리지 않고 기다리다가 마침내 다시 입을 열었다. "그래, 차라리 전쟁일세." 나는 똑같은 자세를 유지했다. 그다음 그는 손을 들고 내가 한 번도 본 적 없는 자세로 내젓더니만, 마르쿠스 아우렐리우스의 찬가를 끝맺는 문장을 연상시키는 태도로 말을 한다기보다는 고함치듯 이야기했다. "극장에 갈 시간이군. 이만 가봐야겠네. (오스트리아) 황제와 약속이 있어. 날 기다리고 있을 거야." 그러고는 가버렸다. 그러다 다시 돌아와서는 내 두 손을 꼭 잡고 바짝 다가온 채 더 이상 그의 목소리가 아닌 목소리로, "아듀, 아듀, 또 보세"라고 말했다.

이런 감동적인 장면에도 불구하고 두 사람 간의 대립은 빈 회의 내내 지속되었고, 논쟁이 된 사안은 결국 타협으로 결정되었다. 알렉산드르가, 요구한 것보다 폴란드를 덜 갖는 대신 프로이센도 작센 영토의 절반만 갖고 나머지 절반은 적법한 작센 국왕에게 남아 있게 되었다. 이 타협도 나폴레옹이 엘바 섬에서 귀환하여 열강이 의견차를 해소할 수밖에 없는 상황이 닥친 덕분에 가능했다. 그렇지 않았다면 그들은 지금까지 그 문제를 두고 옥신각신하고 있었으리라.

정통성의 원칙을 위협한 독일 민족주의

프로이센의 태도는 표면적으로는 다른 강대국들과 비슷했지만 근본적으로는 매우 달랐다. 하르덴베르크 재상은 대체로 오스트리아에 우호적이었다. 국왕은 전적으로 알렉산드르에게 헌신했다. 그러나 프로이센에는 순수하게 프로이센적이라기보다는 범독일적인 성격을 띤 강력한 민족주의 운동이 존재했고, 독일 내 다른 지역의 많은 사람들이 동조했다. 1806년 후에 프로이센은 나폴레옹이 허용하는 한에서 여러 개혁에 착수했다. 그러나 [근대화 개혁을 주도한] 애국적인 대신 슈타인은 나폴레옹에게 미운털이 박혀 조국을 떠나야 했고, 빈 회의 시기에는 알렉산드르 휘하에 있었다. 프로이센 군대에는 독일을 지지하는 정서와 프랑스에 대한 열렬한 증오가 팽배했다. 루이 14세 시대 이래로 다수의 허약한 소공국으로 구성된 서독일은 프랑스의 손바닥 안에 있었다. 프로이센은 프리드리히 대왕 아래서 루이 15세에 성공적으로 맞섰지만 나폴레옹을 물리칠 수는 없었다. 모든 애국적인 독일인들에게, 앞으로 프랑스의 침공이 불가능하려면 일정 수준의 통합이 필요하다는 것은 분명했다. 그러나 생명력이 질긴 군소제후들은 통합을 위한 모든 계획을 방해하고자 했다.

이에 따라 독일 애국주의는 프랑스에 대한 증오와 결합했고 교양 계급 전반에, 특히 젊은 층을 중심으로 프랑스에 맞서는 가장 효과적인 보루로서 프로이센에 대한 우호적 정서를 이끌어냈다. 이러한 정서는 물론 독일을 허약하게 만드는 자잘한 공국들을 지속시킬 정통성의 원칙에 적대적이었다. 독일 애국주의는 따라서 어느 정도 혁명적일 수밖에 없었고, 이런 측면에서 다른 나라 정부들에게, 심지어 프로이센 정부에게도 수상쩍게 비췄다. 그러나 독일 민족주의가 프로이센의 위대함을 위해 싸우는 한 프로이센은 독일 민족주의를 고무했다. 제후들에 대한 반대는 게르만 민족주의에 민주주의적 색채를 더했고, 전쟁이 최절정에 달한 1813년에 프로이센 국왕으로부터 승리에 대한 보상으로 헌법 제정 약속을 이끌어냈다. 이 약속이 실현될 수 있다는 희망은 프리드리히 빌헬름이 신민들의 호전적 노력으로부터 가능한 모든 이점을 이끌어낼 때까지 지속되어야 했지만 다른 전제군주들에게 걱정을 안기지 않도록 조심스럽게 유지되어야 했다. 당연하게도 워털루 전투가 끝나자 헌법에 대한 논의는 쏙 들어갔다.

탈레랑은 빈에 도착하자마자 새로운 독일 애국주의에 깜짝 놀랐다. 그도 시인했듯이, 나폴레옹 시기 프랑스는 오만한 정복자처럼 굴었고 엄청난 분담금을 물려 피정복 국가들을 꼼짝 못하게 만들었다(피해자들로 하여금 전쟁 배상금을 물게 하는 것이 나폴레옹의 원칙이었다). 따라서 독일 애국주의자들은 파리 조약의 온건함에 분개했고, 탈레랑이 표현한 대로 "관대함으로부터 얻는 기쁨에 아주 신물이 나" 있었다. 탈레랑에게 독일 민족주의는 자코뱅주의로 비췄다. 그는 이 자코뱅주의가 중하층계급이 아닌 최상층과 가장 부유한 귀족층을 지배하고 있으며, 거기에 대학교수들과 그들의 이론에 물들어 작은 공국들로 분할된 독일의 현실에 반대하는 젊은 학생들이 손을 잡는다고 보았다. "조국 독일의 통일은 그들의 구호이자 도그마이며, 광신으로 이르는 종교이다. 심지어 이 광신은 실제로 나라를 다스리고 있는 제후들까지 사로잡았다." 그가 보기에 프랑스가 라인강 서안과 벨기에를 보유하고 있었을 때는 독일 통일이 프랑스에 위협이 되지 않았겠지만 이제는 매우 심각한 위협이었다. 따라서 독일 통일로 가는 모든 길을 막는 것이 그가 할 일이었고, 이러한 측면에서 정통성의 원칙은 유용했다. 메테르니히는 프로이센에 대한 두려움에서 탈레랑과 뜻을 같이 했다.

따라서 프로이센은 다소간 새로운 원칙, 즉 다른 외교관들에게는 혁명의 위험으로 가득해보이는 민족 원칙의 내키지 않는 옹호자가 되었다. 구세대 외교관들이 틀렸다고 할 수는 없다. 탈레랑이 독일 애국자들의 "자코뱅주의"라고 부른 사상은, 지금 와서 돌이켜보면 불가피했다고 착각하기 쉬운 움직임에 의해, 곧장 1차 세계대전으로 이어졌다. 빈 회의 당시, 독일의 애국자들은 그들의 시대보다 앞서 있었다. 그러나 1848년*부터는 점차 그들의 시각이 세계를 지배하게 됐다.

독일 민족주의라는 이 새로운 신념에는 다양한 특징적 요소들이 있었다. 게르만 인종의 활력과 우수성에 대한 믿음처럼 순수하게 독일적인 요소도 있었다. 국가 간 경계는 민족 간 경계가 되어야 한다는 믿음도 있었다. 또 인민은 자신들의 정부 형태를 선택할 권

---

* 유럽 각국에 연쇄적으로 혁명이 일어난 해.

리가 있다는 민주주의적 믿음도 있었다. 하지만 1815년의 정통적 신념은 이 모든 것에 질색했다.

정부 형태를 선택할 수 있는 인민의 권리는 1814년 나폴레옹이 몰락할 때 프랑스에서 차르의 지지를 받았다. 오스트리아 정부의 견해를 대변하던 겐츠는 만약 프랑스 인민에게 지배자를 임명할 권리가 허용된다면 이것은 "우리 시대에 두려움에 떨지 않고는 감히 내뱉을 수 없는 어떤 원리, 실제로 군림하는 군주를 받아들일지 말지는 인민에게 달려 있다는 원리를 인정하는 꼴이 될 것이다. 이 인민주권의 원리는 모든 혁명 체제의 가장 중심축이다"라고 말했다.

국가 간 경계는 민족 간 경계여야 한다는 믿음은 오스트리아에게는 당연히 다른 의미였다. 이 원리가 승리한다면 프란츠 황제의 영토 일부는 통일 독일에 병합되고, 갈리치아는 재통일한 폴란드의 일부가 되며, 보헤미아와 트란실바니아는 독립국이 된다는 소리였다. 이 모든 일은 민족주의의 결과로 1차 세계대전 이후 현실이 된다. 물론 패전국인 독일에 유리한 부분은 제외하고 말이다. 따라서 오스트리아 정부가 독일 민족주의에 반대한 것은 전혀 놀랄일이 아니었다.

게르만 인종의 활력과 우수성에 대한 믿음은 나폴레옹과의 투쟁을 통해 생겨났다. 특히 1813년의 라이프치히 전투*는 아르마다 해전과 독립전쟁이 영국과 미국의 대중 역사에서 각기 수행한 역할을 독일에서 수행했다. 1813년 당시 독일의 청년 세대와 이들의

---

* 러시아 원정 실패 후 벌어진 이 전투에서 대프랑스 동맹군은 프랑스군을 물리치고 나폴레옹을 엘바 섬으로 유배를 보낸다.

지도자로 여겨졌던 구세대 인사들은 모두 세계주의적인 것에는 일체 관심이 없었고, 18세기식 고전주의에 전적으로 반발했다. 독일의 낭만주의 운동은 영국에서와 달리 실제 정치와 밀접하게 연관되어 있었고 실현가능한 이상을 품고 있었다. 실제로 그 이상은 비스마르크를 통해 실현되었다.

낭만주의 운동 시기에 사람들은 이성이 허락하는 범위를 넘어서 열성적으로 누군가를 숭배했다. 셸리는 오스만 제국에 맞선 그리스 반군과 부르봉 왕가에 맞선 에스파냐 반군을 숭배했지만 독일 낭만주의자들에게 그 대상은 나폴레옹을 물리친 블뤼허였다. 이 준엄한 신의 종복은 영국에서 프랜시스 드레이크*가 누렸던 위상을 독일의 전설에서 차지했다.

블뤼허가 독일의 민족적 영웅이 되었기에 잠시 그의 인물됨을 살펴보는 것도 좋을 것 같다. 그는 위대한 군인이자 열렬한 애국자, 국왕에게 전적으로 충성스러운 신하였다. 그의 신앙은 깊고 신실했다. 프랑스에 대한 그의 태도는 도덕적 정죄에 가까웠다. 워털루 전투 당시, 아직 승패를 확신할 수 없던 시점에 그는 이렇게 썼다. "나는 미래의 프랑스가 더 이상 독일에 위험이 될 수 없게 이 전쟁이 매듭지어지길 바란다. 알자스와 로렌은 반드시 우리에게 넘겨져야 한다." 이와 관련해 19세기 독일의 권위 있는 역사가 트라이치케는 블뤼허를 "가장 고결한 의미에서 세계시민"이자 "독일 관념론에서만 가능한 무사무욕의 인물"이라고 평한다.

1815년 그의 부대에서 반란을 일으킨 작센 군인들에 대한 블

---

* 영국의 해적이자 제독으로 남아메리카 태평양 연안에서 에스파냐 호송선단을 포획하여 영국에 막대한 양의 금은을 가져왔다.

뤼허의 태도는 참으로 그다웠다. 작센의 일부만 작센 국왕에게 귀속되고 나머지는 프로이센에 넘겨지게 됨에 따라 작센 군대의 일부도 프로이센 군대에 통합되었다. 하지만 여전히 작센 국왕과 나라에 대한 충성심을 간직한 작센 부대원들 일부는 블뤼허로부터 명령을 받는 것을 거부했다. 그는 매우 가혹하게 반란을 진압했고, 이 기회에 작센 국왕 프리드리히 아우구스투스에게 다음과 같은 편지를 썼다.

> 폐하,
>
> 앞선 행위들로 인해 폐하께서는 폐하의 신민들, 독일 민족의 훌륭한 일족에게 아주 심각한 화를 초래했습니다. 폐하의 차후의 행동으로부터 이 일족이 치욕을 당하는 사태가 발생할 수도 있습니다. 프리드리히스펠드와 프레스부르크에서 조직된 군대에서 반란이, 그것도 독일 전체가 공동의 적에 맞서 일어난 이때 터져 나왔습니다. 범법자들은 보나파르트가 자신들의 보호자라고 공공연히 선언했습니다. 55년의 복무 기간 동안 운 좋게도 적의 피 이외에는 흘려본 적 없었던 저 역시 어쩔 수 없이 처음으로 제 부대 내에서 처형을 실시할 수밖에 없었습니다.
>
> 동봉하는 문서를 통해 폐하께서는 제가 작센의 명예를 구하기 위해 지금까지 어떤 조치를 취했는지 아실 수 있을 것이며, 이것은 마지막 시도입니다. 만약 제 목소리가 들리지 않으신다면, 고통스럽기는 하나 제 양심의 평화와 의무를 따르는 심정에서 저는 무력으로 질서를 회복할 수밖에 없으며 필요하다면 작센 군대 전체를 총살하는 것도 마다하지 않을 것입니다. 지금까지 흘린 피는 언젠가 주님의 심판

의 자리에서 그 피에 책임에 있는 사람에게 다시 되돌아올 것이며, 모든 것을 명하시고 또 모든 것에 명함을 가능케 하시는 전능하신 주님의 보좌 앞에서는 모든 피가 똑같이 간주될 것입니다.

폐하께서는 일흔세 살의 늙은이에게 진실의 목소리가 들리게 하고 정의가 승리하게 하는 것 말고는 다른 세속적 욕망이 있을 수 없다는 것을 잘 아실 것입니다.

이런 연유로 폐하께 이 편지를 올립니다.

블뤼허

리에주 사령부,

1815년 5월 6일

그의 애정 표현 방식은 유별났다. 아내가 죽었을 때 그는 "응, 그 꼴 보기 싫은 여편네, 얼굴은 정말 예뻤는데, 속은 정말 지독했지"라고 말했다. 그가 워털루 전투 후 점령한 생 클루의 나폴레옹 궁전 안 웅장한 갤러리에서 메테르니히한테 던진 말에도 비슷한 정서가 드러난다. "그 인간은" 그는 이어 말했다. "정말 제대로 바보인 게 틀림없군. 이 좋은 걸 다 놔두고 모스크바까지 쫓아가다니." 블뤼허는 그 "제대로 바보"인 나폴레옹에게 세인트헬레나 섬 유배라는 너무도 편한 운명이 허락된 사실에 실망했고, 어떻게든 그를 처형시키려고 애썼다. 그러나 나폴레옹이 아직 잡히지 않았을 때 쓴 편지에서 보다시피 웰링턴은 이런 계획에 전혀 관여하려 들지 않았다.

파리 시민들은 자코뱅들이 나폴레옹을 내게 넘겨줄 것이라고 생각합니다. 내가 그의 목숨을 살려줄 것이라 믿기 때문입니다. 블뤼허는 그를 죽이자고 합니다. 하지만 나는 처형에 반대하며 나폴레옹은 공동의 합의에 따라 처리되어야 한다고 주장할 것이라고 말했습니다. 마찬가지로 개인적 친구로서 저는 그에게 그렇게 추악한 과정에 연루되지 말라고도─다시 말해 나와 그는 이 일련의 과정에서 너무도 두드러진 역할을 했기 때문에 처형자가 될 수 없다고도─충고했습니다. 그리고 만약 군주들이 나폴레옹을 죽이려 한다면 사형을 집행할 사람이 필요할 테지만, 적어도 내 자신은 그 사형집행인이 되지 않기로 굳게 결심했다고도 알렸습니다.

1차 세계대전이 끝난 후에 '황제를 목매달자' 선거*와 당시의 대중 감정, 영국 정치 지도자들의 연설을 기억하는 사람들은 프로이센이 1815년 당시 얼마나 시대에 앞서 있었는지, 웰링턴과 같은 사람들이 느끼는 양심의 가책이 후대에 얼마나 구닥다리로 비치게 되는지 깨달을 것이다.

19세기 초, 독일 르네상스와 연관된 정치사상들을 어떻게 평가하든 간에 위대한 인물들의 문화적 공헌 측면에서 독일이 당시 세계를 이끌었다는 점은 인정해야 한다. 칸트와 헤겔, 괴테와 실러는 당대인들 가운데서 감히 비길 만한 사람이 없다. 칸트와 괴테의 위대함이 부분적으로는 그들이 독일 민족주의의 열기로부터 자유로웠기 때문에 가능했다는 점은 사실이다. 그래서 그들의 가장 위대한 자질 가운데 몇 가지는 다음 세대 독일인들에게 유감스럽게

---

* 패전이 확실해지자 네덜란드로 망명한 빌헬름 2세를 전범으로 송환받는 것이 쟁점이 된 1918년에 치러진 영국 선거를 가리킨다.

여겨진 것도 사실이다. 칸트는 루소를 숭상했고 프랑스혁명을 좋아했다. 그는 트라이치케의 표현에 따르면 "영구 평화라는 남자답지 못한 꿈"을 옹호하는 논고를 썼다. 괴테의 경우, 예나 전투의 포성은 그의 애국심이 아닌 철학적 감성을 일깨웠고, 따라서 나중에 아무런 거리낌 없이 프랑스인들과 함께 전장을 방문할 수 있었다. 칸트와 괴테는 위대한 사람들이었지만 나중에 자신들이 독일 민족주의에 이용된 방식을 좋아하지는 않았을 것이다. 그들 이후의 독일 위인들 대부분이 애국주의로 넘쳐난 것은 사실이며, 그럴 만한 이유가 없지 않다. 나폴레옹의 몰락부터 1차 세계대전까지 전 기간 내내 독일은 과학과 거의 모든 학문 분야에서 우위를 유지했다. 과학뿐만 아니라 다른 여러 측면에서도 1815년 독일의 모습은 당대의 다른 나라들보다는 백 년 후의 모습과 더 닮아 보였다. 트라이치케는 이렇게 말한다.

마르틴 루터의 시대 이후 처음으로 독일 관념론이 다시 한 번 세계에 이름을 떨치게 되었고, 옛 세계에서 종교개혁의 사상이 받아들여진 것보다 더 기꺼이 받아들여지고 있다. 독일만이 이미 18세기 세계 질서에 특징적인 관점을 뛰어넘었다. 계몽주의 시대의 감각주의는 관념적 철학으로, 이성의 지배는 심오한 종교적 감수성으로 대체되었다. 세계시민주의는 민족 특수성에 대한 기쁨으로, 자연권은 민족국가들의 활발한 성장에 대한 인식으로 대체되었다. 정격 예술의 규칙은 영혼 깊숙한 곳에서 자연스러운 에너지에 의해 솟아나오는 자유분방한 시심으로, 정밀과학의 우세는 새로운 역사 – 미학적 문화로 대체되었다. 이 새로운 사상의 세계는 독일에서 고전주의와 낭만주의 시인들의 3세대에 걸친 작품들을 통해 서서히 성숙해갔다. 반면, 이웃 국가들에서는 한정된 추종자 이상을 얻지 못하다가 이제야 비로소 유럽 전역으로 승승장구하며 뻗어나가고 있다.

트라이치케가 지적한 대로, 같은 시기에 교황은 종교재판소와 금서 목록을 재도입했고, 성경협회는 악마의 소산으로 규정되었다. 한편 왕정복고기의 남프랑스에서는 "가톨릭 군중이 프로테스탄트의 집으로 쳐들어가 '칼뱅의 피로 블랙 푸딩을 만들자!'라는 구호와 함께 이단자들을 살해했다."

빈 회의에 모인 정치가들은 개별적으로는 계몽되고 교양이 넘쳤지만 그러한 몽매한 반동을 수수방관했다. 반면, 독일의 새로운 사상에는 벌벌 떨었다. 특히나 메테르니히는 독일에서 18세기를 연장하려고 작정했고 1848년까지 표출된 모든 자유주의를 억압하는 데 성공했다.

노예무역 폐지를 둘러싼 갈등

빈 회의의 정서는 18세기적이었다. 거기에 침범한 민주적 색채의 독일 민족주의는 더 이후의 시대에 속한 것처럼 보였다. 빈 회의의 분위기와 전혀 맞지 않았던 또 하나의 문제는 노예무역이었다. 19세기 박애주의의 시초라 할 만한 이 사안은 영국이 제기했는데, 다른 강대국들에게는 전적으로 냉소거리였다. 영국에서는 노예무역 폐지를 옹호하는 정서가 압도적이었고, 개인적으로는 어떻게 생각했든지 간에 캐슬레이는 주도적인 폐지론자인 윌리엄 윌버포스와 토마스 클락슨의 의견을 경청해야 했다. 영국은 노예무역을 이미

폐지했고 다른 강대국들을 유도해 5년 안에 노예무역을 폐지하게
하려고 애썼다. 탈레랑 같은 이들의 놀라움을 자아냈듯이, 영국 정
부는 폐지의 대가로 상당한 영토나 현금을 내놓을 용의가 있었다.
만약 거부할 경우 비우호적인 무역 차별이 따를 공산이 컸다. 캐슬
레이가 마드리드 주재 영국 대사에게 보낸 아래 편지는 전형적인
실례다.

귀하,

……노예무역 사안과 관련해 우리의 입지가 좀 더 편해지도록 에
스파냐 정부를 실제로 압박해야 합니다. 그렇지 않으면 우리가 아무
리 돕고 싶어도 달리 어쩔 수가 없습니다. 본국은 이 문제에 완전히
매달려 있어서, 노예무역 폐지를 위한 모임을 열거나 청원을 하지 않
은 마을이 거의 없을 정도입니다.

양원은 이 문제를 압박하기로 공언한 상태이고 각료들은 폐지를
정책의 기조로 삼아야 합니다. 에스파냐와 포르투갈이 그 문제를 두
고 유럽 전체와 분리되지 않는 것이 특히 중요합니다. 그렇지 않으면
양국 식민지의 생산품에 대한 금수 조치가 부과될 가능성이 큽니다.
그러니까 프랑스에게 5년 내 폐지 약정을 촉구하고 프랑스를 설득해
라브라도르(빈 회의에서 에스파냐 대표)도 거기에 보조를 맞추도록 지
시하게 하십시오.

금지선 북쪽에서의 즉각적인 노예무역 폐지와 관련해서, 만일 금
지선을 로페 곤살베스, 즉 케이프 로페즈 남쪽에 설정할 수 없다면 케
이프 포모소나 케이프 코스트 캐슬에서 서쪽으로 3도쯤 떨어진 곳으

로 밀어보십시오.＊ 하지만 화물을 실은 배들은 케이프 로페즈에서 출항해서 곧장 해안선을 벗어나니까 역시 케이프 로페즈가 제일 좋을 것입니다.

우리가 폐지하기 이전에도 에스파냐 본토에서 노예무역이 이미 사라진 사실은 기억하실 것입니다. 그리고 이제는 에스파냐 식민지에서도 노예를 거의 수입하지 않는 것 같습니다. 우선 쿠바와 푸에르토리코로 실려 가는 노예의 거의 대부분은 거기서 미국 선박으로 재선적된 후 주로 미시시피 강을 따라 미국법을 어겨가며 미국 내로 밀입국되고 있습니다. 권한 오남용을 막기 위해서는 상호 수색권한을 보장하는 것이 가장 중요합니다.

1814년 8월 1일

세인트제임스 스퀘어

노예무역에 대한 영국의 태도는 심리학적으로 무척 흥미롭다. 폐지에 가장 앞장선 바로 그 사람들이 영국 산업화의 참상을 완화하는 시도에는 사사건건 반대했기 때문이다. 윌버포스 같은 사람들이 아동노동에도 목소리를 낼 준비가 되어 있었다는 사실은 유일하게 인정할 수 있지만, 그 견해 역시 아이들이 일요일에 기독교 신앙의 가르침을 배울 시간이 있어야 한다는 수준이었다. 그들은 영국의 아이들에 대한 동정심은 없었지만 흑인들에 대해서는 연민으로 가득했다.

여기에 대해 지금 내게 유일하게 떠오르는 설명이란 너무 냉

＊ 케이프 로페즈, 케이프 포모소, 케이프 코스트 캐슬 모두 아프리카 노예무역의 기지이다.

소적인 것이라 딱히 제시하고 싶지 않다. 그러나 이와 관련된 사실
만큼은 인간 감정이 얼마나 복잡한지를 보여주는 뛰어난 실례로서
주목할 필요가 있다.

빈 회의는 실패했는가?

1919년까지, 빈 회의는 일반적으로 실패로 간주되었다. 그러나 세
계는 이제 실패에 대해 더 까다로운 기준을 갖게 되었다. 여러 결함
에도 불구하고 빈 회의에서 내려진 결정들에 대해 유럽은 두 가지
측면에서 감사할 만했다. 첫째는 프랑스에 대한 관용적 태도였다.
나폴레옹의 백일천하 후에 다소간 가혹한 처벌이 필요하다는 견해
도 있었던 것은 사실이다. 배상금이 부과되었고, 동맹군이 프랑스
의 주요 거점에 주둔했다. 그러나 몇 년 안에 배상금이 모두 지불되
고 주둔군이 철수함에 따라 프랑스는 승자들을 향해 지속적인 원
한을 품지 않았다.

　유럽이 빈 회의로부터 얻은 두 번째 이득은 평화를 보전하는
수단으로서 국제 정부를 설립한 일이었다. 비록 일시적이었고 취한
조치들이 형편없었던 것은 사실이지만, 그럼에도 불구하고 그 국제
정부는 22년간의 전쟁 후에 유럽이 숨 돌릴 틈을 주었다. 러시아와
프로이센, 오스트리아와 영국—나중에는 프랑스도 포함해서—은
국제적 사안을 규제하기 위해 이따금 회의에서 만나기로 합의했다.
부분적으로는 이런 합의의 결과로 다음 39년간 어떤 주요 전쟁도

일어나지 않았다.*

*   1853년에 발발한 크림 전쟁을 가리킨다. 영국과 프랑스, 사르데냐가 오스만튀르크와 한편이
     되어 러시아와 맞선 이 전쟁은 나폴레옹 전쟁 이후 유럽 주요 강국이 대거 참전한 유일한 전쟁
     이다. 그러나 크림전쟁은 유럽의 변두리인 발칸과 흑해 일대에서 치러졌고 1차 세계대전이 발
     발할 때까지 유럽 본토에서 대규모 전쟁이 일어나지 않았기 때문에 빈 회의로 수립된 세력균
     형을 통한 5대강국의 집단 지배체제가 100년 가까이 유지된 셈이다. 러셀이 이 책을 쓴 1934
     년은 1차 세계대전 전후체제의 불안정성이 심화되던 시기였고, 결국 1939년에 2차 세계대전
     이 발발하면서 베르사유 체제는 20년으로 단명하게 된다. 빈 체제에 대한 평가가 올라갔다는
     말은 이런 현실을 반영한 것이다.

03

신성동맹

성공을 재연하는 것은 언제나 위험부담이 따른다. 1814년에 동맹 군이 파리에 입성했을 때 맨 앞자리는 알렉산드르 차지였다. 그러 나 재집권한 나폴레옹의 백일천하가 끝나고, 1815년에 다시 파리 에 입성했을 때 그의 영광은 러시아나 오스트리아의 도움 없이 마 침내 근대 최고의 군사 천재를 물리친 웰링턴과 블뤼허에게 빛이 바랬다. 그러나 지상의 영광이 허락되지 않는다 하더라도 천상의 영광은 여전히 손에 넣을 수 있었다. 이 무렵에 알렉산드르는 예전 보다 훨씬 더 종교적으로 변했다.

크뤼데너 남작 부인과 알렉산드르의 신성한 만남
알렉산드르는 친분이 있는 다양한 귀부인들로부터 놀라운 예언가 크뤼데너 남작 부인에 대해 많은 이야기를 들었다. 이제 57세인 이 고매한 부인이 언제나 종교적 삶에 헌신했던 것은 아니다. 그녀는 화려하고 파란만장한 젊은 시절을 보냈다. 물론 그녀는 자신의 더 고귀한 본성이 온전히 잠자고 있지는 않았으며, 코펜하겐에서 쾌락과 사치를 누리는 와중에도 자신이 언제나 한결같고 진실했으며 자연과 조화를 이뤘다고 우리를 안심시킨다. 1789년 크뤼데너 부인은 (남편이 러시아 대사로 근무하던) 코펜하겐을 떠나 파리에서 자연과 조화롭게 살기로 결심했다. 그러나 몇 달이 지나 마리 앙투아네트의 재단사에게 800파운드의 빚을 졌고 다른 요인들도 겹쳐서 몽펠리에로 떠났다.

'바렌 도주 사건'에서 국왕이 그녀의 친구 중 한 명의 여권을 사용한 것 때문에 부인은 프랑스를 떠나는 게 안전하다고 느끼고 시종으로 변장한 애인과 함께 도망쳤다. 그녀는 남편에게 애인을 솔직하게 소개했지만 그 실험은 성공하지 못했다. 나중에 그녀는 "크뤼데너 남작은 가정의 행복이란 것을 전혀 모른다. 그는 만찬과 교제상의 방문, 연극 등등에 훨씬 더 빠져 있다"고 언급한다. 남편의 이러한 둔감성에도 불구하고 그녀는 이제는 베를린 대사가 된 남편과 함께 살았다. 크뤼데너 남작 부인은 자신이 남편에게 행운을 가져왔다고 믿었으며, "내가 그에게 돌아온 후 주님께서는 내가 그를 축복해주길 바라셨다.……타인의 행복을 위해 주님께 소박하고 신실하게 희구하는 경건한 마음으로 바라던 은총을 얻는다는 것을 믿지 못할 이유가 무엇인가?"라고 말했다. 그럼에도 불구하고 1801년 그녀는 끝내 훌륭한 남작을 떠났다. 만약 그 이후로 신이 그를 축복하셨다면 그건 다른 방식으로 이루어졌음이 틀림없다.

＊　프랑스혁명 와중에 루이 16세가 외국으로 탈출하려다 실패한 사건.

크뤼데너 부인의 전향은 1805년에 리가Riga에서 어머니 곁에 머물고 있을 때 일어났다. 부인과 사랑에 빠진 젊은이가 그녀에게 인사를 한 후 바로 그 자리에 쓰러져 죽은 것이다. 이 일이 자신에게 일어날 수도 있었다는 생각에 그녀는 몹시 비참해졌다. 얼마 후 그녀의 구두재단사가 행복해하는 것을 보고 이유를 물었고, 재단사는 자신이 모라비아 형제단* 소속이며 종종 성경을 읽기 때문이라고 말해주었다. 그녀는 그의 처방을 시도해보았고 성공적이었다. 그녀의 말을 들어보자. "이 신성하고 지극한 믿음으로부터 내가 어떤 행복을 얻었는지 짐작도 못할 것이다.……사랑, 야심, 성공은 한낱 어리석음처럼 보인다. 과장된 애정은 심지어 법이 허용하는 것이라 할지라도 높은 곳에서 오는 순수한 천상의 행복에 비하면 아무것도 아닌 것처럼 보인다."

크뤼데너 부인이 역사에서 한 자리를 차지할 수 있는 기회는 종교적 삶을 이끈 지 10년이 지나서 찾아왔다. 차르를 만날 운명이라는 예감을 느낀 그녀는 1815년 봄에 빈에서 러시아 군대의 주둔지로 가는 길에 있는 한 마을에 머물렀다. 마침내 6월 4일, 빈 회의를 마치고 군대의 선두에 서기 위해 길을 재촉하고 있던 알렉산드르는 그녀가 머무는 곳 인근의 하일브론에서 저녁을 보내게 되었다. 알렉산드르는 부인에 대해 많은 이야기를 들었지만 근처에 있다는 사실은 알지 못했다. 책을 읽기에는 너무 피곤하고 잠을 자기에는 너무 뒤숭숭했던 그는 그녀에 관해 전해들은 이야기를 기억하며 만날 기회가 있으면 하고 바랐다. 그 순간 그녀가 도착을 알려

---

* 　종교개혁가 후스의 가르침을 따라 만들어진 분파.

왔다.

크뤼데너 부인은 우물쭈물하지 않았다. 그녀는 그가 죄인이며 신 앞에서 아직 자신을 충분히 낮추지 않았으며, 그녀 또한 커다란 죄인이었으나 십자가 앞에서 자신의 죄를 사함 받았다고 말했다. 알렉산드르는 대답했다. "내가 여태 보지 못했던 것을 내 안에서 발견하게 만들었습니다. 그러나 그러한 대화가 여전히 많이 필요하니 부디 멀리 가지 마십시오." 그녀는 황제의 명령을 받들어 이후 몇 달 동안 그녀의 존엄한 회개자로부터 멀리 떨어지지 않았다.

기이한 동맹과 반동의 암흑기

두 사람의 미덕의 산물은 신성동맹이었다. 이 기이한 문서는 1815년 9월 알렉산드르가 작성했고, 그는 이 문서를 통해 크뤼데너 부인으로부터 배운 위대한 종교적 진실을 정치에 적용하고자 했다. 알렉산드르는 초안을 크뤼데너 부인에게 제시해 그녀가 제안한 수정을 공손하게 수용한 후, 즉시 오스트리아 황제와 프로이센 국왕에게 가져갔다. 다른 유럽 군주들의 서명은 가능한 빨리 받아낼 예정이었다(그러나 술탄은 기독교도가 아니었기 때문에 서명을 요청받을 수 없었다).

이하는 9월 26일에 알렉산드르와 프란츠 2세, 프리드리히 빌헬름이 서명한 신성동맹 문서이다.

성삼위일체의 이름으로.

오스트리아 황제와 프로이센 국왕, 러시아 황제는 지난 3년 사이에 유럽에서 일어난 커다란 사건들의 결과로, 그리고 특히 그들의 믿음과 희망을 오로지 주님께 맡긴 정부의 나라들이 신의 섭리로 입은 은혜의 결과로, 열강이 상호관계에서 채택하는 행동강령들이 우리 주 예수의 영원한 믿음에 담긴 지고한 진실에 바탕을 두어야 한다고 깊이 확신하게 된바, 전 세계 앞에 현 행위의 유일한 목적은 각자의 나라를 다스릴 때나 다른 정부들과의 정치적 관계에서나 그들의 행동 강령으로서 오로지 신성한 신앙, 정의, 자비, 평화의 원칙들, 즉 개인적 삶에만 배타적으로 적용되는 것이 아니라 오히려 군주들의 결단에 직접적으로 영향을 미치고, 그들의 모든 결정을 지도해야 하며 인류 제도를 굳건히 하고, 그 미비점을 치유하는 유일한 수단을 제공하는 저 원칙들만을 채택한다는 그들의 불변의 결의를 천명하는 것임을 엄숙히 선언한다.

그런고로 세 군주는 다음 조항을 채택한다.

1조. 모든 사람은 서로 형제로 여기라고 명하는 성경 말씀에 따라 여기에 서명하는 세 군주는 진실하고 떼려야 뗄 수 없는 형제애로 하나가 될 것이며 서로를 동포로 여기는바, 그들은 어떤 상황에서나 또 어디서나 서로를 돕고 구할 것이다. 그들은 그들의 신민과 군대에 대하여 자식들을 대하는 아버지의 위치와 같다고 믿는바, 신앙과 평화, 정의를 수호하기 위해 유사한 형제애의 정신으로 그들의 신민과 군대를 이끌 것이다.

2조. 그 결과, 상기한 정부 사이나 그들의 신민 사이에 유일하게 작동하는 원칙은 상호부조의 원칙일 것이다. 이는 불변의 선의로서, 각자를 고무하는 상호 애정을 서로에게 보여주는 것, 서로를 다름 아닌 동일한 한 기독교 민족의 일원으로 예외 없이 간주하는 것이다. 세 동맹 군주는 동일한 한 가족의 세 일족, 즉 오스트리아, 프로이센, 러시아를 다스리도록 오직 신에 의해 위임받는 자들로 스스로를 간주하는바, 따라서 그들과 그들의 백성이 일원이 되는 기독교 민족에게는 다름 아닌 오직 그분만이 군주이시며 최고 권력은 오로지 그분께만 속한다는 것을 고백하니 이는 오로지 그분, 즉 하느님, 우리 구세주 예수 그리스도, 성육신의 말씀 안에만 사랑과 지식, 무한한 지혜의 보물이 담겨 있기 때문이다.

따라서 세 군주는 양심에서 생겨나며, 홀로 영속적인 평화를 누리는 유일한 수단으로서 우리 구세주 하느님이 인류에게 부여한 그러한 의무들의 원칙과 실천 안에서 매일 스스로를 더욱더 단련하도록 진심으로 근심하며 백성들에게 권유한다.

3조. 이 행동을 고무한 성스러운 원칙을 따르겠다고 엄숙히 맹세하기를 희망하고, 장래에는 이러한 진실들이 인류의 운명에 마땅한 영향을 미쳐야 한다는 사실이 오랫동안 다른 걱정으로 혼란스러웠던 국민들의 행복에 얼마나 중요한지를 인식한 모든 열강은 깊은 애정과 더불어 이 신성동맹에 열렬히 받아들여질 것이다.

주후 1815년 9월 14(26)일에

(서명) 프랑수아

프레데릭 – 기욤

알렉산드르

다른 군주들과 정치가들은 신성동맹을 그리 높이 평가하지 않았다. 유럽의 사안들은 쇼몽에서 체결된 4대 강국의 동맹에 의해서 규제되겠지만, 신성동맹의 의미는 종교적이며 세속적 의미를 띠지 않기 때문에 루이 18세는 가입이 허락될 것이었다. 신성동맹에 대한 메테르니히의 시각은 그가 캐슬레이에게 밝힌 대로 알렉산드르가 정신이 이상해졌다는 것이었다. 동일한 시각을 취한 오스트리아의 프란츠 황제는 신성동맹에 서명함으로써 그의 기분을 맞춰주는 것이 현명하다고 판단했다. 영국 정부는 신성동맹에 가담하는 것을 거부했지만 섭정왕세자—그 신실한 기독교도—는 차르에게 공감을 나타내는 편지를 썼다. 알렉산드르가 캐슬레이에게 신성동맹에 대해 이야기하러 왔을 때 마침 웰링턴도 동석해 있었다. 두 사람은 (캐슬레이가 리버풀 수상에게 쓴 대로) 적절한 엄숙함을 유지하느라 힘들었다. 알렉산드르의 전향은 일반적으로 반동주의자들의 승리로 인식되었지만, 정작 모두가 기독교도였던 반동주의자들이 기독교의 원칙에 따라 살자는 제안을 정신 이상의 증거로 간주했다는 사실은 흥미롭다.

공식적으로 신성동맹 자체는 빈 회의 마지막 의정서에 의거한 강대국들의 회의에 따라 규제되는 사건 흐름에 영향을 미치지 않았다. 그러나 사실 1815년부터 1830년까지 15년에 걸친 반동의 암흑기에 대한 대중의 정서는 빗나가지 않아 그간 일어난 자유에 대한 모든 억압을 신성동맹의 소산으로 간주했다. 전향에 따라 알렉산드르는 더 이상 자유주의자가 아니었고, 그 결과 갈수록 메테르니히의 영향력 아래 놓이게 되었다. 크뤼데너 부인의 적절한 개입이 없었다면 유럽에서 메테르니히의 권력은 더 줄었을 것이다. 차르는 오래지 않아 크뤼데너 부인을 싫증냈지만, 더 해로운 종교적 조언자들이 그녀를 대신했다. 알렉산드르와 크뤼데너 부인의 관계는 니콜라이 2세와 라스푸틴의 관계와 비슷한 면이 있다. 그러나 차이도 존재한다. 한쪽은 코미디고 한쪽은 비극이다. 그러나 코미디는 차르라는 개인으로부터 세계 전체로 넘어가면 더 이상 코미디가 아니다. 나폴리 애국자들은 죽거나 종신형에 처해졌다. 러시아 군인들은 태형을 당해 죽었고, 그리스인들은 말뚝에 박혔다. 모두 알렉산드르의 예민한 양심이 그러한 희생을 요구했기 때문이다. 구원을 얻기 전에 그는 인간적이었다. 하지만 구원을 얻은 후로 그는 서서히 점점 더 깊어가는 잔인성의 나락으로 빠져들었다.

빈에서 수립된 체제를 이끌어간 회의들은 1818년의 엑스라샤펠 회의, 1820~1821년의 (사실상 하나의 도시인) 트로파우와 라이바흐 회의, 1822년의 베로나 회의였다.

메테르니히가 "아주 자그마한 회의"라고 묘사한 엑스라샤펠 회의는 대체로 프랑스 사안을 다뤘다. 두 달 안으로 외국 군대가 프랑스 영토에서 철수하기로 합의되었다. 러시아와 오스트리아, 프로이센, 영국은 다른 국가들에 위협이 되는 어느 형태의 프랑스 정부도 반대한다는 1814년의 쇼몽 조약을 갱신했다. 그러나 그것이 처리되자 프랑스는 5대 강국의 협조체제 안에 받아들여졌고 더 이상 불신의 눈초리를 받지 않게 되었다. 비밀 의정서는 5대 강국 중 어느 하나라도 혁명적 소요가 발생해 다른 네 나라에 도움을 요청하면 다른 나라들은 반드시 지원을 해야 한다고 규정했다. 회의들은 정기적으로 열렸고, 또 이따금은 위기 시에 개최되었다. 그러므로 국제 정부는 입법부와 집행부를 갖고 있는 셈이었다. 국제 정부의 헌법은 정통성의 원칙이었다.

트로파우와 라이바흐 회의는 엑스라샤펠에서 합의된 원칙들을 실질적으로 적용하는 중요한 기회를 마련했다. 우려되는 다양한 사태들이 군주들과 그들 대신들의 마음속 평화를 어지럽히고 있었

다. 에스파냐에서는 군대가 반란을 일으켜 페르난도 7세에게 1812
년의 헌법을 되살릴 것을 강요했다. 이 사건은 다음처럼 시작하는
셸리의 자유 찬가에 영감을 주었다.

> 영광스러운 민중이 다시금 흔들어 깨웠다.
> 민족들의 번개, 자유를.

그러나 번개는 위험한 것이고, 러시아와 프로이센, 오스트리
아는 그것을 저지하기로 결심했다. 그러나 이는 결코 간단한 문제
가 아니었다. 포르투갈은 에스파냐의 선례를 따랐다. 메테르니히에
게 더 인접한 골칫거리인 나폴리에서는 봉기가 일어나 페르디난도
4세는 억지로 수여한 새 헌법을 준수하겠다는 서약을 해야만 했다.
동유럽 강대국들의 반동정치를 처음부터 미심쩍게 여겼던 영국은
반란 진압에 협조하기를 거부했다. 동맹국들에 의해 의회 체제를
받아들이도록 강요받은 프랑스는 에스파냐가 의회를 갖지 말아야
하는지 자신할 수 없었지만, 에스파냐에 개입이 이뤄져야 한다면
오로지 프랑스만 개입해야 한다고 확신했다. 동유럽 세력들은 프
랑스 부대가 에스파냐 혁명가들과 접촉하면 프랑스의 혁명 전통이
되살아날까 봐 두려워했다. 영국은 포르투갈에서의 모든 군사 행동
에 반대했다. 메테르니히는 오스트리아 군대만 나폴리에 출동해야
한다고 결정해 다른 이들에게 오스트리아의 세력 확대에 대한 두
려움을 불러일으켰다.

이러한 어려움들에도 불구하고 반동 작업은 포르투갈을 제외
하고 모두 완수되었다. 프랑스에서 각료들의 교체는 극단적 보수주

의자들에게 힘을 실어주었고, 1822년 그들이 파견한 프랑스 군대는 에스파냐를 침공해 절대왕정을 복귀시켰다. 나폴리에서는 문제가 더 빨리 해결되었다. 페르디난도 4세는 교황령으로 피신했고 오스트리아에 도움을 요청했다. 그의 무책임한 권력은 백색 테러가 흔히 자행하는 온갖 잔학행위들을 통해 회복되었다. 이 사건들이 교훈이 되어 한동안 대륙의 자유주의자들을 조용하게 만들었다.

독실한 폭군, 알렉산드르

한때 자유주의자였던 알렉산드르가 한 역할은 심리학적으로 흥미롭다. 알렉산드르가 그때까지 매우 높이 평가해온 세묘노프스키 연대에서 결정적 순간에 군사반란이 터진 것은 메테르니히에게 행운이었다. 그것은 새로 부임한 대령의 견디기 힘든 잔혹성에서 촉발된 매우 온건한 반란이었다. 황제는 겉으로는 이 문제를 육군대신 아락체예프에게 일임하는 척했다. 하지만 사실은 반란자들의 처벌에 직접 관여했으며, 위선적인 자비 아래 믿기 힘들 만큼 가혹한 형벌을 부과했다. 예를 들면 이런 식이었다. "황제 폐하께서는 아래 언급한 자들이 장기간 투옥될 것이라는 사실과 그들이 전장에서 오랫동안 복무한 기록을 고려하여 수치스러운 채찍질을 친히 면하게 하셨다. 대신 각각 6,000대의 매질을 가한 후 광산 노역에 처할 것을 명하셨다."

사실상 바로 그 순간에 알렉산드르는 종교적인 친구인 골리친 공에게 편지를 쓰고 있었다.

나는 그분이 이끄는 가르침과 그분이 정하신 뜻 앞에 나를 완전히 맡겼으니 모든 일을 예비하시고 정하시는 이는 그분입니다. 이것이 오로지 그분의 질서가 공동선을 위해 정하신 목표로 이어질 수밖에 없다는 것을 알기에 나 자신을 온전히 그분께 맡기고 오로지 그분만을 따릅니다.

골리친 공의 조심스런 비판에 맞서 알렉산드르가 자신의 나폴리 정책을 정당화하는 장문의 편지에 나타난 이 경건한 성찰은 라이바흐 회의 시기에 쓰였다. 알렉산드르는 어안이 벙벙해 비판의 이유가 뭔지 모르겠다고 고백하며, 그러한 비판이 설마 "6개월도 채 안 되어 세 나라를 혁명으로 몰아넣고 유럽 전역으로 퍼져나가 유럽을 집어삼키려고 위협하는 문란한 원리들을 조용히 참아야 한다는 믿음"에서 나왔을 리는 없다고 말한다. 또 이러한 원리들은 왕위만을 겨냥하지 않고 기독교 신앙도 겨냥한다고 말을 잇는다. 그다음, 신이 더 약한 자들에게 승리를 안겨주신다는 것을 입증하고자 나폴리 국왕을 유디트에, 나폴리 혁명가들을 홀로페르네스에게 비유한다.* 그리고 자신은 오로지 신께 의지한다고 말한 페르디난도 4세의 편지를 인용한다. (입헌주의자들은 페르디난도가 여전히 나폴리의 국왕으로 남아주기를 바랐기 때문에 위증죄를 저지르기로 한 게 아니라면 페르디난도는 아무런 위험도 감수하고 있지 않았다.) 이 이야기 이후로 세속적 문제를 논의하는 내용이 여러 페이지에 걸쳐 나오는데 모두 빈틈없고 간단명료하다. 그러나 그는 이내 신성한 주제로 돌아온다. 그는 전 세계의 자유주의자들과 혁명가들, 이탈리

---

* 구약 외경 유디트서에 따르면 유대 여인 유디트는 혈혈단신으로 적진에 침투해 아시리아 군대의 장수 홀로페르네스의 목을 쳤다.

아의 카르보나리*들은 정부가 아니라 구세주의 신앙, 기독교 신앙을 겨냥한 하나의 커다란 음모의 일부라고 말한다. "그들의 좌우명은 '미신을 타…'(볼테르의 좌우명, '미신을 타파하라')입니다. 볼테르와 미라보, 콩도르세, 그 밖에 그들과 동류인 다수의 저작을 통해 너무도 잘 알려진 그 끔찍한 신성모독을 감히 여기에 옮겨 적기도 힘듭니다." 그는 자신의 믿음은 사도 바울과 뜻을 같이 한다고 다음과 같이 말한다.

지금 이 순간 방금 내가 당신께 이야기한 것과 관련한 말씀을 찾고자 성경을 펼쳤는데, 펴자마자 로마서 8장 22절부터 마지막 절까지가 눈에 들어왔습니다. 내가 찾는 말씀은 아니었지만 내가 지금 당신에게 쓰고 있는 이야기에 아주 적절한 유비로 보이기에 당신도 읽어보기를 바랍니다.

내가 당신에게 신앙에 대해 말하면서 구한 말씀은 로마서 14장 23절입니다. "그러므로 믿음 없이 행하는 자는 지옥에 가나니 믿음을 따라 하지 아니하는 것은 다 죄니라."†

나는 스스로를 신성한 역사役事의 도구라고 느낍니다. 나는 타협해서는 안 되고 또 타협할 수도 없습니다. 하물며 물의의 원인이 되어서도 안 됩니다.

로마서 14장에서 사도 바울 가라사대

---

*   19세기 초 이탈리아의 독립과 통일을 주장한 자유주의적 비밀결사.

†   [원주]군데군데 흠정영역성서[잉글랜드 국왕 제임스 1세의 명에 따라 영어로 번역된 성서. 영어권 성서 인용의 주요 기준서]와 다른 부분은 황제가 인용한 내용을 충실하게 옮기고자 내가 바꾼 것이다[마찬가지로 여기에 인용된 성경 구절은 러셀이 인용한 내용에 충실하기 위해 국내의 한글개역성서의 본문과 다를 수 있다].

13절: 그런즉, 우리가 더는 서로를 비판하지 말고 도리어 부딪힐 것이나 거칠 것을 형제 앞에 두지 아니하라.

16절: 그러므로 너희는 선한 것이 비방을 받지 않게 하라.

18절: 이로써 그리스도를 섬기는 자는 하느님을 기쁘시게 하며 사람에게도 칭찬받느니라.

19절: 그러므로 화평의 일과 서로 덕을 세우는 일을 힘쓰라.

21절: 네 형제를 가로막거나 해하거나 약하게 하는 일은 무엇이든 아니함이 좋으니라.

22절: 깨끗한 믿음을 가졌는가? 하느님 앞에서 그 믿음을 가지고 있으라. 그의 양심이 그가 한 일에 대하여 정죄하지 않는 자는 복되도다.

23절: 믿음을 따라 하지 아니하는 것은 다 죄니라.

이 성경 구절로부터 나폴리에서 가장 훌륭한 사람들을 투옥하고 잔인한 폭군의 전제정을 회복하는 것이 옳다는 결론이 도출되는 모양이다. 알렉산드르는 세계에서 가장 큰 군대를 통솔했고 그의 의지를 관철할 권력이 있었다. 메테르니히는 분명 그가 미쳤다고 생각했지만 그 미치광이를 이용해 오스트리아 외무성의 바람을 실행할 수만 있다면 그런 것쯤은 아무래도 상관없다고 여겼다.

알렉산드르의 신앙은 여러 국면을 거쳤다. 처음에 정통 신앙을 따랐을 때 그는 믿음에 대해 크게 고민하지 않았다. 그다음 어느 정도는 누이 예카테리나의 영향을 받아 정통 신앙인들은 혐오하는 프리메이슨에 관심을 갖게 되었다. 모라비아 구두 수선공의 조언을 따른 크뤼데너 부인은 성경을 강조했고, 알렉산드르가 말씀을 공부하게 이끌었다. 그는 영국과 외국의 성경협회가 러시아에 성경을 배포하는 것을 장려했으며, 골리친 공은 이 사업으로 그와 친분을 맺게 되었다. 골리친의 친구인 코셸레프는 알렉산드르의 또 다른 종교적 보좌였다. 두 사람은 그가 완전한 반동이 되는 것을 막으려고 애썼고, 신앙적 관점에서 러시아 교회 고위인사들의 광신적인 교리에 동의하지 않았다. 후자 가운데 가장 두드러진 인물은 아르키만드리트 포티우스로 그는 코셸레프가 죽은 후 황제에게 상당한 영향력을 행사했다. 코셸레프가 죽었을 때 포티우스는 다소 독특한 추도 기도문을 발표했다.

주님께서 알맞다고 여기실 그때에 신의 종복을 택하여 역사하시길 주님께 깊은 침묵과 고독 속에서 기도합니다. 비밀스러운 근거지에 숨겨진 사탄의 소굴, 볼테르 신봉자들과 프리메이슨, 마르티니스트의 비밀 회합을 파괴하고, 거듭 저주받을 광명회, 저 일곱 머리 히드라의 목을 칠 신의 종복을 기용하시길 기도합니다. 그곳의 대사제, 아니 마법사는 최근 11월 26일 성 게오르기우스 축일에 주님의 법정 앞에 불려나왔습니다.*

국제적 사안에서 알렉산드르의 정책이 여전히 취해야 할 조치가 하나 남아 있었다. 이것은 1822년, 베로나 회의에 앞선 빈에서의 예비 담화에서 이루어졌다. 오스만 제국의 전제에 맞선 그리스

---

* 마르티니즘Martinism은 18세기에 프랑스에서 형성된 신비주의적이고 비의적인 비밀 종파. 광명회illuminati와 프리메이슨Freemason 둘 다 계몽주의에 영향을 받아 18세기에 형성된 비밀결사.

인의 봉기는 세력을 규합하면서 자유주의자뿐만 아니라 십자군의 세계관을 견지한 사람들과 기독교도가 이슬람교도에게 예속되는 것을 싫어하는 사람들 사이에서도 열렬한 호응을 끌어내고 있었다. 러시아에서는 여기에 더해 그리스에 동조할 수밖에 없는 민족적 동기가 있었다. 즉, 러시아에게 오스만 제국은 대대로 민족의 적이었고, 오스만 제국을 희생시켜야만 충족될 수 있는 영토적 야심이 있었다. 하지만 오스트리아는 문제를 다른 각도에서 봤다. 오스만 제국을 해체하면 러시아 세력이 지나치게 강해질 수도 있었다. 메테르니히는 합법적 권위에 도전하는 반란자들이라는 근거를 들어 알렉산드르가 그리스인들의 편을 들지 않도록 설득하는 데 성공했다. 메테르니히는 알렉산드르가 러시아의 중요한 이해관계를 희생시키고 있다는 것을 알고 있었다. 그는 프란츠 황제에게 이렇게 썼다. "러시아 내각은 표트르 대제와 그의 후계자들이 이룬 위대한 업적을 일거에 망쳐버렸습니다." 그때부터 줄곧 유럽의 협조 체제는 예전에는 없던 일이었던, 러시아와 오스만 제국 정부 간의 거래를 인식했다. 메테르니히는 자신의 업적을 자축했다. "내가 거둔 절묘한 신의 한 수는 흔치 않은 것이었다"고 그는 흐뭇하게 말했다.

알렉산드르에게는 자신이 그저 신성동맹의 원칙들을 실천하고 있는 것으로 비쳤을 것이다. 프랑스 전권대사 가운데 한 명으로 베로나 회의에 참석한 샤토브리앙은 이 주제를 두고 차르가 자신에게 들려준 이야기를 전한다.

영국의 정책, 프랑스의 정책, 러시아의 정책, 프로이센의 정책, 오스트리아의 정책이라는 것은 더 이상 있을 수 없다. 이제는 하나의 보편적 정책만이 있을 뿐이며, 이것은 모두의 행복을 위해서 백성과 국왕들에 의해 공동으로 채택되어야 한다. 내가 신성동맹의 기반을 닦은 원칙들을 확신한다는 것을 보여줄 때였다. 기회가 찾아왔다. 바로 그리스 반란이었다. 물론 국론에 따라 오스만 제국과 종교전쟁을 벌이는 것만큼 나와 내 백성의 관심을 끄는 일도 없었다. 그러나 나는 펠로폰네소스 반도의 분쟁에서 혁명의 표식을 보았다고 생각했다. 따라서 나는 자제했다. ……아니, 나는 결코 내가 하나로 결속시킨 군주들에게서 떨어져 나가지 않을 것이다. 국왕들에게는 비밀결사에 맞서 자신들을 방어할 공개적 동맹이 허용되어야 한다. 무엇이 나를 유혹할 수 있겠는가? 내게 제국을 더 늘려야 할 어떤 필요가 있는가? 신께서 내 아래 80만 대군을 두신 것은 나의 야심을 충족시키고자 함이 아니라 인간 사회가 기초로 하는 신앙과 도덕, 정의를 수호하고 질서의 원칙으로 다스리게 하기 위함이다.

그리스인들이 말뚝에 박히는 동안 내면으로 침잠한 황제는 이러한 성찰들로 자신의 미덕을 지켰다.

재위 막판에 알렉산드르는 내정에서도 유럽의 문제들을 처리할 때보다 나을 게 없었다. 그는 매우 엄격한 검열을 실시하고 교육을 축소시키고 학문의 자유를 심각하게 제한했으며, 그의 관심 대부분을 '군사 촌락', 즉 농노로서의 부역은 면제하지 않으면서 농민들을 군대의 규율 아래 매어두려는 시도에 쏟았다. 그의 신하 아락체예프는 알렉산드르의 회한을 이용하면서 절망에 빠진 그를 자극해 잔인성으로 이끈 암흑의 천사였다. 아락체예프는 파벨 1세의 충성스러운 신하였고 알렉산드르에게 이 같은 사실을 어김없이 상기

시켰다. 1823년 파벨의 탄신일에 아락체예프는 알렉산드르에게 이렇게 썼다. "성전에서, 오늘 우리가 이름을 기리는 그분, 생전에 충직한 신하가 되기를 명하며 당신의 아들 가까이에 두셨던 자가 그 존엄한 후계자에게 느끼는 애정과 헌신을 이제 주님의 보좌 옆에서 분명히 보고 계실 그분을 추모하며 깊은 감사의 마음을 표합니다. 신은 전적으로 진실한 마음으로 그 명령을 수행하며 폐하께서 보여주신 성은에 주님께 매일 감사드립니다."

알렉산드르는 종종 가족에게도 위협이 되었던 파벨의 분노로부터 자신을 보호해준 아락체예프에게 빚을 졌다. 알렉산드르는 내정의 많은 부분을 아락체예프에게 맡겼다. 나머지 사안들은 그에게 맡기는 척하면서 사실은 자신이 직접 처리했다. 예를 들어, 황제의 친필 기록 중에는 퇴임을 청하는 한 관리에게 아락체예프 명의로 보낸 편지의 초안이 남아 있다. 거기에 명시된 바에 따르면, 그(아락체예프)는 이러한 요청을 황제에게 보고하지 않는 것이 좋을 것으로 본다고 밝힌 후 자의적으로 요청을 거부한다.

아락체예프 스스로가 어느 정도까지 잔인했는지, 한편으로 어느 선까지 알렉산드르의 단순한 바람막이였는지는 논쟁적인 문제다. 그러나 나는 아락체예프가 알렉산드르의 회한의 심정을 키웠고 결국에는 그것 때문에 알렉산드르가 인생에 넌더리가 나서 더 이상 한곳에 오래 머물 수 없게 되었다는 데 의심의 여지가 없다고 생각한다. 광기의 나락으로 떨어지기 직전이었던 그의 음울한 마음에 아르키만드리트 포티우스 같은 음침하고 편협한 인간은 죽이 맞았다. 1815년 이후에 그는 인생의 즐거움과 사랑을 거부했다. 누이인 예카테리나는 죽었다. 현실세계는 그 자신의 고뇌의 안개에 가려

조금씩 흐릿해졌고 마침내 그는 우울한 심사에 시달리다 죽었다.

알렉산드르의 성격은 로마노프 왕가의 광기 외에 허영심과 농민과도 같은 기민함이 더해져 이루어졌다. 기민함은 결국에는 시들게 되지만 전성기에는 대단했다. 나폴레옹과 친한 척하고 있던 에어푸르트에서 그는 모후에게 "그것이 하늘의 뜻이라면 우리는 그의 몰락을 눈 하나 깜짝 않고 지켜볼 것입니다"라고 썼고, 그의 몰락을 예견하는 데 합리적인 근거를 들면서 당분간은 그로부터 적의보다는 우정을 사는 것이 낫다고 설명한다. 그의 허영심은 모든 사람의 인정을 요구했다. 겐츠는 빈 회의에 대해 보고하면서 "러시아 황제가 빈에 온 이유는 무엇보다도 칭송받기 위해서이며 그것이 언제나 그의 가장 주된 관심사이다"라고 썼다. 젊은 시절의 황제에게는 마을 축제에서 춤을 추며 젊은 처녀들의 마음을 사로잡는 한편, 암소를 팔면서 이웃을 속이는 잘 생긴 젊은 농부의 모습을 엿볼 수 있다. 그의 신앙심의 상당 부분은 신을 향한 허식으로 설명될 수 있다. 그는 신이 그가 왕위를 얻은 방식을 인정하지 않을까 두려워했다. 신이 아버지를 닮았다고 상상한 그는 폭정을 저지르면서 신을 기쁘게 한다고 여겼다.

이런 사람이 신성동맹의 고안자, 10년 동안 유럽의 국제적 사안들을 자신의 기독교 신념에 맞춰 조율한 사람이었다. 신성동맹은 흥미로운 실험이었지만 결과는 전적으로 만족스럽지는 않았던 것 같다.

04

메테르니히의 황혼

1822년 베로나 회의* 시기에 메테르니히의 권력은 절정에 달했다. 다양한 행운들이 겹쳐 그를 도왔다. 무엇보다도 우선, 외려 그보다 더 반동적이고 "순종적인 신민이 계몽된 시민보다 더 바람직하다"는 근거를 들어 교육을 반대한 프란츠 황제의 확고한 지지가 있었다. 메테르니히 권력의 두 번째 지지 기반은 그가 독일연방에서 오스트리아와 오스트리아의 원칙의 우위를 확보하는 데 성공한 것이었다. 독일연방의 군주들 중 일부는 1813년에 약속한 대로 헌법을 수락할 의향이 있었다. 대학에는 자유주의가 넘쳐났고 민주주의만이 아니라 독일 통일도 목표로 하고 있었다. 메테르니히는 프란츠 황제에게 올리는 보고서에서 "어떤 사람들은(그들 거의 대부분이 교육에 종사하고 있는 사람들이라는 사실은 주목할 만하다)······모든 독

---

*   에스파냐에서 일어난 자유주의 혁명의 대책을 논의하기 위해 개최되었다.

일인을 하나의 독일 안에 통합하는 일에 눈길을 돌립니다. …… 이 가증스러운 목적을 위해 젊은이들을 체계적으로 양성하는 일이 이미 한 세대 이상 지속되어 왔습니다. 미래의 국가 관리, 교수, 신예 문인들 전체가 여기서 혁명을 위해 무르익고 있습니다"라고 쓴다.

이런 상황을 처리하려고 할 때 그는 뜻밖의 행운을 얻었다. 1819년 3월 이 문제들을 처리하기 위해 소집된 카를슈바트 회의 직전에 반동주의자이자 알렉산드르 황제가 칭송한 폴란드 작가 코체부*가 카를 잔트라는 신학생에 의해 살해당하는 일이 발생했다. 메테르니히가 적으로 간주하는 많은 사람들은 이 암살을 잘한 일이라 여겼고 암살자를 영웅으로 치켜세웠다. 이런 상황에서 자유주의의 위험을 알렉산드르와 독일 제후들에게 설득하는 것은 어렵지 않았다. 언론과 교수들을 더 엄격히 규제하는 카를슈바트 결의안이 통과되었다. 메테르니히가 러시아의 지지를 얻는 데 코체부의 죽음은 세묘노프스키 연대의 반란만큼이나 크게 일조했다. 이 시기를 통틀어 프랑스의 정책은 꾸준히 더 반동적으로 흐르고 있었다. 그리고 마지막으로, 빈 회의에서 오스트리아와 협력하는 법을 터득한 캐슬레이가 추후에도 영국의 이해관계와 어긋날 때만을 제외하고는 지속적으로 동일한 친親오스트리아 정책을 추구했다. 1822년 그가 죽었다는 소식을 듣고 메테르니히는 그가 "영국에서 외교 문제에 대해 경험을 쌓은 유일한 사람이자 나를 이해할 줄 아는 유일한 사람"이라고 썼다. 정말이지 최고의 찬사가 아닐 수 없다!

---

*   코체부는 독일인으로 폴란드 작가라는 표현은 러셀의 실수로 보인다.

캐슬레이와 알렉산드르의 죽음

1814년부터 1822년까지 메테르니히의 권력은 지속적으로 커져서 마침내는 그의 의지가 유럽 전역에 절대적인 듯 보였다. 그가 자신을 높이 평가하게 된 것도 당연하다. 엑스라샤펠 회의 직전, 1818년에 그는 아내에게 다음과 같은 편지를 썼다.

> 나는 중요한 사안들은 오로지 나만이 적절하게 처리할 수 있다고 점점 더 확신하고 있소.…… 나는 독일에서, 어쩌면 유럽 전역에서 도덕적 권력의 표상이 되었소―그 권력이 사라지는 순간 거대한 빈자리를 남기겠지. 그럼에도 불구하고 약하고 가련한 인간 본성에 속한 모든 것들과 마찬가지로 그 권력도 결국에는 사라질 것이오. 하늘이 내게 아직 더 선을 행할 수 있는 시간을 내려주시길 바라오. 그것이 나의 가장 큰 소망이오.

1년 후에, 자신이 오스트리아, 영국, 러시아, 프로이센의 1813년 4국동맹을 조인했던 바로 그 방에 있다는 사실을 깨달은 그는 세계에서 자신이 얼마나 중요한 인물인지 진지한 성찰을 하지 않을 수 없었다.

> 나의 마음은 편협하거나 제약에 구애받지 않는다. 나는 언제나 또 모든 측면에서, 세상일에 밝은 많은 이들의 마음속 모든 것을 훨씬 넘어선다. 그들이 볼 수 있거나 보기를 원하는 것보다 훨씬 더 넓은 영역을 아우른다. 하루에도 스무 번씩 스스로에게 말하지 않을 수 없다. "맙소사, 내가 얼마나 옳고 그들이 얼마나 틀린지! 그리고 이 이치가 얼마

나 빤히 보이지!─너무도 분명하고 너무도 단순하며 너무도 자연스럽지 않은가?" 나는 이것을 내 마지막 순간까지 되풀이해서 말하겠지만 그럼에도 세계는 비참한 제 갈 길을 가겠지.

그러나 1822년 후부터 그는 더 이상 전능하지 않았다. 캐슬레이의 뒤를 이은 캐닝은 오스트리아 정책의 세부적인 부분만이 아니라 전반적 기조를 반대했다. 1823년 메테르니히는 영국에 대한 안타까운 심정을 밝힌다.

바다의 여왕이자 이따금 세계의 지배자인 나라가 건전한 영향력을 상실하다니 참으로 유감이 아닐 수 없다. 위대하고 고귀한 대영제국이 대체 어찌된 것인가? 영국의 남자들, 영국의 연설가들, 권리와 의무에 대한 영국의 감정, 정의에 대한 생각들은 어찌된 것인가? 이는 단 한 명의 개인, 약하고 미미한 한 개인의 소산이 아니다. 캐닝은 그의 조국의 혈관 곳곳에 흐르고 있는 끔찍한 병폐, 그곳의 힘을 파괴하고 그곳의 허약해진 신체를 와해시키려고 위협하는 병폐의 징후를 구현한 것에 불과하다.

어째서 이런 한탄이 나오는가? 대체로, 에스파냐가 에스파냐령 아메리카를 재정복하는 일이나 오스만 제국이 그리스를 재정복하는 일을 영국이 도우려 하지 않았기 때문이다. 후자의 문제에 대해서는 더욱 곤란한 상황이 뒤따랐다.

캐슬레이의 죽음이 메테르니히에게 불운이었다면 알렉산드르의 죽음은 어쩌면 그의 정책에 더 큰 재앙이었을 것이다. 그는 그리스 문제와 관련하여 정통성의 원칙이 러시아의 이해관계보다 우선 시되어야 한다고 알렉산드르를 설득한 자신의 업적을 자랑스러워 했다. 그러나 1825년 알렉산드르의 죽음 후에 그의 동생 니콜라이 1세는 오스만 제국에 적대적인 러시아의 자연스러운 정책으로 돌아갔다. 1827년 영국, 프랑스, 러시아가 힘을 합쳐 나바리노 전투에서 오스만 제국 함대를 격파하자 5대 강대국들에 의한 그리스 독립 승인은 더 이상 미뤄질 수 없었다. 빈 회의에 의해 수립된 국제 정부 체제의 붕괴는 1830년의 혁명으로 더 확실해졌다. 프랑스는 샤를 10세를 몰아내고 정통성이 없는 루이 필리프를 왕으로 앉혔다. 벨기에는 네덜란드와의 분리를 요구해서 결국 독립 왕국으로 승인 받았다. 이탈리아와 독일에서는 혁명 움직임이 보였다. 러시아령 폴란드는 차르에 반대해 봉기했다. 그러나 프랑스와 벨기에를 제외하고 이러한 움직임은 성공을 거두지 못했다. 프랑스의 새로운 왕도 정통성을 지닌 부르봉 왕들과 그리 다르지 않다는 사실이 곧 드러났다.

결국 메테르니히의 체제는 두 번 다시 유럽을 지배하지 못했지만 그의 개인적 위상은 1830년의 사건들로 인해 더 나아졌다. 샤를 10세를 좋아하고 폴란드 반란에 놀랐던 차르 니콜라이는 반동적 열강이 서로 의지해야 하며 오스트리아와 반목하는 것은 안전하지 않다고 판단했다. 독일에서의 봉기 움직임은 비록 다소 온건했지만 진압된 후 반동에 힘을 실어주는 원인이 되었다. 오스트리아 내에도 개혁 분파가 존재했지만, 이제 다른 사람의 의견은 전혀 듣지 않게 된 메테르니히는 그 계획을 무시할 수 있었고 실제로 거의 모르고 있었다.

민족주의의 성장과 빈 체제의 붕괴

메테르니히를 패배시킨 것은 성장하던 민족주의였다. 1819년에 그는 "하느님이 보우하사, 세계의 정복자를 격퇴한 것처럼 독일 혁명도 물리칠 수 있기를 바란다"고 썼다. 이를 실현시키고자 가장 성실하게 노력했음에도 불구하고 이 바람은 망상으로 드러났다. 검열은 민족 감정을 고취시키는 가장 간접적인 방식마저도 저지하기 위해 가능한 모든 수단을 동원했다. "조국의 영광스러운 기치 아래로 몰려든 젊은 영웅들의 무리"는 검열에 의해 "자발적으로 입대한 상당수의 젊은이들"로 바뀌었다.[1] 메테르니히는 오스트리아 학생들이 외국 대학에서 공부하는 것을 금지하고, 젊은이들이 역사나 철학, 정치를 배우는 것을 반대했다. 또 오스트리아 작가들이 고국이 아니라 외국에서 저작을 출판하는 것을 선호했다. 1834년 그는 독일 연방 대신회의에서 "군주정의 원칙을 인민주권이라는 새로운 사상으로 대체하려는 분파들의 그릇된 시도"에 대해 이야기하면서 자유주의의 해악에 대해 열변을 토했다. 자유주의 분파에 대해서는 "젊은이들을 타락시키고 심지어 그들보다 더 성숙한 이들도 현혹하며, 모든 공적·사적 인간관계에 불화와 혼란을 가져오고, 지배자들에 대한 체계적 불신을 품도록 대중을 고의로 선동하고, 기존의 모든 것에 대한 파괴와 제거를 설교하는" 집단으로 묘사했다. 자리에 모인 대신들은 갈채를 보냈다. 그럼에도 불구하고 "지배자들에 대한 불신"은 갈수록 커졌다.

메테르니히 권력 말기에 이탈리아와 보헤미아, 갈리치아, 헝가리에서 소요가 있었는데 모두가 민족의식이 깨어나면서 발생한 것이었다. 이 가운데 가장 심각한 것은 헝가리에서의 소요였다. 헝가리는 중세부터 내려온 정치체제가 있었고, 이것은 비록 중앙정부에는 아니지만 귀족계층에게 현지 문제들과 관련하여 힘을 실어주었다. 이론적으로 헝가리에는 중요한 일이 있을 때마다 소집되는 의회Diet가 있었는데, 헝가리 민족주의가 되살아나기 전까지는 실질적으로 한물간 무용지물에 불과했다. 1825년 의회는 전통적으로 의회에서 토론에 사용되는 라틴어를 마자르어로 대체할 것을 요구했다. 그리고 오랜 투쟁 끝에 1827년에는 의회를 3년에 한 번씩 소집한다는 약속을 얻어냈다. 이때부터 계속 오스트리아 정부는 민족주의 감정을 자극하는 것만을 삼가며 마자르족에게 줄줄이 양보를 했다. [헝가리 혁명을 이끈] 애국자 코수트가 체포되었으나 1839년, 의회가 그가 석방될 때까지 자금이나 병사를 내놓지 않겠다고 거부함으로써 풀려났다. 1844년부터 1847년까지 시기에 미미한 탄압 노력은 민족적 감정을 자극했고, 이는 1847년 의회 선거에서 열성적인 반反정부인사들이 다수파가 되는 결과를 낳았다. 여기까지가 1848년 혁명 전야의 헝가리 상황이었다.

합스부르크 제국의 다른 비非독일계 지역들은 자신들의 불만을 표시할 헌정 수단이 없었지만 그들이 갖고 있는 다른 수단들을 동원했다. 보헤미아와 남슬라브족 사이에서는 민족 감정이 되살아났다. 갈리치아의 폴란드인들은 봉기할 태세였다. 어디서나 위협적인 상황이었지만 메테르니히는 오랫동안 권력을 차지하고 있다 보니 점점 현실에 눈이 멀었다.

1848년, 프랑스의 [2월]혁명은 유럽대륙 전체의 불만이 터져나오는 계기가 되었다. 이탈리아에서는 루이 필리프가 파리에서 도망치기도 전에 이미 봉기가 시작되었다. 루이 필리프의 망명 이후로 이탈리아의 봉기는 다소 소심한 자유주의자였던 사르데냐 국왕의 영토를 제외한 반도 전체로 퍼져나갔다. 독일 전역에서는 민주주의자들이 봉기했다. 헝가리에서는 코수트가 자유를 선언했다. 갈리치아에서는 폴란드 귀족들이 민족주의 봉기를 일으켰지만 오스트리아 정부가 조장했거나 적어도 방관한 농민반란에 의해 진압되었다. 한동안 정통성의 수호자들은 차르의 영토를 제외하고 어디서나 패주했다.

그동안 독일계 오스트리아에서는 자유주의자들이 헌법을 요구하고 있었는데, 그보다는 메테르니히의 실각을 더 간절히 요구하고 있었다. 빈의 거리는 들끓고 있었고, 메테르니히는 폭도와 자유주의 공론가들뿐만 아니라 이때까지 보수적이었던 많은 귀족들과 궁정의 강력한 분파들조차 자신을 반대하고 있다는 사실을 알고 깜짝 놀랐다. 그는 사임을 제외하고 혁명가들의 요구 사항을 모두 수용했지만 이러한 양보로도 그들을 가라앉힐 수 없었다. 그때까지 의견이 양분되어 있었던 황실은 군중의 움직임에 위협을 느끼고 마침내 메테르니히가 물러나야 한다는 데 뜻을 모았다. 결국, 메테르니히는 약간의 어려움이 뒤따르긴 했지만 무사히 빈을 탈출해 런던으로 망명했고, 그곳에서 영국의 수상 디즈레일리에게 권력의 횃불을 넘겨주었다.

메테르니히의 몰락

메테르니히는 위대한 사람이 아니었다. 그가 유럽 무대에서 차지한 자리는 그의 재능에 비해 과분했다. 그는 누구에게나 호감을 주는 싹싹한 태도를 지녔고 말주변이 좋았으며, 여자들에게 좋은 인상을 줬다. 또 그와 협상을 해야만 하는 사람들의 개인적 성향을 이용하는 데 능했다. 그의 원칙은 오스트리아 프란츠 황제의 원칙과 같았고, 나폴레옹이 몰락한 후 조성된 여건은 오스트리아가 지도적 위치를 차지하게 만들었다. 프랑스는 패배 때문에 망연자실했다. 영국은 무슨 수를 써서라도 평화를 유지하려고 단단히 결심했다. 러시아의 알렉산드르는 신앙을 위해서 기꺼이 러시아를 희생시키려 했다. 프로이센 국왕은 의지가 약하고 우유부단했다. 이러한 요소들에 오스트리아의 독특한 이해관계가 더해졌다. 그것은 정통성을 따지는 반민족주의적 원칙에서 비롯되었는데, 혁명과 나폴레옹에 대한 두려움이 모든 강대국들의 정치적 사고를 지배하는 동안 정통성의 원칙만이 그들을 지탱해주었기 때문이다. 그러나 시간이 흐르면서 강대국들은 하나씩 메테르니히의 신조를 버렸다. 영국은 1822년, 러시아는 1825년, 프랑스는 1830년에 메테르니히의 정책에서 벗어났고, 독일에 대한 그의 지배력은 점차 약해졌다. 그가 열렬하게 추구한 것은 현상유지였다. 혁명 프랑스가 세상을 요동치게 만든 그 오랜 세월을 고려할 때 자연스러운 반응이었다. 1815년에는 국정의 기반으로서 현상유지에 동조하는 사람이 많았지만 장기간의 평화는 새로운 에너지를 낳았고 현상유지를 견딜 수 없게 만들었다. 이러한 새로운 분위기에서 세계는 메테르니히의 참모습을 보았다. 그는 젠체하고 허영심 많으며 맥 빠져 보였다. 또한 자신의 원칙을 흥미롭게 설명할 줄 몰랐으며, 나폴레옹이 사라진 바로 그 순간부터 모든 새로운 사상에 눈을 감은 사람으로 보였다. 메테르니히의 최측근들 사이에서 18세기는 박물관에서처럼 여전히 살아 있었고, 그는 나머지 세계가 새로운 생활방식과 사고방식을 채택했다는 현실을 믿기를 거부했다. 한때 유럽의 모든 지도적 인사들을 아우르며 그에게 찬사를 보내던 관객도 점점 줄어들었지만 그는 여전히 같은 역할을 연기했다. 그가 야유를 받으며 무대에서 쫓겨나기 오래전에 이미 그의 스타일은 구식이 되었다. 귀먹고 말이 많고 늙은 메테르니히에게는 과거를 회상하는 독백밖에 남지 않았다. 그 역할에서 마침내 그는 더 이상 해롭지 않게 되었다.

02

정신의 행진

"아이고 주여!" 어느 화창한 5월 아침, 폴리옷 목사가 크로칫캐슬의 아침 식사 자리에 박차고 들어오면서 외쳤다. "이 정신의 행진에 내 참을성도 바닥나고 말았다네. 자기 일 남 일 가리지 않고 세상 모든 일에 나서는 데 다가 인간 지식의 모든 분야를 다룰 자격을 갖췄다는 어느 유식한 친구 가 쓴 증기 지성 협회라는 데서 펴낸 싸구려 논문을 보고 유체정역학을 공부하겠다고 생각한 우리 집 요리사 때문에 우리 집이 불에 타 홀랑 날 아갈 뻔했다니까."

—토머스 러브 피콕

시대적 배경

대륙과는 다른 영국의 정치전통

유럽대륙과 동떨어져 있던 영국은 대륙 국가들과는 다른 독특한 정치전통을 확립한다. 영국은 일찍이 13세기 존 왕이 귀족들에 굴복하여 대헌장Magna Carta을 작성한 이후로 의회가 왕권을 견제할 힘을 갖게 되었다. 대헌장은 작성 당시에는 봉건 제후의 권리를 보장하는 문서였으나 이후 의회의 정당성을 확보해주는 가장 확실한 근거가 되었다. 이후 왕권은 끊임없이 권력 강화를 시도했지만 크롬웰의 청교도혁명으로 1649년 국왕 찰스 1세가 처형되고, 1688년에는 명예혁명으로 제임스 2세가 쫓겨나는 등 의회 중심의 정치체제가 점점 확고해졌다. 18세기에 이르러서는 의회의 우위가 확고해졌으며 입헌군주제의 면모를 띠게 되었다. 의회는 보수를 대표하는 토리와 진보를 주장하는 휘그, 두 세력을 기반으로 구성되었고, 보수당과 자유당으로 이어지면서 20세기 초반까지 영국 정치를 양분하게 된다.

바다의 왕자 그리고 산업혁명

한편, 영국은 엘리자베스 1세 때 당시 패권을 장악하고 있던 에스파냐의 무적함대를 무찌르면서 변방의 섬나라에서 제국으로 도약하는 기틀을 다지게 되었다. 18세기 후반부터는 산업혁명이 진행되었다. 영국은 산업혁명이 일어나기 좋은 조건을 갖추었다. 일찍부터 농노의 해방이 이루어져서 이동이 자유로웠고, 농업기술이 발달하면서 비약적으로 인구가 늘어났다. 거기에 인클로저 운동으로 자리를 잡지 못한 노동자들이 농촌에서 도시로 많이 몰렸다.

18세기 후반 영국은 식민지였던 미국의 독립으로 정치적 타격을 받았지만, 경제적인 타격은 크지 않았다. 강력한 해군과 넓은 식민지, 앞선 산업기술로 19세기 영국은 가장 빛나는 대영제국의 시대를 맞이하고 있었다.

섹션 A │ 사회적 배경

19세기 전반기 영국은 그 당시 다른 지역에서는 존재하지 않는 것이나 다름없었던 산업주의 industrialism*의 발전 덕분에 역사에서 특별한 중요성을 지니고 있다. 산업주의는 특정한 사고 습관들과 정치경제 체제를 낳았다. 이 중, 정치경제 체제는 당시 영국의 고유한 특성들과 새로운 생산방식의 본질적 요소들과 떼려야 뗄 수 없게 얽혀 있었다. 현대적 사고와 행동방식들이 구시대적 사고와 행동방식 사이를 비집고 어렵사리 모습을 드러내기 시작했다. 현대적 공장과 탄광이 존재한 곳은 영국의 일부에 불과했다. 그것들은 정치권력의 소유자들 거의 모두를 비롯해 대부분의 교양 계층의 사고에 대체로 아무런 영향도 미치지 못했다. 따라서 당시의 새로운 사상을 이해하려면 사상들이 성장한 사회적 배경과 지배계급이 고전 교육과 스포츠에만 열중함으로써 산업과 관련한 문제들에 무지했음을 고려해야 한다.

나폴레옹 전쟁이 끝났을 때 영국은 서로 다른 계급과 직업들로 확연히 나뉘어 있었다. 고용주와 임금노동자의 산업적 삶industrial life은 나머지 사회에는 사실상 알려지지 않았다. 시골에는 지주와 농부, 농업노동자라는 세 계급이 존재했다. 소지주들은 시골 젠트리였다. 대지주들은 귀족계급을 형성했다. 1688년 명예혁명 이래로 정치권력은 거의 전적으로 귀족에 집중되어 있었고, 그들은 부패선거구 체제†라는 수단을 통해 상원은 물론 하원도 지배했다. 1760년 무렵 이래로 귀족은 뻔뻔스럽게도 의회권력을 이용해 임금노동자의 생활 수준을 적잖게 악화시켰다. 그들은 중간계급 제조업자의 진보도 방해했는데 한편으로는 무지 때문이었고, 한편으로는 새로운 권력에 대한 시기심 때문이었으며, 한편으로는 높은 지대地代에 대한 욕구 때문이었다. 그러나 이러한 행위 대부분은 반半의식 상태, 거의 잠결에 이루어진 것이라고 할 수 있는데 그 시절의 입법가들은 자신들의 의무를 그리 심각하게 취급하지 않았기 때문이다. 그러나 이 책에서 다루는 시기가 시작되면서 부단히 노력하는 태도가 새롭게 유행하게 되었고, 18세기의 여유로운 정신은 점차 빅토리아 시대 사람들의 성실함과 미덕에 자리를 내주게 된다.

---

* 러셀이 말하는 '산업주의'는 1960년대 후반 등장한 사회이론으로서의 '산업주의'가 아니라 사회를 재조직하는 새로운 원리로서 산업과 과학을 중시한 '실증적 정신'을 강조하는 넓은 의미로 사용되고 있다.

† 산업혁명의 과정에서 인구 이동이 활발해지면서 선거인수가 줄어든 선거구가 예전의 권리를 그대로 행사하는 경우가 급격히 늘어났다. 그에 따라 지역의 유력자가 소수의 투표인원을 매수하여 결과를 조작하는 일이 관례화되었다.

05

귀족

귀족계급을 나누는 휘그당과 토리당은 원래 각각 스튜어트 왕가의
적과 친구로 구성되었고, 그 결과 제임스 2세가 [명예혁명으로] 몰
락한 후 휘그당은 근 한 세기 동안 거의 중단 없이 권력을 누렸다.
그러나 토리당은 조지 3세의 후원 아래 서서히 공직에 복귀했고 프
랑스혁명에 대한 반대를 통해 자신들의 지배를 확고히 한 후 1830
년까지 야당인 휘그당에 맞서 여당의 지위를 누렸다. 휘그당과 토
리당의 분리는 정치적 분리임과 동시에 사회적 분리이기도 했다.
휘그들끼리 만나는 휘그 가문과 토리들끼리 만나는 토리 가문이
따로 있었다. 일반적으로 휘그는 휘그와 결혼하고 토리는 토리와
결혼했다. 둘 다 똑같이 귀족이었지만 그들은 전통과 부상하는 중
간계급에 대한 태도에서 서로 상당히 달랐다.

휘그 대 토리

19세기 초에 토리는 전반적으로 휘그보다 똑똑하지 못했다. 프랑스와 프랑스적인 모든 생각에 대한 반대라는 그들의 지도 원칙은 지성적 사고를 요구하거나 자극하지 않았다. 그들은 자코뱅이 사람들의 정신을 오염시키기 전에는 만사가 좋았다고 생각했고, 이제 나폴레옹이 안전하게 세인트헬레나 섬에 갇혀 있으니 나라 안이든 밖이든 혁명적 헛소리가 재발할 기미를 모조리 억누르기만 하면 된다고 생각했다. 비록 조지 4세*를 다소간 부담으로 여겼지만 그들은 국왕과 교회에 충성했다. 그들은 하늘이 정한 계층으로 나뉜 위계질서와 아랫사람이 윗사람을 존경하는 것의 중요성을 믿었다. 농업적 이해관계를 지지했고 영국이 식량문제에서 자급자족을 유지하기를 바랐다. 그들은 물론 대중교육과 언론 자유, 선동적 연설에 반대했다. 나머지 사안에서는 오랜 우방인 포르투갈에 대한 의리로 포트와인을 마셨고, 그로 인한 통풍을 애국적 의무 수행의 대가로 받아들였다. 윌리엄 피트 수상의 죽음 이후 토리 정치가들은 그저 그런 능력의 사람들이었다. 위대한 토리 중 한 사람으로 웰링턴 공작이 있다. 그는 이후에 보여준 국정 운영보다는 전쟁에서 더 큰 성공을 거두었다. 1827년 [아일랜드 시인] 톰 무어는 아래 구절로 웰링턴에 대한 일반적 견해를 표현했다.

> 만장일치로 – 당연한 것을 – 입증하기 위해
>
> 애쓴 위대한 대장

---

* 조지 4세는 보수적이어서 토리에게 호의적이었으나, 방탕하고 낭비벽이 심했으며 왕비와의 불화로 국민들의 신망을 얻지 못했다.

어떤 영웅들은 얼마나 평범한 두뇌로도

잘해나가는지를

토리당에 뛰어난 정치적 능력을 지닌 사람이 딱 한 명, 다름 아닌 캐닝이 존재한 것은 사실이다. 그러나 그는 토리당에서 인기가 없었다. 한번은 캐닝이 공직에서 물러났을 때 한 토리 신사가 "이젠 더 이상 이 잘난 천재들 가운데 한 명을 안 봐도 되겠군"이라며 하늘에 감사했다고 한다.

휘그당의 면면은 더 흥미롭고 더 복잡했다. 자신들의 위치가 국왕에 맞서 성공한 혁명에서 기인했기 때문에 그들은 토리당과 달리 맹목적인 충성의 태도를 취하지 않았다. 독일에서 하노버 왕가*를 들여온 후 그들은 왕가에 대해 어느 정도는, 만족스럽지 않으면 해고할 수 있는 하인을 대할 때와 비슷한 감정을 느꼈다. 존 러셀†은 빅토리아 여왕으로부터 상황에 따라서 군주에 대한 저항이 정당하다고 생각하는 게 사실이냐는 질문을 받았을 때, "폐하, 하노버 왕가의 군주를 말하는 거라면 그렇게 생각한다고 답해도 될 것 같군요"라고 대답했다. 프랑스혁명 시기에 대부분의 휘그들이 에드먼드 버크의 견해를 따라 혁명을 규탄했을 때, 휘그당의 공식적 지도자였던 찰스 제임스 폭스는 공포정치 시기였음에도 나름대로 최대한 친親프랑스적 입장을 견지했다. 1793년부터 1815년까지 긴 기간 내내 프랑스 사상에 대한 일체의 우호적 태도가 범죄로 간주

---

* 스튜어트 왕조의 마지막 왕인 앤 여왕이 직계후손 없이 사망하자 독일 하노버 왕가 출신 조지 1세가 왕위에 오르게 되었다. 이후 윈저 왕가로 개칭하여 오늘에 이르고 있다.

† 1대 러셀 백작. 버트런드 러셀의 할아버지로 휘그당과 그 후신인 자유당을 이끌며 선거권 확대 등 여러 개혁조치를 도입했다.

되었고, 자코뱅 성향으로 의심을 받는 사람은 장기간 투옥되었다. 하지만 이런 시절에도 가장 저명한 휘그 일부는 자유에 대한 믿음이나 과감한 의회 개혁에 대한 지지처럼 그들보다 더 미천한 신분의 사람들이라면 감옥에 갔을 견해들을 여전히 자유롭게 표명했다. 그들은 나폴레옹에 대항하는 전쟁을 지지했고 나폴레옹을 폭군이라 여겼다. 그러나 토리처럼 열렬하게 전쟁을 지지하지는 않았고, 1815년 나폴레옹이 엘바 섬에서 돌아왔을 때 많은 휘그들은 그에게 또 한 번의 기회가 주어져야 한다고 생각했다. 심지어 워털루 전투가 끝난 후에도 존 러셀은 이러한 정책이 채택되지 않은 것에 대해 하원에서 유감을 표명했다.

휘그당은 질서를 수호하는 유용한 요소로서 군주정을 지지했다. 그러나 왕가 사람들에 대해 존경심을 품고 있는 척하지는 않았다. 1829년 그레빌은 이렇게 언급했다.

"훌륭하고 현명한 왕들도 있었지만 그들 가운데 다수는 그렇지 못했다. 이것저것 다 따져보면 그들은 품성이 떨어지고, 이 왕(조지 4세)은 그 가운데서도 최악이다."

윌리엄 4세 재위기의 버킹엄 궁전의 건축에 대해 쓰면서 [정치가] 토마스 크리비는 이렇게 평가한다.

"그렇게 저질스럽고 천박한 과잉의 표본도 없다. 백만 파운드의 돈이 들어갔는데 잘못이란 잘못은 다 저질렀다. 끝도 없이 늘어선 라즈베리 빛깔의 기둥은 보기만 해도 속이 거북해질 것이다. 그러나 왕비의 내실에 바른 벽지야말로 그 추함과 천박함에서 타의 추종을 불허한다.…… 왕가의 방탕함을 보여주는 이런 실례를 두 눈으로 보고도 사람들이 급진주의자가 되는 걸 놀라워해야 할까?

왕족들의 품성에 대해서는 말할 필요조차 없다."[2]

휘그 사교계의 중심, 홀란드 저택

귀족의 고통은 왕족의 고통과 달리 공감의 대상이었다. [조지 4세의 뒤를 이어 동생인] 윌리엄 4세가 왕위에 올랐을 때 크리비(그는 국왕을 "빌리"라고 불렀다)는 국왕의 나쁜 시력을 놀렸다. 그러나 홀란드 경(찰스 폭스의 조카였다)이 쪼들린다는 것을 알자 그는 이 문제를 아주 심각하게 여겼다.

"어제 홀란드 경 댁에 갔다.…… 두 사람 모두 편찮아 보였다. 무척 궁색한 게 틀림없었다. 홀란드 경은 토지에서, 부인은 설탕과 럼주에서 남편보다 상황이 더 여의치 않았다.* 그래서 내가 상황이 계속 이런 식으로 흘러간다면 지폐가 다시 사라져야 한다고 의견을 나타내자(영국은 얼마 지나지 않아 금본위제로 돌아갔다) 부인은 제발 그렇게 되거나 아니면 다른 뭔가가 나타나 자기들을 구해주면 좋겠다고 말했다. 홀란드 경은 지폐로 돌아가는 데 결코 동의하지 않지만 기준이 바뀌어도 될 것 같다고 말했다. 그러니까 소버린 금화가† 법에 의해 21실링이나 22실링, 아니면 23실링 가치를 지니도록 말이다."

홀란드 부부는 휘그 사교계의 사회적 중심이었다. 만약 머리가 좋고 올바른 원칙만 갖고 있다면 귀족이 아니어도 그들의 만찬에

---

*   [원주]홀란드 부인는 자메이카 플랜터의 상속녀였다[플랜터는 플랜테이션 농장주를 말하며, 자메이카에는 사탕수수 플랜테이션이 많았고 사탕수수로는 설탕을, 사탕수수에서 나오는 당밀로는 럼주를 만들 수 있다].

†   당시 발행된 액면표시가 없는 금화로, 법적으로는 1파운드, 즉 20실링이었지만 실질적으로는 흔히 21실링(1기니)으로 쳤다.

초대받을 수 있었다. [문필가] 시드니 스미스와 (나중에는) 토마스 매콜리[*]가 그들의 단골손님이었다. 그레빌은 (1832년 2월 6일) 홀란드 하우스에서 매콜리와의 첫 만남을 이렇게 묘사한다.

2월 6일 – 어제 저녁은 홀란드 경 댁에서 먹었다. 매우 늦게 갔는데, 조지 로빈슨 경과 검은 옷을 입은 평범해보이는 사내 사이에 빈자리가 있었다. 내 옆자리 사람을 볼 여유가 생기자마자 나는 (사람들이 보통 그렇듯이) 그가 어떤 사람일까 곰곰이 생각해보기 시작했다. 한동안 그가 먹을 때를 제외하고는 입을 열지 않았기 때문에 나는 그가 무명 문인이거나 의사, 어쩌면 콜레라 의사인가보다 생각했다. 얼마 지나지 않아 대화의 주제가 조기 교육과 만학으로 바뀌자, 홀란드 경은 독학자들은 남들이 얼마나 많이 아는지 모르기 때문에 유독 오만하고 우쭐대며 대다수 사람들을 깔보는 경향이 있다고 말했다. 그 사람들은 퍼블릭스쿨[†]에 다니지 않았기 때문에 일반적 교육 과정을 모른다는 것이다. 내 옆 사람은 독학의 가장 놀라운 사례는 서른 살이 될 때까지는 말을 모는 것 말고는 아무런 성취도 하지 못했고 모국어도 몰라서 아이처럼 아주 기초적인 책으로 시작해서 배워야 했던 [극작가] 비토리오 알피에리일 것이라고 말했다. 홀란드 경은 줄리어스 시저 스칼리거[‡]를 만학도의 예로 들며 그가 결혼과 그리스어 공부를 같은 날 시작했다고 말했다. 그러자 내 옆자리 사람이 "그는 그리스어

---

[*] 역사가이자 정치가로, 『영국사History of England』를 통해 역사를 진보의 대상으로 이해하는 휘그식 역사 해석을 제시하였다.

[†] 당시 중상류층 자제들이 다니는 사립학교이다.

[‡] 르네상스 시대 이탈리아 학자이자 의사 줄리오 체사레 델라 스칼라Julio Cesare della Scalla 를 영어식으로 부른 것이다.

공부는 결혼처럼 즉각적인 효과가 나오는 행위가 아니라고 생각했지요"라고 덧붙였다. 그 말과 그가 말하는 방식에 나는 그가 따분한 인간이라는 생각이 들었다. 그 말이 튀어나온 방식이 비웃음을 자아낼 만큼 우스꽝스러웠기 때문이다. 하지만 나는 그가 (스칼리거의 부상으로부터) 대화의 실마리를 계속 이어나가며 로욜라*가 팜플로나 전투에서 부상을 당한 이야기를 하자 살짝 놀랐다. 그가 로욜라의 부상에 대해서는 대체 어떻게 알았을까 궁금했다. 아무튼 생각을 그렇게 정리한 후 내가 계속 식사를 하고 있는데, 내 맞은편에 앉은 오클랜드가 내 옆 사람에게 "매콜리 씨, 와인 한 잔 하시겠습니까?"라고 묻는 게 아닌가? 그 순간 나는 의자에서 떨어질 뻔했다. 그 사람은 매콜리였다! 내가 오랫동안 가장 보고 싶고 가장 듣고 싶어 했던 사람, 천재성과 유려한 수사법, 놀랄 만한 지식, 다양한 재능으로 그렇게 오랜 시간 동안 나의 찬사와 감탄을 자아낸 그 사람이 바로 내 옆에 앉아 있었는데, 나는 그가 하는 말을 듣고 그저 따분한 인간으로 여겼던 것이다. 그가 내 생각을 눈치챘을지도 모른다는 생각이 들자 얼굴에 있는 모든 땀구멍에서 식은땀이 흘러나왔지만 그런 생각에 우스워할 수도 없었다. 매콜리가 자리에서 일어설 때 비로소 나는 그의 저속하고 볼품없는 외양을 알아차렸다. 얼굴에서는 단 한줄기의 지성도 뿜어져 나오지 않았다. 강력한 정신과 생생한 상상력을 담고 있는 찰흙 덩어리는 그보다 더 평범할 수도 없었다. 그는 감기와 인후염을 앓았는데, 인후염이 가슴 근육에 지속적인 경련을 일으켜 마치 순간적으로 발작을 일으킬 것처럼 보였다. 그의 태도는 그다지 싹싹하지 않았지만

---

*   이그나티우스 데 로욜라Ignatius de Loyola를 가리키며, 예수회를 창립했다.

거만하지도 뻔뻔하지도 않고, 너무 쉽거나 무례하거나 천박하지도 않았다. 대화를 독점하거나 의견이나 사실에 관해 완고하게 집착하지 않았다. 자신이 남들보다 한 수 위라고 생각하지도 않았지만 그의 다양하고 광범위한 지식은 곧 분명해졌고, 다루는 주제가 무엇이든 간에 가장 정통한 지식을 과시했다. 어느 주제든 인용과 예화, 일화가 항상 준비되어 있는 듯했다. 영국과 다른 나라, 특히 고대 로마에서의 장자상속제가 중심 화제였던 것 같은데, 매콜리는 로마 사람이 유언 없이 사망했을 때 그의 재산이 자식들에게 분배된다는 것 이외에 로마법이 어땠는지 확신하지 못했다. 저녁 식사 후에 탈레랑과 드 디노 부인이 왔다. 탈레랑에게 매콜리를 소개하자 탈레랑은 화요일에 하원에 갈 예정이라며 거기서 "위대한 웅변가 가운데 한 명인 매콜리 씨를 들어보기를 바란다"라고 말할 수 있으면 좋겠다고 했다.

[수상을 역임한] 멜번 자작[윌리엄 램]은 홀란드 저택의 단골 손님이었고, 그레빌이 보고한 대로 그의 대화는 굉장히 교양이 넘쳤다. 1834년 9월 7일 일기를 예로 보자. "알렌은 초기 개혁가들과 카타리Cathari파, 그리고 초기 기독교도들이 서로를 어떻게 박해했는지에 대해서 이야기했다. 멜번은 비길란티우스가 히에로니무스에게 보낸 편지를 인용한 다음 알렌에게 헨리 4세의 11번째 법령, 교회에 반대하여 하원이 통과시킨 법령에 대해 물었다. 그가 셰익스피어의 『헨리 5세』 도입부에서 캔터베리 대주교와 일라이 주교 사이의 대화를 언급하자 홀란드 경은 『헨리 5세』를 가져오도록 해서 그것을 읽었는데, 멜번은 그것을 모조리 외우고 있어서 홀란드 경이 읽는 내내 옆에서 대사를 일러주었다."

급진주의 경향이 있는 크리비는 이따금 홀란드 부부에게 적대적이었다. 한번은 폭스의 비문에 대한 언쟁 중에 이렇게 썼다. "홀란드 저택의 끔찍한 추잡함과 비열함에 대해 말하자면, 아주 속이 메스꺼워진다."(1820년 7월 24일) 그러나 또 다른 경우에 그의 인상은 퍽 달랐다. "홀란드 경이 그토록 마음에 드는 사람이라는 생각이 그때만큼 든 적도 없었다. 살아 있는 영국인 가운데 그만큼 넓은 분야―인물사, 역사, 각종 일화―에 대해 많이 아는 사람도 없을 것 같다."(1833년 11월 23일) 이 두 가지 감정의 중간쯤에 세 번째 감상이 있다. "홀란드 저택에서 마다가스카르(홀란드 부인의 별명)와 같이 저녁을 먹었다. 모인 사람이 적어서 이번 딱 한 번만큼은 기쁘게도 자리가 넉넉했다.……홀란드 저택은 내가 아는 어느 집 못지않게 괜찮을 수도 있는 반면 다른 때에는 헛소리로 유명할 때도 많은데 이번은 전자였다."(1836년 4월 23일) 홀란드 저택의 저녁 식사 자리가 초만원인 것은 악명 높았다. 내 할머니는 한번은 자신이 그곳 만찬 자리에 있었을 때 이런 일도 있었다고 말씀하시곤 했다. 예기치 못한 손님이 도착하자 홀란드 부인이 멀리 테이블 맞은편에 있는 남편에게 "여보, 빈 자리room 좀 만들어봐요"라고 말했다. 그러자 홀란드 경이 대꾸했다. "정말로 없는 방room이라도 만들어내야겠구려."

홀란드 부인은 이따금 위대한 귀부인의 방자함을 과시했다. 크리비는 다음 사례를 들려준다(1833년 7월 6일).

목요일에 세프턴 경의 저택에서 홀란드 부인을 또 만났다. 부인은 안쪽 정원이 미끄러워서 말이 넘어질 위험이 있다고 불평을 늘어놓았다. 그러자 세프턴은 다음에 저녁을 함께 하는 영예를 베풀어줄 때면 자갈이 깔려 있을 것이라고 대답했다. 그러자 그녀는 아름다운 장미와 각종 꽃으로 가득한 다양한 화분에 눈길을 돌리면서 코를 킁킁거리기 시작했다. 그러더니만 "세프턴 경, 방에서 이 꽃들 좀 치워주시겠어요? 저한테는 냄새가 너무 강하네요"라고 말했다. 세프턴과 그의 시종 파올리는 정말로 테이블과 그 위에 있는 것들을 모두 들어서 방 밖으로 날랐다. 이때 옷을 입을 때마다 가슴에 아주 커다란 꽃을 다는 딱한 세프턴 부인이 아주 겸손한 태도로 가슴에서 꽃을 떼면서 말했다. "홀란드 부인, 이 작은 꽃도 당신께는 너무 강할 수 있겠네요." 홀란드 부인은 고맙게도 그녀가 꽃을 다는 것을 허락해주었다. 물론 그렇게 우아한 태도로 허락하지는 않았지만. 그 후 식사가 끝날 때 촛불이 밝혀지자 그녀는 초들이 자기한테 너무 가까이 있고 또 너무 많다면서 초 세 개를 끄게 했다. 어련하시겠어요?

그녀가 죽었을 때 그레빌은 홀란드 저택의 중요성을 요약할 기회를 가졌다(1845년 11월 24일).

비록 아무도 애정을 느끼지 않은 여자였지만, 따라서 그녀의 죽음에 아무도 비통함을 느끼지는 않겠지만 아주 많은 사람들이, 일부는 다정한 동기에서, 그보다 더 많은 이들은 더 이기적인 동기에서 그녀의 죽음을 애석해할 것이다. 그리고 홀란드 저택에 익숙했던 모든 이들과 꾸준히 그녀의 단골손님이었던 모든 이들은 그 긴 드라마가 막을 내리고 반세기 동안 영국과 심지어 유럽을 밝히고 아름답게 꾸며온 사교계의 빛이 마침내 꺼진 데에 슬퍼할 것이다. 세계는 홀란드 저택과 같은 것을 본 적이 없었고, 또 앞으로 두 번 다시 볼 수 없을 것이며, 비록 홀란드 경 생전과 같지는 않았지만 홀란드 부인은 마지막까지 그녀 주변으로 하나같이 눈에 띄며 대단하고 호감 가는 사람들을 불러모아 뛰어난 사교계를 유지했다.

휘그 스타일

모든 휘그 사교계가 홀란드 저택의 만찬 자리처럼 지적이었다고 생각해서는 안 된다. 그러나 전반적으로 주요 휘그들은 상당한 교양의 소유자들이었고 그들은 이러한 교양을 가볍게 취급하면서 18세기의 자유분방한 품행과 결합시켰다.

홀란드 부인은 전 남편을 떠나서 홀란드 경에게 갔는데, 두 사람은 그녀가 이혼하기 얼마 전부터 같이 살았다. 멜본 부인은 바이런에게 홀딱 빠졌고 그가 좋아한 것보다 훨씬 심하게 쫓아다녔다. 옥스퍼드 부인도 바이런을 사랑했는데 그녀의 사랑은 보답을 받았다. 정치가인 프란시스 버뎃은 옥스퍼드 부인의 또 다른 애인이었고, 그녀의 자식들은 [생부가 불분명하다는 의미에서] '옥스퍼드 잡동사니'로 알려졌다.

휘그 사교계는 재치나 학식, 아니면 좋은 출생과 재산이 동반된다면 급진주의적 기행에 관대했다. 바이런은 처음에는 아주 쉽게 어울렸다. 그가 극도로 가혹한 처벌을 받고 있던 러다이트 폭도를 옹호하며 상원에서 그의 유일한 연설을 했을 때 아무도 그를 나쁘게 생각하지 않았는데, 어느 정도는 그 연설이 아무런 영향을 끼칠 수 없다는 것을 알았기 때문이다. 그러나 결국에 가서는 바이런은 너무 나가버렸는데, 정치적 차원에서가 아니라 그의 개인적 행실이 문제였다.[*] 그리고 그가 저지른 죄악들 자체가 비난을 받았다기보다는 그것들을 내세우고 다니는 것이 진짜 비난의 원인이었다. 결국 바이런의 절친한 친구였으며 왕년에는 예법이 허용하는 한에서 18세기식 자유를 극단까지 몰고 갔던 멜본의 어머니조차도 그를 포기했다.

예의바른 회의주의는 휘그 사이에서 흔했다. 그러나 그들의 중간계급 지지자들은 대체로 진지한 비국교도들이었고, 따라서 불신자적인 견해는 자기들끼리 나누는 대화에서만 표명될 수 있었다. 그런 생각들을 하층민들도 접근할 수 있는 형태로 말하는 것은 천박한 짓이었다. 이런 이유로, 그의 재능이면 휘그 사교계에 쉽게 어울릴 수 있었을 셸리는 처음부터 추방자였다. 대학생이 자신이 다니는 칼리지의 학장을 무신론으로 개종시키려 한 것은 사악하지는 않았을지라도 분명히 무례한 짓이었다. 게다가 그는 아내를 버렸고, 설상가상으로 그 타락한 늙은이 윌리엄 고드윈,[†] 그러니까 오로지 자신의 책을 터무니없이 비싼 가격에 출판했기 때문에 정당한 처벌을 피한 자코뱅의 딸과 달아났다.[‡] 그 젊은 아가씨의 아버지가 백발이 성성한 혁명주의자였을 뿐만 아니라 그녀의 어머니도 여성의 권리를 옹호하고 파리에서 공공연하게 부도덕한 삶을 살았는데, 단순히 쾌락을 위해서가 아니라 이론에 충실하기 위해서였다. 그렇다 해도 이건 도가 지나쳤다. 자유주의 귀족들도 로베스피에르

---

[*] 동성애와 이복누이와의 부적절한 관계에 대한 소문들이 결정적 계기가 되었다.

[†] 최초의 근대적 무정부주의를 창시한 사상가.

[‡] 셸리와 달아났다는 고드윈의 딸은 고딕소설 『프랑켄슈타인』의 작가 메리 셸리Mary Shelley 이다. 그녀의 어머니는 페미니즘의 선구자로 『여권의 옹호』를 쓴 메리 울스턴크래프트Mary Woolstonecarft이다.

에 의해 목이 달아났던 시절을 휘그들은 기억했다. 그들은 언제나 어디서 선을 그어야 할지 알았다. 그래서 셸리한테서 분명하게 선을 그었다. 셸리에 대한 편견은 내 젊은 시절까지 남아 있었고, 어느 집단에서는 아직도 존속하고 있다고 한다. 열여섯 살 무렵 셸리에 관심을 갖게 되었을 때, 나는 바이런은 비록 죄를 저질렀지만 젊은 시절의 불행한 상황으로 인해 죄로 이끌렸고, 평생 그에 대한 회한으로 시달렸기에 용서받을 수 있다고 들었다. 하지만 셸리의 도덕적 품성에 대해서는 더 이상 말할 가치도 없으며, 그는 원칙에 따라 행동했기 때문에 그의 작품 역시 읽을 가치가 없다는 얘기를 들었다.

06
시골의 삶

나폴레옹 전쟁 시기 내내 그리고 그 이후로도 한동안 시골 젠트리의 삶은 한가롭고 번영을 구가했다. 그 시절의 전쟁은 이후의 전쟁들과 달리 사람들의 삶을 어지럽히지 않았고 공사公事를 두고 골치를 썩이는 시골 지주들도 거의 없었다. 인구의 증가에 따라 농산품 수요는 상승했는데, 영국은 여전히 대부분의 식량을 자급하고 있었다. 따라서 토지 가치와 지대가 계속 상승했다. 시골 소지주들의 삶을 다루는 제인 오스틴의 소설들에서 내가 기억하는 한 전쟁에 대한 언급은 딱 한 번 등장한다. 『설득』의 남자 주인공이 해군 장교이고 그에게는 결혼을 수월하게 해줄 포상금이 나온다고 언급된다. 그의 용맹한 활약상에 대해서는 한마디도 들을 수 없는데, 설사 있었더라도 여주인공에게 그의 매력을 높였을 것 같지는 않다. 신문도 거의 언급되지 않으며 내가 아는 한 정치와 관련해 딱 한 번 언급된다. 일반적으로 신문은 제인 오스틴의 작중인물들의 일면을 보여주기 위해 등장한다. 『오만과 편견』에서 다아시는 엘리자베스 베넷에게 청혼하러 갔을 때 쑥스러움을 감추기 위해 신문을 집어들었다. 『이성과 감성』에서는 파머 씨가 내키지 않지만 아내를 방문해야 했을 때 안부를 묻자마자 곧장 신문을 집어들었다. 파머 부인이 "무슨 기삿거리라도 있나요?"라고 물었다. 파머 씨는 "별 이야기가 없소"라고 답하고 계속 신문을 읽어 내려갔다. 신문에는 1797년 노어에서의 해군 반란이나 베네치아 공화국의 종식에 대한 기사가 실렸을지도 모른다. 그렇다 하더라도 파머 씨는 그런 사건들이 언급할 가치가 있다고 생각하지 않았을 것이다.

종교가 사람들의 마음을 어지럽히던 시절이 있었다. 아닌 게 아니라 제인 오스틴이 글을 쓰던 바로 그 시기에 감리교가 중간계급과 하층계급에 심대한 변화를 일으키고 있었다. 그러나 그녀의 소설에서 종교는 딱 한 측면에서만 등장한다. 오스틴의 소설에서 종교는 작은아들들에게 교구 목사관을 제공하는 역할만 할 뿐이다. 그녀의 소설에서 부유한 캐릭터들은 하나같이 성직을 증여한다. 그것은 때로는 어리석은 인물에게 때로는 고결한 주인공에게 돌아가지만, 오스틴의 관심사는 어느 경우든 성직의 경제적 측면이었다.

가난해지는 영국의 농민들

부농들은 비록 십일조와 구빈세에 대해 투덜거리긴 했지만 나름대로 지주만큼 잘 살았다. 그들은 상류층의 삶을 흉내내 사냥과 음주와 도박을 즐겼다. 존 불*이라는 전통적 인물상은 이 시기에 나왔다.

---

* 영국을 의인화한 인물로 전형적인 영국인을 상징한다.

그가 압도적으로 도시화된 나라를 대표하는 인물로 오늘날까지 받아들여져 왔다는 것은 신기한 일이다.

1815년, 이들 젠트리와 농부들이 자신들의 기분 좋은 생활 방식이 갑작스럽게 끝나게 되는 것은 아닐까 두려움에 떨던 시기도 있었다. 전쟁은 끝났고 해외에서 곡물을 수입하는 것이 가능해졌다. 영국의 수확은 좋지 않았고 외국인들은 영국의 농산품이 경쟁할 수 없는 가격으로 밀을 제공하고 있었다. 외국의 여러 나라들이 영국 제품에 관세를 물리고 있었기 때문에 공업 지역은 극심한 곤경을 겪고 있었다. 그러나 의회는 지주들과 농부들의 불만에만 귀를 기울여 외국 곡물에 무거운 관세를 부과했다. 그 결과 시골에서 부유층은 계속 부유할 수 있었다. 이를 위해 나머지 국민들이 치러야 했던 대가에 대해서는 앞으로 살펴볼 것이다.

19세기 초 영국 농촌의 임금노동자의 삶은 젠트리가 구가하던 번영과 너무도 극단적인 대비를 보여줬기에 상층계급의 둔감하고 안일한 태도는 이해하기 힘들다. 유럽대륙의 농민들도 프랑스와 독일 일부 지역을 제외하고는 역시 비참했지만 그들의 참상은 오랫동안 이어진 것이었고 전반적으로 개선되는 과정에 있었다. 그러나 영국에서는 1760년부터 시골 빈민들의 생활여건이 소리없이, 거의 눈에 띄지 않게 꾸준히 나빠지고 있었다. 토지를 소유하지 못한 계급이 유럽대륙에는 거의 존재하지 않았지만 영국에서는 크게 증가하여 영국 산업주의의 급속한 부상에 필수불가결한 인적 자원을 공급했다. 상류계급의 탐욕에 대한 소름끼치는 대대적 고발인 존 로렌스 해먼드와 바버라 해먼드의 『농촌노동자』가 1911년 출간될 때까지, 대부분의 역사가들은 농촌 임금노동자의 위상이 바뀌는 과정에서 초래된 참상을 제대로 가늠하지 못했다.

부자들이 빈자들을 강탈하는 도구는 다양했다. 그중 가장 중요한 두 가지는 인클로저와 구빈법이었다.

인클로저, 쫓겨나는 농민들

인클로저의 역사는 그 자체의 흥미로움 외에도 정치가 경제과정에 미치는 영향을 보여주기 때문에 중요하다. 18세기 전반기에 농촌 빈민은 그럭저럭 견딜 만한 생활수준을 누렸다. 그 당시 영국 경작지의 절반 정도는 오래된 [띠 모양의 좁고 긴] 대상帶狀 경작지 체제로 운영되고 있었고, 아주 커다란 것부터 아주 작은 것까지 온갖 크기의 소유지로 나뉘어 있었다. 대부분의 농장 노동자들은 작은 오두막집과 띠 모양 경작지를 임차했고, 여기에는 공유지에서 가축에 풀을 먹이고 땔감을 구할 수 있는 권리가 포함되어 있었다. 많은 경우에, 이러한 공유지 사용권은 오두막집의 소유와 별개로 존재하거나 당연시되었다. 따라서 노동자들은 공유지에서 땔감을 무상으로 얻고 가금이나 소, 돼지를 키울 수 있었으며, 만약 그가 검약하다면 임금을 저축하고 소규모 경작지를 조금씩 모아서 부농이 될 수 있었다.

그러나 18세기와 19세기 전반기 내내 처음에는 개방지, 그다음에는 황무지가 갈수록 빠른 속도로 울타리로 구획되고 의회의 법안에 따라 재분배되었다. 소수 지주들, 때로는 단 한 명의 현지 지주가 그러한 법령을 청원하면 법안이 제출되고 위원회가 임명되었다. 법안이 통과되면 토지는 임명된 위원들의 재량에 따라 재분배되었다. 가장 큰 몫은 흔히 귀족이거나 국회의원인 그 지역의 주요 지주에게 돌아갔다. (이권이 개입된 여러 법안을 관련 의원들이 서로 짜고 통과시켜주는) 결탁 체제가 있어서 거물들은 자신의 이해관계를 친구들의 손에 안심하고 맡겨도 되었다. 대농들은 상당한 토지를 확보할 수 있었지만 소농과 오막살이 사람들은 대체로 아무것도 얻지 못하거나 자기들 몫이 떨어지더라도 필요한 울타리를 칠 비용을 감당할 수 없어서 그 땅을 가질 수 없었다. "소농들은 미국이나 산업 도시로 이주하거나 날품팔이가 되었다." 오막살이 사람들은 흔히 기아 상태로 전락했다. 선조들이 수 세기 동안 누린 부분적 독립으로 노동자들의 기강이 떨어지는 결과를 유감스럽게 여겼던 지주들에게 이런 현실은 굉장히 만족스러웠다. 그들은 부분적 독립이 노동자를 게으르게 만들며 고용주에게 완전히 의존하게 되기 전에는 노동자가 자신의 모든 노동력을 고용주를 위해 쏟아붓는지 신뢰할 수 없다고 여겼다. 인클로저 운동은 노동자들에게 토지와 소중한 권리만 빼앗은 것이 아니라 농부와 지주 간의 거래에서 협상력도 빼앗았다. 따라서 그들은 처음에는 생계의 원천을 박탈당함으로써, 그 후에는 임금이 하락함으로써 이중으로 가난해졌다. 전체 농업생산량은 증가했지만 노동자들은 그 가운데 적은 비중만 차지했을 뿐 아니라 소득의 절대적 감소도 겪어야 했다. 그에 따른 농민들의 생활수준 저하는 더 과학적인 영농을 위해 치러야 하는 무거운 대가였다.

빈민을 만드는 구빈법
노동자들의 생활조건을 악화시키는 두 번째 메커니즘은 명목상으로는 그들에게 혜택을 주기 위해 고안된 장치, 즉 구빈법이었다. 이것은 엘리자베스 여왕 시대로부터 유래하며 (신빙성은 거의 없지만) 자선적 동기에서 마련된 것이라고 한다. 구빈법은 각 교구가 교구 내 빈민들이 굶어죽는 일이 없게 책임을 지도록 규정했다. 만약 남자나 여자, 아이들이 궁핍해지면 그들이 태어난 교구가 기본적 생계수당을 지급해야 했다. 만약 누군가가 자신의 출생지에서 떨어진 곳에서 일자리를 얻으면 새 교구가 유사시 그를 부양할 의무를 떠맡는 것이 가능했지만 실제로 그런 일은 거의 일어나지 않았다. 자신을 책임지는 교구가 있는 사람은 거기에 "정착지를 갖고 있다"고 표현됐다. 그가 소속된 교구는 여간해서 그를 놓아주려고 하지 않는데, 비용을 들여 멀리 왕국 끄트머리에서 그를 데려와야 하는 일이 생길 수도 있기 때문이다. 비록 그가 소속된 교구가 그를 놔준다고 해도 다른 교구들은 그의 원래 교구가 그에 대한 부양책임을 인정하는 증서를 제시하지 않는 한 그를 받아주려고 하지 않았다. 교구 관리들은 그런 증서를 발급할 의무가 없었고, 따라서 현실적으로 증서를 받아내기는 매우 힘들었다. 이론적으로는 새로운 '정착지'를 얻을 수 있는 다양한 방법이 있었지만, 빈민이 거기서 얻는 혜택을 막는 길도 여러 가지 있었다. 따라서 출생지에서 자신의 노동에 대한 수요가 아무리 없다고 할지라도 가난한 사람이 그곳에서 벗어나기는 극도로 어려웠다.

1795년에 '스피넘랜드'라는 체계가 도입되면서 구빈법의 발전에서 중요한 조치가 취해졌다. 당시에는 프랑스의 공포정치가 막 끝났을 때라 혁명에 대한 공포의 분위기가 만연했다. 작황은 나빴고, 영국 전역에서 사회불안이 커지면서 여성들이 주도한 식량 폭동이 널리 확산되었다. 경각심을 느낀 지배계급은 탄압만으로는 자신들의 안전을 보장할 수 없다고 판단했다. 그들은 가난한 사람들에게 검은 빵과 감자, 수프를 먹이려고 했는데, 좋은 뜻으로 그렇게 나선 이들에게는 놀랍게도 가난한 사람들은 질 좋은 흰 빵을 포기하려 하지 않았다. 이후의 경험은 가난한 사람들이 경제적 관점에서 옳았다는 것을 입증한다. 아일랜드인들은 설득을 당해 감자를 먹었다가 1845~1847년의 대기근 동안 다수가 사망했다. 당대인들보다 더 계몽된 일부 사람들은 최저임금을 지지했고, 하원의원 사무엘 휘트브레드는 그런 목적에서 의회에 법안을 발의했지만 피트의 반대로 무산되었다. 영국 전체는 아니지만 대부분의 지역에서 실제로 수용된 안은 가장의 임금이 그 자신과 가족의 기본적인 생계유지에 불충분할 경우 구빈세에서 임금을 보조해주는 시스템이었다. 스피넘랜드(이 체계가 처음 도입된 곳)에 모인 버크셔 주의 치안판사들은 성인 남성 한 명은 일주일에 3갤런의 빵 덩어리가 필요하며 성인 여자나 아이는 1.5갤런이 필요하다고 추산했다. 만약 성인 남성의 임금이 이 양만큼 빵을 구입하기에 부족하면 필요한 나머지만큼 구빈세에서 보조를 받을 수 있으며 보조금은 물론 빵 가격에 연동될 것이었다.

원안의 본문은 다음과 같다.

8파운드 11온스가 나가는, 두 번째로 빻은 밀가루로 만든 빵 1갤런 가격이 1실링일 때, 가난하지만 근면한 사람에게는 그와 그의 가족의 노동으로 받은 임금 혹은 구빈세에서 나오는 수당을 통해 매주 각각 3실링이, 그의 아내와 다른 가족에게는 각각 1실링 6페니가 돌아갈 것이다. 1갤런 빵 한 덩어리 가격이 1실링 4페니일 때는 가난하나

근면한 사람들에게 매주 각각 4실링이, 그의 가족의 부양을 위해서는 가족 한 명당 1실링 10페니가 돌아갈 것이다. 이것은 빵 값이 오르내리는 데 비례하여 변하며 (다시 말해) 빵 값이 1실링에서 1페니씩 오를 때마다 가장에게는 3페니가, 다른 가족은 한 명당 1페니가 더 돌아갈 것이다.[3]

이 체계는 1834년 개혁 의회에서 새로운 구빈법이 통과될 때까지 사소한 변경을 제외하고 그대로 유지되었다. 새 구빈법이 옛 구빈법보다 더 나았는지의 문제는 여전히 논쟁이 가능하다. 그러나 옛 구빈법이 나빴다는 점은 논쟁의 여지가 없다.

스피넘랜드 체계는 고용주들이 노동자들의 생계비 부담 일부를 구빈세에 떠넘기고 더 낮은 임금을 지급하도록 하는 자연스러운 결과를 낳았다. 다수의 시골 교구에서 임금을 받는 인구 대다수는 극빈층이었다. 1795년에 이미 존재했던 시스템에서 커다란 발전이 이뤄져 그에 따라 노동자들은 전적으로 교구 당국으로부터 임금을 지급받고 교구 당국을 통해 일감이 있는 사람에게 고용되었다. 그러한 노동자들은 "라운즈맨roundsman"으로 불렸는데 일감을 찾아 교구를 돌기go rounds 때문이었다.

스피넘랜드 체계의 기준 임금은 넉넉하지 않았다. 그럼에도 불구하고 그것은 나폴레옹 전쟁이 끝난 후 다른 많은 지역에서 채택된 기준보다는 더 높았다. 생활수준 하락은 구舊구빈법이 유지되는 한 지속되었던 것 같고, 1831년 한 가족에게 지급되는 일반적 수당은 1인당 1주일에 빵 한 덩어리와 추가로 주는 한 덩어리였다. 해먼드 부부는 다음 같이 지적한다.

35년간 생활수준은 하락했고 매컬로크의 설명에 따르면 1/3만큼 하락했다. 1826년 영국은 11년째 평화를 누리고 있었다는 걸 감안한다면, 이는 전쟁이나 기근 때문이 아니라 영국 국민의 삶의 일반적인 경로였다. 역사상 대체 어느 곳에서 이러한 생활수준의 하락을 찾아볼 수 있는가?[4]

상층계급의 관점에서 볼 때 스피넘랜드 체계는 여러 가지 이점이 있었다. 그들은 구빈세에서 지급되는 것은 자선이며 따라서 자신들의 자비심의 증거라고 생각했다. 그와 동시에 임금은 불만이 혁명으로 발전하는 것만은 막는 선에서 기아 수준으로 유지되었다. 프랑스에서는 혁명이 농민들에게 엄청난 혜택을 가져와 장기간의 전쟁과 최종적 패배에도 불구하고 농민의 생활수준은 1789년보다 1815년에 훨씬 높았다.

구 구빈법에 의해 극빈자들이 실제로 아사하는 사태가 교구 당국에 의해 저지될 것은 거의 확실했으며, 따라서 이러한 상황은 영국 농촌의 빈민들이 묵묵히 그들의 참상을 견디게 만들었다. 빈민층을 잠잠하게 유지하는 데 이보다 더 싸게 먹히는 대책을 고안하기도 힘들었을 것이다. 이따금 소요가 있었던 것은 사실이며, 특히 1830년의 '마지막 봉기' 때 많이 발생했다. 그러나 정부는 그런 소요 사태를 진압하는 데 별반 어려움을 겪지 않았고, 혹독한 처벌을 내릴 기회를 얻었다.

구빈법은 노동자들을 가난하게 만들고 그들의 자존감을 갉아먹었다. 또 생존에 요구되는 최소량을 제외하고 그들이 생산하는 모든 부를 지주와 부농들에게 넘겨주면서 그들의 '윗사람'을 존경하도록 가르쳤다. 지주들이 '폴리'라는 가짜 고딕 고성을 지으며 과거에 대한 낭만적 감수성에 빠져 있는 동안 현재를 비참과 영락으로 채운 것이 바로 이 시기였다.

07

산업적 삶

시골의 삶에는 세 가지 계급이 있었지만 산업적 삶에는 단 둘뿐이었다. 대체로 지주는 공장이나 탄광의 연기와 검댕, 불결함 속에서 사는 것을 택하지 않았다. 아버지 시절에는 농촌이었지만 이제는 더 이상 농촌이 아닌 곳 근처에 한동안 머무르더라도 그는 성장하는 산업 고용주 계급과 거의 접촉하지 않았고, 그들이 저속하고 교양이 없다고 여겼다. 지주 계급과 공장주 계급 간의 관계는 대부분 사회적이라기보다 정치적이었다. 그들은 사회불안을 잠재우는 데 공동의 이해관계가 있었지만 대부분의 지점에서는 이해관계가 갈렸다. 면화에는 제조업자들이 반발하는 수입 관세가 붙어 있었다. 곡물에 대한 관세는 빵 가격을 올렸고, 따라서 노동자의 생계비용도 증가시켰다. 이에 따라 제조업자들이 지불해야 하는 추가 임금은 농경지에 대한 지대 형태로 궁극적으로 지주들의 호주머니로 흘러들어 갔다. 제조업자들은 자유무역을 바랐지만 지주들은 보호주

의를 지지했다. 제조업자들은 흔히 비국교도였지만 지주들은 거의
언제나 국교도였다. 제조업자들은 최선을 다해 교육을 받았으며 근
면과 절약을 통해 밑바닥에서 성장했지만, 지주들은 퍼블릭스쿨에
다녔고 그의 아버지의 아들로 태어났을 뿐이다.

산업화에 대한 상층계급의 이중성

상층계급은 잠시 짬을 내 생각이란 걸 할 때면 북부 지방의 새로운
산업적 삶이 중요하다는 것을 알았다. 또 영국의 제조업자들이 나
폴레옹을 물리치는 데 도움을 주었다는 사실도 알았다. 일부는 제
임스 와트에 대해 들어본 적이 있었고, 증기가 유용한 공정들이 있
다는 사실을 어렴풋이나마 알고 있었다. 그러나 이러한 것들은 그
들에게 최신식이자 다소 불미스러운 것으로 느껴졌다. 게다가 만약
그러한 기계식 공정이 널리 퍼진다면 여우와 자고새 사냥에 방해
가 될지도 모를 일이었다. 내 할아버지는 한동안, 동력 방직기의 발
명가이면서 방직업에 기계와 공장제를 도입한 카트라이트 박사를
가정교사로 모신 적이 있다. 말년에 그의 제자는 이렇게 회고했다.
"학식과 기계적 재주가 풍부한 카트라이트 박사를 통해 나는 라틴
어 시에 취미를 붙였고, 그 취향은 지금까지 이어지고 있다." 제자
의 회상은 계속되어서 스승의 '기계적 재주'에 대해 몇 가지 실례
를 들려주긴 하지만, 동력 방직기에 대해서는 한 마디도 언급되지
않는다. 설령 무엇이 등장했다 한들 할아버지는 그에 관해 들어본
적이 없다. 동력 방직기의 발명가는 할아버지에게 "도덕과 다른 흥
미로운 주제를 다룬 편지와 소네트가 담긴 책"에 대해서 언급했을
뿐이다. 나라 밖에서 영국은 기계들로 유명했지만 상층계급 영국인

은 이러한 시각을 불쾌하게 여겼고 농업을 강조했다. 이러한 감정은 1844년까지도 여행작가 킹레이크가 쓴 『이오덴』의 영국인 여행객과 오스만 제국의 파샤 사이의 가상 대화에서 재미있게 드러나 있다.

파샤 윙윙! 모든 게 바퀴로! ─ 쉿쉿! 모든 게 증기로!

여행객 (통역에게) 파샤의 저 쉿쉿거리는 소리는 무슨 뜻인가? 설마 우리 정부가 술탄에 대한 굳은 맹세를 저버릴 것이란 뜻은 아니겠지?

통역 아닙니다, 나리. 영국인은 바퀴와 증기로 이야기한다고 말하고 있습니다.

여행객 그건 과장이야. 하지만 영국인은 실제로 기계를 위대한 완벽의 경지까지 끌어올렸다고 말할 수 있지. 파샤에게 우리는 진압해야 할 소란이 발생하면 언제라도, 런던에서 200~300마일 떨어져 있다고 해도, 몇 시간 만에 사건 현장으로 병사를 수천 명씩 보낼 수 있다고 말하게(감명받을 거야).

통역 (냉정과 발화의 자유를 되찾고) 각하, 이 머드콤 나리가 각하께 말씀드리길, 아일랜드인이나 프랑스인, 인도인이 영국인에게 반란을 일으킬 때마다 병사들과 포병대 전체가 유스턴 스퀘어라는 거대한 구멍으로 투하되었다가 탄약포 하나를 입으로 물어뜯는 동안에 다시 맨체스터나 더블린, 파리나 델리에 나타나 영국의 적들을 지상에서 싹 쓸어버린다고 합니다.

파샤 알아. 나도 다 안다고. 세세한 사실까지 다 내게 전해져서 나도 기관차가 뭔지 이해하고 있어. 영국 군대는 펄펄 끓는 가마솥의 수증기를 타고 달리고 그들의 말은 활활 타는 석탄이지! ─ 윙윙! 모든 게 바퀴로!─쉿쉿! 모든 게 증기로!

여행객 (그의 통역에게) 우리 영국의 상업과 제조업의 앞날에 대해 편견이 없는 오스만 신사의 견해를 듣고 싶군. 파샤께 그 주제에 대한 견해를 들려달라고 부탁해보게.

파샤 (통역으로부터 이야기를 전해 듣고) 영국의 배는 파리 떼처럼 바글바글하다. 그들의 날염 옥양목은 전 지구를 덮고 그들의 칼 옆에 서면 다마스쿠스의 칼날은 풀잎사귀가 된다. 인도 땅 전체가 상인들의 장부 속 한 품목에 불과하고 그들의 광에는 고대의 옥좌들이 가득하다!─윙윙! 모든 게 바퀴로!─쉿쉿! 모든 게 증기로!

통역 파샤께서 영국의 날붙이류와 또 동인도회사를 칭찬하십니다.

여행객 날붙이류에 관해서라면 파샤가 맞으시네. 나도 몰타에서 내 초승달 모양 칼과 영국군 일반 장교의 칼을 가지고 겨뤄봤는데 장교들 칼이 내 칼을 종잇장 자르듯 잘라버리더군. 그럼 (통역에게) 파샤께 우리의 제조 능력을 그렇게 높이 평가해주셔서 무척 감사드리지만 그것 말고도 우리 영국에는 다른 좋은 것들도 있다는 사실을 아셨으면 좋겠다고 말씀드리게. 외국인들은 언제나 우리가 배와 철도, 동인도회사 말고는 아무것도 없는 줄 안다니까. 파샤께 우리 농촌 지역도 그분의 주목을 받을 만하고 심지어 지난 200년 사이에 순무 경작에서 뚜렷한 개선이 있었다고 말씀드려. 그리고 파샤께서 거기에 별 흥미가 없으시면 어쨌거나 우리가 시골에서 우리의 미덕을 간직하고 있다고 설명해도 돼. 우리가 정직한 사람들이고 오스만 사람들처럼 약속을 지키는 데 믿음직하다고. 아, 그건 그렇고, 그 이야기에 덧붙여서 영국 자영농은 천만다행으로 아직도 영국 자영농이라고 말씀드리는 것도 좋겠어.

영국 자영농은 앞서 보았듯이 여전히 영국 자영농이 아니었다. 킹레이크의 여행객과 그의 친구들은 영국의 자영농을 다 굶겨죽이면서 두려움에 떠는 극빈자로 탈바꿈시켰다. 그러나 영국 농촌의 폐해가 컸다 하더라도 영국 산업 지역의 폐해에는 못 미쳤다. 그 시절의 탄광과 공장의 참상은 진부한 테마이지만 여전히 차마 견디기 힘든 테마이다. 나는 그 주제에 본격적으로 뛰어들 엄두가 나지 않지만 그래도 몇 가지는 언급하지 않을 수 없다.

산업혁명의 치부, 아동노동

나폴레옹은 러시아의 눈과 영국의 아이들에게 패배했다. 러시아의 날씨가 한 역할은 신의 섭리로 돌려질 수 있기 때문에 인정받았다. 그러나 영국의 아이들이 한 역할은 영국의 사람들에게 부끄러운 일이기 때문에 아무도 언급하지 않고 조용히 지나갔다. 자신의 역사책에서 윌리엄 피트와 고용주들 간의 가상 대화 형태로 그것을 적절하게 부각시킨 최초의 사람은 프랑스 역사가 쥘 미슐레였다. 고용주들이 정부의 전쟁세에 대해 불평하자 피트는 대답한다. "애들을 데려다 쓰시오." 전쟁이 끝나고 그들이 아이들을 다시 놔주기까지는 아주 오랜 시간이 걸렸다.

아동노동에는 오래된 극빈 견습생 시스템과 새로운 '자유' 아동 시스템이라는 두 가지 시스템이 있었다. 오래된 시스템은 다음과 같다. 런던과 다른 여러 지역에서 누군가가 빈민 구제를 받으면 그 교구는 그 사람의 자식들을 스물한 살 때까지 마음대로 처분할 수 있는 배타적 권리가 있었다. 1767년까지는 그런 아이들 거의 대부분이 죽었기 때문에 당국에 아무런 문제도 생기지 않았다. 그러나 그해에 한웨이라는 자선사업가가 아이들을 여섯 살 때까지는 구빈원 작업소가 아닌 다른 시설에서 수용하는 법안을 통과시켰다. 그에 따라 많은 아이들이 생존하는 불운을 겪게 되었고, 런던 당국은 그들을 처리해야 하는 문제에 직면했다. 랭커셔 면직 공장의 아동노동에 대한 수요가 해법을 제공했다. 아이들은 일부 방적 공장주들의 견습생으로 맡겨졌고 스물한 살 때까지 사실상 공장주의 소유물이 되었다. 만약 공장이 밤낮으로 중단 없이 가동되면 아이들은 12시간씩 2교대로 고용되어 한 침대를 주간 아동과 야간 아동이 번갈아 썼다. 이들은 운이 좋은 축이었다. 밤에 문을 닫는 공장에서는 1교대 작업밖에 없었고 아이들은 매일 열다섯 시간이나 열여섯 시간씩 일해야 할 수도 있었다.

때때로 공장주가 파산을 하면 아이들은 수레에 태워져 외딴곳으로 실려 간 다음 알아서 살아가도록 버려졌다. 이런 일이 생기지 않는다면, 아이들은 일요일에 기계를 청소해서 그 시간에 교회를 가는 경우를 빼고는 결코 공장을 떠날 수 없었다. 종교 교육이 부족할 가능성 정도가 그 시대의 일반적 양심이 민감해하는 거의 유일한 지점이었다. 유행병이 자주 창궐하여 많은 아이들이 죽은 데에도 살짝 양심이 움직이긴 했다.

1802년, 그 자신도 결코 모범적인 고용주는 아니었던 로버트 필(정치가 로버트 필의 아버지)은 "견습생 그리고 방적소와 다른 제조소, 방적 공장과 다른 공장에 고용된 사람들의 건강과 도덕을 더 잘 유지하기 위한" 법안을 도입해 통과시켰다. 법안은 사실 견습생에게만 적용되었고 그것도 면직업에만 적용되었다. 로버트 필은 "면직업이 중요한 만큼 이 법안이 면직업을 올바르고 도덕적으로 만들어줄 것"이라고 생각했다. 법률은 견습생이 밤에는 일하지 않도록 규정하고 하루 12시간 이상 작업하면 안 된다고 금지했다. 그들은 매일 약간의 교육을 받아야 하며, 일 년에 새 옷을 한 벌 지급받고, 남아와 여아는 분리해서 수용하되 모두에게 침대가 하나씩 돌아가도록 해야 한다. 일요일마다 기독교에 대한 가르침을 받고 일 년에 한 번씩 성직자에게 검사를 받을 것이다. 덕성으로 똘똘 뭉친 아이들이 뭘 더 바랄 수 있겠는가?

고용주들은 이 법안이 통과되면 사업이 망할 것이라고 반발했다. 그러나 막상 법이 시행되자 법을 준수하도록 아무도 강제하려고 하지 않았고, 따라서 실질적으로 좋은 결과가 거의 나타나지 않았다. 게다가 견습생 고용은 우습게도 '자유' 아동이라고 불린, 즉 합법적으로 굶어죽을 권리를 박탈당하지 않았음에도 불구하고, 부모들이 자발적으로 일터에 내보낸 아이들로 갈수록 대체되었다. 그러한 변화는 증기력이 수력을 대체하면서 아동노동 공급이 가능한 도시로 공장들이 이전하면서 일어났다. 당국은 공장에 아이들을 내보내길 거부한 부모들에게는 구빈법에 따른 원조를 거부했고, 새로운 기계와 경쟁 때문에 많은 직조공들이 아사 직전 상태에 빠졌다. 그 결과 많은 아이들이 여섯 살이나 일곱 살 때부터 밥벌이를 해야 했고, 때로는 그보다 더 어린 나이에 밥벌이에 나섰다. 임금노동자로서 그들의 삶은 해먼드 부부의『도시 노동자』에 묘사되어 있다.

일단 아이들이 임금노동자가 되면 그들의 작업 생활은 이미 묘사한 견습생의 생활과 별로 다르지 않았다. 그들은 아침 5시나 6시에 공장에 출근했고, 토요일도 포함해서 (가장 이르면) 저녁 7시나 8시에 공장 문을 나섰다. 작업 시간 내내 그들은 24도에서 29도에 이르는 고온의 환경에 갇혀 지내야 했다. 14시간이나 15시간씩 좁은 곳에 갇혀 있는 동안 유일한 휴식은 식사 시간에만 가능한데, 길어 봐야 아침 식사 시간은 30분, 저녁 식사 시간은 1시간이었다. 그러나 정기적인 식사 시간은 어른들에게만 허락된 특권이었다. 아이들에게 일주일에 사나흘은 식사 시간이 그저 작업의 교체를 의미할 뿐이었다. 가동되는 기계를 지키는 대신 가동이 중단된 기계를 청소하며 먼지와 솜 부스러기 속에서 음식을 최대한 잽싸게 집어삼켜야 했다. 그러면 곧 그들은 공장에서 먹는 식사에 아무런 맛도 느끼지 못하게 되었다. 솜 부스러기는 폐를 질식시켰다. 뱉어서 토해내지 못하면 구토제가 거리낌 없이 이용되었다.

이 아이들이 고용되는 작업은 흔히 아주 가볍고 쉬운 작업으로, 사실, 힘이 필요하지 않고 주의만 요구되는 놀이로 묘사되었다. 공장 아동의 3/4은 '실을 잇는 직공piecer'이었다. 즉, 다양한 조방기와 방적기에서 끊어진 실을 연결하거나 이어주는piece 일을 했다. 다른 아이들은 솜 부스러기를 쓸거나 실패를 치우거나 교체하는 일에 고용되었다. 계몽되고 인간적인 고용주이자 코벳과 함께 올덤 선거구를 대표했던 존 필든(1784~1849)은 샤프츠베리 백작과 마이클 새들러를 영예롭게 하는 찬사를 공유했는데,* 그는 아이들이 견뎌야 하는 신체적 부담을 측정하는 흥미로운 실험을 했다. 아이들이 방적기를 따라다니며 하루에 걷는 거리에 대한 공장 대표자들의 일부 진술에 놀란 그는 자신의 공장에서 실시한 실제 실험에 대한 진술을 제출했으며,

---

* 샤프츠베리 백작과 새들러가 주도한 노동 시간을 10시간으로 제한하는 법안을 통과시키는 데 참여한 것을 가리킨다.

놀랍게도 아이들이 12시간 동안 무려 20마일[32킬로미터]을 걷는다는 사실을 발견했다. 물론 중간에 잠깐씩 쉴 틈이 있기는 했지만, 앉는 것은 규칙에 어긋나기 때문에 앉아 있을 의자가 없었다. 실을 잇는 직공의 작업이 실제로 힘들지 않다는 견해는 공장 위원 가운데 한 명인 터널 씨한테서 가장 잘 드러난다. 그는 아이들의 3/4은 방적기의 실 잇는 직공으로 고용되며 뮬 정방기가 뒤로 빠지는 동안은 할 일이 없기 때문에 1분 가운데 45초는 가만히 서 있기만 하면 된다고 말한다. 이로부터 그는 만약 한 아동이 명목상으로 하루에 12시간 일을 한다면 "9시간 동안은 실제로 아무런 노동을 하지 않으며" 만약 일반적인 경우처럼 뮬 정방기 두 대를 관리하면 "그가 한가한 시간은 9시간이 아니라 6시간"이라는 결론을 이끌어낸다.

일주일에 6일간 14~15시간씩 붙잡혀 있는 것은 '정규' 작업시간이었다. 바쁜 시기에는 작업시간이 고무줄이라 때로 도저히 믿어지지 않을 만큼 장시간으로 연장되었다. 아침 3시부터 밤 10시까지의 작업도 없지 않았다. 발리 씨의 공장에서 여름 내내 그들은 아침 3시 30분부터 밤 9시 30분까지 일했다. "헬(지옥) 베이"라는 적절한 이름으로 불린 공장에서는 두 달간 정규 작업시간에 따라 아침 5시부터 밤 9시까지 일했을 뿐만 아니라 일주일에 두 번은 밤샘 작업을 했다. 더 인간적인 고용주들도 바쁠 때는 (아침 5시부터 밤 9시까지) 16시간씩 일을 시켜야 만족했다.

공포라는 원동력 없이 그런 시스템을 유지하는 것은 물리적으로 불가능했다. 새들러 위원회에서 증언한 감독관들은 그들의 방식이 야만적이라는 사실을 부정하지 않았다. 그들은 할당량을 뽑아내지 못하면 해고를 당할 수밖에 없으며 이런 상황에서 동정은 가족이 있는 사람에게 허락되지 않는 사치라고 말했다. 아침에 공장에 지각한 벌은 피곤한 아이들이 침대에서 서너 시간 더 누워 있고 싶은 유혹을 뿌리치게 할 만큼 잔인해야 했다. 새들러 위원회에 출석한 한 증인은 밤 11시에 집에 도착했다가 다음날 아침 2시에 놀라서 일어나 공장 문 앞까지 비척거리며 걸어온 아이를 알고 있었다. 어떤 공장들에서는 긴 하루 동안 아이들을 때리는 소리나 아파서 우는 소리가 들리지 않고 지나가는 시간이 없었다. 아버지들은 감독관의 더 심한 구타를 피하게 하기 위해 제 아이들을 때렸다. 오후가 되면 피로가 아주 심하게 쌓여서 '빌리 롤러'로 알려진 무거운 쇠막대기가 쉴 새 없이 사용되었다. 그런데도 어린아이들은 졸다가 옆에 있는 기계에 부딪혀서 평생 불구가 되었고, 운이 좋다면 빼앗긴 잠보다 더 긴 망각의 잠을 찾게 되는 일이 드물지 않았다. 실제로 고트 씨라는 주인이 자막대기를 제외하고는 아무것도 쓰지 못하게 한 공장에서는 아침 5시부터 밤 9시까지 일하는 아이들을 깨어 있게 하려고 노래를 부르게 했다. 저녁 시간이 흘러갈수록 피로와 고통, 긴장감은 참기 힘들게 되었다. 아이들은 누구든 근처에 다가오면 아직 몇 시간이 더 남았느냐고 물었다. 한 증인은 새들러 위원회에서 여섯 살짜리 아이가 자신에게 한 이야기를 증언했다. "아이가 '아빠, 지금 몇 시예요?'라고 묻자 나는 7시쯤 된 것 같다고 말했습니다. '아, 9시까지 아직도 두 시간이 남았잖아. 더는 못 견디겠어요.'"[5]

이러한 실태가 알려지자 심각한 아동학대를 금지하는 법안을 호소하는 여론이 일어났는데, 여기에 대해서는 이후 장에서 다룰 것이다. 여기서는 관련 법안이 1819년에 통과되었으나 감독 임무가 치안판사들과 성직자들에게 맡겨짐으로써 전적으로 효과가 없었다는 것만 말해 두겠다. 지금까지의 경험으로, 그저 아이들을 고문하는 게 목적일 때는 치안판사들과 성직자들이 범법 행위에 아무런 이의가 없다는 것을 알았기 때문에 고용주들은 안심할 수 있었다.

아이들이 고통 받은 곳은 면직 공장만이 아니었다. 그들은 탄광에서도 끔찍한 환경에 노출되었다. 일례로 탄광에는 일반적으로 다섯 살에서 여덟 살 사이의 트래퍼trapper가 있었는데, 그들은 "문 옆에 난 작은 구멍에서 12시간씩 손에 실을 쥐고 앉아 있었다. 그들은 대체로 항상 어둠 속에 있었지만 이따금 마음씨 좋은 갱부가 양초 토막을 주기도 했다." 1842년 아동 고용 위원회 보고서에 따르면 여덟 살짜리 여자 아이는 이렇게 진술했다. "나는 어두운 곳에서 통풍구trap를 잡고 있어야 해요. 무서워요. 새벽 4시나 이따금 3시 반에 가서 (오후) 5시 반에 나와요. 나는 결코 자지 않아요. 이따금 불빛이 있으면 노래를 부르지만 어둠 속에서는 부르지 않아요. 그때는 무서워서 부를 수가 없어요."

바로 그러한 조건의 아동 노동으로 멜본은 그의 교양과 매력을 가능케 한 재산을 얻었다. 캐슬레이는 런던데리 후작으로서 매우 중요한 탄광의 소유주였다. 말이야 바른말로 탄광과 면직업 사이의 주요 차이점은 두 당의 주요 귀족들 다수가 탄광에 직접적인 이해관계가 있었다는 것뿐이고, 그들은 자수성가한 대부분의 잔인한 공장주들만큼 아동의 고통에 냉담했다. 고문 받는 아이들의 고통은 홀란드 저택에서의 우아한 대화의 밑바탕이었다.

내가 아이들에 대해서 이야기한 이유는 그것이 100년 전 산업화의 가장 끔찍한 측면이기 때문이다. 그러나 아이들이 겪은 고통은 그들의 부모들이 절망적 상태에 있지 않았다면 불가능했을 것이다. 성인의 노동 시간 역시 믿기 힘들 정도로 길었고, 임금은 매우 낮았으며, 주거 환경은 말도 못했다. 얼마 전까지 시골에서 살았던 대다수 산업노동자들은 연기가 자욱하고 잘못 설계된 비위생적인 신도시로 몰아넣어졌고, 일부는 심지어 지하 창고에 거주했다. 콜레라와 티푸스는 고질적이었다. 숙련 수공업자들은 새로운 기계 때문에 극빈 상태로 전락했다. 과거에 번영을 구가했던 직조공들은 일주일에 고작 6실링 6페니를 벌 수 있었다. 임금노동자들의 단결 행위는 1824년까지 불법이었고, 비록 노동조합이 존재하기는 했으나 비밀리에 유지되는 한 필연적으로 규모가 작고 힘이 없었다. 정부는 가난한 사람들을 선동해 혁명적 정서를 내비치게 만드는 임무를 띤 스파이들을 고용했다. 스파이들이 어렵사리 작은 운동을 조직하면 그들에게 속은 사람들은 교수형을 당하거나 유형지로 실려갔다.

이러한 잔학행위에 책임이 있는 자들은 인간이었다. 여러분과 나도 그들과 인간 본성을 공유하며 또 처지가 바뀌었다면 그들처럼 했을지도 모를 일 아닐까? 한편 그들의 손자들은 소련에서 자행되는 일에 인류의 이름으로 항의하면서, 인도에서 갓 시작된 산업화에서 옛 악행의 재발을 막으려는 사람들에게 가혹한 형벌을 내리고 있다.

섹션 B | 철학적 급진주의자들

08

맬서스

생각은 인간의 자연스러운 행위가 아니다. 병에 걸렸을 때 나는 고열과 같은 질병의 산물이다. 혁명 이전 프랑스와 19세기 초반 영국의 정치체제에서 질병은 특정 사람들이 정치경제학으로 발전하게 되는 중요한 사고를 하도록 야기했다. 이 학문은 벤담의 철학과 제임스 밀이 데이비드 하틀리로부터 배운 심리학을 결합하여 철학적 급진주의자들을 낳았고, 이들은 이후 50년 동안 영국 정치를 지배하게 된다. 그들은 기이한 인물들이었다. 다소간 흥미롭지 못한 사람들, '이상vision'이라고 하는 것이 결여되어 있으나 신중하고 합리적이며, 중간계급의 이해관계와 맞아떨어지는 결론들을 대체로 틀린 전제로부터 조심스럽게 논증을 해나가는 사람들이었다. 정치적 급진주의자의 마지막 대표자인 존 스튜어트 밀은 벤담이나 맬서스, 리카도보다 덜 똑똑했지만 상상력과 공감에서 그들을 능가했고, 그 결과 정통파로 머무르지 않고 심지어 사회주의에 슬쩍 추파를 던지기도 했다. 그러나 이 학파의 창시자들은『데이비드 코퍼필드』의 머드스턴 씨*처럼 나약함을 묵과하지 않았다.

영국 경제학의 창시자 애덤 스미스는『국부론』을 1776년에 출간했기 때문에 우리가 다루는 시기에서 벗어난다. 하지만 그는 프랑스인들로부터 가져온 자유방임주의 때문에, 그리고 자유무역을 옹호하는 논증을 최초로 제시했기 때문에 중요하다. 스미스는 철학적 급진주의 분파의 창시자들의 속성을 갖고 있지 않았다. 그는 양식이 있고 온건하며 비체계적이었다. 또 언제나 한계를 인정했다. 예를 들어, 그는 항해조례에 대한 유명한 논의에서 국방이 부富보다 더 중요하다는 근거로 자유방임의 한계를 인정했다.† 그는 신사에게 마땅한 정도를 넘어 신념을 완고하게 고수하지 않는 편안한 18세기적 특성을 지닌 상냥한 노신사였다. 그러나 스미스는 상식의 범위 안에서 개인과 사회의 이해관계는 넓게 말해 조화를 이루며 계몽된 이기심은 자비심에 따른 행위와 동일한 행위를 이끌어낼 것이라고 믿었다. 이 원칙은 나중에 제조업자의 이기심은 공동체의 진정한 이해관계와 일치하며 공동체의 이해관계는 임금노동자의 진정한 이해관계와 동일함이 틀림없다는 것을 입증하기 위해 이용되었다. 따라서 임금노동자가 고용주에게 저항하는 것은 바보 같은 짓이다.

---

* 주인공을 괴롭히는 의붓아버지로 '죽이다murder'와 '섬뜩할 정도로 냉담함stony coldness'을 합성한 이름이다.

† 영국에 수입되는 상품을 영국 선박이나 상품의 생산국 선박만으로 수송하도록 제한하는 규정으로 네덜란드를 견제하기 위해 1651년 만들어졌으나 19세기 들어 자유무역에 악영향을 끼치게 되면서 1849년 폐지되었다. 애덤 스미스는 국가안보를 이유로 항해조례를 옹호하였다.

19세기를 지배한 반박할 수 없는 단순한 이론

우리가 다루는 시기에 그리고 실제로 세상에 더 중요한 사람은 맬서스로, 그의 『인구론』(초판은 1798년, 재판은 1803년에 출간)은 이후의 모든 이론과 실천에 심대한 영향을 미쳤다. 맬서스는 1766년에 태어났지만 1789년 전에 흔했던 낙관주의를 공유하지 않았던 것 같다. 1783년에 윌리엄 피트가 스물네 살의 나이로 영국 수상이 되었을 때 맬서스는 그답게 그렇게 젊은 사람이 그렇게 중요한 공직을 맡는다는 사실에 큰 충격을 받았지만, 그의 아버지는 생각이 달랐다. 그의 아버지는 완벽주의자였고 루소의 친구였다. 혹자들은 루소의 유언 집행인이었다고 말하지만 그것은 오해인 것 같다. 맬서스의 아버지는 고드윈의 『정치적 정의』와 콩도르세의 『인간 정신의 진보』를 열렬히 칭송했다. 그는 논쟁을 좋아해서 가족들에게 논쟁거리를 부추겨 자신과 논쟁하게 했다. 진보에 대한 아버지의 신념에 기질적으로 동의하지 않아 짜증이 난 맬서스는 처음에는 단순히 논쟁의 무기로서 [《이코노미스트》의 편집인] 월터 배젓이 "명랑한 기분을 파괴하는 도구"로 묘사한 것을 발명했다. 이 무기가 아주 강력한 것으로 드러나자 맬서스는 그것을 아예 영구히 채택한다. 바로 인구에 관한 그의 유명한 이론이었다.

맬서스가 이 이론을 처음 생각해낸 1797년에 비관적 전망을 할 이유가 많았던 것은 사실이다. 프랑스혁명은 공포정치 시대를 거쳐 부패하고 맥 빠지는 총재정부 시대로 넘어갔다. 영국에서 자유주의 사상은 거의 명맥이 끊어졌다. 세금과 빈곤이 나란히 증가하고 있었다. 애국자들은 아직 넬슨의 승리를 누리지 못했다. 해군은 반란 상태였다. 급진주의자들은 피트에 의해 투옥되었지만 아일랜드에는 바야흐로 1798년의 반란이 일어날 참이었다. 긴 전쟁, 긴 폭정, 굶주림과 주기적인 기근, 프랑스혁명을 자라나게 한 모든 희망의 소멸을 예견하는 게 자연스러웠다. 음울한 이론이 대세였고 맬서스는 그것을 제공하려고 나섰다.

1798년에 처음 출간된 그의 논문은 거의 전적으로 연역 추론에 의지한 다소 짧은 저작이었다. 그해부터 1803년 사이에 그는 유럽을 널리 여행하면서 여기저기서 자신의 논제를 뒷받침할 사실들을 수집했다. 그 결과 나온 제2판은 방대한 분량과 전 세계 나라에서 가져온 귀납적 근거들을 제시하는 모습이 인상적인 책이었다. '러시아의 인구', '스웨덴의 인구', '독일의 인구' 등등 목차만 봐도 만만치가 않다. 이때쯤이면 독자는 다음에 무슨 이야기가 나오든 이미 반쯤은 설득된 상태가 된다.

맬서스 이론의 핵심은 단순함 그 자체다. 만약 어느 것도 인구 성장을 저해하지 않는다면 인구는 대략 20년마다 두 배로 증가할 것이다. 백 년 후에 인구는 지금의 32배이고, 2백 년 후에는 1,024배이며, 3백 년 후에는 32,768배일 것이다. 하지만 이런 일은 분명 일어나지 않으며 일어날 수도 없다. 왜?

맬서스에 따르면 인구 성장을 억제할 수 있는 방법은 딱 세 가지뿐이다. 그 세 가지란 도덕적 억제, 악습, 빈곤이다. 대규모의 도덕적 억제에 대해서 그는 모든 사람이 진정한 정치경제학의 원리들로 교육받는 날이 올 때까지 별 기대를 걸지 않는다. [낙태와 매춘 같은] '악습'에 대해서는 성직자로서 그것을 규탄하는 것 말고는 달리 이야기할 수 없다. 게다가 그는 로마 시대처럼 어떤 시기에는 악습이 인구를 억제하는 데 중요했을지도 모른다고 인정하지만 대부분의 시기에는 그다지 효과적이지 않을 것이라고 예측한다. 그는 전염병에 의해 초래되는 인명 손실은 곧 회복됨을 입증한 후, 빈곤이 과잉인구를 막는 주요 예방책이라고 결론 내린다. 사람들이 굶어 죽기 때문에 인구가 현재 수준으로 유지되는 것이다.

그러나 토지에서 일하는 사람이 많아지면 더 많은 식량을 생산할 수 있지 않을까? 그렇다면 어째서 인구 증가가 아사를 초래하는가? 이 시점에서 논증은 훗날 수확체감법칙이라고 알려진 이론에 의존한다. 만약 얼마간의 경지에 이전보다 노동이 두 배로 투입되고 자본도 두 배로 투입되면 생산량은 증가하겠지만 그 생산량이 이전의 두 배가 되지는 않을 것이다. 흔히 가장 비옥한 땅부터 경작된다는 점을 감안할 때 노동과 자본이 이전에 버려졌던 땅에 투입되면 결과 역시 똑같을 것이다. 물론 인구가 매우 희박할 때는 이러한 설명이 모두 맞지는 않다. 새로운 땅의 개척자들은 새로운 정착민의 도착에 득을 본다. 그러나 유럽처럼 이미 오래전에 사람이 정착한 곳에서는, 인구가 증가하면서 그와 동시에 농업 기술이 발전하지 않는다면 1인당 생산 식량이 감소한다는 예측이 일반적으로 맞다. 그리고 인구가 계속 증가하면 마침내 한 사람의 노동이 한 사람이 소비하는 양보다 식량을 더 적게 생산하는 시점에 도달하게 될 것이다. 이 시점에서 기아가 인구 증가의 가능성을 제한하게 된다.

따라서 맬서스는 사회에서 최빈곤층은 간신히 생존을 유지하는 수준만큼 빈곤한 상태여야 한다고 주장하는데, 그렇지 않다면 그런 수준에 도달할 때까지 빈곤층의 수가 증가할 것이기 때문이다. 단기적으로 예외적인 시기, 예를 들어, 흑사병 이후와 같은 시기도 있을 수 있지만 그런 시기는 오래갈 수 없다. 더 많은 아이들이 생존해서 금방 옛 상태로 복구될 것이기 때문이다. 따라서 어떤 사람들이 다른 사람들보다 더 부유한 것은 좋은 일인데 일체의 평등한 체제에서는 모두가 최저 수준에 있을 것이기 때문이다. 이런 논거에서 그는 고드윈과 오언, 다른 개혁가들의 사회계획을 거부한다. 그는 "공동체 전체를 빈곤 상태로 끌어내리지 않으면서 도덕과 종교의 법칙과 유일하게 부합하는 방식은 가난한 사람들이 결혼에 신중을 기하고 결혼하기 전이나 결혼한 후에도 근검절약하는 것이고, 이것은 절대적으로 확실하다"고 말한다. 따라서 맬서스는 인구문제를 처리하는 데 실패한 모든 인류 개선 계획을 말끔히 일소해 버린다. 대신 이 문제는 "도덕적 억제"로 접근해야 한다고 말한다. 그는 훗날 그의 이름과 떼려야 뗄 수 없게 되는 다른 방법들에 대해서는 "부적절한 기술"이라고 질색하며 말한다.

맬서스는 갑작스레 폐지될 수 있다고 생각하지 않으면서도 자연스럽게 구빈법에 반대한다. 그는 빈곤을 막는 것은 불가능하다고 말한다. 가난한 사람을 부자로, 부자를 가난한 사람으로 만드는 일은 가능하겠지만 현재의 인구 대비 식량 비율이 계속 유지되는 한 결국 누군가는 가난할 수밖에 없다. 만약 구빈세가 더 높아진다고 해도 노동자가 저마다 자기 몫의 고기를 챙기는 것은 불가능하다. 나라의 고기 총량은 똑같고 모두에게 돌아갈 만큼 충분하지 않기 때문에 가격이 뛸 것이다.

그는 유럽이 다른 대륙으로부터 대규모 식량을 조달받을 가능성을 전혀 믿지 않는다. 그는 "터무니없는 상상을 하는 사람들은 (물론 진지한 제안이라기보다는 농담조이긴 하지만) 지구상의 노동력의 최상의 분업으로서, 유럽이 소비할 곡물은 아메리카에서 재배하고 유럽은 전적으로 상업과 제조업에 전념해야 한다고 제안하기도 한다"고 말한다.

『인구론』의 윤리

노동계급에게는 딱 한 가지 희망만 남아 있는데, 바로 도덕적 억제를 주입하는 수단으로서의 교육이다. 소설가 토마스 러브 피콕은 『멜린코트』에서 맬서스를 팍스 씨라는 이름 아래 등장시켜 막 결혼을 하려는 무지렁이 젊은이를 '교육'시키려는 사람으로 묘사한다.

> 팍스 씨는 결혼을 앞둔 이 한 쌍을 동정심이 가득한 눈길로 바라보았고, 그들이 이제 막 하려는 성급한 행동의 결과로 일어날 해악에 대해서 그들이 똑똑히 알고 있는지 알아보려고 마음을 단단히 먹었다. 따라서 그는 그들에게 다가가 포트파이프 목사가 지금 바빠서 자리에 없지만 곧 돌아올 것이라며 말을 걸었다. "그럼 그사이에 나는 여기서 일반 이성general reason의 대표자로서 자네들이 지금 하려는 일의 결과를 온전히 가늠하고 있는지 물어보겠네."
>
> **신랑** 리즌 장군General Reason이라고요? 전 게으른 병사도 아니고요. 리즌뭐시기 장군한테도 아무 할 말이 없습니다요. 지금 우린 혼인법 아래 맺어지려 온 거 아닌가요? 리즌 장군이 불쌍한 사내와 애인 사이에 끼어든다면 지금 참 좋은 세상이구만요.
>
> **팍스 씨** 지금이 바로 그런 개입이 가장 필요한 순간이라네.
>
> **신랑** 리즌 장군이 저나 수키가 이제 됐다고 할 때까지 기다린다면 한참 기다려야 할 텐데. 안 그래, 수키?

신부 그래, 로빈.

팍스 씨 이보게 젊은이, 일반 이성은 혼인법이나 또 다른 어떤 형태의 자의적 권력과도 아무 상관이 없다고 내 장담하지. 대신 그 기초를 진실에, 그 목적을 선행에, 그 행동반경을 전 우주에 두고 있는 권위와 관계가 있지.

신랑 (머리를 긁적이며) 다 좋은 말씀입니다만 선생님 말씀을 듣고 보니 이 리즌 장군이라는 분은 꼭 감리교 설교자 같은데요. 하지만 전 국교회에만 나가는 착실한 신자입니다. 수키도요. 안 그래, 수키?

신부 그래, 맞아, 로빈.

신랑 그리고 우린 리즌 장군하고 아무 상관없다니까요. 우리 둘 다요. 안 그래, 수키?

신부 그래, 맞아, 로빈.

팍스 씨 이보게, 그럼 그건 그렇다 치고 자네 지금 결혼을 하려는 건가?

신랑 왜요, 물론입죠, 리즌 장군이 허락만 한다면요. 안 그래, 수키?

신부 그래, 맞아, 로빈.

팍스 씨 이보게 젊은이, 그럼 자네는 결혼이 뭔지 제대로 알고 있는 건가?

신랑 물론입죠. 수키랑 저는 그게 뭔지 기도서로 외울 정도로 잘 압지요. 안 그래, 수키? (수전은 이번에는 대답을 하지 않는 것이 좋겠다고 생각했다.) 그런 축복을 못 받는 사람은…… (갑자기 수전이 팔을 아주 세게 꼬집는 바람에 그의 이야기는 비명으로 끝났다.) 아얏! 진짜 아프네! 그럼 나도 가만있을 수 없지(그는 얼굴이 빨개진 신부의 입술에 아주 진한 키스를 해서 팍스 씨를 아주 불편하게 만들었다).

팍스 씨 그럼 자넨 6년쯤 지나면 십중팔구 자식이 많이 생길 거라는 걸 아나?

신랑 많으면 많을수록 좋죠. 안 그래, 수키?(수전은 이번에도 조용했다.)

팩스 씨 나도 그렇게 되기를 바라네만 아무래도 자식이 많을수록 더 안 좋을까봐 걱정이네. 자네 직업이 뭔가?

신랑 뭐라고요?

팩스 씨 무엇으로 벌어먹고 사느냐고 물었네.

신랑 브라운 스타우트 씨 농장에서 일합지요. 씨 뿌리고 추수하고 나락을 털고 장에 소랑 곡식을 내다 팔고 쟁기질도 하고, 일 있으면 말도 씻기고 먹이고 울타리도 치고 도랑도 파고 나무도 베고 과수원에서도 일하고 맥주도 만들어 마시고, 이렇게 해서 일주일에 14실링을 받습니다요. 또 수키한테도 돈이 있습죠. 치즈커드 농장에서 젖 짜는 일을 했거든요. 4파운드하고 17실링 9펜스를 자물쇠 셋 달린 궤짝에 맹꽁이자물쇠까지 채워서 잘 숨겨놨습니다. 안 그래, 수키?

신부 그래, 로빈.

팩스 씨 이보게, 자네가 일주일에 버는 14실링에 수전 부인의 결혼 자금 4파운드 17실링 9펜스까지 합친다고 해도 안타깝지만 앞으로 자네가 꾸릴 가족을 부양하기에는 충분하지 않을 것 같네.

신랑 왜요, 선생님. 우선 전 그 가족 문제에 대해서 수키가 어떻게 생각하는지 모르…… 아야, 수키! 그만 좀 꼬집어. 게다가 그건 우리가 알아서 할 일이고 다른 사람이 신경 쓸 문제가 아니지요.

팩스 씨 아니지, 그건 다른 사람 문제이기도 하네. 만약 자네가 자식들을 부양하지 못한다면 교구가 자넬 대신해 애들을 떠맡아야 하거든.

신랑 어, 그건 그러네요. 교구가 나서봐야 좋을 건 하나도 없지만. 저는 교구랑 아무 상관하기 싫고 그건 그쪽도 마찬가지일 겁니다요.

팩스 씨 물론 지금은 그럴 걸세. 하지만 젊은이, 가족을 보살피는 문제에 이르면 자네의 독립심도 불가피한 상황 앞에서는 접고 들어가야 할 걸세. 게다가 만약 무슨 일이라도 생겨서 자네가 일자리에서 쫓겨나면, 지금은 착실한 사람도 많이 그럴 때잖아, 그럼 그땐 어떻게 할 텐가?

신랑 그야 할 수 있는 대로 최선을 다해 살아야죠, 선생님. 전 언제나 열심히 살아왔고, 또 누구보다 열심히 살 자신이 있습니다요.

팍스 씨 그러면 자넨, 자네 앞의 전망이 이렇게 불투명한데 결혼을 하는 게 최선이라고 생각하고 있는 건가? 자네 자식들을 어떻게 키울 건가?

신랑 그야 물론 하느님 무서운 줄 알게 바르게 키워야죠.

팍스 씨 물론이지. 그렇지만 자네 자식들이 제 밥벌이를 하도록 어떻게 키울 거냐고?

신랑 그거야 나중 일입죠. 굶어죽지는 않을 겁니다요. 암요. 그 녀석들이 제 아비를 닮기만 한다면 말입죠. 아아, 리즌 장군이 누군지 이제야 알겠구먼요. 그 사람, 하는 일도 없이 종이돈 세금을 거두는 사람인데 불쌍한 사람 입에서 빵을 빼앗는 것도 모자라 그 자식들까지 군대랑 해군으로, 공장이랑 뭐 그런 대로 끌고 가더니만 이제 그 아내한테까지 끼어드려는 거구먼요?

팍스 씨 젊은이. 자넨 한참 착각을 하고 있는 걸세. 내가 자네를 위해 차근차근 설명을 해보겠네. 가난한 사람들이 자신들이 부양할 수 있는 것보다 자식을 더 많이 낳기 때문에 그 자식들이 군대와 해군에 갈 수밖에 없게 되는 거고, 그래서 나라님들과 정복자들이 인류를 파괴하고 억압할 수 있는 많은 수단을 그렇게 쉽게 찾을 수 있는 거라네. 따라서 사람들이 가정에서 자식들을 모두 편안하게 부양할 수 있는 게 확실해지기 전까지 결혼을 미루면—

신랑 아이고, 선생님, 참말로 다 좋은 말씀입니다만, 긴말 할 것 없이 딱 한마디만 하겠구먼요. 저는 수키 없이는 못 살고 수키도 저 없이 못 살아요. 안 그래, 수키?

신부 그래, 맞아, 로빈.

맬서스 경제학과 윤리학의 결합에서 요구되는 "도덕적 억제" 수준까지 교육시키는 과정은 꽤 오래 걸리는 과정인 듯하다. 그럼에도 불구하고 그는 어떤 식으로든 근본적 개선을 위해서는 대중 교육이 필수불가결하다는 점에서 그 시대의 거의 모든 개혁가들과 뜻을 같이 했다. 그는 가난한 사람이 글을 깨우치면 토마스 페인*을 읽게 되리라는 논리로 교육을 반대하는 사람들이 있지만, 자신은 빈곤층이 교육을 받을수록 선동적인 글에 이끌리게 될 가능성이 더 적어질 것이라고 주장한 애덤 스미스에 동의한다고도 말한다.

그는 부양을 받을 권리란 없다고 주장한다. 만약 누군가가 자신의 노력으로 먹고살 수 없다 해도 혹은 아이가 그 부모의 능력으로 먹고살 수 없다 해도 공동체가 그들에게 생계비를 대줘야 할 의무는 없다는 것이다.

그러나 이론과 경험에서 분명하게 드러나듯이, 그러한 주장이 허용된다면 그것은 곧 그 권리를 충족시킬 가능성 이상으로 증가할 것이다. 그리고 그렇게 하려는 실질적 시도는 인류 전체를 가장 비참하

---

* 미국 독립혁명과 프랑스혁명에 참여한 정치사상가로, 러셀은 『나는 왜 기독교인이 아닌가』에서 「토마스 페인의 운명」이란 제목으로 토마스 페인의 삶을 기리기도 했다.

고 보편적인 빈곤 상태로 끌어내릴 것이다. 따라서 그러한 권리를 허용하는 우리의 웅변보다는 그러한 권리를 거부하는 우리의 행동이 필연적으로 현재 우리의 상태에 더 들어맞는다.

아닌 게 아니라 자연의 창조주는 그의 모든 피조물 안에 분명히 드러나는 그러한 지혜와 마찬가지로 인간이 전반적 결과에 대한 차가운 심사숙고를 통해 이러한 결론을 이끌어내게 하지 않았다. 그 대신 그는 자기애의 정념을 자비심의 정념과 비교할 수 없을 만큼 강하게 만듦으로써 그 즉시 우리로 하여금 인류의 보존에 필수불가결한 그러한 행동 노선을 따르도록 만들었다.

개인의 이기심에서 나오는 공동체에 대한 이익은 맬서스에 의해 거듭 강조된다. 바로 이런 이유로, 자비로운 신의 섭리는 우리를 모두 그런 이기주의자로 만든 것이다. 그러나 선을 행하는 이기주의는 특별한 종류의 이기주의다. 그것은 신중하고 계산적이며, 충동적이거나 경솔하지 않은 자제의 이기심이다. 맬서스 자신은 결혼하고 4년 안에 자식을 셋 낳았고 그 이후로는 "도덕적 억제" 덕분인지 더 낳지 않았다. 『인구론』에 대한 맬서스 부인의 견해는 기록된 바가 없다.

맬서스의 역설

대체로 맬서스 때문에 영국의 철학적 급진주의는 다른 모든 시대와 나라의 급진주의와 달리 어느 미덕보다도 신중함을 강조했다. 그것은 진심으로 냉정했으며, 감정으로 충만한 삶에 적대적이었다. 모든 점에서 낭만적 중세주의의 안티테제였다. 맬서스는 물론 혹독하게 공격받았지만, 그 공격들은 모두 기성 종교나 정서에 바탕을 둔 것이다. 신학적 공격을 막아낼 때, 맬서스는 그 자신이 아주 사소한 이단 혐의로부터도 자유로운 성직자인 덕분에 유리한 입장에 있었다. 정서에 바탕을 둔 공격을 막아낼 때는 당시 영국에 명백히 존재하는 사실들에 호소하기만 하면 되었다. 동시대 사람들에게 그의 이론에 대한 합리적인 반박은 불가능해 보였고, 결국 그의 논증의 영향권 아래 들어온 사람들은 모두 그에게 동의할 수밖에 없었다. 『인구론』이 출간된 이후로 첫 80년간 그는 사회여론에 심대한 영향을 미쳤다. 그 후로는 출생률에 영향을 미쳤다. 비록 맬서스 자신은 출생률에 영향을 미친 방식을 탐탁지 않게 여겼겠지만 말이다. 출생률에 대한 맬서스의 영향력이 증가하면서 사회여론에 대한 영향력은 감소했지만 전자가 후자보다 훨씬 더 중요하다. 만약 어떤 사람의 위대함을 인류의 삶에 끼친 영향으로 가늠한다면 맬서스보다 위대한 사람도 별로 없다.

맬서스의 이론 가운데 무엇이 맞고 무엇이 틀렸는지를 판단하는 일은 당대에는 불가능했지만, 이제는 가능하다. 영국은 나폴레옹 전쟁 동안 거의 전적으로 자국산 식량에 의존해야 했다. 빈곤이 만연했고 인구는 빠르게 증가하고 있었다. 구빈법은 가족 중 자식의 수에 따라 생계비를 지원했기 때문에 경솔한 결혼을 직접적으로 부추기는 요인처럼 보였다. 최근까지도 이 시기 급속한 인구 증가[6]는 출생률 증가에 기인한 것이라고 여겨져 왔지만 이제는 사망률의 감소가 주원인이라는 견해가 전반적으로 우세하다. 그렇게 고통스러웠던 시기에 사망률이 감소했다니 이상할 수도 있지만 사실 관계는 의심의 여지가 없는 듯하다. 역사가 클래펌[7]이 설명한 사망률 감소 요인은 다음과 같다. "천연두의 정복, 하수도 시설을 통한 말라리아의 감소, 육지에서는 각기병의 소멸, 조산술의 발전으로 인한 출산 시 산모와 영아 사망 감소, 병원과 약국, 의과대학의 확산." 출생률은 1811년이 1790년보다 약간 낮지만 구빈법이든 공장의 아동노동이든 특별한 영향을 미쳤던 것 같지는 않다.

인구가 증가하는 원인이 무엇이든 간에, 인구 증가라는 사실 자체는 1811년 두 번째 인구조사 결과가 알려지면서 부인할 수 없게 되었다. 이제 농업상의 기술 진보를 제외한다면, 영국과 같이 한정되고 이미 상당한 인구가 거주하는 지역에서 생활 수준을 낮추지 않으면서 더 늘어난 인구를 부양하는 데 필요한 식량을 생산할 수는 없으며, 만약 인구가 계속 증가한다면 식량 부족 때문에 더 이상의 증가가 불가능해지는 시점에 곧 도달하리라는 맬서스의 주장은 의심의 여지없이 맞다. 궁극적으로 이러한 주장은 영국만이 아니라 세계 전체에 대입했을 때도 타당하다. 세계에는—예를 들면 중국처럼—그러한 주장의 진실이 명백하고 비극적으로 드러나는 곳이 있다.

그러나 맬서스가 『인구론』을 쓴 이래로 그의 이론이 가진 타당성의 한계가 예상 밖으로 중요해졌다. 철도와 기선은 맬서스가 농담으로 받아들인 "유럽은 곡물을 아메리카에서 재배해야 한다"는 주장을 실현시켰다. 농업에서 기술 진보는 그가 가능하다고 추측했던 것보다 훨씬 더 중요하다는 것이 드러났다. 그러나 무엇보다도 임금노동자의 번영은 더 높은 출생률을 야기하기는커녕 매우 급속한 감소를 가져왔고, 안락한 생활수준이 다시 떨어지게 된 1차 세계대전 이후로 출산율 하락 속도는 더 빨라졌다. 이러한 현상은 맬서스의 주장에 대한 반박이 안 될지도 모르지만 적어도 백인종에 한해서는 그의 이론의 중요성을 감소시켰다. 그러나 아시아에서는 맬서스의 이론이 여전히 건재하다.

09

벤담

철학적 급진주의자들은 흔히 공리주의자, 즉 벤담주의자[Bentham-ites, 이하에서는 모두 '공리주의자'로 번역]로 알려져 있고 그들 대부분은 제러미 벤담을 자신들의 리더로 간주했다. 하지만 제임스 밀의 개입이 없었다면 그가 정말로 이러한 위상을 차지했을지는 의심스럽다. 그는 분명히 역사상 가장 독특한 인물 가운데 하나다. 1748년에 태어난 그는 우리가 지금 관심을 두는 시대보다 더 이른 시대에 속하는 게 자연스러웠을지도 모른다. 그러나 중요한 사실은 그의 긴 생애(그는 1832년에 죽었다)가 세 국면으로 나뉘며, 가장 중요한 세 번째 국면은 그가 이미 노인이었을 때 시작되었다는 것이다. 사실, 민주주의 원칙으로 전향했을 때 그의 나이는 예순이었다.

친절한 괴짜 제러미 벤담

그의 전력은 훗날 개혁가가 되는 것과는 거리가 있어 보인다. 그의 집안은 재커바이트*였지만 1715년이나 1745년의 반란에 가담하지 않을 만큼 충분히 신중했다. 그의 할아버지는 사업으로 돈을 벌었고, 그의 아버지는 평생 유복하게 잘 살았다. 아버지는 벤담의 교육에 크게 공을 들였는데 어느 정도는 훗날 존 스튜어트 밀의 교육에 본보기가 되었던 것 같다. 벤담은 일곱 살에 웨스트민스터 학교에 들어갔고, 열두 살에 옥스퍼드에 입학했으며, 열다섯 살에 학사학위를 땄다. 철저하게 속물이었던 아버지는 아들이 대학에서 귀족과 거물급 인사들과 사귀길 바랐고 그들과 어울려 놀 때 도박에 필요한 가욋돈을 대줄 용의가 언제든 있었다. 그러나 벤담은 숫기 없는 소년이어서 노는 것보다는 책을 더 좋아했다. 비록 다른 식이긴 하지만 맬서스처럼 그도 일반적인 부자관계가 뒤바뀐 경우였다. 아버지는 경박한 쾌락을 부추기는 반면 아들은 근면과 진지한 태도를 고집했다. 아버지를 위해서 그는 법조계로 갔고, 자신을 위해서 변호사를 업으로 삼는 대신 사법 개혁에 관한 글을 썼다. 그러다 사랑에 빠졌는데 그의 아버지는 본인이 할아버지의 반대를 무릅쓰고 연애결혼을 해서 아주 행복하게 살았음에도 불구하고 여자가 부유하지 않다는 이유로 벤담의 선택을 반대했다. 벤담은 돈벌이에 투신하는 대신 그녀를 포기했지만 이 사건으로 큰 충격을 받았다. 형제에게 보낸 내밀한 편지들은 그가 이 시기에 될 대로 되란 식의 냉소주의를 띠게 되었다는 것을 보여준다. 그러한 될 대로 되란 식의 냉소주의 가운데 일부는 현학적이고 순전히 이론적인 형태로 훗날 그의 철학에 남게 되었다. 후년의 그만을 아는 사람에게 그는 친절

---

* 명예혁명으로 쫓겨난 스튜어트 왕가의 지지자들.

한 괴짜, 거의 믿기지 않을 만큼 수줍음이 많고 스스로 부과한 틀에 박힌 일상에 완전히 갇혀 있는 사람이었다. 그러나 내가 보기엔 이 점에서 아버지와의 갈등과 정서적 행복의 단념에 기인한 변치 않는 영향이 드러나는 것 같다.*

낯선 사람을 만나는 것을 질색하는 벤담의 성격에도 불구하고 1813년 안면을 트게 된 로버트 오언은 그들의 첫 만남을 이렇게 묘사했다.

"우리 둘 다의 친구이자 당시 그의 주요 의논 상대자였던 제임스 밀 그리고 프랜시스 플레이스†와 사전에 연락을 주고받은 후, 마침내 특정 시각에 내가 그의 칩거지로 가 집안으로 들어가자마자 계단을 오르고 계단 중간쯤에서 그를 만나기로 결론이 났다. 나는 이 지시사항을 그대로 따랐고, 무척 긴장한 모습으로 나를 만난 벤담은 흥분에 휩싸여 온몸을 떨면서 내 손을 잡더니 허둥지둥 말을 꺼냈다. '자, 자, 다 끝났어요. 우린 서로 소개를 받았죠? 그럼 이제 제 서재로 드십시다!'"

15년 후에 그는 오언의 아들을 만났고, 헤어지면서 이렇게 말했다. "자네에게 신의 축복이 있기를, 그런 존재가 있다면 말일세. 그리고 젊은이, 어떤 경우에도 몸조심하게."

제임스 밀과 함께한 포드 에비 시절
1814년과 이후 3년 동안 벤담은 그의 시간 절반을 포드 애비라는

데번셔 주의 오랜 저택에서 보냈는데 그 자신의 이야기에 따르면 무척 흥겨운 시절이었다고 한다.

그곳은 적지 않은 사람들에게 더할 나위 없는 기쁨의 무대이다. 그 곳에서 말다툼이 들린 적은 단 한 번도 없다. S부인(가정부)은 천사 같이 살림을 꾸린다. 비록 방문한 적은 없지만 이웃들도 모두 무척 다정하다. 음악과 춤이 함께 한다. 물론 나는 춤을 싫어하지만. 단순하고 평온하다. 사람들이 와서 춤을 추고 S부인이 앞장선다.

그러나 프랜시스 플레이스의 묘사가 진실에 더 가까운 것 같다.

매일매일이 다 똑같기 때문에 하루의 일상을 묘사하는 것만으로 충분할 것이다. 밀은 5시에서 6시 사이에 일어난다. 존[스튜어트 밀]은 원고를 낭독하고 밀은 교정쇄를 살펴보면서 부자가 함께 밀의 교정쇄를 대조한다. 윌리와 클라라가 7시 전에 살롱으로 오고 교정 작업이 끝나면 존은 방 한쪽 구석으로 가서 동생들을 가르친다. 그 일이 끝날 때나 아니면 동생들을 가르치는 와중에 존은 기하학을 배운다. 수업은 아침이 준비되는 9시까지 이어진다.

벤담 씨는 7시 직후에 자리에서 일어나 8시경부터 일을 시작한다. 나는 여섯 시에 일어나 작업에 들어간다. 9시 아침 식사 자리에는 밀 부인과 밀, 나, 존, 콜스가 함께한다.

아침 식사가 끝나면 밀은 윌리와 클라라, 그다음 존이 공부하는 내용을 듣는다. 모든 수업은 한쪽에는 아침 식당이 있고 다른 한쪽에는 내 머리까지 높이 자란 화분이 있는 넓은 발코니 아래를 왔다 갔다 하면서 진행되는데, 이 발코니 맞은편에 수도원이 있다. 모든 수업과 독서는 큰 목소리로 낭독을 하고 문답을 주고받으며 진행되고 이게 온전히 세 시간, 그러니까 오후 1시까지 이어진다.

9시부터 12시까지 벤담 씨는 계속 일을 한다. 12시부터 1시까지는 살롱에서 오르간을 연주한다.

나는 아침을 먹은 후 1시까지 라틴어를 공부한다. 이것 역시 산책을 하면서 크게 소리 내어 하며, 나는 이미 명사와 형용사를 정복했다. 그 사이에 착한 아이인 콜스는 밀한테서 라틴어 수업을, 나한테서는 프랑스어 수업을 받는다. 그는 영재에게 최적인 환경에 있다.

1시에 우리 셋은 오솔길과 들판을 한 시간 동안 산책한다. 2시에는 모두 작업으로 돌아가 저녁 식사를 할 때인 6시까지 일한다. 저녁은 밀 부인과 밀, 벤담, 나, 콜스가 함께한다. 우리는 수프나 생선, 아니면 그 둘 다와 고기, 푸딩, 그리고 대체로 과일을, 그러니까 멜론과 딸기, 구스베리, 커런트, 포도를 먹는다. 와인은 들지 않는다. 내가 이곳에 온 첫날 식탁에 와인이 나왔다. 그러나 내가 와인을 마시지 않자 이후로는 나오지 않았다. 저녁 식사 후에 밀과 나는 8시 15분까지 두 시간 동안 잰걸음으로 산책을 한다. 그다음 우리 둘이 돌아가면서 한 시간 동안 벤담 씨와 걷는다. 다음에는 차가 나오고 우리는 차를 마시며 정기간행물을 읽는다. 11시가 되면 모두 잠자리에 든다.

밀 부인은 아침 식사 전과 저녁 식사 후에 각각 30분 동안 모든 아이들을 데리고 집 앞의 잔디밭을 우아하게 거닐고 저녁 산책이 끝나면 아이들은 모두 잠자리에 든다.

도덕 세계의 뉴턴을 꿈꾸다

벤담의 사고를 형성한 지적 영향은 주로 프랑스에서 왔다. 흄이 그의 철학에 영향을 미쳤고, 연상의 원리를 통해 하틀리가 그의 심리학에 영향을 미친 것은 사실이다. 그의 윤리학의 첫째 원칙은 허친슨의 『도덕적 선과 악에 관한 탐구』에서 그의 표현 그대로 찾을 수 있다. 허친슨에 따르면 특정 행위의 도덕적 악은 "불행의 정도와 고통 받는 사람의 숫자와 같다. 따라서 최선의 행위는 최대 다수의 최대 행복을 이루는 것이다."[8] 그러나 그의 사고방식의 어조를 형성한 것은 혁명 이전의 프랑스 철학자들이었다. 그는 볼테르를 숭배했고 엘베시우스의 열렬한 추종자였다. 그는 1769년에 엘베시우스를 읽고 즉시 인생을 입법의 원칙들에 바치기로 결심했다. "물리 세계에서 베이컨의 위상이 바로 도덕 세계에 대한 엘베시우스의 위상이다. 따라서 도덕 세계는 그곳만의 베이컨을 갖고 있다. 그러나 그곳의 뉴턴은 아직 나타나지 않았다." 벤담이 도덕 세계의 뉴턴이 되는 꿈을 꾸었다고 짐작해도 지나친 추측은 아닐 것이다.

[이탈리아 형법학자] 체사레 베카리아의 『범죄와 형벌』을 알게 되었을 때 그는 심지어 베카리아를 엘베시우스보다 더 높이 평가했다.

오, 나의 스승, 이성의 최초의 전도사, 당신의 이탈리아를 영국보다 한참 높은 곳으로 끌어올리신 당신! 법이라는 주제에 대한 글을 쓰지 않고도 이미 당신을 도와서 근본적 아이디어들을 제공한 엘베시우스만 없었다면 나는 이탈리아를 프랑스 위에 두었을 것입니다. 당신이 법에 대하여 조리 있게 설명하고 있을 때 프랑스에서는 법이 여전히 어려운 전문용어로만 논의되고 있었지요. 그러나 그 전문용어는 영국의 전문용어에 비하면 합리성 그 자체였습니다. 당신은 공리의 길로 무수히 유용한 여행을 떠났습니다. 이제 우리가 할 일은 무엇인가?―그저 그 길로부터 벗어나지만 말라.[9]

1770년, 스물두 살 때 파리 여행은 프랑스 철학의 영향을 굳히는 계기가 되었다. 실제로 그는 생애 내내 여러 측면에서 루이 16세 시대 프랑스 철학자였다. 그에게 조금이나마 영향을 미친 다른 여행은 1785년 러시아 방문이었다. 그의 동생 새뮤얼(나중에는 새뮤얼 벤담 경이자 장군)은 예카테리나 여제에 의해 예나 지금이나 어려운 임무인 러시아 농업을 근대화하는 일에 기용되었다. 벤담은 예카테리나 여제가 자신이 작성한 과학적인 형법을 도입할 것이라는 희망을 품었다. 그는 "어떤 정부들이 사람들이 사고하는 것을 막으려고 애를 쓰는 것처럼 러시아는 사람들이 사고하게 하려고 무척 애를 쓴다"고 썼다.[10] 그러나 안타깝게도 러시아 궁정에서 일을 잘하고 있던 그의 동생이 예카테리나 여제의 귀족 시녀와 결혼하고 싶어 하자 여제는 이것이 주제 넘는 짓이라고 여겼다. 따라서 그는 여왕의 눈 밖에 났고, 제러미와 그의 법전도 여왕의 관심 밖으로 밀려나고 말았다.

흑해든 자신의 방 안이든 아니면 퀸 스퀘어 플레이스 저택이든 어디에 있든지 간에 벤담은 언제나 매일 많은 양의 글을 썼다. 그는 자신이 쓴 글을 조심스레 칸막이 서류함에 넣어두었고, 글들은 어느 친절한 친구가 다시 꺼낼 때까지 그곳에 묻혀 있었다. 그 결과 그는 영국에서 무명이었고, 출판한 저작들은 별다른 주의를 끌지 못했다. 그러나 1788년 벤담이 제네바 사람 뒤몽을 만났을 때 뒤몽은 그의 열렬한 신봉자가 되었다. 뒤몽은 그로부터 원고를 받아 프랑스어로 번역해 그가 대륙에서 널리 알려지게 만들었다. 더욱이 뒤몽은 여자들과 잠자리를 갖고 채권자들을 피해 다니느라 바빠서 자료 조사를 할 틈이 없는 미라보*에게 연설문에 쓸 자료를 제공하고 있었다. 벤담의 원고를 발췌한 장문의 글이 뒤몽에 의해 미라보의 신문 《프로방스 신문》에 실렸다. 1789년 벤담은 미라보에게 다음과 같은 편지를 썼다.

저와 관련한 당신의 호의적인 의향에 뿌듯하기 그지없습니다. 그러한 의향들이 실현될 날을 목이 빠지게 기다리겠습니다. 그동안 미라보 백작을 저의 번역자이자 평론가로 부르는 영예와 더불어 그와 편지를 주고받는 영예도 허락해주시길 바랍니다.

프랑스에서 그의 명성이 하도 자자하여 국민의회는 그를 프랑스 시민으로 선출했다. 그러나 그는 여전히 토리였고 곧 혁명에 넌더리가 나고 말았다. 그와 동시에 혁명도 그를 잊었다. 그러나 다른 곳에서 그의 명성은 꾸준히 높아졌다. 알렉산드르의 대신 중 자유주의 성향을 지닌 스페란스키는 그를 크게 칭송했다. 1814년, 알렉산드르는 그에게 법전을 만드는 것을 도와달라고 부탁했다. 그는 에스파냐와 라틴아메리카 전역에서 추앙받았다. 코르테스[에스파냐 의회]는 그의 저작을 공금을 들여 출판해야 한다고 표결했다.

---

*   프랑스혁명의 초창기 주역으로 영국을 모델로 하는 온건한 개혁을 지향했다.

『에스파냐에서 성서』의 작가 보로우는 자신이 갈리시아 두메산골에서 성경을 팔다가 체포를 당했지만 치안판사가 자신이 "그 위대한 벤담"과 같은 나라 사람이라는 것을 알아보자마자 즉각 풀려났다는 이야기를 들려준다. 미국의 전직 부통령 애런 버는 자신은 멕시코의 황제가, 그는 그곳의 입법가가 되는 것이 어떻겠냐며 벤담을 멕시코로 초청했다(멕시코인들이 그 계획에 대해 어떻게 생각했는지는 나와 있지 않다).* 그는 따뜻한 기후를 즐기고 베네수엘라에 형법을 만들어줄 겸 카라카스로 가는 것을 고려했다. 먼 곳에서 그의 명성은 한없이 높아졌다. [평론가] 윌리엄 해즐릿은 다음과 같이 이야기한다.

> 벤담 씨는 "예언자는 자기 나라 밖에서 가장 큰 영예를 얻는다"는 옛 격언을 입증하는 사람 중 하나다. 그의 명성은 구석까지 이르며 그의 지성에서 나오는 빛줄기는 갈수록 더 빛나면서 지구 반대편에서 반사되고 있다. 그의 이름은 영국에는 거의 알려지지 않았지만 유럽에서는 잘 알려졌으며 칠레의 평원과 멕시코의 광산에서 가장 잘 알려져 있다. 그는 신세계를 위한 헌법을 제시했고 미래를 위해 입법했다. 그가 살고 있는 웨스트민스터의 사람들은 자신들이 사는 곳에 그런 사람이 있으리라 꿈에도 생각지 못한다. 하지만 시베리아의 미개인은 달과 같은 그의 위상으로부터 차가운 위안을 받으며 칼리반과 함께 그에게 말할지도 모른다—"나는 그대를, 그대의 개와 그대가 있던 덤불을 아노라!"† 황갈색 인디언은 거대한 태평양을 가로질러 그

---

*   실제로 애런 버는 멕시코에 공화국을 세우려고 시도했으나 실패하고 반역죄로 체포당했다.

†   셰익스피어, 『템페스트』 2장.

에게 우정의 손을 내밀지도 모른다. 예카테리나 여제가 그와 편지를 주고받았다고 한다. 또 알렉산드르 황제가 그를 방문해 자신의 얼굴이 새겨진 황금 코담뱃갑을 선물했을 때 그 철학자는 길이 명예롭게도 그것을 되돌려주었다고도 한다. 홉하우스 씨는 유세 연단 위에서 뛰어난 사람이며 롤 경은 플리머스 부두에서 위대하지만, 벤담 씨는 파리나 페구*에서 그러한 인기를 아주 가볍게 얻어낼 것이다. 왜냐하면 우리의 작가의 영향력은 순전히 지적이기 때문이다. 그는 인생을 추상적이고 일반적인 진리의 추구와 그러한 연구들, 즉 "인더스에서 극지방까지 생각을 띄워 보내는"[†] 연구들에 바쳤고 권모술수나 당파 정치에 발을 담그지 않았다. 물론 한번은 자신은 건전한 사고방식의 소유자로서 새뮤얼 로밀리 경이 웨스트민스터를 대표하기에 가장 적합한 사람이라고 생각한다는 전단을 작성하기는 했다. 그러나 이것은 일시적 기분에 따른 것이었다. 그 일만 제외한다면, 일단 그의 생각이 맞기만 하면 언제 어디서나 항상 타당하다. 그의 사유는 인류 전체를 아우르며 한 지역이나 법안에 국한되지 않는다. 물리적 거대함처럼 도덕도 마찬가지다. 작은 것은 가까이에서 가장 잘 보인다. 커다란 것은 전망이 좋은 곳에서만 그 전체가 제대로 보이며 시간이 지남에 따라 점점 강력해지고 멀리서 봤을 때 드높아진다.

　벤담 씨가 철학자들 사이에서 차지하는 위치는 라퐁텐‡이 시인 사이에서 차지하는 바로 그 위치다. 전반적 습관과 그의 직업 활동을 제외한 모든 측면에서 그는 어린아이일 뿐이다. 그는 법을 시스템으로

---

* 　미얀마의 옛 수도로 현재의 바고.

† 　알렉산더 포프의 시 「엘로이즈가 아벨라르에게」 중 'And waft a sigh from Indus to the Pole'을 변형한 것.

‡ 　17세기 프랑스의 고전주의 시인이자 우화작가. 운율과 시적 어법에서 후대에 큰 영향을 끼쳤다.

환원하고 인간의 정신을 기계로 환원하면서, 지난 40년을 마치 그의 방안에 내린 닻처럼 파크를 내려다보는 웨스트민스터의 한 저택에서 보냈다. 좀처럼 외출을 하지 않고 친구도 아주 조금만 만난다. 그의 집에 출입하는 특권이 허락된 혜택 받은 소수는 언제나 한 번에 한 명씩 차례차례로 받아들여진다. 그는 자신의 대화하는 모습을 다른 사람이 지켜보는 것을 좋아하지 않는다. 그는 많은 이야기를 하며 오로지 사실관계만을 듣는다.

판옵티콘의 설계와 실패

한편 벤담은 인생 중반기를 쓰라림과 재정적 곤란으로 채운 유감스러운 프로젝트에 엮이게 된다. 그(어쩌면 그의 동생)는 '판옵티콘'이라는 새로운 종류의 감옥을 발명했는데, 이 감옥은 별 모양이라서 중앙에 앉은 간수가 감옥의 모든 방의 문을 볼 수 있다. 아니 그보다는 거울과 블라인드가 결합된 시스템을 이용해 간수는 죄수를 볼 수 있지만 죄수는 간수를 볼 수 없다. 그는 동일한 아이디어가 공장과 병원, 정신병원과 학교에도 적용될 수 있다고 생각했다. 감옥을 제외하고는 자유의 이름으로 이 계획에 반대하는 사람도 있었다. 그러나 벤담은 자유가 아니라 행복이 목적이라고 믿었고 자유가 행복에 필수적인지 확신이 서지 않았다. "그들을 병사로 부르든 수도사로 부르든 기계로 부르든 그들이 행복하기만 하다면 나는 신경 쓰지 않겠다. 전쟁과 폭풍우는 읽을거리로 가장 좋지만 평화와 잔잔한 바다가 견디기에는 더 낫다."[11]

벤담이 어느 때고 전적으로 판옵티콘에만 관심을 쏟았다고 생각하면 안 된다. 그의 활동은 언제나 다방면에 걸쳐 있었다. 예를 들어, 1800년에 그는 [일종의 냉장고인] 프리기다리움을 발명했다. 그러나 여러 해 동안 그의 주요 관심사는 판옵티콘이었고 그는 영국 정부를 설득해 적어도 감옥 한 곳은 그의 설계에 따라 건설하게 하려고 가능한 모든 노력을 기울였다. 그는 절반 정도 정부의 약속을 받아냈고 감옥을 지을 목적으로 토지를 매입했지만, 정부가 생각을 바꾼 바람에 상당한 재산을 잃었다. 그는 자신의 실패를 조지 3세의 개인적 영향력 탓으로 돌렸는데, 이것을 그가 말년에 공화주의자가 된 원인으로 간주하는 사람도 있다. 다른 곳에서는 그의 계획이 잘 받아들여졌다. 알렉산드르 황제는 상트페테르부르크에 판옵티콘을 짓게 했고, 일리노이 주도 1920년에 판옵티콘 감옥을 하나 지었다. 그러나 영국 정부는 여전히 꿈쩍도 안 했다. 결국 1813년에 그는 정부가 부추긴 결과로 발생한 손실에 대해 2만 파운드의 배상금을 받았다. 그러나 이미 1808년에 제임스 밀과 인연을 맺음으로써 그는 인생에서 가장 중요한 세 번째 국면에 들어섰다.

공리주의의 심리적·윤리적 토대

급진주의자가 되었을 때 벤담은 자신의 철학 전반을 바꾸지 않았고, 따라서 그의 철학은 그의 젊은 시절 그대로였다. 그는 심오한 철학자가 아니었지만 명석하고 논리적이었으며 자신이 옳다는 것을 확신하고 있었다. 그의 철학은 두 가지 토대에 기초했는데, 하나는 심리적인 것이고 하나는 윤리적인 것이었다. 그는 이 토대들을 자신이 보기 위해 쓴 메모에서 간단명료하게 정리한다.

　　연상 원리. 하틀리. 생각과 언어의 연합 그리고 생각과 생각의 연합. 최대 행복 원리. 프리스틀리. 벤담에 의해 세부적 도덕 분야 전체에 적용됨. 이전에 엘베시우스에 의해서도 부분적으로 적용됨.

이 원리들 각각에 대해 언급할 것이 있다. 벤담이 하틀리에게 돌린 '연상 원리'는 우리에게 익숙한 '생각의 연상', 즉 내가 업턴 싱클레어 씨에게 말을 걸면서 "루이스 부인도 잘 계시죠?"라고 말하게 만드는 것이다.* 때때로 이 원리의 결과는 소고기beef를 보면 맥주beer가 떠오르는 것처럼 그보다 더 적절할 수도 있다. 모두가 알다시피 연상은 범인을 잡는 방법으로도 쓰인다. 이를 테면 나이프로 아내의 목을 베었다고 의심되는 남자를 심문한다고 하자. 내가 어떤 단어를 이야기하면 그는 머릿속에서 처음 떠오르는 단어로 대답할 것이다. 내가 "고양이"라고 하면 그는 "개"라고 대답한다. 내가 "정치가"라고 하면 그는 "도둑"이라고 대답한다. 내가 "나이프"라고 하면 그는 "목"이라는 대답이 목구멍까지 올라오겠지만 그렇게 대답하면 안 된다는 것을 알고 뜸을 들이다가 "포크"라고 말한다. 대답이 나오기까지 주저한 시간은 그가 자유로운 연상 작용에 저항했다는 것을 보여준다.

지금까지 내용은 아주 흔한 것이다. 그러나 어떤 사람들은 모든 정신적 과정이 연상에 의해 설명될 수 있으며 심리학은 오로지 이 연상 원리만 활용하여 과학이 될 수 있다고 생각했다. 이 원리는 벤담이 하틀리로부터 배운 것이다. 영국이나 프랑스의 후계자들 어느 누구보다도 위대한 인물이었던 흄은 하틀리 이전에 이와 동일

---

* 둘 다 소설가인 업턴 싱클레어, 싱클레어 루이스의 비슷한 이름 때문에 연상 작용이 일어난다는 의미.

한 노선에서 가능한 모든 것을 추구했다. 흄은 그의 추종자들이 생각해낸 모든 것을 먼저 생각했고, 그러한 사유들이 진리라고 생각하는 것이 얼마만큼 일리가 있는지를 살펴본 다음, 따지고 보면 그것들이 그렇게까지는 진리가 아니라는 것을 보여주었다. 이것은 회의주의로부터 도그마를 이끌어내길 원한 그의 추종자들의 심기를 불편하게 만들었다. 따라서 그들은 언제나 흄의 공적을 실제보다 작게 평가한다. 하틀리가 발명한 것은 연상의 원리가 아니라 모든 정신 현상을 아우르도록 그 원리를 과도하게 확대한 것이었다.

이 문제와 관련하여 심리학에서의 상황은 용어의 변형을 제외하고는 벤담의 시대 이래로 바뀐 게 없다는 것을 지적해야겠다. '연상 원리'라는 표현 대신 우리는 이제 '조건반사'에 대해 이야기하며 경험의 결과는 주로 '생각들'이 아니라 근육과 내분비샘, 신경, 뇌에 의해서 작동한다고 말한다. 파블로프는 이 원리가 많은 현상을 설명할 수 있다는 것을 보여주었고, 왓슨*은 모든 것을 설명할 수 있다고 주장했다. 그러나 '후추'라는 단어를 들었을 때 우리가 왜 재채기를 하지 않는지를 설명할 수 있을 때까지 왓슨의 설명체계는 아직 완전하지 않은 것으로 간주되어야 한다.

연상주의와 행동주의 사이에는 한 가지 중요한 차이점이 있다. 행동주의는 주로 신체에 의해 이루어지는 것에 관심을 갖는다. 연상주의는 정신에 의해 이루어지는 것에 관심을 갖는다. 연상주의자들은 물질의 존재를 부정하는 경향이 있었지만 마음은 부정하지 않았다. 따라서 시인의 다음과 같은 말은 맞다.

---

* 행동주의를 창시한 미국 심리학자. 왓슨은 자극과 반응을 통한 조건화가 인간의 심리적 특성을 결정짓는 요인이라고 보았다.

스튜어트 밀은 정신과 물질, 둘 다를
무자비하게 두들기고 때렸다.

그러나 그는 물질에 비해 정신에 대해서 훨씬 더 자비로웠다. 행동주의자의 경우는 그 반대가 맞다. 행동주의자는 물질의 존재는 믿지만 정신은 불필요한 가정이라고 생각한다.

조건반사의 원리가 생각의 연상 원리와 어떻게 다른지에 관해서는 확실한 과학적 진보가 있었다. 새로운 법칙은 예전의 법칙이 설명하는 영역을 모두 아우르면서 그보다 훨씬 더 넓은 영역을 설명했다. 특정 범위에서는 옛 법칙도 타당했다는 것은 의심할 수 없고, 새로운 법칙이 옛 법칙의 범위를 포함하는 더 넓은 범위를 포괄한다는 것도 의심할 수 없다. 새것이든 옛것이든 법칙의 타당성이 아니라 그 설명 범위가 합당한 논쟁의 영역이다. 혹자들은 모든 정신 현상이 새로운 법칙에 의해 온전히 설명된다고 하지만 또 다른 이들은 다른 종류의 법칙이 적용되는 다른 종류의 사고들이 있다고 주장한다. 이 논쟁은 130년 전이나 지금이나 사실상 별로 바뀐 게 없다.

연상주의와 행동주의가 정확히 유사한 결론을 이끌어내는 중요한 측면이 있다. 둘 다 결정론적, 다시 말해 우리가 하는 행동은 적어도 대부분 확인 가능한 법칙들에 의해 지배되며, 따라서 특정 상황 속에서 우리의 행위들은 뛰어난 심리학자에 의해 예측될 수 있다는 소리다. 따라서 벤담은 스스로에게 이렇게 말한 셈이다. "범죄자는 상황의 산물이며, 만약 특정 상황이 그를 나쁘게 만들었다면 그를 좋게 만들 다른 상황도 틀림없이 존재할 것이다. 따라서 나는 그에게 적절한 종류의 감옥을 만들어주기만 하면 되며, 그것은 자동적으로 도둑들을 정직한 사람으로 탈바꿈시킬 것이다." 같은 방식으로 행동주의자들은 착한 아이를 만들어내는 것이 그저 적절한 조건반사 시스템을 만들어내는 문제라고 생각한다. 실험실에서 개가 원하는 대로 행동하면 우리는 개에게 먹이를 준다. 그들은 아이에게도 동일한 방법이 적용되면 곧 얌전한 아이의 본보기로 탈바꿈할 것이라고 장담한다. 나는 이러한 발견을 한 왝퍼드 스퀴어스 씨*에게 아직 마땅한 감사의 말을 찾지 못했다.

'최대다수 최대행복'의 원칙은 공리주의 학파의 가장 유명한 공리公理이다. 이 원칙에 따르면, 어떤 행위가 최대다수의 최대행복을 촉진하면 그것은 선한 행위이고, 그렇지 않다면 나쁜 행위이다. 앞에서 인용한 문단에서 벤담이 어째서 이 원칙을 특별히 프리스틀리에게 돌렸는지는 모르겠다. 앞서 본 대로 그와 거의 동일한 내용이 그보다 훨씬 이른 시기에 허친슨에 의해서 벤담의 표현으로서 진술되었고, 어떤 형태로든 대부분의 영국 철학자들과 프랑스 철학자들에 의해 벤담의 공리로 수용되었다. 프리스틀리는 유니테리언파† 목사이자 화학자, 급진주의자였다. 그는 고도로 합리적인 신학 체계를 구축했고, 사실상 산소를 발견했으며, 최악의 시절에도 프랑스혁명을 지지했다. 그 때문에 버밍엄의 폭도가 그의 집을 부쉈지만 현명하게도 그는 그동안 미국으로 피신해 있었다. 그는 참으로 칭송할 만한 시민이었지만 최대행복 원칙의 발명가라고 주

---

*   디킨스의 소설 『니클라스 니클비』에 나오는 인물로 아동을 학대하는 교사이다.

†   삼위일체를 거부하며, 엄격하게 성서의 가르침을 신봉하는 종파로 주로 18세기 영국에서 교세를 떨쳤다.

장할 만한 특별한 권리는 없다.

벤담의 윤리학과 심리학 사이에는 약간의 갈등이 존재했다. 전체의 행복을 촉진하는 것이 선행인 반면, 그의 심리학적 법칙에 따르면 모든 사람은 자신의 행복을 추구한다. 사람들이 그렇게 할 수밖에 없다면 그들이 그러한 행동을 한다고 비난하는 것은 입만 아픈 일일 것이다. 그러나 개인의 사적 행복이 공익과 일치하는 행위들에 의해 보장되도록 조정하는 것이 입법가가 할 일이다. 이것이 벤담의 모든 입법 활동을 고무한 원칙이다.

그러나 그에 따르면 사익과 공익 간의 이러한 인위적인 일치 조정 작업이 생각보다 그리 자주 필요하지는 않은데, 여기에는 다양한 이유들이 존재한다. 이전의 많은 저자들이 지적한 대로 사람에게는 타인의 고통을 보면 같이 괴로워하게 되는 공감이라는 것이 있다. 그리고 이와 더불어 (그 시기의 모든 경제학자들이 단언한 대로) 개인은 대체로 자신의 이익을 추구함으로써 전체의 이익을 가장 잘 촉진할 수 있다는 원리가 등장할 것이다. 자유방임주의에 이론적 정당화를 제공한 이 원리는 매우 일리 있는 다른 원리들과 마찬가지로 재치 넘치는 경구에서 탄생했다. 버나드 맨더빌은 1723년에 출간된 『꿀벌의 우화』에서 그다지 진지하지 않게 '사적 악덕, 공적 이익'이라는 신조를 전개하며 바로 우리의 이기심을 통해서 우리는 사회의 공공선을 촉진한다고 주장했다. 경제학자들과 도덕주의자들은 이 신조를 가져오면서, 이기주의는 심리학의 진정한 원리들을 이해하지 못한 사람들에 의해서만 악덕이 되기 때문에 맨더빌은 '사적 악덕'이라고 표현하지 말았어야 한다고 설명한다. 따라서 예외가 없는 절대적 진리가 아닌 포괄적 일반 원리로서 자연스러운 이익의 조화라는 믿음은 자유방임주의의 모든 옹호자들에게 채택되었다. 우리는 나중에 리카도가 어떻게 이 원칙에 자신도 모르게 치명타를 날렸는지 그리고 계급 전쟁에서 정반대의 사상을 위한 기반을 닦았는지를 살펴볼 것이다.

공리주의로 알려지게 된 최대다수 최대행복에 바탕을 둔 윤리학은 심각하게 따져볼 경우, 다소 기존의 관습적·도덕적 가르침에 위배되었다. 버틀러 주교 같은 저명한 성직자들이 공리주의 원칙을 받아들였고, 급진주의자들의 표어가 되기 전까지는 아무도 그 원칙이 유해하다고 여기지 않았다는 것은 사실이다. 그러나 어떤 행위의 도덕성을 행위의 결과로 판단하는 일체의 도덕론은, 어떤 종류의 행위들은 결과와 상관없이 무조건 사악하다고 주장하는 관습적 도덕론과 놀라운 우연을 통해서만 일치할 수 있다. 물론 "도둑질하지 말지어다"라는 계율은 일반적으로 매우 타당하지만 도둑질이 전체의 행복을 촉진할 수 있는 상황들을 상상하기는 쉽다. 공리주의 체계에서는 평범한 종류의 모든 도덕 규칙에도 예외가 따르기 십상이다. 벤담은 자유사상가였고 그의 주도적인 신봉자들도 마찬가지였다. 따라서 그들이 부도덕한 가르침을 준다고 비난하는 것은 자연스러웠다. 사실 그러한 비난은 예상보다 훨씬 적었는데, 한편으로는 공리주의 학파의 지도자들이 그들의 이론을 내세울 때 조심스러웠기 때문이며 또 한편으로는 그들의 개인적 삶이 유독 흠잡을 데 없었기 때문이다. 비록 그들의 가르침은 근본적으로 전복적이었지만, 그들은 계속해서 대체로 점잖은 사람들로 간주되었다.

벤담은 쾌락과 행복을 구분하지 않았고 '고등한' 쾌락이라는 것에 대해 질적 우위를 부여하기를 완고히 거부했다. 그가 표현한 대로 "쾌락의 양이 똑같다면 압정 놀이나 시詩나 다를 바 없다." 그 럼에도 불구하고 그의 원칙은 실제로는 거의 금욕적이었다. 그는 자기 인정이 가장 커다란 쾌락이라고 생각했다. 사람은 흔히 미래 보다 현재의 쾌락을 더 높이 치기 때문에 현명한 사람은 신중한 자 제심을 발휘할 것이다. 전반적으로 보아, 그의 신봉자들은 열심히 일하는 것에서 행복을 추구했고, 모든 감각적 즐거움에 거의 전적 으로 무관심했다. 이는 물론 기질의 문제로, 신조로부터 도출된 것 으로 설명해서는 안 된다. 그러나 그 결과, 그들의 도덕률은 그들의 관습적인 반대자들의 도덕률만큼 매우 엄격한 것이 되어버렸다.

10

제임스 밀

벤담이 영국 정치에서 영향력 있는 인물이 된 것은 대체로 제임스 밀의 도움을 통해서이며, 이 빈틈없고 냉철한 스코틀랜드인이 지닌 성격의 상당 부분은 영국 급진주의의 특성에 고스란히 전달되었다. 그는 1773년에 태어났고 벤담보다 스물다섯 살 아래였다. 그의 아버지는 소상인이었고, 그는 어릴 적 그의 능력에 깊은 인상을 받은 존 스튜어트라는 후원자 덕분에 교육을 받을 수 있었다. 원래 어른들은 그를 성직자로 만들 작정이었지만 학업을 마칠 무렵 그는 기독교를 더 이상 믿지 않게 되었다. 1802년에 그는 런던으로 왔는데 《반反자코뱅》에 글을 기고한 걸 보면 그때는 아직 급진주의자가 아니었던 것이 틀림없다. 그는 신문과 잡지에 글을 써서 살았고, 여가 시간에는 아들을 가르치고 인도에 대한 역사책을 썼다. 1806년 집필에 들어간 역사서는 1818년에 출판되었는데, 그는 이를 계기로 동인도회사에 고용되어 죽을 때까지 그곳에서 일하게 된다. 1808

년부터 1818년까지 그는 대체로 벤담의 너그러운 경제적 후원에 의존했다. 벤담이 거주하던 퀸 스퀘어 플레이스의 정원에는 원래 밀턴의 소유였던 작은 집이 있었다. 벤담은 한동안 그 집을 제임스 밀에게 세를 내주었지만, 나중에는 자신이 원래 지불한 돈의 절반만 받고 밀에게 세를 내줄 요량으로 근처에 다른 집을 얻었다. 여름에 벤담이 런던을 떠나 있으면 밀도 보통 그와 함께 갔다.

아버지와 아들

밀은 벤담을 만나기 전에 급진주의자가 되었다. 심리학에서 그는 하틀리의 신봉자였고, 경제학에서는 맬서스를 받아들였으며 리카도와 절친한 친구였다. 정치에서는 극단적인 민주주의자이자 자유방임주의를 맹목적으로 따르는 사람이었다. 독창적인 사상가는 아니었지만 명석하고 정력적이며, 타고난 신봉자로서 무조건적 신념과 자신의 스승의 학설과 어긋나는 학설들에 대한 신봉자 특유의 경멸감을 품고 있었다. 그는 칸트의 책을 읽어보려고 잠깐 시도한 후에 "칸트가 얼마나 형편없는지 잘 알겠군"이라고 썼다. 그와 같은 부류의 모든 사람들과 마찬가지로 그도 엘베시우스를 크게 칭송했고, 그로부터 교육의 무한한 힘이라는 당시 널리 유행하던 신조를 받아들였다. 그가 인도 역사서 집필에 착수한 해에 태어난 장남 존 스튜어트는 엘베시우스 이론의 타당성을 실증하기에 안성맞춤이었다. 지금까지 쓰인 가장 흥미로운 책 가운데 하나인 그 실험의 희생자가 쓴 자서전은 그 결과를 말해주며, 부수적으로 제임스 밀의 성격도 보여준다.

　밀의 작업 능력은 분명 대단했을 것이다. 그는 하루 종일 책상 앞에 앉아 역사책을 썼고, 그동안 그의 아들 존은 필요할 때마다 아버지에게 물어보면서 같은 방에서 수업을 받았다. 존의 교육은 전적으로 그의 아버지가 책임졌다. 그는 세 살 때 그리스어를 배우기 시작했는데, 이 수업 과정을 "아버지가 어휘라고 하는 것들을 외우는 방식으로, 아버지가 나를 위해 써주신 낱말 카드 한쪽에는 평범한 그리스어 단어들이 죽 적혀 있었고 반대편에는 그 뜻이 영어로 적혀 있었다"라고 설명한다. 일곱 살이 되어서는 라틴어를 배우기 시작했다. 그해에 그는 『플라톤의 대화』 여섯 권을 읽었지만 『테아이테투스』 편은 완전히 깨우치지 못했다. 같은 시기에 산술을 배우고 또 어마어마한 분량의 역사도 배웠다. "미국독립전쟁을 배울 차례가 왔을 때 나는 어린아이가 그렇듯이 (아버지가 바로잡아주기 전까지) 잘못된 편을 들었는데 그 편이 영국 쪽이었기 때문이다." 그는 『앤슨의 항해』* 같은 책을 재미 삼아 읽었다. "어린이 책은 장난감과 마찬가지로 지인이나 친척이 이따금 선물해줄 때를 제외하고는 거의 없었다. 내가 갖고 있던 어린이 책 가운데 『로빈슨 크루소』가 가장 뛰어났으며 그 책은 소년 시절 내내 나를 즐겁게 해주었다. 물론 아버지가 오락용 책을 어쩌다 한 번씩만 허락하셨지만, 그렇다고 오락용 책을 배제하는 것이 아버지의 교육 시스템의 일부는 아니었다."

　여덟 살 때부터 존은 배우기만 한 게 아니라 여러 명의 남녀 동생들도 가르쳤다. 『일리아스』와 『오디세이아』, 아이스킬로스, 소포클레스, 에우리피데스, 최고의 라틴어 작가들, 다량의 역사, 로마 정

---

*　해군제독인 조지 앤슨의 세계일주항해기.

부에 대한 상세한 공부를 제외하고 나면 그는 동생들을 가르치고 난 후 더 많은 것을 배울 시간이 없었다. 열두 살 이전까지 대수학과 기하학, 미분, 다른 여러 고등수학 분야를 제외하면 딱히 다른 것을 익힌 것 같지는 않다.

존이 인생의 즐거움을 누리지 못했다고 지레 짐작해서는 안 된다. 그는 이렇게 쓴다. "이 시절에 내 가장 큰 즐거움 가운데 하나는 실험과학이었다. 그러나 실제적 의미에서가 아니라 이론적인 차원에서였다. 실제로 직접 실험을 해보거나—실험과학은 내가 해보지 못한 것을 종종 후회하게 만드는 학문 분야다—실험을 구경한 것이 아니라 그저 실험에 관한 책을 읽는 것을 통해서였다."

열두 살이 되자 그는 논리학을 배우기 시작해 그 주제에 관하여 아리스토텔레스가 쓴 모든 저작과 스콜라 철학자들의 저작 여러 권, 홉스를 읽었다. 휴식 시간에 그는 삼단논법의 논리가 바보 같다고 여겨선 안 된다는 훈계를 듣고 논쟁을 올바른 삼단논법 형식으로 환원하는 법을 배우면서 아버지와 함께 근처의 백숏히스를 산책하곤 했다.

존이 열네 살에 가까워지던 때에 마침내 아버지가 동인도회사에서 근무하게 되었지만 존의 교육은 예전과 변함이 없었다. 바로 그해에 아버지는 그에게 정치경제학의 모든 것을 가르쳤다.

열네 살이 되자 소년은 세상을 좀 구경할 때가 되었다고 여겨져 일 년간 해외에 보내졌다. 그가 부모에게서 떠나기 전에 아버지는 유사한 경우인 『햄릿』의 폴로니어스*처럼 그에게 좋은 충고를

---

* 오필리아의 아버지이자 덴마크의 재상. 참견하기를 좋아하는 노회한 인물로, 극중에서 외국으로 여행을 떠나는 아들 레어티즈에게 자신도 지키지 못하는 훈계를 하는 대목이 나온다.

해주었다. 정확한 표현은 기록되지 않았지만 요지는 대충 다음과 같았던 듯하다.

"존, 나는 자신의 장점을 과대평가하는 것은 중대한 결함이라는 사실을 염두에 두고서 너의 지적 성취가 네 또래 대부분의 소년들을 얼마나 능가하는지 이때까지 조심스레 감춰왔다. 그러나 이제 너의 바람직한 장래를 위해 결정한 외국 여행을 고려할 때, 비록 나로부터는 아닐지라도 다른 사람들로부터라도 너는 이 사실을 분명히 알게 될 것이다. 어떤 사람들은 심지어 경솔하게 너에게 찬사를 보내며 네가 비범한 재능을 소유했다는 잘못된 믿음을 줄지도 모른다. 사실, 네가 다른 사람보다 많이 아는 것이 무엇이든 그것들은 모두 네 자질에서 기인한 것이 아니라 네 운명 앞에 떨어진 아주 드문 유리한 기회, 즉 너를 가르칠 수 있고 거기에 필요한 시간과 노력을 기꺼이 들일 아버지가 있었던 덕분이다. 너보다 운이 좋지 못한 소년들보다 네가 더 많이 안다는 사실은 칭찬할 일이 아니다. 만약 네가 그렇지 못했다면 그거야말로 창피한 일일 것이다."

제임스 밀은 열성적으로 반反기독교적이었고, 기존 종교의 신이 정말로 실존한다면 무한히 잔인한 존재일 것이라고 생각했다. 그러나 아들과의 관계에서 그는 자신이 탐탁지 않게 여긴 신과 같은 속성들을 완전히 떨치지는 못했던 것 같다. 아버지를 비판하기를 꺼려하는 존은 그가 자식들에게 다정한 모습을 많이 보여주지 못했다고 말한다. 그러나 아버지가 실은 다정한 감정을 느꼈지만 과묵하고 감정을 드러내기를 싫어한 탓에 그러한 감정을 감춘 것이라 믿는다고 즉시 덧붙인다. 그러나 독자로서는 이 말을 의심하고 싶어진다. 존은 "아버지에게 애정을 느끼지 못했는데, 그에 대한 두려움이 애정이 솟아날 원천을 바짝 말라버리게 했기 때문"이라고 고백한다. 그는 이것이 아버지에게 틀림없이 크나큰 슬픔이었을 것이며 자신이 가정교사가 되어 가르친 동생들은 아버지를 다정하게 사랑했다고 덧붙인다. 어쩌면 그럴 수도.

훗날에 존은 아버지와 다툴 이유를 끊임없이 발견했지만 실제로 아버지와 다투는 단계로 나아가는 데는 망설이고 있었다. 그의 책들을 보면, 그가 감정적으로 흐르고 싶은 유혹을 받을 때마다 아버지의 유령이 어깨 너머에서 그를 굽어보며 "존, 약한 모습은 안 된다"라고 말하고 있는 것만 같다. 제임스 밀은 좋은 사람이었다. 그는 열심히 일했고 공공의 목적에 헌신했다. 그러나 애들 사이에 풀어놔서는 안 되는 사람이었다.

엄격한 쾌락주의자

아버지의 인생관에 대한 존의 설명은 흥미로운데, 다른 어느 개인보다도 제임스 밀이 이 측면에서 공리주의 학파 전체를 가장 잘 대변하기 때문이다.

> 아버지의 인생관은 스토아학파(극기주의), 에피쿠로스학파(쾌락주의), 키니코스학파(무욕주의)의 성격을 띠었는데, 요즘 쓰는 의미에서가 아니라 고대의 원래 의미에서였다. 개인적 성격에서는 극기주의자의 모습이 우세했다. 아버지의 도덕 기준은 즐거움이나 고통을 낳는 행동의 성향을 옳고 그름을 판별하는 유일한 시금석으로 삼는 공리주의자인 만큼 에피쿠로스적이었다. 그러나 그는 쾌락의 존재를 거의 믿지 않았다. 적어도 아버지의 인생 만년에 한해, 이 점에 대해서 나

는 자신 있게 말할 수 있다. 아버지는 쾌락에 무감하지 않았다. 그러나 적어도 현 사회 상태에서는 극소수의 쾌락만이 그러한 쾌락을 누리기 위해 대가를 치를 가치가 있다고 여겼다.

반면 인생에서 무수한 불행들은 쾌락에 대한 과대평가에서 기인한다고 생각했다. 그에 따라 그리스 철학자들이 의도한 더 넓은 의미에서의 절제—모든 향락에서 스스로 삼가 중용을 지키는 것—가 그리스 철학자들과 마찬가지로 아버지의 경우에도 모든 교육 규범의 핵심을 차지했다.

이 미덕의 주입이 내 어린 시절 기억의 많은 부분을 차지한다. 아버지는 인간의 삶이란 젊은 시절이 지나고 충족되지 못한 호기심의 신선함이 사라지고 나면 아무리 좋게 쳐줘도 보잘 것 없는 것이라고 여겼다. 이것은 그가 자주 언급하지 않는 화제였고, 특히 젊은 사람들과 함께 있을 때는 자제했던 것 같다. 하지만 그가 이 이야기를 할 때는 심오한 확신의 분위기가 풍겼다. 그는 때때로 만약 삶이 훌륭한 정부와 훌륭한 교육에 의해 설계된다면 살 만할지도 모른다고 말하곤 했다. 그러나 그러한 가능성에 대해서조차도 딱히 열정을 가지고 이야기하지는 않았다. 아버지는 언제나 지적인 즐거움을 다른 모든 것보다 우위에 두었고, 지식이 가져올 잠재적인 혜택과 별개로 쾌락으로서의 가치 측면에서도 높이 평가했다. 또 친절한 애정이 주는 쾌락을 높이 평가했고, 자신은 젊은이의 쾌락을 다시 경험할 줄 아는 늙은이를 제외하고는 행복한 늙은이를 본 적이 없다고 말하곤 했다.

각종 열정적 감정에 대해 그리고 그러한 감정의 고양에 관하여 지금까지 사람들이 말하고 쓴 것에 대해 아버지는 가장 커다란 경멸을 공공연히 드러냈다. 그는 그것들을 광기의 일종으로 보았다. '강렬함The intense'은 그에게 조소적인 비난의 대명사였다. 그는 감정을 크게 강조하는 것을 두고 고대의 도덕 기준과 비교하여 현대의 도덕 기준의 탈선이라고 여겼다.

쾌락이 유일한 선이라는 지적 확신과 더불어 그것을 경험하지 못하는 기질적 무능력은 공리주의자들의 특성이었다. 쾌락과 고통의 계산 관점에서 그들의 감정적 빈곤함은 유리했다.

그들은 쾌락은 은행 계좌로, 고통은 벌금이나 형기로 측정될 수 있다고 생각하는 경향이 있었다. 모든 사람은 자신의 쾌락만을 추구한다는 이론에 대한 이타적이고 금욕적인 헌신은 기이한 심리적 역설이었다.

공리주의자들의 태도와 그리 다르지 않은 태도가 레닌과 그의 가장 신실한 추종자들한테서도 발견된다. 레닌은 분명히 선은 물질적 재화의 풍요로 이루어진다고 주장했다. 그는 이타주의에 대한 모든 호소를 경멸했고, 공리주의자들만큼 확고하게 경제적 자기이해의 추구가 인간의 경제 활동을 지배한다고 믿었다. 이 신조를 위해서 그는 탄압과 망명, 곤궁을 견뎠다. 거대 국가의 수장 자리에 올랐을 때는 스파르타식으로 검소하게 살았다. 그리고 물질적 번영에 대한 숭배에서 조국을 여러 해 동안 바닥이 안 보이는 빈곤 상태로 몰아넣었다. 공리주의자들은 그러한 영웅적 행위에 호출되지는 않았지만 그들의 심리 상태는 아주 유사하다.

공리주의자들의 민주주의

제임스 밀은 민주주의자였는데, 그 자신이 짓밟혔다고 느껴져서도 아니고(누가 감히 그런 사람을 짓밟겠는가?) 하늘이 결코 많은 양을 주지 않은 너그러운 공감에 기인해서도 아니었다. 우리가 판단할 수 있는 한 그는 행복을 가치 기준으로 하는 계산의 이성적 적용을 통해서 민주주의자가 되었다. 만약 여러분이 12명의 자식에게 1실링을 나눠준다고 하면, 다른 조건이 모두 동일하다고 할 때 그들에게 각각 1페니를 나눠줌으로써 가장 큰 행복을 이끌어낼 것이다. 만약 한 명한테 1실링을 주고 나머지 11명에게는 아무것도 주지 않는다면, 한 명은 사탕을 너무 많이 먹어서 안 좋아질 테고 나머지 11명은 시기와 분노에 사로잡힐 것이다. 어느 정도까지는 이것이 공산주의를 위한 논거가 되면서도 공산주의는 모든 공리주의자들에게 격렬히 배척되는데, 공리주의자들은 경쟁이 활동을 위한 필수적 자극이라고 보기 때문이다. 정치권력의 분배에는 그러한 논의가 적용되지 않았다. 보편적인 이기주의를 고려할 때 어떤 사람의 이해관계도 타인에게 안전하게 위임될 수 없고, 따라서 정치권력이 박탈된 모든 계급은 불의를 겪을 수밖에 없다. 게다가 유용한 활동에 대한 자극이 경쟁이라면 모든 사람은 거기에 노출되어야 하고 부당한 특권은 폐지되어야 한다. 대충 이러한 논의들이 벤담이 이해할 수 있는 것들이었다. 판옵티콘의 실패와 더불어 이러한 주장들은 그가 토리주의를 버리고 민주주의자가 되게 만들었다.

공리주의자들은 보기 드물게 합리적인 사람들이었고, 인류 다수의 합리성에 대한 확고한 신념이 있었다. 제임스 밀은 "이성을 소유한 모든 사람은 증거를 따지고 증거의 무게에 따라 인도되고 결정하는 데 익숙하다. 다양한 결론들이 각각의 증거와 함께 똑같이 신중하고 능숙하게 제시된다면 비록 몇몇 소수는 잘못 인도될 수도 있지만 다수는 바르게 판단할 것이고, 가장 강력한 힘을 발휘하는 증거가 어디에서나 가장 강한 인상을 남길 것이라는 것은 거의 틀림없는 일이다"라고 말한다. 이러한 신념에는 행복한 순진함이 있다. 이것은 프로이트 이전 시대와 선전술의 발달 이전 시대에 속한다. 참으로 묘하게도 밀의 시대에 그의 신념은 결과적으로 타당성이 입증되었다. 박식한 사람들이고 어려운 책의 저자들인 공리주의자들은 인간의 이성에 호소하는 것에만 집중했지만, 그럼에도 불구하고 성공했다. 거의 모든 중요한 측면에서 1874년까지 영국 정치의 흐름은 그들이 옹호한 대로 흘러갔다. 빅토리아 시대에는 이러한 이성의 승리에 아무도 놀라지 않았다. 그러나 더 정신 나간 우리 시대에는 이런 이야기가 마치 황금시대의 신화처럼 들린다.

벤담은 민주주의를 찬성하는 논의를 받아들이자마자 공리주의 학파의 누구보다도 민주적이 되었다. 그는 군주정과 상원을 바람직하지 않은 제도로 간주했다. 비록 이 지점에서는 아무도 공개적으로 나서서 그에게 동의하지 않았지만 말이다. 그는 심지어 여성의 투표권을 반대하는 논거도 찾지 못했다. 비록 글에서 뚜렷한 결론에 도달하지는 못했지만 오히려 여성 참정권을 찬성하는 탁월한 논의들을 많이 제시했다. 그는 개인적으로 여성 참정권에 비우호적이라기보다는 우호적인 쪽에 가까웠던 것 같다. 존 스튜어트 밀은 벤담이 영향을 미친 젊은이 집단에 대한 견해를 설명하면서 이렇게 말한다. "모두에게 참정권을 주는 쪽에 존재하는 모든 이유들은 그것이 여성에게도 거부되어서는 안 된다는 것을 요구한다.

이는 더 젊은 전향자들의 일반적 의견이기도 했다. 그리고 벤담 씨도 이 중요한 문제에 대하여 전적으로 우리 편이었다고 말할 수 있어서 기쁘다." 그러나 벤담 씨에게 이 의견은 학구적인 것으로 남았다. 이 문제를 실제적 중요성을 지닌 것으로 의회가 주목하게 만드는 임무는 후년의 존 스튜어트 밀에게 떨어졌다.

공리주의에서 밀의 역할

제임스 밀은 공리주의 운동에서 이중의 중요성을 갖는다. 첫째, 그는 카르타고 장군 하밀카르 바르카가 한니발을 길러냈듯이 그의 아들 존 스튜어트 밀을 길러냈다. 다정하고 친절한 성정을 지니고 있던 존은 철학적 급진주의자들이 신봉한 그런 엄격한 원칙과 천성적으로 어울리지 않았다. 사실, 후년에 가서 그는 다양한 지점에서 철학적 급진주의를 완화했다. 그러나 그는 아버지의 가르침이 대체로 적절했다는 믿음을 유지했으며, 이러한 믿음은 만약 그가 그 자신에 대한 믿음에만 의존했을 경우 누렸을 것보다 더 큰 영향력을 발휘했다.

둘째로 제임스 밀은 신봉자로서의 능력을 바탕으로 저명한 다수의 개별 인물들을 단일한 학파로 결합했고, 그에 따라 그들의 집단적 영향력을 엄청나게 증대시켰다. 대부분의 급진주의자들은 자연히 맬서스와 맬서스의 이론에 의심의 눈초리를 보냈다. 하지만 제임스 밀은 맬서스의 이론을 받아들여 새로운 방향으로 전개시켰다. 그와 그의 친구인 재단사 출신의 급진주의자 프랜시스 플레이스는 맬서스의 성직자적 거리낌에 구애받지 않았고, 따라서 그의 경제적 원칙으로부터 인위적인 피임이 바람직하다는 결론을 도출해냈다. 소위 신맬서스주의는 그들과 함께 시작되었다. 그들로부터 시작된 신맬서스주의는 탄압에도 불구하고 서서히 그리고 오늘날까지 널리 퍼져나갔고, 결국 대부분의 선진국에서 인구 증가를 종식시켰다.

1812년에 플레이스는 제임스 밀을 통해 벤담에게 소개되었고, 벤담은 그가 이전까지 거의 알지 못했던 종류의 정치 및 사회 계층과 접촉하게 되었다. 플레이스는 벤담을 애정 어린 존경으로 대했고 그를 편지에서 "친애하는 아버지"라고 지칭했다. 그레이엄 월리스의 『프랜시스 플레이스의 삶』에 인용된 벤담의 편지 한 통이 실례가 될 수도 있겠다. 편지는 벤담이 기독교에 대한 적대감과 신맬서스주의에 대한 신념(아마도 플레이스의 설득의 결과로 얻게 된)을 조심스럽게 감추는 태도를 보여준다. 편지 안에 나오는 "저거노트 같은juggical"이란 표현은 '기독교적Christian'이란 뜻이다. 그 표현은 이 맥락에서는 종교적 주제가 물의를 빚지 않고 하인들 앞에서 언급될 수 있도록 '기독교Christianity' 대신 사용된 "저거노트Juggernaut"*에서 나온 것이다. 편지는 다음과 같다.

친애하는 아들 보게.

자넬 위해 약속을 잡아두었네. 반드시 지켜야 하네. 안 그러면 다른 약속 날짜를 잡도록 하게. 프렌티스를 만나서 자네를 "대담하고 나쁜 사람"이라고 부른 것을 후회한다는 말을 듣게. (참, 약속 시간은 화요일 한 시, 내 산책이 시작되는 시간이야.) 나는 20년간의 친교로 판단하건

---

* 원래는 크리슈나 신상을 가리키는 표현으로, 종종 사람의 희생을 요구하는 거대한 미신이나 거대하고 파괴적인 존재, 조직이란 의미이다.

대 자네가 과연 대담한 사람이라고 말했지만, 자네가 나쁜 사람이라는 것은 부인했다네. 그에게 자네를 나쁜 사람이라고 부른 이유를 물어보았지. 자네가 인구과잉 반대(인구과잉 방지라고 말하는 게 더 나았을 것 같군) 조치를 보급하기 위해 애쓰기 때문이라고 대답하더군. 문제는 그가 저거노트 같다는 거야. 칼뱅주의적이란 말일세. 그의 할아버지 두 분은 명성이 상당한 주임 사제이시네. 나는 그에게 모든 사람은 그 자신의 행동은 좌우할 수 있지만 그 자신의 의견은 어찌할 수 없다는 점을 지적했네. 그리고 이 문제에서 자네가 그와 한참 거리가 먼 것 못지않게 그 역시 자네와 한참 거리가 멀며, 만약 모든 사람이 자신의 의견과 조금이라도 일치하지 않는 부분이 있는 사람과 다투려고 한다면 얼마 안 가 지상에는 인간이 모조리 사라질 것이라고 말해주었지. 문제가 되고 있는 논점에 관해서 나는 그가 내 의견이 어떤지를 알아채지 못하도록 조심했네. 만약 내가 그를 설득하는 데 성공하지 못했다면 불에 기름을 붓는 격이 되었을 거야. 물론 그럴 시간도 없었지만. 종교와 관련해 내 감상이 어떤지에 관해서 내가 그에게 심어준 인상이라곤 내가 보편적인 관용에 찬성하는 쪽이라는 것이었지. 나는 한두 차례 성서도 인용했네.(하략)

퀸스 스퀘어 플레이스

4월 24일, 1831년, 일요일

제임스 밀은 벤담과 맬서스, 리카도와 프랜시스 플레이스의 중하층계급 급진주의를 하나로 합쳤고, 플레이스는 프랜시스 버뎃 경의 상층계급 급진주의와 긴밀하게 연결되어 있었다. 하틀리와 엘베시우스의 사상 그리고 흄의 철학 가운데 교조적 정설에 끼워 맞출 수 있을 만한 부분들은 웨스트민스터 선거구*에서 군중의 흥분에 철학적 기반이라는 지적인 품위를 입혀주었다. 이 모든 것에서 제임스 밀의 역할은 개별적 벽돌을 합쳐 건물을 만드는 시멘트와 같았다. 그것은 아무도 한자리에서 볼 수 있으리라 기대하지 않은 자재들로 이루어진 이상한 건물이었다. 대부분의 급진주의 운동은 억압받는 사람들에 대한 공감의 정서나 억압하는 자들에 대한 증오에 의해 고무되었다. 그러나 제임스 밀의 급진주의에서는 이러한 정서가 두드러지지 않는다. 그는 물론 보편적인 자애심을 느꼈고, 그런 자애심은 이를테면 그가 신학적 정설에서 잔인하다고 여긴 것에 대한 반대에서 드러난다. 그러나 이러한 감정은 그리 강렬하지 않았고, 더 강렬한 감정을 지닌 사람이 느끼는 더 강한 정념에 의해 언제든 쉽게 밀려났을 것이다. 제임스 밀에게서 자애심은 감정적 자극을 제공하지만 어디까지나 배경으로 남아 있을 뿐이며, 어느 경우에도 이성을 압도하지 않았다. 그는 불가피하게 많은 고통이 뒤따르는 의견일지라도 쉽게 받아들였다. 그러한 의견들이 적절할 때는 이러한 태도가 강점이었지만, 틀렸을 때는 약점이 되었다. 이 강점과 약점이 공리주의 역사 전체에 걸쳐서 공리주의 학파의 특징을 결정지었다.

---

*　웨스트민스터 선거구는 1932년 선거법 개정이 있기 전까지 투표권에 토지·재산 보유 조건이 붙지 않은 몇 안 되는 선거구였다. 따라서 수공업자 장인과 직인들도 투표권을 가지고 있었고, 급진파가 당선될 수 있는 선거구였다.

11

리카도

리카도는 제임스 밀과 달리 그의 성격을 통해서가 아니라 오로지 그의 이론만으로 중요한 인물이다. 그는 어느 모로 보나 매력적인 사람이었던 것 같다. 존 스튜어트 밀은 그를 거듭해서 "아버지의 가장 소중한 친구"라고 언급하며 "자애로운 얼굴과 친절한 태도로 젊은이들에게 아주 매력적이었다"고 말한다. 그는 1818년에 하원의원이 되었고, 그의 발언은 의회에서 경청되었지만 그의 진정한 영향력은 저술가로서의 지위에서 나왔다. 그의 주요 저작은 1817년에 출간된 『정치경제학과 과세의 원리』였다. 이 책은 어떤 의미에서 주류 경제학의 정전이 되었다. 그와 동시에 악마도 성서를 인용할 수 있다는 사실도 드러났다. 사회주의자들과 단일과세론자*들은 그의 이론으로부터 자신들의 주장을 이끌어냈다. 사회주의자들은

---

* 　프랑스의 중농학파에서 시작되어 헨리 조지가 주창한 이론으로, 토지에 대해서만 과세를 하고 그 외의 모든 조세를 폐지해야 한다고 주장한다.

그의 가치이론에, 단일과세론자들은 그의 지대이론에 호소했다. 더 일반적으로는, 그는 사회계급 간에 부를 분배하는 문제를 논의하다가 저도 모르게 각 계급들은 서로 엇갈리는 이해관계를 가질 수도 있다는 점을 분명히 했다. 마르크스는 리카도로부터 많은 것을 가져왔다. 따라서 리카도는 이중의 중요성, 다시 말해 공식적인 경제학의 근원이자 뜻하지 않은 이단의 부모로서 중요성을 동시에 지닌다.

지대이론의 명암

리카도의 지대이론은 단순하며 적절한 상황 속에서는 완전히 타당하다. 지대이론을 살펴보기 위해서 논의를 우선 농경지에만 국한해보자. 어떤 토지는 더 비옥하지만 어떤 토지는 덜 비옥하다. 그리고 언제나 간신히 경작할 만한 한계경작지라는 것이 있을 수밖에 없다. 다시 말해 그 땅은 농부가 투입한 자본에 대해, 동일한 자본을 다른 방식으로 투자했을 경우 얻는 수익과 동일한 수익을 내는 것이다. 만약 지주가 그 땅에 대해 지대를 요구하면 농부는 그 땅이 더 이상 경작할 만한 가치가 없다고 생각할 것이다. 따라서 그런 땅은 지주에게 지대를 가져다주지 않을 것이다. 더 비옥한 땅에서는 반대로 일정 양의 자본이 일반적인 비율보다 더 큰 수익을 가져온다. 따라서 농부는 그 땅을 경작할 권리를 얻고자 지주에게 기꺼이 지대를 지불한다. 이때 그가 기꺼이 지불할 지대는 동일한 면적의 한계지에서 수확되는 생산량의 초과분이다. 따라서 토지 1에이커의 지대는 거기서 재배될 수 있는 작물의 가치 가운데 한계경작지 1에이커에서 재배될 수 있는 작물의 가치를 초과하는 양이다.

농경지에 적용되는 것은 똑같이 모든 토지에도 적용된다. 대도시 중심부의 땅 한 조각은 상점이나 사무실 같은 용도로 사용될 수 있고, 거기서 거대한 수익이 발생할 수 있다. 이러한 수익의 일부는 건물 등과 같은 형태를 띠는 자본에 대한 이자이다. 또 일부는 사업 활동의 이윤이다. 그러나 지대 형태로 토지 소유주에게 돌아가는 일부가 더 남아 있다. 도시의 크기를 늘리고 따라서 중심가의 상점이나 사무실에서 발생할 수 있는 수익을 늘리는 것은 무엇이든 그 부지를 사용할 권리에 대한 대가로 토지소유자가 뽑아낼 수 있는 지대를 증가시킬 수 있다. 물론 이 이론은 그 부지에 세워진 건물의 가치에 기인한 지대(건물 임대료)가 아니라 순수하게 지대에만 관련된 것임을 명심해야 한다.

곡물법이 시행되는 영국의 상황에서 리카도의 지대이론은 커다란 실질적 중요성을 띠었다. 만약 외국으로부터 곡물 수입이 가능했다면 영국에서 토질이 가장 떨어지는 경작한계지에서는 경작을 하지 않았을 것이다. 그렇게 되면 토질이 가장 좋은 경작지와 토질이 가장 떨어지는 경작지 간의 차이는 줄어들 것이고 지대도 떨어졌을 것이다. 물론 지금까지의 논의들은 지주들에게도 분명해 보였지만 그들은 의회를 지배하고 있었다.

그러나 리카도의 지대이론의 결론 가운데에는 더 나아가서, 자유무역을 옹호하는 애덤 스미스의 주장과 연관된 것들도 있었다. 만약 수입관세를 철폐함으로써 곡물 수입이 가능해진다면 한계지에 투자되던 자본들은 산업으로 흘러들어갈 것이고, 거기서 수입 곡물에 지불하기 위해 필요한 수출품을 생산하게 될 것이다. 이 새로운 자본 투입은 필연적으로 옛 자본 투입보다 더 수익이 높을 텐데 그렇지 않다면 자국에서 곡물을 생산하는 대신 외국으로부터 수입하는 곡물에 대금을 지불하지 못할 것이기 때문이다. 따라서 지대 하락에는 국부 증가가 동반하게 될 것이다. 그러면 전체 국부에서 나눌 것이 더 많아지고, 증가한 총량 가운데서 더 많은 비율이 산업 계급에게 돌아가게 될 것이다. 이 더할 나위 없이 타당한 주장은 자연히 제조업자들에게 매력적으로 들렸지만 지주들에게는 그렇지 않았다. 선거법 개정 법안으로 정치권력이 중간계급으로 옮겨 간 후에야 자유무역 옹호론자들은 의회를 지배할 수 있었다. 1846년 곡물에서 자유무역이 도입되었고, 그 결과는 경제학자들이 예측한 대로 나타났다.

리카도의 지대이론은 1815년부터 1846년까지 영국 정치를 지배한 중간계급 제조업자와 상층계급 지주들 간의 갈등을 정확하게 반영한다. 그러나 그 이론을 리카도나 면직업이 발달한 맨체스터 사람들이 생각한 것보다 훨씬 더 급진적으로 적용하는 일도 가능했다. 이 사람들은 부자였지만 더 큰 부자가 되고 싶었다. 또한 그들은 근면한 부자였고 놀고먹는 부자들보다 열등한 지위를 받아들일 생각이 없었다. 그러나 그들은 결코 혁명가들은 아니었다. 그들은 세상이 부를 누릴 수 있는 상태로 유지되기를 바랐다. 게다가 그들은 국가에 대해 뿌리 깊은 불신을 품고 있었는데 이런 태도는 그들이 국가를 다스리지 않는다는 사실에서 기인했다. 이런 이유로, 그들은 리카도에서 헨리 조지와 단일과세 원리로 나아가지 않았다. 그러나 그렇게 나아가는 것이야말로 완벽하게 논리적인 결론이었다. 경제적 지대는 지주가 수행한 서비스에 대한 대가로 지불되지 않는다. 그저 그의 땅에서 부를 생산할 수 있도록 허락한 데 대한 대가로 지불될 뿐이다. 지주는 손 하나 까딱할 필요도 없이 다른 사람들의 노동을 통해 부유해진다. 그의 경제적 기능은 국부에 어떤 식으로든 새로운 부를 더하지 않고 단순히 지대를 취득하는 것뿐이다. 여기서 토지의 사적 소유는 폐지되어야 하고 모든 지대는 국가에게 돌아가야 한다는 추론이 도출되기란 그리 어렵지 않다. 그러나 리카도는 이런 추론을 도출하거나 심지어 고려해보지도 않았다.

가치이론과 마르크스경제학

리카도의 가치이론은 그의 지대이론보다 타당성이 떨어지지만 그보다 더 큰 영향력을 발휘했다. 경제학에서 가치의 문제는 다음과 같이 발생한다. 여러분에게 1파운드가 있어서 그 돈으로 일정량의 밀이나 맥주, 담배, 압정, 책 따위를 얻을 수 있다고 하자. 만약 일정량의 밀과 일정 개수의 압정을 얻는 데 똑같이 1파운드가 든다면 그것들은 같은 '가치'를 갖는다. 얼마나 많은 수의 압정이 일정량의 밀과 동일한 가치를 갖는지를 결정하는 것은 무엇인가? 리카도의 답은 이렇다. 만약 그것들을 생산하는 데 같은 양의 노동이 투입된다면 그것들은 동일한 가치를 갖는다. 그는 어느 상품이든 상품의 가치는 그것을 만드는 데 들어간 작업량에 따라 측정된다고 말한다.

이 이론은 어느 정도까지는 맞다. 만약 여러분이 목수인데 탁자를 만들 때 의자를 만들 때보다 두 배의 시간이 걸린다면 나무의 비용은 별개로 하고 여러분은 자연히 탁자에 두 배의 값을 매길 것이다. 모두 동일한 임금을 지급받는 사람들에 의해 만들어진 서로 다른 제품들은 거기에 투여된 노동에 비례하여 가격이 매겨질 것이다. 물론 이번에도 원자재의 비용은 별개로 하고 말이다. 리카도의 가치이론은 자유경쟁이라는 조건 아래에서, 상품의 가치가 토지의 자연적 비옥함이 아니라 주로 제작 공정에 좌우되는 경우라면 언제든지 대체로 맞는다고 말할 수도 있을 것이다.

그러나 이 이론이 전적으로 타당할 리 없다는 것은 리카도 자신의 지대이론과의 충돌만 봐도 금방 알 수 있다. 품질이 같은 밀 두 포대는 어디에서 생산되었든지 간에 동일한 가치를 갖는다. 그러나 비옥한 땅에서 밀 한 포대를 생산하기 위해 투입되는 노동은 척박한 땅에서 투입되는 노동보다 적다. 이것이 리카도의 지대이론의 토대이며 따라서 그는 가치이론이 맞을 리 없다는 것을 알아차렸어야 했다. 물론 더 극단적인 예시도 있다. 금광이 새로 발견된 초창기에는 누군가 재수 좋게 1만 파운드에 달하는 거대한 금덩어리를 발견하는 일이 이따금 생기기도 했다. 일반적인 임금 기준에서라면 그의 노동의 가치는 반 크라운 정도였겠지만, 그가 발견한 금은 그가 그 금덩어리를 얻으려 하면 일해야 하는 양과 동일한 가치가 있었다.

가치이론의 까다로운 세부 사항들로 독자들을 피곤하게 하고 싶지는 않지만, 이 주제는 사회주의 발전에 아주 어마어마한 중요성을 갖게 되기 때문에 어느 정도는 논의하고 넘어가야 한다. 특정 경우들에서 리카도의 이론은 매우 타당하지만, 또 다른 특정 경우들에서는 완전히 틀리다. 가장 일반적인 경우들에서는 대체적으로 맞지만, 전적으로 맞지는 않다. 이와 관련한 특정 경우에서 문제는 독점이 작용하는 부문을 중심으로 한다.

지대를 논외로 하고 우선 독점이 거의 작용하지 않는 부문, 이를테면 리카도 시절의 면직업 부문에서 예를 들어보자. 이런 종류의 상품이 아마도 리카도가 염두에 둔 것이리라. 면직업에는 제조업자들이 많았고 모두가 서로 열심히 경쟁하고 있었다. 원자재(원면)는 상당히 동일한 조건에서 생산되었으며 재배자들의 경쟁에 입각해 팔렸다. 면직물 생산에 필요한 기계류를 만드는 데 투입되는 노동은 물론 면직물을 생산하는 데 투입되는 노동의 일부이기도 하다. 또한 당시에는 서로 통합되지 않은 개별적인 여러 광산으로부터 원광이 풍부하게 공급되었고, 시간이 지나면서 직물 기계를 만드는 회사도 많아졌다. 여기에 독점의 요소, 즉 특허권의 존재에 기인한 독점적 요소가 하나 존재했던 것은 사실이다. 이론적으로 특허권은 발명자의 기술에 대한 독점적 가치를 의미한다. 그러나 발명자에게 지불되는 인세는 면직물의 생산 비용에서 매우 작은 부분을 차지했다. 전체적으로 면직물 가격은 그것을 만드는 데 들어가는 노동의 양에 의해 꽤 정확하게 결정될 것이었다.

이제 반대편 극단의 예, 이를테면 레오나르도 다 빈치의 그림을 예로 들어보자. 사실 다 빈치의 그림이라고 해서 5실링이면 구입할 수 있는 별 볼 일 없는 그림보다 더 많은 노동이 투입되지는 않겠지만, 그 그림의 가치는 5만 파운드가 나갈 수도 있다. 이것은 순수 독점의 경우다. 공급을 늘릴 수 없고 따라서 특정 종류의 기술을 완전히 혹은 부분적으로 독점한 사람의 수입은 이런 항목에 들어간다. 오페라 가수나 저명한 의사나 변호사, 영화배우 등등과 같은 사람들 말이다.

대부분의 경우는 이러한 두 극단 사이에 존재한다. 일반적으로

한 산업 부문에서 원자재는 농산물이거나 광물이다. 만약 농산물이라면 우리가 이미 본 대로 지대의 법칙이 리카도의 가치이론을 수정한다. 평균적인 토질의 경작지가 아니라 토질이 가장 떨어지는 경작지에서의 노동 비용이 가치를 결정한다. 광물의 경우, 독립적인 개별 공급원이 다수 존재한다면 농산물의 경우와 정확히 동일한 논리가 적용된다. 그러나 공급원의 소유주들이 결합되어 있는 경우가 드물지 않으므로 원자재의 가치는 독점을 지배하는 규칙에 따라 결정된다. 또한 후기 단계로 가면서 부분 독점이나 완전 독점이 점점 더 경쟁을 대체하게 되었다. 이것은 한편으로는 기업결합인 트러스트의 형성을 통해, 다른 한편으로는 특허권을 통해, 또 다른 한편으로는 원자재의 소유를 통해 가능해진다.

공급을 조절할 수 있는 능력을 가진 독점이 존재하는 곳에서 생산자는 낮은 가격에 더 많은 양을 공급하는 것이 이익이 더 많이 남을지 아니면 높은 가격에 적은 양을 공급하는 것이 이익이 더 많이 남을지를 따져야 한다. 가격을 높게 매길수록 상품은 더 적게 팔릴 것이며, 그에게 최대 이윤을 안겨주는 가격이 존재하는 것은 분명하다. 그러나 가격이 더 떨어질 경우 생산자가 이익을 얻지 못하는 최저가가 생산비용에 의해 결정된다는 것만 제외하면 그가 매기는 가격은 생산 비용과는 아무런 상관이 없다.

생산에 투입되는 노동의 양에 의해 가치가 결정된다는 리카도의 이론은 따라서 완전히 맞는 것은 아니며, 그의 시대 이래로 경쟁이 감소하면서 갈수록 타당성이 줄어들게 되었다. 만약 상품의 전체 가치가 그것을 생산하는 데 투입된 노동에 기인한다면 어째서 그것을 만든 사람에게 전체 가치가 지불되어서는 안 되는가라는 질문이 나오게 된다. 지주와 자본가가 상품의 가치에 뭔가를 더 추가하지 않았다면 그들은 대체 무슨 권리로 생산물의 일부를 제 것으로 삼는가? 노동운동과 연계된 경제학자들, 특히 토마스 호지스킨과 윌리엄 톰슨은 리카도에 바탕을 두고 아무도 노동의 대가가 아니고서는 돈을 받아서는 안 되며 노동자는 자신의 작업이 생산한 것 전부에 권리가 있다고 주장했다. 이 사람들은 나중에 보게 되겠지만 로버트 오언과 연계된 사회주의 운동에 큰 영향을 미치게 된다. 뒤에 가서는 역시 리카도의 가치이론을 바탕으로 주장을 펼친 마르크스에게 영향을 미쳤다. 현재 리카도의 영향력은 주류 경제학에서 크게 감소했지만 마르크스 경제학에서는 살아 있으며, 다른 몇몇 측면과 더불어 이런 측면에서 마르크스주의자들은 19세기 초반에 속하는 관점을 유지하고 있다.

12

공리주의

맬서스와 벤담, 리카도의 가르침이 결합한 결과, 일단의 학설이 발전해 중간계급과 노동계급 사이에서 점점 수가 늘어나던 진보적인 사람들에게 점진적으로 수용되었다. 물론 노동계급의 경우에는 앞으로 살펴보겠지만, 영향력을 행사하는 다른 라이벌 학파들이 등장한다. 공리주의자들의 추종자들이 받아들인 견해는 어떤 측면에서는 그 지도자들의 견해보다 더 조야했지만 다른 측면에서는 그렇지 않았다. 공리주의를 대중화한 사람들을 통해 공리주의가 입법에 영향을 미쳤기 때문에 바로 그런 사람들의 머릿속에서 공리주의가 어떤 모습을 띠게 되었는지를 살펴보는 것은 의미가 있다.

철학적 급진주의자들의 견해는 자연히 세 가지 항목, 즉 경제적·정치적·도덕적 항목으로 나뉘며, 추종자들의 경우 이 가운데 경제적 항목이 가장 중요했다.

도덕적 절제와 관세 철폐의 경제학

공리주의 학파의 경제학은 맬서스가 지배했다. 노동계급이 교화되어 도덕적 절제를 실천할 수 있을 때까지 미숙련 노동자의 임금은 인구 법칙에 따라 자신과 가족을 간신히 부양하는 수준에 그칠 수밖에 없다. 여자와 아이들이 돈을 버는 경우 남성의 임금은 자신을 부양하는 수준으로 충분할 것이다. 세계 역사에서 파괴적 전쟁 이후나 아주 치명적인 전염병이 창궐한 후에 임금이 일시적으로 최저 수준 이상으로 상승하는 시기가 있을 수도 있지만 그 결과는 유아사망률의 감소로 이어질 것이고, 결국 인구가 증가하여 이전의 최저 수준으로 복귀할 것이다. 따라서 박애주의자들의 선의의 계획이나 구빈법을 매개로 한 빈민구제는 무의미하다. 파업이나 노동조합을 통해서 임금을 올리려고 하는 노동자들은 완전히 잘못 짚은 것이다. 인구증가가 어떠한 일시적인 개선이든 금방 상쇄할 것이기 때문에, 경제적 평등을 목표로 하는 공산주의자들은 부자들을 끌어내릴 수 있을지 몰라도 빈자들의 처지를 개선할 수는 없다.

노동계급에게는 딱 한 가지 희망밖에 없는데 다름 아닌 신중하게 생식 본능을 통제하는 법을 배우는 것이다. 중간계급 급진주의자들은 몇몇 예외를 제외하고 노동계급이 '도덕적 절제'를 통해 생식 본능을 억제해야 한다고 촉구했다. 열렬한 맬서스주의자지만 자신이 노동계급 출신임을 잊지 않았던 프랜시스 플레이스는 그보다 덜 고통스러운 방법을 추구했다. 한편, 공리주의 학파 전체는 그들의 학설 덕분에, 그들에게는 피상적으로 비치는 수단을 가지고 임금노동자 계급의 고통을 감소시키려는 인도주의적 노력에 대한 모든 참여로부터 면제되었다.

    사회 계층의 반대편 끝에 있는 지주들에게도 분수를 일깨워줄 필요가 있었다. 리카도의 지대이론은 곡물법의 모든 혜택이 장기적으로 지주에게 돌아감을 보여주었다. 소작농들은 높은 지대 때문에, 곡물법이 없었다면 자신들에게 돌아왔을지도 모를 이득을 박탈당했다. 임금노동자는 잃을 것도 얻을 것도 없는데, 어느 경우든 아사 직전 상태일 것이기 때문이다. 그러나 산업 고용주들은 빵이 비쌀 때 노동자들이 굶어죽지 않도록 더 높은 임금을 지불해야 하기 때문에 잃을 것이 있다. 따라서 공장주들을 위해서는 곡물에 대한 수입 관세가 철폐되어야 한다.

    이윤은 지대와 임금을 지불하고 난 후에 남은 것을 의미한다. 따라서 이윤을 증가시키는 길은 지대와 임금을 낮추는 것이었다. 임금은 빵 값을 낮춤으로써만, 즉 곡물의 자유무역을 통해서만 낮출 수 있다. 동일한 조치는 토질이 가장 떨어지는 토지에서 더 이상 경작을 하지 않음으로써 지대도 낮출 것이고, 따라서 이윤에 의존하는 계급에게 이중으로 유리할 것이다. 공리주의자들은 이 계급을 대변했다. 그들은 최초로 산업주의와 기계화라는 현대적 원리를 채택했다.

자유방임과 반反제국주의의 정치학

정치적으로 공리주의자들의 신념에는 세 가지 중요 항목, 즉 자유방임주의와 민주주의, 교육이 포함됐다. 원리로서의 자유방임주의는 구체제 시절에 프랑스에서 발명되었지만 혁명기 동안 사라졌고, 나폴레옹한테는 아무 쓸모가 없었다. 그러나 1815년의 영국에서는 루이 16세 시대의 프랑스에서 그 원리가 탄생했을 때와 동일한 조건이 존재했다. 활동적이고 똑똑한 중간계급이 멍청한 정부에 의해 정치적으로 지배되는 상황 말이다. 유익한 형태의 국가 통제가 존재할지도 모르지만 기존 국가는 해로운 형태의 통제를 부과하기 십상이었다. 자신들이 새로운 권력을 행사하고 신세계를 창조하고 있음을 의식하고 있던 새로운 사람들의 유일한 요구사항은 그저 자신들을 내버려두라는 것이었다.

이 시점까지는 자유방임주의에 충분한 이유가 있었지만 이후로 그것은 도그마가 되었고 터무니없는 극단으로까지 치달았다. 1848년 당시 정부위원회를 통해 대도시의 경악스러운 비위생적인 환경이 폭로되면서 공중보건법이 만들어졌다. 하지만 공리주의자의 시각을 대변한 간행물인《이코노미스트》는 이 법마저 반대했다. 법안이 하원에 상정되었을 때《이코노미스트》는 격렬한 반대가 제기되지 않는 것을 두고 유감스러워했다. 편집자의 말을 들어보자. "고통과 해악은 자연의 훈계이다. 그것들은 제거될 수 없다. 그리고 자연의 경고의 목적과 뜻을 깨닫기 전에 입법을 통해 자연의 훈계를 세상에서 제거하려는 성급한 선의의 시도들은 항상 이로움보다는 해악을 가져왔다."[12] 의회의 '선의'야말로 하수도 시설 건설을 반대하는 주장이 틀렸음을 보여주는 증거였는데, 하수도 시설이 없어 생겨난 전염병이 국회의사당에서 엎어지면 코 닿을 거리에서 창궐하고 있었기 때문이다. 정치적 급진주의자들 대부분은 심지어 입법의 필요성이 가장 명백한 경우에서도 공장 관련 입법에 반대했다. 1847년 면직 공장에서 하루에 열 시간 이상의 아동노동을 금지하는 법안이 상·하원에서 모두 통과되었을 때《이코노미스트》의 헤드라인은 "상원과 하원이 한통속이 되어 산업을 금지함"이었다.

잡지가 말하는 원칙은 곡물법의 경우에서와 똑같았다. 양쪽 다 한 계급의 이익을 위한, 인정하기 힘든 개입이라는 것이었다.[13]

제임스 밀과 (만년에는) 벤담이 전적으로 옹호한 민주주의는 공리주의자들에 의해 제한적으로 수용되었다. 공리주의자들에게 재산의 중요성이 차지하는 비중은 컸고, 그들은 무산 계급 유권자의 수가 많아진다는 생각을 환영하지 않았다. 모두가 1832년의 선거법 개정안보다 더 광범위한 조치를 원했지만 남성보통선거권을 원하는 사람은 거의 없었고 아주 극소수만이 여성참정권에도 찬성했다. 남성보통선거권에 대한 요구는 공리주의자들보다 사회적 지위가 낮았던 노동계급 출신인 차티스트들에게 넘어갔다. 그럼에도 불구하고 어쨌거나 공리주의자들은 언제나 실질적 정치 영역의 범위와 동일한 정도의 참정권 확대를 촉구했다. 따라서 그들은 민주주의를 발전시키는 데 꽤 효과적이었다. 그들이 더 극단적인 요구를 했어도 그 이상은 얻어내지 못했을 것이기 때문이다.

논의를 따라갈 수 있을 만큼 충분히 교육을 받았다고 할 때, 민주주의에 대한 믿음은 인간의 정신에 미치는 이성의 힘에 대한 믿음과 결부되어 있었다. 그의 아들의 말을 들어보자.

아버지는 두 가지 대상의 효험에 대해 거의 무한한 신념을 품고 있었는데, 하나는 대의정부였고 하나는 완전한 토론의 자유였다. 인간의 정신에 미치는 이성의 영향력에 대한 아버지의 믿음은 너무도 완전해서 그들에게 의견이 도달되는 것이 허용된다면 언제든지, 다시 말해 전 국민이 읽는 법을 배우고 모든 종류의 의견이 말과 글을 통해 그들에게 전달되는 것이 허락된다면, 그리고 선거권이라는 수단으로 자신들이 채택한 의견들을 실행할 입법부를 임명할 수 있다면 모든 것이 달성될 것처럼 생각했다. 아버지는 더 이상 계급의 이해관계를 대변하지 않게 될 때 입법부는 적절한 지혜를 가지고 진정으로 전체 이익을 도모할 것이라고 생각했다. 왜냐하면 사람들이 교육된 지성의 인도를 충분히 받게 되면 자신들을 대변할 사람을 대체로 올바르게 선택할 것이고 그러면 그들이 선택한 사람들에게 충분한 재량권을 부여할 것이기 때문이다. 따라서 아버지의 눈에, 귀족 지배나 어떤 형태든지 간에 소수에 의한 정부는 인류와 인류가 발견할 수 있는 최상의 지혜를 통한 국정 운영 사이에 가로놓인 유일한 장애물이자 가장 가차 없는 반감의 대상이었다. 민주주의적 선거권은 자유나 인권 혹은 그때까지 민주주의를 옹호하는 데 보통 동원된 다소 의미 있는 다른 어느 구호에 근거해서가 아니라 '좋은 정부를 담보'하는 가장 본질적 요소로서 아버지의 정치 신조의 핵심이었다. 이 점에서도 아버지는 당신이 본질이라고 여기는 것만 확고하게 고수했다. 아버지는 군주제나 공화제에 ─국왕을 '부패의 수괴'의 형태로 필연적으로 매우 유해한 것으로 여겼던 벤담에 비해─ 상대적으로 훨씬 무관심했다.

"전 국민이 읽는 법을 배운다면 모든 것이 달성될 것이다." 제임스 밀은 노동자가 저녁에 집으로 돌아오면 흄이나 하틀리, 벤담을 읽으리라 상상했다. 그는 대중이 읽기를 배웠지만 그 밖의 다른 것은 거의 배우지 못했을 때 대중에게 제공될 문학을 내다보지 못했다. 그가 상상한 종류의 노동자는 실제로 존재하기는 하지만 흔하지 않은데, 초기 공리주의자들 못지않은 금욕적인 사람들이나 그런 노동자가 흔해질 것이라고 기대했으리라. 그런 기대를 품고 있을 때 교육의 확산을 크게 열망하는 것은 자연스러웠다. 공리주의자들은 모두 당시에 노동계급에 학교를 보급하는 운동에서 상당한 역할을 했다. 보통의무교육은 1870년이 되어서야 영국에서 실시되었지만, 철학적 급진주의자들이 없었다면 그때조차도 불가능했을 것이다.

당시 대중교육에 대한 반대는 심지어 전혀 예기치 않은 부문에서까지 놀랄 만큼 강했다. 1807년 잉글랜드 전역에 초등학교를 보급하는 법안이 휘트브레드에 의해 발의되었다. 법안은 상원의장인 엘든 경과 캔터베리 대주교의 건의에 힘입어 상원에서 부결되었다. 두 사람의 반대야 너무도 당연한 일이지만 그 법안이 왕립학회장의 격렬한 반대에 부딪혔다는 사실은 자못 흥미롭다. "빈민노동계급에게 교육을 제공하는 계획이 이론상으로 얼마나 그럴듯한지 간에(그가 말한 표현이다) 사실상 그들의 도덕과 행복에 해롭다는 것이 드러날 것이다. 대중교육은 빈민노동계급을 농촌과 사회에서 그들의 지위에 따른 힘든 일자리에서 착한 하인으로 만드는 대신 그들에게 자신들의 운명을 경멸하도록 가르칠 것이다. 그들에게 복종을 가르치는 대신 공업 지역에서 분명히 드러난 대로 다루기 힘들고 말을 듣지 않는 집단으로 만들 것이다. 그들이 선동적인 소책자, 유해한 책, 기독교에 반하는 간행물들을 읽게 만들 것이다. 윗사람에게 건방진 태도를 보이게 할 것이다. 얼마 지나지 않아 입법부는 빈민노동계급에게 강력한 무력 조치를 행사하고 치안판사들에게 현재 실시 중인 것보다 훨씬 더 강력한 법률을 제공해야 할 것이다."[14]

이러한 엄중한 경고에도 불구하고 비국교도들은 학교를 설립해 나갔고, 젊은이들에 대한 지배력을 잃게 될까 두려워한 교회도 그들을 뒤따를 수밖에 없었다. 공리주의자들은 비국교도파의 운동에서 적극적으로 활동했다.

독자들은 2부 첫머리에 인용된, 폴리옷 목사가 유체정역학에 대한 싸구려 논문과 증기지성협회, 유식한 친구에게 반대한 내용을 기억할 것이다. 유체정역학에 대한 싸구려 논문이 실제로 존재했는지는 의심스럽다. 그러나 그가 말한 유식한 친구는 헨리 브루엄이었다. 증기지성협회는 브루엄이 회장이고, 존 러셀이 부회장이었던 '유용한 지식의 확산을 위한 협회'였다. 브루엄은 완전한 공리주의자는 아니었을지라도 그들과 매우 긴밀하게 손을 잡았다. 그의 아들 말에 따르면 제임스 밀은 브루엄을 "교육이든 법률 개혁이든, 아니면 다른 주제이든 공공을 위해 한 대부분의 일에서 뛰어난 천재였다"고 평가했다. 많은 유용한 지식들이 폴리옷 목사와 왕립학회장의 적대에도 불구하고 문제의 협회에 의해 널리 퍼져나갔다. 그럼에도 불구하고 대중교육에 대한 편견은 쉽게 사라지지 않았다. 1853년 내 할아버지가 (당신이 사시는) 피터섐 마을에 학교를 설립했을 때 그곳의 젠트리는 할아버지가 "이때까지 인근에 존재한 귀족적 성격을 파괴해버렸다"고 투덜거렸다. 그러한 편견은 심지어 아직도 살아 있다.

공리주의 정치학에서 중요한 한 가지 요소가 더 있는데, 바로 제국주의에 대한 적대적 태도였다. 심지어 토리 시절에도 벤담은 해외 영토가 쓸모없다고 생각했다. 프랑스혁명이 한창일 때 그는 「그대들의 식민지를 해방시키라! 서기 1793년 국민공회에 고함.

멀리 떨어진 유럽 국가의 속령의 무용함과 해악을 보여줌」이라는 제목의 글을 써서 탈레랑에게 제시했다. 이것은 프랑스 식민지에만 국한된 의견이 아니었다. 그는 영국의 식민지에 대해서도 동일한 시각을 견지했다. 그는 친구인 랜스다운 경의 입장을 변화시켰고 랜스다운 경은 1797년에 상원에서 이렇게 발언했다. "이 정착지들(에스파냐령 아메리카)의 폐해를 덜어주고 그들을 이웃나라들과 같은 근면한 민족으로 만드는 것보다 에스파냐에 더 좋은 일은 있을 수 없다. 우리가 이미 보유한 과도한 해외 영토에 에스파냐 식민지를 추가하는 것보다 우리에게 더 큰 해악은 있을 수 없다." 이후의 벤담 신봉자들도 전반적으로 이 주제에 대해 그와 뜻을 같이 했다. 자유무역의 신봉자들로서 그들은 영유권에 아무런 경제적 이득도 없다고 생각했고 제국적 자부심의 정서도 느낄 수 없었다. 18세기에 휘그당은 토리당보다 더 제국주의적이었다. 하지만 19세기가 되자 공리주의자들의 영향 아래, 대부분의 전형적인 자유주의자들은 소(小)영국주의자가 되었다. 그러나 이 측면에서 국가적 자부심은 철학보다 훨씬 강력한 것으로 드러났다. 파머스턴은 바로 공리주의의 전성기에 자유당의 우상이었는데, 어느 정도는 그가 이 세상의 어느 이론보다도 영국의 위신을 중시했기 때문이다.

또한 심지어 벤담조차도 자신의 엄격한 세계시민주의로부터 벗어난 측면이 있다는 사실을 인정해야 한다. 제임스 밀이 동인도회사에 고용된 후에 밀과 벤담 모두 전도유망한 실험 분야가 눈앞에 열렸다고 느꼈다. 벤담은 인도의 법전에 영감을 제공할 수 있기를 바랐다. "나는 영국령 인도의 죽은 입법부가 될 것이다. 죽고 나서 20년 후에 나는 그곳의 전제자가 될 것이다." 이 발언을 인용한 후에 [역사가] 엘리 알레비는 이렇게 덧붙인다. "그가 죽고 20년 후에 인도 형법전이 발효되었다. 그것은 벤담과 제임스 밀의 사상의 영향을 받아 매콜리가 기안했으므로 영국에 형법을 제공하는 데 실패한 벤담은 실제로 영국의 가장 방대한 해외 영토의 사후 입법가가 되었다."[15]

백면서생의 쾌락의 윤리학

공리주의자들의 도덕적 관점은 다소간 독특했다. 지적으로 그들은 해방되어 있었다. 이론상으로는 쾌락을 위해 살았다. 경제학적으로는 분별 있는 사람은 자신의 금전적 이익을 추구할 것이라고 생각했다. 정치적으로는 커다란 변화들을 지지했지만 대단한 열의나 열성을 보이며 달려들지는 않았고, 심지어 자신과 자신들이 속한 계급의 이해관계에 반하여 행동할 때조차도 관대함의 정서는 눈에 딱히 두드러지지 않았다. 그들 가운데 일부는 그리고 특히 벤담은 금전적 이해관계에 대해 보기 드문 무관심을 보여주었고 공적 목적이나 우정을 위해 흔쾌히 큰돈을 쾌척했다. 쾌락에 관해서 이야기하자면, 그들은 책에서 읽고 분명 좋은 것이라고 짐작했지만 정작 삶에서는 쾌락이란 것을 전혀 몰랐던 것 같다는 느낌이 든다. 그리고 그들의 지적인 해방은 당시 받아들여진 도덕적 규범에 반하는 어떠한 행동으로도 이어지지 않았다. 어쩌면 제임스 밀의 신맬서스주의에 대한 다소 소심한 옹호, 같은 측면에서 플레이스의 다소 대담한 프로파간다를 논외로 한다면 말이다. 플레이스를 제외하고 그들은 하나같이 '백면서생' 유형이었다. 활동을 향한 그들의 충동이 가장 자연스러운 배출구를 찾은 행위는 저술 행위였다. 그들의 삶에는 아무런 소란도 없었다. 그들 가운데 어느 누구도 말장수나 카드놀이 사기꾼 심지어 평범한 술주정뱅이를 어떻게 대해야 할지 몰랐을 것이다.

아들이 묘사한 제임스 밀의 도덕관은 공리주의 분파 가운데 전형적이었다.

> 윤리에서 아버지의 도덕적 감정은 당신이 인간의 복지에 중요하다고 여기는 모든 지점에서 정력적이고 엄격했지만 관습적 도덕의 온갖 가르침들에 대해서는 극도로 무관심했고(그렇다고 그의 무관심이 개인적 행동에서 드러나지는 않았다), 그러한 가르침들이 금욕주의와 성직 영역을 제외하고는 아무런 근거도 없다고 생각했다. 예를 들어, 아버지는 남녀관계에서 적지 않은 자유의 증대를 고대했지만 그러한 자유의 조건들이 무엇인지 혹은 무엇이어야 하는지에 대해 정확하게 규정하려고 하지는 않았다. 아버지의 이러한 견해는 이론적이거나 실질적 종류의 육욕과는 아무런 상관이 없었다. 반대로 아버지는 증대된 자유가 가져올 유익한 결과를 하나 예측했다. 그것은 상상이 더 이상 육체적 관계와 그 부수적 현상에 과도하게 집착하지 않고, 육체적 관계의 중요성이 부풀려져 인생의 주요 목적 가운데 하나가 되지 않는 것이었다. 이러한 상상과 감정의 왜곡을 아버지는 인간의 마음속에 가장 깊게 자리 잡은, 가장 만연한 병폐 중 하나라고 간주했다.

사실, 그는 내가 축구를 바라보는 것처럼 섹스를 바라봤다. 나는 사람들이 축구 경기를 관전하는 것을 금지시키고 싶은 마음은 전혀 없지만 그들이 대체 왜 축구 경기를 보는지는 이해할 수가 없고 조만간 그들이 분별이 생겨서 축구를 보지 않게 되기를 바란다. 만약 내가, 축구를 부정한 것으로 간주해서 축구 경기가 비밀리에 벌어지면서도 모두가 그것을 모르는 일인 양 행세하는 나라에 산다면 억압받는 축구선수를 위해 싸울 수밖에 없을지도 모르겠지만, 그렇다고 아주 열성적으로 그 투쟁에 뛰어들 것 같지는 않다. 이것이 성도덕의 문제에서 이 고도로 세련된 향락주의자들의 태도를 대변한다.

현실에서 그들이 다른 무엇보다도 높이 산 미덕은 신중함이었다. 여기에는 여러 요인이 있었다. 한 가지는 맬서스였다. 젊어서 결혼해 대가족을 꾸리는 것은 대죄였고, 신중함만이 사람들이 그러한 죄를 피할 수 있게 인도할 수 있었다. 또 다른 요인은 적은 자본이라도 있는 사람에게는 수익성 있는 투자가 쉬운 반면 아무것도 가진 게 없는 사람에게 인생은 너무도 힘들다는 사실이었다. 온갖 미묘한 의견들에 영향을 미친 또 다른 요인은 프랑스혁명에 대한 두려움과 그러한 사건은 오로지 감정과 정념을 강력하게 통제할 때만 방지될 수 있다는 생각이었다.

공리주의자들은 신중함과 긴밀하게 연계된 또 다른 미덕, 즉 지적인 냉철함을 지니고 있었다. 그들은 자신들이 다루는 모든 주제들에 대해 조심스럽게 추론했다. 그들은 타고난 직관으로 사물을 알 수 있다고 상상하지 않았다. 감정에 휘둘려 판단을 그르치는 경우도 거의 없었다. 비록 체계적이긴 했지만 체계에 대한 사랑에 이끌려 그들이 저지를 일이 없는 오류에 빠지는 경우도 거의 없었다. 그들의 이러한 지적인 냉철함의 상당 부분은 로크로부터 물려받았다. 로크의 『인간오성론』에는 「열광에 관하여」라는 제목의 장이 있는데, 크롬웰 분파를 직접적으로 겨냥한 것이다. 정치적으로는 아니지만 지적으로 감리교도들은 공리주의자들의 시대에 크롬웰파와 유사한 위치를 차지했다. 감리교도들은 내세에 대해 모르는 게 없었고 내세가 이승의 삶보다 더 중요하다고 여겼다. 공리주의자들은 그런 문제에 대해 아는 바가 없었다. 그들은 무신론자가 아니라 불가지론자라고 불리게 되는 사람들이었다. 증거가 없는 분야에서 그들은 판단을 보류했다. 보기 드문 태도인 만큼 탄복할 만한 태도이기도 하다.

공리주의자들은 내재할지 모르는 그 자체의 속성이 아니라 유용성으로만 모든 것을 판단한다는 소위 공리주의적 습관 때문에 놀림을 받았고, 지금도 여전히 놀림을 받는다. "어느 공리주의자가 말하길, 구워먹을 게 아니라면 나이팅게일[유럽 딱새]이 무슨 쓸모가 있는가? 한 방울에 10실링 가격으로 장미유를 추출할 수 있는 게 아니라면 장미의 향기에 무슨 이득이 있는가? 아침 구름의 붉은 기운에서 밖으로 나갈 때 방수복을 가져가라는 양치기의 경고 말고 뭘 더 얻어낼 수 있을까?"[16] 초창기 공리주의자들의 기질이 이러한 비난을 그럴 듯하게 만들었다는 사실은 인정해야겠지만 내 생각에 이러한 오해는 공리주의라는 단어가 암시하는 바에 기인하는 것 같다. 분명히 공리주의 학파의 가르침에는 이러한 흔한 비판을 정당하게 만드는 요소가 없었다. 그들의 신조는 쾌락은 선이라는 것이었다. 만약 사람이 나이팅게일을 먹는 것보다 노랫소리를 듣는 것으로부터 더 많은 즐거움을 이끌어낸다면 새를 불에 굽는 것을 자제할 것이다. 만약 나이팅게일이 사람 뱃속에 들어가는 것보다 살아서 노래를 부름으로써 사람과 나이팅게일이 공동으로 더 커다란 양의 쾌락을 누린다면 입법자는 사람이 새를 죽여서는 안 된다는 법을 마련할 것이다. 이것이 그들의 신념이었다. 대체 여기서 뭘 더 바라는가?

심지어 공리주의자들의 기질에 관해서도 요즘의 시각에 진실이 없는 것은 아니지만 매우 분명한 한계가 존재한다. 벤담은 음악을 좋아했다. 제임스 밀은 존에게 당시 어느 소년보다 더 많은 시를 읽혔다. 존은 커서 아버지가 자신에게 좀체 허락하지 않은 감정적 즐거움을 갈망하는, 시적이고 살짝 감상적이기까지 한 사람이 되었다. '공리주의자'라는 이름이 붙은 까닭은 벤담과 그의 신봉자들이 단지 전통이라는 이유만으로 아무런 쓸모도 없는 것을 용납하려고 하지 않았기 때문이다. 디킨스가 『황폐한 집』에서 공격한 법원의 절차는 확실히 나이팅게일의 노래와 같은 내재적 장점이 없었다. 따라서 그것은 효용의 기준에서 판단되어야 하며 그에 따라 비난을 받았다. 벤담은 이러한 기준을, 오로지 변호사들에게 수입을 제공하기 위해 남아 있는, 영국법의 오래된 군더더기 전체에 적용했다. 그는 이것이 불충분한 효용이라고 생각했고 법을 개혁하고자 팔을 걷어붙였다. 그러한 모든 분야에서 공리주의자들의 기준은 감탄할 만하며, 공리주의자들은 이러한 기준에 의거해 평가받았다. 그들은 나이팅게일 같은 매력을 갖고 있지 않았을지라도 유용성이라는 미덕은 갖고 있었다.

13
영국의 민주주의

민주주의는 자신만만하고 의기양양한 모습으로, 인간의 권리라는 원칙과 연계되어 미국에서 생겨났다. 영국에서 일어난 최초의 전면적인 민주주의 운동, 즉 차티스트 운동은 그 철학을 주로 미국에서 가져왔지만 실패했다. 잠깐의 휴지기를 둔 후 처음에는 코브던의 친구인 존 브라이트가, 나중에는 1841~1846년 의회 회기 동안 코브던의 신봉자가 된 글래드스턴이 주도하는 인민 대의제에 대한 새로운 요구로 계승되었다. 나중에 등장한 성공적인 운동의 영감은 철학적 급진주의자들한테서 나왔다. 영국 정치에 그들이 미친 가장 중요한 영향 가운데 하나는, 차티스트 운동이라는 막간 시기를 제외한다면, 그들이 영국 민주주의 이론에 부여한 성격이다.

독특한 영국의 민주주의 정서
영국에 존재하던 민주주의 정서는 여러 중요한 측면에서 다음 장에서 살펴볼 미국과 유럽대륙의 민주주의 정서와 달랐다. 한 가지 매우 중요한 차이점은 영국에서는 민주주의의 옹호자들이 전통과 역사에 호소했다는 점이다. 현대 민주주의의 중요한 요소인 대의기구는 13세기 이래로 중단 없이 존재해왔다. 물론 하원은 어느 시기에도 인민을 대표하지는 않았지만 귀족계급이 아닌 다른 계급들을 대표했으며, 17세기에 이 계급들은 하원을 이용해 그들의 권리를 위한 정력적이고 성공적인 투쟁을 전개했다. 1867년 노동계급의 선거권을 얻어낸 존 브라이트에 대해 이야기하면서 존 몰리*는 "정치 지도자라면 우리 민주주의의 역사를 빛내기 위해 노력하는 것이 당연하다. 존 브라이트는 존 햄던, 존 셀던, 존 핌†의 동료로 어울렸을 것이다. 그는 청교도 지도자들의 정신을 타고났다"라고 말한다. 존 브라이트 자신은 스튜어트 왕조 아래에서 박해의 전통이 있는 퀘이커교도로서, 크롬웰 시대와의 연속성을 철저히 의식하고 있었다.

개혁을 더 순수했던 선조들의 관습으로 되돌아가는 것으로 내세우려는 욕망이 급진주의자들 사이에서는 매우 흔했다. 1838년 최초의 대규모 차티스트 옥외 집회에서 회장인 토마스 더블데이는 남성보통선거권을 요구하면서 이렇게 말했다.

보통선거권은 헨리 6세 재위기 중반까지 이 나라에 존재했습니다. 그렇다면 이것은 대체 어쩌다 사라졌습니까? 내전기의 혼란 속에서 사라졌습니다. 사람들은 그것의 가치를 몰랐고, 그럴싸한 구실 아래

---

*   자유당 정치가로 제국주의에 반대했으며, 저술가로서도 이름을 날렸디.

†   모두 청교도 혁명 시기 의회 발전에 공헌한 인물들이다.

서 법이 바뀌었습니다. 그때부터 지금까지 영국인들은 이 배신행위의 효과를 실감하고 있습니다. 해악이 스멀스멀 기어들어 왔습니다. 당시 나라는 부유했으며, 평민들(그의 청중)도 해악에 대해 전혀 모를 만큼 부유했습니다. 세금이 거의 없었습니다. 그럴 수밖에 없었습니다. 인민에 의해 선출된 의회가 인민의 소득을 보살폈기 때문입니다. 그러나 이것이 사라지면서 모든 것이 변했습니다. 귀족계급은 인민이 너무 부유하다는 것을 점차 깨닫게 되었고, 이 폐해를 고친답시고 법을 만들었습니다.[17)]

더블데이 주장의 역사적 정확성에 대해서는 의문의 여지가 있지만 극단적 급진주의자가 자신의 주장을 머나먼 과거의 회복으로 옹호하는 것은 영국 특유의 현상이었다. 더블데이가 말하는 황금시대에 일어난 와트 타일러의 난에서는 목표가 아담과 이브의 사회체제로의 복귀였다.

민주주의적 정서와 관련하여 영국과 미국 간의 중요한 차이점은 미국에서는 그것이 농업적인 반면 영국에서는 주로 도시적이고 산업적이었다는 사실이다. 구舊구빈법은 빈곤에도 불구하고 (1830년의 짤막한 소요를 제외하면) 농촌노동자들을 고분고분하게 만들었고, 농부들은 보통 지주들과 한편이었다. 산업 지역에서는 양상이 달랐다. 일반적으로 지주들은 산업도시에 살지 않았고 제조업자들을 가로막는 법을 제정했다. 1815년부터 1846년까지 제조업자들은 관세 때문에 정치적으로 귀족계급에게 반대했고, 안전해 보이는 한도 내에서 임금노동자들을 자기편으로 끌어들였다. 산업은 급속히 성장하고 있었고 기술적으로 진보하고 있었다. 따라서 농촌 지역이 여전히 봉건적이고 거의 변하지 않는 동안 모든 것이 결합하여 산업 대중, 즉 고용주와 피고용인 둘 다를 급진주의로 몰아갔다.

미국과 유럽대륙에서 민주주의는 민족주의와 긴밀하게 연결되어 있었던 반면, 영국에서는 정반대였다. 미국 독립전쟁과 프랑스혁명 전쟁은 민주주의를 국가의 군사력과 연결시켰지만, 영국에서 군사력은 반동 그리고 웰링턴 공작과 연결되어 있었고 자기 방어보다는 속국을 억압하는 데 이용되었다. 이런 이유로 영국에서 민주주의적 정파와 정치가들은 호전성과 제국주의 성향이 가장 덜했다. 이런 경향은 1894년 글래드스턴이 은퇴할 때까지 계속 유지되었다.

19세기 영국의 민주주의적 감정은 대체로 1760년부터 시작되어 조지 3세와 조지 4세 재위기 내내 지속된 귀족과 국왕의 실정에 기인했다. 상원은 부패선거구체제를 통해 하원을 지배했다. 정부는 무능했고 상상도 못할 만큼 부패했다. 세금은 과중했는데, 대체로 생필품에 부과되었기 때문에 특히 가장 가난한 사람들에게 과중했다. 의회의 입법 권한은 사회의 다른 분야를 희생시켜 모조리 지주들을 배불리는 데 이용되었다. 모든 것에서―교육, 법률, 사법체제, 감옥, 도시의 위생 상태, 조세, 구빈법과 그 외에 많은 것들에서 개혁이 필요했다. 그러는 동안 시골의 지배자들은 꿩과 여우를 사냥하고 밀렵꾼들을 더 엄중하게 처벌하는 법을 만들었다. 국민의 인간성과 상식, 그와 더불어 지성이 그러한 체제의 지속에 반기를 들고 나섰다.

지성의 반란은 철학적 급진주의의 형태를 띠었는데, 개혁이 가능해졌을 때 세부사항을 챙기는 능력을 갖추고 무엇을 해야 할지 줄곧 심사숙고해온 사람들이 있었던 것은 다행이었다. 벤담과 그의 학파 덕분에 차티스트들을 제외한다면 인간의 권리에 대한 막연한 선언은 거의 없었다. 대체로 정서는 반동주의자들의 몫이었고, 효용에 대한 관심은 개혁가들의 특징이었다. 어쩌면 바로 그런 이유 덕분에 철학적 급진주의자들로부터 탄생한 운동이 반동을 낳지 않고 50년 동안 지속되었을지도 모른다.

미완의 1832년 선거법 개정

민주주의를 향한 운동에서 가장 힘들었던 투쟁은 1832년에 승리한 최초의 선거법 개정안을 위한 투쟁이었다. 부패선거구를 폐지하고 선거권을 확대함으로써 하원을 개혁해야 한다는 주장은 프랑스혁명 이전에도 영향력 있는 정치가들을 통해 이미 지지를 받았지만 프랑스혁명 전쟁과 나폴레옹 전쟁 동안 다른 모든 형태의 입법적 진보와 더불어 한쪽으로 밀려났다. 그럼에도 불구하고 의회 개혁은 폭스를 따르는 휘그당의 분파들에게는 열망으로 남아 있었다. 따라서 1830년 찰스 그레이의 지도 아래 집권했을 때 휘그당은 그들이 보기에 윌리엄 피트가 처음 집권했을 때 도입했어야 할 조치를 시행하는 데 착수했다. 그들의 제안은 온건했지만, 그들의 언어는 민주주의의 언어였다. 존 러셀은 선거법 개정안을 발의하면서 하원은 "특정 이해관계나 작은 계급의 대표가 되어서는 안 되며…… 인민을 대표하고 인민으로부터 나오고 인민과 뜻을 같이하는 단체를 형성해야 한다"고 말했다.

1832년의 휘그 귀족들은 그들의 관점에서 1789년 프랑스의 귀족 개혁가들과 유사했다. 미라보와 라파예트, 푀양파는 평화롭고 온건한 개혁을 달성하고 싶어 했고, 만약 그들이 성공했다면 프랑스는 1832년의 영국과 매우 유사한 헌정체제를 갖추게 되었을 것이다. 그럼 어째서 영국에서는 헌정 개혁파가 성공한 반면 프랑스에서는 실패했는가? 물론 여기에는 여러 가지 이유가 있지만, 내가 보기에는 대체로 프랑스의 혁명이 도시적임과 동시에 농업적이었던 반면 영국은 그렇지 않았기 때문이다. 프랑스 귀족들은 자신들의 봉건적 특권을 폐지하는 데 표를 던졌음에도 불구하고 재정적 파멸을 수반하는 적대에 직면했다. 이로 인해 그들의 개혁적 열정은 차갑게 식었고, 혁명에 반발하여 외국의 지원을 요청하기에 이르렀다. 영국의 개혁가들은 선거법 개정안 투쟁 초기부터 농촌의 반란을 유혈로 진압했고, 따라서 자신들의 수입이 무사하다고 안심할 수 있었다. 토리당의 반대는 혁명의 위협 앞에 무너졌는데, 선거법 개정이 귀족계급의 생사가 달린 문제로 보이지 않았기 때문이다. 따라서 궁극적인 정치권력은 평화롭게 중간계급의 수중으로 넘어갔다.

선거법 개정안은 엄격하게 헌정수단에 의해 통과되었지만 혁명에 대한 실질적 위협이 없었다면 실현되지 못했을 것이다. 그러한 위협을 유효하게 만들고자 중간계급은 노동자들의 지원을 요청해야 했고, 이것은 필연적으로 노동자들의 기대를 높일 수밖에 없었다. 하지만 실제로 실행된 조치는 노동자들에게 아무런 이득이 되지 않았고, 이전에 선거권이 있었던 웨스트민스터의 경우처럼 몇몇 군데에서 오히려 선거권을 박탈하는 결과를 가져왔다. 중간계급은 귀족계급의 정치권력 독점을 혐오하는 한편으로 자신들이 고용한 사람들이 선거권을 갖게 되는 시스템도 바라지 않았다. 사실

1832년의 선거법 개정안은 중간계급이 딱 바란 만큼의 개혁 조치였다. 1832년부터 1867년 디즈레일리의 선거권 확대 때까지 대부분의 각료들은 여전히 귀족이었지만 그들이 호소해야 하는 유권자들은 사업가, 제조업자, 상점주였다. 최종적 권력은 새로운 사람들의 수중에 있었고 영국 정치의 어조는 점차 바뀌어갔다.

차티스트 운동과 선거권을 향한 투쟁

노동계급에게 선거법 개정안과 그 결과는 쓰라린 각성의 계기가 되었다. 개혁 국회의 첫 번째 조치 가운데 하나는 신新 구빈법으로, 『올리버 트위스트』에 그려진 시스템을 도입했다. 구 구빈법은 바꿀 필요가 있었고, 궁극적 효과에서 신 구빈법은 의심의 여지없이 덜 처참했지만 견디기 힘든 불행과 고난을 초래했다. 신 구빈법을 옹호하는 사람들은 맬서스로부터 이끌어낸 근거로부터 그러한 고통을 정당화했다. 노동자들은 중간계급이 권력을 획득하는 것을 도왔지만 그들에게 돌아온 보상은 신 구빈법이었다. 노동계급의 정치의식은 이러한 배신으로부터 출현했다. 맬서스가 구 구빈법으로부터 등장했듯이 마르크스와 엥겔스는 신 구빈법으로부터 등장했다.

임금노동자들이 각성한 최초의 결과는 사회주의의 창시자인 로버트 오언이 이끈 노동조합주의의 성장(뒷장에서 묘사된다)이었다. 노동조합 운동이 붕괴했을 때 산업적 수단보다는 정치적 수단에 대한 믿음이 되살아났고 한동안은 차티스트 운동으로 이어졌다. 이 운동은 1836년에 설립된 런던 노동자협회로부터 발전했는데 6개 조항, 즉 남성보통선거권, 의회의 매년 소집, 무기명투표, 재산에 의한 자격 제한 철폐, 의원에 대한 세비 지급, 평등선거구제로 이루어진 '인민헌장Charter'을 지지했다.

모든 정치적 개혁 운동과 마찬가지로 차티즘에 대해서도 오언은 동조하지 않았다. 그는 "내년에 당장 보통선거권과 무기명투표로 선출된 의회를 갖게 되면 아마도 가장 무능하고 가장 혼란스러우며 이때까지 이 나라를 지배한 의회 가운데 가능한 최악의 의회가 될 것이다"라고 말했다.

신 구빈법에 반대하는 투쟁은 대립적인 두 부문에서 진행되었다. 중간계급 급진주의가 낳은 조치로서 신 구빈법은 토리당과 차티스트 양자의 반발을 가져왔다. 토리들은 구 구빈법이 만들어낸 순종적 태도를 좋아했지만, 신 구빈법에 반대하는 집회가 인민헌장을 위한 집회로 탈바꿈하자 질색을 했다.

보통선거권을 찬성하는 결의안이 제안될 예정이기 때문에 G. S. 불목사는 하츠헤드 무어에서 열리는 대규모 반 구빈법 집회에 참가하기를 거부했다.…… 그리고 이듬해에 그는 반 구빈법 집회가 급진주의자들의 집회로 탈바꿈했다고 불만을 토로하며 다시는 급진주의와 같이 행동하지 않겠다고 천명했다.…… 한편 차티스트들도 그들의 협력자들에게 못지않게 비판적이었다.《차티스트》는 "저열하고 피비린내 나는 폭정의 도구인 윌리엄 피트의 찬미자이자 조카인 스탠호프 백작과 같은 과격한 토리들의 손에서 반反구빈법 운동은 파벌싸움이 되었다. 집권하게 되면 휘그들이 지금까지 했던 것보다 훨씬더 나쁜 방식으로 권력을 휘두를 토리들이 휘그들의 자리와 봉급을차지하려고 하는 수작에 지나지 않게 되었다"라고 썼다.[18]

비록 헌장에서 옹호된 조치들은 순전히 정치적이었지만 차티스트들의 궁극적 목표는 경제적이었다. 그들의 역사는 로버트 개미지(그는 차티스트 가운데 한 명이었다)가 표현한 대로였다.

대중은 선거권이 있는 계급들이 풍요의 침상에 편히 앉아 있는 모습을 바라봤고, 그 풍요를 자신들의 비참한 상태와 대비했다. 결과로부터 원인을 짚어나가면서 그들이 다음과 같은 결론에 도달한 것은 당연지사였다. 정치권력으로부터의 배제가 사회적 모순의 원인이라는 것이 그들의 결론이었다.

그러나 쟁점을 흐리는 것을 막고자 차티스트들은 집단으로서 결코 6개조 이상으로 나아가거나 그들이 권력을 장악하게 되면 도입할 경제적 변화를 논의하지 않았다.

차티스트 운동은 그 목적 가운데 어느 것도 이루지 못한 채 수포로 돌아갔다. 다수의 지도자들이 투옥되면서 탄압을 받았고 물리력에 호소하는 것이 좋은지를 둘러싸고 내부 분열로 고생했다. 그러나 차티스트 운동 붕괴의 주원인은 중간계급과 노동계급의 이해관계가 일치하는 쟁점을 제기한 반反곡물법 연맹의 부상이었다. 자유무역을 옹호하는 운동과 곡물법의 폐지 이후 임금노동자들의 생활 조건의 급속한 향상은 한동안 중간계급 정치가들에 대한 노동계급의 원한을 잠재웠다.

도시노동자들을 위한 선거권을 얻어낸 지도자는 중간계급 면직 제조업자이자 반곡물법 운동에서 코브던의 동료였던 존 브라이트였다. 브라이트는 선거권 확대에 개인적 이해관계가 없었고 그보다는 주로 전쟁을 반대하는 입장에서 활동했다. 그는 크림전쟁을 반대해 그 결과로 한동안 의원직을 잃었다. 그는 중간계급 다수에게 인기가 많았던 파머스턴의 거들먹거리는 호전성을 싫어했고 노동계급은 덜 호전적인 정책을 지지할 것이라 믿었다. 파머스턴은 자신이 살아 있는 동안에는 개혁을 위한 브라이트의 모든 노력을 저지할 수 있었지만, 1865년 그가 죽자 자유당원들은 자신들이 자유주의자답게 행동해야 한다고 느끼기 시작했고 디즈레일리는 보수당을 교육시키는 일에 착수했다.* 그 결과 1867년 도시노동자에게 선거권이 부여되었다. 농촌노동자는 어째서인지 더 위험하게 간주되어 1885년 글래드스턴에 의해 선거권을 얻을 때까지 기다려야 했다.

---

* 휘그당과 토리당은 자유무역이 주요 의제로 등장하면서 이에 대한 찬반을 기준으로 이합집산을 거쳐 각각 자유당과 보수당으로 바뀌었다.

14

자유무역

1832년 정치권력을 획득한 영국의 중간계급은 자연히 자신들의 부를 증대하기 위해 법을 개정하는 일에 착수했다. 국가의 발전을 위해서는 두 종류의 입법이 필요했다. 하나는 공장과 탄광에서 노동 조건을 개선하는 것이었고, 다른 하나는 산업의 성장을 저해하는 법을 일소하는 것이었다. 후자의 종류만 제조업자들의 이해관계와 일치했다. 그러나 중간계급의 가장 중요한 개혁 사항인 곡물 관세 철폐는 농경 지주의 이해관계와 대립했고, 따라서 다수의 귀족계급의 반대에 부닥쳤다. 산업가들이 비싼 빵의 폐해를 이야기할 때 지주들은 아동노동과 공장의 장시간 노동의 해악으로 맞받아쳤다. 결국 양측은 상대편이 이득을 보고 있던 폐해들을 개혁하는 데 성공했다. 샤프츠베리는 공장법을 실시했고, 코브던은 자유무역을 실시했다. 제조업자들과 지주 간의 분쟁은 기가 막히게 시의적절했는데, 각자 사심 없고 인도적인 인민의 법정 앞에 호소하게 만들었기 때문이다.

그러나 두 분쟁 집단은 같은 선상에 있지 않았다. 제조업자들은 근대적 생산 양식을 창출하고 있었던 반면, 지주들은 그저 지대를 취득하고 있을 뿐이었다. 그 시기 영국의 산업가들은 성공과 새로운 권력으로부터 나온 자신감으로 무장하고 있었으며, 무자비한 에너지가 넘쳐났다. 그 가운데 많은 이들이 자수성가한 사람들이었다. 그들은 철학적 급진주의자들을 따라 경쟁을 진보의 원동력으로 믿었고, 경쟁의 강도를 완화하는 조치는 뭐든 참지 못했다. 그들은 다른 사람들이 제조한 상품뿐만 아니라 자신들이 제조한 상품에 대한 보호관세의 폐지도 요구했다. 아무런 특혜가 없는 자유 경쟁의 장이 주어진다면 자신들이 이기리라 자신한 것이다.

곡물의 자유무역 문제에서 그들은 자신들의 이익만이 아니라 자국과 전 세계의 이익을 위해 싸우고 있었다. 곡물은 영국이 아닌 다른 나라에서 훨씬 더 저렴하게 생산될 수 있는 반면, 면직물은 다른 나라보다 영국에서 더 저렴하게 생산될 수 있었다. 영국이 자국 식량을 생산하는 것을 계속 고집한다면, 영국민에게 분배될 부는 영국이 식량을 덜 생산하고 제품을 더 많이 생산하면 생겨날 부보다 줄어들 것이다. 그리고 그 더 적은 총량 가운데 가장 나쁜 토지에서 더 이상 경작을 하지 않아도 될 때보다 더 큰 비율이 지대의 형태로 지주들에게 돌아갔다. 이 모든 것은 일정한 토지의 지대는 그곳의 생산량과 한계경작지의 생산량 간의 차이라는 리카도의 지대법칙으로부터 도출되었다. 그 결과 곡물의 자유무역은 토지를 소유하지 않은 계급에 이중으로 유익할 것이다. 국가 전체에 부가 더 커질 것이고, 그들은 그 증가한 부의 총량에서 더 큰 비율을 차지하게 될 것이다. 따라서 자유무역은 고용주와 피고용인 양쪽 모두 근면한 계급들의 이해관계와 일치했다.

게다가 자유무역은 세계 전체의 이해관계와도 일치했다. 영국에 식량을 수출하는 국가들은 부유해질 것이고 호혜적인 무역은 국제적 경쟁의식을 완화하여 평화를 조성할 것이다. 적어도 자유무역의 지지자들은 그렇게 믿었다.

자유무역의 선봉장 코브던의 철학

이런 식으로 강력한 계급이 공익을 촉진하면서 자신의 이해관계를 옹호할 수 있는 상황이 만들어졌다. 이러한 상황은 흔히, 이해타산의 요소가 공공심으로 감춰지는 폭넓고 인도적인 관점을 견지한 지도자를 호출한다. 자유무역을 위한 전투의 지도자 코브던은 바로 그런 사람이었다. 면직물 제조업자였던 그는 자유무역이 자신이 속한 계급에 가져다줄 금전적 이점을 속속들이 알고 있었다. 동시에 국제주의자이기도 했기 때문에 그에게 자유무역은 더 큰 대의, 세계평화라는 대의의 일부였다. 동료 제조업자들을 위해 자유무역을 얻어냈을 때, 그는 유감스럽게도 자신의 남은 목표에 그들이 쓸모가 없음을 발견했다. 코브던의 공공의식은 제조업자들의 이해관계와 일치하는 동안은 그들에게 자산이었지만 더 이상 이해관계가 일치하지 않게 되자 그들은 코브던에게 등을 돌렸다.

코브던은 정치에 대한 종합적인 관점이 있었지만 생전에는 파머스턴의 적대적 영향력 탓에 대부분 실행에 옮길 수 없었다. 코브던의 관점은 나중에 주로 글래드스턴과 자유당에서 휘그 성향이 덜한 분파에 의해 채택됨으로써 매우 중요해졌다. 게다가 그가 반

곡물법 운동을 통해 얻은 신망은 대륙의 자유주의에 큰 영향을 주었고, 그에게 순수하게 영국적이지만은 않은 중요성을 부과했다.

많은 개혁가들처럼 그도 상식에서 영감을 받았다. 그는 국가는 영광이니 영토니 하는 것들에 너무 신경 쓰지 말고 저마다 국부를 추구해야 한다고 생각했다. 또한 평화주의를 주창했는데, 어느 추상적인 선험적 근거에서가 아니라 전쟁과 전쟁에 대한 대비는 투자로서 고려할 때 낭비라는 근거에서였다. 국제주의를 옹호하며 그가 제시한 표면적 근거는 민족주의가 인류의 부를 감소시킨다는 것이었다. 그와 동시에 그의 경제적 외양 뒤로는 따뜻한 마음씨와 인도주의적 정서가 크게 자리 잡고 있었다. 산업노동자들의 열악한 상태와 관련하여 그에게도 맹점이 있었던 것은 사실이다. 그러나 자유무역 정책은 코브던이 언제나 예견했던 것처럼 의심의 여지없이 노동자들의 실질임금을 크게 증가시켰다. 그는 맬서스나 '임금철칙"'을 믿지 않았다. 반 곡물법 운동 내내 그는 식량의 자유무역은 고용주와 산업의 피고용인 모두의 지위를 향상시킬 것이라고 주장했고, 역사적 경험은 그가 옳았음을 보여주었다. 그의 경제학은 제임스 밀이나 존 매컬로크의 경제학과 달리 이론적이거나 경직되지 않았으며, 사리에 맞고 현실적이었다.

국민에게 물질적 부만큼 중요한 것은 없다고 생각한 상스러운 영혼의 사람으로 그를 헐뜯는 것은 코브던 시대에 관행이었고, 심지어 그런 관행은 오늘날 더욱 심하다. 코브던과 브라이트가 크림전쟁을 반대하자(크림전쟁에 대해 당시 영국민들은 나중에 1차 세계대

---

*   노동자의 임금은 노동자와 노동자가 생계를 책임지는 가족의 최저생계비용에서 결정된다는 가설.

전에 대해 그랬던 것처럼 아주 열광했다), 다들 그들이 파운드와 실링, 펜스에 대한 고려 이상은 하지 못하는 사람이라는 것을 보여주는 증거라고 단언했다. [계관시인] 테니슨은 『모드』에서 이러한 시각을 표현했고, 이 시구들은 '이상주의자'들에 대한 경고로서 지속적으로 인용되어 마땅하다. 여기에 평화주의 집회에서 연설하는 브라이트에 대한 그의 묘사를 보자.

> 지난주에 누군가가 읍내에 와서
> 우리의 자그마한 군대를 깎아내리고
> 비록 그것은 국가가 한 일이지만
> 결국 폭군들에 놀아나는 일일 뿐이라는 연설을 했다
> 챙이 넓은 모자를 쓴 이 성스러운 것들의 행상인은
> 귀에 솜이 가득하다네
> 심지어 꿈에서도 동전 짤랑거리는 소리를 듣는
> 이 행상꾼은 전쟁을 깎아내린다!

크림전쟁이 임박한 것을 본 테니슨의 감상은 다음과 같았다.

> 나는 전쟁이 권리에 대한 수호에서 일어나리라 생각했다
> 철의 폭정은 이제 굽히거나 그쳐야 한다고
> 인간의 영광은 고대의 드높은 곳에 자리하고
> 영국의 유일한 신이 백만장자는 아닐 것이라고
> 더 이상 상업이 전부가 되어서는 안 된다고
> 평화는 목가적인 언덕 위에서 나른한 곡조를 노래하며

작물이 영글고 가축이 늘어나는 것을 지켜보지 않으리라고

포탄은 게으른 물가에서 녹이 슬지 않을 것이라고

그리고 시는 걷잡을 수 없는 고결한 애국심에 격앙된 채 끝맺는다.

나는 눈을 뜬다

황금에 대한 욕망을 잠시 잃은 나라

끔찍하고, 가증스럽고, 무시무시하며, 말할 수 없는

수치와 부정으로 가득 찬 평화에 대한 사랑을 버린 나라의 더 높은

목표에

펄럭이는 전투의 깃발에 다시 한 번 갈채를!

비록 많은 등불이 꺼지고 또 많은 이들이 눈물을 흘리겠지만

귀청을 찢는 권리의 충돌 속에 스러지는 사람들을 위해

신의 정의로운 분노는 거짓말쟁이 거인에게 떨어지리니

많은 어둠이 환하게 등불로 되살아나

빛나는 이름들을 새기면서 갑작스레 타오르고

이 지상의 고귀한 생각들이 더 자유로워지며

민중의 심장은 한 가지 욕망으로 뛰리라

이제 깊은 흑해와 발트해에서

죽음과 같이 미소 짓는 요새의 입구에서

불의 심장을 가진 핏빛 전쟁의 꽃이 타오른다

타오르거나 사그라지거나 전쟁은 바람처럼 펼쳐진다

우리가 대의에 헌신하며 여전히 고귀함을 입증했다

나는 더 훌륭한 마음에 눈을 뜬 것 같다

나는 조국과 한마음이며 나와 같은 이들과 하나 되어

신의 뜻과 내게 지워진 운명을 끌어안는다

그때 코브던의 정서는 그보다 덜 고양되었다.

지금까지 전쟁의 여파는 실직의 형태가 아니라 높은 식량 가격을 통해 노동계급에게 나타났고, 이것은 가장 낮은 임금을 받는 미숙련 노동자들에게 특히 심각한 영향을 미쳤다. 이러한 계급 가운데 가장 다수인 농업노동자들─시끄러운 정치영역에서 자신들의 목소리를 결코 전달하지 못하는, 말없고 무력한 다수이자 어떠한 사회운동에서도 그들의 존재가 인지되지 못하는─이 가장 크게 고통받는다. 전쟁은 인간의 타고난 위엄을 고양하고 금력을 꺾고 배금주의를 억누른다는 따위의 말을 하는 감상주의자들이 있다. 그런 사람들은 한번 시골길, 낮은 구릉지나 삼림지대, 소택지나 트렌트 강 이남 어디라도 다녀보라(그 사람들은 바깥 공기를 쐬며 정신을 차릴 필요가 있다). 그럼 그들도 농업노동자들의 임금이 현재 일주일에 12실링 이하라는 사실을 알게 될 것이다. 그 사람들에게 가난한 5인 가족이 2실링 6펜스 하는 1파운드짜리 빵으로 어떻게 살아갈 수 있는지 한번 물어보라. 아무도 대답할 수 없을 것이다.

위선적 이상주의와의 대립

크림전쟁 때 첨예해진 경제 상식과 '이상주의' 간의 대립은 그 이후로도 줄곧 지속되었지만, 인류에게는 불행하게도 '이상주의자들'이 대체로 승리했다. 나는 윤리학의 추상적인 명제로서 물질적 풍요보다 더 좋은 것은 없다는 명제를 주장할 용의는 없지만, 코브던과 뜻을 같이하여 지금까지 중요한 사회적 결과를 야기한 모든 정치적 목표들 가운데 물질적 부의 추구가 가장 좋다는 명제를 주장하겠다. 아니 그 이상을 주장한다. 잘 먹고 잘 사는 사람들이 가난한 사람들에게 뱃속의 욕망을 초월하는 영혼을 가져야 한다고 말할 때면 그들의 언행 전체에서 역겹고 위선적인 구석이 느껴진다. 이 편리한 이상주의는 여러 가지 모습을 띠어왔다. 나폴레옹 전쟁 시기 최악의 나날에 복음주의자들과 감리교도들은 빈민들에게 그들의 희망을 천국에 걸며 부자들의 지상의 소유는 건드리지 말고 내버려두라고 설교했다. 다양한 종류의 중세주의자들이 그들 뒤를 이었다. 콜리지, 칼라일, 디즈레일리, 옥스퍼드 운동* 지지자 등의 신념은 본질적으로 미학적 관점에서 기계화와 산업계 금권정치가에 대한 반발이었다. 그보다 더 중요한 신조로는 영국에서 파머스턴에 의해 대변되며, —적어도 현재까지는—코브던주의나 사회주의보다 훨씬 더 강력한 것으로 드러난 민족주의적 관점이 있다.

이 모든 '고귀한' 신조들은 잔인성이나 폭정, 탐욕이 은폐된 정념의 다양한 배출 수단이다. 현세의 부의 무가치함을 설파하는 신앙은 성 프란체스코의 경우처럼 청빈 서약으로 이어질 때는 존경받을 수도 있겠지만, 테니슨 같은 사람한테서는 빈민들의 입을 틀어막으려는 수작이라는 의심을 하지 않을 수 없다. 더 나은 종류의 중세주의자들—콜리지와 옥스퍼드 운동 지지자들—은 현대 세계

---

* 가톨릭 전통을 강조하며 국교회를 개혁하려 한 복고적 운동.

가 너무 고통스럽기 때문에 아편이나 동화, 혹은 발명된 옛 황금시대에서 현실 도피를 추구하는 사람이다. 그들은 해롭지는 않고, 그저 쓸모 있는 사고를 하기 위해 요구되는 활력이 결여되어 있을 뿐이다. 그러나 그들과 같은 꿈을 꾼 디즈레일리는 현실을 비틀어 자신의 공상에 맞출 만큼 권력이 많았다. 그는 우리의 인도 제국을 단순히 면직물 시장이 아니라 솔로몬이나 아우구스투스 시절 영화의 부활로 바라봤다. 제국주의에 낭만적 광채를 입힘으로써 그는 자신의 자기기만을 공유한 사람들에게 폭정과 약탈을 조장했다. 칼라일에 대해서 말하자면, 그의 이상주의는 죄인들에 대한 처벌의 구실을 제공하는 구식 이상주의였다. 그가 가장 숭배한 사람들은 피에 굶주린 사람들이었다. 그의 전형적인 영웅은 파라과이의 독재자 프란시아 박사로, 그는 프란시아를 칭송하면서 대략 마흔 명의 악당들을 재판 없이 목매달았다는 것 말고는 더 이상 말할 거리를 찾지 못한다. 그의 엄격한 도덕성은 사실 인류에 대한 그의 소화불량적인 증오를 가리는 허울에 불과하다. 그저 그런 수준인 칼라일의 이상들은 니체로 이어지고, 니체를 통해 나치로 이어진다. 민족주의에 관해서는, 그것이 노골적인 야욕이 아닌 한에서 진정한 윤리적 원칙과 지리적 혹은 인종적 단위 간의 결합으로 정의될 수 있을 것 같다. 민족주의가 주장하는 바는―이를테면―가정생활의 순수성은 고도로 중요한 도덕적 문제이며, 그러한 순수성은 이러저러한 위도 사이와 이러저러한 경도 자오선 사이에서 가장 잘 발견된다는 것이다. 여기서 이 고결한 지역에서 사는 사람들은 다른 지역에서 사는 사람들을 내키는 대로 실컷 죽이고 생존자들이 자신들을 우러러보도록 강제할 권리와 거의 의무를 갖는다는 결론이 나온다.

안타깝게도 정복자들의 우월한 덕성은 정복의 과정에서 사라지기 십상이다. 그러나 민족주의 주제에 관해서는 나중에 가서 살펴볼 것이기 때문에 당분간은 더 이상 이야기하지 않겠다.

코브던의 착각

중간계급에서 징고이즘*의 부상은 코브던에게 커다란 실망을 안겼다. 1835년 중간계급이 아직 권력에 익숙해지지 않았을 때 그는 중간계급이 평화에 대한 애호에서 자신을 지지할 거라 믿었다. 그는 "영국의 근면한 계급과 중간계급은 평화의 보전과 떨어져서 이익을 얻을 수 없다. 전쟁이 가져다주는 명예와 명성, 수입은 그들의 것이 아니며 전장은 인민의 피로 물을 대고 귀족이 추수하는 곳이다"라고 말한다. 그리고 "미래의 선거에서 우리는 자유 선거구의 대표자들이 되겠다고 나선 이들에게 '외교 정책의 부재'라는 검증 기준이 적용되는 것을 보게 될지도 모른다"라고 말을 잇는다. 역사적 경험은 이러한 기대가 착각이었음을 보여주었다. 가장 무모한 개입주의자인 파머스턴은 중간계급의 우상이 되었고, 코브던은 크림전쟁에 반대했다가 의석을 잃었다. 같은 식으로, 마르크스는 프롤레타리아가 제국주의 전쟁을 용인하지 않으리라 생각했다. 마르크스도 코브던도 정치권력의 장악으로 발생하는 심리의 변화나 부자들이 민주주의를 회유하기 위해 사용할 수 있는 수단을 깨닫지 못했다. 선거권이 없는 계급은 그 지배자들이 초래한 전쟁을 반대할지도 모르지만, 투표권을 얻고 나면 전쟁을 자신들의 전쟁이라고

---

*   편협한 애국주의 혹은 호전적 국가주의를 의미한다.

느끼며 이전의 과두지배층만큼 호전적이 된다.

코브던의 착각 가운데 또 하나는 상업은 흔히 평화를 촉진한
다는 것이었다.

상업은 위대한 만병통치약으로, 유익한 의학적 발견처럼 세계의
모든 국가들에 문명을 위한 건강하고 훌륭한 취향을 고취할 것이다.
물품을 실은 짐짝은 채 우리의 해안을 벗어나지 않아도 덜 계몽된 사
회의 구성원들에게 지성과 유익한 사고의 씨앗을 품고 있으며, 한 상
인이 우리의 산업 중심지를 방문하지 않더라도 그는 자유와 평화, 좋
은 정부의 전도사가 되어 고국으로 돌아간다. 유럽의 모든 항구를 오
고가는 우리의 기선과 모든 국가들의 화제의 중심에 있는 기적적인
철도들이 우리의 계몽된 제도의 가치에 대한 광고이자 보증인 한.

상업이 평화를 촉진하는 것을 저해해온 요인들은 코브던주의
가 실패한 주요 원인에 속하기 때문에 따져볼 만하다. 두 나라가 서
로 교환하는 생산물과 관련하여 전혀 경쟁자가 아닐 때, 다시 말해,
각자 자신들이 구입하는 것을 생산할 수 없을 때 사업은 서로에게
이익이 된다고 여겨지며 코브던이 바란 효과가 정말로 나타난다.
그의 시대에 대부분의 상업은 이런 종류였다. 우리는 우리 제품을
대체로 기계 생산을 하지 않는 나라들에 팔았고, 그들로부터 영국
에 없는 천연자원을 수입했다. 이런 종류의 상업이 존재하는 곳에
서는 상업이 국가 간 우호를 촉진한다. 그러나 한 나라가 다른 나라
에 그 나라가 생산할 수 있는 다른 상품을 팔자마자 경쟁자들의 분
노는 소비자들의 만족보다 더 강렬해지고 우정은 적의로 바뀐다. 1

차 세계대전 이전에 상품표시법이 있었을 때 영국에서 팔리는 모든 외국 상품은 원산지를 표기해야만 했고, 지속적으로 눈에 띄는 '독일제' 표시 때문에 사람들은 영국이 독일과의 경쟁으로 무역 시장을 잃고 있다고 믿게 되었다. 호전적 감정을 자극하기 쉬운 믿음이었다. 수입품은 수출품으로 지불되고 있고, 따라서 전체 국내 생산을 침해하지 않는다는 자유무역 옹호자들의 주장은 외국과의 경쟁으로 고생하는 사람들에게 전혀 먹히지 않았다. 영국 바깥의 모든 선진국에서 영국 산업에 대한 모방은 코브던 시절에 시작되고 있었지만, 이 제조업자들은 잉글랜드와 스코틀랜드의 산업가들과 비교할 때 열세에 있었다. 따라서 보호를 요구했고, 그들이 충분한 정치적 영향력을 행사할 수 있는 곳이라면 어디서나 보호를 얻어냈다. 영국은 저렴한 상품 탓에, 영국식 모델을 따라 산업을 구축하려는 나라들에게 사랑받지 못했다.

상업의 강화는 국가적 적대감을 강화시켰고, 코브던이 예상한 것과 정반대의 정서가 발전했다. 이것은 정치심리학에서 그의 가장 중요한 실수 가운데 하나였다.

코브던은 정치적으로 귀족계급에 반대했고, 초창기에는 정도가 덜하긴 했지만 노동계급에도 적대적이었다. 귀족계급은 지성 없는 특권을 대변했기 때문이었고, 노동계급은 교육이 부족했기 때문이다. 그는 미국을 대단히 높이 평가했는데, 대체로 그 나라에서는 산업 활동이 귀족의 영향력과 전통에 의해 방해받지 않았고 미국의 외교 정책이 다른 나라의 일에 끼어드는 습관으로부터 자유로웠기 때문이다. 그는 자신의 첫 번째 소책자의 제목을 워싱턴의 금언에서 따왔다. "외국과 관련하여 우리의 중요 행동 수칙은 우리의 상업 관계를 확대하고자 할 때 외국과 정치적 연계는 가능한 최소한으로 맺는 것이다." 정치 경력 내내 그는 이 금언을 영국 정치가들에게 촉구했지만 헛수고였다. 1859년 파머스턴이 내각의 자리를 제안했을 때 그는 엄포를 놓아대는 늙은 깡패의 외교 정책을 묵인할 수 없기에 거절했다.

당대의 대다수의 정치가들과 달리 코브던은 군사력보다는 산업을 국력의 원천으로 간주했고 그에 따라 미국이 러시아보다 더 중요하다고 여겼다. 그의 말을 들어보자.

> 각자 신조와 상관없이 우리의 위정자들과 정치가들이 걱정하며 연구해야 할 대상은 러시아의 성장이 아니라 미국의 산업과 경제, 평화로운 정책이다. 야만적인 무력 사용 때문이 아니라 바로 이것들에 의해서 영국의 국력과 위대함이 자리에서 밀려날 위험에 처해 있기 때문이다. 그렇다, 미국의 성공적인 경쟁에 의해 우리는 국가들 가운데에서 두 번째 지위로 밀려날 가능성이 크다.

1835년에 이러한 확신에 도달했다는 사실은 대부분의 사람들이 지금 깨닫는 것보다 훨씬 더 탁월한 현명함을 보여준다. 심지어 1898년까지도 빌헬름 2세는 여전히 미서美西 전쟁*에서 에스파냐가 승리할 것이라고 예상했다. 영국 정부는 빌헬름 2세보다는 더 일찍 깨달았을지 몰라도 남북전쟁 이후에야 코브던이 표명한 결론에 도달했다.

---

*   쿠바의 독립을 두고 벌어진 미국과 에스파냐 간의 전쟁. 미국이 승리하면서 쿠바가 명목상으로 독립하고 필리핀, 괌 등이 미국의 식민지가 되었다.

미국에서 산업가들이 귀족의 영향력으로부터 자유로운 상황에 관해서 코브던은 이렇게 말한다.

두 제국에서 철도 사업의 진전을 살펴보는 것보다 영국과 같은 오래된 나라가 신생 라이벌과의 경쟁에서 불리한 점을 더 극명하게 조명해주는 것도 없다.

미국에서는 몇몇 입법자들에 의해서, 몇 달러의 비용으로, 거의 구두 투표로, 거의 매일 새로운 철도회사가 설립되고 있을 때 영국에서는 리버풀 철도 노선에 뒤이은 가장 중요한 몇몇 프로젝트를 의회가 표결로 가로막고 나서는 일이 벌어졌다.

4만 파운드 이상의 자금을 쏟아부은 후에 런던–버밍엄 철도회사는 사업 착수를 위한 입법부의 인가를 얻어내려다 상원에서 실패했다. 다음의 전형적인 질의들은 위원회에 제출된 증언록으로부터 발췌한 것이다.

헤이스팅스 부인의 저택 이름을 알고 있습니까? 귀사의 노선이 얼마나 가깝게 지나갑니까? 저택의 주실主室들의 전망을 가리도록 저택 앞으로 지나갑니까? 노선이 눈에 들어오기 시작하는 지점은 저택에서 얼마나 멀리 떨어져 있습니까? 멀리 떨어져 있는데도 엔진 소리가 저택에서 들릴 수 있습니까? 언덕을 깎아낸 구간이나 제방을 쌓은 구간이 있습니까? 저택에서 보입니까? 시골로 눈길을 돌려보면, 귀사의 노선이 헤이스팅스 부인의 거처로부터 더 멀리 떨어져 부설될 수 있지 않을까요?

무지한 지주들에 의한 통제의 폐해를 강조한 점에서 코브던은 전적으로 타당했다. 그러나 미국의 철도에도 이면이 존재했다. 부패하기 쉬운 의원들을 제외하고는 누구의 규제도 받지 않는 자본가들은 방대한 공유지를 공짜로 획득했고, 이사들의 이익을 위해 일반 주주들을 속이는 기발한 장치들을 고안해냈다. 우선 공공 소유로부터 회사의 주주들에게 부를 이전하고 다시 그들로부터 이사들에게 부를 이전하기 위한 통상적인 테크닉이 개발되었다. 이런 수단을 통해, 경제력은 유례없이 부유한 소수에 집중되었다.

미국 정계와 재계의 부패는 초대 대통령 워싱턴의 취임 이래로 항상 존재해왔지만 코브던은 이를 몰랐던 것 같다. 그 시대의 모든 사람들처럼 그는 경쟁을 믿었는데, 그것은 크리켓처럼 특정한 규칙에 따른 경쟁이어야만 했다. 그는 법 위반을 승인하는 판사들을 매수하는 경쟁이나 한 경쟁자의 상품을 다른 경쟁자들의 상품보다 더 싸게 운송하도록 유인하는 경쟁을 좋아하지 않았을 것이다. 외국인을 희생시켜가며 자국민을 도움으로써 국가가 게임에 끼어드는 것도 그가 생각하는 규칙에 반하는 일이었다. 국가는 단순히 심판이어야 하며 경쟁자들이 규칙을 지키게 살펴야 한다. 윌리엄 제임스는 축구의 목적이 반대편 골포스트에 공을 집어넣는 것이라고 배운 젊은이가 밤에 일어나 공을 거기에 갖다놨다는 이야기를 들려준다. 정부의 도움으로 부자가 된 사람들은 코브던과 '맨체스터 학파'가 보기에 이 젊은이처럼 스포츠맨답지 못했다. 그러나 이 비유는 코브던과 맨체스터 학파에게 대단히 불공정한 것 같다. 그들은 그들이 생각한 경쟁이 규칙에 따른 게임이라는 것을 깨

---

* 　경제적 자유주의를 신조로 자유무역을 주장하였다.

닫지 못했다. 그들은 그것을 자연법칙이라고 생각했다. 그들이 정직하고 훌륭한 시민이기에 배경에 놓인 형법은 그들의 행동에 아무런 의식적 제한도 부과하지 않았다. 밴더빌트와 굴드*의 행위에 대해 들었을 때 그들은 충격을 받았다. 그런 행위는 그들이 의미한 것이 전혀 아니었다! 그러나 엄연히 그것도 경쟁이었다.

코브던은 제국주의를 어리석은 짓이라 여겼고, 인도에 대해서 심지어 대부분의 영국인들이 이성을 잃었던 세포이 항쟁 동안에도 매우 올바른 견해를 견지했다. 그 문제를 두고 광기가 절정에 달했던 시기에 코브던은 이렇게 썼다.

> 안타까운 일이지만 나로서는 인도를 '개혁'하려는 사람들과 협력할 수도 없는데 영국이 그 나라를 영구적으로 다스릴 능력이 있는지 믿음이 가지 않기 때문이다. 그리고 나는 동인도회사가 폐지되는 것을 보고 싶지만—그 회사가 그곳의 막중한 책무를 영국민에게 온전히 보여주는 것을 가리는 방패막이기 때문이다—의회의 통제 아래 국왕이 인도를 다스릴 가능성도 믿지 않는다. 만약 하원이 내정 관련 입법의 모든 책임을 포기하고 1억 명의 아시아인들을 다스리는 책무에 전적으로 헌신한다 해도 그 일은 실패할 것이다. 인도는 지구 반대편 그곳에 사는 사람들에 의해 통치되어야 한다. 그곳의 주민들은 정반대편에서 줄줄이 건너온 한시적인 침입자들에 의해 더 훌륭하게 통치되는 수모를 겪는 것보다 같은 피부색의 사람들과 살붙이에 의해—우리 관념에 따르면—나쁘게 통치되는 편을 선호할 것이다.

---

*　밴더빌트와 굴드는 미국의 대재벌들로, 철도 사업을 두고 밴더빌트와 굴드가 벌인 행위는 27장에 자세히 소개되어 있다.

같은 시기에 브라이트에게 쓴 편지에서 그는 이렇게 말한다.

영국이 아시아 대륙에 영토를 단 1에이커도 갖지 않는 날이야말로 행복한 날이 될 것입니다. 그러나 그런 일이 어떻게 가능할지는 저로서도 모르겠습니다. 제 신념을 공정하게 유지하면서 동시에 현재 영국의 선거구에서 유권자의 믿음을 살 수는 없기 때문에 요즘 모두의 관심이 쏠려 있는 주제에 대해 제 견해를 대중에 표명하지 않아도 되는 처지라는 것을 하늘에 감사드립니다. 만약 영국이 인도 제국을 빼앗긴다면 파멸할 것이라는 관념에 물들지 않은 사람을 대체 어디서 한 명이라도 찾을 수 있겠습니까? 그러니, 그러한 망상에 사로잡혀 있지 않은 제 돼지들과 양떼 사이에 절 내버려두십시오.

이 시기에 코브던은 의원이 아니어서 인도에 대한 자신의 견해를 공개적으로 표명할 필요가 없었지만 크림전쟁 때보다 더 고립된 느낌을 받았다. 그는 랭커셔와 요크셔의 제조업자들이 인도를 영국의 총검에 의해 유지되는 자신들의 시장으로 간주한다는 것을 발견하고서 그들이 자유무역의 원리들을 이해하지 못한다고 불만을 토로했다. 그는 영국이 인도를 내버려둘 경우, 인도가 관세의 도움을 받아 면직 산업을 발전시켜 맨체스터에서 오는 수입품을 더이상 원하지 않게 될 수도 있다는 생각을 하지 못했던 것 같다. 무력으로 인도를 통치하려는 시도에 반대하는 코브던의 근거들은 내가 보기에 전적으로 타당하지만, 그 당시에 그러한 근거들이 영국 직물 산업의 금전적 이해관계와 조화를 이뤘을 것 같지는 않다. 코브던에게 자유무역은 재정적 상식의 조치를 훨씬 넘어서는 것이었다. 그것은 깊은 도덕적 확신의 일부였다. 그는 정직이 최선의 방책이라고 굳게 믿었고, 따라서 때때로 그 최선책이라는 것이 사실은 부정직할 때가 있다는 걸 눈치 채지 못했다. 그의 시대부터 현재까지 산업의 발달은 이 지점에서 그의 가슴이 그의 머리보다 옳았다는 것을 보여주었다.

코브던에 대한 오해와 부당한 평가

우리 시대에 코브던은 두 가지 정반대 시각에서 비판받는다. 자유무역에 대한 열성을 고취한 그의 세계시민주의를 두고는 민족주의자들이, 노동조합주의와 공장법에 대한 그의 반감을 두고는 사회주의자들이 비판을 제기한다. 나는 사회주의자들의 비판이 필요 이상으로 혹독했다고 본다. 분명히 그는 노동계급의 처지를 향상시키기를 바랐고, 확실히 그들의 처지를 크게 향상시켰다. 실질임금은, 자유무역이 채택되었을 때부터 영국이 대부분의 곡물을 수입하던 항구를 봉쇄하고 있었던 크림전쟁 시기를 제외하고, 급속히 상승했다. 철도라는 수단을 통해 미국 중서부가 열리자 실질임금은 더욱 증가했지만 자유무역이 없었다면 불가능했을 것이다. 박애적인 관점에서 노동 조건의 문제를 다루었던 샤프츠베리는 여러 가지 훌륭한 공장 법안들을 채택시키는 데 성공했다. 그러나 냉정한 연구자라면 임금노동자의 행복의 증대와 관련하여 샤프츠베리에게 코브던만 한 공로를 돌릴 수는 없을 것이라고 생각한다. 그럼에도 불구하고 감상주의 덕분에 샤프츠베리는 이 측면에서 코브던보다 훨씬 더 많은 공로를 인정받았다.

　물론 영국의 번영에서 자유무역의 공헌도가 어느 정도인지 정확히 평가하기는 불가능하지만, 어쨌거나 곡물법이 여전히 실시되었다면 증가하는 인구를 먹여 살리기 위해 훨씬 더 많은 농업 노동이 요구되었을 것이고, 영국의 토지에 일정한 노동이 투입됨으로써 확보된 식량은 제품을 해외에서 생산된 식량과 교환했을 때보다 더 적었을 것이라는 점은 분명하다. 어떻게 야기되었든 간에 실질임금의 증가는 놀라웠다. 클래펌에 따르면 실질임금은 1850년부터 1874년까지 급격히 증가했고, 그 이후로 1886년까지 다소 감소했다가 다시 상승하여 1890년이 되자 1874년의 수준을 능가했다. 1874년의 평균 실질임금은 1850년의 평균 실질임금을 50~60퍼센트 상회했다. 코브던이 특히 관련 있었던 면직업의 경우, 1886년 최악의 시기에도 평균 소득은 1850년 수준보다 여전히 48퍼센트만큼 높았다. 곡물법 폐지 이전 시기에 관해서는 1850년의 명목임금은 1810년보다 낮았지만 1810년부터 로버트 필이 자유무역으로 정책을 전환한 1846년까지 적어도 실질임금은 거의 오르지 않았다. 이러한 사실들을 고려할 때 임금 상승에서 코브던의 중요성은 부인할 수 없다.

그렇지만 코브던이 임금노동자 간의 자유경쟁에 부과되는 모든 제한에 반대한 것은 분명하다. 아동노동에 대한 그의 태도는 그보다는 덜 교조적이었다. 그는 아동노동 시간과 고용 가능 연령을 제한하는 데는 호의적이었다. 하지만 공장을 매일 10시간 이상 가동되지 않게 금지함으로써 아동이 공장에서 10시간 이상 작업하지 않도록 하는 10시간 노동 법안에는 반대했다. 역사적 경험을 살펴보면 아동노동만을 효과적으로 제한하는 것도 무척 어려웠다는 것을 알 수 있지만, 그는 원칙적으로 성인 노동시간에 대한 개입을 반대해야 한다고 생각했던 것 같다. 스톡포트에서 출마와 관련하여 1836년에 쓴 편지에서 그는 모든 노동자가 미국으로 자유롭게 이민을 갈 수 있도록 임금에서 20파운드를 저축해야 한다는 무척 비현실적인 제안을 한다. 그는 왕립위원회에서 폭로한 병폐들에 대해서는 꽤나 무지했던 것 같다. 영국과 아일랜드, 미국에 대한 첫 소책자에서 코브던은 우리가 대륙의 문제들에 대해 이타적으로 간섭하기 전에 아일랜드 농민들의 빈곤을 치유하기 위해 나서야 한다고 강력하게 주장하지만, 동일한 주장이 영국 산업계의 노동 여건에도 적용된다는 생각은 하지 못한다.

노동조합에 대한 그의 태도는 1842년에 그의 형제에게 보낸 편지에서 솔직하게 드러난다. "노동조합과 가까이해서 얻을 수 있는 것은 전혀 없어. 틀림없어. 노동조합은 악랄한 압제와 독점의 원칙에 입각해 설립된 것이야. 노동조합 위원회 아래 사느니 차라리 알제리의 총독 밑에서 살겠어." 이러한 시각은 틀림없이 그 시절 고용주 다수의 시각이었다. 게다가 자유경쟁에서 그의 일반적인 신념과도 일치했다. 그러나 고용주의 시각을 넘어서 노동문제를 바라보지 못했던 그의 한계 역시 잘 보여준다.

코브던은 물론 절대적으로 필요할 때를 제외하고는 국가에 의한 모든 산업 활동에 반대했다. 만년에 그는 아주 공들인 연설에서 "정부는 자유경쟁 시장에서 민간 생산자로부터 구입할 수 있는 물품은 무엇이든 스스로 생산해서는 안 된다"고 주장했다.

자유무역의 불완전한 승리

1846년 자유무역의 승리는 완전하지 않았다. 곡물법이 폐지된 후

1849년부터 곡물 1쿼터에 1실링의 관세를 매겨야 한다는 결정이 내려졌다. 보호무역 정책의 다른 잔재들도 있었고, 그중 마지막 조치는 1874년에야 폐지되었다. 정부의 전반적 정책은 1880년대의 보호주의 캠페인과 1903년 조셉 체임벌린이 시작한 더 강력한 또 다른 캠페인에도 불구하고* 1914년까지 자유무역에 호의적이었다. 선거에서 체임벌린을 패배시킨 것은 대체로 '배고픈 40년대'에 대한 사라지지 않는 기억이었다. 자유무역 초기에 특히, 영국의 모든 계급은 대단히 급속한 진보를 이뤘다. 물론 자유무역만이 이 모든 것을 설명하지는 않는다. 영국의 산업적 우위와 미국의 대륙 횡단 철도가 본질적 요인이었다. 그러나 자유무역이 없었다면 진보는 그렇게 급속하게 달성될 수 없었으리라. 1846년부터 1914년까지 이따금 수정이 가해진 경제학자들의 이론은 전반적으로 모든 계급들에게 지속적으로 증가하는 복지를 제공하기에 충분한 것으로 입증되었다.

다른 곳에서는 문제가 좀 더 복잡했다. 나폴레옹 3세가 코브던에 이끌려 1860년 통상조약을 체결하고 영국과 더 자유로운 무역을 도입한 것은 사실이다. 통상조약은 일단의 품목에 대한 이전의 수입 금지 조치를 철폐하고 영국에서 들여오는 거의 모든 수입품에 부과된 프랑스의 관세를 30퍼센트 이하로 낮췄다. 그러나 이것은 오로지 나폴레옹 3세의 지시로 통과된 것일 뿐 프랑스에서 결코 널리 환영받지 못했다. 제조업자들은 자연히 관세의 도움 없이는 영국의 경쟁자들에게 맞설 수 없다고 느꼈다. 그러나 국민들이 열

---

* 식민지와 자치령에 특혜관세를 적용하는 보호무역을 주장하였으나 1906년 총선에서 자유당에 패배했다. 체임벌린의 제국주의 정책에 대해서는 25장 참조.

성을 보이지 않았음에도 불구하고 나폴레옹 3세는 2년 후에 독일 관세동맹과 유사한 조약을 체결했다. 프랑스에서 자유무역을 열렬히 지지한 유일한 계급은 수출에 의존하는 포도 재배업자들이었다. 그러나 포도나무뿌리진디로 농사를 망치자 그들은, 이해하기 힘들지만, 관세로 이 못된 미생물을 대처할 수 있을 것이라고 믿게 되었다. 그때부터 프랑스에는 소수의 고립된 지식인들을 제외하고 더 이상 자유무역주의자들은 없었다. 그러나 코브던의 영향 아래 체결된 통상조약들 때문에 프랑스는 1892년에 가서야 전반적으로 높은 수준의 보호 관세를 채택하게 된다.

독일에서는 다수의 군소 공국에 존재하는 개별 세관이 상업에 참을 수 없을 만큼의 어려움을 야기했다. 산업가의 관점에서 볼 때 자유무역으로 가는 가장 중요한 조치는 관세동맹의 수립으로, 주로 프로이센의 주도 아래 점차 북독일 전역을 포괄하게 되고 1871년 후에는 함부르크와 브레멘을 제외하고 신생 제국 전체를 포괄하게 되었다. 슈타인이 독일에 처음 소개한 자유무역 이론은 특히 독일의 정치적 통일 이전에 이 동맹의 수립에서 자연히 중요한 역할을 했다. 게다가 정치권력은 주로 대지주들의 수중에 있었기 때문에 독일의 산업가들은 1846년 이전 영국 산업가들과 비슷한 감정을 느꼈다. 그 결과 독일 자유주의자와 중간계급은 독일통일이 자유주의 정서를 민족주의 정서로 대체할 때까지, 전반적으로 자유무역을 지지했다. 1879년 비스마르크는 독일에서 그때까지 지배적이었던 사실상의 자유무역 정책을 포기하게 된다. 그때부터 자유경쟁에 대한 신념은 독일 정책에 아무런 역할도 하지 않게 된다.

미국에서는 코브던의 신조 가운데 절반은 북부에서, 나머지 절반은 남부에서 채택되었다. 남부는 면화를 수출해 살았고, 관세의 유일한 효과가 그들이 구입해야 하는 물건의 가격을 올리는 것이 었기 때문에 자유무역을 지지했다. 그러나 남부는 노예제에 의존했다. 북부에는 민주주의와 자유노동이 있었지만, 그들은 고관세 수단을 동원해 산업을 건설하려고 작정했다. 북부의 산업이 처음으로 진정 중요해진 것은 남북전쟁 동안 그리고 전시 관세라는 수단을 통해서였다. 그때부터 계속, 때때로 관세에 의한 세입이 필요하지 않고 행정부에 골칫거리가 되었을 때조차도 미국은 보호주의를 고수했다.

그러나 영국 바깥에서 입법에 미친 영향이 피상적이고 일시적이었을지라도 유럽대륙에서 코브던의 위상은 어마어마했다. 1846년 영국에서 위대한 승리를 거두고 그는 의기양양하게 유럽을 순방했다.

어디서나 그가 받은 대접은 학문에서 위대한 발명가가 받는 대접과 같았는데, 그의 학문은 다른 어느 학문보다 인류 다수의 흥미를 강렬하게 자극하는, 다름 아닌 부(富)의 학문이었다. 그는 세계에서 가장 부유한 나라들을 설득해 상업 정책에 혁명을 가져왔다. 사람들은 그를 중대한 비밀을 발견한 사람처럼 우러러보았다. 그가 방문한 유럽의 거의 모든 커다란 나라의 중요 도시들은 그의 방문을 연회와 축배, 축하 연설로 환영했다. 그는 교황과 서너 명의 국왕을 알현했고 대사들과 모든 저명한 정치가들을 만났다. 그는 적절한 말을 할 기회를 놓치지 않았다. 심지어 교황에게는 교황의 영향력이 에스파냐에서 투우를 금지하는 데 도움이 될 수 있을지 모른다고 간청했다.[19]

이 시기(1847년)에 여전히 자유주의자였으며 상업이 죄악을 낳는다는 것을 아직 깨닫지 못했던 교황[비오 9세]은 매우 너그러 웠다. 그는 투우 문제를 살펴보겠다고 약속했으며, "자신도 자유무 역에 우호적이라고 밝히면서 그 방면으로 자신이 할 수 있는 모든 것을 해야만 한다고 말하면서도 겸손하게 자신이 할 수 있는 것은 거의 없다고 덧붙였다."

몇 달 후에 만난 메테르니히는 코브던에게 오랜 시간 쉴 새 없 이 이야기했지만, 정작 자유무역에 대해서는 이야기하지 않았다. 따라서 그는 코브던에게 별다른 인상을 남기지 않았다. 코브던은 그의 모습이 "어떤 타고난 품성보다는 고도의 세련됨"을 보여주며 그와의 대화는 "심오하기보다는 미묘"하다고 생각했다. 메테르니 히와의 면담 이후에 코브던은 일기장에 낙관적인 전망을 펼쳤다.

그는 아마도 증상만 보고 피상적인 처방에 만족한 채, 사회시스템 을 괴롭히는 해악의 근원을 발견하고자 표면 아래를 탐구하지 않는 국가 의사들 가운데 마지막 인물일 것이다. 그러나 이제는 정부의 실 험실이 아주 밝게 조명되어 그런 의사들의 해묵은 공식을 인류에 부 과하는 일이 허락되지 않을 것이기에 이런 종류의 정치가들은 그와 함께 사라질 것이다.[20]

오스트리아와 러시아의 반응은 열광적이라기보다는 정중했 다. 반면 에스파냐와 이탈리아, 독일에서 코브던의 인기는 압도적 이었다. 에스파냐에서 그는 크리스토퍼 콜럼버스에 비견되었고, 이 탈리아에서는 음악가들이 세레나데를 연주해주었다. 독일에서는 그의 숭배자들로부터 거금을 선물 받았다. 트라이치케는 그 일에 속이 상했는데, 코브던을 '물질만능주의자'라고 싫어하던 그는 이렇게 썼다.

영국에서의 변화는 의기양양한 자신감으로 모든 곳의 자유무역주의자들을 고취했다. 이후 20년 동안 그들의 이념은 문명세계 전역에서 거의 보편적으로 우위를 유지했다. 그 세기가 자랑할 수 있는 모든 새로운 발견은 국가들을 하나로 묶는 데 공헌했고, 적대적 관세로 그들을 절연시키는 것은 거의 비이성적인 짓처럼 보였다. 상업적 편의를 상호 도모하는 긴 기간이 시작되었고, 이는 전체 복지에 유리했다. 그러나 결국에는 내수시장이 세계 무역보다 훨씬 더 중요하다는 오래된 진실을 깨닫게 되었다.

자유무역주의의 대안

19세기 자유무역주의의 엄청난 유행은 코브던 덕분이지만 사상 자체는 오래전 1776년에 애덤 스미스가 널리 유포했다가, 이후 나폴레옹 전쟁 기간 동안 수면 아래로 들어갔다. 스미스가 제시하고 이후 대부분의 영국 경제학자들이 수용한 자유무역을 뒷받침하는 추상적 논의는 분업의 원리로부터 도출된다. 만약 A가 자동차를 잘 만들고 B는 와인을 잘 만든다면, 각자 자신의 전문분야에만 전념해 각자 만든 상품을 교환하는 것이 둘 다에게 유익하다. 만약 각자 하루의 절반을 자동차를 만들고 절반은 와인을 만드는 데 쓴다면 두 사람이 자기 분야에만 전념할 때보다 자동차와 와인을 더 적게 얻게 될 것이다. 이 논의는 A와 B가 다른 나라에 산다면 타당하다. 그러나 이러한 추상적 고려들은 정부에는 거의 영향을 미치지 못했다.

보호무역주의를 이론적으로 최초로(1841년) 옹호한 사람은 독일의 경제학자 리스트였다. 이것이 유명한 '유치산업infant industries'론이었다. 철강의 예를 들어보자. 어떤 나라가 자연적 여건에 따라 대규모 철강 산업을 발달시키기에 적합하지만 외국과의 경쟁 탓에 정부의 지원이 없다면 초기 비용이 엄두도 못 낼 만큼 높을 수도 있다. 이런 상황이 리스트가 활동하던 시기와 그 이후에도 한동안 독일에 존재했다. 그러나 경험적으로 볼 때 보호조치를 일단 도입하면 아기가 자라서 거인이 되었는데도 철회할 수 없다는 것을 알 수 있다.

순수하게 경제적인 논의는 아니지만 정부에 더 많은 영향력을 발휘한 또 다른 주장은 한 국가는 전시를 대비해 필요한 것을 가능한 모두 스스로 생산해야 한다는 것이다. 이러한 주장은 경제 민족주의의 일부로, 평화주의적이고 반제국주의적인 맨체스터 학파는 여기에 격렬히 반대했다. 결국에 가서 경제 민족주의는 순수하게 경제적인 코브던의 관점보다 훨씬 강력했던 것으로 드러난다. 그러나 이는 민족주의 일반의 성장의 한 측면일 뿐이었다.

맨체스터 학파가 열렬히 옹호한 자유경쟁의 원리는 사회역학의 법칙들을 고려하지 못한 원리였다. 우선, 경쟁은 흔히 누군가의 승리로 이어지고 그 결과 경쟁은 사라지고 독점으로 대체된다. 여기에 대한 고전적 예는 록펠러의 경력*에서 찾아볼 수 있다. 둘째, 다수의 개인들은 연합을 통해 승리의 가능성을 높일 수 있기 때문

---

*   록펠러의 생애는 27장 참조.

에 개인들 간의 경쟁은 집단 간의 경쟁으로 대체되는 경향이 있다. 이 원리에 대해 중요한 두 가지 예가 있는데, 노동조합주의와 경제 민족주의다. 앞서 본 대로 코브던은 노동조합에 반대했지만, 노동조합은 총생산 가운데 각자 차지할 몫을 둘러싸고 일어나는 고용주와 피고용인 간 경쟁의 불가피한 산물이었다. 코브던은 경제 민족주의 역시 반대했지만 이것 역시 피고용인 사이에서 노동조합이 생겨난 것과 매우 유사한 동기로 자본가 사이에서 생겨났다. 미국과 독일의 경우, 산업가들이 국가로부터 특혜조치를 이끌어내기 위해 연합함으로써 자신들의 부를 증대시킬 수 있다는 것은 명백했다. 따라서 산업가들은 타국의 민족 집단에 대하여 단일한 민족 집단으로서 경쟁했다. 이것이 맨체스터 학파의 원리와 충돌했지만, 경제적으로 불가피한 전개였다. 이런 식으로 코브던은 산업 진화의 법칙을 이해하는 데 실패했고, 그 결과 그의 신조는 한시적으로만 타당했을 뿐이다.

자유경쟁의 원리 ― 공장법, 노동조합, 보호 관세, 트러스트―는 현실에서 갈수록 제약을 받았지만, 사업가들이 자신들의 활동에 간섭하려는 시도가 제기될 때마다 호소할 수 있는 이상으로 남았다. 미국의 방대한 독점업체의 수장들은 여전히 경쟁을 지지한다고 공공연히 말한다. 그러나 그들이 말하는 경쟁이란 그들에게 고용되기를 바라는 사람들 쪽에서의 일자리 경쟁을 뜻한다. 프랜시스 플레이스처럼 그들은 여전히 경쟁이 산업에 유일한 유인 동기라고 믿는다. 이러한 믿음은 해로워졌는데, 규제되지 않은 경쟁보다 조직이 더 효율적인 분야에도 이 믿음이 끼어들기 때문이다. 그러나 현재, 경쟁의 원리는 60년 전보다 강도가 훨씬 줄어들었다. 하지만 그 당시에는 다윈에 의해 우주적 법칙으로 승화될 기세였다.

다윈주의의 예상치 못한 영향

다윈의 『종의 기원』은 1859년에 출간되었다. 이 책은 공리주의 경제학이 동물 세계에 적용된 것으로 봐도 될 것 같다. 다들 알다시피 다윈이 생존투쟁과 적자생존의 원리로 나아가게 된 것은 맬서스를 읽고 난 다음이다. 그의 이론에서 모든 동물들은 생존수단을 획득하기 위한 경제적 투쟁 상태에 놓여 있고, 새뮤얼 스마일스의 『자조론』*의 교훈들을 가장 철저하게 체득한 것들만이 살아남아 가족을 꾸리고 다른 것들은 죽는다. 그로부터 진보를 향한 일반 경향이 도출된다. 가장 영리한 동물들은 서서히 멍청한 동물들을 밀어내며 마침내 우리 인간에 도달한다.

다윈주의는 창시자의 저작에서 드러나는 대로, 또한 허버트 스펜서†의 저작에서는 더욱 현저하게 드러나는 것처럼, 철학적 급진주의의 완성이었다. 그러나 그것은 엘베시우스와 제임스 밀을 충격에 빠트렸을 요소들, 특히 유전과 관련한 요소들을 담고 있었다. 사람 간의 정신적 차이는 가장 넓은 의미에서의 교육의 차이에 기인한다는 것이 급진주의의 특징적 원칙 가운데 하나다. 그러나 다윈은 자연변이와 결합된 유전을 진화의 본질적 요소로 간주한다. 곤충 가운데에는 다음 세대가 태어나기 전에 앞 세대가 죽는 종들

---

*　'하늘은 스스로 돕는 자를 돕는다'라는 경구로 유명한 스마일스의 대표작으로 자기계발서의 고전으로 꼽힌다.

†　다윈의 진화론에 영향을 받아 사회진화론을 주창하였다.

이 많다. 분명히 그것들의 환경에 대한 적응은 교육과는 아무 상관이 없다. 모든 다윈주의자는 인간 중에서도 정신적 능력 간의 선천적 차이가 존재한다는 입장을 견지해야 한다. 제임스 밀은 아들 존 스튜어트 밀에게 그(존)의 성취는 타고난 능력 덕분이 아니라 그를 가르치는 데 수고를 아끼지 않은 아버지를 얻은 덕분이라고 가르쳤다. 다윈주의자라면 존의 발전 가운데 일부는 유전으로 돌렸을 것이다. 이것은 모든 인간은 똑같게 태어났다는 급진주의 사상에 균열을 가져왔다.

물론 다윈주의를 민족주의에 맞게 조정하기는 쉬웠다. 유대인이나 북유럽인, 에콰도르인들은 가장 뛰어난 혈통으로 천명되고 그로부터 그들을 부유하게 만들기 위해 모든 것이 이뤄져야 한다는 견해가 따라 나온다. 비록 통계는 부자들이 빈민들보다 후손이 더 적다는 것을 입증하지만 말이다. 이런 식으로 다윈주의는 철학적 급진주의자들의 세계시민주의적 관점에서 히틀러 추종자들의 인종적 편견으로의 이행을 가능케 했다.

경제 세계에서 자유경쟁에 대한 믿음이 쇠퇴함에 따라 생물학자들이 생존투쟁을 진화의 원동력으로 보는 설명에 불만족스러워하기 시작했다는 것은 흥미로운 일이다. 그들이 대체한 설명은 아직 확정적인 것은 아니지만 어쨌거나 기존 설명과 꽤나 다른 것이다. 어쩌면 우리의 정치가 안정되면 우리의 진화론도 다시금 명확해질 것이다.*

---

* 러셀이 이 책을 쓴 1930년대 당시 진화론은 유전학을 받아들인 신다윈주의로 큰 변화를 겪고 있었으며, 1940년대에 이르러 오늘날 생물학의 기본이 되는 현대적 종합Modern Synthesis에 이르게 된다.

다원주의는 또 다른 측면에서 경쟁에 대한 코브던식 형태의 믿음에 치명적이다. 맨체스터 학파가 생각한 경쟁은 집단보다는 개인 간 경쟁일 뿐 아니라 순수하게 경제적인 경쟁으로, 규칙의 틀 안에서 이루어진다. 동물 간의 경쟁은 그와 같이 제한되지 않고, 인류의 가장 중요한 경쟁 방식이 전쟁이었다는 것은 역사적으로 분명했다. 따라서 다원 자신은 그런 경향이 전혀 없었지만, 대중적 형태의 다원주의는 호전적이고 제국주의적인 경향이 있었다.

그러므로 다원주의는 그 기원에도 불구하고 코브던주의와 철학적 급진주의 양쪽에 불리한 힘으로 작용해왔다. 유전을 강조함으로써 교육의 무한한 힘에 대한 신념을 약화시켰고, 이를 어떤 인종은 다른 인종보다 선천적으로 우수하다는 확신으로 대체했다. 이것은 다시 민족주의에 대한 강조로 이어졌다. 그리고 전쟁을 경쟁의 수단으로 인식하는 것은 언제나 어울리지 않은 결합이었던 경쟁과 평화주의 간의 결합을 해체했다. 사실, 평화주의의 자연스러운 파트너는 협동이다.

이러한 추론을 이끌어냄으로써 대중적 다원주의가 과학적으로 정당화되었다고 주장하려는 건 아니다. 다른 환경에서라면 대중적 다원주의가 다원과 스펜서의 정치적 시각을 유지했을지도 모른다.

확실히 현재의 생물학은 민족주의나 전쟁에 대한 애호를 정당화하지 않는다. 그러나 맬서스의 이론이 초기 형태의 급진주의에 지적 난관을 야기한 것처럼 다원의 이론은 후기 형태의 급진주의에 지적 난관을 야기했다. 초기의 난관이 산아제한으로 극복된 것처럼 후기의 난관도 우생학으로 극복될 것이다. 그러나 현재 유행

중인 어느 우생학보다도 더 과학적이고 편견이 덜한 형태의 우생학이 되어야 할 것이다.[*]

---

[*] 당시 우생학은 오늘날과 달리 유망한 학문분야로 받아들여졌다. 여기에서 러셀은 우생학을 인류의 유전 형질 향상이라는 의미로 사용하고 있다.

섹션 C | 사회주의

15

오언과 초기 영국 사회주의

자유방임주의가 가장 맹위를 떨칠 때도 아무 도전도 받지 않은 것은 아니다. 대부분의 공장주들은 국가를 관세와 추밀원 칙령Orders in Council*의 근원으로만 생각했고, 국가의 기능을 불만 많은 노동자들을 처벌하는 정도로 축소하려고 했다. 그들에게 조직이란 악이었고, 그들은 모든 사람이 (법의 한도 안에서) 제 힘으로 죽든 살든 내버려두는 게 좋다고 생각했다.

　그러나 공장은 무척 다른 사고 체계를 시사한다. 한편으로 모든 대규모 공장은 그 자체가 조직이며, 잘 조직되었다는 것에서 효율성을 이끌어낸다. 다음으로 잘 정비된 공장의 생산능력은 엄청나기 때문에 만약 생산량을 조정하는 조직이 없다면 과잉이 발생할 것이고, 그에 따라 고용주들은 파산하고 직원들은 일자리에서 쫓겨

---

*　국왕이 자문기관인 추밀원의 권고로 발포하는 독립적인 명령. 여기서는 나폴레옹 전쟁 시기 프랑스를 상대로 한 무역전쟁의 일환으로 발효된 각종 규제조치를 말한다.

날 것이다. 따라서 내부에서 보는 공장은 조직의 유용성을 가리키며 외부에서 봤을 때는 제한받지 않는 생산의 위험성을 보여준다. 성공적인 제조업자로서 활동하던 로버트 오언은 이러한 현상에 대한 성찰을 통해 사회주의를 창시하기에 이르렀다.

모든 중요한 운동에서 초기 선구자들은 이후에 등장하는 사람들에게 지적으로 필적하지 못한다. 단테 이전에 이탈리아 운문 작가들이 있었고, 루터 이전에 프로테스탄트 개혁가들이 있었으며, 제임스 와트 이전에 증기기관 발명가들이 존재했다. 그러한 사람들은 착상의 독창성은 인정받아 마땅하나 실행의 측면에서 성공했다고 인정받을 수는 없다. 같은 이야기가 로버트 오언에게도 적용될 수 있을 것 같다. 그는 카를 마르크스처럼 종합적이지 않았다. 애덤 스미스가 놓은 토대 위에 학문을 건설한 당대 고전학파 경제학자들처럼 뛰어난 추론가도 아니다. 그러나 사상이 체계 안에서 경직되지 않았기 때문에 그는 여러 중요한 발전 노선의 주춧돌을 놓은 사람이 될 수 있었다. 어떤 측면에서 그는 묘하게 현대적이다. 그는 대규모 고용주의 독재적 심리 상태를 유지한 채 산업을 임금노동자의 이해관계 시점에서 고려한다. 이런 점에서 그는 소련을 떠올리게 한다. 그가 5개년 계획에 열성적으로 달려들었다가 농업을 이해하지 못해 폭삭 망하는 모습은 쉽게 상상이 간다. 그러나 이 비유를 고집하는 것은 오해를 불러일으킬 것이다. 오언은 엄청난 현자는 아니었지만 대단한 성인이었다. 그처럼 사랑스러운 인물도 거의 없을 것이다. 건조하고 칙칙한 공리주의자들의 분위기를 거치고 난 후 당시 공장제의 참상 속에서 그의 따뜻하고 너그러운 인품은 여름날 비처럼 상쾌하다.

로버트 오언의 자수성가

로버트 오언은 1771년 몽고메리셔의 소도시 뉴타운에서 태어났고 1858년에 같은 곳에서 죽었다.[21] 이 87년 동안 놀랄 만큼 활동적이었던 오언의 삶은 여러 국면을 거쳤다. 중요한 면도 있고 중요하지 않은 면도 있지만 이 모두가 매우 놀라운 인물임을 보여주는 것으로 흥미를 자아낸다. 그의 아버지는 마구 제조인이자 우체국장이었는데, 우체국장은 연봉이 10파운드를 넘지 않는 자리였다. 오언은 네 살에 학교에 갔지만 일곱 살에 읽기와 쓰기, 셈을 떼자 학교의 보조 교사가 되었고, 다음 2년간 학생을 가르치는 법을 제외하고 학교에서 배운 게 거의 없었다. 그러나 그는 방과 후에 다른 이점을 누릴 수 있었다. "나는 마을의 모든 집을 알고 모든 집 역시 나를 알았기 때문에 사제, 의사, 변호사들—마을에서 배운 사람들—의 서재에 언제든 접근할 수 있었다. 원하는 책은 뭐든 집에 가져가서 보라는 허락도 받아서 나는 눈앞에 펼쳐진 서재들을 철저히 활용했다." 감리교도인 노처녀 세 명이 그를 개종시키려고 애썼지만 "모든 종파의 종교 저작을 읽으면서 나는 처음에는 기독교 종파 간의 대립에, 그다음에는 유대인, 기독교도, 이슬람교도, 힌두교도, 중국인 등과 이들이 불신자와 이교도라고 부르는 사람 간의 대립을 알고 깜짝 놀랐다. 이렇게 서로 대립하는 종교들을 공부하고 그 종교들이 서로에게 품는 치명적 증오를 알게 되자 이러한 종파 일체의 진리에 대해 의심을 품기 시작했다.…… 종교적 저작과 더불어 다른 저작들을 읽으면서 열 살 때 나는 지금까지 인류에게 설파된 이 모든 종교가 근본적으로 뭔가 틀렸다는 생각을 할 수밖에 없었다."

그 자신의 회고에 따르면 오언은 부모한테서 딱 한 번 벌을 받았다.

　나는 언제나 부모님의 뜻을 거스르지 않으려고 했고 부모님이 내
게 시키신 것을 항상 따랐다. 하루는 어머니가 모호하게 뭔가를 말씀
하셨고, 나는 거기에 올바른 대답은 "아니오"라고 생각해서 평소처럼
"아니오"라고 대답했다. 물론 나는 이것이 어머니의 뜻을 따르는 것
이라고 생각했다. 내 생각을 이해하지 못한 채 내가 어머니의 요구를
거절했다고 여기신 어머니는 즉시 다소 날카롭게 ― 평소에 어머니는
내게 다정하게 말씀하셨다 ― "뭐, 하지 않겠다고?"라고 물으셨다. 나
는 "아니오"라고 대답한 다음에 다시 "네, 할게요"라고 답한다면 자기
모순이며 거짓말을 하는 셈이라고 생각했다. 그래서 어머니에게 반항
하고 있다는 생각은 하지 못한 채 다시 "아니오"라고 대답했다. 만약
어머니가 그때 참을성 있게 조용히 내 생각과 기분이 어떤지를 물으
셨다면 내 생각을 바르게 이해하셨을 테고, 그럼 모든 일이 평소처럼
해결되었을 것이다. 그러나 내 생각과 기분을 이해하지 못한 어머니
는 여전히 더 날카롭게 화난 목소리로 물으셨고 ― 왜냐면 이전에는
내가 한 번도 어머니 뜻을 거스른 적이 없었으니까 ― 내가 거듭 하지
않겠다고 말하자 틀림없이 무척 놀라고 화가 나셨다. 어머니는 우리
를 한 번도 혼내지 않으셨다. 벌을 주는 일은 아버지의 일이었고, 내
형제자매들은 이따금 매를 맞기도 했다. 어머니는 아버지를 불러 자
초지종을 설명하셨다. 내게 다시 어머니가 말한 대로 하겠느냐는 질
문이 떨어졌고, 나는 확고하게 "아니오"라고 대답했다. 그 후 뜻을 굽
히고 어머니가 요구한 대로 하겠느냐는 질문에 거부의사를 표할 때
마다 나는 매를 맞았다. 나는 질문을 받을 때마다 "아니오"라고 답했

고, 결국에 가서는 조용하지만 단호하게 "차라리 절 죽이세요. 그래도 전 절대 안 할 거예요"라고 말해서 다툼은 끝이 났다. 그 이후로 부모님이 나를 혼내려는 시도는 없었다. 나는 어렸을 때 느꼈던 기분을 여전히 잘 기억하며, 그 일에 대한 기억 때문에 잦은 처벌은 쓸모없을 뿐 아니라 벌을 주는 사람과 벌을 받는 사람 모두에게 매우 해롭고 나쁘다는 것을 확신하게 되었다.

열 살 때 오언은 자신이 세상에 나가서 제 앞가림을 할 만큼 충분히 나이를 먹었다고 부모를 설득했다. 아버지는 그에게 40실링을 주고 런던의 하이홀본에서 마구 제조업을 하고 있는 큰아버지에게 보냈다. 6주 후에 소년은 링컨셔의 스탬퍼드에서 상점을 운영하는 제임스 맥거포그라는 사람 밑에서 일자리를 얻었다. 그 순간부터 그는 평생 부모에게 손을 벌리지 않았다. 모든 일이 잘 풀렸다. 맥거포그는 오언을 맘에 들어했고, 오언도 주인을 좋아했다. 그들이 유일하게 맞지 않는 지점은 종교뿐이었던 것 같다.

한참을 망설이고 마음속으로 오랫동안 고민한 끝에 나는 결국 기독교에 호의적이었던 뿌리 깊은 첫 인상을 버릴 수밖에 없었다. 그러나 이 종파에 대한 믿음을 버림과 동시에 다른 모든 종교도 포기할 수밖에 없었는데, 모든 종교가 똑같이 불합리한 상상, 즉 '모든 사람은 저마다 자신의 성격을 형성하며―자신의 생각과 의지, 행동을 결정하며―신과 다른 사람들에 대하여 자신의 성격을 책임진다'는 생각에 바탕을 두고 있음을 발견했기 때문이다. 깊이 성찰한 끝에 나는 다른 결론을 내릴 수밖에 없었다. 내가 스스로 성격을 형성했을 리는 없다는 결론을, 그것들은 자연이 내게 강요한 것이며, 내가 쓰는 언어, 종교, 습관도 사회가 강요한 것이다. 나는 전적으로 자연과 사회의 산물이며, 자연은 내게 그러한 특성들을 주었고, 사회는 그것들을 이끌어냈다는 결론을 내렸다. 따라서 나는 모든 종교들의 토대에서 오류를 발견했고, 지금까지 인간에게 설파된 모든 종교에 대한 믿음을 버릴 수밖에 없었다. 그러나 나의 종교적 감정은 금세 보편적인 자비심으로 대체되었다. 하나의 종교나 파당, 나라나 피부색에 국한된 것이 아니라 인류 전체에 대한 자비심, 그들에게 도움을 주고 싶다는 진정하고 열정적인 열망으로 말이다.

그러나 이내 새로운 일자리가 필요해졌다. 그는 런던브리지 인근 플린트앤드파머 상점에서 연봉 25파운드를 받는 새 일자리를 구해 자신이 부자가 된 듯한 기분을 느꼈다. 여기서 그가 맡은 일은 아주 힘들었다. 그는 아침 여덟 시까지 옷을 갖춰 입고 상점에 출근해야 했는데, "당시에 옷을 갖춰 입는 것은 사소한 일이 아니었다. 그때 어렸던 나는 이발사가 분과 머릿기름을 바르고 머리를 말아줄 때까지 내 순서를 기다려야 했는데, 귀 양 옆으로는 커다랗게 머리카락을 말고, 땋은 머리가 달린 빳빳한 가발을 쓰는 이 모든 체계적인 작업이 보기 좋게 마무리되기 전에는 아무도 감히 손님 앞에 나설 생각을 하지 못했다." 일은 상점 문이 닫힐 때까지 끝나지 않았고 흔히 새벽 두 시에나 잠자리에 들 수 있었다. 그는 독학으로 공부할 시간이 없는 것이 마음에 들지 않았고, 장시간 근무로 건강을 해칠까 걱정하다 결국 맨체스터에서 새터필드 씨라는 사람 밑에서 새 일자리를 얻었다. 여기서 그는 1789년까지 일했고, 열여덟 살의 성인이 되자 독립해 자기 사업을 하기로 결심했다.

이 시기에 크럼프턴의 뮬 방적기*가 갓 발명되었지만 아직 특허 등록이 되지 않은 상태였다. 오언은 형에게서 100파운드를 빌려 존스라는 사람과 동업하여 뮬 방적기를 제작하는 일에 착수했다. 그러나 이듬해에 존스는 자본이 더 많은 다른 동업자를 찾아냈고 오언의 사업 지분을 인수했다. 오언은 그 대가로 방적기 여섯 대를 받기로 했지만 실제로는 세 대만 받았다. 이 방적기 세 대를 가지고 그는 공장을 열어 첫 해에 300파운드의 이윤을 남겼다.

그해 말에 그는 부유한 퍼스천† 제조업자인 드링크워터라는 사람이 새로운 지배인을 찾는다는 말을 듣고 그 자리에 지원했다. 얼마의 봉급을 원하느냐는 질문에 그는 "일 년에 300파운드"라고 답했다. 깜짝 놀란 드링크워터 씨는 그날 여러 명의 지원자들을 면접했지만 그 사람들이 요구한 봉급을 다 합쳐도 거기에 못 미친다고 말했다. 그러나 오언은 값을 낮추기를 거부하며 자신이 공장에서 그만큼 벌고 있음을 보여주었다. 야심만만한 수완가의 교본에 나올 만한 방식대로, 그는 드링크워터 씨에게 호감을 얻어 일자리를 얻는 데 성공했다. 그는 계속 승승장구해서 곧 드링크워터와 동업자가 되었다(그의 나이 이제 스무 살이었다). 그러나 자신의 딸과 결혼하기를 원하는 올드노라는 사람의 커다란 회사와 합병할 기회가 생긴 드링크워터는 오언에게 동업자관계를 파기하는 데 얼마를 원하느냐고 물었다. 상처를 받은 오언은 동업자 계약 증서를 파기하고 지배인 자리에서 사임했다. 그러나 그는 주위에 워낙 평판이 좋

---

*　당시 존재하던 두 가지 유형의 방적기의 장점을 합쳐 개량한 방적기.

†　두껍고 질긴 면직물의 일종.

았기 때문에 이 경솔한 행위로 아무런 손해도 보지 않았다. 어느 것도 그의 성공을 막을 수 없었고, 그는 곧 새로운 사람과 동업하여 이전과 마찬가지로 모든 것이 번창했다.

그의 다음 단계—그의 이후 사업 경력을 결정한—는 부유한 스코틀랜드 제조업자 데이비드 데일의 딸과 결혼하고 뉴래너크에 있는 데일의 공장을 사들이는 것이었다. 그가 스물여덟 살 때의 일이었다. 매우 독실한 데이비드 데일은 오언의 종교관 때문에 한동안 그를 사위로 맞아들이길 반대했다. 그러나 누구도 오언이 가진 인품의 매력을 오랫동안 거부할 수는 없었다. 공장을 매각하는 문제에서 데일 씨—매우 성공적인 사업가이자 스코틀랜드인—는 값을 매기는 일을 오언에게 일임했다. 오언은 그의 공장들을 6만 파운드로 평가한다고 말했다. 데일 씨는 "자네가 그렇게 생각한다면 자네가 제시한 그 가격 그대로 받아들이지. 자네 친구들도 동의한다면 말일세"라고 대답했다. 오언의 친구들(동업자들)도 동의했고 거래가 성사되었다. 오언은 거래 성사 직후인 1799년 9월에 데일 씨의 딸과 결혼했다. 그녀는 독실한 기독교인으로 남았고, 남편이 지옥에 갈 거라고 믿었다. 그럼에도 불구하고 그녀는 평생 남편을 사랑했고, 오언도 다양한 프로젝트로 바쁜 와중에도 아내를 챙길 여유가 날 때마다 그녀를 사랑했다. 여러 해 동안 두 사람은 뉴래너크에 살았고, 오언은 동업자들이 허락하는 한에서 모두의 귀감이 될 만하게 공장을 경영했다. 뉴래너크는 사업적 측면에서 볼 때 언제나 성공적이었고, 다른 측면에서도 성공을 거두면서 세계적으로 유명해졌다.

맨체스터 시절, 오언은 지적 능력을 갖춘 사람들과 교류할 기회를 얻었다. 1793년에 그는 맨체스터 문학 철학 협회의 회원이 되었고, 화학에 원자론을 도입한 돌턴을 협회에 소개했다. 돌턴은 오언의 절친한 친구였다. 맨체스터 문학 철학 협회의 창립자인 퍼시벌 박사는 공장 관련 입법의 강력한 지지자였는데, 아마도 그 문제에 관해 오언에게 영향을 미쳤을 것이다. 이 시기 이후로 오언이 다른 사람들로부터 무언가를 배웠다는 증거는 거의 없다.

　　로버트 오언의 일생은 네 시기로 나눌 수 있을 것 같다. 첫 번째 시기에 그는 스마일스의 『자조론』의 전형적인 주인공으로서, 금방 자수성가한다. 이 시기는 그가 뉴래너크를 매입하면서 끝난다. 두 번째 시기에 그는 자애롭지만 빈틈없는 고용주로서, 다른 고용주들은 분명히 망할 거라고 생각한 박애적인 경영 방식에도 불구하고 공장을 수익성 있게 경영할 줄 아는 사람으로 등장한다. 이 시기에 그는 여전히 놀랄 만큼 성공했지만, 그의 성공을 놀랍게 만든 것은 사업과 선행의 결합이었다. 오언은 대략 1828년 혹은 1829년까지 뉴래너크와 느슨하게 연계를 유지하긴 하지만, 1815년부터 사회개혁 운동에 뛰어들면서 그의 인생 세 번째 국면이 시작된다. 사회개혁의 시기에 그는 사회주의와 협동조합 운동을 창시하고 노동계급의 자유사상을 촉진했지만 어떠한 의미에서도 즉각적인 성공은 거두지 못했다. 점차로 그는 노동계급 운동의 존경받는 지도자에서 소수 분파의 대사제로 변해갔다. 1835년 무렵에 그는 공적 영향력을 완전히 상실했고, 심령주의에 빠진 단순한 공상가가 되었다. 그의 초기 성공들과 이후 실패들의 근원은 동일하다. 바로 자신감이었다. 본질적으로 현실성이 있는 일을 시도하는 한 그의 자신감은 자산이었다. 그러나 나중에 오언이 적어도 한 세기는 걸릴 일을 몇 년 만에 달성하려고 했을 때 실패와 자신감은 충돌하게 되었고, 그를 갈수록 현실세계에서 멀어지게 만들어 결국 그에게는 자신의 과거로부터 온 목소리만 남게 되었다. 오로지 그 과거에서만 오언의 무의식적 의지는 전능한 힘을 발휘했고 그는 모든 영역에서 그러한 전능성을 무의식적으로 기대했다. 어쩌면 비이성적일 만큼의 자신감 없이는 누구도 위대한 혁신자가 될 수 없을 것이다. 가장 위대한 혁신자들은 자신들이 신과 같다고 여기거나 대충 그 비슷하게 생각했다. 오언의 경우에 이와 동일한 질병이 존재했지만 과하지 않았고, 그렇게 정떨어지는 모습도 아니었다. 다른 예언가들이 신의 말씀을 선포한 반면 오언은 이성의 말씀을 선포했고, 그는 인간의 사고가 그렇게 비이성적일 수 있다는 사실에 깜짝 놀랐다. 그러나 인간의 마음에 대해서는 언제나 좋게 생각했다.

사업과 선행의 결합, 뉴래너크의 성공

뉴래너크에서 오언의 목표는 여전히 소박했고 그의 성공은 대단했다. 그는 먼저 최신식 기계와 유능한 관리자를 도입했다. 그리고 당시 활개를 치던 도둑질을 법적 처벌 없이 근절했다. 그다음 음주 문제에 뛰어들었다. 그는 사람을 채용해 밤에 뉴래너크 거리를 순찰하고 만취 건을 보고하게 하여 벌금을 물렸다. 몇 년 만에 그는 부분적으로 이 방법을 통해 또 부분적으로는 개인적 영향력을 발휘해 새해 첫날을 제외하고 거의 모든 음주 문제를 근절했다. 그는 거리에서 청결을 강조했다. 또 공장에서 근면한 태도를 고취하기 위해 특이한 제도를 고안해냈다. 그는 각각 검은색과 파란색, 노란색, 흰색이 칠해진 나무 조각을 도입했는데, 검은 색은 나쁨, 파란색은 보통, 노란색은 좋음, 흰색은 아주 좋음이란 뜻이었다. 각 직원들 옆에는 그의 근무 태도에 맞는 색깔을 나타내는 이 막대기가 눈에 잘 띄게 전시되었다. 신기하게도 이 방법은 매우 효과적이어서 나중에는 거의 모든 직원이 노란색이나 흰색 평가를 받았다.[*]

지금까지 우리는 오언이 공장의 생산성을 높이기 위해 한 일을 살펴보았다. 여기서 그는 크게 성공을 거둬 그의 경영 첫 10년 동안 사업은 자본금에 대한 5퍼센트의 이자와 더불어 6만 파운드의 수익을 냈다. 동업자들은 당연히 그에게 크게 만족했다. 동업자들의 인정을 받아낸 후 그는 자유롭게 더 박애적인 조치를 시도하게 되었다.

오언이 뉴래너크를 인수했을 때 직원의 수는 1,800명에서 2,000명 사이였고, 그 가운데 500명은 구빈원에서 온 견습 아동들이었다. 그는 인수 즉시 구빈원 아이들을 더 이상 받지 않기로 했다. 대신 인근 마을에서 부모의 동의를 받은 10살 이상의 아이들만 받았다. 그의 동업자들은 하루 14시간 작업과 두 시간이 못 되는 식사시간을 고집했다. 그러나 1816년에 그는 이 작업 시간을 약간 줄이는 데 성공했다. 임금의 경우, 1819년 평균 임금은 남성은 일주일에 9실링 11페니, 여성은 6실링, 남자아이는 4실링 3페니, 여자아이는 3실링 9페니였다. 이 숫자들에 유토피아적인 것은 전혀 없다는 점은 인정해야 한다. 동업자들에게 돌아갈 배당금을 벌어야 했기 때문에 그런 문제들에서 오언은 자유롭지 못했다. 사실, 그의 동업자들은 언제나 그의 박애주의를 불평했다. 1809년과 다시

---

[*]   [원주]유사한 관행이 현재[1930년 당시] 소련에도 존재한다. 집단농장은 작업 성취도를 나타내는 배지를 받는데, 예를 들어 최고 표시는 비행기, 최저 표시는 기어 다니는 게다.

1813년에 그는 자신에게 더 큰 재량권을 줄 것이라 기대한 새로운 동업자들의 도움을 받아 기존 사업을 인수했다. 이번에 투자금의 상당량은 제러미 벤담과 윌리엄 알렌이라는 퀘이커교도한테서 나왔다. 알렌과 관련해서 그는 여전히 어려움을 겪었지만 이번 어려움은 이전 동업자들과 겪은 어려움과는 종류가 달랐고 전체적으로 덜 심각했다.

처음에 오언은 남부 출신이자 외지인이라는 사실 때문에 직원들과 약간의 갈등을 겪었다. 그러나 점차 그들의 마음을 얻었는데, 어느 정도는 인품 덕분이었지만 결정적으로 1806년 미국이 영국에 금수조치를 내려 면화 공급이 끊겼을 때 훌륭하게 대처했기 때문이다. 공장이 넉 달간 문을 닫아야 했지만, 그는 임금을 모두 지급하면서 고용을 계속 유지했다. 이 일 이후로 모두가 그에게 신뢰를 보냈다.

오언의 경영 방침 가운데 가장 흥미로운 부분은 공장과 연계된 학교의 설립이었다. 그 시기 모든 개혁가들처럼 그도 교육에 엄청난 중요성을 돌렸고, 성격은 전적으로 혹은 거의 전적으로 상황의 산물이라고 생각했다. 그러나 엘베시우스의 권위를 인정하는 다른 사람들과 달리, 그는 이 위대한 진실을 매우 뜨거운 '플러머리[죽의 일종]'를 소화시키다 스스로 발견했다(그의 말에 따르면 그렇다). 그는 분명히 제임스 밀보다 한 가지 장점이 있었다. 그는 아이들을 사랑하고 이해했다. 그가 교육에 대해 발언한 내용은 모두 훌륭하며, 그는 아이들의 사고뿐 아니라 신체와 감정에 대해서도 이해했다. 뉴래너크에는 전적으로 현대적인 노선을 따른 유아원이 있었다. 적절한 의상을 입고 추는 춤도 교과의 일부였는데 특히 소년들이 바지 대신 킬트를 입어서 동업자 알렌을 괴롭게 했다. 그는 오언에게 이런 수업을 그만 두겠다는 약속을 받아냈지만 그럼에도 불구하고 춤 수업은 계속되었던 것 같다.

뉴래너크는 세계적으로 유명해져서 10년 사이에 거의 2만 명의 사람이 그곳을 방문했다. 그 가운데는 니콜라이 대공(훗날 차르)도 있었는데, 그는 오언의 집에 하룻밤을 머물며 두 시간 이상 오언이 길게 설명하는 견해를 들었다. 그는 오언의 아들 한 명을 자신의 신하로 데려가겠다고 약속했으며, 심지어 오언한테 200만 명의 과잉 인구와 그 가족들을 데리고 러시아로 건너오라고 제안하기까지 했다. 니콜라이의 훗날 행보를 생각해볼 때 신기한 일이다.[*]

사회개혁운동과 현실 정치의 벽

1813년 새로운 동업자를 얻을 생각으로 런던을 방문했을 때 오언은 철학적 급진주의자들뿐만 아니라 수상과 캔터베리 대주교, 다른 저명인사들을 포함해 당대 유명인을 거의 다 만났다. 모두가 그를 좋아했으며, 그는 아직 노골적으로 전복적인 사상을 옹호하지 않았다. 1814년 그는 『새로운 사회관』이라는 책을 내면서 성격을 형성하는 상황의 힘이라는 그가 가장 좋아하는 원리를 표명하고 거대한 사회개조가 쉽게 이뤄질 수 있다는 결론을 제시했다. 이 저작은 영향력이 있는 거의 모든 인사들에게 보내졌고, 심지어 엘바 섬의 나폴레옹에게도 전달되었다. 이상한 일이지만 나폴레옹은 그 책을 읽은 후에 호의적인 논평과 함께 돌려보냈다. 나폴레옹이 엘바 섬

---

[*]　후에 니콜라이 1세로 즉위한 후, 개혁에 대한 요구와 민족주의 운동을 철저하게 탄압하고 전제적인 정치를 펼쳤다.

에서 돌아왔을 때 오언은 나폴레옹에게 그 책의 가르침을 실행에 옮길 기회를 허락해야 한다고 주장했다. 그러나 오언의 친구인 수상은 그렇게 생각하지 않았다.

1815년에 오언은 공장에서 아동노동을 규제하는 법안을 통과시키려고 시도하면서 처음으로 현실 정치와 접촉했다. 그는 직물산업에서 10세 이하 아동 고용을 완전히 금지하고 18세 이하는 하루 10시간 반 이상 작업하지 못하도록 금지하기를 원했다. 처음에는 모든 일이 순조로웠다. 오언은 의회의 지지를 얻어낼 수 있다면 정부도 긍정적으로 고려하겠다는 약속을 받아냈다. 의회에서 그는 많은 지지자를 얻었다. 법안 발의는 면직 공장에서 고아 견습생들의 고용을 규제하는, 당시 유일하게 시행 중인 공장법을 1802년에 통과시킨 로버트 필이 맡았다. 그러나 로버트 필 자신이 제조업자였다. 그는 다른 이들과도 상의해야 한다고 주장했다. 다른 의원들이 반대 움직임을 조직하기 시작했고, 이제 법안은 지난한 싸움과 더불어 여러 수정을 거친 후에야 통과될 수 있으리라는 것이 분명해졌다.

필은 1815년 오언의 노선을 따른 법안을 발의한 후 상정을 미뤘고, 1816년에 조사위원회를 조직하는 데 그쳤다. 이 위원회에 출석한 고용주들은 장시간 노동이 아이들의 품성에 유익한 효과를 미친다고 증언했다. 공장에서의 14시간 근무는 아이들을 순종적이고 근면하게 만들며 시간을 엄수하게 만든다, 아이들을 위해서 작업시간은 줄이면 안 된다, 게다가 만약 입법기관이 개입하면 외국과의 경쟁에 맞설 수 없을 것이다, 제조업자들은 파산할 것이고 모두가 일자리를 잃게 될 것이다 등등. 이러한 증언들에 반하여 다양한 의료인들이 장시간 노동은 건강에 해롭다는 의견을 내놓았다. 위원회에서 증언한 고용주 가운데 오언과 필만이 법안에 찬성했다.

1817년에는 필이 아팠기 때문에 아무런 진척도 없었다. 그러나 1818년에 필은 법안을 다시 상정했고 고용주들의 반발을 줄이고자 다소간 수정을 가했다. 법안은 하원을 통과했지만 상원에서 부결되었다. 상원의원들은 공장에서의 15시간 근무만큼 아동의 건강에 좋은 것도 없다고 기꺼이 맹세할 여러 의료인들을 찾아내는 데 성공했다. "한 저명한 의사는 심지어 하루 24시간 가운데 23시간 동안 서 있는 것이 아동의 건강을 해친다는 진술을 보증하는 것마저 거부했다."[22]

마침내 1819년 법안이 양원을 모두 통과했다. 그러나 여러 측면에서 1815년의 발의안보다 불만족스러웠다. 1819년 법안은 모든 직물 산업이 아니라 면직 산업에만 적용되었다. 또 고용 가능 나이를 10살이 아닌 9살 이상으로 제한했다. 아동의 실제 작업 시간을 최대 12시간 허용했고, 식사 시간을 포함해 공장에 최대 13시간 반을 붙잡아둘 수 있게 했다. 정부가 감독관을 따로 임명하는 대신 감독 업무를 치안판사들과 성직자들에게 맡겼다. 1802년 공장법에 대한 경험들을 보면 치안판사들과 성직자들이 임무를 게을리하리라는 것은 뻔했고, 결국 예상대로 새 법안은 전혀 효력이 없는 것으로 드러났다.

최초의 사회주의 실험과 실패

그사이 오언은 세계를 개조하려는 그의 첫 번째 거대한 계획에 착수했다. 사회주의가 이 계획에서 생겨났다는 것을 고려하면 처음에 오언이 얼마나 많은 사회 고위인사들에게 지지를 받았는지 놀랍기 짝이 없다. 빅토리아 여왕의 아버지 켄트 공작, 캔터베리 대주교, 다양한 주교들, 많은 귀족들이 뛰어난 설득력, 회유적인 태도와 뉴래너크의 성공에 반해 그를 경청했다. 그의 수완이 그의 정직성에 밀려남에 따라 조금씩 그의 친구들도 떨어져 나갔지만 처음에 세상은 그에게 호의적이었다.

오언의 최초 계획안은 1817년 구빈법을 조사 중이던 특별위원회에 제출되었다. 오언이 "평화조약이 체결된 날 생산자들의 거대한 소비자가 죽었다"고 말한 대로 평화는 광범위한 실업을 가져왔다. 그러나 이러한 일시적인 이유 외에도 기계는 갈수록 인간 노동을 대체하고 있었다. 저렴한 기계생산 제품이 수요를 자극해서 수공업 시절만큼 많은 노동력을 고용할 수 있다는 낙관적 신조도 있었다. 이러한 믿음이 사실이 되려면 지속적으로 외국 시장이 확대되어야 한다. 그러나 1816년과 1817년에 외국 시장은 확대되지 않았다. 유럽대륙은 관세를 부과하고 있었고, 남아메리카 시장은 아직 극히 일부만 개방되었을 뿐이었다. 어쨌거나 이제 모두가 알다시피 외국 시장도 한없이 팽창할 수는 없다. 오언은 기계의 새로운 생산력이 제기하는 문제를 온전히 깨달은 최초의 사람이었다. 그는 다음과 같이 말한다.

평화가 찾아왔을 때 영국에서는 가장 근면한 인간 100만 명이 전력을 다해 일하는 것을 크게 능가한다고 해도 될 만한 새로운 힘이 지속적으로 가동되고 있었다. 이 새로운 힘에 관해 예를 들어보자면, 이 나라의 한 공장에서 가동되는 기계의 보조 인력은 2,500명이 넘지 않지만 현재 스코틀랜드 전체 인구가 50년 전 생산방식에 따라 생산할 수 있는 양만큼 많이 생산한다. 영국에는 그러한 공장 설비를 갖춘 지역이 여러 곳 있다!…… 따라서 우리나라는 전쟁이 종식되었을 때 우리 인구가 실제로 15배에서 20배 늘어난 것과 맞먹는 생산력을 보유한 셈이고, 이것은 고작 지난 25년 사이에 일어난 일이다.[23]

그는 계속 말을 잇는다.

노동 생산품에 대한 전쟁 수요는 사라졌고, 그것들을 위한 시장은 더 이상 찾을 수 없다. 세계의 수입은 그렇게 어마어마한 힘이 생산하는 것을 구입하기에는 턱없이 부족하다. 따라서 수요가 감소하게 된다. 결국 노동 공급원과 계약이 필요할 때 인간 노동보다 기계력이 더 저렴하다는 것이 곧 분명해진다. 그 결과 기계는 지속적으로 가동되는 반면 인간 노동은 밀려나게 된다. 이제 인간 노동은 개인이 일반적 수준의 안락한 생활을 유지하기에 절대적으로 필요한 것보다 훨씬 더 낮은 가격으로 사고 팔릴지도 모른다.[24]

그는 "노동계급은 이제 기계력과 경쟁할 적절한 수단이 없다"고 결론 내린다. 기계 가동은 중단되지 않으므로 수백만 명이 아사하든지 아니면 "빈민과 실업 노동계급에게 유익한 직업이 마련되어야 하며, 지금처럼 기계가 그들을 대체하기 위해 도입되는 것과 달리 그들의 노동에 기계가 종속되어야 한다."

내 생각에 이것은 현대 문제를 인지한 최초의 경우가 아닌가 싶다. 기계에 반대하는 일은 소용이 없지만 이 문제를 낡은 경제 세력의 손에 자유롭게 맡겨둔다면 기계화된 세계는 노동자가 궁핍해지고 예속된 세상이 될 것이다. 이러한 폐해는 자유방임 정책이 아니라 신중한 계획을 통해서만 방지될 수 있다. 따라서 오언은 현 상황의 축소판과 같은 경제 상황 속에서 씨름했다. 처음 해외무역의 성장과 그다음 경제 제국주의의 성장은 지난 100년간 그의 사상이 지닌 진실을 가렸다. 그러나 마침내 시간이 흐르자 오언이 주목한 산업 발전의 중요 법칙을 그 시대의 고전학파 경제학자들이 완전히 간과했다는 사실이 드러났다. 급진주의자들 가운데 플레이스는 인구법칙으로 그를 반박했고, 사실 그 당시에 알려진 바에 근거했을 때는 플레이스의 주장이 더 설득력이 있었다. 그러나 장기적으로는 오언의 진단이 타당했음이 입증되었다.

오언의 처방전은 폐해에 대한 그의 분석만큼 통찰력 있지 않았다. 구빈법 조사위원회에 제의했기 때문에 처음에 그는 자신의 계획안을 주로 빈곤문제를 대처하는 방법으로 제시했다. 그의 계획은 실업자들을 마을로 모아 공동으로 경작을 하고 물건을 생산하게 하는 것이었는데, 물론 그들의 작업 대부분은 대체로 경작에 할애될 예정이었다. 마을 주민들은 모두 공공도서실과 공동 주방을 구비한 건물에서 다 함께 식사하며 거대한 집단으로 살아간다. 3세 이상의 모든 아동은 어른들과 분리된 기숙사에서 살아가며 가능한 연령부터 적절한 교육이 제공된다. 모두가 조화롭게 살아가며 공동으로 생산한다. 과학적 영농을 위해 최신 화학 연구 성과가 응용될 예정이었지만 훗날의 크로포트킨처럼 오언도 집약 농업을 믿었다. 매우 부적당한 땅에서 그는 쟁기보다 삽을 선호했다. 그의 공장은 최신식이고 그의 비료 농법은 과학적인 반면 실제 경작은 여전히 원시적이었다.

오언의 계획안은 동시대인들을 깜짝 놀라게 했지만 한편으로 비웃음도 샀다. [소설가] 토마스 피콕은 그를 "싸우려고도 기도하려고도 하지 않지만 대신 세계를 체스판처럼 구획하려는 협동주의자 투굿 씨*"로 소개한다. 투굿 씨가 생각하는 체스판에는 "각각의 칸마다 공동체가 있고 공동체 주민들은 식량을 자급하는 한편 거대한 증기기관은 주민들에게 재단사와 주방, 요리사, 양말 제조업자의 서비스를 제공한다. 모두가 세계를 개조하기 위한 계획을 제시하고 있을 때 투굿 씨는 '중앙에 모든 일을 처리하는 증기기관이 있는 거대한 평행사변형 협동 사회를 건설하라'고 말한다." 오언의 '평행사변형'은 대체로 우스갯거리였고, 극소수를 제외하고 진지하게 취급하지 않았다. 사실, 다른 모든 난관을 차치하고라도 재정적 장애는 극복하기 힘들었다. 오언 자신은 1,200명의 남녀 어른과 어린이를 데리고 공동체를 설립하는 데 96,000파운드가 들 것이라고 계산했다. 사실, 일단 시작하기만 하면 공동체는 경제적으로 자립이 가능할 것이며 투자된 자본에 이자를 지불할 수 있으리라. 하지만 누가 1인당 80파운드의 비용으로 인류를 개조하려 들겠는가? 소규모로 실험적으로 시도될 수도 있지만 국가적 병폐에 대한 해법으로서는 분명히 말도 되지 않았다.

적절한 홍보 솜씨가 부족해서 오언이 실패한 것은 아니다. 그는 대부분의 중요인사를 포함하는 위원회를 구성했다. 정부로부터 호응도 받았다. 또 그는 《타임스》와 다른 주요 신문들을 설득해 그

---

*   지나친 호인이란 뜻.

를 칭찬하는 기사를 쓰게 하고, 그가 쓴 기사도 싣게 했다. 그런 기사가 나올 때마다 그는 3만 부씩 구입해서 배포했다. 이런 대량 구매가 어쩌면 오언에 대한 신문사들의 호의적인 태도에 영향을 미쳤을지도 모른다.

오언은 자신의 계획안의 독창성을 주장하지 않았다. 그 자신은 1696년 『각종 유용한 직업과 농사 학교를 건립하기 위한 제안』이라는 소책자를 출간한 존 벨러스라는 작가에게 우선권을 돌렸다. 또 펜실베이니아의 래파이트* 사회에 얼마간 빚졌을 수도 있다. 오언의 적들은 그의 생각이 토지는 인민의 것이며 사적 소유의 대상이 되어서는 안 된다고 주장한 토머스 스펜스와 똑같다고 말했다. 오언의 사상에의 기여 여부를 떠나 토머스 스펜스는 후대에 기억되어 마땅한 인물이다. 스펜스는 1750년에 태어났고 1814년에 죽었다. 그는 처음에는 뉴캐슬에서, 나중에는 챈서리레인에서 서적상으로 활동하며 1775년부터, 심지어 반 자코뱅 반동이 절정에 달한 시절에도 토지 국유화를 줄곧 옹호했다. 그는 1775년 뉴캐슬에서 일어난 사건에 영향을 받아 그런 사상에 경도되었다. 시 자치체가 해체되면서 타운무어 땅의 일부를 세를 놓았는데, 자유민들이 지대를 요구하는 소송을 걸어 승소한 것이다. 스펜스는 『돼지고기 혹은 돼지 같은 대중을 위한 교훈』이라는 매력적인 제목의 책을 출간했다. 뉴캐슬 철학협회에서 낭독한 그의 첫 글의 제목은 「교구 조합에서 지대를 분배함으로써 공동 재산으로서의 국가의 부동산을 운영하는 방식에 대하여」였다. 그는 수시로 감옥을 들락거렸고, '스펜스

* 종교 개혁가 게오르크 랍과 그의 추종자들.

식 박애주의자'를 자처하는 그의 추종자들도 마찬가지였다. 정부는 그들을 음모 혐의로 기소하고 그들에 대해서는 인신보호령을 유예했다. 오언의 사상이 그러한 원조에서 나왔다는 사실은 당연히 대주교들을 구슬리는 데 보탬이 되지 않았다. 그러나 오언이 결국 고위층한테서 지지를 잃은 요인은 스펜스라는 골칫거리가 아니었다.

그는 곧 세계 전역에 채택되리라 아주 자신하며 자신의 계획안을 1817년 8월 14일에 공청회에서 설명했다. 그는 많은 지지를 받았지만, 처음부터 그의 구상을 반대한 이들도 있었다. 윌리엄 코빗을 포함한 급진주의자들은 오언의 공동체가 '일종의 수도원 생활에 불과'하다고 여겼다. 리카도는 전반적으로 호의적이었지만 맬서스는 인구라는 근거에서 반대했다. [시인] 로버트 사우디는 오언의 세계 개조 방식에서 종교가 빈약함을 알아냈다. 이 마지막 비난과 관련해 오언은 침묵을 지키는 것이 정직하지 않다고 판단했다. 8월 21일 두 번째 모임에서 그는 조심스럽게 준비한 연설을 하면서 자신이 기독교도가 아닐뿐더러 종교를 모든 인간의 병폐의 주요 근원으로 여긴다는 점을 아주 확실하게 강조하며 천명했다.

여러분, 참으로 여러분은 이때까지 진정한 행복이 무엇인지 아는 것조차도 오로지 하나의 오류—거대한 오류—때문에 방해받아 왔습니다. 그 거대한 오류란 지금까지 인간에게 설파된 모든 종교의 근본적 관념들과 결합되어 있습니다. 그리고 그 결과로 인간은 가장 모순적이고 비참한 존재가 되었습니다. 이러한 신앙 체계들의 오류로 인간은 나약하고 우둔한 동물이나 분노하고 편견에 찬 광신자 혹은 비참한 위선자가 되었습니다. 그리고 이러한 특성들이 제가 계획하는 마을뿐만 아니라 다름 아닌 낙원으로까지 이어진다면 낙원은 더 이상 없을 것입니다!……

이 연설 이후 당연히 오언은 대주교들과 주교들, 공작들과 각료들, 《타임스》와 《모닝포스트》로부터 버림받았다. 고위층 가운데는 켄트 공작과 그보다는 덜하지만 서식스 공작만이 그를 계속 성원했다. 공장법을 반대한 의원들은 자비를 주장하는 사람이 불신자라는 사실에서 아동에 대한 자비에 반대하는 가장 강력한 논거를 찾았다. 그러나 오언은 조금도 굴하지 않고 적어도 한곳이라도 협동마을을 시작하고자 필요한 자금을 모으는 활동에 들어갔다. 그러나 한동안은 아무런 성과도 나타나지 않았다.

이듬해에 그는 엑스라샤펠 회의에 청원서를 제출했다. 여기서 그는 알렉산드르 황제와 한 차례 (그리고 그다지 시의적절하지 않은) 만남을 가졌다.

그는 호텔을 나서던 차르(알렉산드르 1세이자 오언의 손님이었던 니콜라이 대공의 형)에게 자신을 소개하고 청원서 두 부를 내밀었다. 차르가 입은 옷에는 서류를 넣을 만한 큰 호주머니가 없었기 때문에 그는 청원서를 거절하고 대신 오언에게 그날 저녁에 다시 방문해달라고 부탁했다. 퉁명스러운 차르의 말투에 언짢아진 오언은 초대를 거절했다. 그러나 오언은 엑스라샤펠 회의의 영국 대표 가운데 한 명인 캐슬레이에게 청원서를 회의에 제시해달라고 부탁했고, 나중에 여러 정보원으로부터 회의에 제출된 문서 가운데 자신의 청원서가 가장 중요하게 주목받았다는 말을 들었다.

그는, 아무리 독실한 신자가 되었다 할지라도 옷을 잘 차려입는 사람은 호주머니에 종이를 쑤셔 넣어 옷매무새를 망치는 일을 좋아하지 않는다는 점을 알아차렸어야 했다.

오언은 점차 정부가 그의 계획안에 착수하지 않으리라는 것을 알게 되었지만 여전히 지역 당국에는 희망을 버리지 않았다. 따라서 1820년에는 자신의 생각을 꽤 세부적으로 설명하는 긴 보고서를 래너크 주에 제출했다. 이 보고서에서 가장 중요하고 색다른 제안은 노동화폐로 화폐를 대체해야 한다는 주장이었다. 정부는 1797년에 전쟁으로 중단한 금본위제를 재개할 예정이었다. 따라서 통화 문제가 전면에 부상했다. 오언의 제안에 따르면 모든 가격은 생산에 관여한 노동에 비례해 정해질 것이며 모든 지불은 노동 단위로 이루어질 것이다. 그는 "자연스러운 가치 단위는 원칙적으로 인간의 노동, 즉 인간의 정신력과 물리력이 결합된 행위다"라고 설명한다. 그는 이 시스템의 채택에 거의 마법적 힘을 기대했다. 1817년 이후로 언제나 그랬던 것처럼 그의 희망은 과도했고 장애물에 대한 인식은 거의 없었다. 나이를 먹을수록 그의 현실감각은 떨어졌고, 그의 성격에서 계시적 분위기는 점차 두드러졌다.

그러나 래너크 주 보고서에는 중요하고 타당한 이야기도 많다. 보고서는 노동이 모든 부의 원천임을 진술하면서* 시작한다. 충분한 생산에는 어려움이 없으며 오로지 시장을 찾는 데 어려움이 존재한다고 주장한다. 시장은 임금에 의존하는 노동계급의 수요로 창출된다. 따라서 시장을 확대하기 위해서는 임금을 올리는 것이 필

---

* [원주]앞서 리카도와 관련하여 살펴본 대로 이것은 물론 부분적으로만 사실이다.

수적이다. "그러나 기존 사회질서는 노동자가 작업에 보상을 받는 것을 허용하지 않으며 따라서 모든 시장은 실패한다." 그는 자신의 노동화폐와 마을을 상술한 후 계속해서 과도한 분업을 비판한다. 아이들은 종합적인 훈련을 받을 것이며, 성인은 농업과 산업을 결합한 일에 종사할 것이다. 교육은 오언이 언제나 주장한 대로 다른 모든 활동의 기본으로 취급될 것이다. 그러나 그가 목표하는 결과들은 원대하다. 모두가 원하는 대로 누릴 것이며, 따라서 더 이상 전쟁이나 범죄, 감옥은 없을 것이다. 그 대신 보편적인 행복만이 존재할 것이다.

1824년부터 1828년까지 4년간은 대체로, '평행사변형' 협동 마을 노선을 따른 실험적인 공동체에 투자가 이루어졌다. 독일의 종교 개혁가 게오르크 랍은 다수의 열성적인 추종자들을 이끌고 미국으로 건너가 처음에는 펜실베이니아에, 나중에는 인디애나에 하모니라는 식민 도시를 건설했다. 그들은 결혼과 담배를 거부했고 그 결과 번영을 누렸다. 1824년 그들은 다른 곳으로 다시 옮겨가기로 하면서 1825년 초에 인디애나에서 자신들이 소유한 모든 것을 오언에게 팔았다. 오언은 그곳을 '뉴하모니'라고 부르며 워싱턴에서 미국 대통령과 의회에 연설을 한 후 그가 꿈꿔온 공동체를 조직하는 일에 착수했다. 그런 실험에서 흔히 그렇듯이 모든 것이 잘못 돌아갔다. 오언은 4만 파운드를 날리고 빈털터리가 되었다. 그러나 그와 함께 뉴하모니로 건너온 오언의 아들들은 토지를 약간 가지고 있었고, 결국에는 성공한 미국 시민이 되었다.

묘하게도 뉴하모니가 성공을 거둔 분야가 하나 있는데, 전적으로 뜻밖의 분야였다. 오언은 유럽에서 여러 명의 과학도를 데려왔는데, 그들 가운데 다수가 귀중한 업적을 남겼다. 오언의 아들들은 미국지질조사국을 관리했고, 조사국 본부건물이 1856년까지 뉴하모니에 있었다. [전기작가] 프랭크 포드모어는 1906년에 이렇게 썼다.

> 따라서 오언의 거대한 실험은 실패했지만 다른 방면에서 전혀 예기치 못한 성공이 그의 노력을 보상했다. 뉴하모니는 한 세대 이상 미국 서부의 교육과 과학의 중심지였다. 거기서 뻗어 나온 영향들은 미국의 사회와 정치 구조 다방면에서 감지되었다. 오늘날까지도 로버트 오언의 족적은 그가 설립한 도시에 고스란히 남아 있다. 뉴하모니는 서부 주의 다른 도시들과 다르다. 그곳은 역사를 간직한 도시다. 깨진 희망과 이상의 부스러기는 현재의 삶이 뿌리내린 토양이 된다. 오언의 이름은 오늘날에도 도시의 저명한 여러 시민들, 그 위대한 사회주의자 후손들의 이름 속에 남아 있다. 도시는 소중한 다수의 희귀본을 비롯해 15,000권 상당의 장서를 보유한 공립도서관―관장은 최초 정착민의 손자이다―을 자랑한다.

노동조합 운동(다음 장에서 살펴볼 텐데 이 운동은 1834년에 끝났다)에 혜성처럼 등장해 잠시 동안 폭발적인 움직임을 보인 후 오언은 노동계급 급진주의와 더 이상 긴밀한 접촉을 유지하지 않았다. 그는 자그마한 자유사상가 분파의 지도자가 되었고, 점잖은 인사들 눈에 더 이상 '자비로운 오언 씨'가 아니었다. 그는 대중을 선동해 무신론과 혁명 활동을 조장하는 위험인물이었다. 1835년에 그가 일련의 강연에서 결혼에 대해 파격적인 견해를 표명하자 그의 인기는 더 떨어졌고, 강연록은 『부도덕한 낡은 사회에서의 성직 결혼에 대한 강연』이라는 제목으로 출간되었다. 이 제목은 오해의 소지가 있다. 오언이 뜻한 바는 성직자들이 주재하는 결혼이다. 이 시기에 오언은 완전한 공산주의자가 되었고, 사유재산과 결부된 제도이자 인간들 사이에 소유와 비슷한 상태를 초래하는 제도로서 결혼을 거부했다. 그는 결혼제도를 규탄했을 뿐만 아니라 아동에 대한 가족 환경을 그것도 아주 통렬한 어조로 비난했다. 그러나 그는 남녀관계에서 자유에도 불구하고 여전히 평생토록 지속되는 결합이 많을 것이라고 기대했던 것 같다.

이러한 견해들이 플라톤의 경우에서처럼 공산주의로부터 이론적으로 도출된 것인지 아니면 그의 사적인 삶에서 어떤 영향을 받은 것인지는 나도 모르겠다. 오언 부인은 1831년에 죽었고, 그가 오랜 기간 동안 그녀를 자주 떠나 있었지만 그녀에 대한 애정이 사라졌다고 볼 만한 증거는 전혀 없다. 생애 마지막 해에 그녀는 남편에게 이렇게 썼다.

사랑하는 여보, 이렇게 근심거리가 많은 시기에 당신이 곁에 있어서 충고해주면 얼마나 좋을지 모르겠어요…… 오는 목요일이 바로 31년 전 우리가 하나가 된 날이란 걸 기억하시리라 믿어요. 전 우리가 31년 전보다 서로를 더 잘 이해하고 더 진실하게 사랑한다는 걸 마음속 깊이 알고 있어요. 앞으로도 우리의 사랑이 줄어들 만한 일이 결코 일어나지 않기를 진심으로 기원해요.

오언의 사상을 비난한 적들도 그의 사생활에서는 흠을 찾지 못했다. 평행사변형 마을, 보육원, 사유재산과 결혼제도의 폐지는 논리적으로 일관된 신념을 구성하며 그의 도덕관에 대해 다른 원천을 찾아야 할 이유는 없다.

이런 암울한 시절에 오언의 사악함에 충격 받지 않은 사람이 딱 둘 있었다. 한 명은 멜본 자작이고 다른 한 명은 다름 아닌 빅토리아 여왕이었다. 도체스터 노동자 사태*에도 불구하고 오언은 멜본과 친분을 유지했고, 멜본은 1839년에 그를 빅토리아 여왕에게 소개했다. 오언은 누굴 만날 때면 항상 책이나 글을 선물했기 때문에 이번에도 여왕 폐하께 「합리적 종교인 공동체 협회 대표자 회의 연설: 사회조건들을 개선하기 위해 회의가 제안한 조치들을 검토할 단체를 임명하도록 정부에 촉구함」이라는 글을 선물했다. 역사는 이 구미가 당기는 제목을 보고서 여왕 폐하가 황송하게도 이 글을 읽어보았는지 아무런 이야기가 없다.

누구도 멜본 자신의 범죄 행위들에 대해서는 트집을 잡지 않았지만 여왕한테 악명 높은 무신론자를 소개한 것을 두고는 맹비난이 쏟아졌다.† 엑시터 주교는 버밍엄 교구에서 날아온 사회주의에 반대하는 탄원서를 올리면서 오언의 조직은 불법이라고 지적하고, 그를 투옥해야 하며 또 투옥할 수 있다고 주장했다.

그는 길게 설명해서 존경하는 귀족 나리의 귀를 괴롭히지 않겠다는 말과 함께 다른 신성모독과 부도덕한 행위들도 있었다고 덧붙였다. 주교가 입수한 오언의 책 ─ 틀림없이 『성직 결혼』을 가리킨

---

*   [원주]다음 장을 보라.

†   [원주]멜본 자신은 확고한 무신론자였던 것 같다. 1835년 12월 16일자 그레빌의 일기를 보라.

다―가운데 한 문단이 주교의 눈앞에 펼쳐졌지만, 그는 그 이후로 그 부분을 다시 쳐다봄으로써 마음을 더럽히는 짓을 결코 허락하지 않았다. 그는 최악의 신성모독과 외설적 발언 가운데 일부는 인용할 수 없었으며 심지어 고귀하신 (노먼비) 후작에게 신속한 조치의 필요성을 설득시키기 위해서도 차마 인용할 수 없었다. 그는 도저히 인용할 수 없었고 감히 인용하려고도 하지 않았다.

그러나 이것이 최악은 아니었다. 보아하니 퀸우드(오언주의자 공동체)에서는 실제로 안식일에 음악과 춤, 노래가 있었다! 수상은 대체 이런 사람을 순진하고 어린 여왕에게 소개해도 괜찮다고 생각했다니!

주교의 장광설에 뒤이어 전국 각지에서 그보다 명성이 덜한 사람들의 열성적인 비난이 쏟아졌고, 오언주의자들은 기독교적 자비의 이름으로 공격을 당하는 지경에 이르렀다. 그러나 아주 과격한 사태까지는 벌어지지 않았고, 그들 분파는 점차 잊혔다. 그러나 사회주의와 자유연애 간의 연계가 부유층의 머릿속에 얼마나 확고하게 각인되었는지는 1846년 철도 건설과 관련한 의회위원회에 증인으로 출석한 한 성직자의 답변에서 잘 드러난다. 건설 작업에 고용된 인부들의 성도덕과 관련하여 이 성직자는 다음과 같은 질문을 받았다.

"귀하께서는 불온한 의견들에 대해 언급하셨지요. 인부들 가운데 다수가 사회주의자라고 생각하십니까?"

"실제로 사회주의자들입니다. 인부들 대부분은 아내가 있는 것 같은데 실제로 결혼한 사람은 극히 드뭅니다."[25]

이 답변에서 엿보이는 빅토리아식 사려 깊은 태도에는 찬사를 보낼 만하지만 인부들이 다른 어떤 의미에서든 사회주의자일 가능성은 없다. 그 시대 사회주의자들은 극소수였고 진지했으며 이지적이었다. 이 인부들은 여기에 전혀 해당되지 않는다.

선구자 오언의 업적과 한계

오언의 업적과 영향을 올바르게 평가하는 일은 쉽지 않다. 1815년까지 그는 자신이 떠맡은 일에서 언제나 성공을 거두고 개혁가적 충동에 이끌려 불가능한 일에 뛰어들지 않는, 어느 모로 보나 철저하게 현실적인 인물로 보인다. 그러나 이후로 그의 이상은 넓어졌지만 일상적인 명민함은 줄어들었다. 세계를 바꾸려고 시도하면서 그는 조급했고, 재정에 적절한 주의를 기울이지 않았으며, 자신에게는 너무도 자명한 진실로 보이는 것에 모두가 금방 설득되리라고 믿음으로써 실패했다. 뉴래너크에서의 성공이 처음에 다른 사람들을 잘못된 믿음으로 이끈 것처럼, 그 역시 잘못된 믿음으로 이끌렸다. 오언은 기계를 이해했고 다른 사람들에게 호감을 사는 법을 알았다. 이러한 특성들은 뉴래너크에서는 충분했지만 이후의 사업들에서는 통하지 않았다. 그에게는 성공적인 지도자나 성공적인 조직자를 만드는 특성이 없었다.

그러나 새로운 사고를 제시한 사람으로서 오언은 높은 평가를 받을 만하다. 오언은 비록 그가 활동한 시기 직후에는 그 중요성이 철도의 발전으로 일시적으로 은폐되었지만, 시간이 지나면서 중요성이 부각된 산업 생산과 관련한 문제들을 강조했다. 대대적 임금 상승을 통해 시장이 커질 수 없다면 그는 기계 때문에 증가한 생산은 과잉생산이나 실업으로 이어질 수밖에 없다는 점을 알았다. 또 자유경쟁의 지배를 받는 경제 세력들에 의해 그러한 임금 상승이 이뤄질 가능성이 별로 없다는 것도 알았다. 그는 산업화가 전체의 번영을 가져오려면 좀 더 특수한 생산 방식과 분배 방식이 필요하다는 결론을 이끌어냈다. 19세기는 착취할 수 있는 새로운 시장과 나라를 지속적으로 찾아냄으로써 과잉생산의 논리적 결과를 피하는 데 성공했지만 우리 시대에는 오언 분석의 타당성이 분명해지기 시작했다.

그가 활동한 시절에 그의 계획에 제기된 가장 심각한 반론은 두 가지였다. 하나는 인구법칙이었고, 하나는 산업의 유인동기로서 경쟁의 필요성이었다. 오언을 두고 "진정으로 선의가 넘치는 사람"이라고 말하고 오언이 제안한 공장법과 교육 방식에 찬성한 맬서스는 그럼에도 불구하고 그러한 반론 두 가지를 모두 제시했다. 그는 모든 평등 체제에서는 "인간의 타고난 나태를 극복할 수 있는 유일한 원동력인 활동에의 자극"이 사라지는 한편 전적으로 사적 소유에 의존하는, 인구에 대한 신중한 억제가 제거될 것이라고 말한다. "모두가 동등하고, 모두가 유사한 상황에 놓인다면 어떤 사람이 다른 사람보다 절제의 의무를 더 수행해야 할 이유는 사라질 것이다. 심하게 부자연스럽지 않고 부도덕하지 않으며 잔인하지 않으면서 이 (인구 제한) 목적을 달성할 어떤 방법도 제시하지 못하는 그(오언)의 전적인 무능력과 더불어 예나 지금이나 오언과 동일한 시도를 한 다른 사람들 가운데 성공한 사례는 없다. 이 사실은 인구법칙에 근거한 평등 체제에 대한 반론에 이론적으로나마 개연성 있는 어떤 답변도 허용되지 않는다는 것을 보여주는 듯하다."

이 두 가지 반론의 타당성에 관해 따져보면, 우선 인구법칙에 근거한 반론에는 출생률 저하라는 답변이 돌아왔다. 참으로 묘한 아이러니인데, 종국적으로 노동계급에게 산아제한을 가르친 사람들은 주로 중간계급 급진주의자들인 반면 사회주의자들은 대체로 그 문제에 대해 적대적이거나 무관심했다. 다른 반론은 노동생산성의 증가 덕분에 갈수록 심각성이 줄어들었다. 일반적인 작업 시간이 하루 12시간에서 15시간인 시절에는 물론 빈곤에 대한 두려움이 필수적인 유인동기였다. 그러나 현대적 방식과 더불어 적절한 조직이 존재한다면 하루에 몇 시간 만의 노동으로 충분할 것이며, 이러한 것들은 강제가 어렵지 않은 규율로 얻을 수 있다.

물론 해법으로 간주된 오언의 마을들은 약간 터무니없었다. 공산주의적 체제는 소규모로는 적절하게 시도될 수 없다. 전 세계는 아니더라도 적어도 한 나라 전체에 확대되어야 한다. 마을들은 농업과 산업을 결합해야 하며 각자 식량 문제에서 거의 자급자족을 할 수 있어야 한다. 그러한 계획은 수력으로 가동되는 고립된 공장들이 농촌 지역에 들어선 1815년 북부 산업 지방에서는 자연스러워 보였다. 그러나 현대 세계에서 공업 지구가 식량을 자체 생산하는 것은 불가능하다. 매우 낮은 생활수준을 받아들일 각오를 하지 않고 오늘날 어떤 작은 공동체도 경제적으로 자급자족을 목표로 삼기는 불가능하다.

그러나 다른 측면에서 오언의 평행사변형 협동사회에는 여전히 바람직한 것들이 많다. 그는 동시대인들과 달리 삶을 이익과 손해의 관점에서 생각하지 않았다. 아름다움, 감성과 지성의 함양, 그리고 무엇보다도 아이들을 기억했다. 그가 계획한 것과 같은 공동체적 삶에서는 옥스퍼드와 케임브리지 대학에서 느낄 수 있는 온갖 아름다움을 누리는 것이 가능했다. 넓은 공간과 훌륭한 공동 휴게실, 아이들이 일하고 놀 수 있는 자유를 누릴 수 있다. 이 모든 것들은 우리가 익숙한 가족 개인주의에서는 불가능하다. 오로지 연합을 통해서만 부자가 아닌 사람도 지저분한 환경을 벗어나 널찍한 건물 그리고 공기와 햇살이 넘쳐나는 곳에서 심미적 즐거움과 쾌적함을 누릴 수 있다. 가난해서 거리에서 놀도록 방치된 게 아니라면 아이들에게 현대 도시 세계는 감옥이며, 그렇게 자유를 누릴 수 있을 때조차도 거리는 아이들에게 유해하고 위험하다. 오언은 개인주의적이고 경쟁적인 세계에서 간과되는 중요한 요구들을 제공했을 것이다. 그는 새로운 사회로의 전환이 가능한 것보다 훨씬 쉽고 신속할 것이라고 오판했지만 그가 이뤄내고자 했던 바는 훌륭했다. 거의 모든 개혁가들은 무시했지만 일부 기술 조정을 거치면서 기계 생산이 증대했고, 이에 따라 그가 꿈꾼 것들의 실현 가능성은 줄어들기는커녕 오히려 더 커졌다. 이러한 이유 때문에 한계점들에도 불구하고 오언은 중요하며 그의 아이디어들은 여전히 결실을 맺을 수 있다.

16

초기 노동조합주의

상품 판매자가 독점적 지위를 누린다면 경쟁에 노출되어 있을 때보다 더 높은 가격을 얻을 가능성이 크다. 만약 그에게 경쟁자가 있다면 그들은 공동으로 독점의 이점을 누리도록 서로 연합하는데, 보통 그 연합combination이 자신의 이익에 부합하기 때문이다. 그러나 그러한 연합을 달성하는 것은 일반적으로 매우 어렵다. 경쟁자들이 서로를 의심하기 쉽고 연합에서 떨어져 나가 독자적으로 구매자와 협상함으로써 일시적인 이득을 얻을 수 있기 때문이다. 게다가 구매자들은 판매자 간의 협정으로 입을 수 있는 손실을 알기 때문에 그러한 협정을 막기 위한 가능한 모든 법적 장애와 여론상의 장애물을 세운다. 그에 따라 경쟁의 장점은 소비자들에 의해 적극 권장되고 연합의 장점은 생산자들의 의해 권장된다. 이 두 대립적인 관점의 충돌과, 연합과 경쟁이 가져오는 공공선에 관한 일반적 원리들은 19세기 경제사를 관통한다.

상품으로 간주되는 노동은 임금노동자가 판매하며 자본가가 구매한다. 증가하는 인구와 임금노동자 간 경쟁을 고려할 때 임금은 최저생활 수준으로 떨어지는 경향이 있다. 노동조합은 적어도 그 기원에서는 노동의 판매자들끼리 단결함으로써 이러한 결과를 방지하려는 시도다. 처음에는 특정 동업자들 사이에서만 조직되다가 점점 더 넓은 지역으로 확대되었고, 마침내는 영국 전체를 아우르면서 산업 임금노동자 절대 다수를 포괄하게 되었다. 임금노동자의 경제적 협상력과 노동의 일반적 지위가 노동조합을 통해 엄청나게 올라간 것에는 의심의 여지가 없지만, 초기의 발걸음은 힘들었고 과도한 희망들은 거듭해서 좌절을 겪었다.

노동조합의 등장과 발전

시드니 웹 부부에 따르면 최초의 노동조합은 17세기 후반에 만들어졌다. 따라서 기계생산 시대보다 100년 앞서 시작되었지만, 노동조합이 중요해지기 시작한 것은 산업혁명 시기에 이르러서다. "노동조합이 등장한 모든 사례에서 장인 대다수는 생산 과정을 스스로 통제하고 원자재와 자신들의 노동의 산물을 소유한 독립 생산자 지위에서 벗어나, 생산 수단도 자신들이 생산한 완제품도 소유하지 못한 임금노동자의 상태로 옮겨갔다."[26] 일부 직업 분야, 예를 들어 재단사의 경우 장인에서 프롤레타리아 상태로의 몰락은 기계 시대 이전이지만, 노동조합이 생겨나기 위한 조건들이 대규모로 등장하기 시작한 것은 오로지 기계와 공장제를 통해서이다. 이런 이유로 노동조합은 다른 어느 곳보다 일찍이 영국에서 중요했다.

18세기에 노동조합은 법이 적대적 시선을 보낼 만큼의 비중이 없었지만 1799년부터 1913년까지, 처음에는 입법기관과 법원 양쪽으로부터, 나중에는 입법 의도를 무시한 법원으로부터 법적 탄압을 받았다. 피트가 발의하고 1799년 의회가 서둘러 통과시킨 법안은 노동자들의 모든 결사 행위를 불법으로 규정했다. 이론상으로는 고용주의 연합도 불법이었다. 그러나 법에서 이 부분은 사문화되었다. 판례법과 더불어 다른 법규들은 더 편리할 때면 행사되었다. 1812년 면방직공 파업에서 파업위원회는 단결을 금지한 판례법을 위반한 죄목으로 체포되어 징역 4개월에서 18개월에 이르는 다양한 형량을 선고받았다. 1818년 면방적공 파업 지도자들은 '모반자들과 소송방조자들'이라는 제목의 1305년의 법령에 따라 징역 2년을 선고받았다. 기소가 남발되었고 심지어 파업이 없을 때도 흔했다. 웹 부부는 "19세기 첫 20년은 노동조합원을 반역자와 혁명가로 몰아 조합의 건전한 성장을 방해하고 조합원들을 폭력과 선동으로 몰아가는 법적 탄압의 시대였다"고 말한다.

　　노동조합 운동의 새로운 국면은 중간계급 급진주의자들의 개입에 따라 1824년에 시작된다. 그때까지 노동조합 운동은 임금노동자 이외의 모든 계층에서 무시와 혐오를 받으며 자생적으로 성장해왔다. 1810년《타임스》식자공에 대한 기소를 계기로 프랜시스 플레이스는 단결을 금지하는 법령의 부당성에 주목하게 되었고, 1820년대 초 영국 정치에서 맹렬한 반동의 기운이 약해지기 시작할 때 법령 폐지에 찬성하는 쪽으로 철학적 급진주의자인 매컬로크와 조지프 흄의 지지를 얻어냈다. 1824년 흄은 의회에서 결사의 완전한 자유를 보장하는 법안을 통과시키는 데 성공했다. 그 시절에는 정부도 이 문제에 많은 주의를 기울이지 않았기에 흄은 조용히 침묵을 지킴으로써 의원들은 물론이고 각료들도 무슨 일이 벌어지고 있는지 알아차리지 못하게 하는 데 성공했다.[27] 대대적인 파업이 일어났을 때 사람들은 구職법이 더 이상 유효하지 않음을 알고 깜짝 놀랐다. 이듬해 1825년 의회는 의도하지 않게 폐기한 조항 일부를 다시 제정했지만 파업과 노동조합 자체를 불법화하는 데까지 나가지는 않았다. 이때부터 쭉 노동조합 운동은 여러 부침을 겪으면서 산업계와 정치 양쪽에서 점차 중요해졌다.

　중간계급의 영향으로부터 자유로운 한, 노동조합은 정치적으로나 경제적으로 거창한 목표가 없었고 노동계급 연대의식도 별로 없었다. 그들은 대부분이 특정 직업의 숙련 장인인 지역 연합체로 구성되었고, 때때로 다른 지역의 유사한 연합체와 협력하기도 했지만, 자신들의 임금 수준을 유지하는 것 이상의 일에는 관여하지 않았다. 그러나 조합 지도자 가운데 일부는 결사금지법의 폐지와 관련하여 철학적 급진주의자들과 접촉한 후에 임금노동자에게 맬서스적인 자제와 미국으로의 이민을 목표로 한 근검절약이라는 차가운 위안 이상을 제공하는 다른 사상들을 알게 되었다. 오언은 물론이고 여러 경제학자가 사회주의를 설파하고 있었는데, 그 가운데 가장 중요한 인물은 마르크스한테 존경을 받으며 인용되는 드문 명성을 누린 토머스 호지스킨*이었다. 호지스킨은 리카도를 따라 노동이 가치의 근원이라고 가르쳤지만 리카도와 달리 노동자가 산업 생산의 성과 전부를 가져야 한다고 주장했다. 호지스킨의 활동에 질겁한 밀은 1831년 10월 25일에 플레이스에게 편지를 썼는데,

---

*　　사회평론가이자 경제학자로 노동자의 단결과 임금투쟁을 지지하였다.

《모닝 크로니클》의 편집자 블랙에게 공산주의를 설교한 '노동계급' 대표단에 대해 깊은 우려를 표명하는 내용이었다.

> 재산에 대한 그들의 관념은 위험해. 그들은 재산권과 대의제와는 아무 관련이 없어야 한다고 생각하는데, 물론 그 점은 맞지만 그들도 직시해야 하다시피 지금으로서는 맞지 않은 생각일세. 게다가 그들은 사유재산이 없어져야 하며, 사유재산이 자신들에게 해악이라고 여기는 것 같아. 틀림없이 파렴치한들이 그들 사이에서 활동하고 있는 것 같네. 블랙에게 그런 견해들을 강요하기 쉬운 건 사실이지. 그렇지만 이 문제는 제대로 들여다봐야 하네. 자네만큼 이런 궤양들을 찾아내는 수단을 갖고 있는 사람도 없고, 또 자네만큼 치유책을 갖고 있는 사람도 없지. 그들이 그토록 바라는 일이 스스로 커다란 재앙을 불러들이는 일이란 것을 내다보지 못하다니 정말 어리석군.

플레이스는 다음과 같은 답장을 보냈다.

> 친애하는 밀, 자네가 때때로 민중을 위해 애를 쓰고 또 영향력 있는 사람이기에 자네의 편지에 대한 답변으로 논문 한 편을 보내네. 블랙을 방문한 사람들은 노동계급 대표단이 아니라 블랙프라이어스 가의 원형 홀과 핀스버리의 필라델피안 예배당에서 열린 모임들을 주도한 혹은 망친 대여섯 사람 가운데 두 명일세. 그들이 지금 설파하는 사상은 1825년 호지스킨이 『자본의 권리 주장들에 반하여 노동을 옹호함』이라는 제목의 소책자에서 발표한 것인데…….[28]

이와 관련한 장문의 편지가 이어진다.

1년 후 밀은 플레이스가 준 정보를 헨리 브루엄에게 보냈다.

각하가 임금, 이윤, 지대를 포함한 국가의 모든 생산물에 대한 노동자의 권리에 관해 언급한 헛소리는 호지스킨[밀의 실수이다]이란 친구의 정신 나간 헛소리에 불과합니다. 그는 자신의 생각을 하나의 사상체계로 출판하고, 더할 나위 없는 광신자의 열성으로 보급하고 있습니다. 《모닝 크로니클》에 게재되는 그의 주장은 무엇이든 간에 일종의 부편집인으로서 그가 몰래 실은 것이고 블랙(편집자)은 그런 것을 짚어내는 예리한 눈썰미가 없습니다. 그러나 재산과 관련한 블랙의 견해는 전적으로 건전합니다. 이러한 견해들이 널리 퍼진다면 문명사회는 전복될 것이며 물밀듯이 쇄도하는 훈족과 타타르족보다 더 심각한 파괴를 초래할 것입니다.[29]

오언의 협동조합

사회주의 가르침의 결과는 중간계급 급진주의에 대한 반란임과 동시에, 한편으로는 노동조합적이고 한편으로는 대체로 오언을 선지자로 우러러본 협동조합적인, 순수 노동계급 운동의 급속한 성장이었다. 오언 자신은 뉴하모니로 정신이 없는 사이에 협동조합 운동은 오언의 가르침들과 긴밀히 연계되어 발전하기 시작했다. '사회주의자Socialist'라는 단어는 이 시기에 오언의 추종자들을 가리키면서 처음 사용되며 1827년 《협동조합 매거진》에서 오언 마을의 옹호자들은 '공산주의자Communionist와 사회주의자'로 불렸다.[30] 마을 설립에 필요한 자본이 쉽게 나타나지 않았기 때문에 협동조합 운동은 더 현실적인 방식으로 발전하게 되었다. 오늘날 협동조합 가게의 엄청난 성장은 오언에서 시작된 발전의 산물이다. 그러나 협동조합은 최종적으로 지극히 실용적인 형태에 도달하기 전에 다양한 부침을 겪었고, 여러 성공적이지 못한 실험을 거듭했다.

1832년 9월에 오언은 브롬리라는 그의 신봉자가 한때 '무지와 빈곤을 일소하는 기구'로 사용했던 그레이스인 가의 웅장한 건물에 '전국 공평 노동 거래소'를 열었다. 여기서 상품은 돈이 아니라 상품 생산에 들어간 비용을 노동으로 표시한 노동화폐로 사고 팔릴 예정이었다. 막대한 거래가 이루어졌지만 이것이 이윤을 내고 있는지 아니면 손실을 내고 있는지 아무도 제대로 알지 못했다. 브롬리는 오언에게 거금의 임대료를 내라고 요구하기 시작했다(물론 노동화폐가 아니라 일반 화폐로). 그 결과 오언은 다른 건물로 옮겨갔고, 1833년 7월에 그 사업에서 손을 뗐다. 유사한 원리에 따라 운영되는 다른 노동거래소들도 대부분 런던에 들어섰다. 그리고 노동거래소와 관련하여 '동업조합 연합'이 구성되었는데, 그곳에서 실업자들은 일감을 얻고 노동화폐로 보수를 받은 후 그들이 생산한 것을 노동거래소로 보냈다. 그러나 운동 전체는 곧 완전히 실패했다. 나중에 차티스트 지도자가 되며 동업조합 연합과 긴밀하게 연계되었던 오언주의자인 윌리엄 러빗은, 이 실패를 '종교적 차이, 법적 안정성 부족, 자신들의 거래를 상점 한 군데로 국한해야 했던 여성들의 불만' 탓으로 돌렸다. 종교적 문제를 가라앉히지 못한 오언의 무능력은 볼 때마다 놀랍다.

한동안 노동조합 운동은 협동조합을 향한 이 초기 시도들과 긴밀하게 연결되어 있었다. 비록 일부 노동조합들은 냉담했지만 대부분은 1833년에 오언의 이념을 받아들여 그의 지도 아래 조합원 수가 갑작스레 폭발적으로 증가했고, 폭넓은 사회주의적 목표를 실현하려고 시도했다.

언제나처럼 오언은 빠른 성과를 기대했다. 그는 노동조합 운동이 몇 년 안에 경제 체제 전체를 변형시킬 수 있다고 생각했다. 건설 직공 조합이 보낸 편지에 대한 답장에서 그는 이렇게 말했다. "영국 제국의 전 인구를 통틀어 이 변화는 5년도 안 돼 달성될 수 있으며 5개월도 안 되어 영국과 아일랜드 전역의 생산 계급의 처지를 본질적으로 개선할지도 모릅니다."[31] 건설 직공들은 '전국 건설 형제 조합'을 설립했다. 그들은 건축 계약을 직접 맺을 작정이었다. 고용주들은 자신들의 권력이 끝났다는 통보를 받았지만 능력을 입증하면 관리자로서 조합에 가입하는 것이 허용되었다. 한편 건축 직공들은 더 높은 임금을 요구했다. 고용주들은 오언주의자들의 천년왕국에 아무런 열의를 보이지 않았고 조합원들을 고용하기를 거부했다. 파업이 일어났고 파업참가자들은 버밍엄에 조합회관을 건설하는 데 착수했다. 그러나 완공되기 전에 자금이 바닥났고 사업 전체가 붕괴했다. 그러나 그사이에 조합은 더 광범위한 운동에 흡수되었다.

노동조합과 사회주의의 엇갈린 운명

1833년 10월에 영국 전역에서 온 노동조합의 대표자들은 전국 공평 노동거래소에 모였고 '생산 유용 계급의 전국 도덕 대연합' 결성을 결의했다. 몇 주 만에 조합원 수는 50만 명에 달했고 조합원 총수는 100만 명으로 추산되었다. 일부 조합들은 오언에 대해 회의적이었지만 전국 노동조합 대연합은 그의 사상에 전적으로 헌신했다. 오언의 낙관주의와 급속한 회원 수 증가는 조합원들을 성급하게 만들었던 것 같다. 도처에서 파업이 일어나 고용주들은 경각심을 느끼게 되었다. 조합원들은 일자리를 거부당했고, 그 결과 기금이 바닥났다.

바로 그때 도체스터 노동자 사태가 발생했다. 농업노동자 우호협회 집회에 참가한 여섯 명의 노동자가 있었는데, 우호협회 자체는 불법이 아니었지만 그들은 선서 의식을 치렀고 이를 근거로 7년 유형에 처해졌다. 오언과 다른 지도자들은 이 불운한 노동자들을 위한 구명 운동에 전력을 다했다. 가능한 모든 수단을 시도했지만 내무부 장관 멜본은 요지부동이었다.

전국 노동조합 대연합은 이제 심각한 위기에 처해 있었고, 주로 종교에 관한 오언과 그의 보좌관들 간의 불화는 결국 붕괴에 마침표를 찍었다. 그의 주요 보좌관이었던 J. E. 스미스는 사회주의에 질려서 보편주의 종교를 창시했고, 이 일화 이후로 《패밀리 헤럴드》의 편집자로 조용하고 순탄한 삶을 살았다. 인적·재정적인 문제들 속에서 대연합은 끔찍하고 고통스러운 종말을 맞았다. 그에 대한 희망을 버린 오언은 아직 자신에 충실한 추종자들을 설득해 '국내외 산업, 인류, 지식 통합 협회'라는 새로운 조직을 설립했고 노동조합 운동은 한동안 수면 아래로 가라앉았다. 노동계급의 열정은 처음에는 차티스트들이 주도하는 순수하게 정치적인 노선에 쏠렸고, 그다음 1844년 '로치데일 선구자들' 설립 이후에는 2차 협동조합 운동에 쏠렸다. 협동조합 운동은 여전히 오언을 선지자로 바라봤지만 덜 혁명적인 목표를 향해 더 실현 가능한 수단들을 추구했다. 웹 부부는 다음과 같이 설명한다.

　　1848년이 되자 혁명의 위험은 사라졌다. 새 세대의 노동자들이 성
장하고 있었고 그들에게 험악한 탄압의 옛 시절은 모르는 일이었다.
그들은 중간계급 개혁가들의 정치적, 경제적 철학들을 흡수했다. 벤
담과 리카도, 조지 그로트'는 소수만 읽었다. 그러나 헨리 브루엄과 찰
스 나이트 같은 교육주의자들은 활동은 '유용한 지식'을 기계공 협회
회원들과《페니 매거진》의 독자들에게 전파했다. 그에 따라 전파된
'자유 기업'과 '무한 경쟁'이라는 중간계급의 사상들은 반곡물법 연
맹의 엄청난 선전과 자유무역의 전반적 진전으로부터 커다란 추진력
을 얻었다.

　　1840년대부터 1880년대까지 보편적인 번영과 더불어 오언주
의자들이 주도한 노동조합 운동의 대실패는 맨체스터 학파가 영
국 경제 정책을 지배하던 시기에 노동계급 지도자들마저 개인주의
적 급진주의자로 탈바꿈시켰다. 그럼에도 불구하고 노동조합 운동
은 거대한 붕괴 후에(웹 부부는 1840년에 영국에 조합원 수가 10만 명
에 못 미쳤다고 추정한다) 꾸준히 성장하여 모든 산업 국가로 퍼져나
갔다. 영국에서 노동조합은 주기적인 새로운 입법으로 인해 주기적
으로 판사들로부터 적대감을 샀다. 1880년대에 다시 불경기가 찾
아오고 임금이 하락하기 시작했을 때 노동조합들은 오언을 기억했
고 사회주의에 대한 믿음을 되살렸다. 1885년 하인드먼†은 미봉책

---

* 　영국의 저명한 역사가이자 인민대의제를 옹호한 정치적 급진주의자.

† 　영국의 사회주의자로 마르크스를 영국에 소개하고, 영국사회민주연맹을 창설하였다.

의 무용성을 인식한 "고귀한 로버트 오언"을 칭송했다. "그러나 그의 시대에는 준비되지 않았던 혁명은 이제 무르익어 준비가 되었으며……19세기 거대한 사회혁명이 가까이에 와 있다."[32] 혁명은 1834년 마찬가지로 1885년에도 일어나지 않았다. 그러나 후대의 사회주의자들은 유용한 일거리를 찾아냈다. 오언은 한동안 조합에 미숙련 노동자들을 가입시켰지만 그들을 기아와 감옥, 유형지로 인도했을 뿐이다. 그러나 1880년대 후반에 노동조합이 다시금 미숙련 노동자들에게 접근했을 때는 대단히 성공적인 파업들이 일어났다. 그리고 국가 사회주의가 현실성이 없는 것으로 드러난 반면 지자체 사회주의 쪽에서는 많은 유용한 성과가 있었다.

노동조합은 되살아났고, 사회주의는 쇠퇴했다. 이제[1930년대] 노동조합은 다시금 쇠퇴하고 사회주의가 되살아났다. 어쩌면 이것이 마지막 순환은 아니겠지만 마지막 차례는 틀림없이 올 것이다.

17

마르크스와 엥겔스

사회주의는 철학적 급진주의자들의 신념과 다르게 현실 정치에서 대번에 강력한 세력을 얻지는 못했고, 넓게 말해 1917년까지는 소수만이 신봉하는 효과적이지 못한 신념이었다. 그러나 사상체계로서는 제임스 밀과 리카도와 같은 시기에 속한다. 로버트 오언의 실패 후에 사회주의 운동은 한동안 프랑스를 중심으로 발전했으며 전前산업사회의 조건들에 맞게 조정되었다. 생시몽과 푸리에의 사상은 상당한 영향력을 발휘했고, 사회주의자들은 1848년 혁명 초기 움직임을 지배할 만큼 강력했다. 그러나 그 시기 프랑스 사회주의는 고유의 결점 외에도 오언주의의 결점들을 일부 갖고 있었다. 일관적인 이념이나 주장의 집합이 아니었고, 자본주의적 생산에서 사회주의적 생산으로의 이행을 위한 현실성 있는 계획을 제시하지도 않았다.

　사회주의가 지적으로 성숙하고 진지한 정치 집단의 수립을 자극할 수 있게 된 것은 오로지 마르크스와 엥겔스를 통해서였다. 두 사람 이론의 본질적 요소 전부를 이미 포함하고 있던 『공산당 선언』은 프랑스의 1848년 혁명 발발 직전에 출간되었다. 정신적으로 마르크스의 사상체계는 이 시기에 속한다.

마르크스를 만든 요소들

마르크스를 이해하기 위해서는 마르크스를 형성한 극도로 복잡한 영향들을 고려해야 한다. 첫 번째 영향은 헤겔로서, 그를 대학 시절 처음 접한 마르크스는 이후로 헤겔의 영향을 결코 떨쳐내지 못했고, 헤겔의 요소들은 오늘날까지도 공산주의에 남아 있다. 헤겔로부터 모든 것을 포괄하는 체계를 선호하는 태도가 나왔고, 역사는 헤겔 변증법과 같은 필연성과 날카로운 논리적 대립, 더불어 지적 계획의 질서정연한 작동이라는 신념이 나왔다. 마르크스의 다음 경험은 독일의 급진적 언론인으로서 당시 존재한 온갖 종류의 검열이 야기하는 어려움을 겪는 것이었다. 언론인 활동 이후로 마르크스는 왕성한 지식욕에서 프랑스 사회주의와 접촉했고, 프랑스인들로부터 혁명은 정치적 진보를 위한 정상적인 방법이라는 사실을 배우게 되었다. 그러나 마르크스와 엥겔스의 공동작업에 영국 산업화와 관련한 직접적 지식이라는 극히 중요한 요소를 처음으로 기여한 사람은 엥겔스였다. 엥겔스는 1845년에 『1844년 영국 노동계급의 상태』라는 책을 출간했고, 이 음울한 시기의 인상은 마르크스와 엥겔스의 이후 모든 저작에 각인되어 있었다. 영국과의 접촉이 없었다면 마르크스는, 그의 설득력 있는 논의의 원천인 산업사회에 정통한 사실적 지식이 결여된 채, 과도하게 추상적이고 형이상학적으로 남았을지도 모른다. 완성된 마르크스의 사상은 세 나라에서 가져온 귀중한 요소들을 종합했다. 독일은 그를 체계 설계자로 만들었고 프랑스는 그를 혁명가로 만들었으며, 영국은 그를 박식한 사람으로 만들었다.

마르크스는 1818년, 독일의 다른 지역보다 프랑스 영향력이 더 깊숙이 침투한 라인란트의 트리어*에서 태어났다.[33] 그의 조상들은 여러 세대에 걸쳐 랍비였지만 그의 부친은 변호사였다. 마르크스가 여섯 살 되던 해에 할머니가 돌아가시면서 가족은 기독교로 개종했으며 마르크스는 프로테스탄트로 교육받았다. 열일곱 살에 불과했을 때 그는 귀족 집안 출신의 아름다운 소녀와 사랑에 빠져 양가의 부모를 설득해 약혼을 허락받았다. 그러나 그가 그녀와 결혼을 할 수 있게 된 것은 그로부터 7년 후였고, 그때 여자 쪽 부모는 결혼을 강하게 반대했다.

대학생 시절 그는 이미 그의 인생 전반을 특징짓는 어마어마한 그러나 다소 방향을 잘못 잡은 에너지를 보여주었다. 열아홉 살때 아버지에게 보낸 장문의 편지에서 그는 아내 예니에게 바치는 시집 세 권을 쓰고, 타키투스와 오비디우스 상당 분량과 로마법 요강 2권을 번역했다고 말한다. 법철학에 관해 300쪽짜리 저작을 썼다가 모두 쓸모가 없다고 느껴 때려치우고, 그 대신 희곡 한 편을 쓰고 온갖 다양한 주제들에 관해 무수한 책을 독파한 것 외에도 "몸이 좀 불편한 동안에 헤겔을 처음부터 끝까지 공부했다"고 말한다.

---

*　　프랑스, 룩셈부르크와 인접해 있는 라인강 서안에 위치한 독일에서 가장 오래된 도시 중 하나로, 나폴레옹 시절에 프랑스의 지배를 받았으나 1815년 프로이센에 병합된다.

헤겔은 1831년에 죽었지만 독일에서 그의 영향력은 여전히 막강했다. 그러나 그의 학파는 청년 헤겔파(헤겔 좌파)와 노년 헤겔파(헤겔 우파)로 쪼개졌고, 포이어바흐는 헤겔의 절대적 관념론에서 일종의 유물론으로 돌아선 후 노년 헤겔파와 구분되는 급진적인 청년 헤겔파 진영 다수를 이끌면서 1839년 헤겔의 체계를 통렬하게 비판했다. 학구적인 독일, 특히 청년층 사이에서 그 시기는 매우 강렬한 지적 활동의 시기였다. 학문적 관점에서 볼 때 독일은 나머지 세계보다 훨씬 앞서 있었지만 정치·경제적으로는 영국과 프랑스에 크게 뒤처져 있었다. 검열은 터무니없을 정도였고, 중간계급은 정치권력이 전혀 없었다. 따라서 지적인 청년들이 혁명가까지는 아니더라도 급진주의로 흐르고 외국, 특히 프랑스에서 건너온 정치사상에 매우 개방적인 것은 불가피했다. 청년 시절 마르크스 역시 이런 현실로부터 영향을 받아 열혈 청년 집단의 일원이었다. 그들은 하나같이 철학이 모든 것의 핵심이라고 믿었지만 여러 철학 가운데서도 급진 정치에 가장 어울리는 철학을 택했다.

마르크스는 처음에는 언론계에서 직업을 찾았다. 1842년에 그는 기고가가 되었고 얼마 지나지 않아 《라인 신문》의 편집장이 되면서 이제 학계의 철학이 아무런 해법도 제시하지 못하는 문제들을 처음으로 인식하게 되었다. 그런 문제 가운데 처음으로 그가 주목한 것은 숲에서 나무를 훔친 빈민을 투옥하는 법률에 관한 문제였다. 그는 경제 문제가 과도하게 무시되어 왔다는 사실을 깨달았으며, 프랑스 사회주의 저작을 읽으면서 이를 확신하게 되었다. 1843년 1월, 《라인신문》이 검열로 정간되면서 연구를 위한 여가 시간이 많아지자 사회주의를 공부하기로 결심했다.

당시 사회주의는 주로 프랑스가 지배하고 있었기 때문에 그는 파리로 갔다. 오언의 지도 아래 있는 영국 사회주의는 주로 세속적이고 반기독교적 성격을 띠었다. 앞서 본 대로 오언은 언제나 정치적 수단에 반대했고, 영국에서 급진 정치는 차티스트들의 몫이었지만 그들의 강령은 경제 문제를 직접적으로 다루지 않았다. 프랑스에서는 반대로 생시몽과 푸리에가 시작한 운동이 지속되고 있었고 활력이 넘쳤다. 마르크스는 운동 지도자들과 안면을 텄는데 그중 가장 중요한 인물은 프루동*과 루이 블랑†이었다. 그는 사회주의에 대해 알아야 할 것을 모두 배웠지만 프랑스 사회주의자들 누구와도 친구가 되지는 않았다. 여기서 마르크스 이전의 사회주의가 지적으로 대단히 존중받을 만한 것이 전혀 아니었음을 언급해야겠다. 생시몽은 본질적으로 산업화와 현대 세계를 싫어한 중세주의자였고, 정화된 기독교에서 쇄신을 추구했다. 푸리에는 기존 경제체제에 대한 비판자로서의 공로는 있지만 더 나은 생산조직을 위한 자신의 계획을 제시할 때는 완전히 공상적이었다. 그들의 중요성은 그들이 일부 지식인들을 자극해 자본주의에 불만을 느끼고 이를 종식시키거나 적어도 그 해악을 크게 완화하는 길을 찾게 했다는 사실에 있다. 프랑스에서 그러한 사람들은 차티스트처럼 전적으로 정치적이지도 않고, 그렇다고 노동조합처럼 전적으로 경제적이지도 않은, 두 가지 성격을 동시에 띠는 노동운동을 탄생시키는 데 성공했다. 그들은 남성 보통선거권 같은 정치적 수단이 필요하지만

---

*   무정부주의의 선구자.
†   국가 자체를 부정한 프루동과 달리 국가의 역할을 강조하고, 조합 성격의 협동작업장의 설치를 주장하였다.

그런 수단 역시 프롤레타리아에게 중요한 경제적 목표의 달성을 위해 이용되어야 한다는 점을 깨달았다. 이러한 정치와 경제의 연계에 대한 관념은 마르크스가 프랑스에서 배운 것이고, 그는 평생토록 이 생각을 놓지 않았다.

다른 동료들과 마찬가지로 마르크스가 학생 시절 자명하게 받아들인 철학과 정치 간의 긴밀한 관계에 대한 믿음은 그의 신조 중 하나였다. 이 시기에 그는 "철학은 프롤레타리아의 봉기 없이는 실현될 수 없다. 그리고 프롤레타리아는 철학의 실현 없이는 봉기할 수 없다"고 말한다. 철학을 진지하게 받아들이지 않는 영어권 사람들에게는, 공산주의 신조를 받아들일 만큼 배운 사람이 아니라면 이런 소리가 유별난 정서로 느껴질 것이다. 어쨌거나 마르크스에게 철학의 실현은 프롤레타리아 봉기만큼 중요했다. 사실 그는 모든 철학은 경제 상황의 표현이라는 이론으로 한창 나아가고 있었다.

엥겔스와 『공산당 선언』

엥겔스와의 우정은 이 시기, 1844년 파리에서 시작된다. 엥겔스는 마르크스보다 두 살 어렸고 대학시절 유사한 지적 영향에 노출되어 있었다. 그러나 엥겔스의 아버지는 독일과 맨체스터 양쪽에 면방직 공장을 소유한 사업가였고, 엥겔스는 가족 사업을 운영하기 위해 맨체스터로 보내졌다. 이것은 그가 최신 산업화와 아주 비참한 시기의 영국 공장들의 상태에 대한 직접적 지식을 얻는 계기가 되었다. 이 시기에 그는 영국 노동계급의 상태에 관한 책을 쓰고 있었다. 이 책은 마르크스가 나중에 『자본론』 1권에서 사용하는 자료와 동일한 자료를 강력하게 활용한다. 책은 구체적이고, 공식 출처에서 얻어낸 다양한 사실들이 풍부하며, 현재에 대해서는 암울하지만 가까운 미래의 프롤레타리아 혁명에는 희망적이다. 이 책을 보면 두 사람의 공동 저작에서 엥겔스에게 어느 정도 중요성을 부여해야 할지 가늠할 수 있다. 마르크스는 엥겔스를 만나기 전에는 너무 학구적이었다. 대륙에도 자본주의적 병폐가 존재했고, 어쩌면 영국에서만큼 컸을지도 모르지만 대륙의 병폐는 덜 현대적이었으며 자본주의 비판에 대한 적절성도 떨어졌다. 엥겔스는 두 사람이 함께한 작업에서 언제나 자신의 역할을 축소했지만 그의 역할이 컸음은 의심의 여지가 없다. 그리고 무엇보다 그는 마르크스의 경제 이론에 가장 부합할 만한 종류의 사실에 마르크스가 처음으로 눈을 돌리게 만들었다. 유물론적 역사관은, 적어도 그 주요 윤곽은 두 사람의 협력 작업이 시작되기 전에 각자 독자적으로 발견했던 것 같다.

엥겔스는 마르크스를 만나기 전에 독일 급진주의자 가운데 가장 이름 난 모제스 헤스를 통해 이미 공산주의자로 전향했다. 1843년에 쓴 글에서 헤스는 이렇게 말했다.

"작년에 내가 막 파리로 떠나려던 순간에 엥겔스가 베를린에서 오는 길에 나를 보러왔다. 우리는 당시의 여러 문제들을 논의했고, 아주 오래전부터 혁명가였던 그는 나와 헤어질 무렵 확신에 찬 공산주의자가 되었다. 나는 파괴적 재앙을 전파한 셈이다."

이 시기에 마르크스가, 마르크스를 무척 숭배했으며 공산주의자가 된 [시인] 하이네와 친구가 되었다는 사실은 흥미롭다.

그 시기 대륙의 지식인들은 영국의 지식인들보다 정치적으로 훨씬 앞서 있었는데, 이것은 아마도 중간계급에게 권력이 없었으며 이들에게 혁명이 진보의 명백한 첫걸음이었기 때문이다. 1848년 이전, 아직 메테르니히가 유럽을 지배하던 시절에 마르크스와 그의 친구들이 유지한 견해는 당시보다 오늘날 더 끔찍한 탄압을 받았을 것이다.

1845년 1월, 프로이센 정부의 요청으로 마르크스는 파리에서 추방되어 브뤼셀로 갔다. 바로 이 시기에 그는 처음으로 엥겔스로부터 너그러운 금전적 도움을 받았고, 엥겔스의 재정적 지원은 죽을 때까지 그의 주요 수입원이 되었다. 마르크스는 브뤼셀에서 엥겔스의 도움을 얻어 공산주의 선전 활동을 했고, 노동자 교육협회나 정의 연맹, 민주주의 연맹, 민주주의자 형제회 같은 다양한 단체들과 접촉했다. 런던의 그레이트윈드밀 가에서 볼 수 있었던 정의 연맹은 강령에 "부르주아의 전복, 프롤레타리아의 지배, 계급사회 폐지, 사유재산과 계급이 없는 경제사회질서의 도입"을 포함하는 공산주의자 연맹으로 발전했다. 1847년 12월에 이 단체는 마르크스와 엥겔스로 하여금 그들의 목표에 대한 성명서를 작성하도록 결의했다. 역사에서 공산주의자 연맹이 가지는 중요성은 오로지 이 결정 덕분인데, 그 결정의 결과물이 바로 『공산당 선언』이기 때문이다.

『공산당 선언』은 그 문체와 생생함, 압축성, 선전적 힘에서 마르크스가 쓴 저술 가운데 최고다. 이 글에는 혁명 전야 특유의 활기와 민첩함이 느껴진다. 또 새롭게 획득한 이론적 통찰 덕분에 명료하다. 선언은 다음과 같은 문장으로 포문을 연다.

"하나의 유령이 유럽을 떠돌고 있다. 공산주의라는 유령이. 낡은 유럽의 모든 세력들이 이 유령을 쫓아내기 위한 신성동맹에 가담했다. 교황과 차르, 메테르니히와 기조,* 프랑스 급진주의자들과 독일 경찰의 밀정들이."

선언은 이렇게 끝난다.

"공산주의자는 자신들의 견해와 목표를 감추는 것을 경멸한다. 그들은 오로지 기존의 모든 사회적 조건을 강제로 전복시킴으로써 목표를 달성할 수 있음을 공공연하게 선언한다. 지배계급이 공산주의 혁명 앞에 떨게 하라. 프롤레타리아가 잃을 것은 쇠사슬뿐이며 얻을 것은 전 세계다.

만국의 노동자여 단결하라!"

나머지 부분은 세계사에 대한 서술로 채워져 있는데, "지금까지 존재한 모든 사회의 역사는 계급투쟁의 역사"라는 선언으로 시작하여 현대 자본주의가 얼마나 격렬한 혁명을 초래했는지를 보여준 후, 이에 따라 삼단논법의 명백한 필연성에 비춰볼 때 이는 세계사의 다음 단계, 즉 프롤레타리아 혁명으로 이어진다고 설명한다.

나는 이만큼 강력한 선전적 힘을 지닌 문서를 본 적이 없다. 그리고 이 힘은 거부할 수 없는 사실에 대한 지적인 설명의 외피를 입은 강력한 열정에서 나온다.

사회주의 운동에서 마르크스가 중요한 지위를 차지하게 된 것은 이 『공산당 선언』 덕분이며, 훗날 그가 『자본론』을 쓰지 않았다 하더라도 그는 이 위상을 차지해 마땅하다.

『공산당 선언』이 마무리되기가 무섭게 파리에서 혁명이 터졌다. 주로 사회주의자들로 구성된 임시정부가 마르크스를 파리로 초

---

* 　프랑스의 역사가이자 정치가. 1830년 혁명으로 들어선 자유주의적 7월 왕정을 이끌었다.

청했다. 마르크스는 파리로 갔으나 한 달만 머물렀다. 그가 떠날 때쯤 혁명은 독일로 퍼져나갔고, 그는 자연히 고국에서 활동하고 싶었다.

역사에서 1848년 혁명만큼 참가자들을 철저히 실망시킨 운동도 드물다. 온건한 혁명가들에게 실망은 일시적이었지만, 마르크스에게는 평생을 갔다.

그는 1849년 5월 프로이센에서 추방되었고, 사실 나중에 몇 차례 밀입국해서 잠깐씩 머무르긴 했지만, 두 번 다시 정식 귀국 허가를 받지 못했다. 독일에서 그의 활동은 순수하게 언론 활동에 국한되었고, 어쩌면 사람들이 예상한 것보다 온건했다. 그러나 반동 세력에게는 도저히 묵과할 수 없는 활동이었다. 그는 독일에서 추방당해 파리로 갔고 한 달 후 그곳에서도 쫓겨났다. 남은 유일한 피난처는 당시 '망명자들의 어머니'로 불린 영국이었다. 그는 짤막한 몇 차례의 외유를 제외하고는 생전에 더 이상 혁명을 선동하지 않았다. 대신 언제가 될지는 모르지만 장차 일어날 혁명에 정신적 자극을 제공하면서 여생을 영국에서 보냈다.

인간 마르크스의 가난한 망명생활

마르크스의 인생은 1848년 혁명의 실패를 기점으로 두 시기로 뚜렷하게 나뉘는데, 혁명의 실패로 그는 당면한 미래에 대한 희망적 태도를 잃었고 쪼들리는 망명객으로 전락했다. 소수의 친구들과 신봉자들을 제외하고 아무런 성원도 기대할 수 없는 가운데 공산주의의 궁극적 승리에 대한 신념의 지적 토대가 확고하지 않았다면, 그는 기념비적 저작을 위한 힘겨운 집필을 계속 해나갈 수 없었으리라. 인생 후반기에 그의 끈질긴 태도와 근면성은 진정 놀라운 수준이다.

개인적 처지만 놓고 보면 마르크스의 삶은 달달 볶아대는 빚쟁이들과 전당포 주인들, 지불이 거부된 수표를 둘러싼 승강이 등등으로 이루어진 미코버 씨*의 삶이었다. 모든 식구가 소호의 딘 가에 있는 방 두 개짜리 작은 집에 살았다. 1852년 아이가 죽었을 때 마르크스 부인은 이렇게 썼다.

"우리 가엾은 조그만 프란시스카가 심한 기관지염에 걸려서 아팠다. 3일 동안 그 불쌍한 아이는 생사를 헤맸다. 정말 심하게 고통스러워했다. 모든 고통이 끝났을 때 그 애의 자그마한 몸뚱이는 작은 뒷방에 누워 있었고, 우리는 모두 앞방으로 들어갔다. 밤에 우리는 바닥에 누워 있었다.…… 다른 아이들 셋이 우리 곁에 있었고, 우리는 잃어버린 작은 천사를 생각하며 울었다.…… 사랑스런 아이의 죽음은 우리가 가장 힘든 시기에 찾아왔다. 독일의 친구들은 우리를 도울 수 없었다.…… 이때 우리를 방문한 어니스트 존스가 도와주겠다고 약속했지만 아무것도 할 수 없었다. 도움이 너무도 절실했기 때문에 나는 얼마 전에 우리를 방문한 이웃의 프랑스인 망명객을 서둘러 찾아갔다. 그는 나를 보자마자 아주 친절한 태도로 2파운드를 주었다. 이 돈으로 관을 살 수 있었고, 이제 그 안에 그 불쌍한 아이가 평화롭게 잠들어 있다. 그 애가 태어났을 때 그 애한테는 요람이 없었는데 세상을 떠나는 마지막 순간에도 그 애의 마지막 안식처가 될 상자를 오랫동안 구할 수 없었다."

---

* 디킨스의 소설 『데이비드 코퍼필드』에 나오는 캐릭터. 빚에 쪼들리면서 힘들게 살지만 상황이 나아지리라는 근거 없는 희망을 버리지 않는다.

맨체스터에서 가업을 이어나간 엥겔스는 마르크스를 지원하기 위해 그가 마련할 수 있는 모든 돈을 주었다. 그러나 엥겔스는 독실한 칼뱅교도인 아버지와 당연히 사이가 좋지 않았고 그가 구할 수 있는 돈은 그리 많지 않았다. 그 돈에다가 주로 미국 신문에 실은 글에서 나오는 고료가 추가되었지만 이런 식으로 얻은 수입은 적고 불안정했다. 마르크스의 유일한 아들은 아홉 살 때 죽었다. 그는 엥겔스에게 "우리 집의 살아 있는 영혼이었던 그 아이의 죽음 이후에 집안은 적막하고 고아가 된 것 같다"고 썼다. 그는 언제나 아이들을 대할 때 사랑스러웠다. 이웃의 아이들은 그를 '마르크스 아빠'라고 불렀고, 사탕을 달라고 하면 언제나 얻어낼 수 있었다. 마르크스는, 어른들과 있을 때는 경쟁의식과 열등감에 사로잡혀 짜증을 잘 내고 툭하면 다퉜지만 아이들과 있을 때는 그런 감정으로부터 자유로웠다. 1933년 10월 28일에 《뉴스테이츠먼》과 《네이션》은 다음과 같은 편지를 실었다.

친애하는 릴리퍼트 양

답장이 늦은 것을 용서해주십시오. 저는 어떤 식으로든 사안을 결정하기 전에 언제나 두 번 생각하는 그런 사람이거든요. 그러니 전혀 알지 못하는 말괄량이 아가씨로부터 초대장을 받고 다소 놀랐지요. 그러나 당신이 점잖고 또 주변 상인들과의 거래에서 흠잡을 데 없다는 것을 확인한 후, 저는 당신의 다과 자리에 참석하는 기묘한 기회를 얻게 되어 행복하답니다. 제가 류머티즘으로 고생을 하니 응접실에 찬바람이 들어오지 않게 해주세요. 환기가 필요할 때면 제가 알아서 하겠습니다. 오른쪽 귀가 조금 먹었으니까 제 오른쪽으로는 재미없는 사람을 앉혀주시길 바랍니다. 그런 친구는 당신의 친구들 가운데 많을 거예요. 제 왼쪽으로는 미모의 여성, 그러니까 그날 당신의 손님 가운데 가장 예쁜 여성을 부탁합니다.

저는 씹는담배를 곧잘 즐기니까 그것도 준비해주세요. 이전에 미국인들과 교제하면서 침을 뱉는 버릇이 생겼으니 타구도 챙겨주시길 바랍니다. 제가 다소 스스럼이 없고, 답답하고 막힌 영국식 분위기를 싫어해서 약간 간소하게 차려입고 오더라도 이해해주십시오. 여자 손님들도 얼마간 저와 비슷하게 차려입고 오시면 좋겠네요.

그럼 친애하는 미지의 말괄량이 꼬마 아가씨 안녕히.

당신의 친구, 크랭클리 박사

메이든 타워스.

1865년 3월 7일.

이 편지를 쓴 사람이 누구인지 독자들의 추측이 분분했지만 아무도 알아맞히지 못했다. 이 글은 사실 마르크스가 그의 딸에게 쓴 편지였다. 반면 엥겔스에게 보낸 편지들은 단조로운 신세한탄의 연속이다. 자신이 아프다, 아내가 아프다, 아이들이 아프다, 푸주한과 빵집 주인이 외상을 갚으라고 성화다, 마르크스의 어머니가 그를 위해 더 이상 아무것도 하지 않겠다고 한다 등등의 내용이었다. 그는 엥겔스의 도움을 당연한 것으로 받아들이게 되었고, 심지어 가장 부적절한 시기에도 엥겔스에게 보낸 편지에 자신의 곤란한 처지에 대한 푸념을 잔뜩 늘어놓았다. 엥겔스는 그에게 헌신적인 아일랜드 여성과 동거를 했는데 그녀의 갑작스러운 죽음으로 크나큰 충격을 받았다. 그녀의 죽음을 알리는 편지에 마르크스는 다음과 같은 답장을 썼다.

　"친애하는 엥겔스, 메리의 죽음에 나도 충격이 크고 슬프다네. 메리는 마음씨가 착하고 재치 있고 자네를 무척 사랑했지. 이제 우리 주변으로는 온통 곤경뿐이로군. 나로 말하자면, 어찌해야 할 바를 모르겠네. 프랑스와 독일에서 돈을 좀 구해보려고 했지만 실패했어. 15파운드로는 일주일이나 이주일 이상은 버틸 수 없을 것 같네. 푸주한과 빵가게 주인을 빼고는 아무도 더는 외상을 받지 않으려고 하는 데다(두 사람도 이번 주말까지만 받겠대) 학비와 집세, 각종 독촉에 시달리고 있네. 그중 몇 명한테는 빚을 조금 갚았는데 다들 눈 깜짝할 새에 돈을 챙겨가더니 이제는 더 악착같이 나를 닦달하고 있어. 게다가 아이들은 밖에 나갈 때 입을 옷이나 신이 없다네. 한마디로 말해 나가야 할 돈이 엄청나……　도저히 2주를 못 버틸 것 같아. 정말이지 이런 순간에 자네에게 이런 이야기를 잔뜩 늘어놓다니 나도 지독하게 이기적이군. 하지만 동종요법이라고들 하지 않나? 한 가지 악이 다른 악을 상쇄해줄 걸세."

　이후로도 재정적 어려움은 마르크스를 계속 괴롭혔지만 마침내 1869년에 엥겔스는 (이제 그의 아버지가 돌아가셨다) 사업의 지분을 팔아 마르크스의 빚(210파운드)을 갚고 그에게 매년 350파운드의 고정 수입을 지원했다. 또한 그 자신도 런던으로 건너와 살게 되었고 모든 시간을 사회주의 사업에 바칠 수 있는 자유를 얻었다.

1차 인터내셔널과 바쿠닌과의 갈등

그 기간 내내 마르크스는 대영박물관 열람실에서 작업했다. 1859년 그는 『정치경제학 비판』을 출간했고, 1867년 『자본론』 첫 권을 냈다. 2권과 3권은 마르크스 사후에 엥겔스가 출간했다. 전당포 주인과 가정사, 병고, 주변의 죽음도 그가 필생의 역작을 집필하는 것을 방해할 수 없었다.

집필 활동 외에 1849년 이후 마르크스의 유일한 중요 활동은 국제노동자협회, 즉 '1차 인터내셔널'과 관련한 것이었다. 마르크스가 주도적인 역할을 담당한 이 조직은 1864년 런던에서 창립되었고 이후 국제 사회주의 운동의 기반이 되었다. 그러나 후에 위대해질 맹아를 품고 있었지만 그 자체는 아무런 성공도 거두지 못했다. 영국의 노동조합들은 약간 망설이다 몇몇 단체를 제외하고 거의 다 인터내셔널에 거리를 두었다. 독일에는 라살레*가 창립한 독일노동자총연합이 있었지만, 이 단체는 라살레와 그의 후계자 요한 슈바이처를 시기한 마르크스의 반감을 샀고, 심지어 마르크스는 슈바이처가 비스마르크한테 협력한다는 근거 없는 비난을 하기도 했다. 스위스와 라틴계 나라[프랑스, 이탈리아, 에스파냐 등]에서는 바쿠닌의 영향으로 무정부 공산주의가 퍼졌고, 무정부 공산주의는 정치적 수단의 구사와 국가의 기능을 두고 마르크스와 의견 차이를 보였다. 바쿠닌과 그의 추종자들이 결국에는 인터내셔널에 가입해 조직을 지배하려고 한 것은 사실이지만 바쿠닌파와 마르크스와의 불화는 결국 1872년 인터내셔널의 해산을 가져왔다.

마르크스는 라이벌을 결코 허용하지 않았다. 1848년 직전의 시기를 설명하면서 오토 륄은 이렇게 쓴다.

"공산주의자 회원들을 숙청하는 데 동원된 지나친 수단들과

---

* 독일 사회주의 운동의 대부로 일종의 국가사회주의인 라살레주의를 주창하였다.

숙청으로 야기된 공산주의 진영의 분열은 불가피한 필연성의 결과도 아니요, 경제적 진화의 발달에 기인한 것도 아니다. 가장 큰 원인은 마르크스의 배타적인 개인 지배에 대한 열망 때문이었다. 마르크스는 이를 자기 사상의 정복 능력에 대한 광신적 자신감으로 합리화했다."

이런 측면은 그가 나이를 먹어도 나아지지 않았다. 그가 보인 모든 적의 중에서도 바쿠닌에 대한 공격은 가장 악의적이고 파렴치했다. 바쿠닌은 러시아 귀족으로, 1848년 독일 혁명에 가담했다가 1849년 작센에서 사형 선고를 받고 오스트리아에 넘겨진 후 거기서도 다시 사형 선고를 받았다. 이후 차르에 넘겨져 페트로파블로스크 요새에 수감되었다가 다시 시베리아로 보내졌다. 1861년 그는 유형지를 탈출해 일본과 미국을 거쳐 마침내 런던에 도착했다. 일찍이 1848년부터 마르크스는 바쿠닌을 밀정이라고 비방했으며, 이 비방이 근거가 없는 것으로 드러났음에도 이후에 기회가 있을 때마다 이 이야기를 끄집어냈다. 바쿠닌이 12년의 투옥과 유형 생활 후에 이전 혁명 동지들과 관계를 재개하려고 했을 때, 그는 자신이 의심을 받고 있으며 문제의 근원이 마르크스라는 사실을 알아차렸다. 그는 원망을 드러내는 대신 마르크스에게 우호적인 편지를 썼고, 이를 계기로 마르크스를 직접 만나 자신이 진실한 혁명가임을 설득했다. 마르크스의 반감은 한동안 누그러졌다. 그는 엥겔스에게 보낸 편지에서 이렇게 썼다. "엊저녁에 16년 만에 처음으로 그를 다시 만났어. 그가 무척 마음에 들었다는 것을, 이전보다 훨씬 마음에 들었다는 것을 이야기해야겠군.…… 전체적으로 봤을 때, 그는 16년이 지난 후 퇴보하지 않고 오히려 더 발전한 극소수 가운데 한 명이야."

그러나 두 사람 사이의 우정은 오래가지 않았다. 바쿠닌은 무
정부주의적 공산주의의 사도였고, 마르크스는 정치적 공산주의의
사도였다. 마르크스는 슬라브인을 싫어했고, 바쿠닌은 유대인을 싫
어했다. 협력이 불가능할 수밖에 없는 개인적 · 비개인적인 이유들
이 존재했다. 바쿠닌만 보자면 개인적 이유만으로는 두 사람이 멀
어지지 않았을 것이다. 『자본론』을 읽은 후 그는 이렇게 썼다. "25
년 동안 마르크스는 사회주의의 대의에 유능하게, 정력적으로, 충
성스럽게 복무해왔고, 이 점에서 모두를 앞선다. 만약 개인적 동기
에서 내가 마르크스의 유익한 영향력을 파괴하거나 감소시키려고
했다면 내 자신을 용서할 수 없었을 것이다. 하지만 앞으로도 나는
그와 대립각을 세우게 될지도 모른다. 그러나 그것은 그가 개인적
으로 내게 상처를 입혀서가 아니라 그가 지지하는 국가 사회주의
때문이다."

바쿠닌은 1868년 인터내셔널에 가입한 뒤 인터내셔널을 자신
의 노선으로 끌어들이려고 나섰다. 바쿠닌과 마르크스는 격렬하게
싸웠고, 양측의 대립에서 마르크스 진영은 비양심적인 행태를 보였
다. 스파이라는 비방이 되살아났다. 또 바쿠닌이 2만 5천 프랑을 횡
령했다는 주장도 제기되었다. 1872년 헤이그 회의에서 마르크스는
다수의 지지를 얻었고, '타인의 재산을 손에 넣기 위해 부정한 수단
에 의존했다'는 근거에서 바쿠닌을 인터내셔널에서 제명한다는 결
정이 내려졌다. 그러나 헛된 승리였다. 이듬해에 인터내셔널은 끝
장났다.

사회주의자와 무정부주의자, 양측 모두 인터내셔널의 종식에

서 살아남았지만 사회주의 운동은 번성한 반면 무정부의자들은 언제나 정치적으로 미미했다. 러시아에서 바쿠닌은 많은 측면에서 그보다 더 뛰어난 후계자, 즉 크로포트킨을 얻었다. 크로포트킨은 오래 살아서 마르크스주의자들이 러시아의 권력을 장악하는 것을 지켜봤다. 에스파냐를 제외한 다른 곳에서 바쿠닌의 추종자들은 점차 사라졌다. 마르크스의 방식에 대해 어떻게 생각하든지 간에 마르크스의 강령이 라이벌의 강령보다 더 현실성이 있었고 인간 본성에 대한 더 합리적인 추정을 바탕으로 했다는 점은 확실하다.

1873년 1차 인터내셔널의 종식과 더불어 공적 사안에서 마르크스의 역할도 끝나게 되었다.

마르크스는 지적으로 저명한 경제학자 가운데 처음으로 프롤레타리아의 시각에서 경제학 사실들을 고려한 사람이다. 고전학파 경제학자들은 자신들이 수학처럼 편견에서 자유로운, 비개인적인 과학을 창조하고 있다고 믿었다. 그러나 마르크스는 그들이 자본주의적 편향으로 빈번히 오류와 모순에 빠졌다는 점을 간단히 입증했다. 그는 임금노동자의 시각에서 보면 경제학 전체가 완전히 다른 모습을 띠게 된다고 주장했다. 프롤레타리아의 이해관계에 대한 그의 헌신은 그가 부르주아 출신이라는 사실과 그가 받은 학구적인 교육을 고려할 때 다소 놀라울 수도 있다. 그는 일생 동안 열등감과 연관된 지배욕이 있었고, 그 때문에 사회적으로 그보다 지위가 높은 사람들한테는 쉽게 발끈했고, 라이벌들한테는 무자비했으며 아이들한테는 친절했다. 처음에 마르크스를 억압받는 자들을 위해 싸우는 사람으로 만든 것은 그의 성격에서 이런 측면일지도 모른다. 그에게 열등감을 불러일으킨 요인이 무엇인지 말하기는 쉽지 않지만, 어쩌면 그가 인종적으로는 유대인이고, 그가 받은 교육에서는 기독교도라는 사실과 관련이 있을 수도 있다. 이런 사실 때문에 그는 종교적 유대인에게는 가능한 내적인 자기 확신에 기대지 못한 채 어린 시절 학우들의 경멸을 견뎌야 했을지도 모른다. 반유대주의는 가증스럽지만 우연히 한 가지 좋은 결과를 낳았다. 유대인들 가운데에서 반유대주의가 없었다면 현상유지의 지지자로 남았을지도 모를 사람들을 민중 지도자로 길러낸 것이다. 이러한 시각이 공정하다면 마르크스주의는 잘 사는 반유대주의자들의 옹졸함에 대한 적절한 처벌이다.

18
변증법적 유물론

이론에 대한 마르크스와 엥겔스의 공헌은 두 갈래로 나뉜다. 마르크스의 잉여가치론과 두 사람이 공동으로 발전시킨 '변증법적 유물론'이라고 하는 역사발전론이다. 우리는 이 가운데 변증법적 유물론을 먼저 살펴볼 텐데 내가 보기에 이것이 잉여가치론보다 더 타당하고 더 중요한 것 같다.

변증법적 유물론의 구성요소

우선 변증법적 유물론이 무엇인지 명확히 알아보자. 변증법적 유물론은 다양한 요소로 구성된 이론이다. 형이상학적으로는 유물론적이다. 방법상으로는 헤겔이 제시한 변증법의 형태를 띠지만 여러 중요한 측면에서 헤겔 변증법과는 다르다. 헤겔로부터 진화적인 관점을 가져왔고, 진화의 각 단계들은 뚜렷한 논리적 용어로 표현될 수 있다. 이러한 변화들은 발전의 속성을 띠는데, 윤리적이라기보다는 논리적 의미에서 그렇다. 다시 말해 변화들은 충분한 지성을 갖춘 사람이라면 이론적으로 예견할 수 있으며, 공산주의의 보편적 수립 순간까지 마르크스가 개략적으로 예견했다고 하는 계획에 따라 진행된다. 형이상학적으로 유물론은 인간사와 관련한 분야에서 모든 사회현상의 1차 원인은 특정 시기에 지배적인 생산방식과 교환방식이라는 원리로 번역된다. 그 이론에 대한 가장 명료한 설명은 엥겔스의 『반反뒤링론』에서 찾아볼 수 있는데, 관련 대목들은 영국에서는 『공상적 사회주의와 과학적 사회주의』라는 책에 실려 있다. 여기서 우리에게 필요한 본문을 약간 발췌해도 좋을 듯하다.

"원시적 단계를 제외하고 과거의 모든 역사는 계급투쟁의 역사였다. 사회에서 서로 대립하는 이 계급들은 언제나 생산양식과 교환양식의 산물, 한마디로 그 시대 경제 조건의 산물이다. 사회의 경제적 구조는 언제나 진짜 토대를 제공하며 그것으로부터만 우리는 특정 사회의 종교적·철학적·사법적·정치적 제도의 상부구조 전체와 여타 사고방식에 대한 최종적 설명을 이끌어낼 수 있다."

이 법칙의 발견은 마르크스와 엥겔스에 따르면 사회주의의 도래가 불가피함을 보여주었다.

"그 순간부터 줄곧 사회주의는 더 이상 이런저런 천재적 두뇌의 우연적 발견이 아니라 역사적으로 발전한 두 계급, 즉 프롤레타리아와 부르주아 간의 투쟁의 필연적 결과였다. 사회주의의 임무는 가능한 완벽한 사회체계를 만들어내는 것이 아니라 이러한 계급들과 계급 간 대립을 필연적으로 발생시키는 역사·경제적 사건의 연속을 검토하고 경제적 조건 속에서 생성된 갈등을 종식시킬 수단을 발견하는 것이다. 그러나 프랑스 유물론자들의 자연에 대한 관념이 변증법과 현대 자연과학과 양립할 수 없듯이, 초기 사회주의는 이 유물론적 관념과 양립할 수 없었다. 물론 초기 사회주의는 기존 자본주의 생산양식과 그 결과를 비판했다. 그러나 그것은 자본주의 생산양식과 그 결과를 설명할 수는 없었고, 따라서 그것들을 꿰뚫을 수 없었다. 그저 나쁘다고 거부할 수 있을 뿐이었다. 노동계급의 착취를 강하게 비판할수록 이 초기 사회주의는 자본주의 아래에서는 불가피한 이러한 착취가 무엇으로 구성되었는지, 그것이 어떻게 발생하는지 분명하게 보여줄 수 없었다."

또 다른 이름, 역사유물론

변증법적 유물론은 역사에 대한 유물론적 관념, 즉 역사유물론이라고도 한다. 엥겔스는 이렇게 말한다. "역사유물론은 인간의 삶을 지탱하는 수단의 생산과 생산된 물건의 교환이 모든 사회구조의 토대라는 명제로부터 시작한다. 역사에 등장한 모든 사회에서 부가 분배되고 사회가 계급이나 신분으로 나뉘는 방식은 무엇이 생산되느냐, 어떻게 생산되느냐, 생산물이 어떻게 교환되느냐에 달려 있다. 이러한 관점으로부터 모든 사회변화와 정치혁명의 최종적 원인들은 인간의 두뇌나 영원한 진실과 정의에 대한 인간의 더 뛰어난 통찰력에서가 아니라 생산양식과 교환양식의 변화에서 찾을 수 있다. 그것들은 철학에서가 아니라 각각 특정 시기의 경제학에서 찾을 수 있다. 기존 사회제도가 불합리하고 부당하며, 이성은 비이성이 되고, 옳은 것은 그른 것이 된다는 인식이 커지는 것은 생산양식과 교환양식에서 변화가 조용히 일어났으며 그와 더불어 이전의 경제 조건에 조응하는 사회질서가 새로운 양식들과 더 이상 일치하지 않는다는 증거일 뿐이다. 이로부터 또한 표면에 드러난 모순들을 제거하는 수단 역시 다소 발전된 상태로 변화된 생산양식 안에 반드시 현존한다는 결론이 따라 나온다. 이러한 수단들은 근본적인 원리들로부터 추론에 의해 발명되는 것이 아니라 기존 생산체제의 엄연한 사실들 가운데서 발견될 수 있다."

정치 격변으로 이어지는 갈등은 주로 인간의 생각과 정념 속에서 나타나는 정신적 갈등이 아니다.

"생산력과 생산양식 간의 갈등은 원죄와 신성한 정의 간의 갈등처럼 인간의 마음속에서 발생하는 갈등이 아니다. 그것은 사실 우리 바깥에 객관적으로 존재하며 심지어 갈등을 야기한 인간들의 의지 및 행위와 독립적으로 존재한다. 현대 사회주의는 현실의 이러한 갈등이 정신 안에 반영된 것뿐이다. 갈등의 이념적인 반영, 그 갈등 아래서 직접적으로 고통 받는 계급, 즉 노동계급의 반영이다."

『독일 이데올로기』라는 마르크스와 엥겔스의 초기 공동저작(1845~1846)에는 역사유물론에 대한 훌륭한 설명이 있다. 이 책에서 유물론은 한 시대의 실제 생산과정과 함께 시작되며, 이러한 생산형식과 연관되고 그 생산형식으로부터 발생하는 경제적 삶의 형식을 역사의 토대로 간주한다고 설명된다. 그들은 이것이 다양한 단계에 걸쳐 있고 다양한 행위를 하는 국가로서의 시민사회를 보여준다고 말한다. 게다가 유물론은 경제 토대로부터 종교와 철학, 도덕 같은 문제들과 그 발전경로를 설명한다.

이러한 인용들은 역사유물론이 무엇인지 보여주기에 충분할 것이다. 그러나 역사유물론을 비판적으로 검토하자마자 여러 가지 의문점이 제기된다. 경제 조건으로 넘어가기 전에 우선 유물론이 철학적으로 맞는지, 또한 마르크스 역사 발전 이론에 끼워 맞춘 헤겔 변증법의 요소들이 온전한 헤겔철학으로부터 분리되어 정당화될 수 있는지 묻고 싶어진다. 그다음 이러한 형이상학적 원칙들이 경제 발전과 관련하여 역사적 테제와 무슨 상관이 있는지, 마지막으로 이 역사 테제 자체에 대한 검토의 문제가 제기된다. 이제부터 입증하려고 하는 바를 미리 진술하자면 나는 (1) 유물론은 비록 진리로 밝혀질 리는 없지만 어떤 의미에서는 맞을지도 모른다고 생각한다. (2) 헤겔한테서 변증법의 요소들을 가져옴으로써 마르크스는 자신의 주장에 과학적 근거가 전혀 없는데도 역사를 실제보다 더 이성적인 과정으로 간주하고, 모든 변화들은 어떤 의미에서 진보적인 것이 틀림없다고 확신하면서 미래에 관해서도 어느 정도 확신하게 되었다. (3) 비록 마르크스의 형이상학이 틀리더라도 그의 경제 발전 이론은 전부 완벽하게 맞을 수도 있고, 반면 그의 형이상학이 맞더라도 경제 발전 이론은 모조리 틀릴 수 있으며, 헤겔의 영향이 없었다면 마르크스는 그렇게 순수하게 경험적 문제가 추상적인 형이상학에 의존할 수 있으리란 생각을 결코 하지 못했을 것이다. (4) 역사에 대한 경제적 해석과 관련해서 역사유물론은 대체로 매우 맞는 것 같으며 사회학에 가장 중요한 공헌을 했다. 그러나 그것이 전적으로 타당하다거나 모든 커다란 역사적 변화들이 발전으로 취급될 수 있다고는 도저히 자신할 수가 없다. 이 쟁점들을 하나씩 살펴보자.

18세기 유물론 vs 마르크스 유물론

(1) 마르크스의 유물론은 18세기 유물론과는 전혀 다른 특이한 종

류의 유물론이다. "역사에 대한 유물론적 관념"이라고 말할 때 그는 철학적 유물론을 강조하지 않고 그보다는 사회현상의 경제적 인과관계를 강조한다. 그의 철학적 입장은 「포이어바흐에 관한 열한 가지 테제」에 (매우 간략하긴 하나) 가장 잘 드러나 있다. 여기서 그는 다음과 같이 말한다.

> "이전의 모든 유물론—포이어바흐의 유물론을 비롯해—의 주된 결함은 대상Gegenstand, 현실, 감각을 오로지 객체Objekt나 관조contemplation의 형식으로만 파악하고 감각적인 인간 활동, 즉 실천으로 주관적으로 이해하지 못했다는 것이다. 따라서 능동적 측면은 유물론에 반하여 관념론에 의해서 발전되었으며……"

> "객관적 진실이 인간의 사고 안에 속하는지는 이론적 문제가 아니라 실천적 문제이다. 사고의 진리, 즉 그 현실성과 능력은 실천으로 입증되어야 한다. 실천으로부터 유리된 사고의 현실성과 비현실성을 둘러싼 논쟁은 순전히 공리공론적인 문제일 뿐이다."

> "관조적 유물론, 즉 감각을 실천적 활동으로 파악하지 않는 유물론이 도달할 수 있는 최고점은 '부르주아 사회'에서 고립된 개인들에 대한 관조이다."

> "낡은 유물론이 서 있는 지점은 '부르주아' 사회이다. 새로운 유물론이 서 있는 지점은 인간적 사회 혹은 사회화한vergesellschaftete 인류이다."

> "철학자들은 다양한 방식으로 세계를 해석해왔을 뿐이다. 그러나 진짜 임무는 세계를 바꾸는 것이다."

이 테제들 초반부에서 마르크스가 옹호하는 철학은 이후에 듀이 박사의 저작을 통해 실용주의pragmatism나 도구주의instrumental-ism*라는 이름으로 철학계에 익숙해진 철학이다. 마르크스가 이미 한발 앞서나갔다는 사실을 듀이 박사가 알고 있는지는 모르겠지만, 물질의 형이상학적 지위에 대한 두 사람의 견해가 사실상 똑같다는 것은 의심의 여지가 없다. 자신의 유물론에 마르크스가 부여하는 중요성을 고려해볼 때 그의 견해를 좀 더 자세하게 제시해도 괜찮을 것 같다.

구식 유물론에서 '물질matter'에 대한 관념은 '감각sensation'에 대한 관념과 묶여 있다. 물질은 감각의 원인으로 간주되며, 적어도 시각과 촉각의 경우에는 원래 감각의 대상이기도 하다. 감각과 관련해서 인간은 수동적이며 단순히 외부 세계로부터 인상을 받아들이는 존재로 파악되었다. 그러나―도구주의자들이 주장하는 바에 따르면―수동적인 경험으로서 감각에 관한 관념은 거기에 실제적인 어떤 것도 대응하지 않는 비현실적인 추상이다. 다른 동물과 연관된 인상을 받아들이고 있는 동물을 관찰해보라. 그 녀석의 콧구멍은 벌어지고, 귀는 쫑긋거리며, 눈은 올바른 방향으로 향하고, 적절한 동작을 준비하며, 근육은 팽팽해진다. 이 모든 것은 행동, 주로 인상의 정보적 속성을 향상시키는 종류의 행동으로서 부분적으로는 대상과 관련하여 다시 새로운 행동으로 이어진다. 생쥐를 바라보는 고양이는 순수하게 관조적인 인상을 수동적으로 받아들이기만 하는 존재가 결코 아니다. 그리고 생쥐와 함께 있는 고양이처럼

---

* 개념은 인간이 자기 욕구를 실현하는 데 필요한 수단이자 적극적인 행위지침으로 기능하며, 따라서 시대와 환경의 변화에 맞춰 함께 변화해간다는 이론.

면화 한 포대를 갖고 있는 직물 제조업자도 마찬가지다. 면화 한 포대는 행위를 위한 기회가 되며, 즉 변형될 수 있는 것이다. 면화를 변형시킬 수 있는 기계는 분명하고 확실하게 인간 활동의 산물이다. 대략적으로 말하자면, 마르크스에 따르면 모든 물질은 우리가 기계를 보고 자연스레 생각하는 것처럼 이해될 수 있다. 물질은 행위를 위한 기회를 제공하는 원재료를 갖고 있지만 그 완성된 형태로는 인간의 산물이다.

철학은 그리스인들로부터 수동적 관조의 관념을 가져왔고 지식은 관조라는 수단을 통해 획득된다고 주장해왔다. 마르크스는 우리가 언제나 심지어 우리가 순수한 '감각'에 가까운 경험을 할 때조차도 능동적이며, 우리는 우리의 환경을 단순히 이해하고 있기만 하는 것이 아니라 그와 동시에 언제나 환경을 바꾸고 있다고 주장한다. 마르크스의 주장을 받아들일 경우, 지식에 대한 더 오래된 관념을 외부세계와 맺는 우리의 실제 관계에 적용하는 것은 필연적으로 불가능해진다. 대상에 대한 인상을 수동적으로 받아들인다는 의미에서 대상을 아는 대신에 우리는 대상에 따라 성공적으로 행동할 수 있다는 의미에서만 대상을 알 수 있다. 모든 진리에 대한 시험이 실천적인 것은 그 때문이다. 그리고 우리가 대상에 따라 행동함으로써 대상을 변화시키기 때문에 진리는 더 이상 정적이지 않고 지속적으로 변하고 발전하는 것이 된다. 그게 바로 마르크스가 자신의 유물론을 '변증법적' 유물론이라고 부르는 이유인데, 그 자체에 헤겔의 변증법처럼 진보적 변화의 본질적 원리들을 담고 있기 때문이다.

나는 엥겔스가 물질의 속성과 진리의 실천적 성격에 대한 마르크스의 견해를 제대로 이해했는지 의심스럽다. 물론 그는 자신이 마르크스에게 동의한다고 생각했겠지만 사실 그의 태도는 교조적인 유물론에 더 가까웠다.[34] 엥겔스는 자신이 이해하는 '역사유물론'을 1892년에 쓴 『공상적 사회주의와 과학적 사회주의』 서문에서 설명한다. 여기서 행위action에 할당된 역할은 과학적 검증이라는 관습적인 임무로 축소된 것 같다. 그의 설명을 들어보자. "푸딩에 대한 입증은 그것을 먹는 행위에 있다. 우리가 대상 안에서 지각하는 속성에 따라 자신의 쓰임에 맞게 그 대상들에 관여하는 순간부터, 우리는 우리의 지각sense-perception이 맞는지 틀린지를, 절대 틀릴 수 없게 시험test해보는 셈이다.……지금까지 우리는 단 한 번도 과학적으로 제어되는 지각이 본래적으로, 외부세계와 관련해 현실과 모순되는 관념들을 마음속에 유도한다거나 외부 세계와 외부 세계에 대한 우리의 지각 사이에 내재적인 불일치가 존재한다는 결론에 도달하지 않았다."

여기에서는 마르크스의 실용주의나 지각 가능한 대상은 대체로 우리 자신의 행동의 산물이라는 이론의 흔적을 찾을 수 없다. 그러나 마르크스와 의식적인 불일치의 흔적도 없다. 마르크스가 후년에 자신의 견해를 수정했을 수도 있지만, 다른 주제들에서처럼 이 주제에 대해서 그가 두 가지 다른 견해를 동시에 갖고 있으면서 자신의 논의 목적에 맞을 때마다 번갈아 적용했을 개연성이 더 크다. 확실히 마르크스는 일부 명제들은 실천적 의미에서 더 '진리'라고 생각했다. 『자본론』에서 왕립위원회가 보고한 산업 체제의 잔인성을 내세울 때, 그는 분명히 이러한 잔학상이 실제로 일어났으며 이러한 잔학상이 실제로 일어났다는 생각으로부터 성공적인 행동이 발생할 것이라고 본다. 그와 비슷하게 공산주의 혁명을 예언할 때 마르크스는 단순히 그렇게 생각하는 게 편리해서가 아니라 실제로 그러한 사건이 일어날 것이라고 믿는다. 따라서 마르크스의 실용주의는 상시적인 것이 아니라 분명히 이따금씩만—사실, 실용주의적 근거에서 보자면, 편리함에 의해서 정당화될 때만 채택된다.

마르크스와 엥겔스 간의 의견 차이를 전혀 인정하지 않은 레닌이 『유물론과 경험비판론』에서 마르크스보다는 엥겔스에 더 가까운 견해를 채택한 사실은 주목할 만하다.

나로 말하자면, 나는 유물론이 입증될 수 있다고 생각하지 않지만 유물론이 현대 물리학으로 반증되지 않는다고 말한 레닌이 옳다고 생각하는 쪽이다. 그의 시대 이래로 그리고 그의 성공에 대한 반동으로서, 점잖은 물리학자들은 유물론으로부터 갈수록 멀어졌고, 자연히 물리학자들과 일반 대중은 이러한 움직임을 야기해온 것은 물리학이라고 여긴다. 나는 이 분야에서 한 차례 예외를 제외하고 버클리* 이래로 실질적으로 새로운 논의가 출현하지 않았다는 레닌의 주장에 동의한다. 그 한 가지 예외는 묘하게도 마르크스가 포이어바흐에 관한 테제에서 제시하고 레닌이 완전히 무시한 것이다. 만약 감각 같은 것은 없다면, 만약 우리가 수동적으로 파악하는 그 무엇이라는 물질이 망상에 불과하다면 그리고 '진리'가 이론적 개념이 아니라 실천적 개념이라면 레닌의 유물론과 같은 구식 유물론은 성립할 수 없다. 그리고 버클리의 시각도 똑같이 설 자리를 잃는데 우리가 능동적으로 관여하는 대상을 제거하기 때문이다. 마

---

* 로크의 경험론을 발전시킨 주관적 관념론자. 모든 관념의 근거를 지각에서 찾았으며 '존재한다는 것은 지각된 것이다'는 말로 유명하다.

르크스의 도구주의적 이론은 비록 마르크스 본인은 유물론적이라고 불렀지만 사실은 그렇지 않다. 마르크스의 논의는 유물론에 반하여 분명 더 강력하다. 그것이 궁극적으로 타당한지는 답하기 어려운 문제이며, 그 문제에 관해 나는 여기서 의견을 표명하는 것을 의도적으로 회피해왔다. 그러자면 온전한 철학 논문 한 편을 써야 하기 때문이다.

역사에서의 변증법

(2) 헤겔 변증법은 활발한 과정이었다. 만약 내가 어떤 불완전한 개념으로 시작해 그것에 관해 숙고하면 그 개념은 곧 그 반대 개념으로 전환될 것이다. 그것과 그 반대 개념은 서로 합쳐져 합synthesis이 되고, 그것은 다시 유사한 움직임의 출발점이 되며 그렇게 죽 이어져 결국에는 절대이념Absolute Idea에 도달하게 되고, 그로부터 나는 아무런 새로운 모순을 발견하지 않고 실컷 성찰할 수 있다. 세계의 역사 발전은 단지 이러한 사고 과정의 객관화일 뿐이다. 이러한 시각이 헤겔한테는 가능해 보이는데 그에게는 정신이 궁극적 현실이기 때문이다. 마르크스에게는 반대로 물질이 궁극적 현실이었다. 그럼에도 불구하고 그는 여전히 세계는 논리적 공식에 따라 전개된다고 생각한다. 헤겔에게 역사 발전은 체스 게임처럼 논리적이다. 마르크스와 엥겔스는 체스의 규칙은 유지하면서 한편으로는 체스를 두는 사람의 개입 없이 체스 말이 물리법칙에 따라 스스로 움직인다고 생각한다. 내가 앞서 인용한 부분에서 엥겔스는 다음과 같이 말한다. "드러난 모순을 제거하는 수단 역시 다소 발전된 상태로, 변화된 생산양식 자체 내부에 존재하는 것이 틀림없다." 이 '틀

림없다'라는 표현은 논리가 세계를 지배한다는 헤겔식 신념의 유물을 무심코 드러낸다. 어째서 정치에서 갈등의 결과가 언제나 그보다 더 발달한 체제의 수립을 가져온단 말인가? 사실, 무수한 경우에서 역사는 그러한 설명과 정반대였다. 야만족의 로마제국 침입은 더 발달한 경제 형태를 가져오지 않았고 에스파냐에서 무어인의 축출이나 남프랑스에서 알비파 학살*도 마찬가지다. 호메로스 이전 시대에 미케네 문명은 파괴되었고, 발달한 문명이 다시 그리스에 등장하기까지는 여러 세기가 걸렸다. 쇠락과 퇴보의 실례는 역사에서 적어도 발전의 실례만큼 무수하고 또 중요하다. 마르크스와 엥겔스의 저작에 나타나는 정반대의 시각은 19세기식 낙관주의일 뿐이다.

이것은 이론적 중요성과 동시에 실천적 중요성을 띤 문제다. 공산주의자들은 언제나 공산주의와 자본주의 간의 갈등은 한동안 자본주의가 부분적으로 승리할 수도 있지만 결국엔 틀림없이 공산주의 체제의 수립으로 이어진다고 전제한다. 그들은 꽤나 그럴 듯한 다른 가능한 결과, 즉 야만으로의 복귀는 예상하지 않는다. 우리는 모두 현대전이 심각한 사안이며 다음 전쟁에서는 대규모 인구가 독가스와 박테리아로 사실상 몰살될 가능성이 크다는 것을 안다. 전쟁으로 대규모 인구 밀집지역과 가장 중요한 산업 지구가 깡그리 사라진 후에 남은 인류가 과학적 공산주의 체제를 수립할 기분일 거라고 진지하게 생각할 수 있을까? 생존자들이 마지막 남은 양배추 한 쪼가리를 두고 처절하게 다투면서 뜻 모를 소릴 지껄이

---

*   12~13세기 마니교의 영향을 받은 것으로 추정되는 그리스도교의 분파로 가톨릭은 이를 이단으로 선포하고, 십자군을 파견하였다.

는 무지몽매한 야만 상태일 거라는 게 거의 확실하지 않을까? 마르크스는 영국박물관에서 작업했지만, 1차 세계대전 후에 영국 정부는 지식인들에게 분수를 가르쳐줄 모양이었는지 박물관 바로 바깥에 탱크를 배치했다. 공산주의는 고도로 지적이고 고도로 세련된 사상이며, 러시아에서처럼 1914~1918년과 같은 경미한 예비적인 산발적 충돌 후에 수립될 수 있는 것도 사실이지만, 진짜로 심각한 전쟁 이후에는 거의 불가능하다. 안타깝지만 공산주의 사상의 교조적 낙관주의는 빅토리아 풍조의 유물로 이해해야 할 것 같다.

변증법에 대한 공산주의 해석에는 또 다른 특이한 지점이 있다. 다들 알다시피 헤겔은 역사에 대한 변증법적 설명을 프로이센 국가와 함께 마무리 지었고, 그에 따르면 프로이센 국가는 절대이념의 완벽한 구현이다. 프로이센 국가에 아무런 애정도 없는 마르크스는 이것이 설득력이 없고 무기력한 결론이라고 여겼다. 그는 변증법은 본질적으로 혁명적이어야 한다고 말했고 결코 최종적 정지 단계에 도달할 수 없다고 시사했던 것 같다. 그럼에도 불구하고 우리는 공산주의의 수립 이후에 일어날 추후의 혁명들에 대해서 더는 이야기를 들을 수 없다. 『철학의 빈곤』 마지막 문단에서 마르크스는 말한다.

더 이상 계급이나 계급 적대가 없는 사회질서 속에서만 사회적 발전은 정치적 혁명이 아닐 것이다.

이러한 사회적 발전들이 무엇일지 그것들이 계급 갈등이라는 원동력 없이 어떻게 야기될 수 있는지에 대해서 마르크스는 설명하지 않는다. 사실 그의 이론에 따르면 어떻게 후속 발전이 가능할지 생각하기 어렵다. 현재의 정치적 시각을 제외한다고 해도 마르크스의 변증법은 헤겔 변증법보다 더 혁명적이지 않다. 게다가 모든 인간 발전은 마르크스에 따르면 계급 갈등에 좌우되었고 공산주의 아래서는 하나의 계급만 있을 테니 더 이상 인간 발전은 없으며 인류는 영원히 비잔티움 제국과 같은 정체 상태로 계속 살아가야 한다는 결론이 나온다. 이것은 설득력이 없어 보이며 정치적 사건들에 대해 마르크스가 고려한 것 이외의 다른 가능한 원인들이 있음을 시사한다.

헤겔의 형이상학 vs 마르크스의 형이상학

(3) 형이상학이 실제 사안과 관련이 있다는 믿음은 내가 보기에 논리적 무능력의 증거다. 세상에는 저마다 의견이 각양각색인 물리학자들이 있다. 혹자들은 흄을, 혹자들은 버클리를 따르며, 혹자들은 전통적인 기독교도이며, 혹자들은 유물론자이고, 혹자들은 감각주의자이고, 심지어 유아론唯我論자도 있다. 그러나 이러한 입장 차이는 그들의 물리학에는 전혀 영향을 미치지 않는다. 그들은 일식이 언제 일어날지 혹은 다리의 안정성의 조건은 무엇인지에 대해서 다른 의견을 내지 않는다. 물리학에서는 어느 정도 진정한 지식이 존재하며, 물리학자가 품는 형이상학적 신념이 무엇이든지 간에 그러한 신념들은 물리학적 지식에 스스로를 맞춰야 한다. 진정한 지식이 존재하는 한 사회과학도 마찬가지다. 결론에 도달하는 데 형이상학이 진짜로 유용할 때가 있다면 그것은 언제든 과학적 수단으로 결론에 도달할 수 없기 때문에, 즉 결론이 참이라고 생각할

만한 충분한 근거가 없기 때문이다. 우리가 알 수 있는 것은 형이상학 없이도 알 수 있고, 그 타당성의 증명을 위해 형이상학을 필요로 하는 것은 결코 입증될 수 없다. 실제로, 마르크스는 그의 저작에서 매우 상세한 역사적 논의를 제시하며 그 대부분은 매우 타당하지만, 그 가운데 어느 것도 또 어떤 식으로든 유물론에 근거하지는 않는다. 예를 들어, 자유경쟁이 흔히 독점으로 귀결된다는 사실을 보자. 이것은 경험적 사실로, 그에 대한 증거는 어떤 사람이 무슨 형이상학을 채택하든 간에 분명하다. 마르크스의 형이상학은 두 가지 방식으로 작동한다. 그것은 한편으로는 사물을 실제보다 더 명확하고 건조하고 엄밀하게 만들고, 다른 한편으로는 과학적 태도가 보증하는 것을 넘어서서 마르크스에게 미래에 대한 확실성을 부여한다. 그러나 역사 발전에 대한 그의 법칙들이 사실로 드러날 수 있는 한 그의 형이상학은 중요하지 않다. 공산주의가 보편적이 될 것인지의 문제는 형이상학과는 전혀 무관하다. 형이상학이 투쟁에서 도움이 될 수는 있다. 초창기 이슬람의 정복은 신도들이 전투에서 죽으면 곧장 낙원으로 간다는 믿음 덕분에 크게 힘을 얻었는데, 유사하게 공산주의자들의 노력도 변증법적 유물론이라는 신이 있어서 그들 편에서 같이 싸우고 그분이 보시기에 적당하실 때 승리를 안겨주리라는 믿음으로 고무받을지도 모른다. 하지만 아무런 증거도 찾을 수 없는 명제들에 대해 믿음을 천명해야 하는 것을 질색하는 사람들도 많으며 그러한 사람들을 잃게 되는 일은 공산주의 형이상학으로부터 기인하는 단점으로 봐야 할 것이다.

마르크스 역사 철학의 한계: 역사에서의 경제적 인과관계

(4) 대체적으로, 나는 경제적 원인이 역사상 대부분의 커다란 움직임, 정치적 운동만이 아니라 종교, 예술, 도덕과 같은 분야의 움직임에서도 밑바탕이 된다는 마르크스의 견해에 동의한다. 그러나 여기에는 중요한 단서들이 붙어야 한다. 우선 마르크스는 충분한 시차를 허용하지 않는다. 예를 들어, 기독교는 로마제국 시대에 생겨나 여러 측면에서 그 시대 사회체제의 특징을 지니고 있지만 많은 변화를 겪으며 살아남았다. 그런데 마르크스는 그것이 소멸 직전인 것처럼 취급한다. "고대 세계가 마지막 단말마를 내지를 때 고대 종교들은 기독교에 정복당했다. 기독교의 이념들이 18세기에 합리주의 사상에 굴복했을 때 봉건사회는 그 당시에는 혁명적이었던 부르주아지와 사투를 벌였다."(칼 마르크스와 프리드리히 엥겔스,『공산당 선언』) 그럼에도 불구하고 마르크스의 고국에서 기독교는 여전히 마르크스 사상의 실현에 가장 강력한 장애물이었고* 서양 전역에서 기독교의 정치적 영향력은 여전히 어마어마하다. 나는 조금이나마 성공을 거둔 교의들이 그 시대의 경제 상황과 일정한 관계가 있을 수밖에 없다는 주장까지는 받아들일 수 있지만 오래된 교의들은 경제 상황과 그러한 필수적인 관련 없이도 여러 세기 동안 지속될 수 있다고 생각한다.

마르크스의 역사이론이 너무 한정적인 또 다른 지점은 마르크스가 거대한 두 세력이 대략 균형 상태에 있을 때 작은 요소가 형세를 변화시킬 수도 있다는 사실을 인정하지 않는다는 것이다. 나는

---

* [원주]1844년 마르크스는 "독일에서, 종교에 대한 비판은 기본적으로 완료되었다"라고 썼다.

거대한 세력들이 경제적 원인들에 의해 발생한다는 점을 인정하지만 두 거대한 세력 가운데 어느 쪽이 승리할지는 흔히 매우 사소하고 우연적인 사건에 달려 있다. 러시아 혁명에 관한 트로츠키의 서술을 읽다 보면 레닌이 혁명에 아무런 영향을 미치지 않았다고 믿기는 힘든데, 독일 정부가 그를 러시아로 보내는 것을 허락할지 말지는 아슬아슬한 상황이었다. 만약 담당 장관이 어느 날 아침 소화불량을 앓아서 원래는 "그래"라고 대답한 순간에 "아니"라고 대답했다면 우리가 이성적으로 러시아 혁명은 레닌이 없었어도 지금까지 이룬 것을 달성했을 것이라고 주장할 수 있을까? 다른 예를 들어보자. 만약 발미 전투*에서 프로이센 진영에 훌륭한 장군이 있었다면 어쩌면 프랑스혁명을 끝장내버렸을지도 모른다. 그보다 더 기상천외한 예를 들어보자. 만약 헨리 8세가 앤 불린†과 사랑에 빠지지 않았다면 지금의 미국은 존재하지 않았을 것이라고 말할 수도 있다. 왜냐하면 바로 이 사건으로 영국은 교황청과 갈라섰고, 그에 따라 교황이 아메리카 대륙을 에스파냐와 포르투갈에 하사한 것을 인정하지 않았기 때문이다. 만약 영국이 가톨릭 국가로 남았다면 오늘날 미국은 에스파냐령 아메리카의 일부였을지도 모른다.

여기서 마르크스 역사 철학의 또 다른 오류가 제기된다. 그는 경제적 갈등을 언제나 계급 갈등으로 보지만 실제로 대다수의 갈등은 인종이나 민족 갈등이다. 19세기 초 영국 산업화는 국제주의적 성격을 띠었는데, 자신들이 세계 산업을 독차지할 것이라고 내다봤기 때문이다. 코브던처럼 마르크스도 세계가 갈수록 코스모폴

---

* 1792년에 프랑스군이 프로이센-오스트리아 연합군을 상대로 거둔 최초의 승리.

† 헨리 8세가 첫째 부인과 이혼하고 결혼한 두 번째 부인으로, 엘리자베스 여왕의 어머니.

리턴적 성격을 띨 것이라고 봤던 것 같다. 그러나 비스마르크가 상황을 다른 방향으로 바꾸어 놓았고, 그 이래로 산업화는 갈수록 민족주의로 흘렀다. 심지어 자본주의와 공산주의 갈등도 갈수록 민족 갈등의 형태를 띠고 있다. 물론 민족 간의 갈등이 대체로 경제적인 것은 사실이지만 세계가 민족들로 나뉘는 것 자체는 대체로 경제적이지 않은 원인들에 의해서 결정된다.

역사에서 상당한 중요성을 띤 또 다른 원인들은 의학적이라고 할 만한 것들이다. 예를 들어, 흑사병은 마르크스도 그 중요성을 잘 알았던 사건이지만 흑사병의 원인들은 부분적으로만 경제적이다. 물론 경제 수준이 훨씬 높은 인구들 사이에서는 흑사병이 발생하지 않았겠지만 유럽은 오랫동안 1348년만큼 가난했기 때문에 전염병의 인접한 원인이 빈곤일 리는 없다. 또한 열대 지방에서 말라리아와 황열병의 창궐과 같은 문제들과 이러한 질병들이 이제 예방이 가능하다는 사실을 생각해보자. 이것은 비록 그 자체는 경제적 속성은 없지만 매우 중요한 경제적 효과를 낳는 문제이다.

마르크스의 이론에서 가장 수정이 필요한 부분은 생산방식의 변화의 원인에 관한 부분이다. 생산방식은 마르크스의 논의에서 가장 중요한 원인으로 등장하지만 그것들이 이따금 변화하는 이유들은 전혀 설명되지 않는다. 사실, 생산방식의 변화는 주로 지적인 원인에, 다시 말해 과학적 발견과 발명에 기인한다. 마르크스는 경제적 상황이 요청할 때 발견과 발명이 이루어진다고 생각한다. 그러나 이것은 매우 비역사적인 견해다. 어째서 아르키메데스 시대부터 레오나르도 다 빈치의 시대까지 실험 과학이 사실상 전무했는가? 아르키메데스 이후로 6세기 동안 경제적 조건은 과학 활동을 용이

하게 할 만한 것이었지만 실제로 과학 활동을 촉진하지는 못했다. 현대 산업으로 이어진 것은 르네상스 이후 과학의 성장이었다. 경제 과정에 대한 이런 지적 인과 작용을 마르크스는 적절하게 인식하지 못한다.

역사는 여러 방식으로 조명될 수 있으며 만약 사실들을 조심스럽게 선별한다면 적당해 보이는 범위를 충분히 아우르는 많은 일반 공식들을 발명할 수 있다. 따라서 너무 진지하게는 아니지만 나는 산업혁명의 인과관계에 관한 다음과 같은 대안이론을 주장한다. 산업화는 근대 과학 때문이며, 근대 과학은 갈릴레오 때문이고 갈릴레오는 코페르니쿠스 때문이고, 코페르니쿠스는 르네상스 때문이며, 르네상스는 콘스탄티노플 함락 때문이며, 콘스탄티노플 함락은 튀르크족의 이동 때문이고, 튀르크족의 이동은 중앙아시아의 건조화 때문이다. 따라서 역사적 원인을 찾는 근본 연구는 수로학이다.

19

잉여가치론

마르크스의 잉여가치론은 세부사항으로 들어가면 복잡하지만 그 중심 개요는 단순하다. 그는 임금노동자가 노동 시간 가운데 일정 비율, 흔히 대략 절반으로 상정되는 시간 동안에는 그의 임금의 가치에 상응하는 가치의 상품을 생산하며, 나머지 시간 동안에는 자본가가 전혀 대가를 지불하지 않지만 그럼에도 제 것으로 차지하는 것을 생산한다고 주장한다. 그러므로 임금노동자는 그가 대가로 받는 것보다 더 많이 생산한다. 이 추가적 생산물의 가치를 마르크스는 '잉여가치'라고 부른다. 잉여가치에서 이윤, 지대, 십일조, 세금, 한마디로 임금을 제외한 모든 것이 나온다.

리카도와 멜서스의 그림자
이러한 시각은 타당한 부분도 있고 틀린 부분도 있기 때문에 특히나 전적으로 이해하기 쉽지 않은 경제적 논의를 바탕으로 한다. 우리는 이미 이 이론을 리카도와 관련해서 살펴봤고, 이것은 특정 상황에서 부분적으로만 맞는다는 것을 봤다. 리카도의 가치이론은 생산비용이 임금으로 대표되는 한, 그리고 가격을 가능한 최저로 유지하는 자본가 사이의 경쟁이 존재하는 한 맞다. 만약 자본가들이 트러스트나 카르텔을 형성하거나 원자재 비용이 총생산 비용에서 큰 부분을 차지한다면 그 이론은 더 이상 맞지 않다. 그러나 마르크스는 비록 당대 경제학자들을 경멸하면서도 그들로부터 그 이론을 받아들였고, 그러면서 그것에 유리한 근거들을 전혀 검토하지 않은 것 같다.

논의의 다음 단계는 (적절한 인정 없이) 맬서스로부터 가져온 것이다. 마르크스는 맬서스의 인구론으로부터 임금노동자 사이에는 언제나 경쟁이 존재하며, 따라서 노동의 가치는 다른 상품의 가치와 마찬가지로 그것의 생산 (그리고 재생산) 비용으로 측정되어야 한다는 논의를 도출한다. 그러니까 임금은 노동자와 그의 가족의 최저 생계를 보장할 것이며, 경쟁체제 아래서는 이 수준 이상으로 상승할 수 없다는 소리이다.

맬서스의 인구론에는 리카도의 가치이론처럼 우리가 이미 살펴본 제약들이 있다. 마르크스는 언제나 맬서스의 인구론을 무시하면서 거부하고 또 거부할 수밖에 없는데, 맬서스가 주의 깊게 지적했듯이 만약 인구론이 타당하다면 공산주의적인 모든 유토피아는 불가능할 것이기 때문이다. 그러나 마르크스는 맬서스에 반대하여 합리적인 근거에 바탕을 둔 어떠한 반론도 제기하지 않으며, 그보다 더 놀랍게도 다른 때에는 거부하는 바로 그 이론의 수용에 달려 있는 법칙, 즉 임금이 (경쟁체제 아래서는) 언제나 최저 생활수준에 머문다는 법칙을 아무런 의문 없이 받아들인다.

이러한 전제로부터 노동가치론과 임금철칙, 잉여가치론이 도출되는 것 같다. 그럼 임금노동자가 이를테면 하루에 열두 시간 일하고 그 가운데 6시간 동안 자신의 노동의 가치를 생산한다고 하자. 나머지 여섯 시간에 그가 생산하는 것은 자본가의 착취, 즉 그의 잉여가치를 나타낸다. 비록 자본가는 나머지 여섯 시간에는 대가를 지불하지 않지만 그리고 이유는 알 수 없지만 어쨌든 생산에 필요한 노동 시간에 비례해 생산품의 가격을 정할 수 있다. 마르크스는 이 이론 전체가 모든 노동에는 대가가 지불되어야 하며 더 나아가 자본가들은 서로 경쟁한다는 가정이 달려 있다는 것을 잊어버린다.* 이러한 가정들이 부재할 때 상품 가치가 생산에 들어간 노동 시간에 비례해야 할 이유는 없다.

만약 이 사업 분야에 경쟁하는 자본가들이 많고 상황이 처음에 마르크스가 상정한 대로라고 가정한다면 가격을 낮추고도 여전히 이윤을 내기는 가능할 것이며, 따라서 그것은 경쟁의 결과일 것이다. 자본가가 지대와 어쩌면 빌린 돈에 대한 이자도 지불해야 하는 것은 사실이다. 그러나 그로서는 사업을 계속해 나갈 만하다고 생각하는 최저 이윤 수준까지 가격을 낮출 수밖에 없을 것이다. 만약 반대로 경쟁이 없다면 가격은 모든 독점과 마찬가지로 '시장 거래가 흡수하는 만큼'이라는 원리에 따라 고정될 것이고 그 가격은 투입된 노동의 양과 아무런 관련이 없다.

따라서 자본가가 노동을 착취함으로써 큰돈을 버는 것은 부인

---

*   [원주]이 가정은 나중에 『철학의 빈곤』의 서문에서 엥겔스가 설명하기는 한다.

할 수 없는 사실이지만, 이러한 일이 벌어지는 경제 과정에 대한 마르크스의 분석은 잘못된 것 같다. 그리고 마르크스의 분석이 틀린 주된 이유는 리카도의 가치이론을 수용한 탓이다.

나는 위에서 가치가 (통화 변동을 별개로 한다면) 가격에 의해 측정될 수 있는 것처럼 썼다. 아닌 게 아니라 이런 가정은 특정 상품과 교환되는 다른 상품의 양이라는 가치의 정의로부터 따라 나온다. 가격은 서로 다른 상품들의 교환가치를 같은 단위로 잴 수 있는 표현 수단일 뿐이다. 만약 여러 다른 상품들의 가치를 비교하고 싶다면 우리는 가격, 즉 (금본위제 아래서는) 금에 대한 그것들의 교환가치라는 수단을 통해서 가장 쉽게 비교할 수 있다. 가치가 '교환가치'를 의미하는 한, (언제든) 가격으로 측정된다는 사실은 단순히 정의에 따른 논리적 결론일 뿐이다.

가격이란 무엇인가

그러나 마르크스는 교환가치로서의 가치라는 정의와 애매하게 충돌하는 또 다른 가치 개념을 갖고 있다. 분명하게 드러나지는 않는 이 다른 개념은 윤리적이거나 형이상학적 개념으로 '(특정 상품과) 교환되어야 하는 다른 상품의 양'이라는 의미인 듯하다. 아래의 인용은 이 문제와 관련해서 마르크스의 의도에 도달하는 어려움을 잘 보여준다.

"가격은 상품 속에 실현된 노동을 돈으로 부르는 이름money-name이다. 따라서 상품과 상품의 가격을 구성하는 금액 간의 등가성이란 표현, 일반적으로 얘기하는 상품의 상대 가치의 표현은 두 상품 간의 등가성이라는 진술처럼 동어반복이다. 그러나 가격이 상품의 가치 크기 지표로서 화폐와 교환비율의 표현이라 하더라도 그로부터 이 교환비율의 지표가 필연적으로 상품 가치의 크기 지표라는 것이 따라 나오지는 않는다.…… 가치의 크기는 사회적 생산 관계를 나타내며 그것은 특정 품목과 그것을 생산하는 데 요구되는 사회의 총 노동 시간의 비율 간에 필연적으로 존재하는 관계를 나타낸다. 가치의 크기가 가격으로 전환되자마자 앞서의 필연적 관계는 한 상품과 또 다른 상품, 즉 화폐 상품 간의 다소간 우연적인 교환비율의 모습을 띤다. 그러나 이 교환비율은 그 상품 가치의 진짜 크기를 나타내거나 아니면 상황에 따라서는 그 가치와 차이가 날 수도 있는 금의 양을 나타낼 수도 있다. 따라서 가격과 가치의 크기 간의 불일치 가능성, 즉 가치의 크기로부터 가격이 벗어날 가능성은 가격 형태 그 자체에 내재한다."

여기까지는 마르크스가 구매자와 판매자의 상대적 약삭빠름이나 궁핍함에 기인할지도 모르는 우연적인 변동만을 생각하고 있다고 추측할 수도 있다. 그러나 그는 계속해서 가격과 가치 간의 더 진지한 구분으로 나아간다. 만약 그러한 구분을 계속 밀고 나간다면 여러 가지 어려움이 제기될 텐데도 마르크스는 이를 의식하지 못하는 것 같다. 그는 다음처럼 설명한다.

"그러나 가격 형태는 가치의 크기와 가격 간의 양적 모순, 즉 가치의 크기와 그것의 돈으로의 표현 사이의 불일치와 양립할 수 있을 뿐 아니라 비록 화폐는 상품의 가치 형태에 불과하지만 가격은 더 이상 가치를 표현하지 않을 만큼 질적 불일치를 은폐할 수도 있다. 양심이라든가 명예 등 그 자체로 상품이 아닌 대상들은 그것을 보유한 사람이 팔도록 내놓을 수 있으며, 따라서 그것들의 가격을 통해 상품 형태로 취득될 수 있다. 그러므로 어떤 대상은 가치가 없어도 가격을 가질 수도 있다. 그런 경우 가격은 수학에서 특정 수량처럼 가상적인 것이다. 다른 한편으로 가상적인 가격 형태는 때로 직간접적으로 진짜 가치─관계를 은폐할 수도 있다. 그 예로 미개간지의 가격 같은 것을 들 수 있는데, 그 안에 인간의 노동이 투입되지 않았기 때문에 미개간지는 가치를 갖지 않는다."

물론 그의 노동가치 이론에서 볼 때 마르크스가 미개간지는 아무런 가치가 없다고 주장하는 것은 당연하다. 그러나 미개간지는 흔히 가격을 갖기 때문에 가치와 가격 간 구분은 이 시점에 그에게 없어서는 안 된다. 이쯤 되면 교환가치란 특정 상품이 실제로 교환될 수 있는 다른 상품의 실제 수량이 아니라는 것이 드러난다. 그것은 만약 사람들이 특정 상품의 생산에 들어가는 노동의 양에 비례하여 그 상품의 가치를 매긴다면 그것과 교환될 수 있는 다른 상품의 양이다. 마르크스는 사람들이 물건을 사고 팔 때 상품의 가치를 그렇게 매기지 않는다는 점을 인정한다. 왜냐하면 실제로 그런 식으로 가치를 매긴다면 아무런 노동도 투입되지 않은 미개간지를 인간이 채굴해야 하는 금과 교환하는 일은 발생할 수 없기 때문이다. 따라서 한 상품의 가치가 상품의 생산에 들어가는 노동의 양으로 측정된다고 말할 때 마르크스는 상품이 시장에서 얼마를 받을 것이라고 말하려는 게 아니다. 그렇다면 대체 그가 의미하는 바는 무엇인가?

그는 아마도 다음 두 가지 중 하나를 뜻하는 것 같다. 첫째, 그는 '가치'라는 단어에 단순한 언어적 정의를 내리고 있는지도 모른다. 상품의 '가치'를 이야기할 때 (그는 다음처럼 말하고 있는 것인지도 모른다) 그는 그것을 생산하는 데 필요한 노동의 양, 아니 그보다는 그와 동일한 양의 노동이 생산하는 다른 상품의 수량을 뜻하는 것이다. 그게 아니라면 그는 '가치'라는 단어를 윤리적 의미에서 사용하고 있을 수도 있다. 그는 상품은 투입된 노동에 비례하여 교환되어야 하며, 경제 정의가 지배하는 세상에서는 그렇게 교환될 것이라는 뜻인지도 모른다. 만약 그가 이 두 가지 대안 가운데 첫 번째를 채택한다면 그의 가치이론에서 대부분의 명제들은 사소해져 버리며, 가치와 가격 간의 관계를 주장하는 명제들은 자의적이고 부분적으로 틀린 것이 된다. 만약 그가 두 번째 대안을 채택한다면 그는 더 이상 경제적 사실들을 분석하고 있는 것이 아니라 경제적 이상을 제시하는 셈이 되어버린다. 게다가 이 이상은 리카도의 지대이론에서 강조된 이유들 때문에 실현이 불가능할 것이다. 척박한 땅에서 재배한 밀 한 포대는 비옥한 땅에서 재배한 밀 한 포대보다 더 많은 노동을 구현하지만 우리가 상상할 수 있는 어떤 경제체제에서든 결코 더 높은 가격에 팔릴 수 없다. 따라서 '가치'의 의미에 대한 언어적 대안이든 윤리적 대안이든 그것들은 마르크스의 경제이론을 혼란스럽게 만든다.

그럼에도 '가치'에 대한 윤리적 해석은 마르크스뿐만 아니라 노동가치이론을 주장하는 모든 사람들에게 영향을 미친 것 같다. 마르크스의 경우에 이것은, 그가 미개간지의 가격과 관련하여 인간의 명예 같은 것들을 거론하며 거기서 우리가 가격의 존재에 뭔가 윤리적으로 비난할 만한 것이 있다는 느낌을 받는다는 사실에서 드러난다. 다른 경제학자들의 경우로, 마르크스가 많은 것을 배웠으며 이론가들 가운데 처음으로 노동가치이론을 프롤레타리아

의 이해관계에 적용한 호지스킨이 있는데, 호지스킨이 이 이론의
원천을 "사유재산의 정당한 근거는 자신의 노동이 생산한 것에 대
한 그 사람의 권리"라는 로크의 사상에서 찾았다는 사실은 흥미롭
다.[35] 만약 그 사람이 자신의 노동의 산물을 다른 누군가의 동일한
노동의 산물과 교환한다면 정의는 유지된다. 따라서 노동이론이 윤
리와 조화를 이룬다. 이러한 시각이 어쩌면 무의식적으로 마르크스
에게 영향을 미쳤을 수도 있다. 가격과 가치가 일치하지 않을 때 마
르크스는 가격이 자본주의의 사악함을 나타낸다고 느꼈다.

육체노동자의 이상화

마르크스 글의 효력의 상당 부분은 그의 수학적 예시 속 암묵적 가
정들에 의존한다. 이러한 많은 예시 가운데 전형적인 것 하나를 살
펴보자.

한 가지 더 예를 들어보자. 제이콥은 1815년에 다음과 같은 계산을
한다. 여러 품목의 사전조정 탓에 아래 예시는 매우 불완전하다. 그러
나 우리의 목적에서는 이 정도로 충분하다. 이 계산에서 밀의 가격은
쿼터당 8실링, 연간 평균 수확은 에이커당 22포대라고 상정된다.

에이커당 생산된 가치

	(파운드)	실링	펜스		(파운드)	실링	펜스
종자	1	9	0	십일조, 지방세, 국세	1	1	0
거름	2	10	0	지대	1	8	0
임금	3	10	0	농부의 이윤과 이자	1	2	0
합계	7	9	0	합계	3	11	0

*1파운드=20실링, 1실링=12펜스(1971년 이전 화폐단위임).

상품의 가격이 그 가치와 동일하다고 가정하면 우리는 여기서 잉여가치가 이윤, 이자, 지대 등등과 같은 다양한 이름으로 분배됨을 발견할 수 있다. 이것들을 자세히 살펴볼 필요는 없다. 그냥 모두 더한 총액이 3파운드 11실링의 잉여가치라는 것만 알면 된다. 종자와 거름에 들어간 총액 3파운드 19실링은 고정자본이며 이것들은 0으로 놓는다. 그러면 3파운드 10실링이 남는데 이것은 선先가변자본이다. 그러면 우리는 3파운드 10실링+3파운드 11실링의 새로운 가치가 여기서 생겨났음을 알 수 있다. 따라서 s/v = 3파운드 11실링/3파운드 10실링으로 잉여가치율은 100퍼센트가 넘는다. 노동자는 잉여가치를 생산하는 데 노동의 절반 이상을 투입하며, 잉여가치는 다양한 구실로 다른 사람들이 차지한다.

이 예시에서 s는 잉여가치를, v는 가변자본, 즉 임금을 말한다. 마르크스가 농장주가 생산한 것 전부 그리고 지방세와 국세 전부를 잉여가치에 포함시킨다는 점이 보일 것이다. 따라서 이 계산에는 (a) 농장주는 일을 하지 않으며 (b) 지방세와 국세는 놀고먹는 부자들에게 모조리 돌아간다는 가정이 담겨 있다. 마르크스는 물론 이러한 가정 가운데 어느 것도 명시적으로 표현하지 않지만 그가 제시하는 숫자 안에 이런 가정이 암시되어 있고, 유사한 다른 예시들에서도 마찬가지다. 위의 예시가 적용되는 1815년의 지방세는 구 구빈법 아래서 주로 임금에 지불되었다. 국세는 주로 국채 소유자한테 가는 것이 사실이지만 그 가운데 일부는 분명히 유용한 곳—예를 들면, 영국박물관을 유지하는 일과 같은 데 쓰였고, 만약 영국박물관이 없었다면 마르크스는 그의 대표작을 쓸 수 없었을 것이다.

　지방세와 국세의 문제보다 더 중요한 것은 자본가가 하는 일이다. 자영농과 같은 소자본가의 경우, 그를 놀고먹는 부자처럼 취급하는 것은 어처구니없는 일이다. 만약 농장을 국가가 경영한다면 감독관이 필요할 텐데 유능한 감독관은 이것저것 따져봤을 때 자영농의 이윤과 비슷한 급여를 받을 수 있을 것이다. 1846년 이전의 면직물 제조업자, 즉 엥겔스의 자본가 개념을 따라서 마르크스의 자본가 개념을 형성한 면직물 제조업자들은 대체로 거의 전적으로 빌린 자본으로 사업을 하던 소규모 사업가들이었다. 그들의 소득은 빌린 돈을 얼마나 잘 활용하는지 그들의 능력에 달려 있었다. 그들이 비인간적이었던 것은 사실이지만 그들이 게을렀다고 할 수는 없다. 누군가는 공장을 조직해야 하며, 누군가는 기계를 구입하고 상품을 팔아야 하며, 누군가는 일상적인 감독 작업을 수행해야 한다. 자본주의 초창기에 이 모든 일은 고용주들이 했다. 그러나 마르크스는 고용주의 수입 전부가 전적으로 피고용인들이 생산한 잉여가치의 전유 덕분이라고 간주한다. 고용주도 일을 한다는 사실을 마르크스가 인정할 때도 있지만 그런 부분은 제한적이며, 고용주는 아무런 일도 하지 않는다는 가정이 그의 저작 전체에 깔려 있다.

　현대의 대규모 자본주의 사업에서 자본가가 흔히 아무 일도 안 하는 것은 사실이다. 철도회사의 주주들은 아무 일도 하지 않고 이사들도 사업을 운영하는 일에 별로 관여하지 않는다. 커다란 사안의 경영 업무가 갈수록 봉급을 받는 전문가의 손에 맡겨지면서 자본가는 단순히 이자의 수취인이 될 뿐이다. 사회주의가 덜 혼란스럽고 선견지명을 갖춘 좀 더 과학적인 산업 조직을 대변하는 한,

봉급을 받는 전문가들이 사회주의에 동조하기를 기대할 수도 있을 것이다. 그러나 그들이 사회주의에 동조하는 경우는 드문데, 마르크스가 야기한 편견의 결과로 사회주의는 놀고먹는 부자에 맞서 노동자를 옹호할 뿐만 아니라 부유한 정신노동자에 맞서 육체노동자를 옹호하기 때문이다. 마르크스는 사업 운영에서 소자본가의 기능을 무시함으로써 대규모 자본주의에서 경영 업무를 담당하는 봉급을 받는 전문가들을 공정하게 평가하지 못하는 이론을 만들어냈다. 정신노동에 반하여 육체노동자를 이상화하는 것은 이론적 오류였으며, 오류의 정치적 효과는 처참했다.

문제는 독점이다

마르크스가 한 경제 분석의 세부 사항이 옳은지 그른지는 별로 중요하지 않다고 말할 수도 있다. 그는 프롤레타리아가 잔인하게 착취당하고 있으며, 착취는 부자들의 권력에 기인한다고 주장한 점에서 맞았다. 이런 시각에서 부유한 계급 내부를 구분하는 것은 이로울 것이 없었다. 중요한 것은 착취를 종식시키는 것이었고, 이것은 부자 집단 전체에 맞선 싸움에서 권력을 장악함으로써만 달성될 수 있었다.

여기에는 두 가지 반론이 존재한다. 첫째, 착취의 종식은 현명하지 못하게 실행될 경우 프롤레타리아를 이전보다 더 심각한 빈곤 상태로 이끌 수도 있다. 둘째, 마르크스는 금력이 어디에 존재하는지를 제대로 분석하지 못했고, 따라서 쓸데없이 적을 많이 만들었다.

이 반론 가운데 첫 번째는 권력이 불균등하게 분배된 체제를 타파하려는 모든 경우에 적용된다. 권력을 쥔 자들은 특별한 이점들을 얻고자 언제나 그들의 위치를 이용할 것이다. 그와 동시에 그들은 일반적으로 혼란을 방지하고 그들이 득을 보는 체제에 어느 정도의 효율성을 유지하기를 바랄 것이다. 그들은 흔히 행정과 경영에서 경험을 독차지할 것이다. 만약 그들이 갑자기 권력을 잃게 된다면 이전까지 억압받은 계층은 지식과 경험 부족으로 그들이 벗어난 과거의 참상보다 더 큰 참상을 야기할지도 모른다. 이런 일이 일어나지 않으려면 새롭게 해방된 계층이 공동체의 정치적·경제적 삶을 계속 유지해나갈 만큼 충분한 행정적·기술적 지성을 갖추고 있어야 한다. 프랑스혁명과 같은 성공한 혁명들에서는 구체제의 옹호자들보다 반란자들이 더 많은 지식과 지성을 보유했다. 이러한 조건이 충족되지 않을 때 이행은 매우 힘들 수밖에 없고 어쩌면 어떠한 개선을 이끌어내는 데 실패할지도 모른다. 아이티의 주민들이 프랑스의 지배를 떨쳐낸 후 더 행복해졌는지는 의심스럽다.

금력에 대한 분석에 관해서는 나는 헨리 조지가 마르크스보다 더 맞았다고 생각한다. 스펜스와 프랑스 중농주의자들을 따른 헨리 조지는 경제력의 원천을 토지에서 찾았고 유일하게 필요한 개혁은 토지국유화, 즉 지대를 사적 소유주가 아닌 국가에 내는 것이라고 주장했다. 허버트 스펜서도 훗날 나이가 들고 존경을 누리게 되었을 때 이러한 시각에 동조했다. 헨리 조지의 주장은 구식 형태로는 도저히 현대 세계에 적용될 수 없지만 안타깝게도 마르크스가 놓친 중요한 진실을 일정 부분 담고 있다. 더 현대적 방식으로 그 문제를 재설정하도록 노력하자.

다른 사람을 착취하는 모든 권력은 완전하거나 부분적인 독점,

영구적이거나 일시적인 독점의 소유에 달려 있지만 이 독점의 종류는 아주 다양할 수 있다. 토지는 가장 명백한 독점이다. 만약 내가 런던이나 뉴욕에 땅을 갖고 있다면 사유지 무단침입에 근거해 국가 권력을 동원해 다른 사람이 내 땅을 허락 없이 이용하는 것을 막을 수 있다. 따라서 내 땅에서 일을 하거나 살고 싶은 사람은 내게 지대를 내야 하며, 만약 내 땅이 이익을 매우 많이 낸다면 그는 내게 지대를 아주 많이 내야 한다. 나는 그 지대에 대한 대가로 아무 일도 안 해도 된다. 자본가는 사업을 조직해야 하고 전문직업인은 자신의 기술을 활용해야 하지만, 지주는 아무런 일도 하지 않고 다른 사람들의 근면에 사용세를 받아낼 수 있다. 유사하게 내가 석탄이나 철, 다른 광물을 소유하고 있다면 나는 평균적인 이윤을 보장하는 한에서 그것을 채굴하고 싶어 하는 사람과 내가 원하는 대로 계약을 체결할 수 있다. 산업이 발전하고 도시 인구가 증가할 때마다 자동적으로 토지소유주가 지대의 형태로 뜯어낼 수 있는 것도 증가한다. 다른 사람들은 일을 하는 반면 그는 계속해서 놀고먹는다. 그러나 다른 사람들의 작업은 그를 점점 부자로 살찌운다.

그러나 토지는 결코 유일한 형태의 독점이 아니다. 자본의 소유자도 집단적으로는 차용자에 대해 독점가이다. 그래서 그들이 이자를 물릴 수 있는 것이다. 신용을 통제하는 것은 토지만큼이나 중요한 독점 형태이다. 신용을 통제하는 사람은 그들의 판단에 따라 사업을 장려할 수도 망칠 수도 있다. 그들은 심지어 한도 내에서 산업 전반이 번성하거나 침체하게 좌우할 수 있다. 이러한 권력은 독점에서 기인한다.

현대 세계에서 가장 많은 경제력을 보유한 사람들은 권력을 토지와 광물, 신용의 결합에서 이끌어낸다. 대금융가들은 철광석, 탄광, 철도를 지배한다. 더 작은 규모의 자본가들은 프롤레타리아만큼 거의 완전히 그들의 손아귀 안에 있다. 경제력을 장악하려면 그 첫 단계로서 우선 독점가를 축출해야 한다. 그리고 궁극적 경제력의 도움 없이 실력으로 성공을 거둔 사람들이 사적 독점이 없는 세상에서 많은 해를 끼치는지는 두고 봐야 한다. 결국 모든 것을 따져볼 때 헨리 포드가 저렴한 자동차를 생산하는 것을 막았다면 지금 세상이 더 좋아졌을지는 의심스럽다. 그리고 거대 산업가들이 끼치는 해악은 보통 그들이 독점력의 원천에 접근할 수 있는지에 달려 있다. 노동 쟁의에서 고용주는 눈앞의 적이지만 반대편 군대의 일원에 불과할 뿐이다. 진짜 적은 독점가이다.

20

마르크스주의 정치학

마르크스의 정치 사상은 그의 경제 이론과 변증법적 유물론의 소산이다. 이전 사회주의자들은 인간의 선의와 정의감에 호소해왔다. 오언은 마지막 순간까지 본질적으로 뉴래너크의 자상한 가부장이었다. 생시몽의 호소는 종교적이었다. 그는 새로운 유형의 기독교를 창조하는 것을 목표로 했다. 푸리에는 오언처럼 식민지를 건설하는 것을 목표로 했고, 그곳의 성공이 자신이 주장한 원리들의 우수성을 입증할 것이라고 예견했다. 마르크스는 그러한 방법들이 무익하다는 점을 깨달았다. 그는 선의가 경제 체제 전체를 바꿀 만큼 강력하지 않을 것이고, 사회주의는 소규모의 고립된 공동체들을 통해 조금씩 도입될 수 없으며 반드시 정치적 변혁의 결과로 대규모로 수립되어야 한다고 봤다. 그와 엥겔스는 선배 사회주의자들을 공상가들로 못 박았다. 마르크스와 엥겔스에게 문제는 다음과 같았다. 이론적으로는 산업화의 불가피한 변증법적 발전을 예견하는 것이었고, 실천적으로는 프롤레타리아 계급의 이해관계가 자본주의에서 사회주의로의 이행을 초래할 것이기에 반드시 그들이 권력을 장악하게 하는 것이었다.

마르크스의 예측과 기대

마르크스와 엥겔스는 일찍이 1848년에 경쟁은 반드시 독점을 낳는다는 점을 인식했다. 그들은 사업의 규모가 갈수록 커지는 경향이 있으며 기술상의 모든 진보는 이러한 증대를 촉진한다고 봤다. 엥겔스가 죽기 전에, 미국에서 트러스트의 성장으로 이 점은 분명해졌다. 그러한 현상을 1848년에 인식했다는 사실은 그 시기 어느 누구도 보여주지 못한 통찰력을 입증한다. 마르크스는 자본의 집중은 자본가들의 숫자를 줄이고 생존 경쟁에서 패배한 자본가들은 프롤레타리아로 전락할 것이라고 주장했다. 결국에는 극소수의 자본가만이 남을 것이고, 인구 대다수는 프롤레타리아일 것이다. 프롤레타리아는 자본가와의 갈등 과정에서 처음에는 국가적 차원에서, 나중에는 국제적으로 스스로를 조직하는 법을 배울 것이다. 마침내 자본가가 아주 소수만 남게 되었을 때 프롤레타리아들은 충분한 조직을 이룰 것이고 권력을 장악해 자본주의 시대를 종식시킬 것이다.

"유력한 자본가들의 숫자가 지속적으로 감소함에 따라 빈곤과 억압, 예속, 전락과 착취도 커진다. 그러나 언제나 그 수가 증가하고 있으며, 자본주의 생산 과정 자체의 원리에 의해서 단련되고 조직되며 단합한 노동계급의 반란도 그와 함께 성장한다. 자본의 독점은 그와 더불어 그 아래서 꽃피워온 생산양식을 구속하는 족쇄가 된다. 생산수단의 집중화와 노동의 사회화는 마침내 자본주의적 외피와 양립할 수 없는 시점에 도달한다. 마침내 이 외피가 찢어진다. 자본주의적 사적 소유에 대한 조종이 울린다. 이제는 수탈자가 수탈당하게 된다."[36]

마르크스에게 모든 정치는 계급 갈등으로 구성되며 변화하는 경제적 기술로 야기된다. 부르주아지는 위대한 프랑스혁명에서 봉건 귀족을 타파했고, 그들에게 필요한 한에서 1830년 혁명에서도 다시금 봉건제를 타파했다. 영국에서는 동일한 과정이 내전을 통해 부분적으로 달성되었다가 1832년 선거법 개정과 곡물법 철폐로 완성되었다. 독일에서는 1848년 혁명에서 동일한 목표가 시도되었지만 완전한 성공을 거두지는 못했다. 프랑스에서는 같은 해에 새로운 혁명, 바로 부르주아지에 대항한 프롤레타리아의 혁명이 시작되었다. 1848년 프랑스혁명 초창기 몇 달 동안 사회주의자들은 상당한 권력을 쥐었으며, 이론상으로는 그곳에 나온 모든 사람들이 일자리를 구할 수 있는 국민작업장을 여러 곳 설립할 수 있었다. 그러나 사회주의자들은 6월에 엄청난 학살과 함께 진압되었고, 이후로 오랫동안 정치에서 뚜렷한 역할을 담당하지 못했다. 그러나 마르크스는 사회주의자의 패배가 갈수록 어려워지고 마침내는 불가능해질 일련의 갈등들을 기대했다. 부르주아지가 봉건 귀족을 패배시킨 것처럼 결국에는 프롤레타리아가 부르주아지를 패배시킬 것이 확실했다.

어느 예언가도 예측이 다 들어맞지는 않는데, 마르크스는 여러 측면에서 맞았다. 경쟁은 대체로 독점으로 대체되어 왔다. 프롤레타리아는 갈수록 사회주의에 경도되었다. 현재 한 거대 국가[러시아]에서는 정부가 공산주의 수립을 시도하고 있다. 그러나 마르크스가 잘못 생각한 측면도 많으며, 그러한 오류 가운데 어떤 것들은 매우 중요한 의미를 띤다.

민족주의에 대한 과소평가

마르크스의 가장 심각한 착오는 민족주의의 힘을 과소평가한 것이었다. "만국의 프롤레타리아여 단결하라!"라고 『공산당 선언』은 말한다. 그러나 지금까지의 경험을 보면 아직까지 대부분의 프롤레타리아는 고용주들보다 외국인을 더 싫어한다. 1914년에는 몇몇 예외를 제외하고 마르크스주의자조차도 각자가 속한 자본주의 국가의 명령에 따랐다. 시간이 지나 백인 프롤레타리아들이 민족적 경계를 무시하게 된다고 할지라도 그들이 황인이나 흑인 경쟁자에 대해 진정한 연대의식을 느끼기까지는 오랜 시간이 걸릴 것이다. 그러나 백인 프롤레타리아들이 연대의식을 느끼고 황인종이나 갈색인종, 흑인 프롤레타리아들도 거기에 화답하게 될 때까지는 프롤레타리아들이 자본가들에게 안정적 승리를 거두기 힘들다.

　민족주의가 순전히 경제적인 힘들보다 훨씬 강력하다는 것은 프롤레타리아에 국한되지 않는다. 자본가들 편에서도 국가의 경계는 보통 연합의 경계가 되었다. 대부분의 자본주의 독점들은 국가적 규모이지 세계적인 규모가 아니다. 예를 들어, 철강 산업에서는 미국, 프랑스, 독일에 실제 독점이나 사실상의 독점이 존재하지만 이 국가적 독점들은 서로 간에는 개별적이다. 진정으로 국제적인 거의 유일한 독점은 군수 산업인데,[37] 군수 산업에서 중요한 것은 전쟁이 길고 자주 일어나야 하며 어느 쪽도 승리해서는 안 되는 것이기 때문이다. 이러한 예외를 빼면 각국 독점가들은 서로 경쟁하며 각자 자국 정부가 그러한 경쟁에서 자신들을 돕도록 만든다. 국가 간 경쟁관계는 계급 전쟁만큼 매우 경제적인 갈등이며, 적어도 현대 정치에서는 계급 전쟁만큼 중요하지만 마르크스에 따르면 계급 갈등이 모든 정치를 지배한다.

마르크스는 민족주의를 경시한 잘못에 대해 변명의 여지가 없다. 왜냐하면 그 자신 스스로가 1848년 독일 혁명에 참여했고 혁명의 탄압에서 민족주의가 담당한 역할에 조심스럽게 주목했기 때문이다.

1851~1852년에 쓴 『혁명과 반혁명, 1848년 독일』에서 그는 이후에 1차 세계대전의 직접적 원인이 된, 민족주의를 표방하고 현재 체코슬로바키아와 유고슬라비아 일부를 구성하는, 오스트리아-헝가리 제국의 슬라브족이 독일 민족의 멍에를 벗어나려고 했으나 어떻게 끝내는 패배했는지를 설명한다. 그는 슬라브족에게 전혀 공감하지 않으며 모든 문제를 교조적인 독일 민족주의자의 관점에서 바라본다. 마르크스는 이렇게 말한다.

"따라서 독립 국가를 수복하려는 독일 내 슬라브족의 시도는 현재로서는 좌절되었으며 또한 앞으로도 영원히 좌절될 가능성이 크다.

여기저기 흩어진 무수한 민족들의 잔해, 그들의 민족성과 정치적 생명력은 오래전에 소멸했다. 그 결과 거의 천 년 동안 그들의 정복자인 더 강력한 민족의 발자취를 따를 수밖에 없었던—영국의 웨일스인이나 에스파냐의 바스크인, 프랑스 브르타뉴인, 더 최근에는 영국계 미국인에 의해 점령당한 북아메리카 지역에 거주하는 에스파냐계와 프랑스계 크리올인*처럼—죽어가는 민족들, 보헤미아인, 카린시아인, 달마티아인 등은 서기 800년의 정치적 상황을 복원하기 위해 1848년의 보편적인 혼란을 이용하려고 했다. 그러나 천 년에 걸친 역사는 그들에게 그러한 퇴보가 불가능함을 가르쳐주었어야 했다. 엘베 강과 잘레 강 동쪽의 모든 영토를 한때 슬라브족이 지배했다 하더라도, 이 사실은 역사적 경향과 더불어 옛 동쪽 이웃들을 복속하고 흡수하고 동화시킨 게르만 민족의 물리적·지적 능력을 입증할 뿐이다. 게르만 민족의 이러한 흡수 경향은 언제나 서유럽의 문명이 유럽대륙 동쪽으로 퍼져 나가는 가장 강력한 수단 가운데 하나였다. 게르만화 과정이 헝가리인이나 어느 정도까지는 폴란드인처럼 독자적인 민족적 삶을 영위할 수 있는, 크고 조밀하며 쪼개지지 않은 민족들의 경계에 도달할 때만 그러한 흡수 경향은 멈출 수 있다. 따라서 이 죽어가는 민족들의 자연스럽고 불가피한 운명은 더 강력한 이웃들에게 이러한 와해와 흡수의 과정을 완결하도록 허락하는 것이었다. 보헤미아인과 남슬라브인 일부를 선동하는 데 성공한 범슬라브주의자들에게 확실히 그리 유쾌한 전망은 아니다. 그러나 서서히 사멸해가는 몇몇 집단들, 그들이 거주하는 영토 곳곳에 게르만 민족이 섞여 있고 또 게르만 민족으로 둘러 싸여 있으며, 거의 까마득한 옛날부터 문명의 거의 모든 중요한 측면에서 독일어 이외의 언어를 갖지 않았고, 민족 존립에 최우선적 조건인 수적 우위와 영토적 단일성을 결여한 그 한줌의 집단을 위해서 역사가 천 년을 퇴보하리라고 기대할 수 있을까?

---

* 주로 카리브 해 일대 프랑스나 에스파냐인 이민자들의 후손.

따라서 독일과 헝가리에서 슬라브인들이 거주하는 영역 어디서나 범슬라브주의 봉기는 이 무수한 군소 독립 민족 복원을 위한 은폐물이자 유럽의 혁명적 움직임과 충돌해왔고, 슬라브인들은 비록 자유를 위해 싸우는 척 하지만 어김없이 (민주적인 일부 폴란드인들을 제외하고) 전제정과 반동의 편에 섰다. 그것은 독일, 헝가리, 심지어 오스만 제국 여기저기에서도 마찬가지였다. 인민의 대의에 대한 반역자들, 오스트리아 정부 도당의 지지자들이자 주요 버팀목인 그들은 모든 혁명 민족의 눈에 추방자일 뿐이다. 그리고 어느 곳에서도 다수 인민은 범슬라브주의 지도자들이 불러일으킨 민족성을 둘러싼 하찮은 싸움에 가담하지 않았는데, 다름 아닌 인민들이 너무 무지했기 때문이다. 하지만 주민 절반이 독일인인 프라하에서 광신적인 슬라브족 군중이 환호하며 '독일식 자유보다는 차라리 러시아식 태형을!'이라는 구호를 외친 사실은 결코 망각되지 않을 것이다. 1848년의 첫 시도가 무위로 돌아가고, 오스트리아 정부가 그들에게 본때를 보여준 이후에 독립을 위한 또 다른 시도가 이뤄질 가능성은 별로 없다. 그러나 그들이 유사한 구실 아래 다시금 반동 세력과 한패가 되려 한다면 독일의 의무는 명확하다. 혁명 상태에 있으며 외부와 전쟁을 치르고 있는 어느 나라도 그 한복판에서 방데 반란*을 허용할 수 없다."

마르크스한테 자기비판 능력이 조금이라도 있다면 자신이 이런 문단을 쓸 수 있다는 사실만으로 마르크스주의자조차도 민족적 편견으로부터 자유롭지 않다는 사실을 깨달았어야 했다.

---

* 프랑스혁명 이후 1793~1795년에 방데 지역에서 왕당파 귀족과 성직자, 농민들이 주축이 되어 일어난 반혁명 반란. 혁명군에 의해 잔혹하게 진압되었다.

마르크스는 때때로 민족주의는 자본주의 아래서 피할 수 없으며 프롤레타리아 지배로만 타파할 수 있다는 견해를 취했다. 따라서 1846년에 그는 이렇게 썼다.

"단일한 유럽 공화국, 단일 정치 조직 아래 영구 평화라는 환상은 자유무역의 기치 아래 모든 민족이 하나가 된다는 표현만큼 터무니없다.…… 부르주아지는 각자 자국에서 그들만의 특수한 이해관계를 가지고 있으며, 그 점에 관해서라면 이익보다 우선하는 것은 없기에 부르주아지는 결코 민족성을 초월하지 못한다.…… 그러나 만국의 프롤레타리아들은 하나의 동일한 이해관계와 동일한 적을 갖고 있으며 동일한 하나의 싸움만을 앞두고 있다. 대규모 집단으로서 프롤레타리아는 본래 민족적 편견이 없고, 그들의 문화와 운동 전체는 본질적으로 인도주의적이며 반 민족적이다. 프롤레타리아만이 민족을 없애고, 프롤레타리아만이 서로 다른 민족들이 한 형제가 되게 할 수 있다."

그러나 이것은 아직까지 실현되지 않은 꿈이다.

자본가와 프롤레타리아의 흐릿한 경계

마르크스가 적어도 가장 중요한 분야에 한해서는 독점이나 독점에 가까운 형태로 자본주의 산업이 집중되리라고 예언한 것은 맞았지만, 이러한 과정이 개별 자본가의 숫자를 크게 감소시킬 것이라고 추측한 것은 틀렸다. 영국이나 프랑스, 네덜란드 같은 나라는 투자 기금에서 나오는 이자로 살아가는 노부인, 퇴역 군인, 다양한 종류의 연금 수령자들이 무수히 많다. 그러한 사람들은 극단적 반동 정파의 중추인데, 자신들이 보유한 주식의 안정성을 제외하고는 아무런 관심사도 없기 때문이다. 기금을 투자한 공제 협회에 가입해 있다면 심지어 노동자들도 자본주의 체제의 유지에 이해관계를 갖게 된다. 사실 자본가와 프롤레타리아 사이에 마르크스가 상정한 뚜렷한 구분은 존재하지 않는다. 헤겔을 따라서 마르크스는 실제 세계에서 논리 범주들의 구현을 찾았고 사실들이 교과서에서처럼 'A'와 'A가 아닌 것'으로 나뉘는 날카로운 경계를 갖고 있으리라 기대했다. 그러나 오래된 부유한 나라들에서 사정은 전혀 다르다. 오히려 자본주의적 이해관계는 프롤레타리아까지 깊숙이 침투해 있고, 마르크스가 갈수록 서로 갈라서리라고 생각한 계급들을 하나로 결속하는 수단이다. 예를 들어, 비행기 제조사인 핸들리 페이지 회사의 주주들로서 다음의 사람들은 1931년 6월 5일에 자본주의뿐만 아니라 전쟁에서 공동의 이해관계를 갖고 있다.

바실 메이휴 경/K.B.E.[대영제국 중급 훈작사], 헨리 그레이슨 경/K.B.E, 다수의 은행과 투자회사들, 공군 중령 루이스 그레이그/C.V.O.[빅토리아 상급 훈작사], C.R. 페어리 씨, J. 다운 각하/C.M.G.[세인트 조지 앤드 세인트 마이클 훈작사]/D.S.O.[특전무공훈장], 그래프턴 공작부인, 아서 브라운경, F. 핸들리 페이지 씨, 아서 J. 페이지 씨, …… 택시 운전사들, 시 공무원들, 인쇄업자들, 역무원들, 놋쇠 주조공들, 구두 수선공들, 양털 선별인들, 목수들, 약사들, 농부들, 순경들, 교사들, 생선장수들, 해군 장교들, 공군 소장 한 명, 예비 성직자 한 명, 육군 준장 한 명, 외무부 직원 한 명, 음악교수 한 명, 다수의 의사들, 맨체스터 웨슬리파 감리교회 재단 이사들.[38]

    서로 다른 계급 간의 이해관계의 조화는 투자에 대한 관심뿐만 아니라 일의 속성과 연관된 원인에서 기인한다. 이를테면 경찰관을 보자. 자본주의의 법과 질서의 수호자인 한 그는 자본가 편이다. 승진으로 자신의 처지를 개선하기를 원한다면 그는 관계당국의 뜻을 따라야 한다. 그러나 경찰 일반의 처우를 개선함으로써 자신의 처지도 개선하기를 원한다면 그는 프롤레타리아가 되며 단결과 파업이라는 수단에 호소한다. 동일한 고려들이 군인과 수병들에게도 적용된다. 그러나 어느 정도 생각이 있고 패전을 피한 자본주의 국가는 언제나 이러한 계급들을 자기편으로 유지할 수 있다. 마르크스는 그러한 계급들의 존재를 깨달았지만 그들이 얼마나 크고 중요해질지는 깨닫지 못했다.

    산업사회의 인간을 자본가와 프롤레타리아로 구분한 마르크스의 분석에서 잘못된 측면은 또 있다. 이것은 자본주의의 대규모 사업체의 화이트칼라와 관련이 있다.

    백년 전 고용주가 직접 처리한 경영 업무는 이제 보통 월급을 받는 사무직 임원들이 맡는다. 그리고 사업체에서는 경영 분야 이외에도 흔히 기술 전문가들과 과학 전문가들이 필요하다. 이것은 화학 산업에서 특히 두드러진다. 따라서 자본가와 프롤레타리아 사이에 새로운 중간계급이 존재한다. 이 새로운 중간계급은 이전에 고용주가 수행한 기능 전부나 그 대부분을 떠맡는다.

    유럽보다 자본 세습이 덜한 미국에서는 엄청난 자산가가 폭넓은 사안에서, 특히 재정과 전반적 정책과 관련하여 여전히 실제로 사업을 지배하기도 한다. 그러나 미국 자본주의가 점차 공고해질수록 그러한 현상은 사라질 것이다. 영국에서 자본가는 '명목상 국왕roi fain ant**이 되어가고 있으며, 화이트칼라는 그의 궁재宮宰, maire du palais†이다. 이러한 경향이 일반적이 될 공산이 크다.

화이트칼라는 일을 하지 않으면서 전리품에서 큰 몫을 가져가는 자본가를 좋아할 이유가 없다. 그러나 화이트칼라는 임금노동자에 비해서는 특권적 지위를 차지하며 사회주의자가 됨으로써 그들과 운명을 함께하기를 주저한다. 이것은 물론 부분적으로 속물근성 때문이지만 그것이 이유의 전부는 아니다. 마르크스는 육체노동을 제외한 모든 작업을 경시했고 프롤레타리아를 제외한 어떤 계급에도 호소하려 하지 않았다. 과학 전문가들은 현대 세계에서 자신들의 중요성을 잘 알고 있으며 육체노동자에게 종속될 용의가 없다. 자본가 아래서는 적어도 존경을 받으며 고용되고 또 대우받기 때문에 그들의 중요성은 인정된다. 그들은 자신들의 지위가 프롤레타리아 혁명 후에도 그만큼 좋을지 안심할 수 없다. 따라서 그들은 대부분의 경우 다소 내키지는 않지만 자본가 편이다.

마르크스는 그의 가르침을 통해 예언한 계급 전쟁을 탄생시켰지만 육체노동에 대한 과도한 이상화로 사회계층구조에서 필요 이상으로 낮은 지점에 계급 구분선을 그어서, 현대 경제 사회에서 가장 중요한 계급, 즉 산업사회에서 기술이 필요한 작업을 담당하는 계급 대부분을 적으로 만들었다. 사회주의가 더 운 좋은 계급들에 대한 복수의 가르침이 아니라 생산과 분배를 더 과학적이고 지성적으로 조직하는 방식으로 소개되었다면 이러한 사람들은 사회주

---

*   유명무실진 메로빙거 왕조 후기 국왕들을 가리킨다.

†   집안의 관리자란 뜻으로 궁정의 실권자였던 프랑크 왕국 메로빙거 왕조 후기 재상들을 말한다.

의에 동조할 수도 있었을 것이다.

사적 자본주의는 극도로 혼란스러우며, 증대된 노동생산성에서 파생되는 번영을 낳을 수 없는 것으로 드러났다. 이윤이라는 유인동기는 대규모 생산 분야에서는 더 이상 적절하지 않으며 사회주의자들이 옹호하는 것과 같은 조직 방식이 인류의 경제적 번영에 필요해졌다는 것은 분명하다.

오늘날에는 국제 사회주의를 계급 전쟁보다는 효율성의 관점에서 지지하는 일이 가능하다. 그러나 마르크스가 사상의 핵심을 주로 이끌어낸 1840년대 영국에서는 그러한 시각이 거의 불가능했다. 계급적 편견에 사로잡혀 눈이 멀지 않았으면서 냉혹한 인간이 아니라면 누구든 산업 고용주들에게 격렬히 분개할 수밖에 없었다.

그 당시 프롤레타리아는 급속히 성장하고 있었고 모든 산업 지역에서 계급 대립은 격렬하고 첨예했다. 중간계급 경제학자 대부분은 고용주의 옹호자가 되어 마르크스가 마땅히 경멸하며 폭로한 허위로 추악한 관행을 옹호했다.

증오의 혁명가, 진실의 담지자

19세기 전반기에서 영국 자본주의가 한 일을 고려해보면 마르크스가 계급 적대에 호소했다는 사실은 놀라울 게 없다. 그리고 1846년 이후에 영국에서 자본주의의 잔혹성은 점점 줄어들었지만 자본주의가 새로운 영역을 개척하는 곳마다 그 잔혹성은 조금도 수그러들지 않고 지속되었다.

벨기에령 콩고에서 자본주의의 잔혹성은 최고조에 달해 잉글랜드 북부의 공장과 탄광에서 자행된 최악의 만행을 능가했다.* 이 득을 위해서라면 인간이 자행할 만행에는 한계가 없다. 이것이 자본주의가 낳은 새로운 현상은 아니다. 유대인들에게 사자심왕 리처드 1세가 한 일이나 잉카인들에게 피사로가 한 일들은 마르크스가 맹렬히 증오한 고용주들이 보여준 것과 똑같은 냉혹한 탐욕을 보여준다. 그러나 우리가 마르크스를 오늘날의 예언가로 간주할 때 문제는 다소 달라진다. 마르크스의 증오는 자연스럽고 그 대상들은 과연 혐오스럽지만, 과학적 경제학이나 자본주의를 대체할 체제를 설명하는 건설적 이론을 위한 좋은 기반은 아니다. 마르크스주의가 1840년대 영국 산업화에 대한 연구 결과로 구체화되었다는 것은 불운일 수도 있다. 더 나중이었다면 그것은 더 광범한 영역에서 지지자들을 얻을 수 있는 덜 격렬한 형태를 띠었을지도 모른다.

마르크스주의는 프롤레타리아의 증오에 호소함으로써 가능한 중요 우군들을 많이 잃었다. 그와 동시에 인간의 정념 가운데 가장 역동적인 정념인 증오는 그 격렬함이 덜했을 경우보다 더 결연하고 활발한 운동을 낳았다. 이 격렬함은 처음부터 무척 의도적이었다. 1846년 크리게†에게 쓴 공개서한에서 마르크스는 1800년의 세월 동안 사랑은 사회조건을 개선하는 데 실패했으며 필요한 활동력을 제공하지 못한다고 지적한다. 그는 자본가와 노동이 첨예하게 대립하는 오늘날의 현실이 인류에 대한 사랑보다 사회주의의 더 강력한 원천이라고 말한다. "이러한 현실은 우리에게 외친다. 계속 이런 식으로 갈 수는 없으며, 상황은 바뀌어야 한다고. 우리 인간은

---

* 콩고 학살에 대한 자세한 내용은 31장 참조.

† 뉴욕에서 활동한 독일 출신의 사회개혁 운동가.

반드시 그것을 바꾸어야 한다고. 이러한 엄정한 필요성은 사회주의자들의 노력을 확대하고 적극적이고 강력한 지지자들을 제공하며 전 세계의 모든 가슴속에 타오르는 사랑의 감정보다 더 빨리 기존 경제관계의 변형을 통한 사회주의 변혁으로 가는 길을 열 것이다."

증오심은 1914년부터 1918년까지 모든 교전국들이 생각했던 것처럼 전쟁에서 승리를 얻는 데 적합한 심리일지도 모른다. 그러나 그것은 추후의 재건에는 적절하지 않은 심리다. 베르사유 조약의 여파를 겪고 있는 우리로서는 그 점이 똑똑히 보일 것이다.* 마르크스는 전적으로 호감 가는 인물은 아니었다. 그의 글 곳곳에는 시기심과 악의가 넘쳐난다. 안타깝게도 마르크스의 추종자들은 그의 성향 가운데 가장 본받아서는 안 되는 구석을 따르고 있다. 그러한 태도로 싸우는 전쟁은 승리하더라도 베르사유 체제만큼 비참한 평화로 이어진다고 생각할 수밖에 없다. 증오는 어느 시점을 넘어서면 습관이 되고 끊임없이 새로운 희생자를 찾아야 한다. 더 나아가서 효율적인 현대 국가에서 프롤레타리아 홀로 자본주의에 맞서 승리를 꿈꿀 수 있을지 매우 의심스럽다. 마르크스가 전체 인구에서 자본가들의 비중이 줄어든다고 추측한 것과 달리, 자본가들은 그들과 이해관계가 일치한다고 느끼는 사람들과 더불어 인구 가운데 상당한 비중을 차지하고 있다. 게다가 지금 상황에서 보다시피 그들은 현대전이 의존하는 기술 전문가들을 대거 끌어안았다. 공군이 프롤레타리아 편에 가담할 가능성이 있을까? 프롤레타리아가 공군 없이 승리할 수 있을까? 이것은 현대 마르크스주의자가 직면

---

* 거액의 배상금과 제약을 건 베르사유 조약에 대한 독일 국민들의 반감을 이용해 나치가 정권을 잡으면서 다시금 전쟁의 위기가 고조되고 있던 1934년 당시 상황을 가리킨다.

한 여러 질문 가운데 하나일 뿐이다.

계급 전쟁을 주장하는 마르크스의 강령은, 중간계급을 겁먹게 해 반동으로 몰아감으로써, 또 정치적 의견이란 공공선보다는 경제적 편향에 바탕을 두며 또 언제나 그럴 수밖에 없다고 가르침으로써 유럽에서 19세기 자유주의를 죽인 여러 세력 가운데 하나였다. 마르크스의 정치적 영향력이 별로 없는 미국에서는 구식 자유주의가 여전히 살아 있고, 현재 미국은 매우 마르크스주의적이지 않은 재건*을 시도하고 있다. 어쩌면 그러한 온건한 방법은 이제 너무 늦었을지도 모른다. 세계는 이제 폭력적인 계급 전쟁의 연옥을 피할 수 없을 수도 있다. 그러나 이것이 불가피하다면 마르크스의 저작들은 거기에 일조한 셈이다.

다른 사람들과 마찬가지로 마르크스의 이론은 맞는 것도 있고 틀린 것도 있다. 반박할 수 있는 것도 많지만 그의 이론 가운데 네 가지 요점은 그가 최고의 지성이었음을 입증할 만큼 대단히 중요하다.

첫째는 자유 경쟁에서 점진적으로 독점으로 옮겨가는 자본의 축적이다.

둘째는 정치에서 경제적 동기의 중요성인데 지금은 당연한 것으로 받아들이지만 마르크스가 제기했을 때는 대담하고 혁신적인 발상이었다.

셋째는 자본을 소유하지 못한 집단의 권력 장악 필요성이다. 이것은 경제적 동기로부터 나오며 선의에 대한 오언의 호소와 대

---

* 대공황을 타개하기 위해 루스벨트 정부가 추진한 뉴딜정책을 말한다. 국가의 고용창출, 시장 개입, 사회보장 등 수정주의적 성격이 두드러진다.

비된다.

넷째는 국가가 모든 생산수단을 획득할 필요성이며, 그에 따라 사회주의는 처음부터 세계 전체까지는 아니더라도 국가 전체를 포괄해야 한다. 마르크스의 전임자들은 작은 공동체를 목표로 삼아 그 속에서 사회주의를 소규모로 실험적으로 시도할 수 있다고 추측했지만, 그는 그러한 시도가 전부 무익하다고 인식했다.

이 네 가지 근거에서 마르크스는 과연 과학적 사회주의의 창시자로 간주될 만하다. 다른 사상의 창시자들과 마찬가지로 그는 여러 측면에서 수정이 필요하며, 그를 종교적 경외감에서 접근한다면 불행이 뒤따를 공산이 크다. 그러나 그도 틀릴 수 있다고 여긴다면 마르크스는 여전히 가장 중요한 진실의 담지자일 것이다.

03

미국의 민주주의와
금권정치

서쪽에서 날랜 자유가 찾아왔다
하늘과 파멸하는 운명의 경로에 맞서
두 번째 태양이 이글거리며
불붙이고, 불타오르고, 밝게 비추니
저 멀리 아틀란티스로부터 젊은 햇살이
환영과 꿈을 뒤좇았다
프랑스는 자욱한 핏빛 수증기로
태양을 가렸지만 그 불길을 꺼트리지는 못했으니
다시금 구름 사이로 찬란한 빛줄기가 쏟아진다
독일 꼬트머리부터 에스파냐까지

아아! 자유여!
무수한 사람이나 재물, 보람 없는 세월
운명이 자유의 사람들을 찍어누를 수 있다면!

—셸리

시대적 배경

영국의 식민지 건설

콜럼버스의 아메리카 대륙 발견 이후 유럽 국가들은 앞다투어 식민지를 건설했다. 당시 바다를 장악하고 있던 에스파냐는 그중 가장 유리한 입장이었다. 에스파냐는 노예를 바탕으로 한 대농장을 경영했다.

그에 반해 영국의 이주민들은 종교적 박해를 피하기 위한 청교도 및 자유민이 대다수였다. 또한, 본국의 통제가 심했던 다른 나라에 비해 영국의 식민지 정책은 '관대한 무관심' 정책으로 불릴 만큼 식민지에 높은 자치권을 주었다. 여기에 담배 재배와 서인도제도와 아프리카를 상대로 삼각무역이 성행하면서 영국 식민지는 급격히 성장하였다. 정치·경제적 안정을 기반으로 마침내 영국은 경쟁자들을 물리치고 북아메리카 일대의 지배권을 확보하게 된다.

미국의 독립

잇따른 전쟁으로 재정이 부족해진 영국이 '설탕법', '인지세법' 등 각종 물품에 관세를 부가하면서 식민지와 갈등이 불거졌다. 밀무역을 포함해서 활발한 무역을 벌이던 식민지의 상인을 중심으로 영국의 정책에 강력한 반발이 일어났다. 식민지인들은 "대표 없이 과세 없다"는 구호로 단결했고, 보스턴 차 사건을 거쳐 1775년 독립전쟁이 발발했다.

전쟁에서 식민지 연합은 초기에 고전했지만 영국을 견제하기 위해 프랑스와 다른 유럽국가들이 미국을 지원하고, 요크타운 전투에서 결정적 승리를 거두면서 1783년 마침내 미국은 대외적으로 독립을 인정받게 된다. 미국의 독립은 영국의 정치적 위상을 추락시켰고, 미국을 지원한 프랑스로 하여금 막대한 국고를 소모하게 해서 프랑스혁명의 간접적인 원인이 되었다.

거대한 신생 국가 미국은 모국 영국과는 다른, 그리고 유럽과도 전혀 다른 자신만의 길을 향해 걸어가기 시작한다.

앞서 살펴본 대로 산업화와 관련된 상당히 완결된 두 가지 사상 체계가 성장했다. 진보 정치와 연계된 이 두 가지 사상은 바로 철학적 급진주의자들의 사상과 카를 마르크스의 유물론적 사회주의였다. 이들 두 진영, 그중에서도 특히 철학적 급진주의자들은 여론을 장악하는 과정에서 산업사회 이전의 자유주의와 손을 잡았다. 이 자유주의는 미국독립혁명과 프랑스혁명과 연관되어 있었다. 민주주의, 봉건제에 대한 반대, 교육에 대한 적극적 열정과 같은 문제에서 모든 진보적 의견은 제퍼슨의 주도를 따랐다. 대부분의 진보적 견해는 민족주의적인 자결 원칙을 수용했고, 독립선언서에서 최초로 분명하게 표명된 자결 원칙 역시 제퍼슨한테서 기인한다.

19세기 진보 정치의 패턴은 대체로 산업적 급진주의와 민주주의, 개인의 자유, 지적 계몽이라는 18세기 이념들과의 협력과 상호작용으로 형성된다. 시간이 가면서 산업주의가 점차 더 공격적인 성향을 띠고 자신감을 보이면서 18세기 유형의 진보는 배후로 밀려나게 된다. 봉건제에서 해방된 자본가들은 '자유'의 이상을 '자유경쟁'의 이상으로 축소시킨다. 그러나 자유경쟁은 무법적인 과잉의 시기를 거친 후 전국적 규모의 독점을 낳았다. 그 결과 국가는 경쟁에서 기업과 한편이 되며, 민간 기업 간의 경쟁 구도는 경제적 민족주의로 대체된다.

따라서 처음에 산업적 급진주의와 결합했던 18세기 자유주의는 뒷전으로 밀려난다. 산업 자본은 보수적이 되었고, 진보를 위한 추진력의 원천은 점점 더 프롤레타리아에 국한된다. 프롤레타리아에게 제퍼슨주의자의 '개인적 자유'는 고용주의 경제력 탓에 쓸모가 없었다. 결국 진보 정치가 프롤레타리아적 성격을 띠게 되면서 진보 정치는 18세기 요소를 상실한다. 이제, 조직과 평등이 개인적 자유를 대체하게 된다.

섹션 A | 미국의 민주주의

21

제퍼슨 민주주의

건국 후 첫 72년 동안 미국은 유럽인들에게 대체로, 당시 존재하던 가장 중요하고 완성된 민주주의의 실례로서 줄곧 흥미를 끌어왔다. 지금[1930년대] 러시아에 대해 의견이 엇갈리는 것처럼 그때도 의견은 엇갈렸다. 미국의 결함을 인정한다는 것은 급진주의자에게 배신 행위였고, 미국의 장점을 인정하다는 것은 보수주의자에게 반역 행위나 다름없었다. 이러한 시각은 유럽에만 국한되지 않았다. 초창기 연방주의자를 제외하고 미국인은 자신들을 진보의 담지자라고 느꼈다. 1809년, 제퍼슨은 공직에서 은퇴하면서 이렇게 말한다. "인류의 자유라는 유산의 유일한 수탁자로서 우리 자신과 후세, 그리고 인류 전체에 대한 우리의 의무는 세계를 뒤흔들고 혼란에 빠트리는 환난 동안 신성하거나 명예로운 동기에 의거하여 사랑하는 우리 조국의 안전을 살피는 것이다." 그와 동일한 정서가 54년 후에 링컨의 게티즈버그 연설에 영감을 주었다. 미국인의 일반적 감정은 월터 휘트먼이 표현했다.

> 원로 종족들은 멈춰 섰는가?
> 저 바다 너머에서 지친 채 가르침을 끝내고 시들어가는가?
> 우리가 영원한 책무, 짐과 교훈을 떠맡을 테니,
> 개척자여! 오, 개척자여!*

미국 민주주의의 뿌리

이론으로서 민주주의는 경제학자와 사회주의자의 사상과 달리 결코 새로운 것이 아니었다. 근대 민주주의에는 두 가지 원천이 있다. 하나는 고대 민주주의이고, 하나는 프로테스탄티즘이다. 미국 민주주의의 선조에게는 이 두 가지 원천이 뒤섞여 있었다. 그러나 그들의 후계자들한테는 프로테스탄트적인 원천만 남았다.

헤로도토스는 『역사』의 잘 알려진 대목에서 페르시아의 음모자들이 다리우스의 즉위를 앞두고 군주정과 귀족정, 민주정의 상대적 장점을 놓고 논쟁을 벌이는 모습을 그린다. 물론 헤로도토스는 여기서 페르시아인에게 그리스인의 정서를 투사한다. 그 시절 그리스에서 민주주의는 정부 형태로서 친숙한 것이었다. 마찬가지로 로마인도 왕을 싫어해서 공화국을 수립했고, 로마 공화국은 나중에 제국으로 계승될 때까지 민주적 성격이 강해졌다. 그라쿠스 형제 같은 인물들은 수사적 선언을 위한 본보기가 되었고, 로마 작가들은 특히 제국 치하에서 민중의 자유에 대한 주목할 만한 찬사를

---

* 「개척자여! 오, 개척자여!」, 『풀잎』, 1865.

남겼다. [카이사르를 암살한] 브루투스와 카시우스는 그 상징이 되었다. 신성로마제국을 숭배한 단테는 두 사람을 극악한 죄인이라고 여겨 『신곡』에서 가리옷 유다와 더불어 사탄의 세 겹 입속에 배치했다. 그러나 폭군을 싫어한 사람들은 심지어 로마 시대나 중세에도 브루투스를 공화국의 미덕의 원형으로 떠받들었다.

고전 연구의 부흥과 더불어 정치사상에서 그리스와 로마의 영향도 늘어났다. 똑똑한 귀족들은 모두 라틴어에 익숙했고, 그 가운데 다수가 그리스어에도 익숙했던 18세기에는 어느 정도는 문필文筆 공화주의가 상류층의 우아한 풍조와 무리 없이 공존할 수 있었다. 호레이쇼 월폴*은 벽에 찰스 1세의 사형선고문을 적은 글을 걸어 놓고 〈대헌장Magna Carta〉보다 더 우월하다는 의미에서 옆에 〈Major Charta〉라는 제목을 붙여놓았다. 프랑스에서 지적 급진주의는 대체로 고대인들에 대한 숭배와 이어져 있었고, 그 결과 타키투스†를 싫어한 나폴레옹은 그 작가를 칭송하는 교수는 누구든 용납하지 않으려 했다. 미국에서도 초창기에는 고대의 영향력이 눈에 띄었지만 프로테스탄티즘에서 유래한 영향보다는 항상 중요도가 떨어졌다. 1809년 제퍼슨은 버지니아 의회로부터 '로마식' 나라 사랑으로 찬사를 받았다. 워싱턴 조각상과 관련하여 자문이 들어왔을 때 그는 워싱턴을 토가‡를 걸친 모습으로 묘사해야 한다고 조언했다. 초창기 미국에서 여론 주도층, 특히 버지니아인은 생각이나 행동 방식에서 대체로 고전기 모범들에 지배를 받았다.

---

* 고딕소설의 효시인 『오트란토 성The Castle of Otranto』으로 유명한 영국의 작가. 내각책임제를 확립한 총리 로버트 월폴이 그의 아버지이다.

† 제정에 비판적이었던 로마의 역사가.

‡ 로마인들이 입었던 겉옷.

혁명 이전 프랑스에서 그리스와 로마의 영향은 자유주의 귀족처럼 변화를 통해 득을 볼 게 없는 사람들이 견지하는 민주적 견해의 주 원천이었다. 그러나 다른 세 가지 영향도 크게 중요했는데, 바로 루소와 로크로부터 나온 철학 그리고 미국에서 라파예트와 그의 동료 장교들이 겪은 경험이었다. 이 세 가지 영향은 궁극적으로 프로테스탄티즘에서 연유한 것이다.

독일과 영국, 미국에서 교황 권력에 대한 신학적 반란은 국가 권력에 대한 반란으로 쉽게 옮겨갔으며, 루터는 사적 판단의 자유 원칙을 주장함으로써 권력 당국이 개인에게 강요할 권리가 없는 사안이 있다는 것을 시사했다. 나중에 몇몇 제후와 손을 잡음으로써 자신의 가르침을 교회 권력에 대한 저항권으로만 한정했지만, 뒤이은 소요에서 많은 사람들은 이러한 제한을 받아들이기를 거부했다. [남부 독일에서 일어난] 1525년 농민반란의 지도자들은 "그리스도가 그분의 소중한 피로 귀족은 물론 목동도, 가장 높은 자부터 가장 낮은 자까지 아무도 예외 없이 우리 모두를 구원하셨기 때문에" 농노제를 폐지해야 한다고 촉구했다. 하지만 루터가 믿기지 않을 만큼 혹독하게 탄압에 동조하면서 농민반란은 진압되었다. 그러나 재세례파*가 이 운동을 이어받아 발전시켰고, 결국 그 논리적 귀결인 무정부 공산주의, 다시 말해 바쿠닌과 크로포트킨이 마르크스의 공산주의에 대항해 제시한 사상으로 나아갔다. 유럽대륙에서 재세례파가 진압된 후 그들의 사상은 영국으로 건너가 퀘이커교를

---

* 유아세례를 부정하고 성인세례를 행해서 붙여진 이름으로 반체제적 성향으로 심한 탄압을 받았다.

낳았다. 개간파*의 지도자 윈스탠리는 자신들은 모든 재화를 공유하기 때문에 정부가 필요 없다고 설명했다.[39] 비록 이 원칙은 찰스 1세와 마찬가지로 크롬웰도 받아들일 수 없었지만 승승장구하는 그의 성도군†도 이론적으로는 민주주의적이었다. 그리고 이것은 고대인들이 이해하던 민주주의에 새로운 원리, 즉 개인적 자유의 원리를 덧붙였다. 평등이 그리스도가 인류 모두를 위해 죽었다는 사실에서 나온 반면, 자유는 사적 판단의 권리로부터 나왔다. 논리적 결론으로 밀고 나갈 경우, 자유는 무정부 상태를 초래하기 때문에 프로테스탄트 정치지도자들은 자유 원리와 정부의 존재가 양립할 수 있는 길을 찾아야 했다. 최상의 길은 개인의 사적인 일에 정부가 더는 간섭해서는 안 되는 한계를 설정함으로써 민주주의와 인권을 결합시키는 것인 듯했다. 따라서 프로테스탄트 민주주의는 정부 이론임과 동시에 정부 권력 제한의 이론이었다.

크롬웰의 군대는 이민이라는 수단을 통해 그들의 원리를 [미국의] 뉴잉글랜드로 가져갔고, 거기에서 그들이 실제로 그곳의 정부를 지배하지는 않았다 하더라도 적어도 점진적으로 민주 정체를 배양하는 효모 역할을 했다. 영국에서는 복위한 스튜어트 왕가의 반대자들이 천부의 자유라는 가르침을 이어나갔다. 이러한 사람들, 특히 앨저넌 시드니가 제퍼슨에 상당한 영향을 미친 것 같다.[40] 1688년 명예혁명 후 영국이 안정되었을 때 혁명 시대의 상식의 유산을 대변한 로크도 물론 영향을 미쳤다. 반면 루소는 미국혁명의 지도자들에게 딱히 뚜렷한 영향을 미친 것 같지 않다.

---

*   영국내전 당시 토지 공유제, 공동 경작을 주장한 가장 급진적 분파였다.

†   영국내전 당시 크롬웰과 그의 지지자들이 경건한 청교도였음을 강조하기 위해 사용한 표현.

따라서 제퍼슨 민주주의의 원칙은 두 갈래였다. 하나는 정부는 민주적이어야 한다는 원칙이었고, 다른 하나는 정부는 가능한 작아야 한다는 것이었다. 협동이 필요할 때는 다수의 의지를 따라야 한다. 그러나 각 개인은 양도할 수 없는 자연권을 갖고 있으며 정부는 거기에 간섭해서는 안 된다.

귀족적 민주주의자, 제퍼슨

제퍼슨은 세 가지 이유에서 미국 민주주의의 선조가 될 만하다. 첫째, 그는 독립선언서를 작성했다. 둘째, 그는 공화파*의 탄생을 주도하고 그들을 이끌었으며, 공화파는 반민주적인 연방주의자들을 몰아냈다. 셋째, 그는 민주주의를 믿고 민주주의 수립을 추구한 최초의 대통령이었다.

제퍼슨은 국민을 위한 민주주의자였지 국민의 민주주의자는 아니었다. 아버지는 자수성가한 사람이었지만 랜돌프 가문 출신인 어머니는 버지니아 명문가의 후손이었다. 그 자신도 어려서부터 부유한 대농장주들의 자제들과 어울렸고 지주로서 안락한 독립을 누렸다. 그는 당연히 버지니아 지배 계층의 일원이었고, 스물한 살에 치안판사가 되었으며, 1769년 스물여섯 살에 버지니아 하원† 의원이 되었다. 결혼을 앞두고 그는 영국에 '포르테피아노'와 스타킹 여러 켤레, 다양한 장신구와 화려한 옷가지 여러 벌을 주문했다. 그는 훌륭한 신사였다. 사회적 구별을 개의치 않는 그의 태도는 진심이

---

* [원주]오늘날 미국 공화당의 원조가 아님에 유의할 것.

† 아메리카 식민지에 최초로 등장한 선출 대표자 모임. 훗날 독립전쟁을 거치면서 등장한 버지니아 대표자회의와 버지니아 의회의 전신.

었고, 또 뿌리가 깊어서 프랑스혁명 내내 버크가 주입한 거짓 감상주의를 피할 수 있었다. 1794년 그는 프랑스인들이 "국왕과 귀족, 성직자들이 그렇게 오랫동안 인간의 피로 물들인 처형대로 마침내 그 자신들을 끌고 가기"를 희망했다. 독립전쟁 시기인 1777년에는 버지니아 의회를 설득해 그때까지 미국에 영국과 같은 토지 소유 귀족층을 대대로 유지시킨 한사상속제*와 장자상속제를 폐지하게 만들었다. 터커는 1837년에 제퍼슨의 전기를 쓰면서 "혁명 이전에 (버지니아에는) 지금보다 사륜마차가 두세 배 더 많았지만 이제 이륜마차의 숫자가 이전 시기보다 10배나 어쩌면 20배 더 많다"라고 언급한다. 만약 그것이 민주주의의 진보를 보여주는 지표라면 그렇게 자코뱅적인 다양성을 띤 민주주의는 아니다.

독립전쟁 이전에도 제퍼슨은 영국과의 분쟁에 깊숙이 개입해 있었다. 독립전쟁 동안에는 처음에는 필라델피아 대륙회의†와 나중에는 버지니아 의회의 일원으로서 살인죄와 반역죄를 제외한 나머지 범죄에 대한 사형제도를 폐지하고 국교를 폐지했으며, 완전한 종교의 자유를 도입하는 등(그때까지 영국 성공회를 제외한 모든 종파들은 버지니아에서 박해의 대상이었다) 중세주의에서 베카리아의 현대적 법 관념으로 단숨에 옮겨가면서 법을 싹 바꿔놓았다. 그는 이 법안 통과 이후에 태어난 모든 노예는 해방시킨다는 내용의 법안을 도입하여 노예제를 점진적으로 폐지하려고 했지만 성공하지 못

*   한사상속은 상속받는 사람의 의사와 상관없이 재산을 물려주는 원 소유주가 다음 세대의 상속인을 미리 지정해두는 제도이다. 일반적으로 작위와 함께 물려주는 부동산이 원 소유주가 죽은 이후에도 분할되지 않고 계속 유지되게 하는 기능을 한다. 자식들 간에 유산을 균등하게 분배하지 않고 장남에게만 물려주는 장자상속제와 더불어 대토지 소유 체제의 법적 기반이다.

†   독립혁명 시기부터 건국 초기까지 연방의 군사·외교·경제 정책을 결정한 기관. 1789년 연방헌법이 제정되면서 해체되었다.

했다. 1779년에는 버지니아 주지사로 뽑혔고, 1784년부터 1789년까지는 프랑스 대사로 재직했다. 귀국해서는 국무장관이 되었고, 1794년 말까지 재직했다. 1797년에는 부통령이 되었다가 1801년부터 1809년까지는 대통령으로 재직했는데 그때 그는 거의 66세였다.

이 간략한 공직 경력만 보고는 그가 정치 이외에 다양한 관심사를 누릴 시간이 거의 없었다고 생각할 수도 있다. 그러나 몬티셀로 저택에 대한 애정과 건축에 대한 관심, 소재를 가리지 않는 과학적 호기심 역시 적어도 그의 정치적 야망만큼 강력했으며, 따라서 그는 공직에서 물러난 한가로운 시기를 진정으로 반겼다. 1782년, 자택에서 영국인들 손에 붙잡히는 위기와 버지니아 의회에서 동포들에게 탄핵을 받는 처지를 가까스로 모면했을 때 쓴 『버지니아 비망록』에는 그의 폭넓은 관심사와 박학다식이 잘 드러나 있다. 마르부아라는 프랑스 신사의 질문에 대해 답변 형식으로 쓰인 이 책은 쏟아지는 정보의 홍수로 마르부아 씨를 틀림없이 깜짝 놀라게 했으리라. 예를 들어, 그가 강에 대해서 묻자 제퍼슨은 그에게 35개의 강에 대한 주요 사실을 제공하고 이따금씩은 아주 신이 나서 이렇게 말한다. "오하이오 강은 지구상에서 가장 아름다운 강입니다. 물살은 잔잔하고 강물은 맑으며 딱 한 군데를 제외하고는 급류나 바위로 막히는 일 없이 부드럽게 흐릅니다." 산과 폭포, 동굴, 야생 동식물이 말을 타고 북쪽에서 남쪽까지, 동쪽에서 서쪽까지 버지니아 주를 여행한 세심한 관찰자 특유의 눈길로 낱낱이 설명된다.

제퍼슨은 객관적인 과학도로서만 글을 쓰지 않았다. 그는 애국자로서도 글을 썼다. 뷔퐁이란 저명한 박물학자가 신세계의 동물은 구세계의 동물보다 작고 아메리카의 "생물은 활력이 덜 하고 힘도 더 약하다"고 함부로 말을 했는데, 도저히 그냥 넘어갈 수 없는 일이었다. 제퍼슨은 세 쪽짜리 짤막한 글에서 유럽과 아메리카 대륙에서 유사한 동물들의 몸무게를 비교한다. 첫 예시인 아메리카 들소는 뷔퐁 씨의 나약한 대륙에 있는 어느 동물보다 몇 배나 무겁다고 설명한다. 그러나 그게 다가 아니다. 만약 뷔퐁 씨가 들소의 몸무게를 감당할 수 있다 하더라도 오하이오에서 뼈가 발견된 매머드의 몸무게 앞에서는 무릎을 꿇어야 한다. 그뿐이랴? 주지사로 있을 당시, 일 때문에 그를 방문한 몇몇 원주민은 북서부에 매머드가 아직 살아 있다고 장담했다. 그들의 증언 말고도 "어느 동물도 멸종하게 내버려두었다는 예를 찾아볼 수 없는 것이 자연의 이치"이다. 매머드가 아메리카 대륙에 여전히 살아 있다는 것은 제퍼슨이 평생토록 간직한 신념이었고 심지어 그의 정치 활동에서 쟁점이 되기까지 했다. 그의 의견은 터무니없지 않았다. 결국 틀리긴 했지만, 사실 그가 맞을 수도 있었다. 그리고 그는 분명히 뷔퐁보다 과학적이었다. 제퍼슨은 또한 고전 건축 양식을 미국의 여건에 맞게 조정한 선구자였다. 그가 설계한 몬티셀로 저택과 버지니아 대학은 둘 다 매우 정교하며 아름답다.

18세기를 불만족스럽게 하는 다소 제한되고 정체된 속성을 제외한다면 그 세기에서 훌륭한 요소들은 모두 제퍼슨한테서 찾을 수 있다. 북부에서 미국 문명은 17세기 분위기에서 19세기 분위기로 다소 급작스럽게 넘어감에 따라 원숙함을 만드는 요소가 빠져 있다. 안타깝게도 제퍼슨의 영향력은 정치에서는 컸지만 문화적 분야에서는 미미했고, 그나마 남부에서만 변변찮게 유지되다가 그마저도 남북전쟁으로 파괴되었다. 미국은 이러한 18세기 전통의 부재로 더 열악해졌다.

제퍼슨의 정치 철학

제퍼슨의 정치 철학은 독립선언서에 강력하고 간결하게 표현되어 있다. 독립선언서에 등장하는 단어들은 적어도 미국인이라면 아주 익숙한데 너무 익숙해져서 사실상 아무런 의미도 없을 지경이다. 그럼에도 불구하고 독자들에게 결정적 몇 대목을 분석해보기를 요청해야겠다.

> 우리는 다음과 같은 진리들이 자명하다고 천명한다. 즉, 모든 인간은 평등하게 태어났다. 모든 인간은 조물주로부터 양도할 수 없는 권리를 받았다. 그 가운데는 생명, 자유, 행복추구의 권리가 있다. 정부는 이러한 권리를 보장하기 위해 지배 받는 자의 동의를 얻어 정당한 권력을 부여받아 수립된다. 어떤 형태의 정부이든 이러한 목적에 반할 때 정부를 바꾸거나 폐기하는 것은 국민의 권리다.

제퍼슨이 이러한 진리들이 "자명하다"고 말할 때, 그가 뜻하는 것은 그가 말한 바와 정확히 일치한다. 그 진리들은 인간이 타고난 지혜로 당연히 알 수 있다는 소리다. 인간의 타고난 지혜는 지금보다 18세기가 훨씬 총명했던 모양이다. 그는 개인적 윤리와 관련해서도 타고난 지혜에 의지했다. 말년에 사우스캐롤라이나의 존슨 판사에게 보낸 편지에서 제퍼슨은 자신의 초창기 정치 활동을 설명하면서 자신의 정파가 "인간은 합리적 동물이며 자연으로부터 권리들과 정의감을 타고났다"는 것을 믿는다고 말한다. 1815년 애덤스에게 쓴 편지에서는 이렇게 말한다. "현명한 조물주라면 사회 속에서 살아갈 운명인 동물에게 도의심moral sense*이 필수적이라는 것을 틀림없이 알았을 터인 만큼, 도의심은 촉각이나 시각, 청각처럼 우리 인간의 일부다." 그는 "모든 마음은 타인에게 선을 행하는 데서 기쁨을 느끼며 미덕의 본질은 타인에게 선을 행하는 것"이라고 덧붙인다.

도의심과 인간의 타고난 선함에 대한 믿음은 제퍼슨 자유주의의 밑바탕이 된다. 만약 모든 사람이 양심이라는 수단을 통해 무엇이 옳은 일인지를 안다면, 또 옳은 일이란 바로 다른 사람에게 선을 행하는 것이라면, 전체의 행복을 위해서 각 개인은 양심의 명령을 따르기만 하면 된다. 더 나아가 제퍼슨은 인간을 부패하게 만드는 제도들과 인간을 타락시키는 전제정의 영향력만 없다면 대부분의 사람은 대체적으로 양심을 따를 것이라고 믿었다. 소수의 예외적 사안을 위해서 법은 필요할 것이다. 그러나 대개 인간의 행복을 촉진하기 위해서 필요한 것은 자유가 전부다.

이러한 철학의 낙관주의를 반박하는 것은 가장 드높은 도덕 명분을 빌려 벌어진 [1차]세계대전과 베르사유 체제, 쿨라크†와 유대인에 대한 박해를 경험한 세대에게 딱히 필요하지 않다. 그러니 제퍼슨의 원리는 실용주의적으로, 다시 말해 그것이 의도한 효과와 가져올 가능성이 컸던 효과를 살펴보는 것이 더 유익하다. 자유에

---

*   '도덕 감각'이라고도 함. 18세기 영국 도덕철학자들이 주장한 관념으로, 옳고 그름을 판단한 줄 아는 타고난 직관을 말함.

†   제정 말기 형성된 러시아 부농계층으로 소비에트 연방 성립 후 소멸하였다.

간섭하는 일이 때로는 불가피함을 감안한다 하더라도 그러한 개입이 언제나 훌륭한 일은 아니다. 정부가 사람들에게 유익한 행위를 금지하고 해로운 행위를 강요하는 일은 자주 일어났고 제퍼슨 시대에 유럽에서도 일어났다. 상업은 방해를 받고 전쟁은 부추겨졌다. 자유로운 사고는 저해되는 대신 편견은 조장되었다. 어떤 관점에서 보더라도 바람직하지 않은 행위, 이를테면 절도 같은 범죄에 대한 처벌은 너무 과도해서 애초에 교정하고자 하는 악보다 더 큰 악이 되고 말았다. 따라서 그러한 세계에서 가장 먼저 필요한 일은 정부의 엉뚱한 개입 활동을 막는 것이었고, 이를 위해 다소 극단적인 자유의 철학이 유용하게 쓰였다. 자유방임은 이론으로서는 옹호가 불가능할지도 모르지만 제퍼슨 시대에 정치적 힘으로서는 의심의 여지없이 유익했다.

미국에서 자유는 팽창해갈 공간이 있다는 사실에 의해 촉진되었다. 북적거리는 도시의 속박이 싫은 사람들은 서부로 옮겨갈 수 있었다. 범죄 충동이 있는 사람들은 원주민이나 멕시코인과 싸울 수 있었다. 제퍼슨의 민주주의 개념은 농업적이었다. 그는 대도시의 성장을 두려워했고, 어느 정도는 그러한 근거에서 공산품에 대한 관세에 반대했다.[41] 그의 정파 상당수는 소규모 토지소유자, 즉 자영농이었고 도시 자본주의를 싫어했다. 그의 시대부터 오늘날까지 미국에서 진보 정치는 주로 농본주의적이었는데, 제퍼슨의 자유주의에는 산업 임금노동자에게 도움이 될 만한 것이 대체로 없기 때문이다. 선진국에서는 아무리 규모가 작은 토지소유자라 할지라도 인구 대다수보다 사회적으로 또 경제적으로 우위에 있다. 토지소유자는 은행의 형태를 띤 자본은 싫어했을 수도 있지만 임금노동자에 맞서 언제나 자본 편이다. 따라서 이런 현실 때문에 미국에서는 현대적 유형의 진보 정당이 발전하는 것이 어려웠고, 명목상 진보주의자들은 진보에 어정쩡한 태도를 취하게 되었다. W. J. 브라이언* 같은 인물을 급진주의자로 분류해야 할지 아니면 가망 없는 구식 사고와 행동방식을 옹호한 마지막 사람으로 간주해야 할지 알 수가 없다. 그러나 제퍼슨의 시대에는 소규모 자영농들이 여전히 그들 앞에 미래를 갖고 있었다.

제퍼슨 정치철학에서 또 한 가지 문제점은 시간이 지나면서 점차 심각해졌는데 이는 자결권과 관련되어 있었다. 독립선언서는 어느 정부든 '생명, 자유, 행복추구'에 반할 때면 정부를 바꾸거나 폐기하는 것이 국민의 권리라고 선언한다. 정황상 이때 국민이 그 문제를 판단하는 사람이 될 것이라는 뜻인데, 정확히 어떤 집단이 '국민'을 구성하는지 규정할 방법은 없다. 남부는 자신들의 연방 탈퇴를 정당화하고자 독립선언서의 원칙들에 호소할 수 있었고, 그들의 주장에는 적지 않은 설득력이 있었다. 물론 보다 우월한 인류의 이익 앞에서 자결권이 양보해야 할 때도 있는 것은 분명하다. 수에즈 운하와 파나마 운하를 두 운하가 지나가는 영토의 국민들에게만 자유롭게 맡겨두는 것은 말도 안 될 것이다. 자결권은 전체의 효용이라는 최상급의 시험을 거쳐야 하며 절대적인 '자연권'으로 진술될 수 없다. 기술적 진보를 통해 세계가 점점 통합될수록 개별 국가들에게 절대적 독립성을 허용하는 것은 점점 더 진보에 장애가 된다. 개인처럼 국가들도 전체 정부에 복종하는 법을 배워야 할 것

---

* 미국의 정치가로 트러스트와 제국주의에 반대했지만 금주법을 지지하고 진화론을 반대했다.

이다. 다른 여러 문제들과 마찬가지로 이 문제에서 자유주의 철학은 현대 세계의 필요에 비해 너무 무정부적이다.

헌법 속 민주주의와 재산권의 충돌

미국 헌법은 독립선언서와 달리 제퍼슨이 기초하지 않았는데 그가 프랑스에 있을 때 완성되어 채택되었다. 물론 헌법이 동의를 받아야 한다는 것은 당연했지만 헌법을 가장 열성적으로 지지한 세력은 나중에 제퍼슨과 정치적으로 대립하게 되었다. [역사학자] 찰스 A. 비어드는 뛰어난 저서[42]에서 헌법을 성안하고 채택을 가능케 한 사람들을 추진한 경제적 동기를 분석했다. 헌법 제정의 원동력은 주로 동산動産 소유자, 특히 연방과 주 정부의 공채 소유자들한테서 나왔다. 연방대법원에 적지 않은 권한을 부여하고 계약의 신성함을 표명한 조항들에서 보다시피 미국 헌법에는 민주주의를 저해하려는 의식적인 욕망이 존재했다. 비어드의 결론 몇 가지는 여기에 인용할 만하다.

"미국 헌법 제정을 위한 움직임은 주로 '연합헌장'에서 불리한 영향을 받은 네 가지 동산 이해관계를 가진 집단에서 유래했고, 그들이 제정을 적극 추진했다. 여기서 네 가지 동산에 기초한 이해관계란 돈, 공채, 제조업, 무역과 해운업이었다."

"헌법을 작성한 필라델피아 제헌협의회의 참석자들은 몇몇 예외를 제외하고 새로운 체제의 수립에 즉각적 · 직접적 · 개인적 이

---

* 1777년 2차 대륙회의에서 13개 주의 대표자들이 채택해 미국 헌법의 전신으로 기능한 헌장이다. 이 헌장에 따라 수립된 미국은 13개 주의 느슨한 연합에 불과해 중앙정부는 전쟁을 수행하고 외교관계를 맺는 권한은 있지만 군대를 징집하거나 국민에게 직접 세금을 부과할 수는 없었다.

해관계를 가지고 있었고, 그 수립으로부터 경제적 이익을 얻었다."

"헌법은 근본적인 사적 재산권이 정부에 우선하며 도덕적으로 인민 다수의 권력 범위를 넘어선다는 개념에 근거한, 본질적으로 경제적인 문서였다."

헌법을 적극 지지한 집단들이 제퍼슨과 특별히 이해관계에 있는 사람들은 아니었지만, 한편으로 그들의 철학에 제퍼슨이 합당하게 이의를 제기할 만한 것도 없었다. 더욱이 그는 개인의 권리가 정부에 우선한다고 생각했고, 분명히 그런 의미의 소유권에 적대적이지도 않았다. 그는 권리장전이 빠진 것을 제외하고는 헌법에 반대하지 않았고, 권리장전에 관해서는 나중에 그의 의견이 받아들여졌다. 그럼에도 불구하고 연방 헌법 채택은 부호 계급의 정치력 강화로 가는 첫 단계였고, 그들의 금권정치로 제퍼슨 민주주의는 한물간 구식이 되어버린다.

새로운 헌법 아래 선출된 1차 연방의회에서 민주주의 제도를 이용해 부자를 더 부유하게 만드는 기가 막힌 작업이 시작되었다. 독립전쟁 동안 연방정부와 여러 주정부는 돈을 빌렸고 병사들에게는 흔히 현금을 주는 대신에 지급 약속만 했다. 이러한 채권은 나중에 상환될지 의심스러웠기 때문에 원래 액면가보다 현저하게 가치가 떨어졌다. 의회는 채권을 전부 액면 상환하기로 결정했다. 이 같은 의도를 이해관계자들이 미리 알지 못하게 막으려는 정부의 조치는 전혀 없었다. 그 결과 부유한 투기자들은, 의회에서 일이 어떻게 돌아가고 있는지 소식을 듣지 못한 시골에 사는 퇴역 군인들로부터 공채를 매우 저렴하게 사들였다. 결국, 대부분은 전쟁에 참가한 적 없는 약삭빠른 사업가들이 퇴역 군인들과 다른 순박한 사람들을 희생시켜 이득을 취하는 부패가 만연했다. 많은 사람들이 분개했지만 사태의 추이를 바꾸기에는 소용이 없었다.

해밀턴과 연방주의

이 과정의 주동자는 역사상 가장 유능하고 중요한 인물 중 한 명인 재무장관 알렉산더 해밀턴이었다. 그가 개인적으로 부패했다는 증거는 없으며 공직에서 물러났을 때 사실 그는 가난했다. 그러나 해밀턴은 의도적으로 부패를 조장했는데, 부패가 부유층에 적절한 영향력을 부여하기 때문에 바람직하다고 여겼다. 다른 사람들이 사리사욕 때문에 옹호하는 것을 그는 사심 없이 옹호했다. 예를 들어 그는 제조업의 성장을 지지했는데, 어느 정도는 아동노동이 좋은 것이라고 여겼기 때문이다. 그는 이렇게 말한다. "여자와 아이들, 특히 아이들은 더 일찍부터 제조 시설을 통해 쓸모 있는 사람이 된다. 영국의 면직물 공장에 고용된 다수의 사람들 가운데 거의 4/7이 여자와 아이들이라고 한다. 그 가운데 가장 큰 비율은 아이들이 차지하는데 많은 아이들이 아주 어리다." 해밀턴은 민주주의를 싫어했고, 영국을 숭배했다. 정치 경력 내내 그는 미국이 영국을 닮아가게 하는 것을 목표로 삼았다. 그는 금권정치가 귀족정치로 발전하기를 바랐고, 민주주의를 누르고 금권정치가 승리하기 위한 가장 좋은 수단은 부패라고 제대로 내다봤다.

제퍼슨과 달리 해밀턴은 미국인도 귀족 출신도 아니었다. 그는 스코틀랜드 상인과 프랑스계 서인도 제도 여인 사이에서 태어난 사생아였다. [카리브 해의] 세인츠키츠 섬에서 『플루타르코스』를 읽으며 어린 시절을 보낸 그는 명성을 꿈꿨다. 해밀턴은 십대 초반에 허리케인을 묘사한 글을 써서 널리 칭찬을 받았다. "그는 허리케인에 대한 묘사로 출세하게 되었다. 칼로 출세하기를 꿈꿨지만 그가 교육을 받도록 미국으로 보낼 돈을 마련한 친구들을 끌어모은 것은 그의 펜이었다. 자신이 펜을 통해 불멸의 명성을 얻게 되리라는 것을 전혀 모른 채 그는 평생토록 칼을 통해 영예를 얻기를 열망했다."[43] 독립전쟁이 발발했을 때 해밀턴은 열아홉 살이었고, 전장에서 혁혁한 공을 세울 기회를 열심히 찾았지만 군인으로서 그의 경력은 칭찬할 정도는 됐지만 눈부시지는 않았다. 해밀턴의 천재성이 드러난 것은 정치가, 재정가, 언론인으로서였다.

제헌협의회에서 해밀턴은, 대통령과 상원은 종신직이어야 하며 대통령은 주지사를 임명하고 주지사는 주 의회의 입법에 거부권을 행사할 수 있어야 한다고 주장했다. 사실 그는 노골적인 군주정을 선호했을 것이며 오랫동안 군주정에 대한 희망을 버리지 않았다. 그러나 헌법이 자신이 바라던 대로는 아니었어도 그는 그 안에서 가능성을 보았고 헌법을 최대한 활용하는 일에 나섰다. 그는 연방주의자들의 지도자가 되어 연방정부의 권한을 폭넓게 해석하는 방식에서 많은 업적을 세웠다. 또 관세를 이용해 제조업을 장려했다. 그는 금융·상업·산업 자본을 다져서, 일부 외교 부문을 제외하고, 1789년부터 1801년 제퍼슨의 대통령 취임 때까지 미국을 지배한 정파를 건설했다.

1790년부터 1794년까지 해밀턴과 제퍼슨은 나란히 워싱턴 내각의 일원이었다. 처음에 프랑스에서 귀국했을 때 제퍼슨은 해밀턴의 정책의 취지를 제대로 파악하지 못하고 연방정부가 주정부의 부채를 액면 가격 그대로 인수하는 일을 도왔다. 그는 나중에 이 조치를 후회하게 된다. 얼마 지나지 않아 제퍼슨과 해밀턴 사이에는 강한 적대감이 흘렀고, 각자 격렬하게 대립하는 당파를 이끌게 되었다. 그렇게 정반대인 두 사람도 없었을 것이다. 제퍼슨은 민주주의와 농업을 대표했고, 해밀턴은 귀족정치와 도시적 부를 대변했다. 언제나 부유하고 저명했던 제퍼슨은 인간이 덕성을 타고났다고 믿었다. 떳떳치 못한 출생과 가난에 맞서 싸워야 했던 해밀턴은 인간이 근본적으로 부패했으며 정부의 압력과 강제에 의해서만 유용한 행위를 할 수 있다고 믿었다. 자신의 영지와 세련된 친구들 사이에서 편안했던 제퍼슨은 보통 사람들을 믿었다. 보통 사람들을 알았던 해밀턴은 사회적으로 저명한 인사들로 둘러싸인 사교계를 추구했다. 다방면에 걸친 관심사 덕분에 행복하고 야심이 없었던 제퍼슨은 모든 정치 활동에서 관대한 입장이었고 고매했다. 허영심 탓에 성공을 통한 재확인이 필요했던 해밀턴은 정적으로서는 악의적이었고, 논쟁에서는 파렴치했다. 둘 다 어느 정도 성공했지만, 또 어느 정도는 실패했다. 제퍼슨은 미국을 민주주의의 고향으로 만들었고, 해밀턴은 미국을 백만장자들의 고향으로 만들었다.

미국을 지배한 제퍼슨식 정치와 해밀턴식 경제

정치에서 승리는 제퍼슨에게 돌아갔다. 경제에서 승리는 해밀턴에게 돌아갔다. 해밀턴 스스로가 이성을 잃은 까닭에 그의 당파는 완전히 분해되었는데,* 그가 아무리 유능하게 이끌었다 하더라도 연방주의자들이 정부를 오래 지배할 수는 없었을 것이다. 서부로의

---

* 해밀턴은 1804년, 정적이었던 부통령 애런 버와 결투를 벌이다 애런 버가 쏜 총탄에 맞아 다음날 숨을 거뒀다.

팽창은 제퍼슨 민주주의를 믿는 유권자 수를 증가시켰다. 외국에서 건너온 이민자들, 특히 아일랜드 이민자들도 제퍼슨 민주주의를 강화시켰다. 해밀턴과 그의 정파가 친영국적이었기 때문이다. 이후의 전개도 농업 지대가 확대되면서 미국 정치에서 민주주의 세력을 강화했을 뿐이다. 정치적으로 볼 때 해밀턴의 시도는 가망이 없었다.

하지만 경제적 관점에서 볼 때 해밀턴 정책의 역사는 매우 다르다. 다양한 원인이 작용해서 미국 제조업은 처음에 어느 정도는 우연히, 점진적으로 확대되는 보호 조치를 누렸다. 관세가 선거에서 빈번하게 쟁점이 되었기 때문에 산업에서 고용주와 직원 모두 동일한 이해관계를 가지고 있었다. 그 결과 1830년대 산발적인 몇몇 움직임에도 불구하고 프롤레타리아 정치는 거의 존재하지 않았고, 산업 지역은 흔히 견고하게 보수적이었다. 해밀턴이 의도적으로 국가에 도입한 부패는 서부 개발 와중에 처음에는 새로운 토지를 매각하는 과정에서, 나중에는 철도사업의 자금 조달 부문에서 갈수록 기승을 부렸다. 서부는 동부의 자본 권력에 맞서 싸웠지만 어김없이 패배하고 말았는데, 일정 부분은 부패 때문이었고 어느 정도는 새로운 청사진을 제시하지 못했기 때문이다. 서부 농부들의 굳은 신념은 그들 조국의 헌법처럼 재산권을 감히 부정할 수 없었고, 바로 이러한 재산권이 그들을 은행에 종속시켰다. 미국의 부유층은 이전의 어느 누구보다 더 부유해졌고, 이전 시대의 군주들을 크게 능가하는 권력을 획득했다.

제퍼슨 유형의 농본 민주주의는 대규모의 자본주의 발전 기회를 거의 제공하지 않는 덴마크 같은 나라에서는 성공할 수 있다. 그러나 농업 종사자가 본질적으로 철도에 의존하는 미국처럼 광대한 지역에서 농본 자유주의는 성공을 기대할 수 없다. 현대 자본주의의 거대한 세력들을 통제하는 일은 아무런 제약을 하지 않는 원만한 개인주의로는 불가능하다. 이제는 부정당한 이 철학을 미국 진보주의자들에게 고착시킴으로써 제퍼슨은 의도하지 않게 해밀턴식 경제의 승리를 필요 이상으로 완전하게 만들었다. 제퍼슨과 해밀턴이 주역을 담당한 정치철학은 1933년까지 미국의 삶을 지배했다.

22

서부 정착

19세기 낙관주의는 물질적 행복의 매우 급속한 진전에서 기인했으며 물질적 행복은 다시 두 가지 상호 연관된 요인에 기인했다. 이 가운데 첫째 요인은 산업을 통한 새로운 시장의 지속적 획득이며, 둘째 요인은 농업을 통한 미개척지의 지속적 정복이다. 우리 지구의 크기는 유한하기 때문에 이러한 과정이 한없이 지속될 수는 없지만 미국 서부 지역, [오스트레일리아, 뉴질랜드, 캐나다] 영국 자치령, 남아메리카의 남쪽 국가들은 팽창을 위한 방대한 영역을 제공했고, 모든 빈 공간에 사람이 들어차게 되는 먼 미래를 걱정할 필요는 없을 것 같았다.

대이주 시대

미국에서 서부 정복은 제퍼슨 민주주의를 믿는 사람들의 힘으로 이루어졌고, 그들은 야생의 황무지에 주민이 충분히 정착한 곳마다 제퍼슨 민주주의를 바탕으로 한 정부 형태가 들어서게 했다. 미국에서 성장한 농업 인구는 그때까지 인류 역사에 알려진 어느 누구와도 많은 측면에서 완전히 달랐다. 옛날 유럽에서는 봉건 영주와 농노 간의 분리가 어디나 존재했었고, 심지어 러시아와 폴란드, 오스트리아 – 헝가리, 독일 일부에는 그때까지도 존재했다. 더 이상 농노가 아닌 농업 노동자도 현실적으로는 특정한 땅 뙤기나 특정한 이웃에 매어 있었다. 그들은 기술적으로나 정치적으로 딱히 발전을 추구할 유인동기가 없었다. 프랑스에서도 농민들은 혁명으로 자기 땅을 얻게 되자 교회의 영향 아래 보수주의로 흘렀다. 미국에서 서부에 정착한 농업 인구는 이민자거나 생산 방식에서 새로운 기술 향상을 예의 주시하는 모험 성향이 강한 사람들, 혹은 자치와 힘든 생활로부터 자신감과 자존감을 얻어 다른 사람이 자신보다 사회적으로 지위가 높은 것을 인정할 수 없는 사람들이었다. 서부 전역에서 민주주의는 승승장구하며 공격적으로 영역을 넓혀 나가며 세계에 도전할 준비가 되어 있었다. 그곳에서의 놀라운 물질적 성공을 통해 그들은 자신들이 옳다는 것을 하루하루 확신하게 되었다.

앨러게니 산맥 너머 땅을 정복하는 첫 단계는 전쟁과 외교의 문제였다. 1756년 프랑스는 캐나다와 미시시피 유역 전체를 소유했고, 에스파냐는 플로리다와 텍사스, 극서부를 소유했다. 1763년에 영국은 캐나다와 미시시피 유역 절반을 획득했고, 그 가운데 미시시피 유역은 1783년에 미국에 넘겼다. 1803년 제퍼슨은 나폴레옹한테서 미시시피의 서부 지역을 사들였다. 플로리다는 1821년 에스파냐로부터 사들였다. 텍사스는 잠시 독립국가로 존재하다가

1845년 자발적으로 미국에 합병되었다. 그 뒤로 태평양까지 이어지는 서부 영토는 1848년에 멕시코를 기점으로 정복되었다.

광범위한 정착은 때때로 법적 소유보다 훨씬 뒤에 일어났다. 그러나 대륙을 가로지르는 이 팽창은 미합중국의 성립부터 19세기 말까지 끊임없이 이어진 움직임이었다. 심지어 식민지 시대에도 영국인은 그들 뒤로 펼쳐진 미개척지를 탐험하고 이용하려는 미국인의 자연스러운 소망을 억누를 수 없었다. 그리고 미국이 마침내 조지 3세의 속박을 떨쳐냈을 때 동부 해안 정착민 다수는 새로운 토지 소유에 환호하면서, 어느 정도는 힘든 삶에 떠밀려 산맥을 넘어 미시시피 유역으로 이주했다. 날마다, 달마다, 해마다 이주민의 끝없는 행렬이 이어졌다. 부유한 가족은 짐마차에 올라타 가축 떼를 이끌고 이동했고, 가난한 가족은 간단한 보퉁이를 들거나 세간을 외바퀴 손수레에 실은 채 걸어서 서부로 가 새로운 주들을 건설했다. 켄터키는 1792년에 주로 편입되었고, 테네시는 1796년에, 오하이오는 1803년에 편입되었다. 북서부에서 전진은 처음에는 느렸는데, 1794년 제이 조약*이 체결될 때까지 남아 있던 적대적인 영국인들이 다양한 구실로 그곳에 요새들을 보유하고 있었기 때문이다. 결국 1783년에 영국인들은 요새들을 미국에 넘겨주는 데 동의했다. 또 영국과 한편이 된 인디언 때문에 1812년 [미영]전쟁이 끝날 때까지 북서부 지역은 정착민에게 안전하지 못했다. 인디애나와 일리노이에는 여전히 많은 원주민이 살고 있었지만 1815년부터 정착민이 급속히 늘어갔고, 각각 1816년과 1818년에 주가 되었다. 여

___

* 미국 대법원장 존 제이와 영국 외무장관 윌리엄 그렌빌이 체결한 조약으로 미국 영토 내에서의 영국군 철수와 영국인 채권자에 대한 부채 상환, 양국 간의 통상관계 등을 다뤘다.

러 사람이 힘을 합치는 관개사업이 필요한 더 멀리 떨어진 북서부 일부는 훨씬 훗날까지 정착이 이뤄지지 않았다. 예를 들어 노스다코타와 사우스다코타는 1889년까지 주로 편입되지 못했다. 그러나 1820년이 되자 앨러게니 산맥 서쪽으로는 총 225만 명이 넘는 사람이 정착했고, 1840년에는 정착민이 거의 700만 명에 달했다.

서쪽으로의 이주는 경기가 좋은 시절에는 줄어들다가 가난한 사람들이 실업과 낮은 임금, 높은 세금을 피해 떠나는 불경기에는 다시 늘어났다. 그러나 여러 가지 비경제적인 요인도 존재했으며 이주가 완전히 끊어진 적은 없었다. 어떤 사람들은 모험과 자유에 대한 사랑과 전진하는 문명의 선봉대에 있고 싶다는 낭만적이다시피 한 소망에서 안락한 생활을 버리고 개척자로서 삶의 위험과 역경을 견뎠다. 알렉시스 드 토크빌은 이렇게 말한다.

미국인들한테 시인이 없다는 것은 나도 기꺼이 인정한다. 그러나 그들한테 시적 사고가 없다고 말할 수는 없다. 유럽에서는 미국의 거친 야생에 대해 많이들 이야기하지만 정작 미국인들은 거기에 대해 특별히 생각하지 않는다. 그들은 자연 사물의 경이로움에 대해 무감각하며, 도끼로 베어 넘어트리기 전까지는 그들을 둘러싼 광대한 숲을 인식하지 못한다고 말할 수도 있으리라. 그들의 눈길은 다른 광경에 고정되어 있다. 미국인들은 늪을 메우고 물길을 바꾸고 자연을 복속시키고 오지를 사람들로 채우면서 이 광활한 자연을 가로지르는 자신들의 전진을 본다. 그러나 자신들의 이 당당한 모습에 미국인은 가끔씩만 눈길을 돌릴 뿐이다. 가장 사소한 일을 하고 있을 때와 더불어 가장 중요한 일을 하고 있을 때, 모두의 마음속에 떠오르지만 언제나 살짝 스쳐 지나가는 이미지라고 할 수도 있다. 미국에서의 삶만큼 그렇게 하찮고 멋없고 쩨쩨한 이해관계로 가득 찬, 한마디로 말해 그렇게 시적이지 않은 삶도 상상할 수 없다. 그러나 미국의 삶이 제시하는 여러 생각 가운데에는 언제나 시정으로 가득 찬 것이 있으며, 그러한 시정은 그곳 삶의 뼈대에 활기를 불어넣는 감춰진 기운이다.[44]

인디언 학살

미국 서부는 민주주의 전형으로 자처하게 되었고, 세계도 그들을 그렇게 바라보았다. 그러나 당시 미국에서는 세 가지 독특한 상황이 존재했고, 그러한 상황들은 미국인과 그들의 사회생활의 특징에 영향을 미쳐서 어떤 형태의 정부 아래 있든지 유럽인과 유럽인의 생활방식과 매우 달랐다. 이 세 가지 상황이란 자유 토지, 인디언, 흑인 노예제였다. 이 가운데 노예제에 대해서는 나중에 다루겠다. 앞의 두 가지는 우리가 미국 민주주의의 특이성을 이해하려면 이 시점에서 알아야 할 것이다. 먼저 인디언에 대한 이야기부터 하자.

인디언과의 갈등은 처음부터, 그보다 덜 위험한 환경에서는 기대할 수 없는 어떤 격렬한 측면과 사회적 결속력을 미국에 부여했다. 인디언들은 우수한 자질이 많지만 한편으로 굉장히 잔인했다. 자기 아내와 자식들이 머리가죽이 벗겨지거나 도끼에 머리통이 박살날 위험을 지속적으로 겪는 사내들이 인디언을 우애로운 눈길로 바라보기를 기대할 수는 없는 노릇이다. 인디언들도 백인들의 파렴치하고 잔혹한 침략에 분개하지 않을 수 없었다. [역사학자] 제임스 트러슬로 애덤스는 1637년 피쿼트 족과의 전쟁을 이렇게 묘사

한다.[45]

　　그것은 불행하게도 두 세기 반 동안 우리 변경지대 거의 전역에 반복된 백인의 침략과 인종적 증오의 이야기였다. 이 최초의 뉴잉글랜드 전쟁 가운데 중요한 예는 존 메이슨 대위의 지휘 아래 야만인들의 주요 마을을 상대로 한 청교도들의 기습 공격이었다. 거센 바람이 불던 밤에 그들은 울타리 옆 두 군데의 출입구로 아무도 빠져나가지 못하도록 보초를 세운 후 인디언들의 마을에 불을 질렀다. 500명의 남녀 인디언과 어린이가 불에 타 죽었으며, 메이슨 대위는 신의 섭리로 그 끔찍한 밤에 평소보다 150명 더 많은 인디언이 집 안에 있었다고 언급했을 뿐이다.

　　이 사건 후에 동일한 식민지인들이 종교적 근거에서 퀘이커교도를 어떻게 다뤘는지 듣더라도 놀랄 일은 없다. 그들은 남자 세 명과 여자 한 명을 목매달고 다른 이들은 투옥하고 구타하고 고문하는 한편, 아이들은 서인도 제도에 노예로 팔아넘겼다.[46] 박해의 열정을 구성한 일부 요소는 19세기까지도 변경지대에 살아남았다. 그러한 박해는 모르몬교도를 대할 때를 제외하고는 종교적 형태를 띠지 않았지만 정치적으로 여전히 존재했으며, 특히 노예 문제와 관련해서는 여전히 남아 있었다.

　　북서부에서 사태는 보통 이런 식으로 흘렀다. 처음에 탐험가가 오고 얼마 지나지 않아 모피 상인이 그들 뒤를 따른다. 10년에서 길게는 2세기까지 다양한 세월이 흐른 후 상인들의 보고에 따라 정부—프랑스나 영국, 미국 정부—는 미개척지에 군사 초소를 세우게 된다(지배적인 동기는 보통 자국의 모피 무역을 확보하려는 욕망이다). 백인 간의 전쟁 와중에 인디언들이 자극을 받아 이 오지의 수비대를 학살하게 된다. 이것은 보복으로 이어진다. 인디언들은 대규모 정식 전투에서 패배하고 조약을 맺어 그들의 땅을 '판' 후 더 서쪽의 새로운 보호 구역으로 이주하게 된다. 전쟁 동안 오지의 정착민은 인디언에게 학살을 당했고, 인디언도 정착민에게 학살을 당했다. 변경지대의 모든 백인 남성은 부름을 받으면 언제든 인디언들에 맞서 싸우는 것이 당연한 일이었다. 비록 인디언들이 마지막에는 항상 패배했지만 그들은 패배한 만큼 여러 전투에서 승리도했고, 만약 양측의 수가 같다면 거의 승리했다.[47]

초창기에 인디언에 대한 공포는 변경지대에 언제나 짙게 드리워 있었다. 니콜라이와 헤이*는 링컨의 할아버지의 생애(할아버지의 이름도 에이브러햄이었다)를 묘사하면서 이렇게 말한다.

> 1795년 그렌빌 조약이 옛 인디언 전쟁의 피로 얼룩진 오랜 역사를 종결할 때까지 개척민은 자신이 돌아왔을 때 집이 잿더미가 되어 있지 않거나, 식솔이 문간에서 살해당하거나 아니면 포로로 끌려가 죽음보다 더 끔찍한 운명을 맞게 되지 않는다고 안심한 채 오두막집을 떠날 수 있는 날이 단 하루도 없었다. 집을 떠나 있는 남자에게 밤이 올 때마다 찾아오는, 여자와 아이들에 대한 염려와 불안은 너무도 흔한 만큼 여전히 견디기 힘들었다.
>
> 개척민 에이브러햄 링컨의 삶은 곧 끔찍한 종말을 맞게 되었다. 그

---

* 에이브러햄 링컨의 보좌관들로 후에 링컨 전집을 펴냈다.

는 정부로부터 토지를 매입해 제퍼슨 카운티에 정착했고 숲을 개간해 작은 농장을 꾸렸다.

1784년 어느 아침, 그는 세 아들, 모디카이와 조사이어, 토머스를 데리고 개간지 끄트머리로 출발해 하루 일과를 시작했다. 얼마 지나지 않아 덤불에서 날아온 총알에 아버지가 죽자 큰아들 모디카이는 본능적으로 집으로, 조사이어는 도움을 구하러 인근 요새로 갔다. 여섯 살짜리 막내아들 토머스[링컨 대통령의 아버지]는 아버지 시신 옆에 남겨졌다. 모디카이는 오두막집에 도착하자마자 라이플을 집어 들고 구멍으로 바깥을 엿봤는데, 출정을 앞두고 몸과 얼굴에 물감을 칠한 인디언이 땅바닥에서 아이를 들어올리고 있었다. 그는 그 미개인의 가슴에 달린 하얀 장신구를 겨냥해 총을 쏴서 그를 쓰러트렸다. 풀려난 토머스는 오두막집으로 달아났고, 고미다락에 숨은 모디카이는 덤불 속에서 모습을 드러낸 인디언들을 향해 다시 총을 발사했다. 마침내 조사이어가 진지에서 지원병을 데리고 오자 공격자들은 달아났다.

이 비극은 모디카이의 마음속에 지울 수 없는 인상을 남겼다. 살해당한 아버지에 대한 복수심 때문인지 아니면 목표물을 적중시킨 사냥꾼다운 만족감 때문인지 그는 아주 결연한 인디언 추격자가 되었고, 라이플 사정거리 안으로 들어온 인디언이 우호적인 인디언인지 적대적인 인디언인지 확인하지 않았다.

링컨도 1832년 블랙호크 전쟁에서 인디언에 맞서 싸웠다. 해리슨이 대통령에 당선된 것은 티퍼카노에서 인디언을 물리친 덕분이며, 잭슨 대통령의 명성은 주로 미영전쟁에서 웰링턴의 인척을 격파한 데서 나왔지만* 세미놀 족을 상대로 거둔 승전으로도 인기가 많았다.

인디언과의 전쟁에서 가장 극적인 일화는 1812년 미영전쟁 와중에 인디언들이 오늘날의 시카고 지역에서 디어본 요새 수비대 대부분을 학살한 사건이다. 당시 시카고에는 군사 초소와 킨지라는 무역상밖에 없었다. 지휘관 힐드 대위는 요새를 소개하라는 명령에 따랐다. 그의 소부대는 요새에서 2마일 떨어진 곳에서 공격을 받았고 힐드의 진술에 따르면 남자 38명, 여자 2명, 아이들 12명이 죽임을 당했다. 소수의 생존자들은 기이한 모험을 겪었다.[48] 예를 들어, 생존자 중에는 시먼스 부인과 6개월 된 딸이 있었다. 시먼스 부인은 학살로 남편과 두 살 난 아들을 잃었다. 그녀는 인디언한테 6개월간 붙잡혀 있었고 대부분의 시간 동안 아기를 안고 행군했다. 그녀는 두 줄로 늘어선 인디언 여자들 사이를 지나가며 구타를 당해야 했는데, 인디언 여자들이 막대기로 때릴 때 몸으로 감싸서 가까스로 아이를 보호할 수 있었다. 마침내 시먼스 부인은 당시 영국이 점령하고 있던 디트로이트로 피신할 수 있었다. 이로써 그녀의 최악의 고난은 끝이 났다. 학살이 벌어진 지 8개월 후 그녀는 부모가 피신해 있던 요새에 도착했다. 그러나 거기서도 그녀가 도착한 직후 여동생과 제부가 인디언에게 죽임을 당했다. 그 일 이후로 시먼스 부인과 딸의 인생은 평온했다. 딸은 결혼해서 서부로 영구 이주했고 오하이오와 아이오와를 거쳐 캘리포니아에 살다가 그곳에서

---

* 뉴올리언스 전투에서 앤드류 잭슨의 미국군은 웰링턴의 처남 에드워드 페이크넘이 이끄는 영국군을 상대로 대승을 거뒀다. 23장 참조.

1900년에 죽었다.*

킨지는 인디언들에게 중립국 사람으로 취급되어 학살 당시 피해를 입지 않았다. 그럼에도 불구하고 그와 그의 아들들, 그의 아들들의 이혼한 아내들은 추후 인디언과의 모든 조약에서 이때 입은 손실에 대해 매번 보상을 받았다.

1812년 전쟁 당시 테쿰세라는 부족장과 그의 형제이자 위대한 정령으로부터 계시를 받았다는 한 예언자가 인디언들을 부추겨 이례적으로 단결 행동에 나서게 했다. 한번은 위대한 정령이 예언자에게 이렇게 말했다.

나는 영국인, 프랑스인, 에스파냐인, 인디언의 아버지다. 나는 최초의 인간을 창조했고, 그는 인디언은 물론 이들 민족 모두의 조상이다. 나는 지금 긴 잠에서 깨어난 그를 통해서 너에게 이르고 있다. 미국인은 내가 만들지 않았다. 그들은 나의 자식이 아니라 악한 정령의 자식이다. 그들은 악한 정령으로 더럽혀진 거대한 호수의 거품에서 생겨났고, 그 더러운 거품은 강한 동풍을 타고 숲속으로 밀려들어왔다. 그들은 수가 많으나 나는 그들을 미워한다.[49]

위대한 정령이 정말로 특별히 인디언을 사랑했다면 그는 미국

---

* [원주]디어본 학살에서 살아남은 소수의 사람들은 생명력이 대단했던 것 같다. 생존자 가운데 한 명인 케니슨이란 사람은 자신이 1736년에 태어났다고 주장했다. 그가 독립전쟁에서 싸운 것은 확실하다. 1812년 전쟁 후에 그는 평화로운 활동에만 전념했는데, 평화시 직업 활동이 전쟁보다 오히려 위험하다는 것을 알게 되었다. 그는 쓰러지던 나무에 두개골과 쇄골, 갈빗대 두 대가 부러졌다. 또 열병식에서 발사된 포에 두 다리가 부러졌다. 그럼에도 불구하고 그는 네 번 결혼해서 22명의 자식을 보았다. 109살 때 시카고에 정착해 군인 연금을 받아 살다가 1852년에 죽었다. 그는 말년을 박물관에서 보냈고, 죽었을 때 장례는 사회장으로 치러졌다.

인을 미워할 만한 이유가 충분했다. 그러나 문명인의 관점에서 볼 때 정의와 인간성과 일치하면서 대체 어떤 일이 가능했을지 생각하기 어렵다. 우리가 미국의 영토에 문명인이 거주하게 된 것을 유감스럽게 여길 수는 없다. 그리고 문명인이 그곳에 거주하고자 한다면 인디언들의 피해는 불가피했다. 토크빌은 이렇게 말한다.

우리가 북아메리카 원주민의 운명을 어떤 측면에서 살펴보든지 간에 그들의 파멸은 돌이킬 수 없는 것 같다. 계속 야만적으로 행동한다면 그들은 밀려날 수밖에 없다. 만약 그들이 자신들의 습속을 교화하려고 하면 더 발전한 문명사회와의 접촉은 그들을 억압과 빈곤으로 이끌 것이다. 계속 야생의 황무지를 떠돌면 그들은 소멸할 것이며, 정착하려고 해도 여전히 소멸할 것이 틀림없다. 그들을 교화하려면 유럽인의 도움이 필수적이지만 유럽인의 접근은 그들을 타락시키고 미개한 삶으로 몰아간다. 그들은 그들 땅이 여전히 자신들 것인 양 습속을 바꾸기를 거부하며 그들이 강제로 복속되었을 때 습속을 바꾸려면 이미 때가 늦었다.

에스파냐인은 야수를 뒤쫓듯 사냥개를 가지고 인디언을 추격했다. 그들은 도시를 강습할 때처럼 자제심이나 동정심을 전혀 보이지 않고 신세계를 약탈했다. 그러나 파괴는 멈춰야 하며 광기는 가라앉혀야 한다. 학살을 피한 인디언 생존자들은 정복자들과 섞이고 그들의 관습과 종교를 받아들였다. 반면 원주민에 대한 미국인의 태도는 이례적으로 법적 형식을 따르는 것이 특히 두드러진다. 인디언들이 야만적 풍습을 유지하겠다면 미국인들은 그들의 일에 간섭하지 않는다. 인디언을 독자적 민족으로 취급하고 매입 조약을 체결하지 않고는 그들의 사냥터를 미국 영토로 합병하지 않는다. 그리고 인디언 부족의 영토가 너무 잠식당해서 더 이상 그곳에서 살아갈 수 없을 지경이 되면 미국인들은 그 부족을 선조의 땅으로부터 멀리 떨어진 사지로 실어나르는 성실한 지원을 제공한다.

에스파냐인은 자신들에게 지울 수 없는 수치를 남긴 전례 없는 잔학 행위로도 인디언 부족을 멸종시킬 수 없었고, 그들로부터 권리를 완전히 박탈하는 데도 성공하지 못했다. 그러나 미국인들은 이 두 가지 목적을 유례없이 아주 적절하게 달성했다. 조용하게 법적으로, 박애적으로, 피를 흘리지 않고, 세계인의 눈앞에 도덕의 위대한 원칙을 하나도 위반하지 않고서 달성했다. 인류의 법을 그보다 더 존중하면서 인간을 파괴하기도 불가능하리라.˙

개척민의 고단한 삶

인디언과는 별개로 개척자의 삶은 매우 험난했다. 초창기에는 오로지 자유와 미래에 대한 희망으로만 버틸 수 있었지만 희망은 흔히 그렇듯 기만적이었다. 혹독한 겨울과 노예제의 부재로 북부에서의 삶이 남부에서보다 더 힘들었다. 그럼에도 불구하고 가난해서 노예를 소유할 수 없는 사람들은 북부를 선호했는데, 남부에서 노예가 없는 백인은 노예 소유주에 비해 천시되었기 때문이다. 링컨의 아버지는 켄터키가 변경지대의 모습을 벗어버리게 되자 1816년 인디애나로 건너갔는데 그때 인디애나로 가기 위해 뗏목을 만들어 그의 전 재산인 각종 연장과 400갤런의 위스키를 실었다. 뗏목은

---

*   [원주]"피를 흘리지 않고"라는 표현은 맞지 않다.

뒤집어졌지만 그는 물건 대부분을 건질 수 있었다. 인디애나에 도착한 그는 앞선 정착민이 살던 집에서 마음에 드는 곳까지 숲속으로 길을 내 그곳에 연장과 위스키를 보관했고, 뒤이어 아내와 두 아이가 약간의 냄비와 솥, 침구류를 가지고 그에게 합류했다. 1년 동안 그들은 삼면은 막혀 있지만 한 면은 눈과 바람에 고스란히 노출된 임시 거처에 살았다. 그동안 아버지는 농사를 짓기 위해 땅을 개간하고 정식 통나무집을 지었지만 거기에 제대로 된 문이나 창문을 달거나 마룻바닥을 깔 생각은 하지 못했다. 니콜라이와 헤이에 따르면 "그의 오두막은 어느 개척민의 집과 다를 바 없었다. 다리가 셋 달린 둥글고 낮은 의자 몇 개, 집 모서리에 장대를 박아넣고 바깥 면은 갈라진 막대기를 바닥에 고정시켜 만든 침대, 커다란 통나무를 깎아 만든 네 발 달린 식탁, 솥, 주전자, 긴 손잡이가 달린 납작한 냄비, 몇 가지 주석과 법랑 그릇이 세간의 전부였다. 어린 에이브러햄은 밤이면 고미다락에 있는 나뭇잎을 채운 침대에서 잤는데 벽에 박아넣은 나무못을 계단 삼아 올라갔다." 이 집에서 에이브러햄의 어머니가 그 지역의 여러 정착민들처럼 열병에 걸려 죽었다.

말라리아와 다른 열병들이 서부에서 극성을 부렸다. 니콜라이와 헤이는 링컨의 우울한 기질이 부분적으로 이러한 경험에 기인한다고 본다.

이러한 체질적 슬픔은 링컨에게만 유별난 게 아니었다. 그런 증상은 초기 서부 정착민들에게 고질적이었다고 할 수 있다. 그것은 어느 정도는 그들의 고단한 삶을 둘러싼 환경, 다시 말해 그들의 인생 대부분을 보내게 되는 극도로 고독하고 음울한 환경 탓이었다…… 이 일반적인 우울한 성향과 더불어 개척민의 대대수는 어린 시절에 말라리아에 걸려서 그 결과가 평생을 갔다.…… 많은 사람이 죽었고 살아남은 사람도 다수는 말라리아의 직접적 증상이 잦아든 후에도 각종 신경질환과 어린 시절에 걸린 여러 질병의 고통스러운 증상을 지속적으로 앓았다.[50]

남부에서 개척민의 삶은 상대적으로 편했다. 사업 감각이 있다고 볼 만한 이유가 없는 앤드류 잭슨은 원래 가난했지만 금방 여러 노예를 거느린 대지주가 되었다. 그는 변호사로 일하고—그가 변호사가 되기 위한 자격에 학업은 포함되지 않았다*—수임료를 땅에 투자해 부를 쌓았다. 1788년에 땡전 한 푼 없는 스물한 살의 젊은이 잭슨은 테네시로 갔고, "그곳에 도착한 지 8년 만에 그 지역에서 손꼽히는 부자가 되었다."[51] 남부에서 주요 난관은 인디언과 에스파냐인, 열병이었다. 그러나 남부의 환경은 북부에서와 같은 별도의 신체적 인내력을 요구하지는 않았다.

변경지대 삶의 여건은 필연적으로 개척민과 그들의 자식들에게 일시적인 문화의 쇠퇴를 초래했다. 학교나 교회, 교육을 받은 사람은 전혀 없었다. 야생의 자연과의 투쟁으로 고단한 이들에게는 책이 거의 없었고, 위스키는 많았기에 그들은 알고 있던 것도 잊어버렸고 자식들에게 지식을 전수해주지도 못했다. 마법과 미신에 대한 믿음이 되살아났다. 울타리는 달이 떴을 때 쳐야 하고, 감자는 달이 없을 때 심어야 한다.[52] 개척민들, 특히 여자들은 대체로 신앙

---

* [원주]잭슨의 전기 작가 바싯은 "분명히 그는 법을 거의 몰랐다"고 말한다. 『Life of Andrew Jackson』, p. 14. (The Macmillan Co., New York, 1916)

심이 무척 깊었는데 교회가 없어서 애를 먹었다. 떠돌이 설교자들이 주관하는 야외 전도 집회는 인구가 희박한 지역에서 이따금 종교적 욕구를 채워주었다. 집회에 참석하기 위해 인근 50마일 이내에서 모여든 사람들은 오랜만에 고독에서 벗어나고 또 과장된 감정의 자극을 받아 땅바닥을 구르고 기괴한 소리를 내지르고 혼수상태에 빠지는 등 아주 놀라운 히스테리 증상을 보이곤 했다. 이 모든 현상은 고립된 농촌 인구 집단에서 전형적으로 나타나는 특징이었다. 이런 현상은 16세기 독일과 17세기 영국, 그리고 20세기 라스푸틴의 시베리아에도 존재했다. 그러나 이에 관한 생생하고 흥미로운 묘사를 전한 [소설가] 트롤럽 부인을 놀라게 하기에는 충분했다.[53)]

서부를 지탱한 여성과 법

서부 정복에서 놀라운 사실은 그것이 일시적인 문명의 손실을 유발했다는 것이 아니라 초기 개척 단계가 지나가자 그러한 손실이 금방 회복되었다는 것이다. 여기에는 사람들의 일반적 특성 외에도 다양한 요인이 존재하지만 그 가운데 가장 중요한 요인은 여성과 법, 정치였던 것 같다.

　미국에서 여성의 영향력은 다른 어느 나라보다 컸고, 변경지대 사회에서 여성은 문명을 대변했다. 여성들은 술을 마시지 않고, 모성애가 있으며, 사회적 지위에 대한 욕구가 크고, 인위적 사회의 속박을 내던지고 싶은 거친 모험가적 욕망이 남편들보다 덜했기 때문이다. 변경지대에는 물론 남자들보다 여자들이 훨씬 적었고, 이때문에 남자들로부터 존경을 이끌어낼 수 있었다. 전도 집회가 난

폭하긴 했지만 종교는 대체로 절제하게 만드는 효과가 있었고, 여자들은 평균적으로 남자들보다 더 종교적이었다. 이런 여러 이유들 때문에 여성들은 당장은 불가능한 여건 속에서도 질서가 잡힌 생활에 대한 희망을 버리지 않을 수 있었다.

여성들이 발휘한 이 문명화의 힘은 링컨이 열 살 때 아버지와 결혼한 새어머니한테서 잘 드러난다. 링컨이 사는 통나무집에 문과 창문이 없었다는 사실은 독자들도 기억할 것이다. 새어머니가 오고 나서 이 문제는 즉시 고쳐졌다. 또 그녀는 아이들을 위한 침대와 옷가지를 가져왔다. 남편은 그녀를 따라 침례교회에 나가게 되었고, 링컨은 주변 환경이 제공할 수 있는 한에서 교육을 받게 되었다. 하지만 교사보다는 곰이 더 많았기 때문에 그리 대단치는 않았다. 링컨은 일생 동안 학교를 딱 1년만 다녔고, 자랄 만큼 자라자 아버지는 그를 농장의 일손으로 썼다. 저녁이면 그는 자신이 구할 수 있는 책을 읽었는데 성경, 이솝우화, 로빈슨 크루소, 천로역정, 워싱턴의 생애, 인디애나 법령집 개정판이 전부였다. 그 뒤로 링컨은 제힘으로 앞날을 개척해 나갔지만, 그가 아직 어려서 스스로 헤쳐 나가지 못했을 때 인생의 첫 단추는 그의 새어머니가 끼워준 것이었다.

1836년 선거 연설 역할을 한, 신문에 발표된 공개서한에서 링컨이 다음과 같이 발언했다는 것은 흥미롭다. "나는 세금을 내거나 무기를 들고 싸우는 모든 백인(여성도 배제하지 않는다)에게 투표권을 주는 데 찬성한다." 100 년 전에 이는 대단한 견해였다.

여성의 권리를 지지하는 움직임은 미국 서부에서 최초로 현실 정치 수준에 도달했다. 1846년 위스콘신 주에서 기혼여성의 재산권을 보장하는 법률이 발의되었다. 법안은 부결되었지만 같은 해에 텍사스 주와 1849년 캘리포니아 주에서는 기혼여성의 재산권을 인정하는 법률이 발효되었다.[54] 1890년 미국 최초로 여성참정권을 보장한 주는 와이오밍 주였다. 미국 동부와 유럽에서 여성참정권은 세계대전 이후에야 실현되었다.

법과 정치는 서부 정착민들과 동부의 지식 집단의 접촉을 촉진하는 데 강력한 영향력을 발휘했다. 1787년 헌법과 북서부조례는 미래의 주와 준주準州와 관련하여 커다란 선견지명을 보여주었다. 그 두 가지 덕분에 충분한 수의 주민이 정착하기만 하면 어디든 연방대법원이 해석한 헌법의 지배를 받는 자치 정부가 수립되었다. 자치는 새로운 개척지 주민들에게 정치 교육의 장을 제공했고, 연방 차원의 선거운동은 국가적 중요성을 띤 문제들에 관해 인구가 더 많이 정착한 지역의 의견들이 어떤지 알려주었다. 상황에 따라 대법원에 소송이 제기될 수도 있었다. 어쨌거나 중요한 권리들과 결부된 소송이 많았고, 이것들을 적절하게 처리하기 위해서는 상당한 법률적 기술이 요구되었다. 변경 주들에서 저명인사 대부분이 변호사들이었고, 교육 받은 사람들이 문명의 주변부에 처음으로 자리를 잡을 수 있었던 것도 대체로 변호사에 대한 수요 덕분이었다. 법은 서부 도시에서 중요한 역할을 담당했으며 보통 개척자들에 의해 급조된 방식이지만 꽤나 효율적으로 운용되었다. 재판은 흔히 통나무집 안에서 열렸고, 재판정에서 나온 배심원들은 흔히 근처 숲 속 빈터로 가서 평결을 논의하곤 했다. 현지 행정에 참여하려는 욕구는 일반적이었으며 지식을 얻으려는 것이 주요 동기였다.

이주가 가져온 문화의 단절

미국인들은 일찍이 학교와 대학의 중요성을 깨달았다. 1780년, 독립전쟁 와중에도 버지니아 의회는 켄터키 대학에 기부금을 전달하면서 "정신을 함양하고 야만적 주변 환경과 미개인들과의 접촉으로 학문을 거부하게 될지도 모르는 오지의 시민들한테까지 유용한 지식을 전파하려는 의도를 언제나 장려하고 촉진하는 것이 우리 주의 뜻"이라고 말했다.[55] 여기에는 제퍼슨적 태도가 역력하다. 비록 "유용한 지식"을 언급하지만 이 시기 교육 장려책은 후기보다 실용적인 성격이 덜했다. 어쨌거나 버지니아 의회의 정책과 실질적으로 동일한 정책이 가능한 어디서나 추진되어 마침내 모든 주에서 주립대학 체제가 수립되었다.

학교 교육은 어려운 문제였는데, 인구 밀도가 낮기도 하고 또 외국 이민자가 많아서였다. 1850년에 미국 백인 가운데 문맹자 수는 1840년의 2배였고, 전체 인구 가운데 문맹자 비율은 1840년에 31명 중 1명, 1850년에는 24명 중 1명꼴이었다.[56] 이 시기에 보통 교육을 위해 적극적으로 활동한 사람 가운데 오언의 아들 로버트 데일 오언이 있었다는 것은 흥미롭다.[57] 학교 보급 현황은 남부보다 북부가 나았고, 심지어 북부에서 정착이 많이 안 된 지역도 남부보다 더 나았다. "미시간 주는 여러 측면에서 전형적인 북서부 개척 주였다.…… 그러나 1850년에 미시간 주에는 아칸소 주나 미주리 주보다 도서관과 공립학교, 신문과 잡지가 더 많았고 백인 문맹자는 더 적었다.[58] 거의 모든 마을마다 학교가 있었지만 교사들의 급여는 낮았다. 남자 교사는 한 달에 15달러, 여자 교사는 일주일에 1달러 25센트를 받았다. 학교는 단순한 통나무집이었지만 어쨌거나 모든 아이들에게 읽기와 쓰기를 가르치기에는 충분했다.

그러나 문화에서 단절이 일어나면 언제나 그랬듯이 문화의 우수성에 영구적인 손상이 있을 수밖에 없었다. 프랑스혁명은 프랑스 문화에 타격을 주었고 프랑스는 거기서 완전히 회복하지는 못했는데, 러시아에서도 비슷한 결과가 나타날 가능성이 높다. 미국의 건국 선조들은 정신적인 모든 것에 대해 자연스레 또 의식적으로 교양 있는 태도를 보였다. 프랭클린과 제퍼슨은 지금까지 존재한 가장 지적인 사회인 파리 사교계에서 존경을 받았다. 개척 단계가 지나간 후 서부에 등장한 문명은 전통에 대한 충분한 뿌리가 없어 더 자의식적이고 약간 기계로 찍어낸 듯한 모습을 띠었으며 지나치게 실용성을 강조했다. 자신들의 다소 투박한 민주주의를 정당화해야 했기 때문이다. 따라서 졸업장이나 학위로 증명될 수 있는 종류의 교육은 열심히 추구되지만 교수는 유럽에서보다 존경을 덜 받는다. 주립대학의 교수는 납세자의 편견에, 다른 대학의 교수는 사업가들로 구성된 이사회의 재정적 고려에 매이게 된다. 그 결과 주립대에서는 신학에서, 사립대에서는 경제학에서 완전한 학문적 정직성이 보장될 수 없다. 유사한 병폐가 다른 나라에도 존재하는 것은 사실이지만 미국에서 그러한 경향은 제퍼슨적 전통에 반하기 때문에 존재해서는 안 되며, 학문의 자유에 대한 제퍼슨의 신념이 유지되었다면 결코 존재하지 않았을 것이다.

개척 시기가 낳은 또 다른 결과는 문화에서 비실용적 측면은 거의 전적으로 여성의 관심사로 취급된 것이다. 대부분의 여성이 미술이나 문학, 철학을 직업으로 추구하지는 않고 그 모두에 적당히 지적인 관심만 가졌다. 그래서 모든 주제들에 대해 얼마간 피상적일 수밖에 없었고 그러한 주제들은 초기부터 강연에서 다뤄졌다. 서부와 마찬가지로 동부에서도 문화는 거의 여성의 몫이었는데, 동부 남자들은 사업에 여념이 없었기 때문이다. 그러나 그들이 열중한 사업은 대체로 서부를 개발하는 것과 연관되어 있었다. 맥마스터는《필라델피아 레저》를 인용해, 1842년에 필라델피아에서 사흘간 다음과 같은 지적 오락 행사가 열렸음을 소개한다.[59)]

모르몬교 장로의 설교, 라이엘의 지질학 강연, 윌버 피스크 문학 협회에서 연애와 결혼에 관한 강연, 윌리엄 웨스트 강습회에서 위그노에 대한 강연, 인류 진보의 벗 연합 회관에서 사회주의 강연, 남부 극장에서 유령의 존재에 관한 강연, 제퍼슨 도서관과 문학 협회에서 동물 자기磁氣에 관한 강연, 리치몬드 강습회에서 나폴레옹에 대한 강연, 캐럴 강습회에서 '사형제는 폐지되어야 하는가?'라는 주제로 토론회.

오늘날까지도 미국은 문화적 측면에서 주로 여성으로 구성된 감상자의 나라인 반면 실용적 측면에서는 탁월한 성취를 보인다. 미국은 의학과 법학, 건축, 기계 발명에서는 뛰어나지만 수학이나 이론물리학 같은 학문에서 거의 모든 진보는 유럽에서 이루어진다. 한편, 예술 분야에서는 전 세계적인 퇴보가 일어났다. 1821년 한 영국 작가는 미래에 대한 미국인들의 희망을 이렇게 묘사한다.

다른 나라 국민들은 현재의 모습이나 과거부터 지금까지의 모습을 자랑하지만 진정한 미국 시민은 고개를 들어 하늘을 바라보며 미국이 앞으로 얼마나 위대해질지 곰곰이 생각한다. 다른 나라 국민들은 선조들이 대대로 이룩한 업적을 두고 존경과 명예를 주장하지만 미국인은 먼 후대에 이루어질 위업들에 뿌듯해한다. 다른 이들은 역사에 호소할 때 미국인은 예언에 기대어 한손에는 맬서스를, 다른 손에는 오지의 지도를 들고서 당당하게 어디 한 번 미래의 미국과 견주어 보시라고 말하며 미국의 미래 지도에 나타날 기하학적 비율의 아름다움에 기뻐하며 득의만면해한다. 이러한 미래에 대한 호소는 그가 가진 무궁무진한 자원이다. 만약 영국인 여행객이 그곳의 여관을 불평하면서 한 침대에서 네 명이 자야 하는 것이 싫다는 투로 이야기하면 그는 우선 비방가라는 비난을 받은 후 100년만 기다리면 미국의 여관이 영국보다 더 훌륭해질 것이라는 소리를 듣는다. 셰익스피어와 밀턴, 뉴턴이 거론되면 그는 다시 "우리가 이곳의 땅을 모조리 개척할 때까지, 다른 일에 신경 쓸 여유가 생길 때까지, 1900년까지 기다려라. 그때가 되면 우리나라의 시인들이 얼마나 고상하고 우리나라의 천문학자들이 얼마나 더 심오하며 늙고 노쇠한 당신네 나라들에서 만든 것보다 우리나라 망원경이 얼마나 더 길지 똑똑히 보게 될 것"이라는 소리를 듣는다.[60]

여관과 망원경에 대한 예언은 적중해서 이제 미국의 여관과 망원경은 세계 최고 수준이지만 셰익스피어와 밀턴, 뉴턴에 대한 예언은 맞지 않았다. 현대문학에서 셰익스피어와 밀턴에 비견될 만한 작가는 없으며, 뉴턴과 가장 비견될 만한 사람은 유럽인이다.*

---

* 아인슈타인을 가리킨다.

서부의 자유를 향한 투쟁과 좌절

서부 정착은 1890년 무렵에야 완결되었으며, 이후에도 오랫동안 인디언들의 영토로 남아 있었던 오클라호마 주는 여기에 포함되지 않는다. 그러나 철도가 놓인 후에 변경지대의 고생은 크게 줄어들었고, 개척자들은 새로운 문제에 직면하게 되었다. 미시시피 강과 그 지류들은 대체로 남북으로 흐르며, 따라서 운송이 주로 수상으로 이루어지는 한 서부 지역에서 중요한 접촉들은 대부분 남쪽에 있는 지역과의 접촉이었다. 그러나 철도가 부설된 후에 수송로는 동서로 달리게 된다. 이런 움직임은 일찍이 1825년 이리 운하의 개통과 함께 시작되었다. 그러나 철도 시대가 열릴 때까지 서부 지역은 주로 미시시피 강에 의존했다.

초창기에 산맥과 평원을 가로지르는 이동은 고대 게르만족의 이주와 비슷한, 맹목적이고 일종의 본능적인 특징을 띠었다. 서부 진출은 조지 3세의 반대에 부딪혔고, 처음에는 동부 주들도 인구가 빠져나가는 것을 싫어했다. 초창기 정착민들은 무역을 거의 하지 않았다. 그들은 자신들에게 필요한 것을 자급자족했다. 식량을 얻기 위해 농작물을 재배했고, 의복에는 사슴 가죽을, 주거에는 통나무를 이용했다. 그들은 자신들을 가만 내버려두라는 것 외에 세상에 아무것도 요구하지 않았다. 변경지대가 숲에서 대평원으로 바뀌면서 거대한 변화가 찾아왔다. 대평원에서는 곡물을 재배해 철도로 동부나 유럽의 배고픈 주민들에게 수출할 때만 수익성이 있었고, 그 대신 생필품과 점차 많은 양의 사치품이 수입되었다. 그러나 이 단계에서 개척자들이 기질상으로나 경험상으로 또 정치철학적으로 대처하기 힘든 경제 문제가 부상했다. 개척자들은 철도를 통해서 동부 자본주의에 의존하게 되었다. 비록 여전히 마음대로 밀을 재배할 수 있었지만 오로지 철도를 통해서만 수출할 수 있기 때문에 그들의 옛 자유는 사라졌다. 거대하고 조직된 경제 세력은 그들의 이해 범위를 넘어섰다. 심지어 철도 이전에도 은행들은 그들에게 동일한 문제를 안겼다. 미합중국은행에 대한 잭슨의 공격부터 브라이언의 자유은본위제 운동까지, 서부는 개인주의적 민주주의의 공식으로 거대 사업을 통제하고자 무턱대고 싸웠지만 결국 실패했다.

서부를 정복한 사람들은 용기와 끈기, 희망과 자립심, 그리고 문명사회를 향한 근본적인 본능이 있었다. 그들의 업적을 이해하려면 라틴 아메리카 대부분의 지역에서 벌어진 일과 비교해야 한다. 그곳에서도 인디언들과 흑인들 사이로 백인들의 가는 핏줄기가 흘러내렸지만 원시림은 대부분 여전히 야생 그대로이며, 그나마 존재하는 정부들은 압제와 무정부 상태로 뒤죽박죽이다. 미국 서부 정착민들은 일정한 집단적 목표가 있었고, 그 목표들은 그들에게 공통적이며 본능적이었기에 굳이 말로 설명할 필요가 없었다. 그들은 무엇보다도 땅을 정복하기를 원했다. 그 임무를 완수하자 그들은 규칙이 필요한 곳에서는 다수결의 원칙을 따르지만 가능한 정부의 개입으로부터 벗어난, 자유롭고 동등한 시민들로 구성된 사회를 바랐다. 그들은 땅을 정복하는 데 성공했다. 정치적 자유를 보전하는 데도 성공했다. 그러나 경제적 자유는 지금 와서 보면 불가피했던 과정 속에서 상실되었다. 서부 정착민들은 임무를 훌륭히 해냈지만 그들의 철학의 성공은 광활한 공간에 달려 있었고, 더 북적이는 우리 시대 세계의 문제들을 해결해주지는 못한다.

23

잭슨 민주주의

서부가 최초로 정치권력을 장악한 것은 앤드류 잭슨이 1828년 대통령으로 당선되면서부터이다. 그 아래서 새로운 유형의 민주주의, 제퍼슨 민주주의보다 더 민주적인 민주주의가 시작되었다. 그때까지 미국 대통령들은 버지니아 출신 4명—워싱턴, 제퍼슨, 매디슨, 먼로—과 애덤스 부자父子였다. 이들은 모두 동부 출신이었고, 모두 학식과 전통적 교양이 풍부한 사람이었다. 그들은 귀족정 아래서 나라를 통치했을지도 모를 사람이었다. 매디슨과 먼로는 제퍼슨과 아주 가까운 친구였고, '버지니아 왕조'는 국가의 기성 권력이 되어가는 듯했다. 그러나 버지니아 왕조는 사멸하게 되었고, 남부인인 잭슨은 남부와 더불어 서부에서도 지지를 받았다. 게다가 펜실베이니아와 뉴잉글랜드 주에서 민주주의적 정서가 성장하면서 그곳 주의 다수는 뉴잉글랜드 보수주의를 대변한다고 여겨진 J. Q. 애덤스를 버리고 잭슨 편으로 돌아섰다. 그 당시 누구도 서부 주들의 지지만으로 대통령이 될 수는 없었지만 잭슨은 서부의 이상과 정서를 국정에 도입했다. 그러나 그 이상은 노예제가 존재하는 남서부의 이상이었고, 나중에 링컨이 구현하는 북서부의 이상과는 대립하는 것이었다.

범죄자보다 거친 변호사

잭슨의 아버지는 얼스터 장로교도로 1765년에 아내와 두 아들을 데리고 노스캐롤라이나로 이민을 왔다.[61] 아버지의 농장 운영은 신통치가 않았고, 아버지는 1767년에 일찍 죽었다. 잭슨은 아버지가 돌아가신 직후에 태어났는데 출생지가 노스캐롤라이나인지 사우스캐롤라이나인지는 확실치 않다. 가난하게 남겨진 어머니는 사우스캐롤라이나에서 농사를 지으며 상대적으로 형편이 더 좋은 결혼한 자매의 집에 가정부로 들어갔다. 사우스캐롤라이나에는 주로 북아일랜드 신교도 이민자들이 살고 있었다. 어머니는 잭슨이 목사가 되기를 바랐지만 그의 기질은 다른 쪽이었다. 그의 전기 작가는 "인근의 거친 사내 녀석들 가운데 그가 가장 거칠었다"고 말한다. 잭슨은 경마와 수탉 싸움, 다른 소년들과의 격렬한 대결을 즐겼다. 학업의 경우 그는 "성실하지도 가르치기 편한 아이도 아니었다." 그는 읽기와 쓰기, 산수를 간신히 뗐지만 죽을 때까지 철자를 제대로 쓰거나 문법적으로 맞는 문장을 쓰지 못했다.

한편, 독립전쟁이 인근에서 한창 벌어지고 있었다. 그의 형제 중 한 명도 전사했고, 다른 한 명은 부상이나 천연두로 사망했던 것 같다. 어머니는 부상병들을 간호하다 열병에 걸려 죽었다. 이 죽음은 모두 1780년과 1781년에 일어났다. 이 시기 13살에 불과했던 잭슨은 영국군에 맞서 싸웠고, 1781년에 붙잡혔다. 영국군 지휘관은 "잭슨에게 자신의 부츠를 닦으라고 시켰다. 그는 대충 짐작이 가는 말투로 자신은 하인이 아니라 전쟁포로라고 반발했다. 어린 전쟁포로의 머리 위로 날아온 대답은 기병대 군도의 일격이었다. 소년은 일격을 팔을 들어 막아냈지만 이때 팔과 머리에 생긴 상처는 무덤까지 갖고 가게 되었다." 포로 교환으로 자유를 얻은 그는 14살의 나이에 의지할 곳 하나 없이 스스로 제 앞가림을 해야 했다. 그는 산맥을 넘어 찰스턴으로 가서 경마에 관심이 많은 부유한 젊은이들과 친구가 되어 경마 도박으로 먹고 살았던 것 같다. 전기 작가는 그가 마권업자였다고 명시하지는 않았지만 그랬던 것 같다고 암시한다. 찰스턴의 놀기 좋아하는 엘리트들과 사귐으로써 그는 당당한 몸가짐을 갖추게 되었고, 이것은 이후에 적절한 시기에 워싱턴에게 좋은 인상을 심어주었다고 한다.

그러나 찰스턴은 잭슨의 취향에 맞지 않았고 야망이 있었던 그는 좀 더 진지한 직업을 추구하게 되었다. 열일곱 살에 그는 법을 전공하기로 하고 솔즈베리라는 도시에서 법학도가 되었지만, 그 시기 지인에 따르면, 그는 "솔즈베리 역사상 가장 요란하고 까불기 좋아하고 카드놀이와 투계를 즐기는 짓궂은 친구였다." 그는 3년 후 1787년에 노스캐롤라이나에서 변호사로 개업했지만 12개월 만에 더 서쪽으로 가기로 결심하고 테네시의 내슈빌에 정착했다. 이후 내슈빌은 줄곧 그의 근거지가 된다.

내슈빌이 포함된 컴벌랜드 유역은 1788년에 아직 사람들이 많이 정착하지 않은 곳이었다. 인디언은 처음에는 영국인, 나중에는 에스파냐인의 부추김을 받아 기회가 있을 때마다 미국인을 공격했다. 미국인은 1793년과 1794년에 연달아 인디언을 물리쳤고, 1795년에 에스파냐와 조약을 맺어 미시시피 강의 물길을 열었다. 이 같은 사건들로 테네시는 번창하게 되었다. 의회에서 연방주의자들의 상당한 반대에도 불구하고 1796년에 주가 되었다.

그 지역이 융성하면서 잭슨의 사업도 번창했다. 내슈빌에 도착했을 때 잭슨은 자기보다 먼저 정착한 변호사가 딱 한 명 있다는 사실을 발견했다. 그 한 명은 인근 지역의 채무자들이 영구적으로 고용하고 있었고, 그 결과 채권자들은 정당한 재판을 받을 수 없었다. 그들은 잭슨에 도움을 요청했고, 그는 채권자들을 성공적으로 대변했다. 그의 업무 방식은 좀 더 조용한 도시들의 저명한 변호사들의 업무 방식과는 다소 달랐다. "범법자들은 사납게 굴기 마련이었고, 흔히 원고측 변호사의 신변을 위협하고 못살게 괴롭히는 무리를 이끌고 다녔다. 잭슨의 신체적 용기는 그의 도덕적 용기에 못지않았다.……형편없는 문법 실력과 발음, 격한 비난은 판사나 배심원을 불쾌하게 하거나 그들이 진실에 집중하는 것을 방해하지 않았다." 한가할 때 그의 행동거지도 동일한 찬사를 이끌어냈다. "그의 말馬은 가장 빨랐고, 그의 수탉은 가장 눈에 띄었으며 그의 거친 욕설은 일대의 젊은 떠버리들의 기를 꺾어놓았다." 이러한 다양한 장점을 알아본 인근 주민들은 1796년 그를 테네시 주의 첫 하원의원으로 선출했다. 이듬해 그는 상원의원이 되었고, 그 이듬해에 테네시 주의 대법원 판사가 되었다. 판사로서 그는 보안관과 추격대를 성공적으로 따돌려온 중죄인을 손수 체포했다. 개척 도시에서는 한 분야에서만 전문가가 되는 것이 좋지 않았고, 잭슨은 무슨 일이든 직접 처리할 수 있었다. 그의 외양은 그의 피스톨만큼 위풍당당했다. 그는 키가 크고 번듯했으며 그의 푸른 눈동자는 무척 강렬했다.

불같은 인생과 성공

잭슨이 연애할 시간도 없을 정도로 업무에만 매달렸던 것은 아니다. 나중에 테네시 주에 편입된 컴벌랜드 정착촌은 1779년에 로버트슨과 도널슨이라는 두 사람이 세운 도시였는데, 잭슨이 내슈빌에 갔을 때 도널슨은 "인디언의 복수의 희생양이 되어 이미 죽었고, 그의 부인은 하숙을 치고 있었다." 그 하숙인 가운데 잭슨도 있었다. 도널슨 부인에게는 딸이 하나 있었고 그 딸에게는 남편이 있었다. 남편은 건달이었고 딸은 어머니와 살고 있었다. 남편은 명목상으로는 아내와 화해해 내슈빌에 정착했다. 잭슨이 그럴 까닭이 없다고 안심시켰음에도 불구하고 남편은 잭슨을 질투하게 되었고, 복수를 다짐하며 떠났다. 부인은 걱정에 시달렸고, 잭슨은 그녀와 사랑에 빠졌다. 1791년 그녀의 남편이 그녀와 정식으로 이혼했다는 말을 듣고 그는 그녀와 결혼했다. 그러나 사실 남편은 이혼 수속을 밟지 않았고, 2년 후에야 정식으로 이혼이 확정되었다. 그것은 아내가 잭슨과 간통했다는 근거로 받아낸 이혼 판결이었다. 이 사실이 알려졌을 때 잭슨은 그녀와 다시 결혼했다. 그가 대통령에 당선된 직후 부인이 죽을 때까지 두 사람은 아주 행복하게 살았다. 대통령 선거 기간 동안 그의 정적들은 그가 유부녀와 동거한 부도덕한 남자라는 이야기를 퍼트렸다. 그는 신사답게 이러한 사실을 아내한테 감췄지만 아내는 우연히 그 사실을 알게 되었고, 이것이 그녀의 죽음을 재촉했다고 한다.

친구 관계의 경우 그는 사랑에서보다 운이 좋지 못했다. 그는 리어 왕 같은 사람이었다. 진정한 친구와 아첨꾼을 구별하지 못한 채 자신이 배신자들에게 애정과 신뢰를 보냈다는 사실을 깨닫고 나면 불같이 화를 내고는 했다. 그는 툭하면 싸우기를 좋아했고, 화를 낼 상대를 현명하게 고르지 못했다. 예를 들어, 법조계가 지겨워진 그는 장군이 되었고, 군사적 출세를 바라며 몸이 근질근질하던 차에 전쟁이 임박해보였다(1807년). 그러나 그는 하필 그 순간에 전쟁장관 디어본에게 뼈아픈 진실을 말하기로 했다. 정부가 반역 행위로 간주하는 모의에 관여하고 있던 애런 버가 잭슨을 자기편으로 끌어들이기 위해 애쓰고 있었고, 디어본은 그 문제에 관해 잭슨에게 편지를 썼다. 발끈한 잭슨은 디어본에게 다음과 같은 답장을 보냈다.

군인이나 훌륭한 시민의 첫째 의무는 조국의 안전과 이익을 도모하는 것입니다. 그러고 나서야 그는 무례를 당하거나 비난을 받았을 때 자신의 감정을 돌볼 수 있습니다. 귀하의 편지의 어조가 바로 그러한 무례와 비난을 보여줍니다. 편지가 암시하는 내용 역시 매우 거슬리며, 생각과 어조는 매우 군인답지 못합니다. 그러한 내용과 처신은 장군이 아니라 시끄럽게 떠들고 중상하는 사람의 특성을 보여줍니다. 그런고로 저는 클레이본 주지사로부터 온 편지 사본을 동봉하겠습니다. 그 편지는 귀하에게 제가 조국에 대한 진정한 의무감에서 결코 벗어나지 않는다는 점을, 심지어 제 의무감이 상처를 받았다는 의심이 들 때조차도 결코 벗어나지 않았다는 점을 보여줄 것입니다.

귀하의 건강을 기원하고 존경의 마음을 담아,

앤드류 잭슨 드림.

이 편지의 추신은 다음과 같다(그러나 이 추신은 보내지 않았을 수도 있다).

제 집을 방문한 버 대령은 고향에서 추방당한 애국자가 받을 수 있는 모든 환대를 받았습니다. 당시 저는 그가 명예를 아는 남자라면 마땅히 유감스럽게 여겨야 하는 이유로 추방을 당한 애국자라고 생각했습니다. 그는 맹렬히 쫓기는 몸이었고, 저에게 보여준 그의 모든 언행은 조국에 대한 사랑으로 가득했기에 저는 그가 법과 질서를 따른다고 생각했습니다. 그의 이러한 주장과 더불어 존경하는 켄터키 대배심에서 그를 무죄 방면했기 때문에 저는 그에 대한 의심을 지우고 배 두 척을 제공했으며, 만약 그가 동일한 여건과 상황에서 두 척을 더 원했다면 저는 기꺼이 두 척을 더 제공했을 것입니다. 그러나 그가 반역자라는 증거가 나온다면 저는 기꺼이 그의 목을 벨 것이며, 제 태도는 귀하가 반역자라는 증거가 나타날 때도 마찬가지일 것입니다.

이 불화는 적당히 봉합되었지만 비극적 결말을 맞은 불화도 많았다. 1806년에 그는 서부에서 최고의 라이플 총잡이로 손꼽히는 디킨슨이란 사람에게 결투를 신청했다. 무기는 피스톨이었고 거리는 8야드[약 7.3m]였으며 둘 다 서로를 죽일 작정이었다. 디킨슨이 먼저 쐈다. 그가 총을 발사했을 때 잭슨은 손으로 가슴을 눌렀지만 그 외에는 미동도 하지 않았다. 디킨슨은 "설마, 내가 놓친 건가?"라고 외쳤고, 순간 공포에 휩싸였다. 그러나 잭슨의 입회인이 그에게 결투에서 '명예'의 규범을 상기시키자, 그는 자신의 운명을 기다리며 가만히 서 있었다.

잭슨은 이제 상대방을 마음대로 할 수 있었다. 그는 서서 잠시 그를 노려보다가 피스톨을 쥔 팔을 천천히 어깨 높이까지 들어올렸다. 디킨슨은 벌벌 떨며 고개를 돌렸다. 잭슨의 눈길이 피스톨 총신을 따라가다가 목표물에 가서 멈췄고, 그는 찬찬히 겨냥한 다음 방아쇠를 당겼다. 그러나 뇌관이 점화되지 않았다. 입회인이 황급히 살펴본 결과 공이치기가 안전장치에 걸린 것으로 드러났고 결투 규칙에 따르면 이런 경우는 발사로 치지 않았다. 잭슨에게는 다시 한 번 총을 발사할 기회가 주어졌다. 다시금 그는 줄곧 자신의 운명을 기다리고 있던 불쌍한 희생자를 향해 신중하게 조준했고, 이번에는 총알이 발사되었다. 총알은 대동맥을 관통했고, 디킨슨은 그날 밤 죽었다. 잭슨은 결투 현장에서 의기양양하게 걸어나가면서 자신의 부상 사실을 주위 사람들이 눈치채지 못하게 조심스레 감췄다. 죽어가는 적이 자신을 빗맞혔다고 생각하게 만들고 싶었기 때문이다. 잭슨은 "그가 내 머리를 쐈더라도 나는 그를 명중시켰을 것이다"라고 말하기도 했다.

이 결투와 다른 다툼들에서 잭슨은 당시 테네시 주의 기준에서 봤을 때도 너무 지나쳤고, 따라서 한동안 공직에서 물러나 있어야 했다. 그러나 당시 에스파냐 땅인 플로리다를 정복할 기회로 여겨진 1812년 미영전쟁이 그를 구제해주었다. 플로리다는 테네시 주 바로 남쪽에서 해안을 따라 뻗어 있어서 미국에는 여러모로 골치가 아팠다. 게다가 에스파냐인과 영국인이 미국인에 맞서 인디언을 부추기고 있다는 비난이 제기되고 있었다. 1812년 7월 21일 부대에 내린 잭슨의 포고문은 이런 정서를 잘 드러낸다.

제군은 제군이 싸우게 될 전장이 어디인지 무척 궁금할 것이다. 그렇다면 남쪽으로 눈길을 돌려라! 서부 플로리다 지방을 보라. 그곳의 강과 항구는 우리 주 서부의 번영에 없어서는 안 되며 우리 주 동부의 번영에는 더욱 필수불가결하다. 게다가 그곳에 있는 사악한 손길은 약탈과 유혈을 선동하고 있다. 그 흉포한 미개인들은 얼마 전까지도 우리의 국경을 피로 물들였고 영국군이 펜사콜라 만에 모습을 드러내는 순간 만행을 재개할 것이다. 바로 그곳에 제군에게 어울리는 임무가 제군의 용기와 열의를 기다리고 있다. 이 지역에서 우리 공화국의 경계를 멕시코 만까지 확대하는 동안, 제군은 미합중국의 주 가운데에서도 제군이 직접 속한 주에 귀한 은혜를 베풀고 있다는 사실에서 어디서도 찾을 수 없는 만족을 경험할 것이다.

미영전쟁에는 외교적·정치적 난관이 많았고, 잭슨은 인디언들을 처리하라는 명령을 받아 예상대로 그들을 물리친 후 에스파냐 영토까지 추격했다. 그러나 그를 전 국민의 우상으로 만든 활약은, 강화조약이 이미 체결된 후 어느 편도 그 사실을 알지 못한 채 1815년 1월 8일에 치러진 뉴올리언스 전투에서 영국군을 격파한 것이었다. 이 쓸모없는 전투는 애초에 분쟁을 야기한 쟁점들을 전혀 해결하지 못한 채 종결되었고, 독립전쟁으로 생겨난 영국에 대한 증오심만 100년 동안 이어간 미영전쟁의 무익함을 보여주는 전형적인 실례였다. 세계는 영국의 어리석음으로 손해를 봤지만 잭슨 장군은 이득을 봤다.

미국이 1821년 플로리다를 획득했을 때 잭슨은 그곳의 총독으로 임명되었다. 그가 펜사콜라를 점령했을 때 잭슨 부인은 일요

일을 축제일처럼 보내는 에스파냐인의 관습이 탐탁지 않았고 주민들에게 더 순결한 정권의 도래를 깨우쳐줬다. 그녀의 표현에 따르면 "나는 스탠턴 소령을 보내 주민들에게 오는 일요일은 다르게 보내게 될 것이라고 알렸다.……그리고 어제, 내가 한 말이 실현된 것을 보고 기뻤다. 질서가 준수되었다. 상점 문이 닫혔고, 도박장은 철거되었다. 더 이상 주일에 음악 소리나 춤추는 소리가 들리지 않았고 거친 말도 들을 수 없었다." 미국 국기가 게양되자 한 감리교도가 사제들의 항의에도 불구하고 종교 팸플릿을 뿌리기 시작했고, 새로운 영토에서 공직을 간절히 바라는 엽관배들이 총독과 총독 부인을 에워쌌다. 잭슨은 물러나는 에스파냐 총독과 크게 다퉜고 양쪽 다 바보같이 굴었지만 에스파냐 총독 쪽이 약간 더 심했다. 다양한 여러 다툼 끝에 잭슨은 넌더리를 내며 총독직에서 사임했고 내슈빌로 물러났다. 그의 저택 '허미티지'는 넓고 안락했다. 그는 적당한 토지가 있었고 노예도 충분히 보유했다. "네 마리 잘 생긴 회색 말이 끌고 뒤에는 제복을 입은 하인이 탄 멋진 마차"를 몰고 다녔다.

그러나 그는 제퍼슨보다 훨씬 더 진정한 민주주의자로 여겨졌는데 물론 어느 정도는 그의 출신 배경 덕분이었지만, 내가 보기에는 그가 교육을 거의 받지 않았다는 사실이 더 크게 작용한 것 같다.

엽관제와 민주주의의 딜레마

잭슨은 1824년 대통령 선거에서 아깝게 졌지만 1828년 선거에서 큰 표 차로 승리했으며 1832년에 재임에도 성공했다. 그는 전통적으로 '엽관제'*를 도입했다고 평가받는데, 엽관제에 따르면 모든 정부 임명직은 심지어 우체국장 자리까지 정당 인사에게 돌아간다. 비록 이 제도를 발명하지는 않았지만 잭슨이 이 제도를 강화한 것은 분명하다. 이것은 잭슨의 '민주주의'의 한 예였다. 다른 예로는 미합중국은행을 폐지한 것을 들 수 있다. 두 가지 조치 모두 동일한 정부 이론, 다시 말해 필요한 것은 능력이 아니라 정직이며 정직은 인기 정당에 속해 있다는 사실로 입증된다는 이론에서 나왔다. 새로이 선출된 대통령은 취임연설 초고에 이렇게 적었다.

> 저는 자유로운 정부에서 도덕적 우수성에 대한 요구가 재능에 대한 요구보다 더 우위에 있어야 한다는 점을 언제나 유념하면서 행정부의 다양한 공직을 가능한 한 머리와 가슴, 두 가지 자격을 두루 갖춘 개인들로 채울 것입니다. 국민이 주권의 구성 요소로 인정되지 않는 다른 정부 형태에서는 제국의 보호 장치가 주로 능력에 달려 있다고 생각하기 쉽습니다. 그러한 능력을 가지고 군주는 신민들의 편협한 복종을 제멋대로 이용할 수 있기 때문입니다. 그러나 이 나라에서는 다릅니다. 여기서는 국민이 스스로 선택한 헌법에 명시된 국민의 의지가 공직을 통제하며 국민의 이해관계에 대한 성실한 헌신과 충성을 담보하는 품성의 유지에 더 깊은 관심을 갖고 있습니다.

이 이론의 적용이 언제나 시의적절하지는 않았다. 예를 들어, 뉴욕 항의 세관장 자리는 대통령에게 "머리와 가슴이라는 두 가지

---

*   [원주]"워싱턴 대통령이 엽관제를 시작했다." Channing, History of the United States, VI, p. 123.

자격을 두루 갖춘"것으로 비친 스워트우트라는 사람에게 돌아갔다. 그러나 이 현명하고 선량한 사람은 거의 처음부터 그 자리를 착복의 기회로 삼았다. 잭슨이 대통령 자리에서 물러난 후 스워트우트의 부패상이 발각되었는데, 착복 금액이 125만 달러에 이르는 것으로 드러났다.

엽관제에 대한 잭슨의 신념은 전적으로 진심이었다. 그것은 단순히 정치적 동지에게 보상을 찾아주는 문제가 아니었다. 대통령 취임 후 두세 달 후에 그는 일기에 이렇게 썼다.

> 해임을 둘러싸고 말이 많았다. 이 문제는 정당한 근거와 함께 모든 공직을 주기적으로 교체하는 법안의 통과라는 정당한 절차를 통해서 의회 앞으로 가져가야 한다. 그러면 좋은 사람이 재임명될 것이고 나쁜 사람들, 직무 태만자들은 불평 없이 제거될 것이다. 이제 몇 년간 공직에 머문 모든 사람들은 그 자리에 종신권이 있다고 믿는다. 그 자리를 20년 이상 차지하면 그런 종신 기득권만이 아니라 그 자리가 자기 자식에게 돌아가야 한다고, 자식이 없다면 가까운 친척에게 돌아가야 한다고 믿게 된다. 이것은 우리 정부의 원칙이 아니다. 인사 교체가 우리의 자유를 영구적으로 보존할 것이다.

당시에 미국인들은 당파에 무관한 공무원이라는 개념이 없었고, 지금도 그에 대한 개념이 부족하다. 그들은 공직이 정부 교체와 함께 교체되지 않는다면 그 공직들은 관행적으로 인정되는 권리가 되어 공직 세습 계급의 소유가 될 것이라고 생각했다. 시험으로 선발하는 상임 공무원 제도의 창출은 영국이 철학적 급진주의자들에게 빚진 것 가운데 하나로, 그들은 18세기 귀족정치의 부패를 잭슨의 체제에서 초래된 민주정의 부패라는 함정에 빠지지 않고 개혁했다. 그러나 공직은 지성보다는 미덕을 요구한다는 생각을 견지한 잭슨은 학업 실력에 따라 자리를 준다는 생각에 기겁했을 것이다. 따지고 보면 그는 법을 모르고도 훌륭한 재판관이었으며 전략이나 전술을 공부하지 않고도 승리한 장군이었지 않은가? 결국 그가 뛰어난 두뇌보다 훌륭한 가슴이 공직에 더 적합한 자격 요건이라고 생각한 것도 당연했다.

엽관제를 잭슨 개인에게만 돌려서는 안 된다. 그것은 미국인이 받아들인 민주주의의 불가피한 산물이었다. [유니테리언파 목사] 채닝이 말한 대로 "종신직이라는 옛 식민지 체제에서 공직자를 정치적으로 교체하는 더 민주적인 방식으로의 변화는 불가피했다." 링컨이 젊었을 때 일리노이 주에서는 정당의 지도적인 정치가들이 순차적으로 의원직 후보 지명이나 여타 특별히 좋은 자리를 수락하는 것이 올바르다고 여겨졌다. 이러한 관행이 정당 정치 영역 안에서 이뤄진 것은 사실이지만 엽관제를 낳은 동일한 시각, 즉 공직은 특별히 기술을 요구하지 않으며 따라서 모든 '훌륭한' 사람들에게 순서대로 돌아가는 것이 공평하다는 시각을 보여준다.

행정 업무는 기술이 필요 없다는 믿음은 궁극적으로 기술을 민간 기업의 수중에 맡기는 결과를 가져왔다. 국민에 의한 정부 대신 재정적 이해관계에 의한 정부는 잭슨의 제도가 초래한 결과였다. 해밀턴의 정신은 미국에 계속 살아 있었고, 명목상으로 패배할수록 실질적으로는 더욱 승리를 거뒀다. 민주주의 개념이 너무 개인주의적이라 다수의 협력이 필요한 모든 사업은 (전쟁을 제외하고)

민간 주도에 맡겨졌다. 따라서 사업의 추진자들에게 우선적으로 이익을 가져오고 그다음에 부수적으로 공동체에도 혜택을 가져오는 방향으로 운영되었다.

그러나 정부 입장에서 볼 때 당파적인 공무원 제도는 장점도 있다는 것을 인정해야 하며, 특정 상황에서 그러한 장점은 거의 불가피하다. 존 애덤스가 대통령으로 재임하는 동안 제퍼슨은 자신의 서신에 누군가 손을 댄다고 믿게 되어 우편을 이용할 때 신중해졌다.[62] 링컨은 일리노이에서 우체국장들이 휘그당을 지지하는 신문을 배달에서 빠트림으로써 민주당의 이익을 위해 직위를 이용하는 사례를 접하게 되었다.[63] 그런 경우에 비록 그러한 시스템의 존재가 새로 승리한 정당이 그들을 방해했던 인사들을 해임하는 것을 자연스럽게 만들었다 할지라도 여기서 정부가 얻는 이익은 대중이 받는 불이익보다 적다. 당파에 무관한 행정 조직은 상대적으로 평화로운 시기에만 가능하다. 예를 들어, 1918년의 러시아에서는 전적으로 불가능했다. 그러나 남북전쟁 시기를 제외하고 미국에서 파벌 싸움은 당파와 무관한 행정이 불가능할 만큼 깊지 않았다. 잭슨 시대에 당파와 무관한 행정이 불가능했던 것은 정부 업무에 실력이 필요하다는 것을 인정하지 않으려 했기 때문이다. 실력은 모두에게 보편적이지 않으며 따라서 실력의 필요성을 인정하는 것은 민주주의적 신념에 대한 배반처럼 보였다.

금융에 대한 불신

유사한 시각이 미합중국은행에 대한 잭슨의 공격을 고무시켰다. 원래 해밀턴이 미합중국은행 설립을 건의했을 때 제퍼슨은 반대했다.

워싱턴은 합헌성을 두고 잠시 고민하다가 결국 승인해 1791년에 1차 미합중국은행이 설립되었다. 1811년에 승인 기한이 소멸된 1차 은행은 기한을 갱신을 받지 못해 폐지되었는데 부분적으로 지분의 3/4이 외국인, 주로 영국인 소유였기 때문이다. 2차 미합중국은행은 1816년에 수립되었는데 대체로 통화를 회복시키는 수단이었다. 이번에도 승인기한이 갱신되지 않으면 2차 은행은 1836년에 폐지될 예정이었다. 2차 은행은 처음부터 인기가 좋지 않았고, 1832년 대통령 선거 운동 당시 미합중국은행에 맞서 싸울 권한을 위임해 달라고 호소했을 때 잭슨은 특히 남부와 서부에서 열렬한 지지를 받았다.

미국에서 금융 시스템은 오랫동안 끔찍할 정도로 엉망진창이었다. 미합중국은행 말고도 주립은행들과 각종 개인은행이 혼재했다. 이 가운데 '부실' 은행들로 불린 개인은행들은 자주 망했다. 모든 은행이 지폐를 발행했다. 부실 은행들은 흔히 실질적으로 아무런 자산도 없이 시작했다. 서부에서는 정화正貨가 거의 없었다. 1차 미합중국은행과 2차 미합중국은행 사이에 서부의 통화는 흔히 부실 은행이나 아니면 주립은행이 발행한 지폐였다. 부실 은행이 발행한 지폐의 가치는 어디서나 문제였다. 주립은행 지폐는 발행처에서 멀리까지 유통되면서 가치가 하락했다. 미합중국은행은 미국 전역에 단일 통화를 확립하려는 의도에서 나왔다. 그러나 불경기가 있었고 미합중국은행이 경기를 악화시키는 것처럼 보였다. 오하이오 주는 미합중국은행에 세금을 부과하려고 했고, 연방대법원은 주는 거기에 과세할 수 없다고 판결했다. 오하이오 주정부는 주도 연방대법원만큼 헌법 해석을 표명할 권한이 있다고 맞받아쳤다. 주

정부는 미합중국은행 오하이오 주 지점에서 강제로 세금을 징수하고 오하이오 주민 누구든 미합중국은행을 털어도 처벌받지 않는다고 공표했다. 다른 여러 주에서도 유사한 분쟁이 벌어졌다. 서부 전역에서 수많은 사람들이 땅을 최대한 많이 개간하기 위해 돈을 빌렸고, 매우 많은 수의 채무자들이 빚을 갚을 수 없었다. 채권자들은 주로 동부 사람들이었고 미합중국은행은 그들의 이해관계를 대변했다. 전국의 채무자들은 미합중국은행을 반대할 이유가 있었다. 서부 채무자들은 여기에 지리적 이유도 갖고 있었는데, 은행이 대규모 서부 개발 사업을 저해하는 것처럼 보였기 때문이다.

잭슨을 비롯한 서부 개척자들은 신용 시스템의 작동 방식을 제대로 이해할 수 없었다. 그들은 모두 은행을 이용해 더 많을 땅을 매입해 개발하는 데만 열을 올렸을 뿐 은행이 대부를 해줄 때 실질적인 일은 전혀 하지 않는다고 생각했다. 모든 것은 그저 문서상으로만 존재했다. 은행가는 나무를 베어내거나 미개간지를 일구는 사람처럼 땀 흘려 일하지 않는다. 은행가는 단순한 문서에 대한 대가로 아무런 일도 하지 않고 권리를 획득하고 이로 인해 부지런한 사람을 파멸시킬 수도 있었다. 만약 작황이 나쁘거나 농산물 가격이 떨어지거나 아니면 동부나 유럽에 통화 위기가 발생하면 은행가는 대출금을 회수할 것이다. 농부가 돈을 마련하지 못하면 그의 노동의 모든 산물은 고스란히 은행가의 소유가 되었다. 신용은 공동체 전체의 노동으로 채워진 일종의 저수지다. 그것은 개인이 아니라 집단의 산물이다. 경제생활의 집단적 측면은 자립적인 서부 사람들이 이해할 수 없는 것이었고, 따라서 그들을 화나게 만들었다. 아주 어리석게도 모든 문명사회는 신용이 하나의 조직으로서 공동체에서 기인함에도 불구하고 특정 개인들이 유용하여 신용이 필요한 사람들로부터 돈을 뽑아내는 수단으로 이용하게 허용해왔다. 이 같은 개인들의 이득에 대한 반대는 잭슨의 시대에 금융 시스템, 그것도 가장 집중화한 형태이기 때문에 해가 가장 덜한 은행들에 대한 반대로 나타났다. 사기업을 허용하는 문명사회라면 신용을 통제하는 기관은 반드시 있어야 한다. 그러나 이러한 기관을 민간의 손에 맡긴다면 흔히 너무 강력해져서 전체 경제 활동에 전제적 권력을 휘두르게 된다. 잭슨과 그의 지지자들은 모두 서부에서 부를 쌓을 기회를 붙잡아 이득을 보고 싶어 했다. 노예 소유자들은 노예의 노동의 산물을 제 것으로 삼는 데 아무런 문제가 없다고 생각했고, 부동산에 투자하는 사람들은 이웃의 사업으로 자신들의 토지의 가치가 상승할 때 이득을 볼 기회를 놓치고 싶지 않았다. 그들이 바라는 것과 같은 종류의 이득이 허용되는 한 은행가가 얻는 이득도 허용되어야 한다. 따라서 잭슨은 민간 금융을 축소해야 할 뿐 그것이 완전히 없어져야 한다고 선언할 수는 없었다. 잭슨 민주주의는 부를 마음껏 추구할 기회를 허용하고 싶어 하면서도 부를 획득하는 데 성공한 사람들을 시기했다. 따라서 그들의 태도는 논리적으로 일관되지 못했고, 그 결과 자연히 성공을 거둘 수 없었다.

잭슨이 은행을 모조리 없앨 수는 없었다. 물론 할 수만 있다면 그렇게 하고 싶었을 것이다. 그는 미합중국은행장 니콜라스 비들에게 "내가 다른 은행들보다 당신네 은행을 더 싫어하지는 않습니다. 하지만 남해 거품 사건*에 대한 역사를 안 이후로 나는 언제나 은행

---

*   18세기 초 영국 남해회사에 대한 과열된 투기 열풍과 이후 주가 폭락 사태로 거품 경제의 어원이 된 사건.

을 두려워해 왔습니다"라고 말했다. 또 다른 때에는 이렇게 말했다. "나를 아는 사람은 내가 언제나 미합중국은행에, 아니 모든 은행에 반대했다는 것을 압니다." "은행을 두려워"해 왔다고 말할 때 그는 자신의 감정의 본령을 표현하고 있었다. 은행은 이해할 수 없고 수수께끼 같은 것이다. 교육을 받지 않은 정직한 시민은 갈피를 잡을 수가 없다. 은행들은 엄청난 권력을 가지고 있어서 정치적으로 중요하지만, 민주주의에서 정신이 온전한 성인 시민은 모든 정치적 문제에 대해 판단을 내릴 수 있어야 한다. 그러므로 평범한 사람이 이해하기 어려운 것이라면 반민주적이고 따라서 사악한 것이다. 다른 어느 은행보다 강력한 미합중국은행은 다른 어느 은행보다 사악하다. 우리가 모든 은행을 폐지할 수는 없으니까 적어도 그 가운데 가장 사악한 것은 폐지하자. 내가 보기에 대충 이런 사고의 흐름이 이 문제에 대한 잭슨의 생각을 나타내는 듯하며 그런 사고방식에서 그는 국민 뜻의 충실한 해석자였다.

팽창하는 제국주의

그의 성격과 경력을 고려할 때 당연한 일이지만 잭슨은 단지 나라를 사랑한다는 의미에서만이 아니라 제국주의적이고 호전적인 의미에서 열렬한 민족주의자였다. 1829년에 미시시피를 언급하면서 그는 "이 거대한 유역이 한 나라에 속하는 것이 조물주의 뜻이었다"고 말했다. 신의 뜻은 미시시피 전역이 프랑스 영토였던 7년전쟁 이전까지 쭉 실현되었다가 그다음 미국정부가 그 문제를 조물주 앞으로 끌고 왔을 때까지 잊혔다. 영국인에 대한 잭슨의 증오심은 그가 독립전쟁 때 겪은 고통과 미영전쟁에서 거둔 승전을 생각할 때 자연스러운 감정이었다. 하지만 에스파냐인에 대한 증오심은 그보다 정당한 근거가 없었다. 그 시대의 남부인들은 모두 남부 지역을 정복하고 싶어 했다. 루이지애나, 플로리다, 텍사스는 잇달아 잭슨의 시대에 미국 영토가 되었다. 플로리다는 잭슨의 반대에도 불구하고 전쟁이 아닌 외교로 획득되었다. 정계에서 은퇴하고 한참 후인 1843년에 그는 영국이 손에 넣기 전에 미국이 먼저 텍사스를 병합해야 한다고 격렬하게 촉구하는 서한을 썼다.

영국은 이미 텍사스와 조약을 맺었다. 그리고 앞을 멀리 내다보는 나라는 광범위한 세계와의 교류에서 자신의 군사적 자원을 증대하는 계기가 될 수 있는 상황을 놓치지 않는다. 그 나라가 텍사스와 동맹을 맺게 되지는 않을까? 그럼 북서부 국경 문제를 언제든 우리에게 선전포고를 할 수 있는 근거로 남겨둔다고 할 때—틀림없이 그럴 것이다—우리가 텍사스의 동맹국이 된 그 나라와 싸운다고 가정해보자. 그러한 움직임에 대한 예비조치로 그 나라는 2만이나 3만의 병력을 텍사스로 파견한다. 그들은 우리가 그들의 의도를 알아차리기도 전에 물자와 무기를 집결할 수 있는 세빈 강에 군대를 조직한다. 미시시피 강에 거점을 마련하고 흑인들을 부추겨 반란을 일으키게 한다. 미시시피 하류 지역이 영국군의 수중에 떨어지고 뉴올리언스도 마찬가지다. 그러면 끔찍한 전쟁이 남부와 서부 전역에서 전개된다.[64]

그의 제국주의는 남부의 환심을 샀고, 그의 애국심은 전 국민의 환심을 샀다—아닌 게 아니라 사우스캐롤라이나 주만 제외하면 말이다. 사우스캐롤라이나 주가 연방 탈퇴를 원했을 때 잭슨은 연방의 보존을 열렬히 지지했다. 그의 민족주의는 민주주의가 강력할 때 일반적으로 인기 있는 종류의 민족주의였다. 그러나 남부 정복에 대한 그의 애착은 노예 문제 때문에 인생 말년에 가서는 북부에서 인기가 없어졌다. 그가 대통령으로 재직하는 동안에 북부와 남부를 가른 것은 노예제가 아니라 관세였고, 이 쟁점에는 타협이 가능했다. 정치적 당파는 위도를 따라서 갈라지기 시작했다. 그는 남부뿐만 아니라 북서부에서도 지지를 받았고 펜실베이니아와 뉴욕 주 다수도 그를 지지했다. 그는 애국자이자 전쟁 영웅으로 추앙받았고, 그의 민주주의 역시 많은 찬사를 받았다. 그의 지도 아래 미국의 보통 사람은 유럽을 얕잡아 보게 되었을 뿐 아니라 그의 조국에서 소중한 것들마저 경멸하는 법을 배우게 되었다. 그의 영향력이 미국적 성격을 형성한 마지막 요소였다면 미국 민주주의는 무지와 만용, 폭력과 결부되게 되었을지도 모른다. 다행스럽게도 다음 세대에 새로운 쟁점이 부상하면서 새로운 영향력이 형성될 기회가 생겼고, 이를 통해 미국은 인류의 운명을 좌우하는 권력을 누릴 자격을 더 갖추게 되었다.

24

노예제와 분열

.

미합중국은 그 이름이 암시하듯이 연방이며 그 속에서 연방정부의
권한은 연방대법원이 해석하는 헌법에 의해 규정된다. 최초 13개
주는 연방으로 통합되기 이전부터 존재했고 그들 사이에서도 종교,
기후, 역사에서 현격한 차이가 존재했다. 경제적 이해관계도 각자
달랐으며 많은 지점에서 상호 적대적이었다. 또 각 주는 오랫동안
다른 주가 아니라 유럽과 중요한 경제관계를 유지해왔다. 주로 해
양 관련 산업과 제조업으로 살아가는 청교도적인 매사추세츠 주는,
국교도 중심이고 대토지 소유주가 노예노동으로 담배를 재배하는
버지니아 주와 자연스러운 친밀감을 느낄 부분이 없었다. 독립전
쟁은 연방을 낳았지만 미영전쟁은 연방을 해체 직전까지 몰아갔는
데 당시 북부가 무역이 중단되는 것을 반대했기 때문이다. 1798년
에 연방주의자들이 선동법과 외국인 규제법을 통과시켰을 때 켄터
키 주는 이 법령들을 위헌으로 간주한다는 취지로 제퍼슨이 작성

한 결의안을 통과시킨 후 법령 시행을 거부했으며, 버지니아 주도 뒤를 이었다. 당시에는 연방대법원의 헌법 해석을 모두가 수용해야 한다는 일반적인 합의가 존재하지 않았다. 1832년에는 사우스캐롤라이나 주가 관세에 대한 반발로 연방 탈퇴 직전까지 갔었다. 1843년까지도 J. Q. 애덤스를 앞세운 13명의 북부 의원들은 텍사스가 병합되면 연방에서 탈퇴하겠다며 으름장을 놨다. 오래된 남부 주와 북부 주 전역에서 탈퇴는 상존하는 가능성이었다.

시간이 흐르면서 파열을 일으키는 주요 요인은 노예제가 되었다. 이 문제는 역사가 오래되었으며, 그 역사를 모르고는 제대로 이해할 수 없다.

갈등의 시작

노예제는 유럽인에 의해 아메리카 대륙 전역에 도입되었다. 인디언을 노예로 삼았다는 이유로 에스파냐 정부가 콜럼버스를 투옥한 것은 사실이지만, 이런 국면은 오래가지 않았다. 인디언이 노예로 만족스럽지 못했기 때문에 식민지인은 서아프리카에서 흑인들을 대규모로 들여왔다. 식민지 시절에 노예제는 미국 전역에서 합법이었지만 북부에서는 아무런 의미도 없었다. 버지니아 의회는 노예무역을 폐지하는 법안을 통과시켰지만 조지 3세는 이를 거부했다. 독립선언서 원안에는 이 사건도 제퍼슨이 그 멍청한 군주를 규탄한 근거 가운데 하나였다. 그러나 나중에는 진정한 항의의 근거로는 불충분하다고 삭제되었다. 그러나 노예무역은 영국과의 합의에 의해 1808년에 폐지되었다.

1784년에 제퍼슨은 북서부에서 노예제 폐지를 제안했고, 당시에는 의결에서 패배했지만 1787년에는 대륙회의가 만장일치로 오하이오 주 북쪽과 서쪽 영토 전역에서 노예제를 금지시키게 하는 데 성공했다. 18세기 말까지 노예제는 북부 주 전역에서 폐지되었다. 남부 주들에서는 노예제가 점진적으로 소멸될 것이라고 기분 좋게 예상하고 있었고, 아직까지 이 문제를 두고 북부와 남부 간의 심각한 분열은 없었다.

동시대 영국과 마찬가지로 미국에서 역사의 경로는 노동 절약적인 기계의 발명으로 바뀌었다. 영국에서는 기계 발명으로 이전에는 동일한 시간 동안 50명의 인력이 필요했던 분량의 실을 단 한 사람이 잣거나 짤 수 있게 되었다. 이러한 '노동 절약적인' 장치들은 아이들이 하루 15시간씩 일하게 되는 결과를 초래했다. 한편으로 새로운 발명은 원면에 대한 수요도 자극했다. 1793년에 휘트니가 발명한 '조면기'를 사용하면 흑인 노예는 이전 1파운드 대신 하루에 50파운드의 섬유를 뽑아낼 수 있었다. 그 결과 대부분의 남부 주에서 면화 경작이 급속도로 확대되었다. 면화 재배는 엄청난 수익을 가져왔고 노예 노동에 의존했다. 이에 따라 면화 지대는 더 이상 노예 문제에 무관심할 수 없었다. 게다가 이 지역은 기후가 노예들의 건강에 매우 안 좋은 데다가 노예무역은 중단되었기 때문에 노예 노동에 덜 의존하는 다른 남부 주들에서 면화 지대로 지속적인 노예 수입이 필요해졌다. 그 결과 노예의 가격이 어디서나 높아졌고, 버지니아 주와 노스캐롤라이나 주는 구충과 말라리아, 황열병에 시달릴 운명인 노예들을 길러내는 근거지로 중요해졌다. 결

* 면화에서 솜과 씨를 분리하는 기계.

국, 남부의 경제적 삶과 정서가 바뀌었고, 노예제에 대한 옹호는 중대한 이해관계가 걸린 문제가 되었다.

북부와 남부 간 최초의 심각한 충돌은 1820년에 일어나 미주리 타협안을 낳았다. 북부 주들이 노예제를 폐지했을 때부터 자유주와 노예주의 숫자는 계속 똑같았고 새로 편입된 8개 주 가운데 4개 주는 노예주이고 4개 주는 자유주여서 이 균형이 계속 유지되었다. 상원은 각 주에서 2명씩 선출된 의원들로 구성되었기 때문에 양쪽의 주 숫자가 같은 한 균형은 계속 유지되었다. 그러나 미주리 주의 연방 가입으로 남부 쪽으로 균형추가 기울게 되었다. 미래에 대한 불안이 커지면서 격렬한 논쟁이 벌어졌다. 제퍼슨은 이를 두고 한밤중에 울린 화재 경보음과 같다고 표현했다. 마침내 노예주 미주리 주에 대해서는 기존 메사추세츠 주 일부를 자유주 메인 주로 만들어 균형을 맞추고, 앞으로 서부에 새로운 주가 창설될 경우 북위 36도 30분 이남의 주들은 노예제를 도입하지만 이 경계선 북쪽의 주들은 노예제를 도입하지 않기로 결정되었다. 이 타협은 이후 한 세대 동안 연방정부의 정책을 지배하게 된다.

미주리 타협은 궁극적으로 남부를 제국주의적 확장 일로로 몰아넣었다. 플로리다 획득 후에 새로운 남부 주를 창설할 영토는 바닥난 반면 북서부에서는 여전히 많은 자유주가 생겨날 수 있었다. 그러나 멕시코는 허약했고 '명백한 운명''에 따라 미국은 원한다면 언제든 멕시코 영토를 내키는 대로 차지할 수 있었다. 남부의 격려를 받은 미국의 모험가들은 텍사스가 멕시코에 독립을 선언하고

---

* 저널리스트 존 오설리번이 처음 사용한 말로 팽창주의를 신의 명령으로 정당화하였다.

그곳에 멕시코가 폐지했던 노예제를 재도입하게 만들었다. 미국 이민자들로 구성된 텍사스 정부는 합병을 원했고, 1845년 텍사스는 결국 미국에 합병되었다. 이로써 노예주는 자유주보다 한 곳 더 많아졌다.

한편 멕시코가 여기에 항의하자 그에 따라 멕시코 전쟁의 구실이 생겼다. 전쟁은 현재의 캘리포니아, 네바다, 유타, 애리조나 주와 뉴멕시코, 콜로라도, 와이오밍 주 일부를 아우르는 영토를 합병하는 것으로 끝났다. 그러나 그 결과는 남부가 기대했던 것만큼 만족스럽지는 못했는데, 새로 획득한 영토 가운데 즉시 주로 승인이 가능할 만큼 인구가 많은 주는 캘리포니아 주 한 곳뿐이었고 미주리 타협선이 주 영토 한가운데를 지나가는 캘리포니아 주는 노예제를 거부하는 쪽을 택했다. 이것은 난처한 상황을 낳았지만 1850년 새로운 타협으로 몇 년간은 갈등이 수면 아래로 가라앉았다. 이 시기는 1848년 위스콘신 주의 편입으로 자유주와 노예주의 숫자가 다시 동일해졌다. 그러나 멕시코로부터 새롭게 획득한 영토에서 노예제 도입을 금지하는 '윌모트 건의안'은 부결되었다.

1850년 타협은 연방 탈퇴 위협을 동반한 험악하고 지난한 논쟁 끝에 간신히 도출되었다. 북부를 만족시키는 조항은 세 가지, 남부를 만족시키는 조항은 두 가지가 있었다. 북부를 만족시키기 위해서 캘리포니아는 비록 영토 절반은 미주리 타협선 남쪽에 위치했지만 분할되지 않은 채 자유주 지위로 연방에 편입되었다. 뉴멕시코와 유타는 노예제가 없이 준주 자격으로 편입되었다. 콜럼비아 특별구에서는 노예제가 금지되었다. 남부를 만족시키기 위해 새롭고 더 엄격한 도망노예법이 통과되었고, 텍사스 주는 연방정부로부터 1,000만 달러 배상을 받았다. 이 마지막 조항과 관련하여 니콜라이와 헤이는 이렇게 언급한다. "이 1,000만 달러 배상은 갑작스레 텍사스 부채 가치를 세 배로 높였다. 그에 따라 텍사스 주 공채에 대한 전례 없는 투기 기회를 제공함으로써 '이 법안들이 의원들 다수의 원래 확신에 반하여 하원에서 통과되는 추진력'이 되었다고 진지하게 주장되어 왔다." 이러한 시각이 전적으로 지지를 받지는 않는다. 그러나 1,000만 달러가 일부 사람들의 '원래 확신'에 영향을 주었으리라는 데에는 의심의 여지가 없다.

비록 한동안은 이 타협으로 노예 문제가 마침내 정리될 것이라는 희망도 있었지만 1850년 타협은 금방 무너질 수밖에 없었다. 두 가지 요인이 분쟁에 다시금 불을 붙였다. (1) 북부는 도망노예법을 싫어했고, 따라서 그것을 시행하는 데 미온적이었다. (2) 남부는 북위 36도 30분 이남에 새로운 노예주를 창설할 기회가 없다는 것을 깨닫고 미주리 타협을 철폐하는 쪽으로 기울었다. 이 두 가지 원인으로 분쟁은 점차 확대되어 결국 전쟁 말고는 다른 해법이 남지 않게 되었다.

도망노예법의 역효과

도망노예 문제는 다른 어느 것보다 연방이 절반은 자유주, 절반은 노예주인 채로 계속 갈 수는 없다는 링컨의 신념이 옳았음을 보여주었다. 1858년, 그가 처음 이 시각을 공개적으로 표명했을 때 많은 사람들이 놀라워했으며, 더글러스와의 논쟁에서 더글러스는 주로 이 지점을 두고 링컨을 공격했다. 그러나 노예들이 자유주로 도망치거나 북부의 자유 흑인들이 노예로 오인되었을 때 노예제를 싫어하는 지역의 주민들은 법을 어기거나 아니면 변명의 여지가 없는 잔학 행위에 공모자가 되는 셈이었다. 노예제 폐지론자의 추상적인 논의에는 설득되지 않았을 사람들도 눈앞의 실제 흑인을 차마 내줄 수는 없었다. 구체적 실례는 거부할 수 없었고, 도망노예법은 북부의 양심을 절실히 일깨우며 어느 반反노예 웅변도 할 수 없었을 일을 해냈다.

도망노예 문제와 관련한 미국의 입법은 모든 재산권에 대해 매우 세심한 주의를 기울인 사람들이 성안한 헌법에서 출발한다. 헌법은 도망노예가 미국 내에 있는 한, 원래 주인에게 돌려보내야 한다고 규정했다. 이것은 당시에 남부가 연방에 가입함으로써 얻은 몇 가지 이점 가운데 하나였다. 헌법의 이 조항은 1793년에 관련 법안이 통과되면서 실제 효력을 갖게 되었다. 이 법에 따르면 노예 주인이나 그의 대리인이 치안판사 앞으로 노예로 의심되는 사람을 데려와 자신의 소유임을 입증한 후 치안판사의 증명서를 발부받으면 자신의 노예로 소유할 수 있었고, 이 절차를 방해하는 사람한테는 500달러의 벌금을 물릴 수 있었다.

노예로 추정되는 흑인은 자신이 결부된 사건에 증거를 제시하는 것이 허락되지 않았다. 전문 노예 사냥꾼이 고용되었는데 이들은 흔히 자신들이 찾아야 하는 특정 노예를 추적하는 것보다 다른 자유 흑인들을 잡아다가 그가 도망노예라고 주장하는 것이 더 편하다는 것을 알게 되었다. 그 결과 어느 흑인도 캐나다에 닿을 때까지는 안전하지 않게 되었다. 디킨스는 『미국 여행기』에서 1850년 이전에 그 법이 실제로 어떻게 시행되고 있었는지를 묘사한다.

여론이 이 법을 만들었다. 이 법은 워싱턴에서, 미국의 자유의 아버지로부터 이름을 딴 그 도시에서 치안판사가 길거리를 다니는 어느 흑인이든 구속해 감옥에 집어넣을 수 있다고 선언했다. 흑인이 아무런 범법 행위를 저지르지 않아도 상관없다. 치안판사가 그냥 "나는 이 사람이 도망노예라고 생각한다"고 말하기만 하면 그를 구금할 수 있다. 이때 여론을 등에 업은 치안판사는, 주인이 찾아와서 소유권을 주장하라는 통고나 만약 아무도 나타나지 않으면 그 흑인은 수감 비용을 지불하기 위해 팔린다는 공고를 신문에 낼 수 있다. 그가 자유민이고 주인이 없으면 자연히 풀려날 것이라고 짐작한다면 천만의 말씀이다. 그는 간수에게 비용을 배상하기 위해 팔린다. 이런 관행이 끊임없이 자행되고 있다. 그는 자신의 자유를 입증할 수단이 없다. 그에게는 법률 고문도 자신의 소식을 바깥으로 전해줄 사람도 없고 어떤 종류의 도움도 받을 수 없다. 그가 주장한 진술을 입증하기 위한 조사나 수사는 전혀 이뤄지지 않는다. 어쩌면 여러 해 동안 노예로 살다가 자유를 샀을지도 모르는 그 자유인은 아무런 절차도 없이, 아무런 범죄도 저지르지 않고 어떠한 범죄 혐의도 없이 감옥에 내던져진 후 자신의 구금 비용을 지불하기 위해 팔려나간다.

디킨스는 컬럼비아 특별구에서 일어난 일을 말하고 있다. 더 북쪽에 위치한 주들은 자유 흑인을 납치하는 것을 금지하고 주 사법당국이 주인이 자기 노예라고 주장하는 흑인을 데려가기 전에 그가 노예였다는 증거를 요구할 수 있게 하는 법안을 통과시켰다. 노예제가 존재하는 한 언제나 그것을 강화하려고 애쓴 연방대법원은 1842년에 도망노예법의 실행에 대한 주 당국의 모든 개입은 위헌이라고 판결했다. 연방대법원의 판결에서 보자면 노예 주인은 어떤 흑인이든 어디서나 붙잡을 수 있지만 그를 자신의 주로 끌고 올 때까지 소유를 입증하는 아무런 증거를 제시하지 않아도 되었다.

이상이 1850년까지 도망노예법의 실정이었다. 그런데 1850년에 남부는 그 법이 더 엄격히 실시되어야 한다고 요구했다. 결국 타협의 일환으로 이 요구는 수용되었다. 새로운 법률 아래서 구 법률의 가혹한 속성은 모두 지속되었고, 어떤 식으로든 도망노예를 돕는 사람한테 물리는 벌금이 1천 달러로 인상되었으며 최대 6개월간 투옥할 수 있다는 처벌조항이 추가되었다. 게다가 이른바 도망노예를 붙잡는 것을 지원하는 무장 치안대가 소집될 수 있게 되어 모든 이웃주민들이 이 인기 없는 법을 시행하는 데 연루될 수 있었다. 남부 사람의 말이 달아나면 그 말은 주인이 직접 잡아야 한다. 그러나 그의 노예가 도망치면 그의 소유물을 회복하는 일에 북부 주민 전체를 소집할 수 있었고, 거기에 응하지 않는 사람은 처벌을 받을 수 있었다.

북부에서 이 법은 오히려 남부의 명분을 저해하는 처참한 결과만 가져왔다. 보스턴에서 도망노예 체포는 폭동을 야기해 결국 1개 연대가 출동해야 했고, 붙잡힌 노예는 두 줄로 늘어선 군인 사이를 지나 프리깃함에 태워져 바다로 남부까지 수송되었다. 도망노예가 구출된 오하이오 주 오벌린에서는 교수들과 종교인들이 감옥에 가야했다. 다른 유사한 경우에는 저명한 퀘이커교도들이 연루되었다. 남부인들은 도망노예를 붙잡기 위해 목숨을 걸어야 한다고 불만을 터트렸다. 이전까지 대부분의 북부 사람들은 남부의 노예제에 무관심했지만 도망노예법의 실시로 그 문제를 더 이상 중립적이거나 무관심하게 바라볼 수 없게 되었다. 폐지론의 정서는 여전히 예외적이었지만 존경받는 시민들이 불쌍한 흑인이 속박에서 벗어나게 도왔다는 이유로 처벌을 받아야 한다는 것은 참을 수 없는 일로 비쳤다. 도망노예의 숫자가 매우 적었다는 사실을 고려해보면 남부의 집요한 강요는 더욱 어리석었다. 사우스캐롤라이나 주에서는 1860년에 23명의 노예가 도망쳤는데 17,501명 가운데 한 명 꼴이었다. 남부 전체를 통틀어서 도망노예는 0.02퍼센트에 불과했다. 대부분의 남부 주에서 격렬한 항의의 목소리가 가장 큰 곳이 정작 손실은 가장 적었다.[65]

폐지론자들의 활동

남북전쟁 이전 30년 동안 북부에서 노예제 폐지론은 그 수와 열성에서 점차 힘을 얻어갔다. 공적 영역에서 폐지론이 하나의 세력으로 등장한 시기는 윌리엄 로이드 개리슨이 《해방자》라는 신문을 발행한 1831년으로 거슬러 올라갈 수 있다. 창간호에서 개리슨은 이렇게 말했다.

나는 우리 노예 인구에 즉각적인 참정권을 부여할 것을 강력히 주장한다.……이 문제에 관해 나는 온건하게 생각하고 말을 하고 글을 쓰고 싶지 않다. 말도 안 된다. 차라리 자기 집이 불타고 있는 사람한테 온건하게 경보를 울리라고 말하라. 강간범의 손에서 아내를 온건하게 구해내라고 말하라. 어머니한테 아기를 불구덩이에서 온건하게 건져내라고 말하라. 그러나 내게 지금과 같은 문제에서 온건하게 하라고 하지는 말라. 나는 진심이다―나는 변명하지 않을 것이다―나는 한 치도 물러서지 않을 것이다—그리고 내 목소리가 들리게 할 것이다.

그의 목소리가 들렸다—남부에서.

조지아 주 의회는 개리슨을 납치하거나 조지아 주에 《해방자》를 배포한 자가 유죄 판결을 받도록 한 사람에게 5천 달러의 포상금을 주겠다고 나섰다. 이 거대한 개혁 운동에서 이 초창기 운동가들은 정작 주변에는 거의 알려지지 않았기 때문에 《해방자》 같은 선동적인 간행물에 대해 몇몇 남부 주들로부터 항의를 받았을 때 보스턴 시장은 시 관계자나 자신이 아는 어느 누구도 그러한 신문이나 그곳의 편집장에 대해 들어본 적이 없으며 조사를 해본 결과 "사무실은 눈에 띄지 않는 구석에 처박혀 있고 그의 유일한 조수는 흑인 소년이며 그의 지지자들은 온갖 피부색으로 구성된 극소수의 변변찮은 사람들뿐"이라고 답변해줄 수 있었다.[66]

잭슨 대통령은 반노예제 선전 활동을 규탄했고, 의회가 "노예 반란을 부추기고 내전의 참상을 꾀하는" 선동을 금지하기를 바랐다. 실제로 보스턴에서는 개리슨의 목소리를 들었을 때 처음에는 그를 싫어했다. 한번은 개리슨이 보스턴 군중으로부터 공격을 받은 적도 있으며 구금되어 간신히 목숨을 건질 수 있었다. 1837년 일리노이 주에서는 폐지론자이자 성직자인 일라이자 P. 러브조이가 반노예제 신문을 편집하다가 폭도에게 살해당했다. 그러나 점차, 특히 매사추세츠 주에서는 폐지론자들이 주목을 받기 시작했다. 그러나 그들의 광신적인 열정은 노예제 폐지 운동을 돕기보다는 악영향을 더 많이 끼쳤고 남부의 폭력을 자극하는 역할을 했다는 점을 말하지 않을 수 없다. 그들은 도망노예를 붙잡으려는 사람은 사형에 처해야 한다고 촉구했다. 또 그들은 연방의 해체를 주장했는데 그렇게 해서 노예들이 무슨 혜택을 얻을 수 있었을지는 도무지 알 수가 없다. 어쨌든 그들에 따르면 그 가증스러운 제도에 조금이라도 엮이는 것은 죄악이었기 때문이다. 1843년 개리슨은 "북부와 남부 사이에 존재하는 협약은 '죽음과 맺은 약속이자 지옥과 맺은 계약'이며 양측 모두를 극악한 범죄에 연루시키는 것이므로 즉시 폐기되어야 한다"고 말했다. 극단적 폐지론자들은 심지어 남북전쟁이 발발하고 나서도 연방의 해체를 계속 요구했다. 그들이 진정으로 흑인들의 행복을 바랐다면 이해하기 힘든 요구이다. 그리고 그들의 광신적인 태도는 남부를 공격적으로 만드는 데 일조했다.

미주리 타협의 철폐

남부의 이해관계에 따른 미주리 타협의 철폐는 1850년 타협에 대한 최초의 확실한 정치적 위반이었다. 이 문제는 캔자스 주 문제로 부상했는데 캔자스 주는 미주리 타협선 북쪽에 있었지만 미주리 주 옆에 있었고 일부 주민들은 노예제가 도입되는 것을 원했다. 결국 캔자스 주와 네브래스카 주는 1854년 네브래스카 법안으로 자유주가 될 것인지 노예주가 될 것인지 스스로 선택하게 되었다. 네브래스카 주에서는 자유주 지지가 우세할 것이 확실했지만 캔자스 주의 상황은 불확실했기 때문에 캔자스 주는 즉시 양측의 전장이 되었다. 남부인들은 미주리 주를 통해, 북부인들은 아이오와 주를 통해 캔자스 주로 몰려왔다. 양측은 각자 주정부를 세우고 자기들 정부가 노예 문제를 결정할 합법적 당국이라고 주장했다. 내전이 벌어졌고, 양측 모두 워싱턴의 의회에 호소했다. 워싱턴은 남부편을 들었지만 결국 북부가 수적으로 우세해 승리를 거두었고, 캔자스 주는 남북전쟁 직전에 자유주로 편입되었다.

미주리 타협의 철폐에서 드러난 남부의 공격적 태도는 그에 대한 반발로 공화당의 수립을 낳았고, 공화당은 1856년 필라델피아에서 첫 전당대회를 열었다. 신당의 공약은 모든 새로운 준주에 노예제를 배제하는 것을 목표로 삼았다. 나머지 쟁점들에서는 휘그당*의 신조들을 되살렸고 그 가운데 가장 중요한 것은 높은 관세였다. 대통령 선거에서 신당은 패배하기는 했지만 예상 밖으로 무척 선전했다. 민주당 후보로 당선된 뷰캐넌은 1,838,169표를 얻었고 공화당 후보였던 프레몬트는 1,341,264표를 얻었다. 프레몬트의 표는 전적으로 자유주에서 나왔는데 자유주 11곳은 프레몬트에게, 5곳은 뷰캐넌에 표를 던졌다. 링컨이 속한 주였던 일리노이 주도 그 다섯 주 가운데 하나였다.

민주당은 잭슨과 함께 시작되었는데, 1841년 해리슨과 1849년 테일러가 대통령에 당선되었을 때를 제외하고는 1829년부터 1861년까지 계속 정권을 잡았다. 1841년의 일시적인 정권교체는 오래가지 못했는데 해리슨이 취임 1개월 만에 죽고 그를 대신해 대통령이 된 부통령 타일러는 입장이 대체로 민주당 쪽으로 쏠렸기 때문이다. 노예제 쟁점이 대두되기 전까지 양당 간 의견이 갈린 최

---

* 잭슨 정부와 민주당 정책에 대한 반발로 생겨났다. 행정부에 대한 의회의 우위, 보호무역 등을 지지하였다.

대 쟁점은 관세였다. 민주당원들은 낮은 관세를, 반대당인 휘그당원들은 높은 관세를 주장했다. 남부는 자유무역을 선호했다. 뉴잉글랜드는 보호무역을 선호했다. 뉴욕 주는 일반적으로 민주적이었고 북서부 지방은 입장이 오락가락했다. 관세가 주요 쟁점이었는데 이 문제에서 남부는 입장이 통일된 반면 북부는 의견이 분열되어 있었기 때문에 남부가 보통 정권을 잡았다. 1789년부터 1861년까지 북부가 정권을 잡은 기간은 12년뿐이었다. 이것은 남부인들에게 자신들이 통치할 권리가 있다는 생각을 심어주었다. 그러나 북부가 점차 영토와 인구, 부에서 남부를 능가하게 되면서 궁극적으로는 북부가 우세하게 되리라는 사실이 분명해졌다. 권력에 익숙해진 사람들에게 이것은 끔찍한 일이었다. 그들은 멕시코와 쿠바, 중앙아메리카를 정복하는 것을 꿈꿨고, 서부 준주에 노예제를 도입하는 것을 꿈꿨다. 그들의 정신 상태는 지위를 위협 받는 귀족 계급의 상태와 비슷했다. 그들에게 단순한 수적 우위에 굴복해야 한다는 것은 뭔가 자연의 이치에 어긋나는 것처럼 느껴졌다. 위기가 다가올수록 남부는 더 유화적 태도를 취하기는커녕 점점 더 협박을 하고 큰소리를 치는 태도로 돌아섰고 오만하게 자신들의 주장을 강력히 내세움으로써 소위 소심하다는 북부에 겁을 주려고 했다.

드레스 스콧 판결과 후폭풍

남부 인사가 과반수를 차지하는 연방대법원은 뷰캐넌 대통령 취임식 이틀 후에(1857년 3월 6일) 이전까지 법으로 간주되던 것을 뒤집은 유명한 드레드 스콧 판결을 내림으로써 대통령의 취임을 축하했다. 흑인은 "미국 시민이 될 수 없고, 연방 법원에 소를 제기할 수도 없다.…… 미국 헌법은 노예를 재산으로 인정하며 연방정부에 그것을 보호할 임무를 부여했다. 그리고 미주리 타협 법안과 그와 유사한 금지 법안들은 위헌이다"라는 사법 결정이 나온 것이다. 판결문은 독립선언서에서 모든 인간은 평등하게 태어났다는 대목은 흑인들에게 적용되는 뜻이 아니라고 명시적으로 표현했다.

남부는 이 판결에 환호했고, 연방대법원을 무시하고 싶지 않았던 북부는 당황했다. 언제나 헌법을 존중한 링컨은 더글러스의 연설에 답하며 이렇게 말했다.

이제 드레드 스콧 판결을 봅시다. 판결은 두 가지를 선언합니다. 첫째, 흑인은 미국 법원에 소송을 제기할 수 없다. 둘째, 연방의회는 준주에서 노예제를 금지할 수 없다. 이 판결은 의견이 갈린—여러 다른 쟁점에서 의견이 갈린—법정에서 나온 것입니다. 더글러스 판사는 이 소송의 본안에 대해서는 논의하지 않았는데 더글러스 판사가 태니*의 논의를 능가할 수 없듯이 저도 매클린과 커티스†의 논의를 능가할 수 없을 것이기에 저 역시 더글러스의 예를 따라 본안은 논의하지 않겠습니다. 더글러스 판사는 그 판결의 타당성에 의심을 제기하는 모든 사람이 거기에 맹렬히 반발하고 있다고 비난합니다. 하지만 대체 누가 그 판결을 거부하고 있습니까? 대체 누가 판결에도 불구하고 드레드 스콧이 자유인이라고 선언하고 그에 대한 주인의 권위를 부정하고 있다는 말입니까? 사법적 판단은 두 가지 쓰임이 있습니다. 첫째, 원래 사건에 대한 평결을 절대적으로 확정하고, 둘째, 대중에게 앞

---

* 연방대법원장으로 판결문을 작성하였다.

† 7대2로 결정 난 드레드 스콧 판결의 소수의견을 낸 두 대법관.

으로 유사한 사건이 발생할 때 어떻게 결정해야 할지를 가르쳐줍니다. 후자의 쓰임과 관련하여 우리는 그러한 사법적 판단들을 '판례'와 '전거'라고 부릅니다. 더글러스 판사가 사법부를 존중하고 그곳의 판단을 따르는 만큼 우리도 (어쩌면 그보다 더) 사법부를 존중하고 그곳의 판단에 복종합니다. 우리는 헌법적 문제와 관련하여 완전히 정리된 사법부의 판결은 결정된 특정 사건들만이 아니라 국가의 일반 정책도 지배해야 하며 헌법에 규정된 대로 오로지 헌법의 개정에 의해서만 뒤집을 수 있다고 생각합니다. 이 이상을 넘어가면 그것은 혁명이 될 것입니다. 그러나 우리는 드레드 스콧 판결이 잘못되었다고 생각합니다. 우리는 그 판결을 내린 법원이 흔히 자신들의 판결을 뒤집어왔다는 사실을 알고 있으며 그 법원이 판결을 뒤집도록 우리가 할 수 있는 일을 할 것입니다. 그러나 우리는 현재의 판결에 저항하지 않습니다. 사법적 판단은 상황에 따라 판례로서 정도의 차이는 있지만 권위를 지닙니다. 또 그것이 판례로서 권위를 누려야 한다는 것은 우리의 상식과 법조계의 일반적 이해와도 일치합니다. 이 중요한 판결이 판사들의 만장일치로 도출되었고 또 눈에 띄는 어떤 당파적 편견도 없으며, 대중의 법률적 기대 및 우리 역사에 걸쳐 사법부의 한결같은 관행과 일치하고 어느 부분에서도 역사적 사실이 아님에도 사실로 잘못 가정된 것에 근거하지 않았다면, 혹은 이 가운데 몇몇 요건이 충족되지 않지만 여러 차례 법정에서 다루어졌고 오랜 세월을 거쳐 거듭 확인되었다면, 그렇다면 그 판결을 판례로서 따르지 않는 것은 어쩌면 당파적인 태도, 아니 심지어 혁명에 가까운 일이 될 것입니다. 그러나 지금처럼 대중에게 확신을 심어줄 만큼 요건들이 충족되지 않았을 때 그 판결을 국가의 결정된 원리로, 아직까지는 확실히 정립되지 않은 것으로 취급하는 것은 저항도 아니고 당파적인 태도도 아니며 심지어 무시하는 태도도 아닙니다.

드레드 스콧 사건 판결의 즉각적 효과는 남부에 자신감을 주고 북부에는 당혹감을 야기시켰지만, 궁극적 효과는 매우 달랐다. 이제 이 상태로는 북서부 준주 전역에서 노예제 도입을 배제할 법적 방도가 없는 것처럼 보였다. 이제 미주리 타협을 철폐할 필요가 없어졌다. 어차피 위헌이니까. 북부가 맹렬히 항의한 네브래스카 법안은 헌법에 의해서 이미 부여된 것보다 남부에 덜 양보한 것이었다. 연방대법원의 판결은 사실상 이렇게 말한 셈이었다. "노예제를 싫어할 수도 있고 1789년의 사람들보다 노예를 더 좋게 생각할 수도 있지만 너의 감정이나 생각은 그 당시에 결정된 헌법 규정에 반하여 아무 소용이 없다. 네가 민주주의 체제 아래 살고 있다고 생각할지도 모르지만 그건 착각이다. 너는 거의 70년 전에 결정된 원칙들로 여전히 통치 받고 있으며 전체 주의 3/4이 너를 풀어주기로 동의할 때까지 죽은 자들의 손아귀에 붙잡혀 있어야 한다." 이런 비유적 표현이 오해의 소지를 낳을 수도 있으니 실제 판결문 일부 인용하겠다.

우리는 이 안타까운 인종과 관련하여 우리나라나 유럽의 문명국에서 여론이나 정서에 어떤 변화가 생겨났을지라도 이 법정이 헌법의 조항들을 그들에게 유리하도록, 이 문서가 원래 작성되고 채택되었을 때 의도된 의미보다 더 자유롭게 해석하도록 유도해서는 안 된다고 간주한다.…… 헌법은 예나 지금이나 표현도 동일하고 의미도 동일하며 정부에 동일한 권한을 위임하며 시민에게 동일한 권리와 특권을 보장한다. 그리고 지금과 같은 형태로 존속하는 한 헌법은 그 문서가 입안자들에 의해 작성되고 미국 국민들에 의해 표결되고 채택되었을 때와 같은 표현으로 말할 뿐만 아니라 같은 의미와 같은 의도를 나타낸다.

미국 시민 다수가 북서부 준주에 노예제가 도입되는 것을 반대한다는 것은 분명했다. 그런데 연방대법원은 이 문제를 두고 다수가 자신들의 의지를 관철할 방법이 없다고 선언한 것이다. 이것은 용납할 수 없었고 전쟁의 동기를 제공하기에 충분했다. 만약 남부가 덜 조급했다면 북부가 다수결의 원칙을 옹호하고자 위헌적 수단을 동원할 수밖에 없었을지도 모른다. 그러나 북부보다 더 공격적이고 훨씬 더 비타협적인 남부가 먼저 무력에 호소했고, 그 결과 북부는 헌법을 수호하면서 그들이 원래 주장했던 것보다 더 많은 것을 얻을 수 있었다.

남부의 제국주의 심리

내부적으로나 외부적으로나 남부와 남부인의 이해관계를 대표하는 주정부들은 다른 이들의 권리에 무관심하고 고압적 태도를 보였다. 잭슨이 에스파냐인들을 상대로 하며 전례를 세웠고, 남부인들은 멕시코 전쟁을 통해 더 큰 규모로 잭슨의 전례를 따랐다. 병합할 노예 영토를 찾던 피어스 대통령은 쿠바가 적절한 대상이라고 생각했다. 그는 에스파냐로부터 쿠바를 매입하려고 애썼지만 에스파냐는 감히 매각을 거부했다. 그에 따라 1854년 런던, 파리, 마드리드 주재 미국 대사들이 만나 오스탕드 선언서로 알려진 문서를 작성했는데 만약 에스파냐가 쿠바를 파는 것을 거부하면 강제로 합병해야 한다는 내용이었다. 이 흥미로운 문서의 첫 서명인인 뷰캐넌이 피어스의 뒤를 이어 대통령이 되었다. 뷰캐넌은 재임 당시 계속해서 쿠바를 합병할 기회를 찾았고 이 문제에서 민주당은 전부 그를 지지했다. 민주당 후보로 지명되었을 때 그는 "제가 말해온 조건대로 노예 문제를 해결하는 데 중심적 역할을 하고 쿠바를 미국 영토에 추가할 수 있게 되면 저는 대통령이 된다 해도 기꺼이 목숨을 내놓고 브레킨리지[부통령 후보]에게 정부를 맡길 것입니다." 민주당은 '멕시코 만에서 미국이 지배력을 행사할 수 있게 모든 적절한 노력을 기울일 것'이라는 공약을 내걸었고 중앙아메리카를 '재건하는' 노력에 박수를 보냈다.

연방을 탈퇴하기로 결정했을 때 남부는 라틴아메리카를 광범위하게 정복하는 계획을 포기하지 않았다. 1860년에 나온 한 팸플릿은 노예 소유주들은 신의 뜻을 실천하고 "방대하고 부유하며 행복하고 영광스러운 노예 소유 공화국을 열대 아메리카 전역에 수립할 것이며—미래 세대는 일어나 우리를 복되다 할 것이다!"라고 말했다. 채닝은 "포토맥 강가의 마운트 버넌부터 장엄한 포포카테페틀 화산이 눈에 들어오는 '몬테수마의 궁전들'까지 뻗은 노예 제국 혹은 노예 공화국이라는 그림은 남부 책들에 거듭 등장한다"고 말한다.[67]

남부 정치인들의 세계관은 영국에서 상류층 제국주의자와 그들을 부추긴 금융가한테서 익숙하게 찾아볼 수 있는 시각이었다. 민주주의는 뒷전으로 밀려나고 약탈적인 과두지배 체제가 갈수록 정치 무대를 지배하게 된다. 세계역사에서 미국을 나타내는 특색들은 1850년과 1860년 사이 남부에서는 찾아볼 수 없었다.

더 넓은 정치적 영역뿐만 아니라 개인적인 관계에서도 저명한 남부인들은 오만하고 잔인했다. 1856년 매사추세츠 주의 상원의원이자 명사인 찰스 섬너는 사우스캐롤라이나 주의 상원의원 버틀러를 공격하는 연설을 했다.

> 유감스럽지만 저는 이 논쟁에 줄곧 빠지지 않았으며 캔자스가 주 승인을 요청했다는 단순한 말에 분노를 주체하지 못한 사우스캐롤라이나 주 상원의원을 거론하지 않을 수 없습니다. 그는 연설에서 캔자스 주의 대표와 캔자스 주의 주민들에게 앞뒤가 맞지 않는 말을 마구 내뱉었습니다. 그는 옛 의회 논쟁에서 등장한 지나친 언사를 모조리 재연했을 뿐 아니라 진실에서 완전히 벗어난 모습을 보였고 아주 격정적으로 연설해서 의도적으로 논쟁 주제에서 이탈하려는 것이 아닌가 하는 의심까지 씻어주었습니다. 사우스캐롤라이나 상원의원은 그가 거론하는 주제마다 각종 오류로, 때로는 사실관계를, 때로는 원칙을 왜곡했습니다. 그는 헌법을 언급할 때든 법률을 언급할 때든, 또 통계의 세부 항목이든 다른 학문을 인용할 때든 정확하게 진술하지 못하는 무능력을 보여주었습니다. 그는 입을 열 때마다 실수를 내뱉었습니다.

이틀 후 버틀러의 조카인 브룩스라는 젊은 남부 상원의원이 계획적으로 섬너를 공격했는데 책상 앞에 앉아 있던 섬너의 머리를 구타페르카 나무 수지 지팡이로 수차례 가격한 것이다. 섬너는 앞에 있던 책상 때문에 한동안 공격을 피할 수 없었다. 브룩스는 그가 의식을 잃고 바닥에 쓰러질 때까지 계속 가격했고 그가 구타를 멈췄을 때 지팡이는 산산조각이 났다. 또 다른 사우스캐롤라이나 상원의원은 섬너를 구하려던 다른 의원들을 가까이 오지 못하게 막았다. 상원은 브룩스를 어떤 식으로든 견책하기를 거부했다. 그는 북부 의원이 다수를 차지하고 있던 하원에서 불신임을 받고 사임했지만 즉시 재선되었다. 섬너는 그때 공격으로 척추에 부상을 입어 회복하는 데 여러 해가 걸렸으며 그동안 의원활동을 할 수 없었다. 이것은 남부 폭력의 한 사례에 불과할 뿐이며, 남부인의 폭력으로부터 워싱턴은 북부인에게 안전하지 못하였다.

남부의 주도적 인사들은 노예무역을 되살리는 것을 목표로 삼았다. 얼마간의 외국 노예들이 남북전쟁 직전 몇 년 사이에 몰래 수입되었지만 자연히 그러한 사실들은 확인이 어렵다. 1860년에 더글러스 상원의원은 1859년에 심지어 노예무역이 합법이었던 과거 어느 해보다 더 많은 노예가 수입되었다고 진술했다. 1858년에 원더러Wanderer라는 요트가 아프리카에서 노예들을 싣고 사바나 강에 도착했다. 처음에 원더러 호는 위락 요트인 것처럼 행세했고, 배 주인은 노예무역 순찰을 나온 영국 군함 메두사Medusa 호의 장교들과 환담을 나눴다. 이렇게 적당히 인사를 주고받은 후 원더러 호는 콩고로 가서 수백 명의 흑인들을 실어와 사우스캐롤라이나에 상륙시킨 후 남부 곳곳으로 유통시켰다. 선장과 선원 일부가 체포되었지만 곧 방면되었다. 요트는 몰수되었지만 래머라는 선주의 동업자가 다시 사들였다. "그는 입찰에 나타난 사람들에게 그 배는 자신의 것으로, 부당하게 압수되었으니 입찰하지 말아달라고 부탁했다. 교도소장을 제외하고 아무도 입찰하지 않았고 교도소장은 그것 때문에 경매가 마감된 후 래머한테서 공격을 받았다."[68] 그러나 선주는 처벌을 피하지 못했다. 그는 뉴욕 요트 클럽에서 제명되었다.

그보다 약간 이른 시기에 일어난 또 다른 사건은 노예 상인들에게 살짝 더 안 좋게 끝났다. "300명가량의 벌거벗은 콩고 흑인들을 태운 에코Echo 호는 미 해군 소속 돌핀Dolphin 호에 나포되어 찰스턴으로 호송되었다. 어떻게 해야 할 것인가? 이 문제가 1858년 9월 1일자《리치먼드 인콰이어러》에서 논의되었다.

> 법에 따르면 배는 몰수되어야 하고, 선주는 배와 화물 가격의 두 배만큼 벌금을 물어야 하며, 선장은 교수형에 처해지고 흑인들은 아프리카로 돌려보내야 한다. 하지만 그들이 아프리카 어디서 왔는지 누가 안단 말인가? 그들을 해안에 그냥 버려두고 오는 것은 인간성에 반하는 행위다. 사우스캐롤라이나에 자유롭게 풀어주는 것은 불가능하다. 그렇다면 남은 길은 그들을 쓸모없는 야만인에서 근면한 일꾼으로 바꿀 좋은 주인들을 뽑는 것뿐이다. 찰스턴의 한 시민은 물었다. 왜 그들을 돌려보내는가? 농장과 공장, 철도에서 그들을 원한다. 그들은 문명사회의 문턱에 도달했다. 왜 야만 상태로 돌려보내는가? 이 나라의 다른 지역이 남부의 제도를 혐오하고 남부로 하여금 인류의 이름으로 이 희생을 요구한다는 것 외에는 다른 이유가 없다.[69]

대통령은 결국 흑인들을 아프리카로 돌려보내기로 결정했지만 식민화협회가 1년간 그들을 돌보게 했다. 그러나 나는 선장이 교수형을 당했다는 기록은 찾지 못했다.

사우스캐롤라이나 주는 전리품이 눈앞에서 사라지는 광경에 입맛을 다셨다. 노예무역에 대한 개입은 위헌이라고 주장하는 결의 안들이 나왔다. 아칸소 주의회는 노예무역에 반대하는 결의안을 부결시켰다. 그러나 플로리다 주지사는 "노예무역 반대론의 역겨운 감상주의"를 성토하는 한편 미국의 노예 산업계에 외국과의 경쟁은 그들의 이해관계에 반한다는 사실을 상기시켰다.

사우스캐롤라이나 주는 언제나 그렇듯이 주도적인 태도를 보였다. 사우스캐롤라이나 주의 대배심은 노예무역에 반하는 법률을 두고 "대중적 불만의 대상"이라고 표현했다. 주지사는 자유 노동을 피하려면 노예무역을 재개할 수밖에 없다고 지적하며 노예 노동을 통해서만 자본과 노동 간의 갈등을 방지할 수 있다고 촉구했다.

그는 노예 노동 수요에 적절한 공급이 이뤄지지 않으면 남부는 그들이 원하지 않은 종류의 노동, 남부의 제도에 맞지 않는 종류의 노동을 받아들일 수밖에 없다고 말했다. 노예들이 남부의 짐마차를 몰고 남부의 공장을 돌리고 남부의 호텔에서 시중을 들고 남부의 기관차를 움직이는 것이 출생과 훈련, 교육이 이질적인 외국인의 진출에 노출되는 것보다 훨씬 낫다. 그런 인구는 노예제가 존재하지 않은 나라들에서 자유로운 제도를 유지하기 어렵게 만든 자본과 노동 간의 갈등으로 이어질 것이다. 노예를 보유한 주들에서 우월한 인종은 명령하고, 열등 인종은 모두 육체노동을 해야 한다.

남부의 관점은 1860년 5월 찰스턴에서 열린 민주당 전당대회에서 조지아 주의 W. B. 골든이 아주 명쾌하게 설명했다.

민주당원 동지 여러분, 정말이지 미국인 노예 상인은 진정한 연방 파입니다(탄성과 폭소). 그리고 버지니아 주의 노예무역은 아프리카에 가서 쓸모없는 이교도를 이곳으로 데려와 기독교도로 만들고 시간이 흘러 그는 물론이고 그의 후손들까지 문명의 혜택을 누리게 하는 아프리카 노예무역보다 더 부도덕하며 기독교 정신에 어긋납니다.…… 저는 깜둥이 몇 명을 사려 그 잘나고 오래된 주에 가서 한 명당 1천 달러에서 2천 달러를 지불해야 했습니다. 아프리카에 가면 그보다 더 좋은 흑인을 한 명당 50달러에 살 수 있었을 텐데 말입니다.…… 저는 아프리카 노예무역을 금지하는 법률의 철폐를 지지합니다. 그것이야말로 진정한 연방 통합 운동이라고 믿기 때문입니다. 양자가 똑같이 균형이 맞춰지지 않는다면 남부 주와 북부 주만큼 이해관계가 다른 지역은 광신적 신념의 충격을 이겨낼 수 없습니다. 이 무역을 재개하고 준주에 흑인들을 들여옴으로써 두 지역 간 균형은 유지될 수 있습니다.

갈등의 경제학

그러나 남부가 노예제를 비열한 동기에서 옹호했다고 생각해서는 안 된다. 오히려 그들에게 노예제는 조물주의 바람을 실행하는 것이었다. 남부연합의 부통령 스티븐스는 남북전쟁이 발발한 직후 이야기한다.

　　옛 헌법을 만들 당시 그(제퍼슨)와 대부분의 위정자들이 공유한 지배적인 사고는 아프리카인을 노예로 삼는 것은 자연의 법칙에 어긋난다는 것, 즉 노예제는 원칙에서, 사회적으로, 도덕적으로, 정치적으로 옳지 않다는 것이었다.…… 우리의 새 정부는 그것과 정반대의 사고 위에 수립되었다. 우리 정부의 토대, 우리 정부의 초석은 위대한 진실, 즉 흑인은 백인과 동등하지 않다는 진실을 바탕으로 한다. 노예제—우수 인종에 의한 예속—는 흑인에게 자연스럽고 정상적인 상태다. 우리의 이 새로운 정부는 세계 역사상 최초로 이 위대한 물리적 · 철학적 · 도덕적 진실에 바탕을 둔다. 우리 사회의 기층은 본성상 그러한 진실에 적합한 재료들로 이루어져 있으며 우리는 경험상으로 그것이 우수 인종만이 아니라 열등 인종에게도 최선이라는 사실을, 또 최선일 것이라는 사실을 안다. 이것은 실로 조물주의 명령에 일치한다. 우리가 그분의 명령의 현명함을 따지거나 묻는 것은 옳지 않다. 그분의 목적에 따라 "별과 별 사이에 영광을 다르게" 만든 것처럼 조물주는 인종을 서로 다르게 창조했다. 인류의 위대한 목표는 그분의 법과 명령에 따를 때 가장 잘 달성되며, 이것은 정부의 수립에서도 마찬가지이다. 우리 남부연합은 이러한 조물주의 법칙과 철저하게 일치하는 원칙 위에 수립되었다.

북부와 남부의 갈등은 사회조직에 대해 근본적으로 다른 관념 사이의 충돌이었다. 북부는 정치적 평등을, 남부는 반드시 '열등' 인종이어야 하는 육체노동자의 본질적 예속을 믿었다. 기계 발명을 통해 모두의 번영을 추구하는 북부의 관념은 현대적이었다. 노예노동을 통해 소수의 번영을 추구하는 남부의 관념은 옛것이었다. 북부 사람들의 마음속에 노예제와 민주주의는 양립할 수 없었지만 고대 그리스나 로마의 민주주의자라면 남부에 동의했을 것이다. 남부는 과거에, 북부는 미래에 속했다.

경제적 이해관계가 미국 내 지역 집단들의 관점을 결정했다. 1850년부터 1860년 사이에 가장 중요한 지역 집단은 네 군데, 즉 면화 남부, 담배 남부, 구 북부, 북서부였다. 극서부는 금 채광을 제외하고 아직 별다른 중요성이 없었다.

면화 남부는 남북전쟁 이전 시기 남부 정치를 움직이는 세력이었다. 면화에 대한 수요는 특히 영국에서 엄청나게 급속히 성장했으며 영국이 자유무역을 채택하면서 더욱 자극을 받았다.* 면화지대의 경제 관계는 주로 해상을 통한 영국과의 교역이었다. 이곳은 면화를 수출하고 대신 영국 제품을 수입했다. 따라서 남부는 자유무역을 강력히 열망했다. 1832년처럼 1861년에 사우스캐롤라이나 주는 관세를 연방 탈퇴의 이유로 지목했다. 광대한 면화 농장에서 부유한 농장주들은 고립된 삶을 살았고, 그들의 생활 방식은 이전 시기 버지니아를 특징지은 문화를 조성하지 않았다. 가난한 백인들은 대지주들을 좇아 노예제를 지지했는데, 노예제가 폐지되면 남부가 망할 것이라고 믿었고 자신들보다 지위가 열등한 사람들이 있어 그들을 내려다 볼 수 있다는 사실도 좋았기 때문이다. 사우스캐롤라이나 주도 면화를 재배했지만 멕시코 만의 주들보다 번창하지는 못했고 점진적 몰락의 정서로 다소간 히스테릭해졌다.

북쪽에 위치한 노예주 가운데에서 버지니아는 대체로 담배를 재배하던 토양에서 양분이 고갈되면서 이전의 위상을 상실했다. 버지니아 주와 노스캐롤라이나 주는 서부로의 이주로 인구가 많이 빠져나갔고, 유럽에서 온 이민자들로 이를 보충하기에는 역부족이

---

*   [원주]1850년에 면화 수확량은 7,800만 달러였으며 1860년에는 2억 3,600만 달러였다. Channing, VI, p. 207.

었다. 켄터키 주는 다른 노예주들보다는 자유주인 오하이오 주와 더 긴밀한 관계를 맺고 있었다. 테네시 주 동부도 남부보다는 북부에 더 묶여 있었다. 경계에 위치한 미주리 주는 이해관계가 거의 반반으로 나뉘어 있었다. 그러나 북쪽의 노예주들 모두가 노예제 유지에 매달릴 수밖에 없는 한 가지 이유가 있었는데 바로 그 주들이 노예들을 길러내는 본거지였다는 점이다. 면화 지대의 노예 수요가 증가하면서 노예 가격도 상승했다. 면화 남부의 기후는 건강에 좋지 않아서 필요한 노예를 모두 재생산할 수는 없었다. 채닝은 다음과 같이 말한다.

북쪽 노예주에서 흑인 아이의 출산에 붙는 특혜는 엄청났는데, 태어나는 아이 한 명당 매우 짧은 시간 안에 주인에게 대략 200달러를 안겨줄 수 있었기 때문이다. 더 멀리 갈 것도 없다. 우리가 당시 실정을 아무리 축소한다고 해도 잠시만 생각해보면 그러한 상황이 주인과 노예 양쪽에 미칠 불미스러운 결과들을 금방 짐작할 수 있다. 게다가 크고 작은 노예 거래는 이러한 용어 사용이 허락된다면 '용인된 노예제'의 북부 지역과 면화 남부 사이에 경제적 유대관계를 확립했고, 그에 따라 두 구역의 노예주를 하나로 묶는 정치적·사회적 힘을 강화했다.

구 북부에서 뉴잉글랜드는 제조업으로 번성했고 지속적으로 높은 관세를 지지했다. 서부의 성장으로 이곳에서 농업은 점점 중요성이 떨어지고 있었다. 뉴욕 시는 부분적으로 남부와의 교역으로 살아갔고, 따라서 나머지 북부보다 남부에 우호적이었다. 동부의 모든 대도시들에는 최근에 유입된 이민자들이 많았다. 아일랜드인들이 압도적으로 많았고 독일인도 많았는데 물론 이들 이민자들 상당수는 결국 서부에 정착했다.

북서부는 역사와 경제적 이해관계를 볼 때 남부나 동부보다 국가 통합에 더 긴밀하게 엮여 있었다. 훗날 분쟁에서 결정적인 것으로 드러나게 되는 북서부의 역할은 링컨의 경력과 하나로 묶여 있다.

25

링컨과 국가 통합

북서부는 미국에서 가장 빠르게 성장하고 있었고 어떤 측면에서는 가장 활력이 넘치는 지역이었다. 북서부는 아주 뚜렷한 경제적 이해관계를 가지고 있었는데, 대체로 연방의 다른 어떤 지역의 이해관계와도 일치하지 않았다. 유럽으로의 밀 수출은 남북전쟁 직전부터 중요해지기 시작했다. 이 시기에 공유지 불하와 자영농지법, 철도는 서부가 연방정부나 동부 자본에 의존해야 하는 문제였다. 새로운 땅에서 백인 노동자에게 농지를 찾아주려는 욕망은 북서부 경계에 위치한 캔자스 주와 다른 준주들에서 노예제 확대를 반대하는 동기가 되었다.

그러한 실정과 더불어 역사적으로도 서부의 정서는 구 북부와 구 남부에 존재하는 정서와 다를 수밖에 없었다. 서부에서는 자기 주에 대한 충성심보다는 연방에 대한 충성심이 더 컸다. 오래된 주들은 연방정부보다 더 먼저 생겼지만, 서부 주들은 연방정부에 의해 창설되었다. 그곳에 정착한 이민자들은 북부에서도 왔고, 남부에서도 왔다. 그러나 상당수가 유럽에서 갓 도착한 사람들이었다. 그들은 약속의 땅에서 자유와 번영을 찾았을 뿐 지역 분리에는 관심이 없었다. 게다가 서부는 유럽과 이어지는 바다를 직접 내다보지 못하고 수백 마일에 걸친 내륙의 도로와 강들로 바다와 분리되어 있었다. 서부는 내륙에 도로 건설을 촉진하고, 인디언들을 몰아내며 내륙 수로를 유지하기 위해서 연방정부에 의존했다. 따라서 북서부는 특히나 국가 통합에 의존했다. 오대호 수계와 이리 운하와 마찬가지로 도로와 나중에는 철도도 동서 방향으로 뻗은 한편, 미시시피 강과 그 지류들은 남북 방향으로 흘렀다. 운송 수단 외에도 남쪽의 에스파냐인, 북쪽의 영국인, 어디에 있든 아무에게도 환영받지 못하는 인디언의 존재는 서부에 강력한 정부의 필요성을 상기시켰다. 이러한 상황에서 미합중국을 향한 애국주의가 자기 주에 대한 구식 충성심이 여전히 살아 있는 동부보다 서부에서 더 큰 힘을 얻었다는 것은 놀랄 일이 아니다.

링컨의 등장

북서부*에 최초로 효과적인 정치적 표현의 통로를 제공한 에이브러햄 링컨은 젊은 시절 일리노이 시민 대부분에게 영향을 미친 요인들의 세례를 받았다. 앞서 본 대로 그는 켄터키의 매우 가난한 집에서 태어났지만 그가 일곱 살 때 가족은 인디애나 주로 이주했다. 니콜라이와 헤이에 따르면 "켄터키의 사회적 조건들은 초기 개척 시

---

*   [원주]링컨 시대 북서부는 오늘날 중서부로 부르는 지역 가운데 동부를 말한다.

대와 크게 달라졌다. 그곳의 삶은 좀 더 안정적이고 질서정연한 경로를 따르게 되었다. 이전의 미개한 평등의 시대는 지나갔다. 계급 간 차이가 눈에 띄기 시작했다. 노예를 소유한 사람들은 노예가 없는 사람에 비해 뚜렷이 우월한 지위를 누리게 되었다. 토머스 링컨은 켄터키가 더 이상 가난한 자를 위한 땅이 아니라고 결론 내리고 인디애나에서 새로이 운을 걸어보기로 했다." 그러나 인디애나에서 그를 기다리고 있던 행운은 없었고, 1830년 링컨이 장성한 해에 아버지는 다시 한 번 서쪽으로 이주하기로 하고 이번에는 일리노이로 갔다.

링컨의 성격은 어린 시절에 형성된 것이다. 어린 시절 "그는 숲속에서 외롭게 살았다. 혼자서 놀다가 쓸쓸한 집으로 돌아오던 시절이었다. 그는 가장 친한 친구들한테도 이 시절에 대해 이야기하지 않았다.…… 어린 마음과 영혼을 함양하는 데 보탬이 되는 모든 것들, 책, 장난감, 기발한 놀이, 일상적인 부모의 사랑과 헌신에 대해 그는 아무것도 몰랐다." 고된 일, 인디언의 풍습, 고독, 숲의 고요가 전부였다. 그는 사람들을 사랑했는데, 어쩌면 숲에서는 사람이 드물었기 때문이었는지도 모른다.

일리노이에서 링컨은 두드러진 재능보다는 근면한 노력, 그를 인기 있게 만든 성격과 품성을 통해서 점차 성공해나갔다. 1831년 그는 상점의 직원이 되어 강을 따라 뉴올리언스까지 화물을 싣고 갔다. 1832년에는 블랙호크 전쟁에 참가했다. 이때의 참전 경험은 나중(1848년)에 캐스 장군이 그리 대단치 않은 1812년 [미영]전쟁 참전 경험으로 치켜세워지고 있을 때 정치적 자산으로서 군사적 영예를 내세우는 행태를 조롱할 기회를 그에게 제공했다.

"의장님, 제가 전쟁 영웅이라는 사실을 아십니까? 블랙호크 전쟁 당시 저도 가서 싸우고 피를 흘리고 돌아왔습니다. 스틸먼의 패전에 함께하지는 않았지만 헐이 항복했을 때 캐스 장군만큼 가까이 있었고, 또 캐스 장군처럼 저도 전투 직후에 그 전장에 가봤습니다. 제가 칼을 꺾지 않은 것은 확실한데 저에게는 꺾을 칼이 없었으니까요. 하지만 한 번은 제 머스킷 총을 아주 한심하게 구부러뜨린 적은 있습니다. 캐스 장군이 산앵두나무 열매를 따러가는 데 저보다 한 발 앞섰다면, 달래를 향해 돌격할 때는 제가 그보다 앞섰을 겁니다. 캐스 장군이 시체가 아니라 진짜 살아 있는 인디언 전사를 봤다면 분명 저보다 전투를 더 많이 봤을 테지만 저도 모기들하고 정말 피 튀기게 싸운 적이 많습니다. 그리고 제가 출혈로 기절한 적은 없지만 자주 배가 고팠다는 것은 장담합니다. 앞으로 제가 우리 민주당 의원 여러분이 저한테 있다고 여기는 검은 모표 연방주의*가 무엇이든 간에 그것을 모조리 버리기로 결심하고, 그에 따라 민주당 의원 여러분께서 저를 민주당의 대통령 후보로 뽑아주신다고 해도 저는 그들이 캐스 장군한테 한 것처럼 전쟁 영웅인 양 치켜세워서 저를 웃음거리로 만들게 놔두지 않을 것이라고 강력히 주장하는 바입니다."

이러한 군사적 활약을 펼치던 시기에 링컨은 일리노이 주 의원 후보였다. 그는 헨리 클레이†를 지지하는 휘그당원으로 출마했

---

* 옛날 연방주의자들이 모자에 검은 표식을 달았던 데서 유래한 것으로 연방주의자를 경멸적으로 지칭하는 표현.

† 공화당과 휘그당에서 여러 차례 대선후보로 출마했으며, 첨예한 갈등이 벌어졌던 주요한 사건들을 조정하는 데 탁월한 능력을 발휘하였다. 노예제 문제에서는 미주리 타협안을 도출해내었다.

다. 그는 "나는 국립 은행을 지지한다. 나는 국내 기간 시설 정비와 높은 관세를 지지한다. 이것들이 나의 견해이자 정치 원칙이다"라고 말했다. 어느 경우에도 링컨은 자신의 견해를 애매하게 흐려서 표를 얻으려고 시도하지 않았다. 일리노이 주는 잭슨을 지지했고 링컨은 잭슨에 대립했기 때문에 이때 그는 패배했다.

정치가로 실패한 후 그는 대장장이가 될까 생각했지만 우연히 잡화점의 지분을 얻게 되었다. 그러나 사업은 망했고, 그는 많은 빚을 떠안았다. 한동안 그는 우체국장으로, 그다음에는 군郡소속 측량사로 일했다. 그는 가는 곳마다 인기가 많았다고 하는데 때로는 "그 일대에서 구할 수 있는 최고의 경마 심판"이라든가 "위스키 통을 들어올려 마개에 입을 대고 마실 수 있었다"는 등의 예상 밖의 이유로 인기가 많았다. 이런 장점 때문이었는지 아니면 다른 장점들 때문이었는지 1834년 선거에서는 수위를 차지했다.

이 시기 링컨의 정치 활동은 흠잡을 데 없었지만 그리 대단하지 않았다. 딱 한 번 예외가 있었는데 바로 1837년의 '링컨－스톤 항의'였다. 이것은 노예제에 대한 그의 개인적인 첫 공개적 의사 표명이었는데, 일리노이 주에서 노예제는 한동안 반半용인 상태였다가 1832년 주민투표로 완전히 금지되었다. 이 투표에도 불구하고 폐지론자들에 대한 맹렬한 증오가 존재했고, 이것은 모든 뉴잉글랜드 사람들한테로 확대되었다. 누군가가 노예제에 반대한다고 공언하는 것은 위험했고 자유민 흑인이 일리노이 주에 들어오는 것을 막는 가혹하고 강력한 법이 존재했다. 이미 언급했듯이 일리노이 주 앨턴에서 일라이자 P. 러브조이 목사가 1837년 링컨과 스톤이 이 항의서를 발표한 바로 그해에 폐지론을 주장하다가 폭도에게 살해당했다. 남부의 노예제 시각을 지지하는 결의안이 주의회에서 통과되고 상원에서는 만장일치로 가결되었으며 하원에서는 단 5명만 반대 의사를 표명했는데, 두 사람이 작성한 글은 이에 반대하는 성명서였다. 항의서는 "노예제는 불의와 나쁜 정책을 바탕으로 하지만 폐지론의 신념을 널리 퍼트리는 것은 노예제의 해악을 완화하기보다는 오히려 증대시키는 경우가 많다"는 뜻을 표명한다. 더 나아가 두 사람은 연방의회는 헌법 아래서 각 주의 노예제에 간섭할 권한이 없다고 표명한다. 1837년에는 이처럼 온건한 항의조차도 굉장한 용기가 필요했다는 사실은 이후에 여론이 얼마나 급격히 변했는지를 보여준다. 링컨은 이 시기에 이미 노예제에 대한 혐오와 헌법에 대한 존중을 결합한 태도를 보여주고 있으며 그는 언제나 이러한 태도를 고수했다.

몇 년간 틈틈이 공부한 결과 1841년부터 링컨은 변호사로 활동하기 시작했다. 비록 수입이 그리 많지는 않았지만 그는 변호사로서 잘 나갔고 평판도 좋았다. "그가 가장 많이 받은 수임료는 일리노이 중앙철도 회사로부터 받은 5천 달러인데 그 수임료를 받아내기 위해서 회사를 고소해야만 했다."[70] 그는 1846년에 하원의원으로 선출되었는데 일리노이 주에서 휘그당원으로는 유일한 당선자였다. 그는 멕시코 전쟁이 정당하지 않다고 생각했지만, 그럼에도 일단 전쟁이 시작되자 전쟁을 지원해야 하고 승리로 이끌어야 한다고 생각했다. 의회 연설에서 그는 이렇게 발언했다. "이 전쟁은 불필요하고 대통령이 위헌적으로 개시한 것이라고 말하는 게 전쟁을 반대하는 행위라면 휘그당원들은 대체로 전쟁에 반대해왔습니다.…… 그러나 전쟁이 시작되었고 국가의 목표가 되었을 때 여러분의 돈과 피와 마찬가지로 우리의 돈과 피를 바치는 것이 전쟁을 지지하는 행위라면, 그렇다면 우리가 언제나 전쟁에 반대해왔다는 말은 사실이 아닙니다." 링컨의 태도는 언제나 개인으로서의 시민은, 논쟁에서를 제외하고는, 민주적으로 선출된 정부에 반대해서는 안 된다는 것이었다. 그는 민주주의에 대해 철저하게 일관된 신념을 간직한 역사상 몇 안 되는 사람이었다. 그는 제퍼슨처럼 '국민'에 의한 정부만 믿은 것이 아니라 국민에 의한 '정부'도 믿었다. 그는 권위의 필요성과 법에 대한 복종의 필요성을 한시도 망각하지 않았다.

의원으로 재직하는 동안 정치에 대한 관심이 식은 그는 1849년에 일리노이로 돌아와 변호사 활동을 재개했다. 그는 "1849년부터 1854년까지, 그 두 해를 모두 포함해서 나는 그 어느 때보다 변호사 일에 열중했다"고 말한다. "정치에 흥미를 잃어가고 있을 때 미주리 타협의 철폐가 나를 다시 각성시켰다." 정계 은퇴기간 동안 그가 논리학을 공부하고 유클리드 기하학 원론 첫 6권을 암기했다는 사실이 눈에 띈다. 이것의 효과는 그의 연설에서도 찾아볼 수 있는데, 예를 들어 그는 이런 연설을 한다. "사람들은 흔히 머리가 온전하기만 하다면 어떤 아이한테든 유클리드의 간단한 명제들이 참이라는 점을 가르칠 수 있다고 자신 있게 말한다. 그러나 그는 정의定議와 공리公理를 부정하는 사람한테는 완전히 실패할 것이다. 제퍼슨의 원칙들은 자유로운 사회의 정의와 공리다." 물론 제퍼슨도 이러한 시각을 취했으며, 그의 정치적 사고는 직간접적으로 유클리드의 영향을 받았다. 지금까지 연역법을 귀납법으로 대체해온 과정은 느리고 점진적이었으며, 그러한 과정 속에서 지적 진보는 때로 정치적 퇴보를 동반해왔다. 우리로서는 링컨이 긴밀한 인적 경험을 쌓았음에도 불구하고 여전히 몇몇 지점에서는 연역적으로 사고했고, 그 연역적 사고 과정 속에서 확실성과 설득력을 얻게 되었다는 사실에 기뻐해도 될 것 같다.

더글러스와의 공개토론

링컨은 노예제에 대한 증오심을 확고히 자제했으며 그것은 헌법에 대한 존중에 언제나 부차적이었다. 그러나 노예제 확대의 위험이 부상하자 결국 이 감정이 그를 정치로 복귀시켰다. 네브래스카 법안으로 미주리 타협을 철폐한 사람은 일리노이 주의 상원의원 더글러스였다. 1854년 10월 스프링필드에서 열린 주립 농업박람회에서 더글러스와 링컨은 더글러스의 행위로 첨예하게 부각된 쟁점을 둘러싸고 공개 토론에서 처음으로 맞부닥쳤다. 더글러스는 그가 주장한 주권재민의 신념을 옹호하면서 평소처럼 자신은 새로운 준주들이 노예제에 찬성표를 던질지 반대표를 던질지는 관심이 없다고 말했다. 그는 그 쟁점을 그곳의 정착민들의 뜻에 맡기는 데 만족했다. 링컨은 네 시간에 걸친 연설을 통해 이후에 그의 행동 지침이 될 신념을 제시했다.

하지만 이렇게 공언된 무관심이란 노예제의 확대에 대한 은밀한 열의와 마찬가지이기 때문에 저는 노예제를 증오할 수밖에 없습니다. 저는 노예제 자체의 끔찍한 부당성 때문에 증오합니다. 또한 우리가 공화주의의 본보기로 세계에 정당한 영향력을 행사할 기회를 노예제가 앗아가기에 증오합니다. 자유로운 제도를 갖춘 우리의 적들이 우리의 위선을 조롱할 때 설득력을 줄 수 있기에, 자유의 진정한 친구들이 우리의 진심을 의심하게 만들기에 노예제를 증오합니다. 우리 가운데 진정으로 훌륭한 수많은 사람들로 하여금 독립선언서를 비판하게 만들고, 자기 이익의 추구 외에 올바른 행동 원칙은 없다고 주장하며, 시민적 자유의 가장 근본적인 원칙들과 공공연히 대립하게 몰아가기 때문에 노예제를 증오합니다.

(…)

자치의 신념은 옳습니다. 절대적으로, 또 영구적으로 옳습니다. 그렇지만 그것은 지금과 같은 경우에는 정당하게 적용되지 않습니다. 아니 그보다는 그 원칙이 정당하게 적용될 수 있는지는 흑인이 인간인가 아닌가에 달려 있다고 말하고 싶습니다. 만약 흑인이 인간이 아니라면 인간인 우리는 자치의 차원에서 흑인에게 자기 하고 싶은 대로 하면 됩니다. 그러나 흑인이 인간이라면 그도 역시 스스로 다스릴 수 없다고 말하는 것은 그런 점에서 자치 원칙의 완전한 파괴가 아닙니까? 백인이 스스로 다스리면 그것은 자치이지요. 그러나 그가 자신을 다스리고 또 다른 사람까지 다스리면 그것은 자치 이상입니다. 그것은 전제입니다.

한 대목은 특히, 링컨의 이후 연설들을 암시한다.

조금씩, 그러나 꾸준하게, 인간이 무덤을 향해가듯이 우리는 옛 신념을 버리고 새 신념을 채택해왔습니다. 거의 80년 전에 우리는 모든 인간은 평등하게 태어났다고 선언함으로써 시작했습니다. 그러나 이제 그 시작으로부터 우리는 다른 선언, 즉 어떤 사람들이 다른 사람들을 노예로 삼는 것은 '신성한 자치권'이라고 선언하는 쪽까지 달려왔습니다. 이러한 원칙들은 공존할 수 없습니다. 이 원칙들은 하느님과 맘몬*만큼 대립합니다.

더글러스에 대한 링컨의 비판은 일리노이에 크나큰 인상을 남겼고 많은 민주당원들이 노예제의 확대에 일체 반대하는 '반反네브래스카'파에 가담했다. 여론의 향배에 민감한 더글러스는 남부 친구들을 향한 애정이 약간 식기 시작했다. 1858년 그와 링컨이 일리노이 주 상원 의석을 두고 맞붙었을 때 링컨은 더글러스를 몰아붙여 이전 입장에서 한 발 더 물러서게 만들었고, 그 때문에 그는 1860년에 노예주들에서 지지를 잃고 민주당의 분열을 야기해 링컨이 대통령 선거에서 승리하는 결과를 낳았다. 그때까지 남부는 북부 유권자들의 도움으로 집권해왔다. 그리고 이러한 과정이 지속할 수 없게 된 것은 링컨이 토론을 통해 더글러스의 입장을 꼬치꼬치 캐물은 덕분이었다.

링컨은 노예제 문제에서 무력 충돌이 불가피함을 다른 어느 공직 인사보다 먼저 깨달았다. 그가 충돌을 원한 것은 아니었다. 그는 남부의 노예제를 내버려 둘 용의가 있었다. 그러나 그는 양측 어느 쪽에서도 평화로운 결론은 나지 않을 것이라고 느꼈다. 1855년 그는 친구에게 이런 편지를 썼다. "지금까지의 경험을 볼 때 노예제가 평화롭게 소멸할 전망은 없는 것 같네. 평화롭고 자발적인 해방에 관한 한, 자유로운 정신의 사색에 해롭기 그지없는 미국에서

---

* 부와 재물을 인격화한 존재이자 탐욕을 상징하는 악마.

흑인 노예의 상태는 최후까지 회개하지 않는 구제불능의 영혼처럼 완전히 고착되어 이제 좋은 쪽으로 변화할 가능성이 없네. 우리 미국의 노예 주인들이 자발적으로 노예를 놔주길 기다리느니 러시아의 모든 전제군주가 왕관을 버리고 그의 신민이 자유로운 공화주의자라고 선언하기를 기다리는 게 더 빠를 걸세. ……지금 우리의 정치적 문제는 '우리가 한 나라로서 반은 노예주인 채, 반은 자유주인 채 앞으로도 영원히 함께 갈 수 있을까?'이네. 이 문제는 우리에게 너무 큰 문제야. 주님께서 자비롭게 해결책을 내려주시길 기도하는 수밖에…….″[71]

이것은 그가 1858년에 더글러스와 상원의원 선거에서 공개적으로 천명한 소신을 처음 밝힌 예이다. 그는 후보 지명을 수락하면서 네브래스카 정책에 대해 이렇게 언급했다.

이제 노예제를 둘러싼 혼란을 끝낸다는 목표를 공언하고 그 목표 달성을 자신 있게 약속한 정책을 시행한 지 5년째입니다. 그러나 그 정책의 시행 아래, 혼란은 끝나지 않았을 뿐만 아니라 지속적으로 커지고 있습니다. 저는 혼란이 위기에 도달하고 위기가 지나갈 때까지 이 문제가 끝나지 않을 것이라고 믿습니다. "두 쪽으로 갈라진 집은 버틸 수 없다″*고 했습니다. 저는 이 정부가 절반은 노예주인 채로 절반은 자유주인 채로는 영구적으로 버틸 수 없다고 믿습니다. 저는 연방이 해체되기를 바라지 않습니다. 저는 집이 무너지는 것을 바라지 않습니다. 그러나 저는 분열이 멈추기를 진심으로 바랍니다. 이 문제

*   마가복음 3장 25절.

는 둘 중 하나로 정리될 것입니다. 노예제를 반대하는 측이 그것의 확대를 저지해 노예제가 궁극적으로 소멸의 길을 가고 있다고 안심하게 되든지 아니면 노예제를 옹호하는 측이 그것을 밀어붙여 노예제가 모든 주에서, 신新주뿐만 아니라 구構주에서도, 남부뿐만 아니라 북부에서도 똑같이 합법이 되든지 둘 중 하나입니다.

이런 소신은 당시에는 경악스러웠고 부당한 것처럼 보였다. 당시 선거 운동을 가장 흥미진진하게 만든 링컨과 더글러스 간의 논쟁에서 더글러스는 이 지점에서 링컨을 공격할 가장 효과적인 논거를 찾아냈다. 그는 링컨이 묘하게도 사심 없는 혜안으로 단순히 불가피한 미래를 내다본 것이 아니라 폭력적 충돌을 바람직한 것처럼 조장하고 있다고 생각했다. 그는 링컨이 내전, 북부와 남부 간의 전쟁, 끝장을 보는 전쟁, 어느 한쪽이 상대방을 완전히 굴복시킬 때까지 이어질 전쟁을 부추기고 있다고 비난했다. 당시에는 더글러스가 논쟁에서 더 우세했다는 평가가 일반적이었으며, 심지어 동부의 공화파들은 그가 링컨의 경쟁 상대인 것을 유감스럽게 여겼다. 그는 캔자스 문제와 관련해서 뒤늦게 어느 정도 입장을 바꿨고, 사람들은 그 문제에서 그가 지지를 받을 만하다고 여겼다.

더글러스는 영리한 논쟁가였지만 매우 난처한 처지에 있었다. 만약 남부를 만족시키면 그는 일리노이를 잃을 것이었다. 반대로 남부를 만족시키지 못하면 그는 1861년에 대통령 당선을 기대할 수 없었다. 프리포트 토론에서 링컨은 더글러스가 적당히 넘어가려 한 문제에 확고한 입장을 표명하라고 몰아붙였다. 링컨은 "미국 어느 준주의 주민들이 주 헌법의 성안 이전에도 미국의 다른 어느 시민의 뜻에 반하여 자신들의 영토에서 노예제를 배제할 수 있다고 보십니까?"라고 물었다. 더글러스는 드레드 스콧 판결에도 불구하고 그들이 그렇게 할 수 있다고 대답했다. 그들은 "비우호적인 입법"으로 그렇게 할 수 있다. 왜냐하면 "노예제는 현지의 치안 법규로 뒷받침되지 않는다면 어디서든 단 하루도, 아니 단 한 시간도 존속할 수 없기" 때문이다. 이러한 정견은 일리노이 주를 만족시켰고 더글러스는 상원의원 선거에서 승리했다. 그러나 이것은 남부를 화나게 했고 민주당을 분열시켰다.

링컨의 신념 – 연방의 보존

링컨이 1860년 공화당 후보로 지명되었을 때 노예제와 직접적으로 관련이 없는 쟁점들이 여럿 있었다. 하천과 항구 정비 문제가 있었고 관세 문제도 있었다. 링컨은 항상 높은 관세를 선호해왔고 그때도 마찬가지였다. 많은 표를 좌우한 또 다른 쟁점은 무상 농지 공여 문제였다. 링컨 지지자들의 행렬은 이런 구호를 외쳤다. "실제 정착민들 전원에 자영 농지를!", "링컨과 무상 농지 공여", "농지불하법을 통과시켜라! 그러면 노예문제도 해결된다", "우리는 160에이커 땅을 반드시 가져야 한다", "미국은 우리 모두에게 농장을 나눠줄 만큼 부유하다."[72]

　1860년에 링컨의 강령 가운데 노예 해방은 없었다. 그는 서부와 오하이오 유역의 정서를 알았다. 그는 일리노이와 인디애나, 오하이오, 심지어 켄터키와 테네시 동부 주민들이 연방을 보존하기 위해서는 싸울 것이지만 노예제를 철폐하기 위해서는 싸우지 않으리란 점을 알았다.[73] 심지어 1864년까지도 "북부 사람 10명 가운데

1명도 흑인이 노예이든 자유인이든 신경 쓰지 않는다"[74]는 것이 당시 중론이었다.

노예제에 대한 반대가 항상 존재해온 상황에서 노예제 반대와 노예제 확대에 대한 반대를 혼동해서는 안 된다. 북서부와 기후가 백인 노동에 적합한 곳에서 노동자들은 자연히 노예든 자유인이든 흑인과의 경쟁을 반대했다. 소농들도 수백 명의 노예를 거느린 부유한 농장주들에게 눌리고 싶은 마음이 전혀 없었다. 그들이 자영농에게 돌아갈 토지를 흡수할 것이기 때문이다. 노예제를 도덕적 근거에서 반대하는 정서가 없었다면 어쩌면 미국은 미주리 타협의 노선을 따라 평화롭게 존속했을 수도 있다. 그러나 폐지론에 대한 두려움과 자신들을 사악하게 취급하는 상황이 남부를 공격적으로 몰아갔고, 그러자 북부도 자신들이 자유 영토로 간주하는 지역들을 지키기 위해 나서게 되었다. 링컨이 대통령에 당선된 후에도 만약 남부가 1850년 이전 상태로 복귀할 용의가 있었다면 타협이 가능했을지도 모른다. 그러나 남부는 오랜 집권으로 생겨난 오만한 태도를 보였고, 이러한 오만함은 폐지론자들에 의해 악화되었으며 그들은 링컨을 폐지론자 가운데 하나로 착각했다. 연방을 탈퇴한 것도 남부였고 섬터 요새에서 먼저 발포한 쪽도 남부였기에, 링컨은 대통령으로서 연방을 수호하는 임무를 떠맡았다. 노예제가 충돌을 야기했지만 그것이 전쟁의 쟁점은 아니었다. 쟁점은 연방을 탈퇴할 권리가 있는가였다.

시민 개인으로서 링컨은 노예제를 싫어했지만 공인으로는 언제나 일관되게 헌법을 옹호했다. 1858년 더글러스의 논쟁 동안 그는 현행 헌법 아래에서 남부는 도망노예법을 실시할 권리가 있다는 입장을 밝혔고, 이 견해를 대통령 취임연설에서도 재차 확인했다. 취임연설에서 그는 "저는 노예제가 존재하는 주들에서 직접적으로든 간접적으로든 그 제도에 개입할 뜻이 없습니다"라고 말했다.

오랜 세월 동안 여러 난관과 실패를 겪으면서도 대규모 전쟁을 결연하게 수행해 결국 승리로 이끌고, 내내 한결같이 유화적이고 침착하며 관대한 태도를 취한 것은 내가 아는 한 링컨을 제외한 역사상 어느 누구도 보여주지 못한 업적이다. 연방 탈퇴에도 불구하고 남부가 그를 공격하지 않았다면 링컨은 남부를 공격하지 않았을 것이다.

"제게 위임된 권한은 연방정부에 소속된 모든 재산과 토지를 유지, 점유, 소유하며 부과금과 세금을 징수하는 것입니다. 그러나 이러한 목적에 필요한 것을 넘어서서 침략을 하거나 무력을 사용하지는 않을 것입니다. 미국 내 어느 지역이든 미합중국에 대한 적대감이 너무 크고 보편적이어서 유능한 주민들이 연방의 공직을 맡는 것이 불가능할지라도 그 주민들 사이에 가증스러운 이방인을 공직자로 강요하려는 시도도 하지 않을 것입니다."

더 나아가 그는 연방정부가 주의 내부 제도에 개입하지 않는다는 조건의 헌법 개정에 전혀 이의가 없다고 말한다. 남부에 유일하게 거부된 것은 노예 영토의 확대였지만 그것은 연방 탈퇴로는 거의 얻을 수 없는 목표였다. 이제 와서 보면 탈퇴는 라틴아메리카 정복으로 나가는 첫 단계가 아니라면 비논리적으로 보인다. 그러나 링컨의 평화적인 말은 아무런 효과가 없었고 그에게는 내전이 강요되었다.

비록 노예제가 아니라 연방 존립이 전쟁의 쟁점이었지만 노예제는 전황의 탄력을 받아 폐지되었다. 그는 "갑작스러운 해방 대신 점진적인 해방이 모두에게 더 좋다"[75]고 믿었고, 소유주에게 보상을 하는 조치와 제퍼슨의 제안처럼 점진적으로 노예제를 없애는 규정을 선호했을 것이다. 그는 그런 조치를 처음에 델라웨어 주에 제안했고, 다음에는 연방에 충성스럽게 남은 다른 모든 경계주들에도 제안했다. 그는 델라웨어 주의 노예들에 대한 보상은 전쟁 반나절에 소요되는 비용보다 덜 들 것이며 전체 경계주의 노예에 대한 보상은 전쟁 87일 비용에 불과할 것이라는 점을 지적했다. 그러나 경계주들은 현금보다는 노예를 선호해 그의 제안을 거부했다. 연방 정부가 방해를 받지 않은 컬럼비아 특별구에서는 노예들이 일찍이 1862년에 보상을 받고 해방되었다.

알다시피 1862년 9월 22일에 링컨은 반란을 일으킨 주에 있는 모든 노예는 1863년 1월 1일자로 영구적으로 자유인이 될 것이라는 노예해방령을 선언했다. 그는 충성을 유지한 주에는 노예 해방에 동의하면 보상을 하겠다고 제안했고, 전쟁이 끝난 후에는 심지어 반란을 일으킨 주에서도 연방에 충성스럽게 남은 시민들에게는 보상을 제의했다. 그는 이 해방령을 군사적 이유에서 군대의 총사령관 자격으로 발효했다.

링컨은 호러스 그릴리*에게 보낸 유명한 편지에서 연방의 보존

---

* 노예제 폐지를 강력히 지지한 언론인으로, 《뉴요커》의 편집주간을 거쳐 《뉴욕 트리뷴》을 창간했다.

을 가장 잘 도모할 수 있는 방식으로 노예 문제를 다룰 것이라고 밝혔고, "이 싸움에서 무엇보다 중요한 목표는 노예제를 구하거나 파괴하는 것이 아니라 연방을 구하는 것"이라고 썼다. 오로지 군사적 수단으로서만 그리고 연방정부의 적을 겨냥한 것으로서만 노예해방령은 헌법 아래서 정당화될 수 있었다. 링컨이 노예를 해방시키고 싶어 했으며 그 목적을 위해 일체의 정당한 수단을 취할 용의가 있었다는 점은 의심의 여지가 없다. 그러나 그는 어떤 상황에서도 헌법을 침해하거나 노예제 쟁점이 연방을 보존하는 쟁점보다 우선하게 되는 것을 꺼렸다.

그가 처음 내각에 노예해방령을 제안했을 때, [국무장관] 수어드는 승전을 기다리는 것이 더 현명하다고 제의했고 링컨은 그의 뜻에 따랐다. 앤티텀 전투* 후 그는 내각에 때가 왔음을 알렸다. 그는 "만약 신께서 다가오는 전투에 승리를 안겨주신다면 이를 신의 의지의 표명으로 간주할 것이며 노예 해방의 대의로 나아가는 것이 그의 의무라고 판단했다.…… 신은 노예들에게 유리하게 그 문제를 결정하셨다."†

전쟁 동안 반노예제 정서는 크게 강화되었고, 심지어 경계주들도 다수가 폐지를 지지하게 되었다. 1865년 1월 (노예제를 폐지하는) 미국 헌법의 13차 개정안이 하원에 발의되었을 때 델라웨어 주 의원 1명과 메릴랜드 주 의원 4명, 웨스트버지니아 주 의원 3명, 켄

---

* 남북전쟁에서 최대의 사상자를 낸 혈투로 이전까지 앞선 전력에도 불구하고 수세에 몰리던 북군이 승기를 잡게 되는 전환점이 되었다.

† [원주]Nicolay and Hay, op. cit, VI, p. 160. 링컨은 연방의회가 각 주의 노예제에 관해 입법할 권한을 인정하지 않았다. 그의 행동을 웨이드-데이비스 법안과 비교해보라, ibid., IV, p. 120.

터키 주 4명, 미주리 주 의원 7명이 개정안을 지지했다.[76] 27개주의 찬성이 필요한 개정안은 링컨이 암살되고 8개월 후인 1865년 12월에 비준되었다.

분열의 종식

미국의 정치제도는 링컨과 함께 또 노예제의 폐지와 함께 완전히 성숙했다. 그 이후로 대부분의 중요한 발전은 정치적이라기보다 경제적인 발전이었다. 독립선언서에 구현된 민주주의는 링컨의 지도원칙이었으며 종국적으로는 흑인 해방을 가져올 만큼 충분히 강력했다는 것이 드러났다. 그러나 링컨은 자신의 원칙과 제퍼슨의 원칙 사이에서 어떤 차이를 의심하지 못한 것 같지만, 사실 감지하기 힘들 정도로 매우 중요한 변화가 진행되었다.

주에 반하여 연방정부의 권한은 헌법이 처음 채택되었을 때 간주된 것보다 훨씬 커졌다. 어느 정도는 현실적인 필요성 때문이었다. 다름 아닌 제퍼슨도 주의 권리의 열렬한 지지자였지만 루이지애나 매입 당시에는 헌법을 최대한 확대해석해야 했다. 또한 연방대법원에 안전하게 자리를 튼 연방주의자 존 마셜*이 일반 유권자들이 연방파의 존재를 오래전에 잊은 후에도 연방파의 시각을 실행에 옮길 수 있었던 것도 연방정부의 권한 강화 추세에 일조했다. 그러나 중앙정부의 권한을 강화한 것은 주로 미국 서부의 확장이었다. 신新주에서 애향심은 하룻밤 사이에 생겨날 수 없었으며,

---

* 제4대 연방대법원장. 헌법을 해석하는 최종기관으로서 연방대법원의 위상을 확립하는 데 큰 공헌을 했으며, 연방 정부의 조직과 역할을 정의 내리고 확장하는 데 확고한 근거를 부여하였다.

철도의 보급으로 이동이 자유로워지면서 사람들은 점점 더 미국을 하나로 인식하게 되었다.

제퍼슨은 어쩌면 남부의 연방 탈퇴 주장을 미국이 영국에서 분리 독립하는 주장과 동일선상으로 인식했을지도 모른다. 링컨은 이런 시각을 받아들일 수 없었다. 그에게 또 그의 국민 대다수에게 미국은 한 나라였고, 그 단일성을 유지하기 위해 그들은 기꺼이 싸울 용의가 있었다.

에이브러햄 링컨은 서부의 정서와 이해관계를 대변했고, 서부의 희망의 화신이었다. 공인으로서 그는 개인적 견해를 배제하고 마치 자연의 힘처럼 작용했으며 이러한 특성으로부터 그의 비범한 힘을 이끌어낼 수 있었다. 개인으로서 그는 노예제를 증오했지만 공적 영역에서는 노예제가 분열의 원인이라고 인식하는 한에서만 반대했다. 심지어 연방이, 절반은 노예주 상태로 절반은 자유주 상태로 존속할 수 없다는 결론에 이른 후에도 그는 경제적 보상과 재조정을 위한 시간을 주는 온건하고 점진적인 해방 방식을 선호했다. 그러나 분리에 대해서는 비타협적이었다.

남부가 연방을 탈퇴했을 때 북부의 강력한 여론 집단은 평화로운 묵인을 선호했지만, 링컨은 연방의 권위를 주장할 필요에 대해 조금도 주저하지 않았다. 이탈리아의 마치니와 독일의 비스마르크처럼 그는 국가 통합을 위해 일어섰고 대부분의 민족주의자처럼 그도 그의 국민을 도덕적 사고와 연결시킴으로써 정당성을 찾았다. 그러나 다른 민족주의자 대부분과 달리 그는 이러한 연결 작업에서 정당했다. 미국은 '모든 인간은 평등하게 태어났다는 명제에 바쳐진' 나라였다. 노예제는 이를 비웃는 것 같았다. 남북전쟁에서 이

믿음은 다시금 창조적 신념이 되어 현실을 이상에 더 가깝게 주조
하고 미국에 스스로에 대한 자부심과 다른 나라들의 존경심을 회
복시켰다.

섹션 B ｜ 미국에서의 경쟁과 독점

26

경쟁 자본주의

이상주의자들이 남북전쟁에서 서로를 죽이고 있는 동안, 현실적인 사람들은 꼭대기부터 밑바닥까지 돈벌이에 정신이 없었다. 1860년, 뷰캐넌 대통령이 전복적이라고 거부한 농지불하법은 1862년 [링컨의 재직시] 더 과감한 형태로 수정되어 통과되었다. 이 조치를 통해 미국인이나 미국에 귀화할 뜻을 나타낸 외국인은 공유지 160에이커를 무상으로 얻을 수 있었다. 연방정부는 이용 가능한 매력적인 공유지를 늘리기 위해 잭슨 대통령이 인디언에게 배정한 미시시피 강 서쪽 땅을 빼앗고자 했고, 남북전쟁 와중에 인디언과의 전쟁을 시작했다. 동부의 농장만이 아니라 도시와 공장에서도 새로운 자영 농지로 거대한 이주의 물결이 일어났다. 미국 노동자의 손실을 보충하기 위해 고용주들이 유럽에서 계약노동자를 데려오는 것을 허용하는 법안이 통과되었다. 한편 전비는 융자와 보호관세로 충당되었는데, 관세는 전시에 평균 19퍼센트에서 평균 47

퍼센트까지 올랐다.[77]

오마하부터 서쪽으로 이어지는 유니언퍼시픽 철도와 캘리포니아부터 동쪽으로 이어지는 센트럴퍼시픽 철도가 만나는 최초의 대륙횡단철도 건설이 1862년 의회에서 승인되어 두 철도회사는 약 2천 2백만 에이커의 땅과 2천 7백만 달러에 이르는 국채를 받았다.[78] 다양한 다른 철도들도 대규모 토지와 공채를 받았다.

이후 시기 엄청난 부는 부패에 극히 좋은 기회를 제공한 남북전쟁 당시 사회여건에 기인한다. 일례로 당시 24살의 젊은이였던 피어폰트 모건은 동료 두 명과 함께 낡고 위험하다는 판정을 받은 5천 정의 카빈 소총을 정부한테서 한 정당 3달러 50센트에 구입해 미시시피 강의 부대들에 한 정당 22달러에 팔아넘겼다.

의회위원회와 로버트 오언의 아들 로버트 데일 오언이 포함된 (전쟁장관 직속의) 다른 2인 위원회가 나중에 이 문제를 조사했다. 비록 혐의 내용은 사실로 확인되었지만 모건과 그의 친구들은 돈을 챙겼다.

도금시대

1860년 공화당의 승리는 노예제의 폐지만이 아니라 금권정치의 승리도 가져왔다. 그때까지 서부는 농업과 자유무역을 선호하며 남부와 한편을 이뤘다. 그러나 남부의 노예제 확대의 욕망과 무상 농지 공여 반대로 인해 북서부는 동부와 한편이 되었다. 서부는 서부 땅 문제에서 더 너그러운 정책에 대한 대가로 관세, 금융과 관련하여 해밀턴식 정책을 묵인하였다. 그리고 전쟁은 예상대로 농부들에게 엄청난 이득을 가져왔다. 모든 농산물 가격이 치솟았고 밀 가격은 한때 한 포대*에 2달러 50센트까지 나갔다. 이러한 높은 가격에도 불구하고 밀 수출, 특히 영국으로의 수출은 매우 급속히 증가해 밀 수출량은 1860년 1,700만 포대에서 1863년 5,800만 포대로 늘어났다. 새로운 정책이 억압받는 흑인들에게 자유를 가져올수록 농부들이 점점 잭슨에 대한 충성심을 잊어버린 것도 당연했다. 미덕과 사익 추구가 그렇게 멋지게 결합된 적도 없었다.

남북전쟁 동안 이용 가능해진 새로운 천연 자원은 농업에만 존재한 게 아니었다. 최초의 풍부한 유정은 1861년 펜실베이니아에서 발견되었고, 1862년부터 1865년까지 3년 사이에 3억 갤런의 석유가 생산되었다. 유전 지대에 땅을 갖고 있거나 무지한 농부를 꾀어 땅을 사들일 수 있는 사람은 운만 좋다면 하룻밤 사이에 백만장자가 되는 것을 꿈꿀 수도 있었다. 전쟁 직전에 대량의 금이 콜로라도와 네바다에서 발견되었다. 세계에서 가장 수익성이 높은 슈피리어 호의 철광석 역시 이 시기에 개발되기 시작했다. 서부의 방대한 광물 자원 대부분은 1860년대에 알려졌다. 1861년 공화당이 수립한 국가 경제 시스템의 성공은 유입과 배출에 의존했다. 다름 아닌 동부로 들어오는 값싼 유럽 노동자와 서부에서 개발을 기다리는 미개척지였다. 서부의 땅이 없었다면 노동 이민은 미국의 임금 노동자의 생활수준을 구세계의 생활수준으로 낮췄을 것이다. 노동이민이 없었다면 서부의 땅 때문에 동부 고용주들은 임금을 엄청나게 올릴 수밖에 없었을 테고, 결국 미국 산업의 급속한 성장은 불가능했을 것이다. 따라서 이 경제 시스템은 자체적으로 유지될 수

---

* bushel: 약 36리터

없고 오로지 잉여 노동과 잉여 토지의 공급이 지속되는 한에서만 유지될 수 있었다. 잉여 토지가 먼저 바닥났고, 그와 동시에 이민을 반대하는 운동이 힘을 얻으면서 머잖아 엄격한 이민 제한 정책이 나타났다. 값싼 노동력과 토지가 사라지자 옛 번영의 요인들도 사라졌다. 이것이 1929년에 시작된 불황의 더 큰 원인이다. 자립적인 경제 시스템은 미국에서 부의 증대를 동반했던 환경과 같은 그러한 규제 부재 상태를 허용할 수 없다. 그러나 지난 150년의 발전기 동안 생겨난 정신적 습관은 개척이 끝난 시대에 요구되는 사고의 흡수를 어렵게 만들었다.

미국의 신조는 산업시대의 영국처럼 경쟁이었다. 그러나 영국에서는 자유무역의 채택을 통해 이 신조를 국제적 형태로 선언한 반면, 산업이 여전히 걸음마 단계인 미국은 자본주의 경쟁을 관세라는 수단을 통해 갈수록 국내로 국한했다. 유럽에서 온 값싼 노동은 받아들여졌지만 유럽에서 온 값싼 상품에는 공화당 안에서 서부와 동부의 동맹을 통해 점진적으로 수입이 불가능할 정도로까지 관세가 부과되었다. 미국 노동계급이 이러한 일방적 형태의 경쟁을 반대했으리라고 생각할지도 모르지만 그들은 자영 농지를 얻는 데 정신이 없었고 임금노동은 기꺼이 외국인들에게 맡겼다. 참전하지 않은 사람들 사이에서 벌어진 부를 얻기 위한 각축전에서 전리품은 이전과 비교할 수 없는 규모였고, 심지어 그러한 각축전 바깥에 있던 사람한테도 무시할 수 없는 위로금이 주어졌다. 위로금이란 바로, 철도가 매일 1마일 속도로 놓이고 도시가 달마다 성장하여 유럽과 미국에서 지속적으로 팽창하는 시장을 겨냥해 굉장히 적은 노동으로 밀을 재배할 수 있는 지역의 160에이커의 비옥한 땅이었다.

당대인에게는 당시에 일어나고 있던 일이 부를 얻기 위한 각축전으로 비치지 않았다. 국가의 자원들은 개발을 소리 높여 외치고 있는 것처럼 느껴졌고, 그러한 부름에 재빨리 응답하는 것은 위대한 경쟁의 신에게 적절한 경의를 표하는 것으로 여겨졌다. 학교에서는 학생들에게 아래와 같은 시를 암송시키면서 경쟁심을 주입시켰다.

이 일대에 필적할 만한 곳이 없는
도시는 어디 있는가?
키는 석 자에 불과하지만
나보다 성적을 더 많이 올린 아이는 어디 있는가?
이런 생각을 하면 내 어린 마음은
인류 가운데 가장 위대한 사람이 되어야겠다고 다짐하게 된다.
카이사르와 달리 피로 물든 위인이 아니라
워싱턴처럼 선행으로 위대한 사람이 되겠다고

워싱턴이 죽었을 당시 (찰스 A. 비어드에 따르면) 그는 미국 최고의 부자였다. 남북전쟁 동안 "피로 물드는" 것을 피한 사람들 다수는 그런 측면에서 "워싱턴처럼 위대해지는 데" 성공했다.

밴더빌트 제독의 수완

미국에서 가장 커다란 부는 남북전쟁 시대부터 줄곧 철도와 석유, 철강에서 나왔고, 궁극적으로 이 세 가지는 금융이라는 거대한 하나의 대양에서 합쳐졌다. 철도와 석유, 철강은 모두 치열한 경쟁의 시대를 거쳐 점차 완전한 합병의 시대로 넘어갔다. 남북전쟁과 그 이후 한동안 철도는 이 셋 중 가장 중요했다. 그리고 철도 세계에서 가장 위대한 이름은 밴더빌트 '제독'이었다.

남북전쟁으로 인해 철도에 관심을 갖게 되었을 때 밴더빌트 제독은 이미 69세의 노인이었다. 그때까지 그의 성공은 바다에서 얻은 것이었다. 1877년 사망 당시 그의 재산 가치는 1억 5백만 달러에 달했다. 그는 범선 시절에 사업을 시작해 연안무역에 쓰이는 [소형 범선] 스쿠너를 건조하고 소유했다. 기선 시대가 오자 스쿠너를 팔고 증기선의 선장이 되었다. 1829년에 이르러 3만 달러를 모아 그 돈으로 자신이 건조한 기선들에 투자했다. 경쟁자로서 그는 가차 없었다. 때로는 운임을 깎음으로써 경쟁자들을 파산시켰고, 때로는 경쟁에서 빠지는 대가로 거금을 뜯어냈다. 예를 들어, 명목상으로 경쟁하는 두 기선 회사(대중은 경쟁하는 모습을 원했다)는 뉴욕에서 캘리포니아로 우편물을 배달하는 대가로 연간 90만 달러를 받았지만 밴더빌트는 캘리포니아로 자신의 기선을 운항하지 않는 대가로 이 액수 가운데 처음에는 48만 달러를, 나중에는 61만 2,000달러를 뜯어냈다. 선박을 운항하면 수익이 나지만 운항하지 않는 것이 그보다 더 큰 수익을 가져오니 그의 재산이 늘어난 것도 당연하다.

전쟁이 나자 기선은 정부에 매각되지 않는 한 수익성이 없어졌다. 그러나 여기서도 기회가 금방 나타났다. 1862년에 바다를 통해 뉴올리언스로 분견대를 파견하는 결정이 내려졌고, 밴더빌트는 정부를 위해 배를 매입하는 권한을 위임받았다. 그의 중개인은 배를 사들이기 전에 수수료를 요구했지만, 수수료를 받으면 때로는 호수용으로 건조되어 바다에 적합하지 않은 배에 매겨진 터무니없는 가격에도 기꺼이 동의했다. 그러므로 선박 판매는 밴더빌트에게 괜찮은 수익을 제공했고, 따라서 바다와의 이별은 그에게 그리 서글프지 않았다.

그의 첫 철도 사업은 다른 많은 사업들에서와 마찬가지로 뉴욕과 할렘 철도라는 작은 교외 노선으로 시작했다. 1862년 주식이 1주당 9달러에 팔리고 있을 때 그는 주식을 사들이기 시작했다. 회사 지배권을 얻은 후에 주식 가격은 갑자기 주당 50달러까지 치솟았다. 그가 부패한 수단을 통해 뉴욕 시의회로부터 할렘 노선 종점부터 도심 전역을 관통하는 시가 전차를 운영할 수 있는 사업 인가를 받아냈기 때문이었다. 그러나 그에게는 로Law라는 경쟁자가 있었고, 로와는 이전에도 기선을 둘러싸고 경쟁을 벌인 적이 있었다. 밴더빌트가 시의회를 장악한 반면 로는 뉴욕 주의회를 장악했고, 시의회는 밴더빌트가 따냈다고 생각한 인가를 허용할 법적 권한이 주의회에 있다는 사실을 발견했다. 로는 밴더빌트가 패배했다고 생각했고 시의회 의원들도 마찬가지였다. 그들은 밴더빌트의 불운에 엮일 이유가 없다고 생각했고 사정이 드러나면 철도 주식이 떨어질 것이라고 예상했다. 따라서 시 인사들은 '공매'하기로 약정했다. 그러니까 할렘 노선 주식을 특정 날짜에 특정 구매자들에게 당시 시세인 대략 50달러에 팔기로 한 것이다. 그들은 밴더빌트의 패배 소식이 알려지면 그 주식을 나중에 비싸게 되팔 목적으로 아주 싼값에 사들일 수 있을 거라 내다봤다. 그러나 막상 패배 소식이 알려졌을 때에는 밴더빌트가 사전에 음모를 알아채고 많은 주식을 보유했기 때문에, 시의원들은 계약을 이행할 만큼 충분한 주식을 구할 수 없었다. 결국 그들은 그가 요구하는 가격대로 주식을 사들일 수밖에 없었다. 아닌 게 아니라 그는 주당 179달러에 팔았다. 밴더빌트의 전기 작가들은 그가 한 주 만에 시의회와 여타 사람들로부터 각각 100만 달러를 벌어들였다고 말한다.

이것이 경쟁이라는 점은 부정할 수 없지만 코브던이 생각하거나 미국 학생들이 찬양하라고 배운 경쟁은 아니었다. 그러나 밴더빌트가 입법가와 판사, 그런 종류의 상품의 구입 경쟁에 끼어든 것은 이번이 마지막이 아니었다. 사실, 그의 수법은 뉴욕과 할렘 철도 노선의 경우에 너무 잘 먹혀서 그는 뉴욕과 허드슨 강 철도 노선에도 똑같이 써먹었다. 그러나 이번 희생자는 시의회가 아니라 [뉴욕 주의 주도] 올버니의 주의원들이었다. 그는 "우린 의회 전체를 쫄딱 망하게 만들었고 적잖은 의원 나리들이 빈손으로 집에 돌아가야 했다"고 자랑스럽게 말했다.

제독을 단지 대담한 해적 사업가로 취급하는 것은 부당할 것 같다. 그가 다음으로 눈길을 돌린 뉴욕센트럴 철도는 그와 그의 후손의 영구적 소유가 되었고 이전보다 훨씬 더 효율적인 노선이 되었다. 물론 그 과정에서도 그는 평소 금융 수법으로 수백만 달러를 벌어들였지만 제 잇속을 챙기면서 부수적으로 공익도 도모했다.

이리 전투: 나쁜 놈 대 나쁜 놈

밴더빌트의 다음 사업 활동은 대★자본가 사이의 경쟁의 고전적 본보기였다. 전장은 이리 철도회사였고, 그의 상대는 그만큼 약삭빠른 세 사람, 드루와 피스크, 굴드였다. 이 세 명과의 경쟁에서 그는 처음으로 완전한 승리를 거두는 데 실패했다.

　이리 전투는 트위드* 무리가 뉴욕 시와 주의 정치를 좌지우지하던 1868년에 벌어졌다. 부패는 해밀턴 시절 이래로 뉴욕에 만연했지만 트위드 아래서만큼 그렇게 파렴치하게 기승을 부린 적도 없었다. 도시에는 미국을 잘 모르며 영어조차 모르는 이민자들이 가득했다. 태머니 협회는 민주주의에 익숙하지 않고 대중선동에 단련되지 않은 이러한 사람들에게 잘 보이는 기술을 완벽하게 연마했다. 미국 전역의 부유층은 부자가 되느라 여념이 없었기 때문에 직업 정치가들과 맞서 싸울 겨를이 없었다. 1896년 처음 미국을 방문했을 때 나는 한 부유한 필라델피아 퀘이커교도한테 어째서 필라델피아 시정부를 정화하는 일을 하지 않느냐고 물었다. 그는 한때는 자신도 개혁 운동에 관심이 있었지만 시간이 지나자 세금을 아껴서 벌 수 있는 것보다 사업에서 더 많은 돈을 벌 수 있다는 것을 알게 되었고, 따라서 '당연히' 개혁에 신경 쓰지 않게 되었다고 대답했다. 1896년에 여전히 일반적이었던 이러한 태도는 1868년에도 전형적이었다. 시정부와 주정부에는 막대한 가치가 나가는 이권들이 있었고, 직업 정치가는 이러한 이권을 공짜로 넘기도록 유권자를 꾀는 기술로 무장한 전문가였다. 그리고 그러한 이권에 지불된 대가는 공중이 아니라 정치가들한테 갔다. 선출된 주 법원 판사들은 보스의 부하였다. 따라서 자신의 영향력이 유지되는 한 보스는 법 위에 있었고 보스가 편드는 사람들도 마찬가지였다. 이 시

---

*　뉴욕 주 하원의원으로 지위를 이용해 온갖 부정와 공금 착복을 저지른 부패정치인의 대명사. 당시 강력한 정치조직이었던 태머니 협회의 지도자였기에 흔히 "보스(Boss) 트위드"로 불렸다.

스템은 남북전쟁에 직후에 최전성기를 누렸고 이리 전투의 오락가락하는 전세와 많은 관련이 있었다.

드루와 피스크, 굴드는 흥미로운 삼인조였다. 드루는 밴더빌트와 동년배인 노인이었고 둘 다 기선 선장이었을 때 여러 차례 거래를 했다. 그는 처음에는 소몰이꾼으로, 다음에는 한동안 서커스단의 직원, 그 다음에는 여관 주인으로 일하다가 수상쩍은 수단을 통해 선장 지위에 오르게 되었다. 그러나 그는 밴더빌트처럼 대담하고 능수능란하게 상황을 주도하기보다는 소심하게 있다가 몰래 뒤통수를 치는 유형이었다. 책략이 먹혀들지 않을 때 그는 침대에 누워 아픈 척했다. 또 무척 독실한 사람이라 부정하게 번 돈 가운데 거금을 들여 신학대학을 설립했는데, 아무래도 그리스도도 동업자로 끌어들이려 했던 모양이다. 1836년에 태어난 굴드는 그보다 훨씬 연하였다. 그는 무성한 수염으로 얼굴 아랫부분을 가렸다. 조용하고 비밀스러웠으며 위기의 순간에 공모자들을 교묘하게 배신하고 승리를 낚아챌 줄 알았다. 굴드와 동년배인 피스크는 유쾌하고 말주변이 좋은 친구였고, 여자들에게 인기가 많았다. 그는 행상인으로 시작했지만 드루처럼 순회 서커스단에서 한 자리를 차지하게 되었다. 굴드와 피스크는 원래 가난했고 그들의 초창기 큰 성공은 드루 덕분이었다. 나중에 피스크는 그의 여러 여인 가운데 한 명의 연적에게 살해당했고, 굴드는 드루를 파산시키는 데 성공했다. 그러나 밴더빌트와의 첫 대결에서 세 명은 사이좋게 협력했다.

이리 철도는 1857년부터 드루의 수중에 있었다. 그는 영구적인 선로나 철도 차량을 유지하기 위해 아무 일도 하지 않았다. 사실 새 강철 선로를 공급하라는 명령을 받았을 때 그는 낡은 철 선로를 내놓았고 그 결과 사고가 빈발하고 심각했다. 그는 이리 철도를 순전히 주식 매매 조작의 수단으로 취급했다. 자신의 이해관계에 맞게 주식 가격을 올리거나 내리는 소문을 퍼트렸고 이런 수단으로 9년 사이에 커다란 부를 축재했다.

이리 철도와 밴더빌트의 관계는 1866년에 시작되었는데, 그해에 밴더빌트는 흔히 하던 대로 회사의 지배권을 손에 넣고 드루와 그의 꼭두각시들을 자신의 이사들로 대체하려고 나섰다. 그러나 이번만은 감정에 굴복한 것처럼 보였다. 드루는 밴더빌트한테 가서 이전에 고생하던 시절에 함께한 우정을 호소했고 자신의 아들 가운데 한 명의 이름을 밴더빌트의 이름을 따서 지었음을 상기시켰다. 또 자기는 늙었으니 이제 파산하면 더는 재기의 기회가 없을 것이라고 말했다. 그리고 밴더빌트의 정책을 충성스럽게, 전심으로 실행할 것이라고도 덧붙였다. 동정심에 호소하는 드루의 솜씨가 기가 막혔기 때문에 제독은 그를 철도 회사의 이사로 놔두는 데 동의했다. 그는 드루가 믿고 일을 맡길 만한 두 젊은이를 추천했을 때도 동의했다. 물론 두 젊은이는 굴드와 피스크였다. 한동안 세 사람은 모두 그들의 고용주를 만족시켰고, 밴더빌트는 안심했다.

그러나 얼마 안 가 밴더빌트의 착각은 산산이 깨지게 되었다. 밴더빌트는 이리 철도의 주식을 독점하려고 나섰고 그 목적으로 시장에 나온 모든 주식을 사들였다. 그의 의도를 알고 있던 드루와 피스크, 굴드는 대량의 이리 채권을 발행했다. 그들에게 회사채를 발행할 법적 권한이 있었을 수도 있다. 그다음 그들은 인쇄기를 사들여 전적으로 불법으로 회사채를 주식으로 전환했다. 이 주식들을 밴더빌트의 주식 중개인들에게 팔았고, 아무것도 모르는 중개인들은 주식이 발행되는 대로 전혀 의심하지 않고 재빨리 사들였다. 자연히 그들이 벌인 속임수는 곧 발각되었고, 분기탱천한 밴더빌트는 반역자들에게 복수를 하려고 나섰다. 당시 뉴욕에는 상습적으로 밴더빌트의 명령을 따르는 바너드라는 판사가 있었고, 밴더빌트는 이 훌륭한 인사로부터 더 이상의 주식 발행을 금지하는 법원 명령을 얻어냈다. 삼인조는 발행하려고 계획한 주식을 많이 갖고 있었지만 준엄한 법의 권위에 따랐다. 드루와 굴드는 발행하지 않은 주식을 가방에 넣은 다음 사환을 불러 금고에 넣으라고 시켰다. 그러나 사환이 사무실을 떠나려고 할 때 하필이면 덩치가 큰 괴한이 다가와 사환을 덮친 후 그 귀중한 가방을 빼앗아 달아나는 사태가 벌어졌다. 그러나 드루는 사환에게 앞으로는 더 주의하라고 가볍게 나무라기만 했다. 사실 그 덩치 큰 남자는 피스크였다. 가방에 들어 있던 새로운 주식 10만 주는 즉시 팔려나갔다. 세 사람은 주식을 판 돈을 현금으로 바꾼 후 그 6~700만 달러를 들고 강을 건너 바너드 판사의 법원 명령이 미치지 않는 뉴저지로 달아났다.* 그들은 때 맞춰 도망쳤는데 그들이 도망친 직후에 다른 이사 두 명은 붙잡혀 감옥에 갔다.

밴더빌트는 수백만 달러를 잃었고 영리한 인간으로서 한 수 당했다는 사실과 뭐든지 뜻대로 해온 사람으로서 자신의 뜻이 거역당했다는 사실에 이중으로 분노했다. 시간만 있으면 세 사람의 법적 지위는 그렇게 위태롭지 않았다. 그들이 바너드 판사의 법원

---

* [원주]이리 전투의 전말은 두 애덤스 대통령의 손자이자 증손자인 찰스 프랜시스 애덤스가 1869년 《노스 아메리칸 리뷰》 7월호에 쓴 <the Chapter of Erie>에 잘 나와 있다. 이 장은 1929년 예일대학 출판부에서 나온 『1860년대의 대형 금융』라는 책에도 실려 있다.

명령을 따르지 않은 것은 사실이었다. 그러나 뉴욕 주에 판사는 바너드만 있는 게 아니었다. 길버트 판사는 바너드 판사의 명령에 배치되는 법원 명령, 즉 "소송의 당사자들이 추가로 조치를 취하는 것과 앞서 말한 음모를 진척하려는 행위를 일체 금지"하는 명령을 내렸다. "한 문단에서는 …… 한 판사의 명령에 정면으로 배치되게 이리 회사의 이사들에게 의무를 계속 수행할 것을 명하고 다음 문단에서는 똑같이 또 다른 판사(밴더빌트의 법조계 친구는 바너드 말고도 많았다)의 명령을 무시하면서 이사들이 채권의 주식 전환을 거부하는 것을 금지했다."[79] 따라서 이사들은 한 판사가 명령한 것을 다른 판사는 금지하고 있기 때문에 자신들은 어떻게든 법을 어길 수밖에 없는 난처한 처지라고 호소할 수 있었다. 게다가 현금 6~700만 달러를 갖고 있는 사람들에게 올버니 의회는 마음대로 주무를 수 있는 대상이었다. 따라서 삼인조는 자신들 채권의 주식 전환을 합법화하는 일에 착수했다. 그러나 여기에는 약간의 난관이 있었는데, 그들이 뉴욕 주에서는 체포될 수 있었기 때문이다. 하지만 그들은 위험을 무릅쓰기로 했고 굴드가 50만 달러의 현금을 들고 올버니로 갔다. 그는 체포되었지만 보석금을 내고 풀려난 후 의회를 매수하는 일에 착수했다. 밴더빌트는 그보다 더 높은 값을 부르려고 했지만 소용이 없었다. 예를 들어 인민주권의 한 대표자는 밴더빌트한테서 7만 5,000달러를 받은 후 굴드한테서 10만 달러를 받고 굴드한테 표를 던졌다. 그 결과 주식 발행을 합법화하는 법안이 적절한 절차에 따라 통과되었다.

이 경우와 다른 모든 유사한 경쟁에서 양측은 상대방의 개인적 명성을 더럽히거나 아니면 상대방이 독점권을 획득해 대중에게 경쟁의 이점을 박탈하려고 했다고 주장함으로써 대중의 동조를 얻어내려고 했다. 찰스 프랜시스 애덤스는 도망친 이사들이 여론을 얻는 전술을 이렇게 묘사한다.

뉴저지 시에서 안전하다고 느끼자마자 그들은 대중을 자기편으로 선동하는 일에 착수했다. 그들의 손에는 독점을 비난한다는 확실한 카드가 있었다. 그들은 이리 철도의 실제 이해관계에 전혀 관심이 없는 만큼 철도 경쟁에 따른 상업의 실제 번영에도 전혀 관심이 없었다. 그러나 대중을 속이는 데에는 한계가 없다는 사실은 정확히 판단했다. 밴더빌트 운송과의 경쟁이 육로와 수로에서 본격적으로 개시되었다. 이리 운하의 운임과 요금이 평균 1/3만큼 감소했다. 각종 과장된 선언이 터져 나왔다. 언론사에서 온 '기자'들은 테일러스 호텔에서 크게 흐뭇해하며 뉴욕 시로 돌아왔고 이 무늬만 요란한 전투 함성에 뉴저지 시가 흔들렸다. 이러한 전술의 영향은 즉시 감지되었다. 3월 중순이 되자 독점에 반대하는 청원서가 올버니로 쇄도하기 시작했다.[80]

물론 올버니에서 뇌물 수수 혐의에 대한 조사가 이루어졌고, 굴드는 여기에 증언을 해야만 했지만 아무것도 나오지 않았다.

조사위원회의 공식 보고서를 믿는다면 굴드 씨는 이 시기에 정신적으로 기이하게 탈바꿈해 돈 문제에서 갑자기 역사상 가장 행복한 사기꾼들의 수중에 떨어진 바보천치가 되었다. 이 순진한 월스트리트 단골에게 무한정 돈을 뽑아내기 위해 교활한 로비스트들은 의원들에게 영향력이 있는 척만 했을 뿐이고, 굴드만 빼고 다른 사람들은 로비스트들에게 그런 영향력이 없다는 사실을 모두 알고 있었다는 것이다. 그가 이렇게 교훈을 얻은 게 없으면서도 그렇게 오랫동안 살아남을 수 있었다니 신기하다. 그는 거액을 다뤘다. 그는 '주식을 많이 받지 않는' 사람에게 '일을 매끄럽게 하기 위해' 5천 달러를 건네줬다. 이 사람은 그 직전에 또 다른 대리인으로부터 이리 회사의 돈 5천 달러를 받았다. 따라서 굴드 씨가 '주식을 많이 받은' 사람들에게는 얼마를 줬을지도 퍽 흥미로울 것 같다. 또 다른 사람은 '의회에 영향력을 행사'하는 대가로 한쪽으로부터 10만 달러를 받았고, 이후에 그 돈을 갖고 사라지는 대가로 다른 쪽으로부터 7만 달러를 받았다고 한다. 그는 부탁받은 대로 사라졌고 이후에 한가롭게 놀고먹는 우아한 신사가 되었다. 또 다른 상원의원은 한쪽으로부터는 2만 달러를, 다른 쪽으로부터 1만 5천 달러를 받았다고 신문 지상에서 공개적으로 비난을 받았다. 그러나 흐리멍덩한 정신 상태 덕분에 굴드 씨는 이 상원의원의 행동에 "깜짝 놀랐다"는 반응만 보이며 그러한 거래에 대해 전혀 몰랐다고 주장할 수 있었다. 다른 상원의원은 갑작스런 재산 취득이라는 축복을 누렸지만 여기에 뇌물 수수가 개입했다는 증거는 조금도 나오지 않았다. 덜레이번 하우스의 굴드 씨의 방은 기쁨에 찬 손님들로 넘쳐났고, 그의 수표는 셀 수 없이 많고 두둑했다. 그러나 자신이 왜 그 수표들에 서명을 했는지 혹은 그 수표들이 어떻게 되었는지에 대해 그는 올버니의 어느 누구보다도 모르는 것 같았다. 이 기이하고 비싸게 먹히는 정신이상 증세는 4월 중순까지 이어졌고 다행스럽게도 그제야 굴드 씨는 약삭빠르고 예리하고 정력적인 사업가 본연의 모습으로 되돌아왔다. 그가 이후로 재정 문제와 관련하여 백치 상태로 되돌아갔다는 이야기는 없다.[81]

그러나 뉴저지 시의 도망자들에게 상황은 여전히 불안했다. 그들은 뉴욕으로 돌아가면 체포될 가능성이 컸지만 안식일 엄수주의가 체포를 금지한 일요일은 예외였다. 밴더빌트가 고용한 것으로 추측되는 깡패 무리가 드루의 호텔 주변을 에워쌌고 그는 납치의 위험을 느꼈다. 그러나 뉴저지는 그처럼 위대한 세 사람이 적지 않은 양의 현금을 갖고 뉴저지에 있다는 사실을 영예로 느꼈다. 그에 따라 그들을 위해 주 민병대가 배치되고 선착장에 대포가 설치되었다. 그럼에도 불구하고 드루는 여전히 불안했으며 굴드와 피스크가 자신을 불신한다는 사실을 감지했다. 사실 그들은 드루의 편지를 몰래 감시하고 있었고, 그가 보기 전에 그의 전보를 열어봤다. 따라서 드루는 밴더빌트와 협상에 착수했고 두 사람도 뒤를 따랐다. 마침내 화친이 성립되어 밴더빌트는 그의 손실 전부는 아니지만 일부를 회복했고 드루는 현금을 얻은 한편 피스크와 굴드와 함께 이리 철도의 절대적 지배권을 획득했다. 그들은 트위드를 동료 이사로 확보했고 계속해서 자신들의 배를 불렸지만 더 이상 밴더빌트와 정면대결을 벌이지는 않았다. 얼마 지나지 않아 개혁 운동의 결과, 트위드는 감옥에 갔다. 그러나 굴드는 계속 승승장구해서 1892년 그가 죽었을 때 맨 꼭대기 피어폰트 모건부터 가장 말단까지 금권정치 계급 전부가 그의 성대한 장례식에 참석했다.

제독은 굴드보다 더 잘 나갔다. 그의 인생 말년은 가장 성공적이었다. 일흔네 살 때 아내가 죽었지만 이듬해 금방 재혼했다. 82세 때 그는 마지막으로 병석에 누웠지만 그가 8개월간 버티는 동안 의사 두 명이 그보다 먼저 죽었다. 그러나 그의 막강한 힘도 끝내는 다했다.

그의 모든 엔진으로도 죽음을 피할 수 없어

곧장 지옥으로 보내졌다.

거기서도 사업을 일으키게 성실한 직원들도 딸려서

철도의 지배

1860년대와 1870년대 초반에 서부의 대중은 소리 높여 철도를 요구했다. 농부들, 마을과 도시들은 계획된 노선의 주식을 구입했다. 주정부와 연방정부는 방대한 토지를 불하했고, 부설을 용이하게 하고자 막대한 공적 자금 투입안이 가결되었다. 철도를 지배하는 금융가는 소액 주주한테서 돈을 빼내 자기들 호주머니로 옮기는 다양한 수단을 갖고 있었다. 그들이 가장 즐겨 쓰는 수법은 실제 사업을 할 건설 회사를 설립하는 것이었다. 그리고 건설 회사의 주식은 철도회사의 이사들과 그 친구들이 보유했다. 그들은 철도 회사의 이사로서 건설 회사와 터무니없이 비싼 금액으로 계약을 맺었고 철도 회사가 파산 상태에 다가갈수록 건설 회사는 부유해졌다. 그다음 그들은 연방정부나 주정부로 가서 사업이 예상보다 비용이 더 많이 들어가게 되었다고 설명한다. 사막에서 목마른 사람처럼 철도에 목마른 간절한 대중은 새로운 공적 자금 투입에 찬성하고 다시금 건설회사는 그 돈을 모조리 빨아들인다. 노선이 완공될 즈음 철도회사는 파산 직전이다. 재정 위기가 구실이 되어 인수자의 손에 넘어가게 되고, 마침내 모든 소액 주주의 돈이 일부 대부호의 호주머니 속으로 들어가게 된다. 대부분의 미국 철도회사들은 때때로 파산했지만 이것은 경영의 무능력의 증거가 아니라 오히려 그 반대였다.

이러한 과정의 최상의 실례는 앞서 본 대로 1862년 인가된 첫 대륙횡단철도 건설에서 볼 수 있다. 오마하에서 서쪽으로 이어지는 철도와 캘리포니아에서 동쪽으로 이어지는 철도는 신속하게 건설되어 1869년 노선이 완공되었다. 노선의 동쪽 부분은 '크레디트 모빌리에 컴퍼니오브아메리카'라는 회사가 맡았다. 뇌물 수수 혐의가 제기되었고 이를 조사한 의회위원회는 건설에 5,000만 달러가 소요되었는데 크레디트 모빌리에는 9,354만 6,287달러 28센트를 청구했다고 결론 내렸다. 4,350만 달러의 차액은 철도회사로부터, 궁극적으로는 공적자금으로부터 횡령한 돈인 셈이었다. 센트럴퍼시픽 회사의 경우 '이윤'은 그보다 더 터무니없었다. 5,800만 달러가 소요된 사업에 건설 회사는 1억 2,000만 달러를 받았다. 사업과 관련한 뇌물 수수에 유명 정치가들이 다수 연루되었는데 그 가운데는 나중에 대통령이 되는 사람과 공화당 대통령 후보가 되는 사람도 포함되어 있었다.

임금노동자의 관점에서 볼 때 금권 정치가들이 세운 체제는 결코 유쾌하지 않았다. 민주주의와 보호주의 정책, 국부의 급속한 성장에도 불구하고, 노동 시간은 길었고 임금 수준은 유럽보다는 나았지만 금융 부호들의 수입에 비하면 새 발의 피였을 뿐이다. 1872년 빠르게 재산 1억 달러에 다가가고 있을 때, 밴더빌트 제독은 4번가 지상 노선의 승무원과 기관사들의 임금을 하루 2.25달러에서 2달러로 낮췄는데 이 일당은 15시간 근무에 지불되는 돈이었다. 철강에서 용광로 근무자들은 20세기가 시작되고 한참까지도 하루 12시간, 2주에 한 번씩, 주간에서 야간 근무로 전환하는 날에는 24시간 쉬지 않고 일해야 했다. 미국에서는 다양한 인종이 뒤섞여 있어서 영국보다 노동조합 설립이 어려웠다. 미숙련노동자들 사이에서 노동조합은 1900년 전까지 사실상 전무했다. 고용주들은 노동조합을 상대하는 것을 거부할 수 있었고, 어떤 경우에는―예를 들어 1892년 파업 후 카네기는―조합원 고용 자체를 거부했다. 면직 공장, 특히 남부에서는 아동노동이 만연했고, 이를 금지하기 위한 시도는 최근까지도 연방대법원에 의해 위헌으로 선언되었다. [경제학자] 보가트는 남부에서 아동노동이 "19세기 중반 뉴잉글랜드와 19세기 초반 영국을 뜨겁게 달군 경제적 문제들을 야기했다"고 말한다.[82]

그럼에도 불구하고 임금노동자는 유럽보다 미국을 선호했다. 노동시간은 길었지만 임금은 이민 전 벌이에 비하면 좋았다. 민주주의는 여러 한계에도 불구하고 그들에게 자존감을 주었다. 그들은 하층계급 소속이라는 느낌을 받지 않았다. 그리고 언제나 희망이 있었다. 많은 백만장자들이 임금노동자로 출발했다. 약간의 돈을 모아 몇 달러의 운 좋은 투자를 하고 고용주의 호감을 사면 어마어마한 갑부가 되는 첫 발을 내디딜 수도 있었다. 철강업계의 많은 노동자들이 하루 12시간, 일주일 7일 근무를 그보다 낮은 임금으로 하루 8시간, 일주일 6일 근무보다 선호했는데 낮은 임금이 실제 경제적 곤경을 야기하기 때문이 아니라 돈을 모아서 성공할 기회가 줄어들 것이기 때문이었다. 경쟁과 자조의 신조는 그로부터 이득을 보는 사람들만이 아니라 모든 계급에 걸쳐 존재했다. 노동조합은 미약했고 사회주의는 사실상 존재하지 않았다. 어떤 이들은 성공으로 잘 살았고 어떤 이들은 희망에 의지해 근근이 살아갔지만, 아무도 극적인 성공의 기회를 줄이고 싶지 않았다.

철도 건설의 영웅적 시대가 끝나자 철도 부호들은 해적 기업가보다는 귀족 지주에 가까운 모습을 보였다. 대략 20년 만에 그들은 1066년 노르만 귀족 단계에서 오늘날 상원 귀족의 단계로 옮겨갔다. 그들의 권력은 막강했다. 그들은 엄청난 토지를 소유했고, 그들의 도움 없이는 아무도 자신의 생산품을 시장으로 가져갈 수 없었다. 농부들에 대한 철도 회사의 전횡은 프랭크 노리스의 소설 『문어』*에 잘 그려져 있다. 자연히 농부들은 정치적 수단으로 맞서려고 했다. 제퍼슨과 잭슨의 농본 급진주의 전통이 부활했지만 남북전쟁의 기억으로 남부와의 협조는 어려워졌다. 게다가 옛 개인주의적 민주주의는 현대 철도와 같은 거대 조직에 맞서 무력했다. 구식 사고 체계에 따르면 유일한 처방은 경쟁이었다. 그러나 (처음에 서부에서처럼) 철도 노선 하나에도 교통량이 거의 없는 곳에서 또 다른 노선을 또 건설하는 것은 어처구니없는 낭비였을 것이다. 그리고 겉보기에는 두 철도회사가 경쟁하고 있는 것처럼 보이는 곳에서는 보통 두 회사 간에 이면 합의가 있었다. 그렇지 않으면 둘 다 파산할 것이기 때문이다. 농업 종사자들은 철도 기업 간 연합의 증거를 발견할 때마다 분노했다. 주의회는 철도 회사의 권력을 제한하고자 무수한 입법을 했고 연방의회도 얼마간 입법을 했다. 법의 목적은 철도회사들을 경쟁시키는 것이었다. 그러나 두 수탉이 싸우려 하지 않을 때는 방도가 없다.

경쟁을 믿는 급진주의자들은 현대 대기업과의 싸움에서 언제나 패배할 수밖에 없다. 대기업의 권력은 군대의 권력에 비유할 수

---

* 밀의 생산과 분배과정의 문제를 다룬 작품으로, '문어'는 철도회사를 상징한다.

있는데, 그들을 민간의 손에 맡기는 것은 군대를 민간의 손에 맡기는 것만큼 참담한 결과를 낳기 쉽다. 오늘날의 대규모 경제 조직들은 현대적 기술의 불가피한 산물이며, 기술은 갈수록 경쟁을 낭비로 만드는 경향이 있다. 대기업에 억압받기를 원치 않는 사람들에게 해법은 경제 권력을 부여하는 조직의 공유화에 있다. 이 권력이 민간 부문에 있는 한 정치적 민주주의가 부여하는 외관상 평등이란 기만에 불과하다.

27
독점으로 가는 길

A | 석유

1870년 미국인들은 자신들의 번영의 상당 부분을 자유로운 경쟁 덕분이라고 생각했다. 그러나 기술적 힘들이 작동하고 있었고, 이 힘들은 미국 국민 대다수의 의지에 반하여 다수의 소규모 회사들이 경쟁하는 경제 시스템을 여러 주요 산업 부문에서 한두 개의 거대 기업들이 시장을 거의 전적으로 지배하는 경제 시스템으로 변형시켰다. 이러한 변화를 야기한 장본인들은 당시 만연한 경쟁 철학을 받아들였으며 그 교훈을 따라서 성공을 거뒀다. 성공하지 못한 사람들에게는 당황스럽게도 만연한 경쟁 철학은 경쟁에 자멸적인 것으로 드러났다. 경쟁자들은 한 명만 살아남을 때까지 경쟁을 했고 그렇게 살아남은 한 명은 더 이상 경쟁을 표어로 내걸지 않았다. 이러한 현상은 여러 산업 부문에서 일어났지만 나는 가장 중요한 석유와 철강에만 집중하려고 한다. 이 가운데 석유에서 독점이 시간상으로 먼저 생겼다.

현대 세계를 탄생시키는 데는 두 사람이 지대한 역할을 했는데 바로 록펠러와 비스마르크다. 전자는 경제 분야에서, 후자는 정치 분야에서 개인적 경쟁을 통한 전체의 행복이라는 자유주의적 이상을 반박하고 그것을 독점과 조합 국가로 대체하거나 적어도 그러한 방향으로 나가는 움직임을 주도했다. 록펠러는 그가 가졌던 생각이라는 측면에서 본다면 중요한 인물이라고 할 수 없다. 그의 사고는 당대인들의 사고방식과 다르지 않았기 때문이다. 그보다는 그를 부유하게 만들어준 조직 유형을 파악하는 순전히 현실적인 능력 때문에 중요하다. 그를 통해 작동한 기술은 사회혁명을 낳았다. 그러나 그가 자신의 행동이 낳은 사회적 결과들을 의도했다고 할 수는 없다.

석유왕 록펠러

록펠러는 1839년 한 농장에서, 꿈도 야망도 없는 아버지와 독실한 어머니 사이에서 태어났다.[83] 아버지는 자신의 직업을 비밀로 했다. 그는 사실 떠돌이 약장수였다. 그는 어느 마을이나 소도시에 도착하면 이런 간판을 내걸었다. "윌리엄 A. 록펠러 박사, 유명 암 전문가. 여기서 오늘 하루만 영업합니다. 모든 암 치료. 이미 너무 늦어버린 경우만 아니라면 크게 호전될 수 있음." 그가 오래 집을 비운 동안 아내는 마을 가게에 외상을 달고 살아야 했지만 집으로 돌아올 때마다 그는 빚을 다 갚고 아이들에게 5달러씩 쥐어줄 돈을 갖고 왔다. 그는 덩치가 크고 쾌활하고 원기왕성한 사람으로 적어도 96세까지 살았다(그의 사망 연대는 불확실하다). 그는 종종 경찰과 문제가 있었고 한번은 빚 때문에 농장을 팔아야 했다. 록펠러의 아버지가 경찰을 피하기 위해 가족은 자주 이사를 다녀야 했다. 그는 자신의 약삭빠름을 무척 자랑스러워했고 다른 사람을 속일 수 있는 능력을 자랑스럽게 떠벌였다. "아버지는 나를 실리적으로 키우셨다"고 아들인 록펠러는 말한다. "아버지는 다양한 사업에 관여했고 내게 그 사업들에 관해 이야기를 들려주시며 사업의 원칙과 방법에 대해 가르쳐주셨다." 아버지 본인이 설명하는 사업 '원칙'은 더 단순하다. "나는 기회가 있을 때마다 애들을 속인다. 그 녀석들을 영리하게 만들고 싶으니까. 나는 애들과 거래를 한 후 홀랑 벗겨 먹는다. 이길 수 있을 때면 봐주지 않고 언제나 내가 이긴다. 나는 내 아이들을 약삭빠르게 키우고 싶다."

존의 어머니는 대부분의 측면에서 아버지와 정반대였다. 남편은 떠돌이에 신뢰할 수 없고 부정직해서 이웃들의 곱지 않은 시선을 받았다. 남편이 오래 집을 떠나 있는 동안 그녀는 늘어가는 식구를 건사하며 농장을 꾸려야 했다. 아등바등 생계를 꾸려야 했고 남편이 하는 일이나 한다고 의심을 받는 온갖 일에도 불구하고 집안의 체면을 유지해야 했다. 결혼 전에는 명랑하고 유쾌했지만 이후에는 수심이 가득했고 갈수록 신앙에 의지했다. 그녀는 술을 매우 싫어했고 모든 여흥을 혐오하게 되었다.

신중하고 진지하고 수줍은 소년이었던 존은 어머니를 사랑하고 그녀의 덕성들을 물려받았다. 그는 매우 신심이 깊고 술을 입에 대지 않으며 담배도 피우지 않았다. 아무리 화가 나는 상황에서도 절대 욕설이나 속된 말을 하지 않았다. 그는 일생 동안 "목소리가 낮고 조심조심 걸으며 겸손한" 사람이었다고 묘사된다. 그가 95년 일생 동안 주일학교에서 나무랄 만한 일을 한 적이 있을지 궁금하다. 나중에 성경 수업에서 가르치게 되었을 때 그는 이렇게 말하곤 했다. "좋은 친구가 되지 마십시오. 나는 친구를 사랑하고 그에게 아주 관심이 많지요. 하지만 같이 어울리기 좋은 사람이 되지는 마십시오. 뭐든 절제해야 합니다. 아주 절제해야 합니다. 우정에 조금이라도 휘둘리는 사람이 되어서는 안 됩니다. 그렇게 되면 당신뿐만 아니라 자손 대대로 성공할 수 없습니다. 나는 좋은 친구가 될 수 없어요. 아직까지도 술을 한 모금도 마셔본 적이 없으니까요."

가난과 잦은 이사, 어머니의 불행, 이웃의 적대감은 틀림없이 어릴 적 그의 마음속 깊이 각인되었을 것이다. 그는 사업에서는 대담할 수 있었지만 언제나 군중을 두려워했고, 심지어 아무런 보탬이 되지 않을 때도 본능적으로 비밀스러운 일처리를 추구했다. 권력을 원하는 소심한 인간은 매우 뚜렷한 유형을 보인다. 이런 유형의 인간으로는 루이 11세, 카를 5세, 펠리페 2세가 있다. 그들은 경건하고 교활하며 비양심적이고 내성적이다. 그러나 록펠러에게 권력은 돈을 통해서만 얻을 수 있었다.

두 가지 사실이 어린 시절부터 생긴 돈에 대한 그의 애착을 보여줄 것 같다. 학교에서 전교생 단체 사진을 찍게 되었을 때 록펠러와 그의 형제는 사진을 찍지 않았는데 둘이 입은 옷이 너무 남루했기 때문이다. 그럼에도 불구하고 이 일이 있기 1~2년 전, 그가 고작 열 살이었을 때 그는 옆집 농부가 50달러를 빌리려고 하는데 7퍼센트의 이자를 준다는 말을 들었다. 그는 어른들에게 '이자'가 뭔지를 물어본 다음 자신이 모아둔 돈을 농부에게 빌려주었다. 그는 나중에 "그때부터 나는 돈을 굴려 돈을 벌기로 결심했다"고 말했다.

이러한 탐욕스러운 애착에도 불구하고 그는 돈을 벌기 시작하자마자 곧장 자선 사업에 기부하기 시작했다. 그는 1855년 열여섯 살 때 첫 직장을 얻었다. 그의 주급은 7달러 50센트였다. 이 얼마 안 되는 수입에서 그는 10퍼센트를 기부했다. 그리고 그가 갈수록 부유해짐에 따라 그의 기부도 커졌다.

그가 자신을 유덕한 사람이라고 진심으로 믿었다는 사실은 의심의 여지가 없다. 그가 비난을 받아온 행위들은 그가 어린 시절에 하지 말라고 배운 것들이 아니며, 또 그러한 행위들로 침례교 목사들 사이에서 그의 인기가 떨어지지도 않았다. 그는 자신이 존경하는 도덕적 권위자들의 가르침을 거역하지 않았고 따라서 그의 양심은 편안했다. 성경 수업에서 그는 이렇게 이야기했다.

"엄청난 갑부가 언제나 행복할 거라는 짐작은 착각입니다. 사람이 자기만 생각하며 살고 인류를 돌보지 않는다면 그는 지구상에서 가장 비참한 사람일 것입니다. 수중의 많은 돈에도 불구하고, 그는 언제나 부족한 느낌을 떨칠 수 없습니다.…… 내가 좋아하는 사람은 주위 사람들을 위해 사는 사람입니다. 감추는 것이 없고, 자신의 운명에 만족하며, 인류에게 가능한 선을 베풀려고 노력하는 사람입니다."

그는 자신에 대한 비판 앞에서 기독교도다운 인내심을 보여주었다. "때로 나에 대한 말 가운데에는 잔인한 말도 있고 거기에 상처를 받기도 하지만 나는 결코 염세주의자가 아니다. 나는 사람과 인류애를 믿으며, 모든 일이 결국에는 모두의 이익을 위하여 좋은 방향으로 이루어질 것이라고 믿는다"라고 말했다. 또 한번은 "내가 죽으면 사람들은 나를 더 잘 알게 될 것이다. 나는 인생을 통틀어 한 점 부끄러움이 없다.…… 나한테 다른 가난한 소년한테 없던 무슨 이점이라도 있었단 말인가?"라고도 말했다. 그에게 '커다란 몽둥이'를 들리고 한 시오도어 루스벨트 대통령*에 대해서는 "그렇게 바쁜 사람이 언제나 옳을 수는 없다. 우리는 모두 때로 실수를 한다. 그가 언제나 문제의 모든 측면을 다 이해할 수 있는 것은 아니다. 나도 때로는 그가 더 공정하면 좋겠다고 생각한다. 그가 의식적으로 부당하게 행동한다는 뜻이 아니다. 그도 종종 잘못 알고 있다는 뜻이다"라고 말했다.

그의 말과 생각, 감정은 어머니한테서 물려받았지만 그의 행동은 아버지한테 물려받은 것이며, 거기에 어린 시절의 안 좋은 기억들에서 생겨난 커다란 신중함이 추가되었다. 그리고 그를 중요하게 만드는 것은 그가 한 행동들이다.

은밀한 담합

1871년 말까지 록펠러의 인생 경력은 성실함과 빈틈없는 태도로 일어선 다른 자수성가한 인물들과 다르지 않았다. 남북전쟁 동안 그는 생산 위탁 판매인으로 열심히 일했고 마침내 상당한 부자가 되었다. 그는 1862년에 처음으로 석유에 투자했으며, 전후에는 정유 사업에 집중하여 1869년에는 훗날 스탠더드오일 사社에서 평생 두드러진 역할을 하게 되는 플레이글러라는 사람과 손을 잡았다. 1870년에 두 사람은 100만 달러의 자본으로 스탠더드오일을 설립

---

* 　"말은 부드럽게 하되, 손에는 큰 몽둥이를 들고 있어라"고 한 루스벨트의 말을 빗댄 것으로, 루스벨트는 반독점법인 셔먼법을 강화시켜 트러스트 규제를 주도했다.

하는데, 자본금 100만 달러 가운데 26만 6천 7백 달러는 록펠러가 보유한 돈이었다. 그들은 사업을 잘했지만 둘 다 지금보다 더 잘할 수 있다고 생각했다. 그들의 주도였는지 아니면 다른 사람들의 주도였는지는 모르겠지만 두 사람은 필라델피아와 피츠버그, 뉴욕에 있는 몇몇 정유 업체들과 제휴해 '사우스 임프루브먼트 컴퍼니'라는 회사를 설립했다. 이 회사가 구사한 방법들은 록펠러와 플레이글러 특유의 능력을 처음으로 선보였다.

정유업자들에게 가장 중요한 문제는 수송이었다. 그 시절 송유관은 석유를 가장 가까운 철도까지만 날랐다. 장거리 송유관은 아직 건설되지 않았다. 따라서 철도가 운송을 지배했다. 결국 석유를 가장 저렴하게 철도로 운송할 수 있는 회사가 크게 유리했다. 사우스 임프루브먼트는 1872년 1월 뉴욕센트럴 철도, 이리 철도, 펜실베이니아 철도와 다른 두 철도 회사와 계약을 맺어 이들 철도를 통해 다른 정유 회사들보다 더 낮은 가격에 석유를 수송하게 되었다. 그뿐이 아니라 다른 회사들이 내는 추가 운임도 철도 회사가 아닌 사우스 임프루브먼트로 갔다. 게다가 이 추가 운임을 받아내면서 사우스 임프루브먼트는 부수적으로 다른 여러 경쟁 회사들이 이 다섯 철도 회사를 통해 정확히 얼마나 많은 양의 석유를 어디서 어디로 실어 나르는지 알 수 있었다.

예를 들어 보자. 유전 지대에서 뉴욕까지 원유의 기본 운임은 2.56달러지만 사우스 임프루브먼트는 1.06달러만 냈다. 사우스 임프루브먼트에 대한 가격 인하는 '리베이트rebate'였다. 경쟁회사들이 내는 추가 운임 1.5달러와 그렇게 해서 사우스 임프루브먼트가 받는 것은 '환급drawback'이었다. 따라서 사우스 임프루브먼트는 다른 모든 정유회사들보다 이중으로 유리했다.

다섯 철도 회사의 회장들은 이런 내용의 계약을 사우스 임프루브먼트와 맺었다. 다섯 회사의 회장은 각각 뉴욕센트럴 철도의 윌리엄 H. 밴더빌트(제독의 아들), 이리 철도의 제이 굴드, 펜실베이니아 철도의 톰 스콧, 레이크쇼어 철도와 미시간서던 철도의 G. B. 매클러렌이었다. 모든 정유 업체들을 연합체로 초대하기로 구두 합의가 이루어졌다. 이 약속을 받아낼 때까지 철도회사들은 협상을 보류했다. 그러나 그 약속은 계약서에서 명시되지 않았고,[84] 그 약속을 실행에 옮기려는 시도도 거의 없었다.

극도의 비밀 엄수가 준수되었고 협상에 들어가기 전에 합의 여부에 상관없이 이후에 아무것도 누설하지 않겠다는 서약서에 모두 서명을 해야 했다.

철도회사들과 계약을 맺자마자 록펠러는 클리블랜드의 다른 정유소들을 상대방이 평가한 금액대로 인수하는 작업에 착수했다. 그때까지 성공적으로 사업을 해온 일부 업자들은 처음에는 방약무인하게 보이는 록펠러의 태도에 분개했다. 그러나 록펠러는 아주 부드럽고 친절하게 마치 그들의 안녕을 깊이 걱정하는 듯한 태도로 그들에게 회사를 팔 것을 강력히 종용했다. 그는 "스탠더드오일의 주식을 가지면 당신 가족은 앞으로 평생 걱정 없이 살 것이오."라고 말했다. 이 말이 먹히지 않으면 그는 수수께끼처럼 "나한테는 당신이 모르는 돈 버는 방법이 있소"라고 덧붙였다. 차례차례 그들은 두려움에 사로잡혀 홀리기라도 한 듯 굴복했다. 그 가운데 한 명이 표현한 대로 "우리는 무언의 압력을 느꼈다." 지금까지 사업을 잘하고 있던 해너라는 또 다른 사람은 록펠러한테 제의를 거절한다고 밝혔다. "록펠러는 해너의 회사가 끝장났다는 듯이 눈썹을 치켜 올리고 어깨를 으쓱했다."[85] "당신 회사 혼자만 남을 거요. 그러면 당신은 클리블랜드에서 더 이상 돈을 벌지 못할 것이오. 스탠더드오일과 경쟁하려고 해봐야 소용없소. 끝까지 하겠다면 당신은 시장에서 완전히 밀려날 것이오." 결국 해너는 회사를 팔았다.

록펠러의 동생이자 집안의 미운오리새끼였던 프랭크는 일생토록 형에게 반기를 들었고, 따라서 다른 이들보다 더 거칠게 취급되었다. 그는 스탠더드오일이 클리블랜드에 있는 모든 정유소를 사들일 것이며 버티는 회사의 자산은 휴지조각이 되고 모두 파산할 것이라는 직설적인 통첩을 받았다. 화가 머리끝까지 치솟은 프랭크는 싸우길 원했지만 그의 동업자들이 말렸다. 결국 한 달 만에 록펠러와 플레이글러의 회사는 클리블랜드의 정유소를 거의 독점하게 되었다.

모든 일이 잘 굴러가다가 어느 날 한 철도회사 직원의 실수로 사우스 임프루브먼트의 리베이트와 환급금이 경쟁자들에게 알려졌다. 즉시 큰 소동이 벌어졌고, 특히 유전지대에서는 성난 사람들의 항의 집회가 열렸다. 겁을 먹은 철도회사들은 발을 뺄 궁리를 하기 시작했다. 두 통의 전보가 유전지대의 집회에서 공개되었다.[86]

애틀랜틱 철도와 그레이트웨스턴 철도 어느 쪽도, 그곳의 임원 누구도 사우스 임프루브먼트와 이해관계가 없음. 물론 철도 회사의 정책은 정유 회사들의 이해관계를 도모하는 것임.

G. B. 매클러렌

요란한 환호성이 터져 나왔다. 그러나 다음에 공개된 전보 내용은 이랬다.

애틀랜틱 철도와 그레이트웨스턴 철도 회장 조지 B. 매클러렌이 서명한 사우스 임프루브먼트와의 계약. 본인은 오로지 다른 모든 관계자들이 서명했기에 이 계약서에 서명함.

제이 굴드

심지어 늙은 제독도 깜짝 놀랐다. 그는 록펠러의 정유 연합체와 싸우기 위해 설립된 단체인 산유업자 연맹의 위원회에 나가 이렇게 말했다. "저는 빌리[그의 아들]에게 그 모의에 전혀 관여하지 말라고 말했습니다." 산유업자 연맹은 철도 회사와의 계약이 계속 유효한 한 정유 연합체에 석유를 팔아서는 안 된다고 결정했다. 생산업체들이 이렇게 똘똘 뭉치고 여론이 아주 나빠지자 철도회사와 연합체는 한 발 물러서야만 했다. 1872년 3월 계약서에 서명한 지 두 달 만에 계약은 취소되었다. 그리고 그 직후 사우스 임프루브먼트에 대한 인가도 취소되었다.

자유의 커다란 승리인 듯했다. 그러나 록펠러는 클리블랜드에서 인수한 회사들을 보유하고 있었고, 폭풍우가 잦아들면 다시 써먹을 수 있는 방법을 알고 있었다. 어쩌면 다음에는 좀 더 조심하고 비밀 엄수에 더 효과적인 안전장치를 동원해 오히려 더 확실하게 성공할 수 있을 방법이었다.

4월 6일 철도회사 회장들은 록펠러나 그의 제휴 집단과 더 이상 어떤 특별 계약도 맺고 있지 않다고 주장했고, 4월 8일 록펠러도 이러한 사실을 확인해주었다. 그러나 나중에 그의 동업자 플레이글러는 1872년 4월 1일부터 11월 중순까지 회사가 리베이트를 받았다고 법정에서 증언했다.[87] 사실 록펠러는 리베이트로 이득을 취하는 것을 그만 둔 적이 없었고 때때로는 환급금도 받았다.

철도회사의 관점에서 보면 그들의 최대 고객에게 더 저렴한 운임을 제공하고 정유소가 소수의 거대 기업으로 집중되기를 바라는 것이 합리적이었다. 록펠러와 플레이글러는 1872년에 클리블랜드에서 뉴욕으로 매일 화물차 60대를 채울 만큼 대량의 석유를 보낼 수 있었다. 만약 화물차가 중간에 화물을 싣기 위해 멈추지 않고 뉴욕까지 가면 클리블랜드까지 열흘 만에 돌아올 수 있는 반면 일반적인 화물 열차 방식으로 운송되면 30일 만에 돌아오게 된다. 따라서 록펠러 회사의 1일 화물차 60대 수요는 도합 600대로 충족될 수 있는 반면 동일한 양의 일감이 더 작은 회사들에 고루 분배되면 1,800대가 필요할 것이다. 화차 한 대당 500달러가 들어가므로 록펠러의 일감은 동일한 일감이 많은 회사에 분포된 경우보다 철도회사에 60만 달러를 절약해주는 셈이다.[88] 이런 식으로 기술적 요인들은 집중에 유리하게 작동했고, 이것은 생산과 분배의 경제를 나타낸다. 물론 그러한 생산과 분배의 경제를 소비자들에게 더 낮은 가격의 형태로 돌려주는 대신 그들의 수중에 이윤으로 보유하는 것이 스탠더드오일의 목표였다.

록펠러의 적들은 세 집단으로 나뉠 수 있다. 바로 산유업자, 독립 정유업자, 일반 소비자였다. 산유업자들은 자신들 사이에서는 협력을, 그들의 소비자인 정유업자들 사이에서는 경쟁을 원했다. 일반 소비자는 원칙에 근거하여 또 기름 값을 낮추기 위해 어디서나 경쟁을 원했다. 독립 정유업자들은 록펠러와 운명을 같이 할 더 좋은 조건을 기다리고 있는 사람들이거나 아니면 원칙에 근거해 독점을 반대하고 자신의 사업에 개인적 자부심을 갖고 있는 사람들이었다. 이들 집단은 저마다 약점이 있었다. 산유업자들은 산유량을 제한하기 위해 서로 연합하려고 했는데, 참으로 신기하게도 스탠더드오일 사에 적대적인 논자들은 이들의 목적은 칭찬할 만하다고 여겼다. 그러나 산유업자들의 노력은 언제나 수포로 돌아갔다. 다수의 산유업자들이 석유 산업이 부상하기 전에 그 지역에 땅을 갖고 있던 농부들한테서 차지권을 갖고 있었다. 이 임대계약은 사용료 기반이었기 때문에 유정을 가동하지 않도록 농부들의 동의를 받아낼 수 없었다. 산유업자들은 또한 록펠러 집단에 저항하기 위한 구체적인 목적을 띤 단체를 조직했다. 그러나 사우스 임프루브먼트에 처음 승리를 거둔 이후에 그들은 패배를 거듭했다. 개인들이 배신하거나 록펠러의 친구들이 그들의 주식을 취득하거나 아니면 스탠더드오일과 무관한 것처럼 내세운 가짜 독립 업체들에게 모르고 석유를 팔았기 때문이다. 이러한 다양한 원인으로 산유업자들의 대응은 항상 무력했다.

정유업자들의 약점은 그들의 경제적 이해관계가 반드시 스탠더드오일의 이해관계와 대립하지는 않았다는 사실이다. 그들 가운데 가장 유능한 사람에게 록펠러는 좋은 조건을 제시했고, 일부 예외를 제외하고 그들은 점차 록펠러의 연합체에 포섭되었다. 그에게 매력적인 제안을 받지 못한 사람들은 그가 무능하다고 여기는 사람들이었고, 그는 이들을 파산시켰다. 따라서 보기 드물게 원칙에 따라 행동하거나 아니면 아주 고집스러운 작은 집단만 남게 되었다. 이들을 상대로 스탠더드오일은 가능한 온갖 경쟁 수단을 동원했다. 어디든 그들의 정유가 공급되면 스파이들이 이 사실을 보고했고, 그러면 스탠더드오일은 그곳에 가서 더 낮은 가격으로 정유를 팔았다. 독립 정유업자와 거래하는 잡화 상인은 기름뿐만 아니라 모든 품목에서 경쟁의 위협에 노출되었다. 필요하다면 경쟁 상점이 인근에 들어서 모든 상품을 아주 싸게 팔아 말을 듣지 않는 상인들을 망하게 만들었다. 독립 정유업체가 바다로 이어지는 송유관을 건설해, 여전히 연합체에게 더 유리한 운임을 매기는 철도의 전횡을 피하려고 했을 때 핸콕이라는 곳에서 이리 철도를 지나가야 했다. 그들은 송유관이 다리 아래 강으로 지나가기를 원했지만 법은 불확실했다. 어느 쪽도 법에 호소하지 않았다.

1892년 11월, 지난 토요일 밤, 조용한 핸콕은 무장한 100여 명의 철도회사 직원들이 특별 열차편으로 도착하면서 소란스러워졌다. 그들은 대포를 한 문을 가져와 앞차를 떼고 설치했고 주야 순찰을 돌았으며 증원을 부르기 위한 봉화소를 세우고 막사를 짓고 스무 명은 이곳에서 겨울을 나게 남겨두었다. 그들은 다이너마이트는 물론 쇠갈고리, 갈고리장대, 송유관이 놓이면 끌어올릴 기타 장비로 무장했다. 대포는 이 연합체의 통상적인 장비 가운데 일부였는데, 대포로 기름 탱크에 구멍을 뚫으면 그 안에서 알아서 불이 붙을 것이었다. '독립 업자'들에게 기다리고 있는 것이 무엇인지 똑똑히 알려주기 위해 밤 10시에 대포가 요란한 소리와 함께 발사되어 인근 수 마일에 있는 주민들과 창문을 뒤흔들었다. 그들의 권리가 의심스러움에도 불구하고 이 경쟁의 반대자들은 살인도 불사할 태세였고, 만약 일이 잘못된다 해도 법정을 통해서 온전히 배상을 받을 수 없다는 이들의 공언이 허풍

일 리는 없었다.

이 경우 독립 송유관은 우회로를 찾아 완공될 수 있었다. 그러나 결국에는 스탠더드오일이 송유관의 지배권을 얻었다.[89]

경쟁 없는 자본주의

변호사들과 주 입법부가 대변하는 일반 대중은 독점에 대대적 공격을 퍼부었고 다양한 수단으로 경쟁이 살아 있게 하려고 애썼다. 일찍이 1874년부터 철도의 전횡을 조사한 의회의 윈덤위원회는 더 나아가 일정 수의 국립 혹은 주립 철도 건설을 옹호했지만, 흔히 생각하는 것처럼 독점의 이점을 일반 대중에게 돌려주기 위해서가 아니라 반대로 연합체나 리베이트, 환급금 등에 넘어가지 않는 경쟁자가 존재한다는 사실을 확인하려는 의도였다.

위원회는 "철도 간에 믿음직하고 효과적인 경쟁을 보장하고 유지하는 유일한 수단은, 연합체를 형성할 수 없게끔 다른 노선들에게 규제 기능을 하게 될 노선을 하나 이상 국가나 주가 소유하거나 지배하는 것이다"라고 보고한다.

그러나 이러한 권고 조치는 결코 실행되지 않았다.

1887년 주간州間통상법*과 1890년 셔먼 반反트러스트법†은 철도와 다른 대기업에서 독점의 해악을 막으려는 시도였다. 이러한 법률들은 부자들을 복잡하고 비싼 소송에 끌어들일 수 있기 때문

---

* 미국 내 2개 주 이상을 지나는 내륙수송의 운행과 요금을 규제하고 감독하는 법규.
† 가장 유명한 반독점금지법으로, 생산주체 간의 연합, 통상 간의 독점을 금지했다. 이로 인해, 스탠더드 오일은 30개로 분리된다.

에 변호사들에게는 유용했다. 그러나 그것을 제외하고는 별다른 기능을 하지 못했다. 대법원은 반트러스트법이 거대 기업에게는 유효하지 않지만 노동조합에는 적용될 수 있고 조합 지도자들을 감옥에 넣는 데 이용될 수 있다고 판결했다. 국왕의 의지가 최고 법이다(Regis voluntas suprema lex).

1892년에 스탠더드오일 트러스트가 오하이오 주 대법원의 적대적 판결로 명목상 해체된 것은 사실이다. 그러나 6년 후에도 해산은 여전히 실행되지 않았고, 오하이오 주의 검찰총장은 스탠더드오일 트러스트를 법정모독죄로 기소했다. 법원의 평결은 동수로—3대 3—갈렸고 트러스트는 유죄 판결을 피했다. 그러나 검찰총장은 재선에 실패했고, 그의 후임은 스탠더드오일에 우호적이었다. 스탠더드오일은 오하이오 정치를 주무르는 데 경험이 많았다. 예를 들어, 스탠더드오일은 오하이오 주 재무국장의 아버지 페인을 주 상원의원 가운데 한 명으로 만들었다. 다른 상원의원과 주의회는 그의 선거에 부패가 개입했다는 혐의를 제기하며 상원 차원의 조사를 요구했다. 페인은 혐의를 조사받겠다는 의사를 전혀 표명하지 않았고, 상원은 그 문제에서 아무런 움직임도 보이지 않았다.

그럼에도 불구하고 스탠더드오일 트러스트는 마침내 해체되어 뉴저지의 스탠더드오일 컴퍼니로 대체되었는데 여전히 같은 사람들 밑에서 같은 사업을 하는 기업이었다. 이것은 다시 1910년 상업 활동을 저해하는 불법 조직이라는 대법원 명령으로 해체되었다. 이후로 스탠더드오일은 명목상으로는 여러 주에 분리된 개별 회사들로 구성되어 있지만 변화는 거의 감지할 수 없다.

구식 자유주의 관점에서 수행된 금권정치에 대한 대중의 공격은 확실히 뛰어난 성공을 거두지 못했다. 갑부들에 대한 40년에 걸친 반대 운동의 최종 결과는 유진 V. 뎁스라는 사회주의 지도자 한 명의 투옥이었다. 그동안 스탠더드오일의 부호들은 아무런 처벌도 받지 않고 위증죄를 저질렀다. 예를 들어 록펠러는 고작 몇 달 간격을 두고 처음에는 자신이 사우스 임프루브먼트와 관련이 있다고 증언했다가 다음에는 관련이 없다고 증언했다.[90]

산유업자들이나 대중과의 싸움보다 더 힘들었던 것은 경쟁 정유업자들과의 싸움이었다. 여기서 처음에 철도들은 스탠더드오일의 주요 우군이자 스탠더드오일에 승리를 가져온 요인이었다. 새 회사들이 진입하면 그들은 외관상으로는 독립적인 이해관계에 따라 돌아가는 것처럼 보였고 연합체에 의해 인수되었다는 사실을 은폐하기 위해 가능한 모든 조치가 취해졌다. 예를 들어, 1876년에 록펠러는 스코필드, 셔머, 티글 사의 지배권을 획득했다.

이 계약의 체결과 이행에는 록펠러 씨의 사업 특유의 각종 비밀 의식이 뒤따랐다. 몇 년 후 클리블랜드 법정 증인석에서 나온 회사 관계자의 증언에 따르면 계약은 클리블랜드 유클리드 가에 있는 록펠러 씨의 자택에서 밤중에 체결되었고 그곳에서 록펠러 씨는 그 자리에 참석한 사람들에게 이 새로운 협정에 대해 심지어 아내들한테도 말하지 말고 만약 그들이 돈을 벌게 되더라도 그 사실을 감춰야 한다고─빠른 말을 사들이거나 "티를 내거나" 사람들이 정유 사업에서 이례적으로 큰 이득을 얻었다고 의심할 만한 일을 하지 말라고 했다. 그것은 경쟁을 불러올 것이다. 그들은 모든 관련 이야기를 비밀에 부치라는 명령을 받았다. 서신에는 가상의 이름이 사용될 것이며 이 가상 인물들의 서신교환에는 우체국의 특별 사서함이 이용될 것이다. 밀수업자와 집을 터는 도둑들도 이보다 더 비밀스럽게 활동할 수는 없었을 것이다.

한번은 그리고 오로지 그 한번에서만 스탠더드오일은 철도와 경쟁에서 맞붙었는데 바로 펜실베이니아 철도였다. 1877년, 송유관이 중요해지고 록펠러가 모든 송유관을 지배하려고 하고 있을 때였다. 그러나 엠파이어 트랜스포테이션 컴퍼니라는 회사가 있었고 이것은 펜실베이니아 철도 소속이었다. 자기 송유관을 갖고 있고 또 여전히 자기편으로 남아 있는 철도를 마음대로 이용할 수 있는 록펠러가 모든 정유소를 손에 넣음으로써 엠파이어 트랜스포테이션은 쓸모없어질 위험에 있었던 것 같다. 펜실베이니아 철도의 회장 스콧은 자신의 송유관으로 수송되는 석유를 이용할 정유소를 뉴욕에 짓기로 결심했다. 이것이 알려지자 록펠러는 스콧과 언쟁을 벌였다. 이리 철도와 뉴욕센트럴 철도도 반발하고 나섰다. 그러나 스콧은 싸우기로 했고, 운임 전쟁에 불이 붙어 한때 기름이 유전지대에서 뉴욕으로 거저나 다름없는 8센트 운임에 수송되기도 했다. 관계자들 모두가 수백만 달러를 잃었지만 아직 승패를 가늠할 수 없을 때, 파업—미국 역사상 가장 절박한 파업 중 하나—이 볼티모어와 오하이오 철도에서 일어나 펜실베이니아 철도까지 퍼졌다. 파업 참가자들과 군인들 사이에 격렬한 싸움이 벌어져 많은 사람이 죽고 철도 회사 재산이 많이 파괴되었다. 이 때마침 터진 파업으로 승리는 록펠러에게 돌아갔다. 처음으로 배당금을 나눠주지 못한 펜실베이니아 철도는 더 이상 손실을 감당할 수 없었다. 회사는 정유소와 엠파이어 트랜스포테이션의 송유관을 스탠더드오일에 매각했다. 그때부터 철도는 록펠러에게 적대적인 말에는 전혀 귀를 기울이지 않았고 언제나 록펠러만이 노선 간의 평화를 유지할 수 있다고 대답했다. 스콧이 패배한 후 가장 유능하고 부유한 사람도 스탠더드오일과의 경쟁에서 이기는 것은 불가능하다고 여겼다. 1879년 뉴욕 주의회 위원회 앞에서 W. H. 밴더빌트는 다음과 같은 견해를 밝혔다.

> **질의** 귀하는 이제 50개의 정유업체 대신 한 개만 있게 된 현실을 스탠더드오일의 거대 자본 이외에 다른 요인에 돌리거나 돌릴 수 있다고 보십니까?
>
> **답변** 거기에는 많은 요인이 있습니다. 그들이 자본만으로 이 사업체를 세운 것은 아닙니다. 물론 그 점에는 의문의 여지가 없지만 이 분들은 저보다 훨씬 똑똑한 사람들이며, 만약 의원님도 이 분들과 접촉해보면 제가 오래전에 내린 것과 동일한 결론을 내릴 것입니다. 그들은 매우 진취적이고 영리합니다. 저는 사업에서 그들보다 더 유능하고 영리한 집단을 접한 적이 없습니다. 저는 그러한 사실에 많은 것을 돌릴 수 있다고 봅니다.
>
> **질문** 그렇지만 오로지 그런 요인만으로 그런 종류의 사업을 독점할 수 있을까요?
>
> **답변** 그러한 사업체를 세우기까지는 많은 힘이 들 것입니다. 그렇게 뛰어난 능력이 없었다면 지금과 같은 위치에 올라서지 못했을 것이며, 또 단 한 사람의 힘만으로 그렇게 할 수는 없었을 것입니다. 그것은 여러 사람의 힘이 합쳐진 연합체입니다.

질문 그것은 스탠더드오일에서 영리한 사람만이 아니라 철도 업계에서 영리한 사람들도 포괄하는 연합체가 아닙니까?

답변 저는 이 분들이 빈틈없는 사업 수완으로 철도 회사 간에 존재하는 경쟁을 자신들에게 유리하게 이용할 수 있었다고 생각하며 그들이 그러한 경쟁을 이용할 수 있었다는 사실에는 의심의 여지가 없습니다.

질문 그들이 또한 철도 회사와 철도 회사 임원들과 제휴할 수 있었다고 생각하지는 않으십니까?

답변 어느 철도 회사 임원이든 스탠더드오일 어디에 이해관계가 있다는 말은 들어본 적이 없으며 제가 아는 것은 오로지 몇 년 전 신문에서 본 것뿐인데 제가 거기에 이해관계가 있다는 것이었습니다.

질문 귀하의 철도에 대한 귀하의 이해관계는 개인적 이해관계의 문제로 생각할 수 없을 만큼, 그러니까 귀하가 귀하의 철도에 적대적인 이해관계를 가질 것이라고는 아무도 생각할 수 없을 만큼 아주 큰 것 아닙니까?

답변 그 일은 그들이 저희와 사업을 하려고 왔을 때였습니다. 그런 연유로 제가 이해관계가 있었던 것입니다.

질문 그럼 지금까지 하신 답변이 그와 같이 성장해온 거대 독점에 대해 귀하가 설명할 수 있는 유일한 방법입니까?

답변 네, 그들은 수완이 매우 뛰어난 사람들입니다. 저는 어느 주나 혹은 모든 주를 통한 어떤 입법 행위나 여타 조치로도 그러한 사람들을 저지할 수 없다고 생각합니다. 불가능합니다. 그들은 언제나 상황을 지배할 것입니다. 두고 보세요.

질문 그럼 귀하는 그들이 철도도 지배한다고 보십니까?

답변 예, 그들은 그들과 접촉하게 되는 모든 사람들보다 언제나 우위에 있습니다. 그들은 제가 상대하기에는 너무 똑똑한 사람들입니다.[91]

록펠러는 자신의 돈은 하느님이 주셨다고 말한다. 만약 하느님이 경제력을 통해 역사하신다면 그의 말이 맞을지도 모르겠다. 어쨌든 그는 은퇴 후에 사업을 했을 때보다 네 배나 더 많은 돈을 절반의 기간 만에 벌어들였다. 처음에 석유는 조명을 밝히는 데 쓰였다. 이 용도가 퇴조한 후에는 자동차가 등장했다. 그 무엇도 그에게 쏟아지는 부를 막을 수는 없다. 그는 미국과 중국 대부분의 지식인들에게 매우 많은 기부를 했고, 또 다른 나라의 적지 않은 지식인들도 그의 자선으로 혜택을 보고 있다. 그런데도 그는 갈수록 더 부유해지고 있다. 그의 모든 노력에도 불구하고 미국 이외 다른 지역에서 석유가 발견됨으로써 경쟁이 되살아났지만, 경쟁은 그의 적들이 경쟁에서 기대한 장점들이 아니라 전쟁과 전쟁의 소문들을 함께 가져왔다. 그러나 그는 여전히 더 부유해지고 있다.

"어떤 입법 활동이나 조치로도 그러한 사람들은 저지할 수 없다고 본다. 불가능하다. 그들은 언제나 상황을 지배할 것이다." 이것이 윌리엄 밴더빌트의 견해였다. 그리고 자본주의 체제의 틀 안에서는 그의 말대로 될 것 같다.

B | 철강

"철과 강철 제조는 국가의 핵심 산업이며 이 제철산업으로 다른 산업 부문의 발전도 결정된다"고 한 경제사가는 말한다.[92] 남북전쟁 당시 영국은 제철에서 다른 나라들보다 훨씬 앞서 있었다. 그러나 1890년 미국이 영국을 따라잡았고, 1900년이 되자 미국은 잉글랜드와 스코틀랜드에서 생산되는 것보다 두 배나 많은 강철을 생산했다. 1860년에 미국의 조철과 강철 생산량은 50만 톤이었다. 1900년에는 2,900만 톤, 1910년에는 7,500만 톤, 1920년에는 1억 1,400만 톤이었다. 1860년부터 1920년까지 철과 강철의 생산량은 230배 증가했고, 생산액은 거의 100배 증가했다. 게다가 1860년에 미국은 강철을 거의 생산하지 않은 반면 1920년 미국의 철 생산량 대부분은 강철이었다. 따라서 1920년 강철 1톤의 생산 비용은 1860년 철 1톤 비용의 절반이라고 짐작할 수 있다. 여기서 지난 60년간 기술 진보를 어느 정도 가늠할 수 있지만 사실 이것도 정확하지는 않은데 1920년의 일반 물가 수준은 1860년보다 훨씬 높기 때문이다.

철강왕 카네기

철강업의 발전에서 가장 중요한 인물은, 긴 생애에 걸쳐 가장 초기부터 가장 후기까지 산업화의 모든 국면을 거쳐 간 인물인 앤드류 카네기다. 그의 가족은 스코틀랜드에서 대대로 베틀로 옷감을 짜는 직공이었는데, 1835년 그가 태어났을 때 가족은 기계와의 경쟁으로 가난해졌다. 그의 남자 친척 대부분은 국왕과 귀족, 성직자를

격렬히 증오하는 열렬한 차티스트였다. 그의 어머니는 스웨덴보리*
신봉자였지만 카네기는 스스로 자유사상가가 되었는데, 처음에는
1840년대 노동계급 급진주의를 지지하는 혁명적 스타일이었고 나
중에는 허버트 스펜스를 칭송하고 존 몰리와 교류하게 되는 좀 더
완화된 스타일이었다. 카네기 가족은 미국으로 이주했고, 카네기
는 그 나라에서 경쟁 시대의 모든 국면을 거쳐간 후 마침내 사업체
를 팔았는데 그것이 모든 연합체 가운데 가장 거대한 유나이티드
스테이트 스틸 코퍼레이션의 핵심을 형성하게 된다. 1901년 사업
에서 은퇴한 후 그는 자선사업에 전념해 1919년 83세로 죽었을 때
전 재산의 9/10를 기부한 상태였다. 그는 우드로 윌슨에게 베르사
유 조약을 축하할 만큼 오래 살았지만 그런 축하가 필요 없었다는
것을 알 만큼 오래 살지는 못했다.

카네기가 어린 시절 많이 따른 삼촌 라우더는 대부분의 차티
스트처럼 미국을 열렬히 좋아했고 워싱턴과 제퍼슨, 프랭클린을 영
웅으로 우러러봤다. 따라서 열두 살의 나이로 미국에 도착했을 때
카네기는 새로운 나라에 적응하기 좋았다. 1852년에 삼촌에게 보
낸 장문의 편지에서 그는 자신이 노예제 확대를 반대하는 민주당
지지자이고, 노예제는 곧 사라질 것이라고 기대하며, 매우 유감스
럽지만 현재 두 명의 대통령 후보가 모두 군인 출신이고, 이 시대
가장 커다란 개혁 조치는 농지불하법이며, 메인 주가 기쁘게도 노
예제 금지를 채택했다고—"어쨌거나 그쪽보다 한 걸음 앞서나가
는 조치"—설명한다. 그는 애국적인 미국 시민이 되었다. 그럼에도

---

*   영계(靈界)와의 교류를 주장한 스웨덴의 신비주의자.

불구하고 나중에 여건이 되자마자 그는 거의 모든 여가 시간을 스코틀랜드에서 보냈다.

피츠버그에 도착한 그의 가족은 처음에 생계를 꾸리는 데 어려움을 겪었다. 그는 열세 살 때 고작 1달러 20센트의 주급을 받으며 면직 공장에서 일해야 했다. 그는 약골처럼 그 일을 무척 싫어했다. 스코틀랜드 영웅들의 기억을 떠올리며 마음을 단단히 먹으려고 노력했음에도 그는 작업장의 냄새만 맡으면 토할 것 같았다. 밤이면 그가 돌려야 하는 기계를 고장 내는 악몽을 꾸다 깨어나곤 했다. 그는 "기름 냄새에서 느껴지는 메스꺼움을 결코 견디지 못했다. 윌리엄 월리스와 로버트 브루스*도 여기서는 소용이 없었다"고 말한다. 말년에 그는 다른 모든 소년들도 자신이 견뎌야 했던 일을 체험해야 한다고 생각했다. "대체로, 부자의 궁전보다는 가난한 사람의 초라한 시골집에서 더 진정한 만족과 더 진정한 삶, 더 많은 것을 얻을 수 있다"고 말했다. 어쨌든 간에 그는 시골집에서 나와 최대한 잽싸게 궁전으로 들어갔다.

카네기는 곧 잘나가기 시작했다. 공장에서 1년 가까이 일한 후 그는 전신 배달원이 되었다. 피츠버그에서 두 번째 배달원이었는데 배달원 숫자는 금방 불어났다. 일생 동안 경쟁의 신봉자였던 카네기는 즉시 전신 배달원 사이에서 경쟁을 억제하는 일에 나섰다. 도시 바깥으로 배달해야 하는 전보에는 10센트의 팁이 붙었다. 그는 그 팁을 모두 모아서 매 주말에 공평하게 나누게 했다. "그의 계획은 받아들여졌고 경쟁은 억제되었으며, 그 후로 배달원들은 사이좋

---

*　둘 다 스코틀랜드의 독립 영웅이다.

게 지냈다"고 그의 전기 작가는 말한다.[93]

1851년이 되자 그는 주급 4달러를 받는 전신 기사가 되었고 이듬해에는 월급 25달러를 받게 되었다. 1853년 초, 불과 열일곱 살이었을 때 그는 운 좋게 당시 떠오르는 젊은이였던 펜실베이니아 철도의 스콧의 주목을 끌어 월급 35달러를 받고 철도회사에 근무하게 되었다. 카네기는 그곳에서 다양한 직책을 거치며 12년간, 다시 말해 남북전쟁이 끝날 때까지 머무르게 된다.

그가 일만이 돈을 버는 유일한 길이 아님을 발견하기까지는 그리 오래 걸리지 않았다. 하루는 스콧이 그에게 애덤스 익스프레스의 주식 10주를 500달러 가격에 제시했다. 그는 부모를 설득해 집을 저당 잡혀 돈을 구했다. 또 한번은 침대차의 발명가인 우드러프가 아직 사업이 실험 단계일 때 그에게 투자를 권유했다. "그러나 어떻게 투자금을 마련할 수 있을지가 다소 고민이었다. 내가 낼 첫 달 지불금은 217달러 50센트였지만, 나는 그 돈이 없었고 그만한 돈을 마련할 방도도 없었다. 결국 나는 근처 은행가에게 가서 매달 15달러 이자와 함께 갚겠다는 말로 대출을 부탁했다. 그는 금방 돈을 빌려주었다." 이것이 부자가 되는 비법이다. 은행가에게 돈을 빌려달라고 했을 때 받을 수 있는 사람이 되는 것이다. 1863년에 그가 받은 주식 배당금은 5,050달러였다. 그해에 카네기의 총수입은 4억 7,680달러 67센트였고 그 가운데 그의 봉급은 2,400달러에 불과했다. 나머지는 모두 신중한 투자로 벌어들인 것이었다. 애덤스 익스프레스에 대한 그의 첫 투자는 연 120달러에서 연 1,440달러로 증가했다. 이렇게 모은 돈으로 그는 몇몇 친구와 함께 유전 지대의 농장을 구입했고 시간이 지나자 그 가치는 500만 달러에 달했다. 그러나 이미 그는 철로 관심을 돌리기 시작했다.

남북전쟁 후에 카네기는 철도를 떠나 철교 제조업자가 되었고 이 사업에서 그는 처음부터 성공적이었다. 그는 1856년에 발명되어 강철 제조 공정에 혁명을 가져온 베세머 공법을 통해 철에서 강철로 관심을 돌렸다. 그러나 베세머 공법은 유황 함유량이 0.4퍼센트 이하인 철광석에서만 응용 가능한데, 당시 영국과 미국 대부분의 철광석은 유황 함유 비율이 훨씬 높았기 때문에 공법의 채택이 지연되었다. 하지만 1845년, 미신을 믿는 소심한 마지기지그라는 인디언이 "무쇠 산, 인디언은 가까이 못 가, 백인은 가"라는 말과 함께 백인에게 보여준 슈피리어 호 철광석은 베세머 공법에 적합한 것으로 드러났고, 따라서 베세머 공법은 새로운 중요성을 얻게 되었다. 결국 철광석과 신공법이 철강업에서 미국의 우위를 가져왔다. 베세머와 마지기지그는 카네기로 하여금 산업에서 영구적 우위라는 영국의 꿈을 깨트리게 만든 셈이다.

베세머를 만나고 그의 전환 용광로가 돌아가는 모습을 직접 본 후 1872년 카네기는 강철 선로 제작에 착수했다. 베세머는 1862년에 처음으로 영국 철도에 강철 선로를 공급했지만, 1872년에도 미국은 여전히 철로가 보편적이었다.

카네기는 [영국의] 브래독 장군이 1755년에 참패를 당한 전쟁터[피츠버그]에 제철소를 세웠고, 사업은 처음부터 번창했다. 1873년의 위기*는 철강업에서 장기 침체를 초래했지만 그의 제철소는 꾸준히 확장되었다. 그는 사업을 하는 동안 언제나 불경기에 생산

---

* 1873년 유럽에서 시작되어서 미국까지 불어닥친 경제불황을 가리킨다.

능력을 증대시켜 경기가 회복되었을 때를 대비하는 것을 신조로 삼았다. 그는 나중에 "불황기에 돈이 있는 사람은 현명하고 소중한 시민이다"라고 말했는데, 그 자신이 언제나 그런 사람이었다. 불황은 자본 집중에 중요한 기능을 해왔는데 그때 강력한 회사가 힘이 약한 회사를 인수하거나 시장에서 몰아낼 수 있기 때문이다. 카네기는 결코 투기를 하지 않았고 언제나 현금이 풍부했다. 남의 간섭을 받지 않게 된 순간부터 그는 금융을 매우 혐오하게 되었고, 주식 시장의 수단에는 전혀 관여하지 않으려고 했다. 가능하다면 그의 동업자들 누구도 투기를 하지 못하게 하는 것이 카네기의 절대적 원칙이었고, 그가 가장 신뢰하는 직원한테도 이 지점에서는 단호했다. 그는 순수한 산업가였다. 그는 금융 조작을 통해서가 아니라 순수하게 강철과 강철 제품을 만들고 팔아서 돈을 벌었다.

카네기는 정치에서는 공화주의자였지만 사업에는 군주정 지지자였다. 그는 자신의 사업장에서 독재자였고 경쟁 회사와 어떤 합의를 맺거나 연합체에 들어가려고 하지 않았다. 경쟁을 즐겼고 그 싸움에서 전적으로 무자비했다. 회사 안에서 그는 장래성이 보이는 직원들을 모두 주시했고, 그들이 자신의 호의를 두고 경쟁하게 만들었다. 가장 뛰어난 사람이 동업자가 되었다. 그는 "모건 씨는 동업자를 사들이지만 나는 동업자를 키운다"고 말했다.

그의 사업이 융성한 것은 기술적 탁월함 덕분이었다. 그가 강철 선로를 만들기 시작했을 때 강철 선로는 톤당 160달러에 팔렸지만 1898년 가격은 톤당 17달러였다. 그가 사업에 현역으로 머무른 마지막 해인 1900년에 그의 제철소는 400만 톤을 생산했는데 영국 전체 생산량에 맞먹고 미국 생산량의 절반에 가까웠다. 사업 수익은 4,000만 달러였는데 그 가운데 그의 몫은 2,500만 달러에 약간 못 미쳤다. 1883년 한 동업자가 투자한 5만 달러는 1898년 800만 달러로 되돌아왔다. 그리고 가장 신기한 점은 이 모든 일이 카네기가 전혀 힘들게 일하지 않고 이루어졌다는 것이다. 1865년부터 그는 줄곧 일 년의 절반을 유럽, 그것도 대체로 스코틀랜드에서 보냈다. 그러나 카네기의 지휘권이 그의 손을 빠져나간 적은 한 번도 없었다. 한번은 카네기가 제철소를 시찰하던 방문객에게 "우리는 행복한 가족입니다. 모두가 한마음이지요"라고 자랑했다. 그러자 동업자 한 명이 "한마음이 아닌 사람은 큰일이지"라고 작게 중얼거렸다.

그러나 카네기가 꼼짝 못하는 사람이 딱 한 명 있었는데 바로 그의 어머니였다. 그녀는 확실히 보통이 아닌 노부인이었다. 매튜 아널드*가 카네기의 후원을 받아 미국에 첫 강연을 왔을 때 강연은 처참한 실패였다. 이후로 여러 사람들이 저마다 요령껏 아널드에게 그러한 의견을 표명했다. 마침내 그는 뭔가 위로의 말을 기대하며 그의 후원자의 어머니에게 고개를 돌렸다. 그러나 돌아온 대답은 "너무 목사님 설교 같아요, 아널드 씨. 너무 목사님 설교 같다고요"뿐이었다. 카네기는 사두마차에 친구들을 태우고 스코틀랜드 이곳저곳을 다니곤 했는데 그때마다 흑심을 품은 여자들이 접근하지 못하게 하려고 그의 어머니가 옆에 지키고 앉아 있었다. 그녀는 1886년에 죽었는데 그때 카네기는 51살이었다. 그때까지 그는 약혼은 했지만 미혼이었다. 어머니가 죽은 후 그는 오랫동안 어머니

---

* 영국의 시인이자 교육자로 영국의 교육제도 개혁에 이바지했다. 여기에서 러셀은 아널드가 1883~1884년에 미국에 가서 강연을 하였을 때의 일을 언급하고 있다.

에 대해 이야기하지 않으려고 했다. 그는 책상과 벽에서 어머니의 사진을 치웠다. 마침내 아내가 그의 책상에 어머니의 작은 초상화를 다시 갖다 놓았고, 그제야 그는 어머니에 대해 자유롭게 말할 수 있었다.

1892년 여름, 카네기가 주기적으로 자리를 비운 사이에 그의 홈스테드 제철소에서 심각한 파업이 일어났다. 회사를 책임지고 있던 프릭은 핀커튼 탐정사무소* 직원들을 고용해 파업방해자들을 보호했다. 싸움이 벌어져 핀커튼 직원들이 파업 참가자들에게 쫓겨났다. 프릭도 버크먼이라는 무정부주의자에 의해 심하게 다쳤지만 치명적이지는 않았다. 대포까지 끌고 온 8,000명의 군인들이 파업 참가자들을 진압하고 작업장을 점거했다. 그리고 그때부터 조합원은 카네기에게 아무도 고용되지 못했다. 파업은 15퍼센트에서 18퍼센트에 이르는 임금 삭감에 대한 항의로 일어났다. 이때가 되자 카네기는 그의 차티스트 삼촌들을 잊어버리기 시작했다. 그의 급진주의는 공화정과 군주정의 상대적 장점을 두고 영국 왕세자와 독일 황제를 야유하거나 가난의 즐거움에 관한 에세이를 쓰는 수준으로 전락했다.

결합의 완성, 금융

카네기는 사업 초기부터 교량과 선로를 만들었지만 그의 사업의 주종은 제강이었다. 그러나 그의 사업 인생 말년에 가면 철강업에 '결합'이라는 새로운 표어가 등장한다. 이것은 모든 원자재와 제조

---

* 남북전쟁 당시 대통령 경호 업무와 첩보 활동 등에 관여한 핀커튼이 만든 사설탐정사무소로 노동자 탄압과 파업 분쇄 활동으로 악명 높았다.

공정이 마지막 완제품이 나올 때까지 단일한 경영 아래 통합되어야 함을 뜻한다. 여기에는 기술적 이유가 있었다. 예를 들어, 처음 원광을 처리하는 순간부터 마지막 단계까지 금속이 식지 않게 하는 것이 가장 좋다는 사실이 밝혀졌다. 이러한 새로운 움직임에 따라 카네기는 자신만큼 강력한 두 사람, 즉 록펠러와 피어폰트 모건과 접촉하지 않을 수 없었다.

카네기는 인근의 코크스 광산을 지배하는 프릭과의 제휴 및 이후 동업자 관계를 통해 코크스 공급을 확보해왔다. 슈피리어 호 일대 메사비 지역에서 나오는 철광석은 확보가 더 어려웠다. 록펠러는 소규모 업자들이 매각을 해야만 했던 1893년 불황 때 그 일대의 방대한 땅을 사들였다. 한동안은 그가 철강업에서 카네기의 1인자 자리에 도전할 것 같았다. 그러나 결국엔 석유에 만족하기로 했다. 대신 그는 철광석 산지를 카네기에게 임대하고 자신의 철도와 12척의 호수 기선으로 철광석을 수송하도록 계약을 맺었다. 카네기는 메사비 철광석을 록펠러가 계속 공급하는 한 그한테서만 구입하기로 하고 록펠러는 강철을 생산하지 않기로 합의를 보았다.

그러나 다른 쪽에서 카네기의 위치는 더 취약했다. 그는 원자재에 대해서 안심할 수 있었으며 어느 경쟁자든 물리칠 수 있을 만큼 저렴하게 생산할 수 있었다. 그러나 지금까지 다양한 용도로 그한테서 강철을 구입하던 사람들이 직접 강철을 생산하는 게 더 유리하지 않을까 고려하기 시작했다.

상황 변화는 1900년 6월과 7월에 몹시 뚜렷해졌다. 아메리칸 스틸 앤드 와이어의 회장 존 W. 게이츠 씨는 슈워브 씨에게 앞으로는 자신들이 직접 강철을 생산할 것이며, 따라서 카네기 회사와의 계약은 취소될 것이라고 알려왔다. 스틸후프 앤드 시트스틸의 무어 형제도 동일한 내용을 통지했다. 카네기 회사와의 계약은 끝났고 매달 2만 톤을 구입하던 고객이 사라졌다. 더 큰 걱정거리는 오랫동안 카네기의 꾸준한 고객으로, 이전까지 서로 경쟁하는 19개의 공장이었지만 최근에 J. P. 모건 회사에 흡수되어 설립된 내셔널튜브 컴퍼니였다. 앞으로는 이 회사도 카네기 제철소의 지원 없이 굴러갈 예정이었다. 매키스포트와 다른 지역에 줄줄이 들어서는 용광로와 전환 용광로 제철소는 이러한 독립 선언을 더욱 도도하게 강조했다. 모건의 또 다른 업적인 아메리칸 브리지는 원래 조립공장에 불과했다. 카네기 사로부터 구입한 구조용 강재를 그곳에서 조립해 통째로 전 세계로 보내는 식이었다. 그런데 이제 이 야심만만한 유치幼稚 회사도 피츠버그의 판매자들에게 등을 돌리고 있었다. 모든 부문을 망라하는 모건의 회사가 직접 강철을 생산할 수 있는 날이 다가오고 있었다.

카네기는 돈을 버는 일이 지겨워졌고, 철학자들과 대화를 즐기며, 열심히 모아야 했을 때처럼 이번에는 재산을 없애는 데 전력할 수 있는 스코틀랜드의 성으로 은퇴하고 싶었다. 그러나 그의 자존심은 만만찮은 경쟁자들이 두려워서가 아니라 영예와 찬사를 받으며 은퇴하기를 요구했다. 카네기는 이리 호 인근 코니오트에 항구 하나를 소유하고 있었는데, 그가 펜실베이니아 철도를 유지하기 위해 건설해야만 했던 '베세머 철도'의 종점이 그곳이었다.

……카네기의 대리인들이 이리 호 호안을 따라 수 마일에 걸쳐 뻗

어 있는 땅 5,000에이커를 매입했고 여기에 1,200만 달러를 들여 제관製罐공장이 들어설 예정이었다. 다른 '마무리' 작업장—함석판, 철조망, 못과 같은—을 위한 땅도 대량 매입되었다. 한마디로 말해 카네기 회사는 이전까지 원철을 공급하는 데 그쳤던 제품들을 직접 생산해 빠져나가고 있던 시장을 되찾을 채비를 갖추고 있었다. 이후에 인디애나 주 게리에 들어서는 것과 다르지 않은 거대 철강 도시가 태어나고 있었다.[94]

이런 준비 작업으로 카네기는 그와 싸울 생각을 하고 있을지도 모르는 사람들에게 존경을 이끌어냈다. 모건은 철강 회사를 설립하고 싶었고, 이를 위해서는 카네기 회사를 인수해야 했다. 카네기는 팔 의향이 있었지만 그가 유리한 입장에 있음을 분명하게 보여줄 조건이라야만 했다. 두 사람은 중재인들을 통해 상대방에게 신중하게 접근했다. 카네기의 젊은 동업자 슈워브는 마침내 1900년 말에 모건으로부터 "앤디가 팔겠다면 내가 사지. 가서 가격을 알아봐"라는 말을 받아냈다. 슈워브는 카네기에게 갔고, 카네기는 그와 몇 분 동안 대화를 나눈 후 종이에 가격을 적었다. 4억 달러였다. "그 가격이면 팔겠네." 가격을 적은 종이는 모건한테 건네졌고, 그는 즉시 수락했다. 이 합의 이후 처음으로 두 사람은 직접 만났다.

협상이 마무리되고 여러 주가 지난 어느 날 카네기의 전화벨이 울렸다. 잠깐 이야기를 하러 월 가로 오지 않겠습니까? 카네기가 모건보다 나이가 더 많았기 때문에 이 초대는 예의에 어긋나는 것 같았다. 그는 이렇게 대답했다. "모건 씨, 월 가에서 51번 가까지나 51번 가에서 월 가까지나 거리는 똑같소. 언제든 여기로 찾아오시면 좋겠소."

얼마 지나지 않아 모건이 카네기의 집에 나타났다. 향후 대화는 기분 좋고 만족스러웠다. 카네기의 비서 제임스 버트럼 씨는 시계를 꺼내 면담 시간을 쟀다. 모건은 정확히 15분이 지난 후 카네기의 방에서 나왔다. 두 거물이 4억 달러가 왔다 갔다 하는 문제를 논의하는 데 고작 15분밖에 안 걸린 것이다!

작별 인사는 다정했다. 문간에서 모건은 카네기의 손을 잡았다. 그러고는 이렇게 말했다. "카네기 씨, 세계 최고의 부자가 되신 것을 축하드립니다."[95]

카네기의 사업체는 다른 여러 사업체들과 함께, 1901년에 설립된 모건의 거대한 '유나이티드스테이트 스틸'에 통합되었다. 유에스스틸은 흔히 10억 달러 회사로 알려졌지만 사실 회사의 자본은 그보다 더 많은 13억 달러였다. 유에스스틸은 철강업을 독점하지 않았고 앞으로도 독점하지 않겠다는 뜻을 표명함으로써 조심스레 여론을 달랬다. 설립 당시 유에스스틸의 생산량은 철강업계 총 생산량의 50.1퍼센트를 차지했다. 그것은 모건의 작품이었다. 그는 이사들을 선임하고 [엘버트] 게리 판사를 회장으로 앉혔다. 카네기 시절에 금융은 그의 사업에 아무런 역할도 하지 않았지만 유에스스틸에서는 금융이 성패를 갈랐다. 제조에서 기술적 공정은 더 이상 관심사가 아니었다. 공장에서 강철이 만들어지고 있었지만 어느 것이라도 상관없었다. 경제활동 조직에서 더 추상적인 단계에 도달한 것이다. 금융은 어느 사업 분야에 적용되든 본질적으로 유사했다. 그리고 자연스러운 진화를 통해 사업 분야 곳곳에 스며든 이 재정적 측면은 갈수록 전면에 부상하게 되었다. 금융을 통해 석유나 철강 같은 한 가지 산업만이 아니라 모든 거대 선진 산업을 통합하는 것이 가능해졌다. 이것은 자본주의 발전의 다음 단계였다.

C | 금융

금융 권력은 새로운 것이 아니지만 자본주의 기술이 발전할 때마다 함께 커졌다. 앞서 본 대로 금융은 록펠러와 카네기 같은 인물들의 성공에는 사소한 역할만 했지만 카네기의 은퇴와 함께 새 시대가 시작되었고, 여기서 주인공은 J. 피어폰트 모건이다. 그의 아버지 J. S. 모건은 미국의 기업과 영국 투자자들 사이에 중개인 역할을 한 영국에서 저명한 인물이었다. 피어폰트 모건은 아버지를 통해 미국 거대 기업의 어느 전임자들보다도 유럽과 연줄이 많았다. 세계대전 때까지 유럽, 특히 영국은 미국 철도에 아주 대규모로 투자해왔지만 돌아오는 이득은 대체로 형편없었다. 영국 주주들은 이리 철도를 둘러싼 드루와 굴드, 밴더빌트 간의 온갖 싸움에서 간간이 모습을 비추지만 그들의 투자를 쓸모없게 만드는 금융 조작을 막는 데 무력했다. 미국의 소액 주주들의 처지도 영국 투자자들과 마찬가지였다. 그들은 고래 싸움 속에서 자신들이 모은 돈이 사라지는 것을 그저 지켜봐야 했다.

금융왕, 모건

권력을 활용해 소액 투자자들의 이해관계를 지킨 피어폰트 모건은 밴더빌트나 록펠러, 카네기와는 매우 다른 인물이었다. 그들과 달리 명문가에서 태어난 성공회교도였고 뉴잉글랜드의 유서 깊은 가문 출신으로 어릴 적부터 유럽 정관계와 금융계에 친숙했다. 그는 예술 후원자였고 로마 황제 같은 과시적 기질이 있었다. 그림과 궁전, 여자들을 수집하고, (그 가운데 적어도 그림에 관해서는) 저렴하게 구입하기 위해 전문가의 의견을 참고했다. 가장 바쁜 순간에도 교회 회의에 참석할 수 있었고, 한가한 시간에는 텅 빈 교회에 가서 홀로 찬송가를 부르곤 했다. 그는 카네기를 천박한 사람이라고 경멸했고, 그 버릇없는 벼락부자가 자신을 "피어폰트"라고 불렀다는 이야기를 듣고 얼굴을 찡그렸다. 그는 록펠러를 침례교 신자이자 도덕가인 척하는 사람이라고 싫어했다. 철강 트러스트가 형성되고 있을 때 게리는 모건에게 말했다. "록펠러 철광석을 손에 넣어야 합니다." "어떻게 손에 넣지?" "당신이 록펠러 씨한테 가서 말해야지요." "그러기 싫은데." "왜요?" "그 사람이 싫으니까." 그러나 그는 이튿날 아침 록펠러에게 가 결국 5백만 달러를 주고 철광석 광산을 사들였는데 게리가 적정하다고 생각한 가격보다 더 비싼 가격이었다.

모건의 초창기 경력은 거의 전적으로 철도와 연관되어 있었는데, 다른 강력한 거물들로부터 지배권을 뺏으려는 시도보다는 먹고 먹히는 치열한 경쟁을 회피하려는 쪽이었다. 그는 1869년에 이리 철도를 위해 올버니 앤드 서스크해너 철도를 장악하려고 시도하던 굴드와 피스크에 맞서 방어 수단을 조직하면서 처음으로 명성을 얻었다. 이 이야기에는 저 두 신사분이 칙칙한 금융의 연대기에 곧잘 도입하던 다채로운 사건들이 풍성하다. 그들은 각자 위임장으로 무장한 뉴욕 뒷골목 깡패 무리를 데리고 주주 모임에 쳐들어가려고 했다. 그러나 모건과 올버니 앤드 서스크해너 철도의 회장 램지는 철도 회사 직원들과 함께 그들을 기다리고 있었다. 램지는 피스크를 아래층으로 집어던졌고 그 밑에서 기다리고 있던 '경찰관'이 그를 '체포'한 후 사라졌다. 나중에는 건장한 싸움꾼들이 가득

찬 이리 철도의 열차와 올버니 앤드 서스크해너 철도의 열차 한 대가 서로 길을 비켜주지 않으려고 하다가 터널 한쪽 입구에서 충돌한 사건도 있었다. 깡패들은 차량에서 뛰쳐나와 싸움을 벌였고, 결국 주 민병대가 도착해 사태를 진압했다. 그동안 으레 그렇듯이 일단의 판사들은 모든 당사자들에게 상반된 명령을 부과했다. 결국 굴드와 피스크는 패배했다. 모건은 자신이 점잖은 금융계에 유용한 인물임을 입증했다.

1877년 밴더빌트 제독이 죽은 후, 보스 트위드 시절보다 주의회가 고분고분하지 않다는 것을 깨달은 밴더빌트의 아들은 자신이 가진 뉴욕센트럴 철도의 주식 87퍼센트 대부분을 처분하는 것이 현명하다고 판단했다. 그는 손해 보지 않고 주식을 처분할 방법에 관해 모건에게 자문을 구했다. 모건은 시세에 주식을 사들여 영국에 매각하기로 동의했는데 단 두 가지 조건이 있었다. 첫째, 자신이 뉴욕센트럴 철도의 이사가 되어야 하며, 둘째, 다음 5년간 8퍼센트의 배당금이 보장되어야 한다는 것이었다. 밴더빌트는 이 조건을 받아들였고, 주식은 영국에서 성공적으로 매각되었으며 영국 주주들은 모건에게 권한을 위임했다. 이런 식으로 아무런 대규모 개인 투자 없이 그는 진정한 투자자들의 대변자로서 철도에서 영향력을 획득했다. 물론 이것은 순수한 자선 행위와 거리가 멀었는데, 여기서 그의 개인적 이익이 3백만 달러에 달했기 때문이다.

철도 부호 간의 경쟁은 모건이 인식한 대로 낭비가 심하고 다 같이 망하는 길이었다. 1885년 뉴욕센트럴 철도와 펜실베이니아 철도는―아니 그보다는 윌리엄 H. 밴더빌트와 조지 H. 로버츠는―서로 전쟁에 돌입할 태세였다. 밴더빌트의 이해관계에 따라 사우스펜실베이니아 철도는 로버츠에 맞서 방해공작을 펼치고 있던 반면 로버츠의 허락을 받은 웨스트쇼어 철도는 뉴욕센트럴 철도에 손해를 입히고 있었다. 모건은 두 사람을 자신의 유람선으로 초대해 설득했고 결국 두 사람은 합의를 보았다. 두 사람이 경쟁에서 벗어나도록 로버츠는 사우스펜실베이니아를, 밴더빌트는 웨스트쇼어를 갖기로 했다. 로버츠는 설득하기가 힘들었지만 2년 후 모건은 그에게 큰 도움을 주었다. 모건은 자신의 재정력을 이용해 볼티모어 앤드 오하이오 철도가 뉴욕에 진입하는 것을 막았다.

1889년 모건은 새로운 사안들을 논의하는 18명의 철도 회사 회장과 주요 은행의 대표자로 구성된 '주간州間철도협회'를 구성했다. 여기서 다시금 목적은 경쟁을 방지하고 진정한 투자자들을 보호하는 것이었는데, 유럽과의 연계 때문에 투자자들의 이익은 모건에게 중요했다. 이 부호들에게 훌륭한 저녁을 선사한 후 그는 아주 짤막한 연설로 현안을 소개했다.

오늘 모임의 목적은 이 자리에 참석하신 분들이 부당한 처우를 당했다는 의심이 들 때 스스로 법 집행자가 되어 사적 제재를 가하던 이전의 무수한 관행을 사라지게 하는 것입니다. 문명사회의 다른 분야에서는 이런 일이 더 이상 관례가 아니며 그러한 관행이 철도 업계에서 지속되어야 할 이유도 없습니다.[96]

명령에 복종하는 것과 거리가 먼 일단의 자신만만한 사람들 앞에서 그가 이러한 어조로 말할 수 있었던 것은 금융의 힘 덕분이었다. 참석자 가운데 한 명인 매클로드가 항의했다. "당신은 나한테

이래라 저래라 명령할 수 없소. 은행가한테 명령을 듣느니 차라리 거리에서 땅콩을 팔고 말지." 얼마 안 있어 그는 가난해졌는데 그래서 땅콩을 팔았는지는 알려진 바가 없다.

정치와 신용의 힘

모건의 힘은 '투표 트러스트'라고 하는 수단에 의존했다. 철도 회사의 재정 상태가 나쁘면 사람들은 그에게 와서 회사를 재편하는 데 도움을 요청했고, 그는 충분한 수의 주주들의 위임권을 보유하는 조건으로 수락했다. 그는 이런 위임권을 얻어내는 데 성공했는데 지금까지의 경험으로 볼 때 그가 가장 가망 없어 보이는 회사도 수익이 나게 바꾸어냈기 때문이었다. 1893년의 불황은 그의 기회를 넓혔고, 1898년에 그는 15억 달러의 자본으로 미국 철도의 1/6을 지배했다. 그의 권력은 그가 실제 소유한 돈에서 나오지 않았다. 그보다는 정치적 권력과 더 유사했는데 여기저기 흩어진 무수한 소주주들에게 선택된 대표자였기 때문이다.

모건은 이제 더 넓은 영역으로 뛰어들기 시작했다. 1895년에는 금의 유출로 재무부의 국고가 바닥났을 때 그는 클리블랜드 대통령과 협의를 함으로써 '나라를 구했다.' 그는 6,500만 달러를 금으로 제공하기로 했는데, 이 중 절반을 유럽에서 조달하고 그것을 미국이 계속 보유할 수 있도록 그의 모든 재정력을 동원하기로 했다. 그는 이제 심심하면 '나라를 구했다.' 그는 1907년에도 다시 나라를 구했다. 그러나 1913년에 죽어서 전 세계를 '구할' 기회를 놓쳤고 그 기회는 1차 세계대전 동안 그의 아들에게 넘어왔다.

1901년 초에 설립된 유에스스틸은 재정적으로 모건의 가장 큰 기업체였다. 경쟁에 대한 그의 반대는 대중의 적대감을 조장했고, 모든 트러스트 가운데 가장 거대한 트러스트의 조성은 대기업의 반대자들의 경각심을 키웠다. 때마침 보수적인 맥킨리 대통령이 암살당하고, 급진적 정책을 내세운 시어도어 루스벨트가 대통령이 되었다. 일반 시민들의 열렬한 호응과 함께 그는 셔먼 반트러스트법 아래 다양한 기업들을 향해 행동을 개시했다. 첫 희생자는 모건과 힐이 북서부 철도들의 경영을 지배하기 위해 설립한 노던세큐리티였다. 모건은 격노했다. 그는 워싱턴으로 내려가 루스벨트 대통령에게 불편한 심기를 거침없이 드러냈다. 화가 났을 때 그는 꽤나 위협적이었다. 그의 이글거리는 눈앞에 사람들은 주눅이 들었다. 그러나 루스벨트도 만만치 않은 성격이었기에 두 사람은 서로 불같이 화를 내며 헤어졌다. 모건은 "그 인간은 미쳤어. 사회주의자보다 더 악질이야"라고 말했다. 루스벨트는 "모건 씨는 나를 자신의 이해관계를 모조리 해치려고 나서거나 아니면 잘 구슬려서 아무런 피해도 보지 않게 합의를 볼 수 있는 라이벌 기업가로 여길 수밖에 없을 거다"고 말했다. 모건은 "그 인간을 백악관에서 쫓아낼 수만 있다면 민주당에라도 투표하겠다"고 맞받아쳤다.

연방대법원은 이전에 나이트Knight 판결*에서, 만약 판례로 받아들여진다면 노던세큐리티도 보호할 수 있는 판결을 내린 적이 있었다. 그러나 대법원도 외부의 압력에 무관하지 않았고 압력이 들어왔다. 루스벨트는 "과거 노예제와 특권에 맞서 국민의 이익을 위해 드레드 스콧 판결을 뒤집는 것이 필요했던 것처럼 독점과 특

---

* 1895년 연방대법원은 셔먼법에 의해 기소된 소위 '설탕 트러스트' 판결에서 제조업은 주간통상법에 해당하지 않는 지역활동이라는 이유로 독점을 허용하였다.

권에 맞서 국민의 이익을 위해 나이트 판결을 뒤집는 것이 필요하다"고 주장했다. 대법원은 5대 4로 노던세큐리티의 해체를 선언했다. 여기에서 연방대법원 판사 가운데 가장 급진적인 올리버 홈스 판사'가 정부 의견에 반대하는 쪽에 표를 던졌다는 사실이 흥미롭다.

철강 트러스트는 법적 비난을 피해갔다. 아주 현명하게도 모건은 자신이 접한 사회 저명인사들의 행태에 충격을 받은 독실한 감리교 신자이자 변호사인 엘버트 게리를 회장으로 선임했다. 게리는 동료 이사들의 뜻을 거스르며 루스벨트와도 친구가 되었고, 워싱턴을 자주 방문해 루스벨트의 공공의식을 한껏 치켜세웠다. 철강 트러스트가 테네시 석탄, 제철, 철도 회사를 인수하고 싶어 했을 때 그는 대통령의 동의를 미리 얻어냈다. 게리는 철강 트러스트가 다른 트러스트와 다르다고 말해 그를 만났을 때 마크 트웨인이 "아, 당신이 누군지 압니다. 당신네는 착한 기업이죠"라고 말하게 만들었다. 모건은 게리를 회장으로 앉힌 보답을 받았고, 루스벨트는 철강 트러스트를 가만 놔뒀다. 그러나 대통령에 취임한 후 전임자와 다툼을 벌인 태프트는 정부 정책을 뒤집음으로써 자신의 독자성을 보여주기로 결심했다. 그는 루스벨트보다 전반적으로 대기업에 친화적이었지만, 1911년 10월에 유에스스틸에 소송을 제기했다. 1915년 4월에 미국 순회항소법원은 원고 패소 판결을 내렸고 이로써 사건은 연방대법원으로 넘어갔다. 1917년 3월 연방대법원의 판결은 반반으로 갈렸고 사건을 재심의하라는 명령이 내려졌다. 그러

---

* 연방대법관으로 재직하면서 진보적인 소수의견을 많이 내서 '위대한 반대의견자'로 불렸다.

나 미국이 참전하고 철강 트러스트가 전쟁에서 중요한 역할을 담당하게 되자 심의는 연기되었다. 1919년 연방대법원은 마침내 최종 무죄 판결을 내렸고, 게리의 장점은 입증되었다.

모건의 권력이 가져온 영향력은 끝이 없었다. 그는 시카고 정육업체 아머스를 지배했고, 이를 통해 아르헨티나 가축의 생사를 좌우했다. 그의 해운 연합체에는 대부분의 대서양 정기 여객선 회사가 포함되어 있었다. 에드워드 7세와 빌헬름 2세, 교황은 그를 국빈 방문한 국왕인 양 맞이했다. 《라이프》는 다음과 같이 개정된 교리문답을 실었다. "찰스, 누가 세계를 창조했지?" "기원전 4004년에 하느님이 창조하셨습니다. 하지만 1901년에 제임스 J. 힐*, J. 피어폰트 모건, 존 D. 록펠러에 의해 개조되었죠."

막강한 권력에도 불구하고 그는 당대 최고의 부자가 아니었다. 사망 당시 그의 자산 가치는 6,800만 달러였다. 그는 자신의 돈보다는 다른 사람들에게 신뢰감을 심어주는 능력을 통해서 금융계를 지배했다. 그한테서 신용이 구현된 셈이었다. 처음으로 그는 자본의 일반적 이해관계와 조화로운 활동을 촉진할 수 있도록 미국의 금력과 유럽의 거대 부문을 조직하는 일에 착수했다. 시어도어 루스벨트와 다른 개혁가들은 제퍼슨-잭슨의 전통을 따라 법이라는 수단을 통해서 옛 무정부 상태를 존속시키려 했지만, 한 시대에 시작해서 다른 시대에 끝난 대규모 소송에서 그들이 이겼는지 졌는지는 부의 주인들한테 별로 중요하지 않았다. 그리고 옛 무정부상태에 맞선 싸움에서 이 사람들은 유용하고 필요한 작업을 했다. 그

---

* 철도업자로 록펠러, 카네기처럼 철도 트러스트를 조직하였다.

들은 낭비를 줄이고 그들의 막대한 재산을 통해 현대 노동의 생산성을 극적으로 예시하고 있었다. 생산 문제와 관련한 모든 면에서 그들은 경쟁의 신봉자들에 맞서 옳았다. 분배의 문제는 그들이 해결할 수 없었지만 이 문제는 그들의 반대자들에게도 당황스럽기는 매한가지였다. 반대자들은 또한 평등으로 가는 길도 확보하지 못했다. 카네기는 자유 경쟁을 통해 4백만 달러를 벌지 않았는가?

조직의 승리

미국은 제퍼슨과 해밀턴의 불편한 타협으로 시작되었다. 제퍼슨적 요소들이 점차 서쪽으로 밀려나는 동안 해밀턴주의자들이 동부를 지배했다. 서부가 남부와 함께 가는 한 제퍼슨 전통은 상당한 영향력을 행사했지만 남북전쟁 후 농민공제조합원들Grangers이나 인민당 지지자들, 브라이언 지지자들은 열정과 활력에도 불구하고 무능했다. 결국 미국은 경제적 삶에서 전례 없는 소수의 부자들의 이익을 위해 지배되는 하나의 전체적 조직이 되었다. 조직은 그 자체로서는 가치가 있었다. 문제는 조직의 목적, 즉 오로지 부자를 더 부자로 만드는 목적에 있었다. 경쟁을 없애려고 한 점에서는 거대 부호들이 맞았지만, 일반 시민들의 이익을 고려할 것을 요구한 점에서는 그들의 반대자들이 맞았다. 해법은 더 절대적인 금권정치나 경제적 무정부 상태로의 복귀가 아니라 금융의 지배자들이 창조한 도구의 통제와 공유화에 있었다.

　이를 달성하기 위해서는 새로운 대중 철학, 새로운 행정 조직, 새로운 종류의 민주적 지성이 필요하다. 그리고 지금 이 순간 미국에서 이러한 것들을 창조하기 위한 시도가 이루어지고 있다.

04

민족주의와 제국주의

…당신은 아시리이다, 우리나라의
관료들, 군주들이 몸소 와서
간청하고 명령하고 위협하고 독촉하고,
공민적 의무나 종교적 구속으로써
탄원하고 – 우리 국민의 이런 다수를
파멸시킨 국가의 적을 함정에 빠뜨리는 것이
참으로 정당하고 참으로 명예롭고
참으로 영광스러운 일이라고 강권했음을. 그리고 사제도
지지 않고 시종 귓전에서…

―「투사 삼손」, 밀턴

멀지 않은 곳에 산이 있어, 그 무서운 산꼭대기는
불과 연기의 소용돌이를 내뿜고 그 나머지는
온통 윤기 있는 비늘 피부처럼 빛난다. 틀림없이
그 뱃속에 유황의 작용인 금광이
묻혀 있는 증거다. 그리고 황급히 날개 치며
일대 부대가 급히 향한다, 마치
삽과 곡괭이로 장비 갖춘 공병대가
들에 참호를 파고 포루를 쌓으려
왕의 진영에 앞서 달리듯이. 마몬이 그들을 인도한다.
마몬, 하늘에서 떨어진 가장 저속한
영靈, 그는 하늘에서도 시선과 생각이
항상 아래로 향하여, 하느님 뵙고서
즐기는 거룩하고 성스러운 것보다는
황금을 밟는 천국의 길의 부富에
더욱 찬탄했었다.

―「실락원」, 밀턴

시대적 배경

1848년 혁명

30년 넘게 유지되었던 빈 체제는 1848년 종말을 고한다. 프랑스에서는 2월혁명이 일어나 군주제가 무너지고 공화정이 수립되었고, 오스트리아에서는 메테르니히의 퇴진을 불러왔다. 분열되어 있던 독일, 이탈리아에서는 민족주의 통일 운동이 일어났다.

그러나 곳곳에서 일어났던 혁명의 열기는 곧 진압되었다. 프랑스에서 대지주와 산업자본가를 기반으로 수립된 공화정은 노동자들의 시위를 유혈진압하였다. 독일과 이탈리아에서의 민족주의 통일 운동 역시 실패하면서 혁명을 주도하였던 사회주의자와 급진주의자들은 대대적인 탄압을 받았다.

하지만 장기적으로 봤을 때 1848년 혁명은 역사의 물줄기를 바꾼 분기점이 되었다. 민족주의는 돌이킬 수 없는 대세로 자리잡게 되었고, 기존의 빈 체제는 붕괴됐다. 빈 체제의 공백 속에서 열강 간의 경쟁이 격화되면서 제국주의 흐름이 가속화되었다. 때마침 오랫동안 지중해의 강자로 굴림하던 오스만 제국이 쇠퇴하면서 서구열강의 서아시아, 아프리카 침략이 가시화되었다. 이에 따라 열강 간의 치열한 외교전과 전쟁이 병행되었고, 식민지 쟁탈전이 벌어졌다.

폭풍 전야의 유럽

1853년 오스만 제국을 침략하면서 세력을 확장하려는 러시아와 이를 경계한 다른 유럽 열강이 충돌하면서 크림 전쟁이 벌어졌다. 러시아는 크림 전쟁의 패배로 세력이 위축되었으며, 이를 계기로 근대화에 박차를 가하게 된다.

프랑스에서는 나폴레옹의 향수를 자극하며 대통령에 당선된 루이 나폴레옹이 삼촌처럼 쿠데타를 일으켜 3년 만에 황제에 오른다. 나폴레옹 3세는 대중의 인기에 영합하는 정책을 펼치며 제국주의적 대외 팽창을 추진하였다.

게르만족, 마자르족, 슬라브족 등 다양한 민족으로 구성된 오스트리아는 민족주의의 불길에 휩싸여 계속 쇠퇴의 길을 걸었다. 프로이센의 성장으로 독일 통일의 주도권을 뺏겼으며, 독립을 요구하는 헝가리에게 자치권을 주면서 이중제국 시대를 맞이했다. 그러나 오스트리아의 지배를 벗어나려는 다른 민족들의 불만을 잠재울 수는 없었다.

이제 유럽에는 제국주의가 전성기를 맞이했고, 그 다른 한쪽에서는 민족주의가 무르익어갔다.

28

민족 원칙

A | 유럽대륙의 자유주의

1815년부터 1848년까지 시기에는 세 가지 유형의 진보주의자가 존재했다. 바로 미국의 농본 민주주의자, 철학적 급진주의자, 자유주의자들이었다. 유럽대륙에서 철학적 급진주의자와 자유주의자 간의 관계는 복잡했다. 양쪽 다 진보주의자였기 때문에 그들은 서로 협력해야 한다고 느꼈지만 양자의 세계관이 너무 달라서 협력은 처음부터 어려웠고 결국에는 불가능했다.

대체로 18세기 프랑스에서 나온 견해들을 채택한 철학적 급진주의자들은 인간이 선천적으로 모두 비슷하고, 성인들 간의 차이는 전적으로 교육과 환경 탓이라고 믿었다. 종교와 관련해서는 회의주의자였으며, 윤리에서는 행복을 유일한 궁극적 선으로 간주했다. 또 자기 이익 추구는 행위의 동기, 이성은 그러한 자기 이익을 파악하는 수단, 통치는 서로 다른 개인 간의 이해관계를 조화시키는 기술이라고 생각했다. 그들은 세계주의적이고 합리적이며 어느 정도는 민주적이었다. 번영과 계몽은 그들의 시각에서 통치의 올바른 목적이었다. 실제 사안에서 그들이 주로 강조한 것은 경제였다.

철학적 급진주의자들은 코브던을 통해 영국을 지배했고, 영국을 통해 한동안 유럽대륙에 커다란 영향력을 행사했다.

그러나 그들의 이론은 오언 시대부터 줄곧 두 가지 형태, 즉 고용주들을 위한 철학적 급진주의와 임금노동자를 위한 철학적 급진주의로 갈리게 된다. 철학적 급진주의의 거의 모든 특징적 이념들은 마르크스주의에서 살아남았다. 모든 인간의 본래적 유사성에 대한 신념, 이성에 대한 신념, 세계주의, 자기 이익에 대한 호소, 물질적 번영에 대한 강조가 그것이다. 국제 사회주의는 국제 자본주의 못지않게 철학적 급진주의의 이념으로부터 나왔다. 그리고 철학적 급진주의의 사회주의적 형태는 더 오래가는 것으로 드러났다. 코브던의 시대는 끝났지만, 레닌의 시대는 아직 끝나지 않았다.

낭만적 자유주의자

나폴레옹의 몰락에 뒤이은 시대의 자유주의자들은 공리주의자들과 매우 달랐다. 그들도 18세기 프랑스와 친연성이 있었던 것은 사실이지만, 백과전서파나 중농주의자가 아니라 루소와 가까웠다. 그들은 이성보다는 감정의 사람들이었다. 그들은 약자들과 짓밟힌 자들의 고통을 구제하기 위해 감성에 의존했다. 자유주의자들은 고대부터 내려오는 몇몇 표현, 이를 테면 폭군이나 노예, 자유 같은 수사적 표현에 지배되었다. 그들은 그런 단어를 들을 때면 어김없이 적절한 감정에 사로잡혔던 것 같다. 물론 누가 폭군이고 누가 폭군이 아닌지 언제나 확실히 알 수 있는 것은 아니다. 영국에서 그 꼬리표는 나폴레옹에게 적용되었다. "폭군이 나타났고, 그대는 신성한 환희와 함께 그에 맞서 싸웠도다"라고 워즈워스가 자유의 여신에게 가르쳐주듯이 말이다. 그러나 이탈리아에서 나폴레옹은 그의 죽음을 기리는 [시인] 알레산드로 만초니의 유명한 만가에 나타나듯이 해방자로 추앙받았다. 독일에서 자유주의자들의 의견은 양분되었다. 하이네는 그를 찬미하는 『대왕의 책』을 썼지만 1813년의 애국자들은 나폴레옹에 치를 떨었다. 현자가 된 괴테는 올림포스 산정의 신 같은 고고한 중립성을 유지했다.

가톨릭 국가에서 자유주의자들은 반교권적이었다. 가톨릭 국가의 자유주의자든 프로테스탄트 국가의 자유주의자든 그들은 유럽대륙 대부분에서 여전히 부재했던 종교적 관용을 옹호했다. 많은 자유주의자들이 신은 인간의 마음에, 그것도 일자무식 농군의 마음일 때 더욱이 직접적으로 현현한다고 생각했지만 그러한 신학은 인간 정신을 예속하려는 사제들이 만들어낸 오류이다. 이러한 태도로 인해 그들은 루소와 비슷한 모호하고 비교조적인 신앙에 이끌렸다. 다른 자유주의자들은 범신론자였다. 프랑스혁명 이전부터 자유주의 전통이 있었던 프리메이슨과 연관된 부류는 특히 범신론에 기울었다.

전형적인 대륙 자유주의자는 공화파였는데 오로지 아테네와 로마가 위대했던 시절에 두 나라가 공화국이었다는 이유에서였다. 그러나 많은 자유주의자들은 헌법을 부여하고 농노를 해방시키며 종교와 언론의 자유를 허용한다면 국왕도 참아줄 용의가 있었다.

일부는 귀족계급에 반대했지만 다른 많은 이들은 반대하지 않았다. 타키투스*처럼 로마가 원로원의 과두정 아래서는 자유를 누린 반면 황제들의 개인 통치 아래서는 자유를 누리지 못했다고 믿었기 때문이다. 모두가 루소의 영향 아래 재산은 사람을 타락시키는 효과가 있다고 봤으며 가난한 사람들의 소박한 미덕을 믿었다.

실제 정치의 관점에서 볼 때 자유주의자들의 세계관은 그들이 사랑하는 것과 증오하는 것으로 가장 훌륭하게 규정될 수 있다. 그들은 신성동맹을 증오했고, 메테르니히를 악의 원형의 정수로 보았다. 그들은 프랑스를 사랑했는데 프랑스혁명과 프랑스 계몽사상가들의 자유사상 때문이었다. 그들은 반동의 승리를 상징하는 나폴리와 에스파냐, 프랑스의 부르봉 왕가를 증오했다. 그리스의 압제자인 오스만튀르크를 증오했고 따라서 1848년까지는 차르를 그렇게 증오하지 않았다. 그들은 캐슬레이와 피트의 기억을 저주했지만 캐닝은 어쩌면 그에게 과분할 정도로 칭송했다.

바이런 숭배와 이상적 자유

무엇보다도 그들은 바이런을 숭배했다. 대륙에서의 바이런 숭배 현상은 그의 동포들에게 약간 미스터리였다. 영국 급진주의자들은 셸리를 선호해 그의 혁명시들을 차티스트 집회에서 낭송했고, 오언주의 노동자들도 셸리를 읽었다. 그러나 해외에서는 아마도 괴테를 제외하고는 바이런이 당대 가장 위대한 시인으로 간주되었다. 그의 모든 것이 낭만적 기질에 잘 들어맞았다. 그는 귀족이었지만 추방

---

* 『역사』, 『게르마니아』를 저술한 역사가로 로마 제정에 비판적이었다.

자였고, 부자였지만 억압받는 자들의 옹호자였으며, 겉보기에는 냉소주의자였지만 안으로는 지나치게 동정적인 품성을 (아주 헛되이) 감추고 있었다. 그리스는 당대에 가장 낭만적인 대의였고, 바이런은 그리스를 위해 죽었다. 그는 16세기에 공화주의 때문에 박해받은 시용의 죄수*를 칭송했다. 영국을 상대로 승리한 워싱턴을 두고는 이렇게 썼다.

> 지친 눈길은 어디에 머물 수 있을까?
> 위인을 응시할 때
> 죄스러운 영광이나
> 비열한 국가가 빛나지 않은 곳은 어디인가?
> 그래―단 한 명―최초이자―최후―최고의 사람―
> 서쪽의 킨키나투스,†
> 시기도 감히 그를 미워할 수 없어
> 워싱턴이란 이름을 내렸도다,
> 오로지 그 하나뿐임에 사람들이 얼굴을 붉히도록.

그 시대에는 세상사에 염증을 느끼고 은밀한 슬픔에 사로잡혀 세상을 경멸하고 고독 속에서 자유를 추구하는 것이 유행이었다. 바이런의 해적들과 배교자들은 귀족적 반란의 분위기에 호소했다. 그는 추상적인 인간이란 관념은 사랑하지만 실제 사람들은 싫어하

---

* 제네바 호 인근의 시용 성에 6년간 수감된 스위스 애국자이자 종교 개혁가였던 프랑수와 보니바르를 말함.

† 로마 공화정 지도자. 농민 출신으로 로마를 위협하던 사비니족과 볼스키족을 물리친 후 독재관 직위에서 스스로 물러났다.

는 이들을 위한 정형화된 틀을 제공했다. 마치니는 바이런을 도외시한 것을 두고 영국인을 결코 용서할 수 없었고, 그가 아내를 박대했다는 사실을 믿으려하지 않았다. 비스마르크는 젊은 시절 언제나 바이런을 읽었다. "때때로 그는 너벅선을 타고 오리 사냥을 나갔는데 그 옆에는 언제나 포도주 한 병이 준비되어 있었고 사냥 틈틈이 바이런을 읽곤 했다."[97] 약혼을 하게 되었을 때 그는 바이런 시집을 약혼녀에게 보내면서 "다 헛소리"라고 적었는데 어쩌면 경건한 약혼녀에게 충격을 줄까 걱정해서였을 수도 있다. 비스마르크는 심지어 차일드 해럴드* 스타일의 세계 여행을 진지하게 고려해보기도 했다.

바이런의 시는 민족 원칙을 대중화하는 데 크게 일조했다. 바이런은 "그리스의 섬들이여, 사포†가 열렬히 살아가고 노래 부르던 곳이여"‡라고 쓰면서 오스만튀르크를 몰아낸다면 새로운 사포가 살아나live 노래 부를 것이라고 암시했고 어쩌면 실제로 그렇게 믿었을 수도 있다. 메테르니히가 알렉산드르를 설득해 그리스의 예속을 연장하는 동안 바이런은 이렇게 쓰고 있었다.

> 자유의 영혼이여! 필레의 등성이 위에
>
> 트라시불로스 무리§와 함께 앉아 있었을 때
>
> 너는 지금의 암울한 시간을 예감할 수 있었는가?

---

*   바이런의 장편시 「차일드 해럴드의 순례」의 주인공.

†   고대 그리스 여성 시인. 서정시의 대명사로 후대에 많은 영향을 끼쳤다.

‡   원래 시행은 '사포가 열렬히 사랑하고 노래 부르던 곳이여(Where burning Sappho loved and sung)'이다. 다음 문장에서 보듯이 러셀은 'love'를 'live'로 착각한 것으로 보인다.

§   트라시불로스가 70명의 동료들과 함께 아테네의 민주정을 회복한 사건을 가리킨다.

너의 아티카 평원의 아름다운 초록에 어둠이 드리운 시대를.

서른 명의 폭군은 이제 사슬을 강요할 수 없지만

모든 사람이 네 땅에서 떵떵거릴 수 있다.

네 아들들은 일어서지 않고 헛되이 불평만 한다.

튀르크인들의 손에 들린 채찍 아래 떨면서

태어나 죽을 때까지 노예로 산다.

말과 행동에서 남자다운 기개를 잃어버린 채.

모습을 빼고 모든 것이 얼마나 변했는가! 그리고 누가

눈동자마다 타오르는 불꽃을 보여줄 것이며

누가 새롭게 타오르는 가슴을 되찾을 것인가

너의 꺼지지 않은 빛, 잃어버린 자유로!

많은 이들이 꿈꾼다, 그들에게 아버지의 유산을 돌려줄

시간이 가까워오고 있음을

그들은 외국의 무기와 도움에 허황되게 한숨짓는다,

감히 홀로는 적대적 분노에 맞서거나

굴종의 비통한 책장에서 더럽혀진 이름을 떼어내지 못한 채.

타고난 노예여! 그대는 모르는가,

스스로 자유롭고자 하는 사람이 주먹을 휘둘러야 함을?

그들의 오른팔로 정복이 이루어져야 함을?

골 사람이나 모스크바 사람이 구제해주랴? 아니다!

그래, 그들이 너의 오만한 압제자들을 납작하게 누를지도 모르나

너를 위해 자유의 제단이 타오르지는 않으리라,

헬롯*의 망령들이여! 네 적들을 물리치라.

그리스! 네 주인들을 바꿔보았자 너희들의 상태는 똑같다.

너의 영광스러운 나날은 끝났지만

치욕의 세월은 아직 끝나지 않았다.

바이런의 운문과 자유주의자들의 열망에서 드러나는 자유는 철학적 급진주의자들이 생각하는 자유와 매우 달랐다. 공리주의자들인 벤담과 그의 추종자들은 어떤 절대적 '인간의 권리'도 믿지 않았다. 물론 실제로는 일정한 한도 내에서 사람들을 자기 하고 싶은 대로 내버려두는 것이 보통은 더 좋다고 생각하기는 했다. 그들은 의견의 자유를 중시했다. 모든 사람이 자유롭게 자신의 논의를 펼 수 있는 곳에서는 가장 좋은 논거를 제시한 사람이 여론을 얻을 것이라고 생각했기 때문이다. 그들은 통상의 자유도 높이 평가했는데 그것이 노동의 총생산량을 증가시키기 때문이었다. 정부에 대해서는 전반적으로 적대적 편향이 있었는데, 당시 정부가 무역에 대해서는 아무것도 모르고 [로마 시인] 호라티우스만 인용할 줄 아는 사람들로 구성되어 있어서였다. 철학적 급진주의자들이 원하는 종류의 자유는, 호메로스와 베르길리우스가 침묵한 현대적 종류의 경제 활동에 관여하는 개인들의 자유였다.

자유주의자들이 생각한 자유는 맨체스터산産 면직물과 폴란드산 곡물을 교환하거나 골짜기를 탄광과 연기를 내뿜는 굴뚝으로 흉물스럽게 만들 수 있는 권리보다 더 낭만적인 것이었다. 자유주

---

* 고대 스파르타의 노예계급을 일컫는다.

의자에게 자유는 인간적 존엄성에 기인한 권리였다. 그들은 프로테스탄트들과 더불어 신과 인간 사이에는 중개자가 없어야 하며 외부적 권위는 인간에게 그의 의무에 관해 이래라 저래라 명령할 수 없다고 여겼다. 만약 어느 이탈리아인이 마침 이탈리아 일부 지역을 다스리고 있는 통치자가 아니라 조국에 헌신해야 한다고 느낀다면, 비록 나폴리의 국왕의 신성한 권리나 신학적으로 성스러운 교황권에 대한 거부로 이어진다 할지라도 그는 애국자로서 행동해야 한다. 따라서 개인들과 마찬가지로 민족들도 '자유로울' 권리, 즉 외국인이나 사제, 절대 군주에 의해 통치되지 않을 권리가 있다. 민족이 자유로워야 한다는 믿음은 실질적으로 자유주의자의 신념에서 가장 중요한 항목이었다. 그것은 1848년부터 1919년까지 유럽의 사안들을 전반적으로 지배한 민족 원칙, 즉 민족자결 원칙으로 발전했다.

민족이라는 이름의 마법

민족 원칙은 정확하게 설명하기 어렵다. 개략적으로 말해 민족 원칙은 정부 단위가 되기를 원하는 지리적 집단 일체는 단일한 독립 국가로 존재할 권리가 있다고 주장한다. 그러나 현실적으로는 제한이 있다. 1917년 페트로그라드*의 단일한 가문이 민족자결 원칙에 호소하며 자유를 위해 정당하게 투쟁하고 있는 민족을 자처했을 때 사람들은 너무 나갔다고 느꼈으며 윌슨 대통령조차도 그 주장에는 전혀 동의하지 않았다. 아일랜드는 영국에 맞서 민족자결을

---

*　현재의 상트페테르부르크. 1914년 니콜라이 2세가 페트로그라드로 바꿨다가, 1924년에는 레닌그라드로 변경되는 과정을 거쳐 1991년 다시 원래 이름을 되찾았다.

주장할 권리가 있었으며 북동부 얼스터 지역도 나머지 아일랜드 지역에 맞서 민족자결을 주장할 권리가 있었지만, 퍼매너나 타이런 주들에는 북동부 얼스터 지역에 맞서 민족자결을 주장할 권리가 허락되지 않았다. 따라서 민족자결 원칙의 한 가지 제한은 해당 지역이 너무 작아서는 안 된다는 것이었다. 또 다른 제한은 그 지역이 아시아나 아프리카여서는 안 된다는 것이었다. 일본이 러시아를 물리칠 때까지, 올바른 생각을 가진 사람들에게 이것은 너무도 자명했다. 그러나 또 다른 제약은 해당 지역이 수에즈나 파나마 지역처럼 이례적으로 국제적인 중요성을 띤 지역이 아니어야 한다는 것이었다.

1871년까지 자유주의자들에게 이러한 제한은 분명하지 않았는데 그들에게 민족이란 신비로운 무엇, 개개의 인간 영혼처럼 거의 명확하게 규정되는 영혼을 갖고 있는 것이었기 때문이다. 같은 민족이 아닌 정부 아래서 살아가도록 사람들에게 강요하는 것은 여자에게 그녀가 싫어하는 남자와 결혼하라고 강요하는 격이었다. 고향과 가족에 대한 사랑은 둘 다 본능적인 기반을 갖고 있으며 하나의 정서로 간주되는 나라 사랑의 토대를 형성한다. 이러한 정서의 존재가 민족 원칙의 타당성에 기여했다.

계급과 달리 민족은 경제적이지 않은 정의를 갖고 있다. 그것은 연대감을 공유한 지리적 집단이라고 말할 수 있을 것 같다. 심리적으로 민족은 돌고래 무리나 까마귀떼, 소떼와 비유될 수 있다. 연대감은 공통 언어나 추정되는 공통 혈통, 공통의 문화나 공통의 이해관계, 공통의 위험에 기인할 수도 있다. 일반적으로 이 모든 요소들은 민족정서를 낳는 데 일조하지만 어떻게 형성되었든지 간에 민족정서는 민족이 존재하기 위한 유일한 본질적 속성이다. 민족주의의 신봉자들은 사실적 근거 이상으로 민족을 지나치게 생물학적 의미의 인종으로 생각하는 경향이 있다. 셰익스피어는 영국인을 두고 "이 행복한 종족breed"이라고 말했으며, 이후의 민족주의자들은 셰익스피어의 예를 따랐다. 민족이 인종으로 생각된 이래로 민족들 간의 차이점은 적어도 부분적으로는 타고난 것으로 여겨졌다. 따라서 자유주의자들은 철학적 급진주의자들과 달리 사람들 간에 또 인종들 간에 차이점을 강조하게 되었고, 그러한 차이점을 교육이나 환경 이외의 요인으로 돌렸다. 이러한 관점은 다윈주의로 크게 조장되었는데 물론 과학적 형태의 다윈주의가 아니라 정치가들이 유용하게 여긴 형태의 다윈주의였다.*

　　현대적 형태의 민족주의는 종교에서는 헨리 8세가, 상업에서는 엘리자베스 1세가 민족 감정을 환기한 튜더 왕조 시대 잉글랜드에서 시작되었다. 영국의 민족주의는 프로테스탄티즘으로 신성해졌고 아르마다 해전†의 승리로 영예로워졌으며, 해외 무역과 에스파냐의 갈레온 선단 약탈로 돈벌이가 되었다. 왕성한 민족정서의 이 세 가지 요소는 스튜어트 왕가와의 투쟁 동안 잠시 분리되었다가 1688년 후 재통합되었고, 말버러와 대大피트, 넬슨 아래서 승리를 구가했다. 워털루 전투 이후로 영국인의 마음속에는 미덕과 지성, 무용과 상업적 감각에서 자신들이 다른 모든 민족들보다 우월하다는 신념이 편안하게 자리 잡았다. 무엇보다도 그들은 (명목상으

---

* 진화론을 사회에 적용시켜 적자생존을 주장한 허버트 스펜서의 사회진화론을 가리킨다.

† 아르마다는 에스파냐어로 함대라는 뜻으로, 1587년에 영국 함대가 물리친 펠리페 2세의 '무적함대'를 말한다. 이 승전은 이후 영국의 제해권 장악을 보여주는 상징적 사건이다.

민족 원칙　545

로는 유대인을 두고 한 말이었지만) 밀턴이 말한 대로 "시민 정부의 견고한 통치"를 이해한다고 자부했다. 영국인의 자아도취에 대한 최초의 위협은 19세기 말 미국과 독일의 산업 성장이었고, 그에 대해 영국인들은 러디어드 키플링*과 세실 로즈의 다소 신경질적인 제국주의로 반응했다.

영국 민족주의는 프랑스혁명 때까지 자유주의적이었고, 그 후로는 에스파냐와 프랑스의 절대 군주정에 맞서 의회 정부를 수호하는 것을 의미했다. 1793년부터 캐슬레이가 죽을 때까지 영국은 혁명 이념에 대한 반대로 반동적으로 흘렀다. 그러나 캐닝부터 1886년 글래드스턴의 실각까지 영국의 외교 정책은 몇몇 짧은 기간을 제외하고 자유주의적이었다.

프랑스 민족주의는 국왕들의 대프랑스동맹에 맞서 혁명을 수호하면서 시작된다. 프랑스의 민족정서는 국가《라 마르세예즈》에서 잘 드러난다. 프랑스는 1789년과 1830년, 1848년에 대륙 자유주의를 주도했다. 심지어 나폴레옹 3세가 몰락한 1870년에도 가리발디나 바쿠닌 같은 사람들은 프랑스 방위군에 자원하는 것이 보람된 일이라고 느꼈다. 프랑스 애국주의는 언제나 프랑스인이 아닌 사람들에게도 단순히 민족적인 것에 그치지 않고 프랑스혁명 이념들의 보편적 승리를 위한 십자군처럼 비쳤다. 프랑스에서 가장 자유주의적인 요소들은 가장 애국적인 반면 왕정복고기의 국왕들은 외국의 명령을 누구보다도 기꺼이 따를 태세였다.

독일 민족주의는 나폴레옹에 의해 탄생되었다. 그것은 예나

---

* 영국의 시인이자 소설가로 노벨문학상을 수상했다. 우리나라에는 『정글북』 등의 동화작가로 유명하다.

전투 후 시작되어 1813년 해방전쟁에서 활발하게 표출되었다. 모든 민족주의와 마찬가지로 독일 민족주의도 그 나름의 이상주의를 품고 있었다. 독일 민족주의는 프랑스의 '부도덕성'으로부터 세계를 자유롭게 하고 더 건전한 시대의 소박한 의무의 이념들을 복귀시키는 것을 목표로 삼았다. 사제들과 부르봉 왕가, 합스부르크 왕가에 의해 분열되고 억압 받은 이탈리아인들은 자유를 얻을 수 있다면, 성 프란체스코 시대부터 미켈란젤로 시대까지 세계를 주도한 것처럼 인문주의와 종교 생활에서 다시금 세계를 주도하는 꿈을 꿨다. 1848년에 다양한 민족주의가 전면에 부상한 슬라브족은 어두운 숲속 깊은 곳으로부터 신을 자각한 신비주의자를 자처하며 그러한 신에 대한 자각 덕분에 더 외향적인 민족들을 능가하는 지혜를 갖췄다고 믿었다.

진정하고 완전한 자유주의자는 이 모든 다양한 민족적 우수성을 믿었으며, 스스로 자유롭고 다른 민족의 자유를 존중하는 민족들은 각자 특별한 미덕을 발전시켜 다 함께 훌륭한 오케스트라의 화음을 만들어내야 한다고 생각했다.

안타깝게도 현실에서 상황은 다소 다르게 흘러갔다.

B | 이탈리아 민족주의

16세기에 민족적 삶이 급작스럽게 소멸해버린 이탈리아인은 나폴레옹을 동포이자 해방자로 환영했다. 이탈리아 본토 전체는 그의 지배를 받게 되었고, 시칠리아만이 넬슨과 해밀턴 부인*의 영향 아래 반동과 야만주의에 여전히 충성했다. 이탈리아에서 프랑스 정권은 자유주의적 개혁을 동반했고 뭐라는 비록 다소간 모호한 형태이긴 했지만 이탈리아 통일 감정을 장려했다.

빈 회의는 이탈리아에서 정부 주도의 자유주의를 끝장냈다. 교회와 귀족의 권력이 회복되었다. 그러나 베네치아와 제노바처럼 혁명 시대 이전에 천 년 동안 공화국으로 존재했던 곳에서는 이전 상태가 복귀되지 않았다. 우리는 앞에서 탈레랑이 제노바 사람들의 주장에 대해 어떻게 생각했는지를 이미 살펴보았다. 그들이 고래의 독립을 원할수록 빈 회의 참석자들은 제노바를 본보기로 해당 주민들의 바람은 영토 분할에 아무런 영향력이 없음을 보여주고자 했다. 윌리엄 벤팅크의 명시적인 약속에도 불구하고 제노바는 사보이 왕가의 절대 왕정에 넘겨졌다.

마치니의 신성한 민족
아주 적절하게도 1805년에 그 제노바에서 이탈리아 애국주의와 통일의 열망을 고무하는 데 가장 큰 역할을 한 주세페 마치니가 태어났다. 마치니의 아버지는 프랑스 공화주의를 환영했고, 발각되면

---

*　외교관의 아내로 나폴리 사교계의 중심이었던 해밀턴 부인은 넬슨과 연인관계였다.

치안 당국과 마찰을 빚었을 오래된 지롱드당 신문을 집에 감춰두었다. 학교의 로마 역사 교육은 애국주의와 공화주의를 동시에 자극했다. 마치니는 소(小)카토와 브루투스 부자를 칭송하라고 배웠는데, 사실 역사 교육에서 그들에 대한 칭송이 지나쳐서 마치니는 평생토록 음모를 선호하는 경향이 있었다. 1830년 프랑스에서 일어난 [7월]혁명은 이탈리아에서도 반향을 불러일으켰다. 당시 혁명운동에 관여한 마치니는 망명자 신세가 되었고, 나머지 인생 대부분을 영국에서 보냈다. 그럼에도 불구하고 그는 여전히 이탈리아 혁명세력의 지도자이자 영감의 원천이었다.

"마치니는 천재였지만 두 가지 추상적 이념, 즉 신과 민족 원칙이라는 이념에 과도하게 사로잡혀 있었다"라고 벤저민 자우잇은 말한 바 있는데 자우잇에게는 그 "추상적인 이념들"이 중요하지 않았던 모양이다. 마치니에게 그 두 가지 이념은 긴밀하게 연결되어 있었다. 그의 민족 원칙은 전적으로 이탈리아적이지 않았고, 그의 신은 단순한 종족의 신이 아니었다.

그는 "내게 민족은 신성한데 민족 안에서 인류 전체의 진보와 행복을 위한 노력의 결과를 보기 때문이다"라고 말한다. "인류는 강력하고 교활한 적에 맞서 미지의 땅을 정복하러 행진하는 거대한 군대이다. 민족은 각자 특별한 작전을 수행하는 군단이며 공동의 승리는 각 민족이 서로 다른 작전을 정확하게 수행하는 데 달려 있다." "신은 그의 생각을 한 줄씩 각 민족의 요람 위에 새겨넣었다······ 특별한 이해관계, 특별한 소질, 그리고 특별한 모든 기능 앞에서 완수해야 할 특별한 사명, 인류 진보의 대의에서 수행되어야 할 특별한 작업이 민족의 진정하고 틀림없는 특성인 것 같다."

그는 계속해서 각 민족의 기능을 설명한다. 영국의 기능은 산업과 식민지이며, 러시아의 역할은 아시아를 문명화하는 것이고, 폴란드의 역할은 슬라브족의 옹호자가 되는 것이다. 독일의 기능은 사고하는 것이고 프랑스의 기능은 행동하는 것, 이탈리아의 기능은 사고와 행동을 통합하는 것이다. "독일인들이 지고한 천상을 바라보며 지상을 거니는 동안, 쉬지 않고 날카로운 눈길로 지상의 표면을 훑는 프랑스인들의 시선은 좀처럼 하늘을 향하지 않고, 이탈리아의 운명을 지키는 천재성은 언제나처럼 이상에서 실제로 빠르게 옮겨가며 예부터 천상과 지상이 어떻게 통합될 수 있을지를 고민한다."

마치니가 사고하기를 원하는 프랑스인이나 행동하기를 원하는 독일인에 대해서는 어떻게 했을지 알 수 없다. 이탈리아인이 아닌 사람들이 마치니가 이탈리아에 부여한 출중한 역할에 대해 선선히 동의했을 것 같지도 않다. 그는 아일랜드인도 하나의 민족으로 간주되어야 한다는 주장을 거부했는데, 그들이 "영국인의 필요와 욕구와 근본적으로 대비되는, 타고난 특이성에서 유래한, 특별한 생활 원칙이나 입법 체계를 주장하지" 않기 때문이다. 적어도 그는 그렇다고 말했다. 그러나 그가 교황의 적으로서 언제나 아일랜드인들의 반발을 샀다는 사실에 주목해야 한다. 어쩌면 아일랜드인들이 그에게 호의적이었다면 그들도 마치니한테서 민족적 사명을 얻었을지도 모른다.

그는 이탈리아 민족 운동 다음으로 슬라브족 민족 운동이 유럽에서 가장 중요하다고 여겼고, 그것이 오스트리아와 오스만튀르크에 치명적일 것이라고 올바르게 인식했다. 그는 궁극적으로 연맹이 통치하는 유럽합중국을 목표로 했는데, 그 연맹의 본부는 당연히 로마에 있어야 하며, 연맹의 창설은 이탈리아의 리더십의 결과여야 한다. 그의 민족 원칙은 유럽 바깥에는 적용되지 않았던 것 같다. 그가 상상하는 국제 오케스트라에서 미국이 맡은 악기는 없었다. 마치니에게 민족들은 시인과 철학자들을 통해 존재했다. 그는 폴란드의 시인과 철학자들은 알았지만 중국의 시인과 철학자들은 몰랐다.

마치니는 물론 서로 다른 민족 사이에서 진심으로 공평하려고 했겠지만 자기 민족을 편애하는 경향은 지속적으로 드러난다. 그는 이탈리아를 "이탈리아가 죽었다고 생각하는 다른 민족 사이에서 고통으로 정화되어 빛의 천사처럼 찬란하게 빛나며 움직인다"고 묘사한다. 또 "이탈리아의 운명은 세계의 운명이다"라고도 말한다. 우리는 이미 유럽합중국의 창설과 로마 집행부에서 이뤄지는 합중국 행정에서 이탈리아에 부여된 지배적인 역할을 보았다. 이탈리아는 "유럽을 도덕적으로 통합하고 유럽을 통해 인류를 도덕적으로 통합하는 신이 부여한 위대한 사명을 타고난 땅"이다. 그에게 민족은 개인들의 단순한 집합이 아니라 자체의 영혼을 지닌 신비로운 존재였다. 그는 칼라일이 집단적 삶에 반하여 영웅 개인을 강조했다고 비난했다. 민족의 삶은 "그 자신의 삶이 아니라 보편적인 신의 섭리에 따른 계획 안에서 하나의 힘이자 기능이다." 신은 "인류를 지상에서 서로 구분되는 집단 혹은 핵심으로 나누었고 따라서 민족성의 맹아를 창조했다. 사악한 정부는 신성한 표식을 훼손해왔다. 그럼에도 불구하고 우리는 여전히, 거대한 강줄기와 높은 산맥의 방향과 여러 지리적 조건으로 뚜렷하게 표시된—적어도 유럽의 경우는—그 흔적을 추적할 수 있다." 그가 도나우 강*과 관련하여 신의 계획이 무엇이었는지 말해주지 않고 넘어간 것은 안타까운 일이다. 이 지점과 관련한 지식은 세계대전을 막았을지도 모르니 말이다.

마치니한테서는 민족만이 아니라 가족도 개인들의 총합 이상으로서 자연 집단의 신성함을 누렸다. "가족은 마음의 조국이다. 가족 안에는 우아함과 상냥함, 사랑의 신비로운 영향력을 지닌 천사가 있다. 우리의 의무에서 딱딱함을 덜어주고 우리의 슬픔에서 쓰라림을 덜어주는 천사…… 이 가족의 천사는 여성이다." 마치니는 독신이었다. 그가 가족과 조국을 바라본 시각은 망명자의 이상화된 시각이었다. "가족의 관념은 인간적인 것이 아니라 신성한 것이며 어떤 인간적 힘도 그것을 없앨 수 없다. 조국처럼 – 심지어 그 이상으로 – 가족은 존재의 필수요소이다."

철학적 급진주의자들은 인간을 개인으로 보았고, 경제적 이해관계의 동일성에서 생겨나는 집단들에만 관심을 가졌다. 마치니는 생물학적이거나 정서적이거나 지리학적인 근원이 있는 집단에 관심이 있었다. 이런 방식으로 생겨나는 사회적 존재—가족, 민족, 전체로서의 인류—는 그에게 지극히 중요했으며 개인에게 발견될 수 있는 거의 모든 우수성의 원천으로 비쳤다. 이에 따라 그는 코브던과 마르크스에 심히 적대적이었다.

그러한 일반적인 근거 외에도 마치니는 대륙 정치에 대한 불개입원칙 때문에 코브던과 대립했다. 그는 도덕적 쟁점이 걸려 있

---

* 동유럽 일대를 흐르는 강으로 여러 민족이 모여 있어서 1차 세계대전의 도화선이 된 지역.

을 때 중립이란 저열하다고 여겼다. 이탈리아 통일은 1859년에는 프랑스, 1866년과 1870년에는 프로이센의 군사적 지원과 더불어 1860년 영국의 외교적 동조로 가능했다. 그는 코브던의 평화주의 정책은 이탈리아를 영영 예속 상태로 묶어두었을 것이라고 생각했다. 마치니는 코브던처럼 크림전쟁을 반대했지만 여전히 "평화주의자들은 원칙이 없다"고 말했다. (그에 따르면) 러시아와 오스만튀르크 둘 다 압제자이기 때문에 우리는 그 둘 다와 싸워야 했을 것이다. 그는 세계 방방곡곡에서 대의를 위해 싸우는 버릇은 이내 제국주의로 발전할 것이라는 생각을 하지 못했다.

공리주의 철학은 그에게 전적으로 혐오스러웠다. 인간은 행복이 아니라 의무를 위해 살아야 한다. 그는 칼라일이 "한 세기 반 동안 한편으로는 로크와 볼링브룩, 포프의 저작 속에서, 다른 한편으로는 스미스와 벤담의 저작 속에서 자기 이익 추구와 물질적 안녕의 원리로 인간의 마음속에 이기심이 가장 높은 자리를 차지하도록 이바지하며 진보를 침탈해온 강력한 물질주의"에 맞섰으며, "지적 · 도덕적 문명에 범람한 산업문명의 모든 움직임도 그의 목소리를 가리지 못했다"고 추켜세웠다. 마치니는 공리성의 원칙을 받아들인 사람은 "인간 안에서 지고하고 가장 신성하며 결코 죽지 않는 것들의 발전을 점차 무시하고 스스로 유용하게 여기는 것들을 추구하는 데만 흔히 전념한다. 유용한 것이 아니라 선한 것이 존재할 뿐이며 유용함은 선이 낳은 것이다. 유용성은 예견된 결과이지 적용될 수 있는 원칙이 아니다"라고 생각했다. "여기서 우리의 관심사는 행복해지는 것이 아니라 더 훌륭해지는 것이다. 인간의 삶에서 집단적 노력으로 신의 법칙을 발견하고 개인적 결과에 상관없이 각자가 스스로 신의 법칙을 실행하는 것 이외의 다른 목적은 없다." 그는 자신의 원칙과 일치하는 철학을 제외하고는 대학에 철학을 가르치는 교수가 없어야 한다고 생각했다. 그가 싫어한 헤겔학파를 두고는 "조만간 우리는 그것들을 싹 몰아낼 것이다"라고 말했다. 더 나아가 "신성한 계획과 법칙에 일치하는 경우를 제외하고는 개인이나 사회에 주권이란 없다.…… 최고의 도덕 원칙과 명백하게 모순된다면 단순한 다수의 표결은 주권을 구성하지 않는다.…… 인민의 의지는 도덕 법칙을 해석하고 적용할 때는 신성하지만 도덕 법칙으로부터 분리되면 쓸모없고 무력하며 변덕을 나타낼 뿐이다"라는 결론을 이끌어낸다. 이러한 신조는 무솔리니에 의해 수용되고 실행되었다.

　"각자 스스로 신의 법칙을 실행하는 것"은 물론 찬탄할 만한 원칙이다. 교회가 신의 법을 안다고 믿는 가톨릭교도에게는 심지어 그러한 원칙이 통치의 원리가 될 수도 있다. 그러나 교황령의 실례에서 볼 수 있듯이 그 결과는 현대인 대부분이 바람직하다고 여기는 것과는 사뭇 달랐을지도 모른다. 예를 들어, 종교재판은 여전히 박해를 자행하여 1841년까지도 "이단자, 유대인, 마법사, 이단심문소의 활동을 방해하거나 교황이나 성직자를 풍자하는 사람들을 고발하도록 모든 이들에게 명령하는"[98) 교서를 내렸고 1851년에 로마냐를 가로지르는 철도는 '철도는 상업을 낳고, 상업은 죄악을 낳는다'[99)는 근거에서 금지되었다. 그러나 신의 법이 교회에 드러난다는 것을 인정하는 한, 그러한 원칙들은 다소 기이해보일지라도 적어도 무정부적이지는 않다. 그러나 마치니는 교황의 권위를 인정하지 않았다. 프로테스탄트와 마찬가지로 그에게 신의 법은 각각의 개인의 양심에 직접적으로 현현했다. 안타깝게도 서로 충돌하는 계시들이 있었다. 마치니의 양심은 영국은 억압받는 민족에 자유를 찾아주기 위해 유럽대륙에 무력 개입해야 한다고 말했다. 코브던의 양심은 정반대를 이야기했다. 둘 다 진지하고 고도로 도덕적인 인간이었다. 공리성의 원칙을 수용한 두 사람은 공통의 기준이 있기 때문에 자신들의 실제적 차이를 두고 논쟁할 수 있다. 그러나 '신의 법'을 따르며 서로 의견이 엇갈리는 두 사람은 각자 상대방의 사악함을 비난하며 싸울 수밖에 없다. 따라서 벤담의 행복 원칙보다 훨씬 더 고결하게 들리는 마치니의 윤리는 실제적 사안에 적용되면 군대의 지배보다 나을 게 없어진다. 자신들이 신성한 계시의 수혜자라고 믿는 사람들은 곤란해지기 십상이고, 마치니의 신조는 항구적인 전쟁이나 철권 독재로 끝날 수밖에 없다.

마치니는 벤담에 반대한 것과 같은 논리로 사회주의를 반대했다. 그는 마르크스의 유물론을 싫어했으며 계급투쟁보다는 의무를 설파했다. 처음에 인터내셔널과 관계를 맺었지만 인터내셔널의 방향을 사회주의에서 억압받는 민족에 대한 옹호로 전환할 수 없다는 것을 분명히 깨달은 후 그로부터 멀어졌다. 그는 경제가 아니라 종교를 역사 해석의 근본으로 삼았다. 인간을 환경의 산물로 간주하기는커녕 반대로 사회적·산업적 환경이야말로 "특정 시기 인류의 도덕적·지적 환경, 그리고 무엇보다도 신앙의 발현"으로 여겼다. 마치니는 적잖은 반+사회주의적 입법을 지지했지만 그의 철학적 관점은 마르크스주의와 정반대였다. 마치니는 모든 것에서 의지를 강조했다. 그는 헤겔의 결정론을 반대했고, 따라서 헤겔 철학에 유물론이라는 해악이 추가된 마르크스의 결정론은 더더욱 반대했다.

　　운동으로 점철된 긴 일생 동안 마치니는 1849년 로마공화국 당시 위태로운 권력을 잠시 잡았다. 하지만 로마공화국은 몇 달 후 루이 나폴레옹의 위엄에 후광을 더하기 위한 첫 단계의 일환으로 [프랑스군에 의해] 진압되었다. 이탈리아 통일을 향한 나중의 더 성공적인 노력은 카보우르*의 교묘한 외교 정책이 주도했고, 새롭게 정복된 영토는 사보이 왕가의 영토로 편입되었다. 마치니는 평생 공화주의자였고 이탈리아 왕국의 탄생에서 아무런 만족도 얻을 수 없었다. 그러나 가리발디가 이끌고 카보우르가 이용한 열광을 낳은 것은 그의 프로파간다였다. 지금까지 이탈리아가 걸어온 모습은 마치니의 이념이 만들어낸 것이다.

* 　이탈리아의 정치가로 사르데냐 왕국을 중심으로 한 이탈리아 통일의 주역이었다.

C | 독일 민족주의

예나 전투부터 1866년 오스트리아-프로이센 전쟁까지 60년 동안 독일 자유주의는 상이한 세 가지 요소의 혼란스러운 혼합이었다. 서부에서는 친親프랑스적 분파가 존재했다. 이들은 혁명정부가 도입한 개혁을 반기고 독일을 후진적 나라로 간주했으며, 민주적 공화주의를 목표로 삼고 혁명은 이를 위한 불가결한 수단이라고 여겼다. 상인과 산업가, 프로이센 관료들 사이에서는 초기에는 스미스주의, 나중에는 맨체스터주의라고 불린 영국의 자유방임 사상에 영향을 받은 움직임이 존재했다. 이 움직임은 코브던의 명성이 절정에 달한 1860년대 초에 가장 강력했다. 독일 자유주의의 세 번째 요소는 국가 통일을 향한 열망이었다. 이 순수하게 애국적인 감정은 통일이 제후들과 오스트리아에 대한 반대를 통해서만 달성될 수 있을 것처럼 보였기 때문에 자유주의적 형태를 띨 수밖에 없었다. 독일 통일 운동은 반反프랑스적이었고 따라서 친親프랑스적 자유주의와 협력하기 힘들었다. 비스마르크가 통일을 달성하는 보수적인 길을 찾으면서 친프랑스적 자유주의가 자취를 감추자 독일 애국주의에서 자유주의적인 면모는 사라지게 된다. 1870년대에 산업계는 자유무역에서 등을 돌렸고, 코브던적인 자유주의는 독일에서 더 이상 영향력을 발휘하지 못했다. 철학적 급진주의에서 살아남은 것은 마르크스를 거쳐 사회민주주의에서 구현된 것들뿐이었다.

「독일 민족에게 고함」

프랑스적 형태와 영국적 형태의 자유주의가 독일에 깊은 인상이나 지속적인 영향을 남기는 데 실패한 반면, 민족주의적 형태의 자유주의는 사회주의자들을 제외하고 서서히 독일 전체를 정복하게 된다. 그것의 최초의 문학적 표현은 1807~1808년 겨울 동안 베를린에서 강연한 피히테의 「독일 민족에게 고함」에서 찾아볼 수 있다. 예나 전투와 틸지트 조약은 프로이센에 굴욕을 안긴 반면 알렉산드르의 우정을 얻은 나폴레옹은 무적으로 보였다. 피히테는 진지하고 세속에 관심이 없는 철학자이자 칸트의 계승자, 자타가 공인하는 초월적 형이상학의 지도자였다. 그는 신을 우주의 도덕적 질서와 동일시했다는 이유로 무신론자라는 비난을 받고 예나 대학 교수직을 사임해야 했다. 그러나 프로이센 정부가 그에게 호의를 보인 덕분에, 그는 베를린으로 와서 결국에는 (1811년에) 베를린 대학의 총장이 되었다. '관념론적'이라고 불린 그의 철학은 자아Ego의 중요성을 강조했으며, 그의 행동거지는 때때로 그의 신념과 일치했기에 그를 싫어한 괴테와 실러는 그에게 '절대 자아'라는 별명을 붙여주었다. 피히테의 신념과 성격이 결합해 그를 독일 민족주의의 창시자로 만든 이념들이 태어났다.

피히테는 "수 세기 동안 불행한 사건들이 이 단일 민족에 야기한 모든 분열적 차이점들을 완전히 제쳐두고 또 그것들을 거부한 채" 자신은 독일 민족 전체에게 말하고 있다는 말로 강연을 시작한다. 외래적 원천에 의해 독일은 자기중심적 태도로 오염되어 왔다. 독일은 다시금 더 높은 도덕 수준 위에 세워져야 하며, 이러한 목적을 위한 첫 필요조건은 새로운 교육 체계이다. "우리는 새로운 교육이라는 수단을 통해 독일인을 하나의 협동체로, 동일한 이해관계에 의해 모든 구성원에 의해 자극되고 살아 움직이게 될 협동체로 주조하기를 원한다." 그는 의지는 "인간의 가장 근원적 뿌리"라고 말한 후, 즉시 다음과 같이 말을 잇는다. "새로운 교육은 본질적으로, 교육이 함양하고자 하는 토양에서 자유의지를 완전히 없애는 대신 반대로 의지의 결단은 냉엄하고 필연적이며, 그 반대는 불가능하도록 이루어져야 한다. 그래야만 우리는 앞으로 그러한 의지에 안심하고 확실하게 의존할 수 있다." 우리는 학생들을 물질적 안녕에 무관심하게 만들고 "마음속 깊이 근본적으로 선한 인간들을 길러내야 한다. 오로지 그러한 인간들을 통해서만 독일 민족은 여전히 존속할 수 있기 때문이다." 그것이 피히테가 나쁜 인간보다 선한 인간을 선호하는 유일한 이유인가 보다.

교육을 받는 동안 학생은 학교 바깥 세계와는 아무런 접촉도 하지 말아야 한다. "처음부터 학생은 끊임없이 또 전적으로 이러한 교육의 영향 아래 있어야 하며, 사회와 완전히 분리되어서 사회와 모든 접촉을 끊어야 한다. 그는 생명 유지에 필수적인 우리의 충동과 행위는 행복과 자기 보존을 추구하는 방향으로 나갈 수 있다는 말조차 듣지 말아야 한다." 이 말은 학생들이 배고파서 먹는 것이 아니라 학생들이 독일 민족을 보존하는 데 일조하려면 음식이 필수적이란 뜻인 것 같다.

독일인의 교육은 독일만이 아니라 전 세계에도 중요한 의미를 띤다. "무엇보다도 우선 나머지 인류를 위한 선구자와 본보기로서 새로운 시대를 열어야 하는 사명을 받은 이들은 독일인"이기 때문이다. 이것은 언어에 대한 고려로 입증된다. 피히테는 프랑스인과 에스파냐인, 이탈리아인을 다소간 튜턴족'의 후예로 간주하며 독일 땅의 독일인은 슬라브 혈통과 상당히 혼합되어 있다고 인정한다. 그러므로 스칸디나비아인과 더불어 독일인이 라틴어에서 파생된 언어를 쓰는 민족보다 더 순수한 이유는 인종적인 것이 아니라 언어적인 것이다. 라틴 계열 언어들은 애초에 이주자들이 속어 라틴어로 말하려는 시도에서 생겨난 탓에 세월을 거치며 닳고 질적으로 타락해왔다. 라틴어와 그리스어는 순수한 언어였고 독일어도 마찬가지다. 그러나 [라틴어가 분화한] 로망어들은 순수하지 못하다.

이로부터 독일인이 외국인보다 더 진지하고 더 심오하다는 결론이 나온다. 또한 독일에서는 교육 받은 사람과 교육 받지 못한 사람 간의 차이가 라틴계 나라보다 심하지 않다는 결론도 도출되는데, 라틴계 나라에서는 라틴어를 이해하는 사람들만이 흔히 사용되는 단어들의 원래 의미를 이해할 수 있기 때문이다.† 따라서 '문화'라는 관념은 비독일적인 것이 되고 교양 있는 사람으로 대접받길 원하는 독일인은 외국 방식을 모방한다. 그러나 외국 방식을 애호하는 이러한 태도는 형편없는 결과를 낳았을 뿐이다. "지금까지 우리를 파멸로 이끈 해악은 모두 외국에서 유래한 것이다. 물론 외국에서 유래한 해악은 독일인의 진지성과 삶에 미치는 영향과 결합했을 때에만 독일인을 타락시켜 왔다." 외국인이나 외국의 영향을 받은 독일인의 연구는 단순히 역사적인 것에 그치지만 오염되지 않은 독일인의 연구는 진정으로 철학적이다. 외국 천재는 꿀을 모

---

* 고대 게르만족의 한 갈래.

† [원주]이러한 주장은 상당히 타당한 소리다. 예를 들어 영어 단어 'armistice(정전)'와 문자 그대로 '무기(Waffen)가 가만히(still) 멈춘다(stand)'는 뜻의 독일어 단어 'Waffenstillstand'를 비교해보라.

아 "규칙적으로 구성된 작은 방 안에 가지런히 앙증맞게 꿀을 보관하는" 꿀벌에 비유될 수 있다. "반면 독일 정신은 그 거대한 몸과 강력하고 능숙한 날개로 창공으로 높이 솟구쳐 태양에 가깝게 날아올라 그 위에서 즐겁게 바라보는 독수리다."

피히테는 독일을 어머니 나라로, 나머지 세계는 불성실한 식민지로 바라본다.* 나머지 세계의 유일한 역할이란 깊이가 부족한 자신들은 이해하지 못하는 고대의 문화를 독일에 전달해주는 것이다. 만약 독일이 외국인에 의해 파괴된다면 "지금까지 끊임없이 이러져 온 우리 인류의 발전의 흐름은 사실상 끝나게 될 것이다. 야만이 다시 시작되고 구원의 희망도 없이 마침내 우리는 모두 야생의 짐승처럼 동굴에서 살아가며 그들처럼 서로 잡아먹게 되리라. 이것이 진정 사실이며, 또 그러한 결과가 필연적으로 뒤따른다는 것은 독일인만이 이해할 수 있다."

강연이 계속되면서 독일의 탁월한 우수성은 갈수록 분명해진다. 우리는 "독일 민족은 새로운 유럽 민족 가운데, 수 세기 동안 공화제를 유지할 수 있다는 사실을 시민 계급의 모범으로 입증해온 유일한 민족"이라는 것을 알게 된다. "우리는 죽음에 대한 믿음을, 본원적으로 살아 있는 민족과 대조적인, 외래 정신이라고 불러왔다. 이 외래 정신이 독일인 사이에 일단 존재하게 되면……그것은 모든 사람이 똑같이 일반적으로 죄가 있다는 믿음의……고백으로

---

* [원주]이러한 시각은 독일에서 역사를 어떻게 가르치는지 모르는 사람은 거의 이해하기 힘들다. 독일 학생은 옛날에 타락하고 무력한 로마 제국이 있었지만 로마 제국이 생명력을 고갈시킨 지역들은 고귀한 게르만족의 유입으로 다시 활기를 찾게 되었다고 배운다. 이 게르만족이란 이탈리아로 이주한 동고트족, 에스파냐로 이주한 서고트족, 갈리아로 이주한 프랑크족이다. 이 라틴 국가들의 왕가와 귀족은 게르만 혈통에서 유래하며 나중에 그들이 보여준 우수성이 무엇이든 간에 그것들 일체는 그 게르만 혈통에서 나왔다고 여겨졌다.

드러날 것이다. 이 믿음에 대해 나는 다른 곳에서 충분히 설명했다. 제2강 「축복받은 삶으로 가는 길잡이」를 보라." 마침내 독일인German이라는 단어는 오로지 우연히 지리적이거나 인종적 의미를 띤 것처럼 느껴질 지경이다. 그러나 튜턴적인 심오함에서 독일인은 또 다른 그리고 더 정신적인 의미를 띤다.

따라서 지금까지 묘사해온 것에 따라 우리가 독일인이라고 말할 때 무엇을 뜻하는지 분명하게 밝혀보자. 진정한 독일인을 가르는 준거란 이것이다. 인간 안에 절대적으로 1차적이고 본원적인 것을, 자유를, 끝없는 향상을, 우리 인류의 영구적인 진보를 믿는가? 아니면 그 모든 것을 믿지 않고 그보다는 그 반대의 것이 일어나는 것을 분명히 인식하고 이해한다고 생각하는가? 살아 있고 창조적이고 새로운 것을 만들어내거나, 아니면 이러한 운명을 타고나지 않았지만 어쨌거나 무가치한 것을 버리고 본원적인 삶의 흐름이 어디에선가 자신을 붙들도록 망을 보며 대기하고 있거나 아니면 아직 이러한 단계까지도 발전하지 못했지만 적어도 자유를 어렴풋이 감지하고 있고 자유를 싫어하지 않거나, 적어도 두려워하지 않고 반대로 자유를 사랑하는 사람은 모두 본원적인 사람들이다. 그들이 하나의 민족으로 간주될 때 본원적 민족, 한마디로 말해 독일인이다. 2차적이고 파생적인 것에 몸을 맡긴 사람들, 그리고 자신들이 그렇다는 것을 뚜렷하게 알고 이해하는 사람들, 따라서 사실, 이러한 그들의 믿음 때문에 더욱더 그렇게 되는 사람들은 그들 앞이나 옆에 저절로 흘러가는 삶의 부속물에 불과하다. 그들은 바위에서 울려 퍼지는 메아리, 이미 침묵해버린 목소리의 메아리일 뿐이다. 하나의 민족으로 간주될 때 그들은 본원적 민족의 외부에 존재하며, 본원적 민족에게 그들은 낯선 사람이자 외국인이다.

마치니는 모든 유럽 민족(아일랜드인을 제외하고)에 저마다 합당한 애국주의와 인간 진보의 교향악에서 각자의 공헌을 허락했다. 그러나 피히테는 더 철저하다. "오로지 독일인만이—자의적인 조직 안에서 죽지 않은 본원적 인간만이—정말로 민족을 가지며 민족으로 간주될 자격이 있으며, 그한테서만 그 민족에 대한 진정하고 합리적인 사랑이 가능하다." 사실 "민족적 특성을 갖는다는 것과 독일인이라는 것은 의심의 여지없이 같은 의미다."

이 형이상학적 꼭대기로부터 현실 정치의 범속한 사안으로 내려오면, 우리는 독일이 외부 세계와 교역을 해서는 안 되고 폐쇄적 상업 국가가 되어야 한다는 것을 알게 된다. 이 주제에 관해 피히테는 이미 1800년에 책을 한 권 썼다. 독일은 결코 대양의 자유를 원하지 않을 것인데, "독일 땅의 풍부한 물자와 더불어 독일 민족의 근면함이 문명인의 삶에 필요한 모든 것을 충분히 제공할 것"이기 때문이다. 그렇다고 독일 국가가 평화주의적일 것이라고 짐작해서는 안 된다. 평화는 물질적 안락을 사랑하는 사람의 이상이다. 국가에는 "내부의 평화와 번영, 개인적 자유와 모든 사람의 삶과 행복을 유지하는 일반적인 목적보다 더 높은 목적이 있다. 다른 의도가 아닌 오로지 이 더 높은 목적을 위해서 국가는 군대를 일으킨다.⋯⋯ 어떤 정신이 그가 싫든 좋든 해당되는 모든 사람을 소환하고 그에게 명령할 수 있으며, 그러한 명령에 저항하는 사람에게도 그의 목숨을 포함해 모든 것을 걸도록 강요할 수 있는 이론의 여지없는 권리를 갖고 있는가? 법과 정체를 사랑하는 평화로운 시민정신이 아니라 영원성의 외피로서 민족을 끌어안은 더 높은 애국심의 강렬한 불꽃만이 그러한 권리를 누릴 수 있으며, 민족을 위해 고귀한 사람은 기꺼이 자신을 희생하고 오로지 고귀한 사람을 위해서만 존재하는 비천한 사람 역시 자신을 희생해야 한다."

"비천한 사람은 오로지 고귀한 사람을 위해 존재한다." 이 원칙은 인권과 공리주의에 대한 거부를 의미하는데, 벤담은 모든 인간의 행복이 동일한 가치를 띤다고 보았기 때문이다. 피히테는 비천한 사람은 희생되어야 한다고 간주한다. 어느 쪽이 비천한 사람이 누가 결정하는가? 분명히 정부다. 따라서 모든 독재는 정당화될 수 있고 정치적 반대자의 제거는 민족적 고결함이라는 이름으로 수행될 수 있다.

「독일 민족에게 고함」은 독일 애국자들의 성서가 되었고, 1919년까지도 사민주의자이며 독일 공화국의 초대 대통령인 에베르트는 그의 정책을 발표한 후 "따라서 우리는 피히테가 독일 민족에게 부여한 사명을 실현할 것이다"라고 말했다. 피히테가 독일에서만 칭송받은 것은 아니다. 칼라일은 그를 극찬했고, [철학자] T. H. 그린은 옥스퍼드에서 한 세대 동안 그를 윤리적 순수성의 완벽한 구현으로 가르쳤다. 그러나 현대 세계에서 이 고결한 교수의 원칙이 정당화하지 못할 정부의 만행이나 불의, 잔학상은 없다. 군주들과 "저 비열하고 피로 얼룩진 폭정의 도구인 윌리엄 피트"는 프랑스혁명을 파괴하려 했지만 대신 나폴레옹을 낳았다. 나폴레옹은 프로이센을 파괴하려고 했지만 피히테를 낳았고, 피히테는 비스마르크로 이어졌다. 비스마르크는 프랑스를 파괴하려다 실지회복주의

revanche*를 불가피하게 만들었다. 그리고 실지회복주의는 히틀러로 이어졌다. 총검으로 지지되는 고고한 도덕성은 인간의 행복을 도모하는 최상의 길은 아닌 모양이다.

독일 애국주의의 변천

피히테가 시작한 독일 애국주의가 마치니의 애국주의보다 더 격렬하고 군림하려는 속성을 띤다면 그 이유는 분명하다. 이탈리아는 외국의 도움 없이는 통일 달성을 기대할 수 없고, 그러므로 그들의 통일 프로파간다는 다른 나라의 자유주의자에게 호소할 수 있어야 한다. 반대로 프로이센은 동맹국 영국의 역할과 마지막 순간 러시아의 돌연한 180도 방향 전환으로 프리드리히 대왕이 간신히 살아났다는 사실은 까맣게 잊은 채 무력으로 세계에 맞섰던 프리드리히 대왕의 영광스러운 기억만을 여전히 간직하고 있었다. 통일 독일은 홀로 설 수 있을 만큼 강력하리라고 예상되었다. 민족주의자들의 신념은 외교와 군사적 고려가 요구하는 이상으로 외국인의 비위를 맞춰주지 않았다. 피히테가 독일에 대해 마치니가 이탈리아에 대해 주장한 것보다 더 많은 것을 주장했다면, 이는 전적으로 독일이 잠재적으로 더 강력한 국가였기 때문이다.

독일인이 1813년 프랑스에 맞서 일어섰을 때 그들은 어느 정도는 피히테가 설파한 것과 같은 애국주의에, 또 어느 정도는 영국식의 의회 정체에 대한 열망에 고무되었다. 프로이센에서 자유주의와 애국주의의 결합을 대변한 슈타인은 농노제의 폐지를 비롯해

---

* 무력 수단을 통해서라도 잃어버린 영토를 회복해야 한다는 입장. 본문에서는 알자스-로렌 지방을 둘러싼 독일과 프랑스의 갈등을 가리킨다.

중요한 개혁을 실시했다. 프로이센 국왕과 다른 독일 군주들 대부분은 나폴레옹을 몰아낸 후 헌법을 수여할 것을 약속했다. 그러나 오스트리아는 헌정주의와 본질적으로 프로이센에서 가장 강력했던 독일 통일에 대한 열망을 반대했다. 메테르니히의 영향 아래 모든 민족주의는 백안시되었고 피히테의 「독일 민족에게 고함」은 금지되었다.

1848년의 혁명은 한동안 변화를 가져왔다. 전면에 부상한 사람들은 입헌 자유주의자들과 독일 통일을 지지하는 애국자들이었다. 프랑크푸르트 국민의회에서 그들은 독일 헌법을 기안하려고 애썼지만 오스트리아 문제를 해결할 수 없었다. 오스트리아 자체는 독일에 속했고, 그들은 오스트리아가 새로운 독일 연방에 포함되어야 한다고 느꼈다. 그러나 오스트리아-헝가리 제국의 주민 상당수는 독일 애국자들이 포함시키고 싶은 마음이 전혀 없는 마자르족이거나 슬라브족이었다. 프랑크푸르트 국민의회는 소수 공화파를 제압한 후에 통일 독일의 왕관을 프로이센 국왕에게 제의했지만 프로이센 국왕은 이를 거부했다. 혁명 위기에서 회복한 오스트리아는 프로이센에게 굴욕을 안기고 통일과 민주 정부에 대한 모든 희망을 꺾으려고 나섰다.

오스트리아의 영향력이 제거된 후 프로이센 정부의 열성적 지지자가 된 독일인 가운데 1848년 운동이 실패한 후 망명한 사람들이 얼마나 많았는지는 주목할 만하다. 하이네나 마르크스, 빌헬름 리프크네히트* 같은 급진주의자들만 독일 밖으로 쫓겨난 것이 아니

---

* 　마르크스의 지도를 받았으며, 사회민주노동당을 결성하였다.

라 몸젠*이나 리하르트 바그너 같은 이들과 나중에 각각 비스마르크의 비서와 가장 절친한 친구가 되는 로타르 부흐너와 모리츠 부쉬도 망명객의 삶을 살아야 했다. 독일 애국주의가 점잖은 위상을 얻고 보수주의로 흐르게 된 것은 오로지 비스마르크를 통해서이며, 그 결과 이전에 애국자였기 때문에 자유주의자였던 많은 이들이 같은 이유에서 보수주의자가 되었다.

자유주의의 소멸

독일 민족주의 신화라고 부를 만한 것이 비스마르크 시대에 다수의 교수들에 의해 완성되었는데, 그 가운데 가장 중요한 인물은 역사가 트라이치케일 것이다. 『19세기 독일사』에서 트라이치케는 역사적 정확성이라는 협소한 편견에 조금도 구애받지 않고 민족적 자부심을 가장 잘 자극할 수 있게 계산된 방식으로 역사적 사건을 제시한다. 그의 시각은 빌헬름 2세 시대 독일인들의 세계관을 형성하는 데 중요한 요소였으며, 약간의 인용으로도 이 점을 분명히 보여줄 것이다.

1813년의 문학에 대해 트라이치케는 이렇게 쓴다. "위대한 민족 투쟁의 시인들은 전쟁을 노래했으며, 그것만이 그들의 예술적 표현에 직접적으로 어울리는 정치적 활동의 유일한 형태였다. 그들의 애국적 열광은 전투에서의 환희와 분투에서의 분노, 승리에 대한 희망, 승리의 기쁨이라는 영원하고 전형적으로 인간적인 감정을 일깨웠다. 그들은 확고한 목표, 소박한 민중도 쉽게 이해할 수 있는

---

* 독일의 역사가로 실증적·문헌학적 연구의 기념비적 작품으로 평가받는 『로마사』로 유명하며 1902년 노벨문학상을 받았다.

목표, 즉 외국의 압제자의 멍에로부터 조국의 해방을 추구했다."

그는 1840년대에 철도와 공장에 대한 열광과 그리스어와 라틴어보다 과학을 선호하는 경향이 많은 독일인들, 특히 영국이나 미국에서 살았던 독일인들을 사로잡았음을 유감스럽게 여겼다.

새로운 정치경제의 분주한 활동 한가운데에 효용과 보편적 진보를 맹신하는 종족, 이전 시대 조용한 독일에는 전혀 알려지지 않았던 종족, 뮌헨의 예술가들이 가장행렬과 우스꽝스러운 만평에서 "전진 씨 Mister Vorwärts"라는 별명으로 조롱하던 유형이 빠르게 등장했다. 이 사람들은 모두 영국이나 미국에 다녀온 적이 있었다. 그들은 새로운 철도 회사와 (흔히 사기에 불과한) 공장사업에 관심을 가졌다. 그들은 셀 수 있고, 무게를 잴 수 있고, 수치로 측정할 수 있는 것만을 중시했다. 이러한 집단으로부터 자연과학 교육이 일반교육의 기초가 되어야 하며 수천 년 동안 모든 문명 민족을 함양해온 언어 교육과 역사 교육은 곧장 그 높은 자리에서 물러나야 한다는 외침이 먼저 시작되었고, 무지한 언론인들은 그들의 외침을 열심히 되풀이했다.

다행스럽게도 야콥 그림*은 이 과학적 세계관의 오류를 분명하게 드러냈다. "그는 정신과학만이 상상력과 마음의 세계를 비롯한 인간의 삶 전체를 이해하기 때문에 정신과학이 반드시 일반교육의 토대가 되어야 함을 보여주었다." 마이어와 헬름홀츠 같은 위대한 과학자들도 유사한 노선을 취했다. "새로운 자연과학의 이 모든 선

---

* 독일의 언어학자. 동생과 함께 구전되던 동화를 집대성했으며, 그림 형제로 잘 알려져 있다.

구적 지성 안에서 옛날의 찬란한 독일 관념론이 여전히 살아 숨 쉬고 있다.…… 어리석은 유물론으로의 일탈은 그들에 뒤이은 열등한 이들의 몫이었다."

트라이치케는 보호무역과 자유무역 간의 대립의 기원을 이론적 측면에서 1841년 리스트의『정치경제의 국민적 체계』의 출간으로 추적한다.

스코틀랜드의 감각 철학은 우리나라에서 크게 유행하지 못했고 칸트에 의해 효과적으로 반박되었다. 그러나 경제학 분야에서는 감각론과 운명을 함께 하는 애덤 스미스의 이론이 독일에서도 계속 우세했다. 스미스의 이론은 리카도와 세이의 학설에 의해 일면적인 경직성으로 재구성되었고 [프랑스의 자유무역론자] 바스티아의 활발한 저술 활동을 통해 대중화되었다. 시대의 급선무가 봉건 사회질서의 타파였을 때 이 신조는 해방적 힘을 발휘했지만 이제는 독일 대학에서 고작해야 불모의 전통으로 명맥을 유지하고 있을 뿐이다. 낡은 자연법칙의 스승들의 이 석화된 방법, 유능한 법학자들은 모두 오래전에 버린 방법을 따라, 정치경제학자들은 가장 싸게 사서 가장 비싸게 파는 추상적·경제적 인간으로부터 도출한 귀납적 추론으로서 자신들의 명제를 이끌어내는 데 익숙하다. 모든 이해관계의 조화, 정의롭고 합리적인 사회질서는 그러한 경제적 인간들의 충돌하는 이기주의의 투쟁으로부터 도출될 것이며, 사회적 힘들의 자유로운 상호작용의 산물이 될 것이다. 이기심이라는 동물적 충동은 기적을, 즉 인간을 야수의 지위에서 끌어올리는 기적을 행사할 것이다. 이러한 원리가 비독일적임을 인식할 줄 아는 세련된 감수성의 사람들은 그러한 기적적 권능을 계몽된 이기심 덕분으로 기꺼이 돌렸는데, 이기심이 도저히 계몽될 수 없음을, 이기심이 부득이 존재할 수밖에 없는 낮은 수준으로부터 민족적 삶의 드넓은 전망에 걸쳐 있는 폭넓은 관점을 얻을 수 없음을 깨닫지 못했기 때문이다. 그 이론은 인류의 보편적 역사의 두 가지 거대한 힘, 즉 어리석음과 죄악의 힘을 완전히 무시한 투박한 낙관주의에 의존했다.

이러한 비판에는 얼마간 진실이 담겨 있다. 공리주의자들은, 트라이치케 같은 사람들을 낳았으며 세계 전역에서 민족주의가 성장함으로써 공리주의에 복수한 "어리석음과 죄악의 힘"을 너무 경시했다. 그러나 트라이치케가 계속해서 "자기 이익 추구에 대한 이해가 커지면 범죄를 종식시키기에 충분할 것"이라는 생각이 착각이라고 말할 때 이러한 결과를 가져올 다른 어떤 힘이 있을지는 자연히 의심스러울 것이다. 정치에서는 자기 이익 추구 외에도 강력한 힘들이 존재하지만 그것들은 대체로 더 나쁘다. 그것들은 시기, 호전성, 잔인성, 지배욕이라는 힘들이다. 이 모든 힘들은 "어리석음과 죄악"이라고 불릴 만하다. 그러나 사실, 그것들은 "이상주의자들"이 애국주의, 민족정신, 단순한 물질적 목표에 대한 경멸 등과 같은 고귀한 이름을 붙인 힘들이다. 물론 레오폴드 국왕의 콩고 지배처럼 계몽된 이기심이 저지른 큰 범죄들도 많다. 그러나 그러한 범죄가 발생할 가능성은 그 범죄의 희생자들의 계몽의 부재에 달려 있다. 또한 물론 자기 이익 추구보다 더 훌륭한 동기들도 존재하지만 이것들은 정치적으로 강력할 만큼 널리 퍼지는 경우가 거의 없다.

트라이치케는 독일인이 오로지 독일의 이해관계만 고려해야 하는 반면 다른 나라 사람이 자신들의 민족적 목표를 추구하면 사악하다고 여기는 것 같다. 그는 프랑스와 러시아의 동맹을 "불건전한 정치적 책략"이라고 말하며, 슬라브 민족주의는 "광신적 꿈"이라고 말한다. 그러나 그가 가장 혐오하는 것은 합리주의적이고 공리주의적인 관점이다. 그는 영국에서는 지주 계급이 자유무역으로 그들이 소유한 토지의 가치가 감소했을 때 점잖게 체통을 지키며 굶어 죽어가는 대신 상업에 뛰어들었다고 불만을 표시한다.

이제 부동산이 더 이상 충분한 수입을 가져다주지 못하자 지주들은 철도와 은행, 각종 산업적 사업에 관여하기 시작했다. 얼마 지나지 않아 아가일 공작의 아들이 사회적 매장을 당하지 않고 짭짤한 포도주 사업을 경영할 수 있게 되었다. 독일 지주 계급은 가난하나 여전히 기사도를 유지한 반면, 영국에서는 오래된 명예 관념과 사회계층에 대한 선입견이 돈의 위력 앞에 약화되었다. 사회 타락을 막는 불가결하며 궁극적인 수단인 결투는 더 이상 쓸모가 없어졌으며 곧 완전히 자취를 감추게 된다.

코브던에 대해서는 이렇게 이야기한다.

그는 국가를 개인들의 자의적 의지로 수립된 보험 사회로 간주했다. 이 협력 단체의 유일한 기능은 폭력적인 소요에 맞서 사업과 노동을 보호하고 피보험자가 내야 할 보험료를 최소한으로 낮추는 것이다. 그에게 경제적 이해관계는 인간의 삶 전부를 구성하며, 상업적 목적의 여행객을 위한 빠른 여행과 값싼 면직물 생산은 문명의 최고 목표였다. 역사에서 스티븐슨과 와트가 카이사르나 나폴레옹보다 훨씬 더 큰 중요성을 누린다고 천명했을 때 그는 완전히 진지했다. 그것은 조금도 농담이 아니었다.

코브던이 완전히 나쁘기만 했다는 소리는 아니다. 그는 "동포 대부분보다 외국 민족을 더 잘 이해하고 있었다. 그는 프로이센을 좋아했다." 그럼에도 불구하고 독일에서 그의 영향력은 개탄해야 할 것이었다.

트라이치케는 반영국적인 것 이상으로 반프랑스적이었다. 그는 독일에서 읽히는 프랑스 문학에 대해, 낡은 관념을 뒤집음으로써 그럴싸한 세속적 지혜를 이끌어내고 "신은 죄악이고 결혼은 음란이고 재산은 절도다"라고 말하는 "추잡하고 피로 뒤범벅된 오물"이라고 묘사한다. 어떤 프랑스 작가들은 심지어 고결한 창녀가 있을 수 있다는 식으로 이야기하기까지 한다.

유대인에 대해서도 그다지 나을 게 없었다. 그는 헤센 선제후*가 암셸 로트실트†와 친밀했기 때문에 다른 어느 통치자들보다 먼저 1833년에 유대인에게 동등한 권리를 부여했다고 말한다.

"이 실험의 결과는 아주 끔찍했다. 고리대금과 사기의 죄악은 단순히 자유가 부족해서 발생한 결과가 아니라 유대인에 깊이 뿌리내린

---

*   중세 독일에서 황제 선거권을 가진 제후.

†   국제적 금융자본을 형성하여 산업과 정치에 큰 영향력을 행사한 유대인 가문의 일원. 로트실트 가문 가운데 나중에 영국에 정착한 이들은 로스차일드로, 프랑스에 정착한 이들은 로쉴드로 알려져 있다.

민족적 결함이자 근절이 쉽지 않을 해악이었다. 유대인에게 직업 선택의 자유가 보장된 헤센에서 유대인들은 가난한 시골 사람의 고혈을 빨아먹는 잔인한 착취자임을 보여주었고 그 결과 독일에서 유대인 해방의 요람은 유대인에 대한 전적으로 맹렬한 증오의 초점이 되었다."

이러한 문단으로부터 옛 프로이센 귀족 계급이 "가난한 시골 사람의 고혈을 빨아 먹는 잔인한 착취자"가 되어 그들의 수입 1페니까지 뜯어내다가 프랑스인에게 패배를 당한 결과 농노를 해방시키기 시작했다는 사실을 대체 누가 짐작할 수 있겠는가? 1807~1808년 예나 전투 이후 농노의 점진적 해방이 선포되었다. 워털루 전투 후인 1816년 이러한 조치는 소가 끄는 쟁기와 마을 공유지에 자기 몫이 있는 농민에게 한정되었다. 그리고 이 법률은 1850년까지 존재했다.

독일을 평가할 때, 과학에서 세계를 선도해왔으며 예술과 산업기술에서 초현대적인 독일인들이 정치 발전은 프랑스보다 늦게, 그리고 영국보다는 매우 늦게 시작했다는 사실을 기억하기란 쉽지 않다. 프리드리히 대왕은 헨리 8세보다 더 절대군주였으며 프리드리히 대왕이 죽을 무렵 농민의 지위는 1349년 흑사병 이후 영국에서 농민의 지위보다 더 자유롭지 못했다.

19세기에 점진적으로 수립된 의회 제도는 1914년에서야 엘리자베스 시대 영국의 의회와 유사한 권력을 누렸다. 독일 국가 가운데 가장 중요한 프로이센은 또한 가장 군사주의적이었고, 동프로이센에는 토착 슬라브족에 대한 이방인 정복자로 정착한 스콰이어

웨스턴* 같은 봉건 귀족이 존재했다. 게다가 영국에서 스콰이어 웨스턴은 재커바이트이기 때문에 권력이 대금융가 집단과 거대 휘그 가문에게 나뉜 정부에 아무런 영향력이 없었다. 반면 프로이센에서는 스콰이어 비스마르크와 그의 이웃들이 왕권의 대들보였다.

영국과 비교해 독일에서 자유주의 이념이 허약했던 또 다른 이유는 상업이 상대적으로 중요도가 떨어졌기 때문이다. 상업 활동으로 살아가는 한자동맹 도시들은 19세기 내내 코브던적 관점을 유지했다. 1871년에 함부르크와 브레멘은 관세동맹에 가입하지 않고 자유무역을 고수했다. 자유주의는 본질적으로 상업의 산물이다. 그것은 고대 그리스와 중세 이탈리아의 상업 도시들과 영국과 네덜란드 같은 상업 국가에서 존재했다. 우리가 살펴본 대로 피히테는 독일이 외국과 교역을 하지 않기를 바랐고, 오늘날 피히테의 추종자들은 시대가 허용하는 한에서 이러한 견해를 유지하고 있다. 독일적 세계관에서 시대에 뒤떨어져 보이는 요소는 상업에 대한 이러한 경시와 관련이 있다.

독일 민족주의의 전형적 신조들은 칼라일한테서 모두 발견된다. 지식보다는 의지를, 이성보다는 신념을, 행복보다는 의무의 중요성을 믿는 것, 국가에 대한 숭배와 활발한 전제정에 대한 찬미, 인종과 영웅적 개인에 대한 강조, 산업 프롤레타리아에 대한 연민으로 위장한 산업주의에 대한 혐오 말이다. 이 가운데 많은 것이 디즈레일리한테서도 발견된다. 그리고 독일 민족주의에서 역겹게 느껴지는 모든 충동들은 아시아와 아프리카에서 실행된 영국 제국주

---

*　헨리 필딩의 소설 『톰 존스』에 나오는 지주 캐릭터.

의에서 배출구를 찾았다. 제국은 영국의 도덕적 쓰레기가 모이는 하수구였다. 독일은 그러한 배출구가 없었고 그러한 충동의 폭군들을 본국에서 견뎌야 했다. 젊은 시절 비스마르크는 "나는 영국 깃발 아래 인도에서 근무하고 싶었다"고 말한다. "하지만 따지고 보면 인도인들이 나한테 무슨 해를 끼쳤단 말인가?" 의로운 영국인을 자처하는 이들은 이러한 견해를 숙고해보는 것이 좋을 것이다.

29

비스마르크와 독일 통일

자유주의와 민족 원칙은 1848년 공동의 패배를 겪었지만 곧 되살 아났다. 이탈리아에서는 1859년과 1860년에 자유주의와 민족주의 가 동맹을 맺어 이탈리아 전역을 거의 통일하고(베네치아는 1866년, 로마는 1870년에 이탈리아로 편입되었다), 비토리오 에마누엘레 국왕 의 입헌 통치 아래 의회 정부가 수립되면서 화려한 승리를 거뒀다.

　1848년 혁명 이후 반동의 승리가 영원할 것 같지는 않았기 때 문에 독일에서도 유사한 자유주의적 민족주의 운동이 예상되었다. 그러나 독일에서 사태의 추이는 예견된 패턴대로 흘러가지 않았 다. 독일의 앞길을 가로막는 빈 회의의 유산인 정통성의 원칙은 자 유주의에 조금만 양보한 채, 독일 민족주의에서 만족스러운 해답을 찾은 프로이센의 보수 정부에 의해 타파되었다. 민족주의가 자유 주의와 분리되고 보수주의가 정통성의 원칙과 분리된 것은 유럽의 발전에 심대한 영향을 미친 중요한 성취였다. 그것은 주로 비스마르크 개인의 영향력에 기인하며, 이런 측면에서 그는 19세기에 가장 영향력 있는 인물로 꼽혀야 한다.

완고한 고집쟁이

비스마르크는 시골 귀족으로, 평생토록 다소 전원적이었다. 그의 선조들은 브란덴부르크의 지주 귀족으로 그곳에서 500년 넘게 살아왔는데 언젠가 그가 한번 언급한 대로 호엔촐레른 왕가*보다 더 유서 깊은 가문이었다. 그들은 자부심이 대단하고 외고집이었다. 루소의 신봉자였던 할아버지는 프리드리히 대왕한테서 적잖은 미움을 샀다. 선량하고 야심이 없었던 아버지는 젊은 시절 군대의 장교였는데 당시로서는 불가피한 일이었다. 그러나 그는 최대한 빨리 제대하여 영지로 물러났고, 1806년이나 1813년 전투에 참가하지 않았다. 대대로 원기왕성하고 튼튼했던 그의 선조들은 변함없는 계절의 순환에 따라 마음껏 먹고 마시고, 영지를 경작하고, 사냥을 하고, 자식들을 낳은 후 늙어 죽었다. 고분고분한 농노 사이에서 수세기 동안 이어져 온 안정된 생활은 확고부동한 보수주의가 비스마르크를 지배하도록 하면서 비스마르크의 생각과 감정에 무의식적 배경을 형성했다. 그는 "나는 커다란 나무들을 사랑한다. 그들은 조상들이다"라고 말한 적이 있다. 방문객이 예장용 모자를 쓴 채 마차를 타고 숲을 지나가려고 했을 때 그는 "제발 내 나무들 눈앞에서 그 물건은 치워주시오!"라고 외쳤다. 그는 관에 담겨 땅속에 묻히는 전망을 반기지 않았다. 그래서 거대한 소나무 두 그루를 가리

---

*   프로이센 왕가이자 브란덴부르크의 선제후.

키며 말했다. "저기, 저 나무들 사이, 숲의 신선한 공기 속에서 햇살과 상쾌한 산들바람이 내게 닿을 수 있는 곳에서 마지막 안식처를 찾고 싶다."

그는 아버지가 아니라, 어머니로부터 가만히 앉아 있지 못하고 활동을 추구하는 기질과 지성을 물려받았다. 그의 외가인 멘켄 가문은 귀족이 아니었다. 그들은 교수와 공무원이었다. 외할아버지는 프리드리히 대왕의 대신이었다가 프리드리히 빌헬름 2세 치하에서 자코뱅이란 혐의로 해임되었다. 그러다 프리드리히 빌헬름 3세 치하에서 슈타인의 조력자로서 다시 공직에 기용되었다. 어머니는 지적이고 도회적이며, 야심이 많고 유행에 민감했다. 그녀는 성공에 무관심한 남편이 불만스러웠다. 비스마르크 가족은 겨울에는 베를린에서 살았다. 남편이 영지에서 지내는 것을 선호하는 여름이 오면 아내는 몸이 불편하다고 하며 인기 있는 온천 휴양지에 가자고 조르곤 했는데, 이는 아들들한테서 시골에서 여름휴가를 보낼수 있는 기회를 빼앗는 관행이었다. 불만에 차 있고 영리하며 세속적인 그녀는 모든 사람을 불편하게 했으며, 5세기 동안 비스마르크 가문을 만족시킨 생활 방식을 견디지 못했다.

1815년에 태어난 비스마르크는 아버지와 시골을 사랑한 반면 베를린과 어머니를 싫어했다. 어린 시절 그는 포메른 지방 크닙호프에 있는 아버지의 영지에서 행복했고 소몰이꾼과 사냥터지기, 말과 개와 친구가 되었다. 그리고 아버지는 그를 데리고 마을로 갈때면 그 모든 것이 비스마르크 집안 것이라고 설명하곤 했다. 그러나 학교에 가야할 때가 왔을 때 최신식인 어머니는 페스탈로치의 원칙을 따라 운영된다는 명성을 누리던 학교를 골랐다. 여기서 그는 형편없는 음식과 엄격한 훈육으로 고생했고, 아침이면 펜싱 검에 찔려 깨어나곤 했다며 평생토록 불평했다. 사춘기 당시 그의 가정통신문을 보면 그가 "거들먹거리고 오만"하며 "교사들에게 적절한 존경심을 품지 않는다"고 적혀 있다. 존경심은 그의 강점이 아니었다.

바이런풍 낭만으로 가득했던 열일곱 살 때 자신이 공화주의자이자 무신론자라고 믿은 그는 괴팅겐 대학에 입학했다. 비스마르크는 언제든 결투를 할 용의가 있었으며, 도전이 받아들여졌을 때마다 결투에서 승리함으로써 곧 동창들의 존경을 받게 된다. 그는 역시 당시 괴팅겐 대학에 다녔던 역사가 모틀리와 친구가 되었는데, 모틀리는 단 둘이 있을 때만 비스마르크가 말이 되는 소리를 했다고 말했다. 나머지 시간 동안은 대부분 술을 마시고 싸움을 벌였다. 당시 모틀리는 비스마르크를 두고 "영락한 영웅의 자질이 있다"고 말했다. 흔히 그렇듯이 그는 빚을 졌고 형제에게 편지를 썼다. "내 빚을 갚는 것을 거부한 영감님(그의 아버지)과 나 사이에서 아주 볼썽사나운 장면이 연출되었어.…… 그게 그렇게 중요하단 소린 아니야. 나는 신용이 풍부한 사람이라 철저하게 방탕한 생활을 영위할 수 있지. 그 덕분에 안색이 창백하고 아파 보여서 크리스마스 때 집에 돌아가면 영감님은 자연히 내가 제대로 먹지 못한 탓이라고 여기시겠지. 그러면 난 굶주림을 겪으니 차라리 회교도가 되겠다고 말하며 강경노선을 취할 거고 그러면 내 뜻대로 될 거야." 그는 형제에게 "크닙호프 궁정은 무모한 허세보다는 교활한 외교술과 거짓말로 접근하기 더 쉬워"라고 말한다.

그는 스물한 살에 엑스라샤펠에서 외교관 자리를 얻었지만 외교관 업무는 그에게 그다지 대단치 않아 보였고, 어느 영국 아가씨와 결혼하고 싶어서 그녀를 좇아 유럽을 떠돌아다녔다. 자리로 복귀했을 때 당연히 그는 사임을 해야 했다. 다시금 기회가 주어졌지만 그는 공직 생활의 판에 박힌 일상에 안착할 수 없었다. 재정적 이유 때문에—빚을 포함해—그의 가족은 그가 크납호프에 살면서 영지를 경영해야 한다고 결정 내렸다. 사촌에게 보내는 편지에서 다음과 같이 설명한 대로 비스마르크 본인도 이 결정에 아무런 이의가 없었다.

공직 업무는 내 성격에 전혀 맞지 않네. 나는 관료, 심지어 정부 각료가 되었다고 내가 행운아라고 여기지 않을 걸세. 곡식을 기르는 것도 공문서를 작성하는 것만큼 무척 존경할 만한 직업이고, 어떤 상황에서는 공문서 작성보다 더 유용한 일이네. 나는 복종하기보다는 명령하는 쪽을 더 좋아하지. 여기에 대해서는 내 기질말고는 다른 이유를 댈 수 없어.…… 프로이센 관료는 오케스트라의 단원과 같네. 제1바이올린을 맡든 트라이앵글을 맡든…… 합주 작품이 요구하는 지시사항에 따라 악기를 연주해야 하지.…… 하지만 나는 내가 좋다고 생각하는 대로 음악을 연주하고 싶고, 그게 안 된다면 그냥 연주하고 싶지 않네.

몇몇 이름난 정치가들의 경우에, 특히 절대 정체를 가진 나라에서는 애국심이 정치가들을 공직으로 이끄는 동기였네. 하지만 그보다는 야심과 더불어 명령하고 칭송받고 유명해지고 싶은 바람이 훨씬 주된 근원이 되어왔지. 나도 그러한 열망에서 자유롭지 않다는 것을 인정해야 할 것 같군. 전시의 군인이나 자유 정체하의 정치가 혹은 필이나 오코넬, 미라보 같은 사람들—정력적인 정치활동에 일익을 담당한 사람들—이 얻은 영예들은 불빛이 나방을 유혹하듯 나를 끌어당기고 다른 모든 고려들을 압도할 매력적인 힘을 발휘할 테지.

나는 다른 사람들이 이미 밟고 간 길을 따라 얻을 수 있는 성공, 시험이나 영향력, 연공서열로나 상관의 환심 혹은 문서를 붙들고 씨름해서 얻을 수 있는 성공에는 별로 끌리지 않네. 그래도 여전히 공직이 내 허영심을 채워줬을지도 모른다고 생각하면 후회가 밀려올 때가 있어. 신속한 승진으로 내 가치를 공식적으로 인정받는 만족감, 유능하고 유용한 사람으로 간주되는 기분 좋은 느낌, 나와 가족을 둘러싸는 화려한 후광, 포도주를 마시며 이 모든 것들을 떠올리면 정신이 아찔해지곤 하네. 그것들이 어리석은 허영심이 자아낸 덧없는 것에 불과하며, 멋쟁이가 옷의 완벽한 마감에서 느끼는 자부심이나 은행가가 돈에서 느끼는 즐거움과 같은 차원이라는 것을 깨닫기 위해서는 신중하고 냉철한 숙고가 필요하지. 타인의 의견에서 자신의 행복을 추구하는 것은 헛되고 현명치 못한 일이네. 합리적인 인간은 자신이 옳고 진실하다고 생각하는 것에 따라 자기 삶을 살아야지 다른 사람에게 남길 인상이나, 생전이나 사후에 사람들이 자신을 어떻게 이야기할까라는 생각에 이끌려 살아서는 안 돼.

한마디로 말해, 나도 야심에서 자유롭지 않네. 물론 나는 야심이 다른 정념들만큼 고약하고 심지어 어리석다고 여기는데, 내가 야심에 몸을 맡기면 야심은 가장 운 좋은 상황에서조차도 영구적인 만족은 보장하지 않으면서도 내 모든 에너지와 독립성을 희생하라고 요구할 테니까.……내 필요를 충족시키며 내가 도시에서 집을 마련하기에 충분한 수입은, 내가 아주 잘 나간다고 해도, 마흔 살 가까이 되서 최고위직에 승진할 때까지는 가능하지 않을 걸세. 그때쯤이면 나는 책상머리만 지키는 생활로 건강이 나빠지고 건강염려증에 시달리면서 아내는 간호사로서만 필요한, 지루하고 재미없는 사람이 되어 있겠지.

이런 대단치 않은 이점들과 '각하' 소리를 들음으로써 채울 수 있는 허영심, 나라의 녹을 받는 만큼 나라에 좀처럼 공헌한 것이 없다는 생각과 이따금은 오히려 나라의 앞길을 막고 폐를 끼친다는 전망은 그다지 매력적이지 않네. 따라서 그러한 보상들이 소중하고 그래서 내가 비운 자리를 기꺼이 채울 사람들이 여전히 수천 명이나 남아 있는 한(실제로 그들 가운데 일부는 매우 뛰어난 사람들이기도 하지) 내 독립성을 지키고 내 소중한 에너지를 허비하지 않기로 결심했어.

1839년부터 1847년까지 비스마르크는 젊은 시골 지주의 삶을 살았다. 사냥을 하고 술을 마시고(보통은 샴페인과 흑맥주를 섞어서) 무수한 연애를 하고 무모하고 난폭한 태도로 명성을 얻어 딸을 둔 어머니들은 딸들이 그의 근처에도 가지 못하게 했다. 그러나 그는 이론과 실제 양쪽에서 농업을 진지하게 공부했고, 시집과 역사책을 광범위하게 읽었으며, 독일어는 물론이고 불어와 영어도 유창하게 구사했다. 스물일곱 살 당시 영국을 여행했을 때 그는 영국이 마음에 들었다. 사람들이 정중하고, 귀족들이 상원에서 말을 타고 돌아오며, 경기병이 보급품으로 말의 하루 사료로 귀리 한 포대와 건초 12파운드를 받고, 식당에서 나오는 고기는 원하는 만큼 잘라서 먹을 수 있었기 때문이다.

여행에서 돌아왔을 때 시골의 삶은 더 이상 만족스럽지 않은 것 같았다.

아침이면 나는 심기가 불편하지만 저녁 식사 후에는 좀 더 누그러지고 다정하다. 내 친구들은 개와 말, 시골 지주들이다. 시골 지주 사이에서 나는 어느 정도 신망을 받고 있는데 내가 책도 잘 읽고, 언제나 사람답게 차려 입으며, 사냥감을 푸주한처럼 정확하게 썰고, 말을 능숙하고 대담하게 타고, 아주 독한 시가를 피우며, 손님들 전부보다 술을 더 많이 마시고도 취하지 않기 때문이다. 옛날에 술에 취한 상태가 무척 행복했다는 기억은 나지만 안타깝게도 이제는 술을 마셔도 더 이상 취하지 않는다. 따라서 나는 무슨 특별한 소망이나 두려움도 없고, 그저 시계처럼 틀에 박혀 살아간다. 극도로 평화롭지만 아주 지루한 생활이다.

이런 분위기에서 그는 친구인 모리츠 폰 블라켄부르크와 약혼한 마리 폰 타덴이라는 젊고 매력적이며 아주 경건한 숙녀를 알게 된다. 타덴은 약혼자의 친구를 개심시키려고 나섰다. 타덴과 블라켄부르크는 비스마르크에게, 그를 사랑하지만 폐병에 걸려 죽어가는 한 아가씨가 있으며 그 아가씨는 그가 개심했다는 것을 알아야만 행복하게 죽을 수 있다고 말해주었다. 그녀가 죽었을 때 두 사람은 비스마르크에게, 그녀가 "당신의 영혼이 구원받을 것이라고 마음속 깊이 확신을 얻었어요.……아, 고인이 당신을 위해 얼마나 기도했는지 아셔야 하는데!……"라고 말했다고 전해주었다. 비스마르크는 감동을 받아 눈물을 흘렸지만 여전히 개심하지는 않았다. 그러나 타덴과 블라켄부르크가 결혼한 후에 비스마르크는 그들의 집에서 그녀의 친구인 요안나 폰 푸트카머를 만났고, 요안나는 그를 개심시키는 일에서 훨씬 성공적이었다. 그는 희망을 보았고 그 숙녀와 결혼했다. 비스마르크는 다정다감하면서도 주도적이고 거의 여성적이라 할 만한 세심함을 갖췄으며, 아이들을 끔찍이 사랑하고 아이들이 조금만 아파도 심각하게 염려하는 모범적 남편이었다.

하지만 그의 개심은 그가 아내에게 준 인상만큼 완전하지는 않았던 것 같다. 그는 형제에게 이런 편지를 썼다.

신앙의 문제에서 우리는 다소 다른데, 나보다는 그녀가 안타까워하지. 그래도 의견 차는 네가 생각하는 것만큼 그렇게 크지는 않아. 여러 내·외부적 일들로 최근에 내 안에서 변화가 일어나면서 이제 나도 (너도 알다시피 나한테는 새로운 일인데) 떳떳하게 나를 기독교 신앙을 믿는 사람으로 꼽을 수 있어. 비록 몇몇 교리들, 어쩌면 기독교인이 원칙으로 가장 중요하다고 여기는 교리들에 관해서는—내 자신의 시각에 솔직한 한—기독교적 관점과 완전히 화해한 것은 아니지만 그럼에도 불구하고 암묵적일지언정 일종의 파사우 조약*이 나와 요안나 사이에 체결되어 있어. 게다가 나는 여자들의 경건주의가 좋고, 자신이 계몽되었다고 내놓고 다니는 여자들은 싫어.

그는 언제나 미신적이었지만 종교적이었던 적은 거의 없었다. 그는 정치적으로 편리할 때면 거의 무의식적으로 종교를 이용했

---

* 아우크스부르크 화의와 함께 종교개혁운동으로 촉발된 신구교 갈등을 일단락 지은 조약으로 이를 통해 신앙의 자유가 일정 부분 확보되었다.

다. 한번은 "만약 우리가 국가에서 종교적 토대를 빼버린다면 국가는 권리들의 우연한 집합, 만인의 만인에 대한 전쟁 상태에 일종의 보루에 불과할 것이다.…… 그러한 국가에서 예를 들어 소유의 부도덕성과 관련한 공산주의자들의 이념이 어떻게 반박될 수 있을지 모르겠다"라고 말했다. 이런 종류의 논의에서 그는 종교가 유용하다고 느꼈다. 그러나 그에게 개인적인 신앙이 있었다고 치면, 그 신앙이란 커다란 나무들과 시골과 연결된 모호한 범신론이었다.

그의 약혼과 결혼은 1847년의 일이었다. 이 시기에 공적·사적인 이유에서 그의 야심이 되살아났다. 그는 프로이센 의회의 의원이 되어서 혁명 기간 내내, 지방주의적 프로이센 융커에게 어울리는 극단적 보수주의를 유지했다. 심지어 1813년에 애국적인 프로이센 사람들이 독일을 하나로 생각했다는 사실까지 부정할 정도였다.

비스마르크는 1851년부터 1862년까지는 공직에서 경험을 쌓으며 보냈다. 1851년부터 1858년까지는 상트페테르부르크의 대사로 재직했다. 1862년에는 몇 달간 파리 대사를 지냈고 같은 해 프로이센의 수상이 되었다. 그때부터 1890년까지 프로이센의 정책은 비스마르크의 정책이었다.

철혈정책

1862년 프로이센에서는 국왕과 의회 간의 극심한 갈등이 벌어지고 있었다. 세계대전 때까지 유지된 1851년 헌법에 의해 프로이센 의회에서 권력 균형의 추는 중간계급이 쥐고 있었다. 유권자는 각각 부유 선거구, 중간 선거구, 빈곤 선거구라는 세 집단으로 나뉘어 있었고, 세 집단은 동일한 금액의 세금을 부담했다. 이렇게 분리된 집단들이 동일한 수의 선거인단을 개별적으로 뽑았고, 선거인단이 다 함께 의원을 선출했다. 따라서 중간계급과 빈곤층이 손을 잡으면 부유층을 압도할 수 있고 중간계급이 부유층과 손을 잡으면 빈곤층을 압도할 수 있었다. 1860년대 초에는 친영국적인 자유주의가 중간계급을 지배한 반면 라살레나 마르크스는 아직 노동계급을 사회주의로 끌어들이지 못했다. 이러한 상황에서 의회는 압도적으로 자유주의적이었다. 의회는 돈줄을 쥐고 있었지만 내각은 국왕에게만 책임을 졌다. 영국 헌정사를 연구한 자유주의 지도자들은 자금력을 통해 행정부에 대한 통제력을 얻을 수 있다고 믿었다. 비스마르크의 임무는 그들의 이러한 시도를 좌절시키는 것이었다.

갈등은 군대를 두고 부상했다. 물론 군대는 국왕의 영역으로 인식되었지만 군비에 투표하는 것은 의회가 할 일이었다. 빌헬름 국왕은 더 큰 군대를 원했다. 의회는 군비 증액에 찬성할 용의가 있었지만 국왕이 요구하는 증가분 전부가 아니라 일부만 동의했고, 그 대가로 자유주의자들은 연간 예산안과 함께 모든 조세안이 표결되기를 원했다. 자유주의자들은 이 수단을 통해 국왕으로 하여금 의회 다수파가 동의하는 내각을 지명하게 강요할 수 있기를 바랐다. 의회가 해산된 후 재선거에서 자유주의자들이 이전보다 오히려 더 강력한 세력으로 복귀하자 겁을 먹은 국왕은 굴복하는 쪽으로 기울었다. 만약 국왕이 이때 의회의 요구에 굴복했다면 프로이센은 의회 민주정이 되었을 것이며 세계 역사는 지금과 무척 달라졌을 것이다. 그러나 보수주의자들은 의회에 굴복하기 전에 한 번만 더 편법을 시도해보자고 국왕을 설득했다. 어쩌면 1848년 혁명 당시 강경 조치를 권유한 대담하고 완고한 반동가로 알려진 비스마르크가 자유주의자들을 물리칠 어떤 방도를 찾아낼지도 모른다. 그는 아비뇽에서 호출되어 빌헬름 국왕과 기념비적인 면담을 가졌다. 그가 의회에 저항할 것을 권고했을 때 빌헬름은 찰스 1세처럼 목이 달아날지도 모른다는 두려움을 표명했다. 비스마르크는 자신도 기꺼이 [찰스 1세에 충성하다 처형된] 스트래퍼드의 운명을 함께할 것이라고 말하며 프로이센 사람의 기백에 호소했다. 아직도 완전히 설득되지는 않았지만 국왕은 비스마르크에게 한번 시도해보라고 조심스럽게 허락했다. 이후의 사태에서 의회의 자유주의자 가운데에 크롬웰은 없었으며, 국왕의 걱정은 근거가 없었던 것으로 드러났다.

비스마르크는 장래에 면책법을 기대하며 국왕의 칙령으로 이전 조세 징수를 연장한다고 의회에 통보하는 것으로 시작했다. 의회 첫 연설에서 그는 아비뇽에서 가져온 올리브 가지를 내놓았지만 아직은 그것을 반대파들에게 선물할 때가 아니라고 생각했다. 그는 이렇게 말을 이었다.

독일은 프로이센의 자유주의가 아니라 그 위력에 주시하고 있습니다.……프로이센은 이미 여러 차례 놓쳐버린 호기를 대비해 힘을 비축해야 합니다. 이 시대의 커다란 문제들은 연설이나 다수의 결의안이 아니라─그것은 1848년과 1849년의 대실수였습니다─피와 철로써 결정될 것입니다.

이것은 의회에 낯선 종류의 언어였다. 비스마르크의 연설에 대한 답변으로 '연설과 다수의 결의안'이 있었지만 프로이센 국민들은 불법적으로 징수되는 세금을 계속 냈고, 국왕은 군대를 재편했으며 의회는 무력한 것으로 드러났다. 그사이 비스마르크는 나라의 관심을 다른 데로 돌리기로 했다.

동맹과 전쟁의 줄타기

아주 시의적절하게도 슐레스비히-홀슈타인 문제가 딱 이 시점에 제기되었다. 이 두 공국은 1460년 이래로 덴마크 국왕에게 속해 있었지만 덴마크 왕국의 일부는 아니었고, 덴마크 왕위 계승과는 다른 승계 법칙을 따르게 되어 있었다. 홀슈타인은 오랫동안 신성로마제국의 일부였고 정서적으로 독일 편이었다. 슐레스비히는 어쨌거나 더 북쪽에 위치했고, 주민 감정상 압도적으로 덴마크 편이었다. 다른 승계 법칙 때문에 공국의 적법한 계승자는 덴마크 국왕이 아니라 아우구스텐부르크 공이었다. 아우구스텐부르크 공의 아버지가 돈을 받는 대가로 계승권을 포기했지만 어쩌면 그 권리를 되살릴 수도 있을 것 같았다. 복잡한 문제가 끝없이 얽혀 있었다. 파머스턴 수상은 딱 세 사람만이 슐레스비히-홀슈타인 문제를 이해할 수 있다고 말했다. 한 명은 빅토리아 여왕의 부군 앨버트 공으로 지금은 죽고 없고, 또 한 명은 독일 교수로 지금은 정신병원에 있으며, 마지막 한 명은 바로 자신인데 자신은 그 문제를 까맣게 잊어버렸다는 것이다. 난마와도 같은 상황에도 불구하고 한 가지만은 분명했다. 프로이센은 슐레스비히와 홀스타인에 아무런 권리도 없다는 사실이었다. 그러나 비스마르크는 그 땅을 손에 넣기로 결심했고 두 차례 전쟁을 통해 그곳을 획득했다. 1863년 비스마르크가 병합을 처음 제안했을 때 국왕은 "하지만 짐은 두 공국에 아무런 권리도 없는걸"이라고 대답했다. 비스마르크는 "언제는 대선제후[프리드리히 빌헬름 1세]와 프리드리히 대왕이 프로이센과 슐레지엔에 그보다 더 많은 권리를 갖고 있었습니까? 호엔촐레른 왕가 사람들은 모두 국가의 영토를 넓혀온 사람들입니다"라고 응수했다. 국왕은 자주 비스마르크로부터 충격을 받았다. 그렇지만 수상은 결국 의지를 관철했다.

첫 단계는 오스트리아와의 동맹이었고, 동맹을 통해 두 열강은 표면적으로는 아우구스텐부르크 공의 이해관계를 위한다는 명분으로 슐레스비히 – 홀슈타인 문제를 공동으로 해결하기로 합의했다. 그다음 1864년 덴마크와의 짧막한 전쟁으로 프로이센과 오스트리아는 공국을 점령했고, 그 후에는 아우구스텐부르크 공의 권리가 근거가 없다고 주장하며 잠정적으로 오스트리아는 홀슈타인을, 프로이센은 슐레스비히를 차지했다. 다른 열강, 특히 영국은 격분했지만 무력했다.

다음 단계는 오스트리아를 처리하는 것이었는데, 여기서 비스마르크는 오스트리아와의 전쟁을 '형제살해'로 간주하는 범凡게르만 감정을 극복해야 했다. 독일 통일을 추구하는 사람들 가운데는 두 집단이 존재했다. 하나는 오스트리아를 포함한 '대독일'을 바라는 사람들이었고, 다른 하나는 오스트리아를 배제한 '소독일'을 바라는 사람들이었다. 그러나 오스트리아를 포함하는 통일은 합스부르크 영토 가운데 비독일계 지역의 존재 때문에 실현성이 없는 정책이었다. 1815년 이래로 오스트리아는 통일의 주요 장애물이었고, 오스트리아를 독일연방에서 몰아내는 것은 반드시 필요한 예비

조치였다. 비스마르크는 이 점을 인식했지만 많은 독일 애국자들은 이를 깨닫지 못했다. 따라서 1866년 오스트리아와 전쟁을 벌이면서 그는 가능한 모든 지원을 반드시 확보해야 했다.

1866년 4월 8일, 비스마르크는 이탈리아와 동맹을 체결했고, 그 동맹 조약에 따라 프로이센이 오스트리아와 전쟁을 벌이면 3개월 이내에 이탈리아도 오스트리아와 전쟁을 벌이기로 합의했다. 그들은 오스트리아와 공동으로 강화를 맺고, 이탈리아는 베네치아를, 프로이센도 오스트리아로부터 그에 상응하는 영토를 얻기로 했다. 다음 날 비스마르크는 연방의회에 (암묵적으로는 오스트리아를 배제하며) 독일 전역에서 남성보통선거로 선출된 의원으로 의회를 구성하고, 의회가 제후들과 협의하여 독일 헌법을 성안하는 내용의 결의안을 제시했다. 물론 오스트리아는 이러한 제안을 거부했는데 비스마르크가 이런 제안을 한 목적은 민주적 근거에서 통일을 바라는 정서를 자기편으로 끌어들이기 위해서였다. 독일 군대는 홀슈타인으로 진입하라는 명령을 받았고, 오스트리아 군대는 싸우지 않고 퇴각했다. 이 조치가 전쟁을 촉발하지 못하자 비스마르크는 연방의회에 노골적으로 오스트리아를 배제하는 새로운 조직을 제안했다. 오스트리아는 프로이센이 연방헌법을 위반했다고 선언하고 독일연방의 다른 일원들에게 프로이센에 맞선 동원령을 촉구했다. 프로이센은 최후통첩으로 응수했고 전쟁이 시작되었다.

국왕은 언제나처럼 잘 구슬려야 했다. 이를 위해 비스마르크는 일종의 경건한 의사 표현 양식을 채택했는데 이것은 효과가 있었다. 위기의 순간에 그는 국왕 앞으로 다음과 같은 서신을 보냈다.

폐하께서는 전쟁과 평화의 문제에서 폐하의 지고하고 절대적인 결정에 어떤 위급한 방식으로라도 영향을 미치려 하는 것은 신(臣)의 감정과 심지어 신념에도 반한다는 것을 안심하고 믿으셔도 됩니다. 신은 조국의 안녕을 위해 전능하신 주님이 국왕 폐하를 인도해주시도록 주님께 모든 것을 맡겼으며, 폐하께 권고하기보다는 기도하는 쪽입니다. 그러나 신은 지금 우리가 평화를 유지한다면 전쟁의 위험이 어쩌면 몇 달 안에, 지금보다 불리한 조건에서 재발할 것이라는 확신을 숨길 수 없습니다. 양측이 평화를 원할 때만 평화는 지속될 수 있습니다.…… 폐하의 가장 신실한 종복으로 16년간 오스트리아 정책을 속속들이 파악해온 사람은 빈에서 프로이센에 대한 적대감이 우세함을 의심할 수 없으며, 심지어 오스트리아 정책의 유일한 동기라고 말해도 무방할 것입니다. 이 동기는 빈의 내각이 현재보다 자신들에게 더 유리한 상황을 찾자마자 적극적으로 작동할 것입니다. 그러한 오스트리아의 첫 시도는 이탈리아와 프랑스에서 우호적인 상황을 조성하게 될 것입니다.

왕세자비(나중에 프리드리히 황후)는 어머니 빅토리아 여왕에게 쓴 편지에서 비스마르크를 "사악한 인간"이라고 부르면서 독일 자유주의자들의 보편적 정서를 드러냈다. 그러나 비스마르크는 승리만 하면 자신이 용서받을 것이라고 생각했고, 참모총장 몰트케로부터 승리가 확실하다는 장담을 받았다. 게다가 상서로운 신탁을 찾아 성경을 뒤적거렸을 때—그랬다고 아내에게 썼다—그는 다음과 같은 구절을 발견했다. "내 원수들이 물러갈 때 주 앞에 넘어져 망함이니이다. 주께서 나의 의와 송사를 변호하셨으며 보좌에 앉으사의롭게 심판하셨나이다." 그러나 이마저도 의심의 여지가 있었다. 그는 "우리는 자신하고 있소. 하지만 전능하신 주님이 아주 변덕스러우시다는 것을 잊지 말아야 하오"라고 썼다.

전쟁은 금방 끝났고 프로이센은 압승을 거뒀다. 이후에는 오스트리아의 호의가 필요하다는 것을 알았기에 비스마르크는 그의 목표들이 실현되자마자 즉시 강화를 주장했다. 국왕과 장군들은 의기양양하게 빈으로 입성하기를 바랐지만 비스마르크는 간청하고 눈물까지 흘리며 결국에는 제 뜻대로 했다. 이탈리아는 베네치아를 얻었고, 프로이센은 슐레스비히 - 홀슈타인과 하노버, 나사우, 프랑크푸르트, 헤센 - 카셀, 헤센 - 다름슈타트의 북부 지역을 얻었다. 오스트리아가 지배적이었던 구舊독일연방은 해체되고 대신 남성보통선거로 선출되는 제국의회가 구성되고 프로이센 국왕이 의장을 맡는 북독일연방이 수립되었다. 여기서부터 독일 통일의 완성까지는 이제 한 걸음만 남았을 뿐이었다. 재정적으로 독일은 한자 도시들을 제외하고 이미 관세동맹으로 통일되어 있었지만 남독일 국가 대부분은 오스트리아 편을 들었던 프로이센 - 오스트리아 전쟁 이후 관세동맹을 갱신할 때가 되어 새로운 조약이 필요했다. 비스마르크는 프로이센이 우위를 점하는 군사 동맹과 같이 할 때만 조약에 동의하겠다는 뜻을 밝혔다. 남독일 국가들은 주저했지만 이 같은 조건을 받아들여 결국 관세동맹은 독일 전역을 대표하는 '관세의회'에 의해 갱신되었다.

1866년 전쟁 동안 프로이센에서는 새로운 국회의원 선거가

---

*   시편 9장 3~4절.

있었다. 새로 선출된 의원들로 구성된 의회가 개원했을 때는 프로이센이 이미 전쟁에서 승리한 후였으며, 비스마르크는 국민적 영웅이 되었다. 이제 그가 아비뇽에서 가져온 올리브 가지를 건넬 때였다. 새 의회는 1862년부터 정부가 위헌적으로 세금을 걷어온 것을 면책한 것은 물론 더 나아가 그렇게 기분 좋은 승리를 가져온 군대를 더 창설하는 데도 기꺼이 동의할 태세였다. 자유주의자들은 두 파로 갈렸는데 그 가운데 다수파인 민족자유당은 비스마르크의 가장 충성스러운 지지자가 되었다. 신기하게도 그는 오스트리아의 독일인들에 맞서 이탈리아와 동맹을 맺은 것에 격분한 보수주의자들과 더 어려움을 겪었다. 외교 정책에서 보수주의자들과 비스마르크와의 불화는 비스마르크가 오스트리아 대신 러시아와의 우호를 선호한 크림전쟁부터 시작되었다. 프랑크푸르트에 다녀온 1851년부터 그는 오스트리아의 전통적 오만함에 맞서 프로이센이 강하게 나가야 한다고 느꼈다. 프랑크푸르트의 대표단 모임에서 오스트리아인만이 담배를 피우는 것이 관례였지만 비스마르크는 대담하게 자신의 시가에 불을 붙였다. 한번은 오스트리아 사절단이 셔츠 차림으로 그를 맞자 비스마르크는 "정말 덥군요"라고 말하며 자신도 코트를 벗었다. 이러한 행동들은 앞날을 예언하는 것이었다.

프랑스와의 전쟁과 독일 통일

비스마르크는 정통성의 원칙을 전혀 존중하지 않았다. 그는 오로지 프로이센의 이해관계만을 대변했으며 프로이센을 위대하게 하는 데 도움만 된다면 보수주의자들이 "죄 많은 인간"이라고 부른 나폴레옹 3세와도 우호관계를 맺을 용의가 있었다. 극단적 보수주의자이자 이전에 그의 후원자였던 친구 게를라흐에게 보낸 편지에서 그는 이렇게 말한다.

오늘날 정치 세계에서 혁명의 토양에 뿌리를 두고 있지 않은 나라가 대체 얼마나 남아 있습니까? 에스파냐, 포르투갈, 브라질, 아메리카의 모든 공화국들, 벨기에, 네덜란드, 스위스, 그리스, 스웨덴, 영국을 보십시오. 심지어 영국은 오늘날에도 1688년의 명예혁명에 의식적으로 발을 디디고 있습니다. 심지어 오늘날 독일 제후들은 신성로마제국 황제와 제국으로부터, 또 한편으로는 동료 제후들로부터, 한편으로는 자기 나라의 다른 귀족으로부터 얻은 영지라고 해도 완벽하게 정통성 있는 소유권은 제시할 수 없으며 우리의 정치 생활에서 혁명적 수단의 활용은 피할 수 없습니다.

그보다 이른 시기인 1848년에 그는 "군소공국들이 나와 무슨 상관이란 말인가? 내 유일한 관심사는 프로이센의 권력을 보호하고 증대시키는 것이다"라고 외쳤다. 아닌 게 아니라 이것이 정치 경력 내내 비스마르크의 유일한 관점이었다. 그는 통일과 프로이센의 권력 강화를 결합할 방도를 찾았을 때에야 비로소 독일 통일 임무에 뛰어들었다. 정통성 원칙의 옹호자들과 달리 그는 아무런 국제적 원칙도 없었다. 프랑스가 어떤 정부 형태를 선택하는지는 그의 관심사가 아니었다. 프랑스가 부르봉 왕가를 택하든 보나파르트를 택하든 아니면 공화국을 택하든, 프랑스가 훌륭하게 통치되든 나쁘게 통치되든, 프랑스 국민이 행복하든 불행하든, 그런 것은 프랑스가 못된 일을 꾸밀 능력에 영향을 미치는 경우를 제외하고는 그의 시각에서 볼 때 애국적인 프로이센 국민이 신경 쓸 문제가 아니었다. 이런 점에서 그는 보수주의자와 자유주의자 둘 다와 달랐지만 세계가 자신의 원칙을 채택하도록 가르쳤다. 그의 가르침을 따라 차르는 나중에 무신론적인 프랑스 공화주의 정부와 동맹을 맺는 것을 두려워하지 않았다.

독일 통일이 완수되기 전에 한 가지 임무가 더 남아 있었는데 프랑스에 맞선 전쟁으로 북독일과 남독일을 하나로 묶는 일이었다. 이때 전쟁은 반드시 프랑스의 오만함으로 독일에 강요된 전쟁처럼 보여야 했다. 그는 프랑스와의 전쟁을 제외한 다른 어떤 상황도 프로이센이 주도하는 통일에 필요한 감정을 이끌어낼 수 없으리라 확신했다. 프랑스와의 전쟁을 위한 명분은 신중하게 마련되어야 했다. 군사적 준비는 몰트케한테 안심하고 맡길 수 있었다. 두 사람은 종종 다투곤 했지만 비스마르크는 자신의 외교가 몰트케가 승리를 확신하는 전쟁만을 불러오도록 신경 썼다. 남독일 국가들과의 군사동맹으로 도움을 받고 두 차례 전쟁으로 경험을 쌓은 몰트케는 2~3년의 준비 기간이 주어진다면 승리를 장담할 수 있었다. 다른 문제들은 외교적인 것이었다. 다른 열강의 중립을 확보하는 것이 필수적이었다. 러시아의 중립은 다르다넬스 해협 폐쇄와 관련하여 1856년 파리 조약*의 개정을 지지하기로 약속함으로써 보장받았다. 영국은 크림전쟁의 동맹국 편을 들 가능성도 있었지만 비스마르크의 꾐에 넘어간 루이 나폴레옹은 벨기에 합병의 욕망을 문서로 표명하고 말았다. 결정적 순간에 공개된 그 문서로 영국의 프

---

* 크림 전쟁 후 맺어진 조약으로 흑해가 중립지역이 되면서 러시아의 흑해 진출이 저지되었다.

랑스 지원은 사실상 물 건너가 버렸다. 오스트리아와 이탈리아는 마지막 순간까지 입장이 불분명했지만 결국에는 나폴레옹의 군사적 재난에 따라 독일 편에 가담했다. 만약 나폴레옹이 비토리오 에마누엘레 국왕의 로마 점령에 동의했다면 이탈리아는 프랑스 편을 들었을 테지만, 황제는 외제니 황후의 교황 지상주의적 광신에 영향을 받아 거부했다. 따라서 교황의 세속 권력을 끝장내는 일은 스당에서 루터의 동포들의 손에 맡겨졌다.*

프랑스와의 관계 결렬로 이어지는 마지막 단계는 비스마르크의 기가 막힌 솜씨로 완성되었다. 비스마르크와 나폴레옹은 둘 다 악당이었지만 한쪽은 다른 한쪽이 아둔한 만큼 영리했고, 영리한 악당은 자신의 악행을 성공적으로 감추면서 아둔한 악당의 사기행각을 만천하에 드러냈다. 마지막 순간에 빌헬름 국왕의 순진한 정직성 때문에 위기가 닥치기도 했지만 비스마르크는 엠스 전보를 적당히 '편집'함으로써 모든 준비가 완료된 딱 그 순간에 전쟁을 벌이는 데 성공했다.†

모두가 알다시피 전쟁은 독일이 알자스-로렌을 병합하고 통일 제국을 수립하면서 끝났다. 프랑스 쪽에서는 막대한 전쟁 배상금을 물고, 제3공화국이 수립되었으며, 자유·평등·우애의 새 정부

---

* 나폴레옹 3세는 로마공화국을 붕괴시킨 후 로마에 프랑스군을 주둔시켜 교황령을 보호했는데, 프로이센과의 스당 전투에서 대패하고 나폴레옹 3세 자신까지 포로로 잡히면서 이탈리아의 로마 병합이 이루어진다.

† 에스파냐 왕위를 호엔촐레른 가가 잇는 것을 막고자 했던 프랑스 대사 베네데티가 빌헬름 1세와 휴양지 엠스에서 회동을 가졌다. 빌헬름 1세는 이를 거절한 후 베를린에 있던 비스마르크에게 회동의 내용을 전보로 보냈다. 비스마르크는 이 전보를 자극적으로 고쳐서 언론에 발표했고, 그 결과 프로이센과 프랑스는 서로가 모욕당했다고 받아들이고 여론이 들끓게 된다. 여론에 민감했던 나폴레옹 3세가 이 사건을 계기로 엿새 후 프로이센을 상대로 선전포고를 함으로써 전쟁이 시작됐다.

가 상상을 초월하는 야만성으로 파리 코뮌을 끝장내면서 끝났다.*

독일계 오스트리아를 제외한 모든 독일지역을 아우른 독일 제국은 1867년에 설립된 북독일연방의 헌법과 유사한 헌법을 갖고 있었다. 프로이센 국왕은 독일 황제, 프로이센 수상은 제국 재상이 되었다. 그와 다른 각료들은 의회가 아니라 황제한테만 책임을 졌다. 여러 주에서 임명한 대표들로 구성된 연방의회와 남성보통선거로 직접 선출되는 제국의회도 있었다. 제국의회는 국가 재정을 총괄했고 법률은 제국의회의 동의가 필요했지만 법안 발의 권한은 연방의회에 있었다. 비스마르크는 1890년까지 재상이었고, 현실적으로 헌법은 그의 전권을 거의 제한하지 못했다. 중간계급은 온순해졌고, 그는 두 번 다시 1862년과 같은 어려움을 만나지 않았다. 앙금이 남은 프랑스의 적대감은 그의 목적에 부합했는데 독일 군사주의를 계속 유지할 명백한 근거를 제공했기 때문이다. 그러나 그는 더 이상 전쟁을 벌일 필요가 없었다. 세계는 비스마르크와 싸우는 것은 좋지 않은 계획이라는 결론에 도달했다.

무자비한 애국자

1862년부터 1871년까지의 시기 동안 비스마르크의 성취는 국정운영의 역사에서 가장 대단한 개가가 아닐까 싶다. 비스마르크는 왕비와 왕세자, 왕세자비가 그에게 극도로 적대적인 상황에서 국왕을 다뤄야 했다. 또 처음에는 그와 그의 정책을 싫어한 국민들의 마

---

* 프랑스군이 참패를 당하고 나폴레옹 3세가 영국으로 도피하자 보르도로 피신한 새 정부가 독일과 강화조약을 맺었다. 항전파는 파리에 독자적인 사회주의 자치정부를 설립하는데 이것이 파리 코뮌이다. 파리 코뮌은 독일의 지원을 받은 정부군에게 진압되었고, 이 과정에서 수만 명이 학살된 것으로 추정된다.

음도 돌려야 했다. 민족주의의 성격을 자유주의에서 보수주의로, 인도주의에서 군사주의로, 민주주의에서 군주정으로 전환시켜야 했다. 다른 열강이 비스마르크의 성공을 바라지 않는다는 사실에도 불구하고 덴마크, 오스트리아, 프랑스에 맞서 프로이센의 승리를 이끌어내야 했다. 그는 국왕이 자신의 정책을 이해하는 것을 허락할 수 없었는데, 정직한 노장이 이해할 수 있을 만한 정책이 아니었기 때문이다. 그는 세상이 자신의 정책을 이해하는 것 역시 허락하지 않았는데, 만약 세상이 그의 정책을 이해했다면 그를 패배시켰을 것이기 때문이다. 매 순간 그는 심각한 실패를 겪을 수도 있었다. 그에게는 다행스럽게도 그가 이해하는 대로 외교 게임을 이해하는 정치가는 어느 나라에도 없었다. 이후에 드러나듯이 디즈레일리마저도 그의 손바닥 안에서는 어린아이에 불과했다. 결정적 시기 내내 오스트리아와 프랑스, 영국과 러시아는 그의 장단에 놀아났다. 그는 어디서나 열정적 의분을 불러일으켰지만 프랑스를 제외하고는 다 잦아들었다. 그리고 종국에는 독일이 너무 강해서 분개해봤자 소용없었다.

비스마르크가 해낸 일에는 그의 성격이 각인되어 있는데, 그것은 거대하고 복잡하며 양분되어 있었다. 연애하는 동안 아내에게 쓴 편지에서 그는 이전에 그녀에게 인용해준 시를 언급한다. "가장 마음에 드는 것은 그런 밤에, 기쁨을 함께하는 사람과 폭풍우 치는 밤의 일부가 되고 싶은 소망입니다. 도망치는 말 위에 올라타 우레와 같이 쏟아지는 라인 폭포의 바위를 내달리는 것 말입니다." 젊은 시절 그는 다른 어느 시인보다 바이런을 좋아했고, 비록 결혼 후에는 바이런을 버렸지만 아내에게 보낸 편지들은 그의 성격 가운데 그러한 일면이 여전히 살아 있었음을 보여준다. "이 지상에서 눈길을 끄는 것은 언제나 추락한 천사와 비슷합니다. 그는 아름답지만 평화를 누릴 수 없으며, 그의 계획과 노력은 위대하나 결코 성공하지는 못하며, 그는 당당하지만 우울합니다." 비스마르크에게는 무자비함과 다정다감함이 뒤섞여 있었다. 그의 의지를 절대 거스르지 않는 존재, 아내와 아이들, 말과 개에게는 다정하지만 그에게 맞서는 사람에게는 무자비했다. 프랑스와의 전쟁 동안 그는 프랑스인을 다룰 때 믿기지 않을 정도로 몰인정했다. "반역 행위가 벌어진 마을은 남김없이 불태우고 모든 남성 주민은 목매달아야 한다." 코메르시에서 한 프랑스 여인이 체포된 남편의 선처를 호소하러 왔다. "수상(비스마르크)은 그녀의 이야기를 매우 상냥하게 들은 후 그녀의 호소가 끝나자 가장 친절한 태도로 대답했다. '친애하는 부인, 부인의 남편은 (손가락으로 자기 목을 그으면서) 곧 교수형에 처해질 것입니다.'"[100]

가리발디와 13,000명의 자원병들이 포로가 되었다는 소문을 들었을 때는 "왜 총살하지 않는 거지?"라고 물었다. 또 한번은 만약 가리발디가 붙잡힌다면 "우리 같으면 그의 목에 '배은망덕'이라고 쓴 플래카드를 걸어 돈을 받고 사람들에게 구경시킬 것이다"라고 말했다.

비스마르크는 흑인은 포로로 살려둘 필요가 없다고 주장했다. 곤경에 처한 프랑스인에게 전혀 동정심을 느끼지 않았고, 그들을 모두 조롱했다. 프랑스 외무장관 파브르가 아팠을 때 그는 동정심을 자극할 심산으로 꾸며낸 일이라고 주장했다. 그러나 자신의 아들들의 운명에 대해서는 극심한 불안감을 느꼈다. 쾨니히그라츠 전투* 후 말을 타고 시체 사이를 거닐면서 "헤르베르트가 언젠가 이렇게 쓰러져 있게 될지도 모른다고 생각하니 마음이 아팠다"고 말했다. 비스마르크의 감정은 원초적이었고, 그는 인간을 친구와 친구가 아닌 사람으로 나눴다. 친구가 아닌 사람한테는 무슨 일이 생기든 그에게서 아무런 동정도 불러일으킬 수 없었다.

비스마르크가 만들어낸 세계는 그의 감정이 담긴 작품이었다. 그것은 소중히 아껴야 할 독일과 이용하거나 찍어눌러야 할 나머지 세계로 나뉘어 있었다. 그는 냉혹했으며, 쉴 줄 모르는 정력가였다. 또 영웅적이었으며, 세계를 그가 생각하는 모습에 맞춰 다시 주조하려 했다. 안타깝게도 비스마르크는 대체로 성공했다.

---

* 오스트리아와의 전쟁에서 분수령이 된 전투

30

독일 제국의 경제 발전

제국의 창설부터 세계대전 발발 때까지 43년간 독일 산업은 굉장히 빠르게 성장했으며 새로운 특징들을 보여주었다. 영국과 미국에서 산업화는 개별 기업가에 의해 무계획적으로 진행되었다. 영국에서는 1846년까지, 미국에서는 1861년까지, 정부는 산업보다는 농업에 더 우호적이었다. 자유방임의 원칙은 경제생활과 관련하여 중앙의 지휘 부재로 이어졌다. 가장 수익성이 있는 사업은 사회적으로도 가장 유익한 사업이며 계몽된 이기심은 정부의 개입보다 더 좋은 지침이라고 여겨졌다.

자유주의 철학을 포기한 1871년의 독일에서 이러한 신조들은 더 이상 정책에 영감을 제공해주지 못했다. 경제 활동은 국민의 행복을 촉진하는 방향으로 이루어져야 하며, 자연적인 힘들이 이러한 결과를 이끌어내지 못하는 곳에서는 정부가 개입해야 한다고 생각되었다. 그 결과 상당 정도가 중앙에서 계획되고, 민족주의적이고,

솜씨 좋고 영리했으며, 공인된 모든 사업 활동에서 국가도 한 파트너로 간주되는 경제 발전이 이루어졌다.

경제 민족주의와 보호무역

다양한 낡은 동인들이 새롭게 이용되었다. 국가에 대한 충성, 동포와의 협력, 민족적 위대성에 대한 욕망은 트라이치케가 지적한 대로 "인류사에서 커다란 두 가지 힘, 어리석음과 죄악의 힘"을 무시한 코브던과의 그의 추종자들이 전혀 생각하지 못한 방식으로 이용되었다. 코브던은 민족주의가 귀족주의적 해악이며 제조업자들은 그러한 해악으로부터 자유로워야 한다고 생각했다. 또 제조업자들은 국가에 많은 것을 요구하지 말아야 하며 반대로 그들이 국가에 주는 것도 없어야 한다고 생각했다. 연합의 장점도 그에게는 별로 매력이 없었다. 맨체스터의 면 방적업자들은 미국 남부 주들에 있는 플랜테이션이나 그들의 원자재를 운송하기 위한 선박을 소유하고 싶은 생각이 없었다. 산업 발전의 후기 단계에 이르러서야 사람들은, 이를테면 미국의 철강 트러스트의 형성에서 일어난 것처럼, 지금까지 서로 구별되어 왔던 종류의 산업들을 연합하는 것이 유용하다는 것을 깨달았다. 산업화를 더 나중에 시작한 독일은 다른 나라들의 이전 경험으로부터 득을 볼 수 있었다. 경쟁적 동인은 민족주의라는 수단을 통해 외국인들을 상대로 외부로 돌려진 반면 내부적으로는 협력의 이점이 국가에 대한 충성심으로 촉진되었다. 충성심은 구식 정서이며 처음에는 군주 개인에게 돌려졌다. 프로이센에서 충성심은 쉽게 국가와 결합했는데 국가가 주권자와 여전히 동일했기 때문이다. 그러나 영국과 미국에서는 혁명과 공화주의로 이것이 불가능했다. 충성심이라는 이 동기는 유능하고 정직한 관료제를 창출하는 데 특히 중요했고, 그러한 관료제가 없었다면 독일의 경제 발전은 지금과 같은 모습을 띠지 못했을 것이다.

경제 민족주의는 새로운 신조가 아니었다. 그것은 17세기와 마지막 25년을 제외하고 18세기에도 당연시되었다. 최초로 경제 민족주의에 효과적으로 도전한 애덤 스미스는 정작 자신의 책 제목을 『국부론』이라고 지음으로써 경제 민족주의의 영향력을 보여주었다. 그러나 철학적 급진주의자들의 이론으로 이어진 스미스의 이론은 1860년대에 절정에 달한 경제적 세계주의를 낳았다. 자유무역의 반反민족주의적 관점이 보편적이지 않았던 것은 사실이다. 애덤 스미스의 시대에 알렉산더 해밀턴은 구 시각을 여전히 고수해서 그의 「제조업에 대한 보고」를 통해 미국의 산업 부문에 민족주의적 경제 형태를 부여했다. 1825년부터 1832년까지 미국에 살았던 [경제학자] 프리드리히 리스트는 해밀턴의 이념을 흡수했고, 1841년 출간된 『정치경제의 국민적 체계』에서 해밀턴의 이념을 독일인들에게 가르쳤다. 그 당시는 코브던 경향이 너무 강력했다. 리스트조차도 궁극적으로는 자유무역을 믿으면서 '유치산업' 보호만을 옹호할 정도였다. 그러나 비스마르크가 자유주의를 물리치고 민족주의를 승리로 이끌었을 때 사람들은 리스트를 다시 떠올렸고, 그가 1870년대 독일인들이 원하는 것을 옹호하는 이론적 논의를 제공한다는 사실을 깨달았다. 리스트가 중요해진 것은 그가 경제를

---

*   [원주]리스트는 『미국 정치경제 요강』에서 말한다. "정치경제의 구성요소는 (1)개인 경제, (2)국가 경제, (3)인류 경제이다. 애덤 스미스는 개인 경제와 인류 경제는 다루면서……그의 책 제목이 다루겠다고 약속한 부분은 완전히 빠트려버렸다."

민족적 관점에서 바라봤기 때문이다.

그와 거의 비슷한 시기에 일본이 매우 뛰어난 현대 기술로 군사주의와 산업화, 국가에 대한 충성을 결합하고, 사람들의 사고방식과 습관에 독일보다 더 급속한 변화를 초래함으로써 매우 유사한 경제 발전에 착수했다는 것은 흥미롭다.

프로이센과 서구 민주주의와의 차이점은 철도 정책을 비교해 보면 잘 드러난다. 비스마르크는 철도국유화를 보수주의 정책의 일환으로 채택하고 실시했다. 그는 철도가 제국의 소유가 되기를 바랐지만, 강화 조약을 통해 철도가 제국에 귀속된 알자스-로렌 지역을 제외하고는 지방주의로 뜻을 이루지 못했다. 그러나 프로이센에서는 프로이센 정부를 위해 노선을 사들일 수 있었다. 1890년 그가 퇴임할 쯤에 프로이센에는 민간 노선이 극소수만 남아 있었다. 국유화 정책은 프로이센에만 국한되지 않았고 비스마르크의 실각 이후에도 지속되었다. 1909년 독일에는 6만 킬로미터의 철도가 부설되어 있었는데, 그 가운데 소수의 협궤 열차를 제외하고는 단 3,600킬로미터 철도만이 민간 소유였다. 철도 경영은 뛰어났고 철도에서 나온 수익은 세금 부담을 크게 줄여주었다. 철도 관세는 수출을 자극하는 방향으로 책정되었다. 국가는 자연히 군사적 고려에 민감했고, 전략적으로 바람직한 철도는 민간의 자본가 집단과 문제를 논의를 필요 없이 마음대로 건설할 수 있었다.

비스마르크의 관료 사회주의는 어느 정도는 마르크스주의자들의 프롤레타리아 사회주의에 맞선 안전판으로 기획되었다. 철도의 경우에 그 정책은 전적으로 성공적이었다. 클래펌은 다음과 같이 말한다.

철도 직원들에게 강제된 엄격한 군사 규율을 주목해야 한다. 한 독일인은 "우편과 철도는 군대의 유일한 민간 분야다"라고 썼다. 어쨌거나 프로이센에서 우편과 철도의 임원들은 흔히 장군이었다. 그리고 이 두 가지 업무 분야에 "상관이 말할 때 꼿꼿하게 차렷 자세를 취하는 75만 명의 사람이 배치되었다"는 것보다 의미심장한 사실도 별로 없었다. 이러한 사실은 부분적으로는 철도와 우편 업무의 탁월한 업무 방식과 정확성을 설명한다. 그것은 또한 20세기 초반 프랑스와 영국에서 발전하고 있던 철도 노동 운동과 비교하여 독일에서 철도 노동 운동의 철저한 부재에도 책임이 있었다. 프로이센 철도종사자들이 파업에 나서기까지는 패전으로 귀결된 4년간의 전쟁과 정치 혁명이 필요했다.[101]

철도 문제와 마찬가지로 관세 정책에서도 비스마르크는 자유방임 이론을 포기했다. 프로이센은 전통적으로 사실상의 자유무역을 선호했고, 1866년 이전 관세동맹은 높은 관세가 불가결하다고 여긴 오스트리아를 고립시키기기 위해 낮은 관세를 유지했다. 독일은 농업이 우세했고 식량 수출국으로서 자연히 보호무역을 반대했다. 비스마르크는 제국이 수립되고 얼마 동안은 경제 문제에 관심을 두지 않아 원칙적 자유무역론자인 델브뤼크에게 경제 문제를 일임했다.

처음 2년 동안은 모든 게 잘 굴러갔다. 그러나 1873년의 세계적인 경제 위기는 위기들이 언제나 그렇듯이 어디에서나 국지적 원인으로 돌려졌다. 독일에서 많은 사람들은 자유무역이 위기의 주범이라고 생각했다. 그해에 델브뤼크는 철의 관세를 폐지하고 철제품의 관세는 1877년 초에 폐지될 것이라고 발표했다. 그러나 그사이에 불만이 고조되었고, 1876년에 비스마르크는 델브뤼크의 건강이 더 이상 그의 부담스러운 업무를 감당할 수 없다고 결정했다.

산업가들만 보호를 바란 것이 아니었다. 러시아와의 경쟁이 비스마르크가 속한 계급이자 프로이센 군주정의 가장 확고한 지지층인 북동부의 곡물 생산자 융커 계급에게 피해를 주기 시작했다. 그들에게 정부는 특별한 배려를 보여줄 용의가 있었다. 그 결과 1879년 농업과 제조업에 중간 수준의 보호를 제공하는 관세가 실시되었다. 관세는 나중에 비스마르크에 의해 더 올라갔다가 후임 재상카프리비에 의해 살짝 낮춰졌다. 그러나 1902년에는 다시 원자재부문을 제외하고 크게 상승했다. 그러나 그때에도 독일은 영국을제외한 다른 어느 강대국보다 보호주의가 덜한 편이었다.

1904년에 독일이 영국에서 수출되는 주요 제품에 부과한 수입품 관세의 평균 종가세율*은 25퍼센트였다. 이탈리아에서는 27퍼센트, 프랑스는 34퍼센트, 오스트리아는 35퍼센트, 미국은 73퍼센트, 러시아는 131퍼센트였다. 이 수치들은 개략적이다. 그러나 보호 관세의 상대적 강도를 대략 예시해준다.[102]

관세 때문이든 아니든 간에 독일 산업은 1879년부터 1914년까지 꾸준히 빠르게 성장했다. 우선 가장 중요한 분야인 철과 강철부터 살펴보자. 이 산업은 주로 로렌의 철광석과 베스트팔렌의 석

---

* 출고가격 혹은 수입품 등 과세물건의 가격을 기준으로 일정비율의 세율을 부과하는 관세.

탄에 의존했다. 1870년 전쟁 이전에 로렌의 철광석은 프랑스 것이었고, 프랑스는 1860년대에도 여전히 철 생산량에서 독일을 능가했다. 1875년이 되자 독일은 200만 톤의 선철을 생산했고, 프랑스의 생산량은 150만 톤에 못 미쳤다. 그다음 한편으로는 전 세계적인 불황 탓에 또 한편으로는 독일의 철광석이 베세머 공법에 적합하지 않은 까닭에 철강업에 불경기가 찾아왔다. 이 문제는 1879년 새로운 관세 도입과 토머스-길크리스트 공법의 발명으로 치유되었다. 그때부터 독일의 강철 생산은 10년마다 대략 두 배씩 성장했다. 1880년 150만 톤이던 생산량은 1900년에 영국의 생산량을 앞지르면서 1910년에 1,300만 톤까지 증가했다. 독일의 철과 강철, 철제품의 수출액은 1913년 1억 파운드였다. 미국만이 철과 강철 생산에서 전쟁 발발 당시 독일의 생산량을 능가했다.

경쟁하지 않는 거대기업

미국에서처럼 독일에서도 산업이 발전하면서 독점으로 옮겨갔다. 그러나 독일에서는 미국 경제 역사에 생기를 불어넣는 개별 대부호들 간에 흥미진진한 싸움은 벌어지지 않았다. 자유 경쟁에 대한 신념이 부재한 가운데 독점은 예의 바른 협의로 달성되었고, 미국의 시어도어 루스벨트 대통령과 달리 독일 정부는 이를 못마땅하게 여기지 않았다. 1904년 형성된 철강 연합Stahlwerksverband은 실질적으로 철강업 전체를 아우르게 되었고 일례로 크루프 사는 거기에 소속된 여러 회사 중 하나일 뿐이었다. 한편 라인-베스트팔렌 석탄 신디케이트는 독일 석탄 생산량의 절반을 차지했다. 분명히 이 두 거대 조직이 협력한다면 그들의 권력은 사실상 막을 수 없었다. 다른 산업 분야에서는 카르텔이라는 더 느슨한 형태의 연합체가 미국식 모델인 트러스트보다 더 흔했다. 카르텔은 보통 판매가격에 대한 협정 이상은 아니었다.

트러스트나 카르텔 형태의 연합은 일반적인 대규모 생산 경제의 이점 외에도 몇 가지 이점이 있었다. 관세를 이용해 생산자들은 외국 경쟁 제품을 물리치는 것이 가능한 수준까지 내수용의 가격을 올리는 반면 수출용은 싸게 팔았다. 이것이 영국에서 '덤핑'이라고 불리게 되는 관행이었다. 이는 수출 품목이 있는 모든 카르텔의 정규적인 정책에서 공인된 일부였다.

또 다른 이점은 정치 행위와 관련이 있었다. 예를 들어 세계 철강 산업은 전쟁에 대한 공포로 득을 보았고, 1913년 카를 리프크네히트'는 라이벌 국가들이 군비경쟁을 하도록 부추기는 거대 트러스트들의 부패한 권모술수를 폭로해 제국의회를 충격으로 빠트렸다. 거대 연합체들은 이런 일을 다수의 소규모 회사보다 훨씬 효과적으로 할 수 있었다.

염료와 화학제품은 독일이 선도하는 분야였는데, 다른 자연적 이점도 있었지만 주로 다른 나라보다 교육 수준이 높은 덕분이었다. 자연적 이점의 경우, 클래펌이 "독일의 특이한 보물"이라고 부른 미정제 칼륨염의 예를 들 수 있다. 이것은 1861년에 2천 톤밖에 생산되지 않았지만 1911년에는 생산량이 950만 톤까지 증가했다. 화학 비료에서 주로 유용한 황산은 독일에서 1878년에 10만 톤이

---

*   빌헬름 리프크네히트의 아들로 독일 공산당의 전신인 '스파르타쿠스 단'을 창설하는 등 급진적인 사회주의 운동에 투신했다. 1919년 봉기를 일으켰으나 반혁명의용군에게 로자 룩셈부르크와 함께 살해당했다.

약간 넘게 생산되었지만 1907년에는 생산량이 열두 배 이상 증가했다. 화학 산업에 의존하는 염료 수출은 급속히 증가해 1913년에는 수출액이 대략 천만 파운드에 달했다.

전기 산업은 "현대 독일의 단일 최대 위업이었다. 세계 앞에는 새로운 과학적 문제와 경제적 문제들이 놓여 있었다. 이제 산업국가로서의 면모를 완전히 갖춘 독일은 이 문제들을 처리하는 데 세계를 주도했다. 독일은 금세기 초에 전기의 전문적 응용 분야 전역에서도 주도적이었다. 강철 제품과 야금술 부문에서 전기 용광로, 철도의 전력화, 심지어 쟁기를 포함한 영농 기계의 전력 구동, 전기 방전을 통한 대기 질소 고정법 등이 독일에서 발전했다."[103]

전기 산업은 집중의 실례를 보여준다. 경쟁의 시기가 끝난 후 20세기 초에 협정이 이루어졌고 결국에는 지멘스와 아에게, 단 두 기업만 남게 되었다. 이 둘은 더 이상 서로 경쟁하지 않았다.

영국에서는 한 세기에, 미국에서는 50년에 걸쳐 진행된 발전이 독일에서는 10여 년 만에 이뤄졌다. 우리는 앞서 미국에서 궁극적으로 권력이 어떻게 산업가한테서 은행으로 넘어갔는지를 살펴보았다. 독일에서 은행은 현대 산업 발전 거의 초기부터 권력을 쥐고 있었다. 카네기와 록펠러 같은 사람들은 이윤이 어마어마했기 때문에 얼마를 빌리든 갚을 수 있었다. 독일에서 산업가들은 더 작은 보상에 만족했고, 보통은 지속적으로 은행에 부채가 있었다. 특히 도이체방크의 권력은 독일만이 아니라 독일 금융이 침투한 곳이면 어디든 매우 컸다. 도이체방크는 중국부터 페루까지 대부분의 나라에 지사를 두었다. 1893년까지 미국의 노던퍼시픽 철도에 자금을 댔으며, 오스만 제국 철도의 자금줄을 지배했고, 베를린 – 바

그다드 철도 건설 계획에도 관여했다. 시간이 지나면서 도이체방크는 갈수록 독일 정책에 영향력을 행사하게 되었다. 그러나 양자 간 영향은 쌍방향적이었다. 도이체방크가 오스만 제국에 투자한 것은 부분적으로는 오스만 제국이 독일 외교에 중요했기 때문이다. 애국심과 금융은 조화롭게 공존했고, 금권정치 계급의 이해관계는 국가에 충성하면서 추구될 수 있었다.

카르텔의 발전과 거대 은행 권력의 성장과 더불어 경제 감독은 갈수록 중앙으로 집중되었다. 베를린의 오스트리아 영사는 1906년에 공식적으로 이렇게 보고했다.

> 독일 경제는 50명이 될까 말까 한 소수 집단의 절대적 지배에 그 어느 때보다도 전적으로 좌우된다. 생산 규모, 해외 판매, 가격, 신용 대부, 새로운 자본 확충, 임금과 이자율 고정에 관한 중대 결정이 대규모 은행, 거대한 산업 기업체, 거대 카르텔의 수장인 소수의 손에 맡겨진 1906년처럼, "여러 힘들의 자유로운 작용"이라는 오랜 공식이 그렇게 철저하게 포기된 적은 산업 팽창의 이전 어느 시기에도 없었다. 산업의 급속한 성장에 따른 가장 큰 몫은 이러한 이해관계의 거대 연합체 수중으로 들어갔고, 그들의 이득은 산업이 신디케이트에 의해 지배될수록 더욱 커졌다.[104]

이 보고서가 작성되었을 당시 집중화 과정은 1914년만큼 그렇게 심하게 진행되지 않았다. 그리고 세계대전 이후 집중화는 더 심화되었다. 정치적 조치로 제어되지 않는 한 독일의 모든 경제 권력이 단 한 사람의 손에 집중되기 전에 집중화 과정이 멈출 것이라고 볼 만한 근거는 없다. 심지어 이제 그러한 단계에 도달했다는 주장도 있는데, 그 한 사람이란 철강 트러스트의 수장인 프리츠 티센*이고 히틀러는 그의 의사를 전달하는 확성기일 뿐이라고 한다.

누적되는 모순과 노동계급의 성장

금세기 독일에서 대규모 산업의 초현대적인 발전은 비스마르크가 권력을 잡았을 때도 여전히 존재했던 중세주의의 잔존과 기이한 대조를 이룬다. 길드는 1848년에도 여전히 존재하고 있었고 혁명운동은 길드를 일소하려고 했다. 그러나 이듬해 반동은 길드를 부활시켰다. 1849년에 제정된 프로이센 법률은 다른 여러 가지 가운데 숙련 장인이 생산하는 상품은 오로지 자격을 갖춘 해당 직업 분야의 장인이 소유한 상점에서만 판매할 수 있다고 규정했다. 메클렌부르크에서는 1869년까지 "오래된 제분소가 제분의 독점적 권리를 보유했다. 메클렌부르크 공국의 도시들은 시골의 선술집이 2마일 이내의 지역에서만 맥주를 구입하고 세례식과 결혼식, 장례식에서 마시는 맥주는 가장 가까운 도시에서만 사도록 강제하는 한편, 시 당국은 개인의 양조를 금지할 수 있었다."[105]

독일에서 가장 후진적 지역은 엘베 강 동쪽, 융커들이 대 영지를 소유하고 있는 프로이센이었고 융커들은 정치적으로 가장 영향력 있는 계급이었다. 비록 농노제는 폐지되었지만 그 폐지와 동시에 1810년 '하인 조례'가 뒤따랐는데 이것은 일반적 의미의 하인만이 아니라 고용주의 영지에서 살아가며 영구적으로 고용된 모든

---

* 중공업 콘체른 티센 사의 회장으로 산업계의 이해관계를 대변하며 나치와 긴밀한 관계를 이어갔지만 이 글이 쓰인 이후 사이가 벌어져 1941년부터 종전까지 강제수용소에 구금되었다.

노동자에게도 적용되었다. 이 조례에 의해 "노동자들은 무제한적 강제와 별로 다르지 않을 만큼 주인의 말에 복종해야 했다. 노동 계약을 취소할 수 있는 권리는 아주 제한되어 있어서 그런 권리가 존재한다고 할 수 없을 지경이었다. 게다가 1854년 4월 24일 법으로, 어떤 상황에서도 집단적으로 파업하는 것이 명시적으로 금지되고 파업 참가자들은 투옥을 각오해야 했다. 따라서 사실상 농노제란 이름은 더 이상 사용되지 않지만 이러한 상태는 내용상으로, 또 실질적으로 존속했다."[106] 이 조례는 세계대전 때까지 동부에서 계속 실시되었다.

역시 그때까지 계속 유효했던 1854년 법에 의해 "고용주나 감독자의 명령에 불복종하거나 반항한 하인이나 법적 근거 없이 일을 거부하거나 그만둔 사람은 고용주가 신청하면 그들을 해고하거나 고용을 유지하는 고용주의 권리에 대한 편견 없이 독립적 판단에 따라 5탈러(15실링) 이하의 벌금을 물거나 최대 3일까지 구금될 수 있다."[107] 그리고 그러한 사건들을 담당하는 치안판사들은 고용주 자신이거나 그들의 친구였다는 것을 기억해야 한다.

이러한 상황에서 농업 기반의 동부 인구가 줄어드는 것은 당연했다. 군 복무가 끝난 남자들은 반半예속 상태로 돌아가길 거부했고 산업계에서 일자리를 찾았다. 농촌의 노동력 부족이 갈수록 심각해졌고, 하루 12시간 작업에 1실링 6펜스를 받는 계약을 맺고 일하는 러시아와 폴란드계 오스트리아인들의 대규모 계절적 노동 이민만으로 겨우 충족될 수 있었다.

1849년부터 1910년까지 독일의 농촌 인구는 거의 정체되어 있었지만 도시 인구는 4배로 증가했다. 1871년 독일 제국의 전체 인구 가운데 1/3이 약간 넘는 수만이 인구 2,000명 이상의 도시에 거주했지만 1910년에 도시 인구 비율은 3/5으로 증가했다. 도시가 단순히 성장했을 뿐만 아니라 대도시들이 가장 빠르게 성장했고, 그곳에서 다른 어느 곳보다 현대적 생활방식을 향한 급속한 변화가 두드러졌다. 이는 출생률의 변화에서 찾아볼 수 있을 것 같다. 1876년 독일 전체의 출생률은 (1,000명당) 41명이었던 반면 베를린은 그보다 더 높은 45.4명이었다. 그러나 이후 출생률은 떨어져서 1905년에 독일 전체 출생률은 33명이었고 베를린은 27.1명인 런던의 출생률과 비교해 24.6명을 기록했다.[108] 1904년 이래로 독일 전역에서 출생률은 빠르게 떨어지고 있다.

독일의 산업화는 사회주의와 노동조합의 성장을 가져왔다. 노동계급에게 확실하게 호소한 첫 운동은 라살레가 생애 마지막 두 해(1862~1864)에 이끈 것이었다. 그는 협동 생산으로 자본가 계급을 제거하는 것을 목표로 삼았고 그러한 계획을 향한 첫 단계는 남성보통선거권이라고 생각했다. 그는 비스마르크와의 면담에서 이 수단을 옹호했고, 라살레가 자신의 정적인 자유주의자들에 맞설 도구라고 본 비스마르크는 그를 "지금까지 만나본 사람 가운데 가장 영리하고 마음에 드는 사람"이라고 말했다. 비스마르크와 라살레는 기질적 친연성이 있었고, 재상은 1867년에 보여준 대로 남성보통선거에 이의가 없었으며 라살레의 다소 귀족적인 사회주의에 대한 공감이 없지 않았다. 그러나 라살레가 죽은 후 노동계급 운동은 마르크스의 영향을 더 많이 받게 되어, 그 결과 1869년 베벨과 빌헬름 리프크네히트에 의해 독일 사민당이 창립되었다. 사민당은 당대의 애국적 열광을 공유하지 않았고, 사민당 소속 제국의원 두 명은 1871년 알자스 – 로렌 합병에 반대표를 던졌다. 사민당은 첫 20년 동안 전폭적으로 마르크스주의적 성격을 띠었기에 신과 조국에 반대한다고 심하게 공격받았다. 그러나 그러한 공격에도 불구하고 사민당은 빠르게 성장했다.

1878년 비스마르크는 두 차례의 황제 암살 시도를 빌미로 (사회주의자들은 전혀 연루되지 않았음에도 불구하고) 사회주의를 다양한 형태로 처벌할 수 있는 법안을 통과시켰다. 이 법은 1890년까지 실시되었으며, 그동안 재상은 질병, 사고, 노년에 대비한 사회보장조치를 통해 임금노동자를 회유하려고 했다. 비스마르크가 도입한 사회보장제도는 로이드 조지*의 사회보장법의 본보기가 되었다. 다수의 교수들이 자칭 국가 사회주의, 그 적들이 카테더조치알리스무스(Katedersozialismus, 강단사회주의)라고 부르는 이론을 발명했다. 이 이론은 사회주의에서 좋은 점은 취하고 나쁜 점은 거부한 것으로, 비스마르크의 국정 운영 방침을 대변한다고 여겨졌다. 그들이 보기에 사회주의에서 나쁜 점은 무신론, 공화주의, 국제주의, 부자들이 정당하게 번 것을 빼앗고 권력을 프롤레타리아에게 넘기려는 욕망이었다. 사회주의에서 좋은 점은 국가의 행위가 국민의 효율성을 촉진할 수 있다는 것이었다. 또 사람은 일반적으로 가난한 임금노동자에게 친절해야 한다. 주식거래소의 많은 사람들, 특히 유대인들은 파렴치한 방법으로 투기를 하기 때문에 이를 저지해야 한다. 이 마지막 논점은 반자본주의를 반유대주의로 전환하려는 기독교 사회주의자들이 더욱 강조해서 채택한 입장이었다. 이 모든 신조들은

---

* 제1차 세계대전 중 영국 수상을 역임했으며, 베르사유 조약을 체결하였다.

결실을 맺었지만 어떤 의미에서는 결실을 보지 못했다.

비스마르크의 회유나 위협 어느 쪽도 사회민주주의의 성장을 막지는 못했다. 그리고 전후 기준에서 볼 때 당시 사회주의에 대한 탄압은 다소 온건했다는 것을 말해야겠다. 사민당은 여전히 제국의회 의원으로 선출되는 것이 허용되었고, 1880년에는 지금까지의 '모든 합법적 수단'이 아니라 '모든 수단'을 동원해 공산주의 수립을 추구한다는 강령에 투표한 당대회를 개최하는 것도 허락되었다. 1890년 배제법(반사회주의자법)의 시효가 소멸되기 직전, 142만 7천 명의 유권자들은 제국의회 선거에서 사민당에 투표했다. 새로운 시대를 여는 사람으로 자처한 빌헬름 2세는 이 법률을 갱신하지 않았다. 그러나 온건책 역시 사회주의를 막는 방법으로 강경책만큼 비효과적인 것으로 드러났다. 전쟁 발발 당시 임기 중이었던 1912년 제국의회 의원 397명 가운데 112명이 사민당 소속이었다. 1911년 제국의회 선거에서 총 투표수의 1/3이 넘는 425만 명의 유권자들이 사민당에 표를 던졌다. 이 수치는 이전 1907년 제국의회 선거에서 사민당의 득표수와 비교할 때 거의 100만 표 가까이 증가한 것이었다. 이 선거는 정부가 겁을 먹고 뭔가 격변을 일으킬 만한 대대적인 조치가 필요하다고 생각하게 만든 일 가운데 하나였다.

전쟁 직전 시기 특징적인 급속한 발전은 노동조합의 성장에서 매우 뚜렷하게 드러난다. 독일에서 노동조합은 처음부터 정치와 연관되어 있었다. 사민주의 계열 노동조합, 자유주의 계열 노동조합, 기독교 계열 노동조합이 혼재했다. 실질적으로 사민주의 계열 노동조합만이 진정한 노동운동으로 간주될 수 있었다. 20세기가 되기 전까지 노동조합은 미약했다. 1895년에 각종 노동조합원은 26만

9천 명에 불과했다. 그러나 조합원수는 1902년에 100만 명, 1906년에 200만 명, 1909년에 300만 명에 달했다. 그 300만 명 가운데 5/6이 사회주의 노동조합 소속이었다.

노동조합의 성장은 사민당의 성격 변화와 일치한다. 원래 사민당은 자본주의 체제의 혁명적 전복을 꿈꾸며, 경직적인 마르크스주의를 따라서 영국 노동조합을 지배한 개량주의적 수단을 경시하는 경향이 있었다. 그러나 독일의 놀라운 번영의 효과가 어느 정도까지는 노동계급에게 침투했다. 임금은 오르고 혁명은 요원해보였다. 따지고 보면 조국의 성공에 기뻐하지 않기란 힘들었다. 사민당 강령의 더 비타협적인 요소들은 '수정주의자'라고 불린 이들에 의해 적당히 완화되었는데 수정주의 분파의 거두인 베른슈타인은 영국에서 산 적이 있었고 영국 노동운동의 온건성에 깊은 인상을 받았다. 베벨과 다른 원로들의 반대에도 불구하고 수정주의는 당 내부 투쟁에서 결국 승리하여 사민당은 사실상 자유주의 개혁 정당과 다름없어졌다. 그럼에도 불구하고 오래된 버릇 탓에 황제와 융커 계급은 사회주의자가 집권한다는 생각에 공포에 떨었다.

사회주의의 성장은 산업의 성장으로 야기된 여러 문제 가운데 하나일 뿐이었다. 또 다른 문제는 식량 문제였다. 1871년에 독일은 여전히 수출을 할 만큼 잉여 식량이 있었지만 인구의 성장으로 1874년이 되자 상황은 역전되었다. 물론 비스마르크가 실각하는 1890년까지는 식량 문제가 그렇게 심각한 수준은 아니었다. 비스마르크의 후임 카프리비는 1879년 이후 크게 높아진 곡물 관세(예를 들어, 밀과 호밀에 대한 관세는 톤당 10실링에서 1885년 30실링으로, 1887년 50실링으로 높아졌다)를 낮췄다. 농업에 대한 보호는 산업가들만 싫어한 것이 아니라 식량 가격 상승으로 자연히 사민주의의 확산을 촉진할 수밖에 없었다.

그러나 카프리비의 정책은 1902년 뷜로의 관세 정책으로 뒤집어졌는데 뷜로는 이전 관세를 부활시켰을 뿐 아니라 높이기까지 했다. 관세와 고도로 과학적인 농업의 결합으로 독일은 전쟁 몇 년 전에 1900년보다 자급자족 수준에 더 근접했다. 1911~1912년에 독일 밀 소비량의 1/3이 수입되었지만 실제로 호밀의 경우(독일에서는 밀보다 더 중요한 곡물이었다) 적지만 무역 수지 흑자가 존재했다. 식량에 대한 관세의 주요 목적은 정치적으로 영향력 있는 융커들을 뒷받침하는 것 외에도 전쟁 시 독일이 식량을 자급할 수 있게 하는 것이었다. 실제로 시험대에 올랐을 때 외국 식량 공급원에 대한 의존도는 생각보다 훨씬 컸고, 특히 지방脂肪의 경우가 심각했다. 식량은 쉽게 해결할 수 있는 문제가 아니었다. 고관세는 사회주의자들을 양산할 것이다. 그러나 외국 식량 공급원은 만약 성공적인 전쟁이 가능하기만 하다면 영국 해군에 대한 도전을 불가피하게 만들었다. 채택된 타협책은 두 가지 경로의 나쁜 점만 결합한 꼴이었다.

1871년부터 1914년까지 독일의 경제 발전은 이전까지 어느 국민도 보여준 적 없는 집단적 에너지와 능력을 보여주었다. 독일인은 프랑스인이나 영국인, 미국인보다 교육을 더 잘 받았다. 독일에는 각종 전문 기술자들이 다른 곳보다 더 많았다. 또 가장 필요한 곳에 전문적 기술을 재빨리 배치하는 조직도 존재했다. 그러나 독일의 발전을 가져온 장점들이 감탄할 만하기는 하나 발전을 불안정하게 만드는 요인들도 존재했다. 생활 방식에서 갑작스러운 변화—다수의 임금노동자들의 경우 동프로이센의 농업적 예속에서 현대 산업의 상대적 해방으로, 사업가 집단의 경우 체통을 지키는 전통적인 빈곤에서 갑작스럽고 위태로운 사치로, 독실한 루터파 경건성으로 지금까지 소박했던 무수한 가족들에 찾아온 금권정치적인 베를린의 각종 자유까지—는 너무 빨리, 너무 압도적으로 일어나 적절하게 소화할 수 없었다. 그 결과는 드물지 않은 일이지만 일종의 히스테릭한 도취, 나폴레옹의 몰락을 초래한 것과 같은 권력의 무한한 가능성에 대한 믿음이었다. 그리고 권력자들 앞에는 두 가지 적대적인 유령이 존재했다. 사회주의와 외국 식량의 필요라는 유령이. 시스템은 성공적이었지만 계속 갈 수는 없었다. 모종의 폭발이 필요했다.

31

제국주의

A | 아프리카 분할

나폴레옹 전쟁 시기 동안 잉글랜드 북부와 [스코틀랜드] 클라이드에만 존재했던 새로운 형태의 경제 조직은 앞서 본 대로 서유럽과 북아메리카 전역으로 퍼져나갔고, 2세기 안에—독일과 미국에서—영국에서 달성된 것보다 더 선진적인 단계에 도달했다. 더욱이 새로운 경제 체제의 팽창하는 힘은 백인이 거주하는 곳에 국한되지 않고 급속하게 아시아와 아프리카 전역으로 확산되었다. 후진적 사회와의 접촉은 다소 그 성격을 변화시켰다. 정복이 자본주의 침투의 필수 예비단계인 곳에서는 정부의 지원이 필요했다. 또한편으로는 유색인종, 특히 아프리카인들의 경우, 백인과 동질적인 나라들에서 정치적으로 가능한 최악의 수준보다도 더 무자비한 착취가 가능했다. 현대 경제기술은 제국주의에 새로운 성격을 부여했고 제국주의는 다시 산업주의에 새로운 정치적 복잡성을 부여했다.

제국주의는 산업시대가 시작되었을 때 이미 오랜 역사를 지녔다. 고대를 무시한다면 근대적 제국주의의 기원은 에스파냐와 포르투갈의 동력을 각각 서인도제도와 동인도로 인도한 크리스토퍼 콜럼버스와 바스쿠 다 가마로 거슬러 올라갈 수 있다. 모험에 대한 사랑과 황금에 대한 갈망은 모험가들과 불한당들을 잉카 제국과 무굴 제국의 궁정으로 이끌었다. 그러나 교황이 에스파냐와 포르투갈에 하사한 새로운 땅에 대한 독점권을 영국과 네덜란드, 프랑스는 인정하지 않았고, 그들은 모두 넓은 제국을 획득했다. 여러 전쟁의 결과 영국은 동인도에서 우위를 차지하게 된 반면, 아메리카 대륙은 1824년 이후 제국주의의 각축장에서 벗어났다. 그때부터 대략 1880년까지 영국은 본국에서 멀리 떨어진 곳에 커다란 제국을 소유한 유일한 나라였다. 그러나 영국은 자유무역주의의 영향 아래 식민지 획득에 점차 무관심해졌다. 앞서 본 대로 벤담은 식민지를 쓸모없는 낭비로 보았으며, 시간이 지나면서 그의 시각은 정부의 시각이 되었다. 1850년 오렌지 강*이 병합되었을 때 추밀원은 "아무리 작다고 할지라도 아프리카 대륙에서 기존 영국의 영토에 영구적이거나 임시적인 추가 합병은 더 이상 없어야 한다"고 촉구했다. 1886년까지 영국 정부의 전반적 정책은 제국의 확장을 반대했지만 내각은 거듭 상황에 떠밀려 행동에 나설 수밖에 없었다.

변화의 첫 신호는 1874년부터 1880년까지 디즈레일리 정권에서 나타났다. 디즈레일리는 동방을 사랑했고 인도 제국의 휘황찬란

---

* 남아프리카 공화국과 나미비아를 가르는 강.

한 영화를 즐겼다. 빅토리아 여왕은 무척 흐뭇해하며 수상으로부터 인도 여황제라는 칭호를 수락했다. 근동(특히 팔레스타인 인근 지역)은 언제나 디즈레일리를 매혹했다. 그는 1878년 베를린 회의에서 오스만 제국을 지지했고 이집트 문제에서 발언권을 얻어 흡족했다. 그는 금융과 정치를 하나로 엮는 데 상당한 능력을 보여주었다. 오스만 제국이 영국인 주주들에게 배당금을 지불하지 못하자 오스만 정부로부터 오스만 제국에 연공을 바치는 키프로스를 임차했다. 거기서 받은 조공을 술탄을 대신해 술탄의 영국인 채권자들에게 직접 지불했다. 케디브*가 사치가 심해 수에즈 운하의 주식을 매각해야 했을 때 디즈레일리는 영국 정부를 대신해 주식을 매입했다. 글래드스턴은 강력한 도덕적 열정에 사로잡혀, 지금의 우리에게는 충격적이랄 것도 없지만 당대인들에게는 경악스러운 만행을 저지르면서 "공포를 실컷 들이킨" 그 "입에 담기도 힘든 튀르크인"을 지원했다고 디즈레일리를 맹비난했다. 그럼에도 1880년에 정작 자신이 수상이 되었을 때, 글래드스턴은 특히 이집트와 관련하여 전임자의 정책을 어느 정도 시행하고 발전시킬 수밖에 없다는 사실을 깨달았다.

1882년 글래드스턴 정부의 이집트 점령에는 두 가지 동기가 있었는데, 수에즈 운하와 채권소유자들이었다. 둘 다 그해에 민족주의 반란으로 위협을 받았고, 영국 정부는 케디브의 이해관계에 따라 반란을 진압했다. 이 이해관계 때문에—그들은 그렇게 생각했다—그들은 부득이 이집트에 계속 머무르며 케디브에게 국가

---

*   오스만 제국의 이집트를 다스리던 세습 총독의 칭호.

를 통치하는 법을 가르쳐야만 했다. 그리고 영국의 영향 아래서 이 집트가 이전보다 더 훌륭하게 통치되었다는 사실은 누구도 부정할 수 없었다. 프랑스의 알제리 점령(1830)과 튀니지 점령(1881)에도 같은 이야기를 할 수 있을 듯하다. 이 경우들에서 제국주의는 최선 의 제국주의다. 비록 그것을 자극한 의심스러운 동기들에도 불구하 고 그 효과는 전체적으로 긍정적이었다.

1884년부터 서구 열강은 아프리카 쟁탈전으로 알려진 일에 뛰어들었다. 두 나라가 서로 경쟁하게 될 때마다 한쪽이 영토상 이 익을 얻으면 다른 쪽도 그에 상응하는 영토적 이익을 얻어 균형 을 맞춰야 한다는 것이 외교 게임의 공인된 원칙이 되었고, 그 결 과 1912년이 되자 흑인 국가 라이베리아와 기독교 국가 아비시니 아(현재의 에티오피아) 왕국을 제외하고—전자는 작고 미국과 이해 관계가 얽혀 있었기 때문에, 후자는 이탈리아인에게 살벌한 패배를 안겼기 때문에—아프리카 전역이 서구 열강에 분할되었다. 아프리 카의 분할은 외교적 수단으로 이루어졌지만 세계대전을 야기하는 데 적잖이 일조한 적대감을 초래했다.

B │ 콩고

노예무역이 폐지되고 노예가 해방되자 흑인 노동력을 착취하는 가장 쉬운 길은 흑인이 사는 곳을 점령하는 것이었고, 마침 그곳에는 귀중한 원자재들도 다양하게 존재했다. 가장 큰 동기이긴 해도 탐욕 역시 아프리카 제국주의의 여러 동기 가운데 하나일 뿐이다. 그러나 콩고 '자유'국의 경우에는 그것만이 유일한 동기였던 것 같다. 일부 철학적 급진주의자들은 올바르게 파악된 금전적 이해타산이 유용한 활동의 적절한 동기가 되어야 한다고 생각했다. 콩고의 예는 이 이론을 시험할 좋은 무대를 제공할 것이다.

콩고 강은 러시아를 뺀 유럽대륙만큼 넓은 구역에서 물이 흘러나가는 방대한 강으로, 어두운 숲을 관통하고 거의 전적으로 미개인들이 살고 있는 영역을 통과한다. 비록 하구는 오래전부터 알려졌지만 상류 지역은 1871년, 모험에 대한 사랑과 아프리카인을 기독교로 개종시키려는 열망을 똑같이 결합한, 고결하기 그지없는 리빙스턴 박사에 의해 발견되었다. 탕가니카 호 우지지에서 그를 발견한 스탠리는 복음보다는 기독교 문명의 다른 측면에 관심이 많았다. 그의 첫 여행은 뉴욕 헤럴드 신문의 지원을 받았고, 추후의 여행들은 스탠리가 언제나 최고의 찬사를 보낸 벨기에 국왕 레오폴드가 비용을 대고 그의 이해관계에 따라 이루어졌다.

레오폴드 국왕은 빅토리아 여왕이 재위 초기에 중시한 조언들을 아끼지 않은 레오폴드 삼촌의 아들이었다. 게다가 그는 H. H. 존스턴 경이 표현한 대로 "루이 필리프의 손자, 오스트리아 대공녀의 남편, 독실한 가톨릭교도, 갑부"였다. 그는 특히 아프리카에서 과학 연구를 장려했고 선교 사업을 후원했다. 아프리카 분할을 위해 열린 1884년 베를린 회의는 이 고매한 군주에게 대략 100만 제곱마일에 걸쳐 있으며 콩고 분지의 상당 부분을 포함하는 영토의 통치를 개인적으로 위임하기로 결정했다. 그는 외교관들에게 존경을 받았고, 여행가들의 찬사를 받았으며, 일반적으로는 흑인들에 대한 태도 덕분에 박애주의자의 모범이라 여겨졌다. 1906년 수면병 예방을 위한 과학 연구에 12만 파운드를 기부하면서 그는 다음과 같이 선언했다.

주님께서 내 소망을 들어주신다면(수면병 정복) 나는 그분의 심판 자리 앞에 금세기 가장 훌륭한 업적을 이룬 사람으로 설 수 있을 것이며, 내가 구해낸 수많은 사람들은 내게 그분의 은총을 빌 것이다.[109]

콩고를 떠맡게 되었을 때 레오폴드 국왕은 자신의 목적은 순전히 박애주의적이라고 천명했다. 영국에서 그를 위한 선전 활동을 한 스탠리는 그가 흑인을 얼마나 사랑하는지를 설명하고 "콩고 통치에는 아무런 보상도 돌아오지 않기 때문에" 영국인들이 "슬픈 낯빛의 어두운 아프리카 대륙 한가운데서 문명의 영향력을 확대하려고 하는 이 열정적이고 쉼 없이 활력을 불어넣는 하해와도 같은 마음을 제대로 이해하지 못할까 봐" 우려했다. 일찍이 1876년에 "탐험되지 않은 아프리카에 유럽인을 정착시키고 문명을 전파하기 위한 탐험을 고무하는" 문제를 논의하는 회의에서 레오폴드 국왕으로부터 지원을 요청받은 영국 왕세자(훗날 에드워드 7세)는 유일한 동기가 자선사업이라는 말을 들었을 때 미심쩍어했다. 그는 바틀

프리어*에게 이렇게 썼다.

> 문제는 금전을 대변하는 대중이 그가 하는 대로 동일한 대의를 추구할지입니다. 자선사업은 물론 아무런 문제가 없지만 그것이 비현실적이고 또 실질적인 성과를 내놓지 못한다면 영국 대중에게 그다지 호의를 얻지 못할 것입니다.[110]

그러나 자선사업에 대한 레오폴드의 강조는 그에게 쓸모가 있었다. 다른 강대국은 금전적 보상의 희망 없이 비용만 많이 들어가는 것으로 묘사된 사업에 별다른 열의를 보이지 않았고, 레오폴드가 모든 비용을 부담하겠다고 나섰을 때 종교와 무역, 언론의 자유 등을 보장하는 조건으로 그 짐(그들은 그렇게 생각했다)을 떠맡도록 허락했다.

피로 물든 고무 무역

아랍 노예 사냥꾼들을 단속해 세계의 인정을 얻은 후, 자선사업가 국왕은 자신의 영토에 평화로운 통치를 도입하는 일에 착수했다. 철저하게 최신식이었던 그는 그때까지 존재한 가장 철저한 국가사회주의 체제를 수립했다. 그리고 매우 현대적인 견해에 뜻을 같이해서 사회주의에 민주주의 같은 허튼 수작은 용납해서는 안 된다고 생각했던 것 같다. 그는 콩고의 모든 땅과 고무와 상아는 국가, 즉 자신의 소유라는 칙령을 발효했다. 원주민들이 고무나 상아

---

* 봄베이와 남아프리카 총독을 지냈다.

를 유럽인들에게 팔거나 유럽인들이 원주민들로부터 구입하는 것은 불법이 되었다. 그다음 그는 관리들에게 비밀 회람을 발송해 "숲에서 나는 산물을 착취할 수 있는 모든 수단을 강구"하고 채취된 상아와 고무에 따라 보너스를 지급하는데, 채취 비용이 적으면 보너스가 늘어나고 비용이 많이 들어가면 보너스가 줄어들 것이라고 설명했다. 예를 들어, 비용이 킬로그램당 30상팀 이하이면 관리는 킬로그램당 15상팀의 보너스를 받는다. 반면 비용이 킬로그램당 70상팀 이상이면 관리는 4상팀의 보너스만 받게 된다. 재정적 결과는 더 바랄 나위가 없었다. 콩고의 일부는 국왕의 직속 영지였고, 일부는 그가 대주주로 있는 회사에 속해 있었다. 콩고 강 북부 지역을 착취한 앙베르수아즈 신탁회사의 예를 들어보자. 국가가 절반을 부담한 회사의 불입 자본금은 1만 파운드였고, 다음 6년간 순이익은 37만 파운드였다. 또 다른 회사는 불입 자본금 4만 200파운드에 4년간 73만 1,680파운드의 순이익을 거두었다. 주식의 원래 가치—국왕은 절반을 보유했다—는 250프랑이었지만 1906년에는 16만 프랑까지 치솟았다. 국왕의 사적 영지로 지정된 방대한 지역의 이익이 어느 정도였는지 파악하기는 더 어렵지만 캐티어 교수에 따르면 연간 30만 파운드에 달하는 것으로 추정되었다.[111]

이 막대한 이익을 쌓은 방법은 매우 간단했다. 마을마다 일정량의 고무—생계를 위한 일은 완전히 포기해야만 채취해서 가져올 수 있는 최대치—를 채취해 가져오라는 명령이 내려왔다. 만약 주민들이 할당량을 채우지 못하면 여자들을 데려가 수용소나 정부 관리의 하렘에 인질로 가뒀다. 이 방법도 통하지 않으면 다수가 식인을 하는 원주민 병사들을 마을로 보냈다. 병사들은 필요하다면 일부 남자들을 죽이며 주민들을 공포의 도가니로 몰아넣었다. 그러나 탄약의 낭비를 막고자 병사들에게 탄약을 하나씩 쏠 때마다 희생자의 오른팔을 잘라오도록 시켰다. 만약 빗맞히거나 큰 짐승을 사냥하는 데 탄약을 써버리면 병사들은 숫자를 맞추기 위해 산 사람의 팔을 잘라왔다. 그 결과 공정한 출처로부터 확인한 해리 존스턴의 추정에 따르면 15년 사이에 원주민 인구는 2,000만 명에서 900만 명이 채 못 미치는 수준으로 급감했다.[112] 수면병이 이 인구 감소의 일부 원인인 것은 사실이지만, 수면병의 확산은 레오폴드 국왕이 이 질병의 숙주를 영토 끝에서 끝까지 이동시켜서 크게 가속화되었다.

　자본가 국왕에게 커다란 이익을 안겨준 대규모의 체계적 살인을 비밀로 유지하기 위해 엄청난 노력이 들어갔다. 관리들과 하급 재판소는 국왕한테서 돈을 받고 그의 처분을 따랐고, 민간 무역업자들은 배제되었으며, 가톨릭 선교사들은 그의 독실함 때문에 침묵할 수밖에 없었다. 벨기에는 체계적으로 부패해 있었고, 벨기에 정부는 상당 정도 국왕의 공범이었다. 폭로하겠다고 위협한 사람들은 매수되거나 매수가 불가능하면 소리 소문 없이 사라졌다. 콩고에서 입을 막을 수 없는 유일한 사람들은 프로테스탄트 선교사들이었고, 자연스러운 일이지만 그들 대부분은 국왕이 그의 이름으로 자행되는 이런 행위들을 모르고 있다고 생각했다. 한 가지 실례만 들자면 미국 침례교 선교연합회의 조지프 클라크는 1896년 3월 25일에 이렇게 썼다.

　　이 고무 무역은 피로 물들어 있으며 만약 원주민들이 들고 일어나 콩고 강 상류의 백인들을 하나도 남김없이 영원히 쓸어버린다고 해도 그들의 대차대조표는 여전히 무시무시할 정도로 수지가 맞지 않을 것입니다. 영향력 있는 미국 인사가 벨기에 국왕을 만나서 그의 이름으로 무슨 일이 자행되고 있는지 알릴 수 없을까요? 탕가니카 호수는 국왕 소유이며—다른 무역상들에게는 접근이 허락되지 않습니다—그를 위해 고무를 채취하기 위해 수백 명의 남녀와 아이들이 총살당했습니다.[113]

다윗과 골리앗의 싸움

그러나 선교사들이 사태를 과장하거나 열병과 고독으로 잔인하게 변해버린 몇몇 관리들의 단발적 사례에 불과하다고 짐작하기 십상이었다. 금전적 이득을 위해 그러한 시스템 전체를 국왕이 의도적으로 조장했다고는 도저히 믿기 힘들었다. 한 사람, 바로 E. D. 모렐이 없었다면 진실은 오랫동안 드러나지 않았을 것이다. 기행으로 오점을 남긴 적도 없고, 아프리카에 정통했으며 처음에는 레오폴드 국왕을 신뢰했던 해리 존스턴은 문명 세계 전역의 비판을 틀어막는 데 국왕의 영향력을 묘사한 후 이렇게 말한다.

레오폴드 국왕의 사업 파트너 가운데 하나인 어느 리버풀 해운회사의 가난한 직원이었던 다윗이 이 골리앗을 물리친 이야기보다 더 낭만적인—그와 동시에 후대에 이보다 더 믿기 힘든—이야기도 별로 없을 것이다.

선적 사무원—E. D. 모렐—은 불어를 할 줄 알았기 때문에 증기선 운임과 승객 숙소의 세부 사항, 화물 운임을 콩고 관리들과 논의하기 위해 앤트워프를 비롯한 벨기에 곳곳으로 파견되었다. 그는 업무를 수행하면서 콩고 실정失政의 소름끼치는 사실들을 어느 정도 알게 되었다. 그는 상사들에게 이러한 이야기들과 그것이 사실임을 확인하는 내용을 전달했고, 그 결과 해고당했다.

그는 무일푼이었지만 영국 언론과 영국 출판사를 통해 글로 콩고의 상황을 세계에 알리는 일에 착수했다.[114]

그날부터 죽을 때까지 모렐은 끊임없는 싸움에, 처음에는 콩고의 잔학상에 맞서, 그다음에는 모로코에서의 비밀외교에 맞서, 또 그다음에는 세계대전의 원인에 대한 일방적 시각에 맞서, 마지막으로 베르사유 조약의 부당성에 맞서는 싸움에 관여했다.* 그의 첫 투쟁은 엄청난 어려움을 겪은 후 성공을 거두었고, 그는 사회 각계각층에서 존경을 얻었다. 독일에 대한 정의를 요구하는 그의 두 번째이자 더 큰 싸움은 열정적이고 사심 없는 태도 때문에 그를 사랑한 사람들을 격려한 것을 제외하고는 오명과 건강 악화, 죽음만을 가져왔다. 내가 아는 어떤 사람도 정치적 진실을 추구하고 알리는 데 그처럼 영웅적인 단순성을 보여준 사람은 없다.

콩고 개혁 운동에서 모렐이 부닥친 난관들은 대부분의 사람들은 도저히 맞설 수 없다고 여길 만한 것들이었다. 레오폴드의 막대한 이익에 자극 받은 프랑스는 프랑스령 콩고에 아주 유사한 시스템을 수립하여 똑같은 결과를 얻어내고 있었다. 따라서 그들은 레오폴드 국왕의 경제적 수단의 불가피한 결과를 세상에 딱히 알리

---

* 모렐은 프랑스와 독일이 모로코의 지배권을 두고 갈등을 빚은 모로코 위기와 1차 세계대전의 원인, 이후 패전국 독일에 대한 처리에서 지속적으로 독일에 우호적인 시각을 견지했다.

고 싶지 않았다. 영국 외교부는 외교상의 이유로 프랑스와 벨기에와의 우호관계가 필요했기에 이러한 이야기를 극히 꺼려했고, 처음에는 모렐과 선교사들의 고발 내용을 확인하는 영사들의 보고서도 은폐했다. 가톨릭교회—모렐에 따르면 바티칸의 명령에 따라 행동한—는 콩고 개혁을 위한 운동 전체가 프로테스탄트 선교사들이 조종하는 로마 가톨릭에 대한 위장된 공격인 것처럼 묘사했다. 그러나 나중에 도저히 거부할 수 없는 증거들이 나오자 이 방어 논리는 버려졌다. 레오폴드 국왕과 그의 대리인들은 당연히 개혁 운동의 평판을 떨어트리는 오명을 뒤집어씌우려 들었고, 운동가들의 동기를 비방하는 일을 서슴지 않았다.

그럼에도 불구하고 모렐과 콩고 개혁협회는 처음에는 영국 여론을, 나중에는 전 세계 여론을 환기하는 데 성공했다. 영국 정부는 고발 내용들이 자국 영사들, 특히 케이스먼트(그는 전시에 교수형을 당했다)*에 의해 모두 확인되었음을 인정할 수밖에 없었다. 만행이 자신의 의사에 반하여 저질러졌다고 발뺌을 하고자 국왕은 공평무사한 법조인 세 명으로 구성된 조사위원회를 임명할 수밖에 없었다. 비록 보고서의 일부만 발표했지만 대중에게 공개가 허락된 것만으로도 고발 내용이 매우 근거가 있었음이 분명히 드러났다. 마침내 1908년 유럽은 베를린 회의가 부여한 권위를 이용해 국왕에게서 콩고 영토를 박탈해 착취 시스템을 폐지한다는 조건 아래 벨기에 정부에 넘겼다. 이 무렵이 되자 레오폴드 국왕은 흑인들에게는 잔인하고 발레리나들에게는 다정해서 다른 군주들로부터 기피

---

* 영국의 외교관으로 콩고의 실태를 폭로하는 데 큰 기여를 했으나, 아일랜드 독립 운동 과정에서 반역죄로 사형에 처해졌다.

대상이 되었다.

결국엔 레오폴드 국왕이 군소 군주였기 때문에 그에 맞서서 인류의 양심이 승리하는 것이 가능했다. 그러나 프랑스에 맞선 운동은 무력했다. 여행자들을 쉽게 차단할 수 없는 해안 지역을 제외하고 대규모 잔학 행위가 벌어졌고, 어쩌면 지금도 벌어지고 있을지도 모른다. 그러나 "뚫고 들어갈 수 없는 물안개가 여전히 콩고 강 중류와 상류의 숲을 감싸면서 그곳을 우리 인간의 눈길로부터 차단하고 있다."[115]

C | 독일령 서남아프리카

독일 정부는 아프리카 쟁탈전에 뛰어드는 데 주저하고 미적거렸다. 비스마르크의 관심사는 유럽이었고, 프리드리히 대왕처럼 "멀리 떨어진 곳의 영토는 국가에 짐이 될 뿐이다. 국경에 위치한 마을이 250마일 떨어져 있는 제후령보다 더 소중하다"고 믿은 그는 먼 곳의 모험에 뛰어들고 싶지 않았다. 그러한 보수주의 덕분에 그는 새로운 제국주의적 움직임의 중요성을 깨닫는 데 느렸고, 그 필요성을 뒤늦게야 이해했다. 지방주의적인 프로이센 융커의 협소한 세계관을 바탕으로 공직 생활을 시작한 그는 프로이센만을 중시하는 자신의 관심사에 처음에는 독일 전체를, 나중에는 산업화와 식민지를 포함시킬 수밖에 없었다. 그의 정치 활동은 두 가지 욕망에 지배되었다. 하나는 프로이센이 위대해져야 한다는 것이고, 또 하나는 그것이 융커와 농민, 밭과 나무로 이루어져야 한다는 것이었다. 그러나 그는 첫 번째 욕망을 위해 두 번째 욕망을 점차 희생시킬 수밖에 없었다.

그레빌이 식민지와 해군의 필요성을 이야기하는 독일인들의 대화를 듣고 깜짝 놀란 1840년대 이래로 독일에는 적극적인 식민지 옹호 집단이 존재해왔다. 무역 상인과 선교사들, 리스트와 나중에는 트라이치케의 지지를 받은 이 집단은 지속적인 선전 활동을 전개했다. 그러나 비스마르크는 유럽에서 독일의 확장과 강화에만 정신이 팔려 있었다. 그는 자청한 임무에서 성공함으로써 다른 열강들이 영토와 국가적 위신을 좇아 유럽 바깥으로 진출하는 데 지대한 역할을 했지만 크게 신경 쓰지 않았다. 다른 나라들의 식민지 사업은 그를 오히려 기쁘게 했다. 그 덕분에 비스마르크는 유럽에서 더 큰 재량권을 누릴 수 있었고, 또 식민지 쟁탈전은 국제적 마찰의 유용한 원천이었기 때문이다. 그러나 그도 서서히 국가 간 무력 외교의 게임이 유럽을 넘어서는 더 큰 무대에서 펼쳐질 수 있고, 산업화시대에 프리드리히 대왕의 격언은 더 이상 맞지 않다는 사실을 깨닫게 되었다.

1879년 에른스트 폰 베버라는 여행가가 포르투갈로부터 델라고아를 획득하고 트란스발을 독일인으로 채우며, 점진적으로는 잠베지 강까지 이어지는 독일 – 아프리카 제국을 건설할 것을 촉구하는 글을 발표했다. 정부의 냉담한 반응에도 불구하고 그러한 계획들은 상당한 지지를 받고 있었고, 바로 앞선 해에 트라이치케는 이렇게 쓴 바 있다.

"아프리카 남부에서 상황은 우리에게 결정적으로 유리하다. 여타 지역에서는 성공적이었던 영국 식민지 정책은 케이프에서는 성공하지 못했다. 그곳에 존재하는 문명은 튜턴 문명, 즉 네덜란드 문명이다. 우리 제국이 과감하게 독자적인 식민지 정책을 추구할 용기가 있다면 우리의 이해관계와 영국의 이해관계 사이에서 충돌은 불가피하다."[116]

이 거대한 프로젝트는 비스마르크가 영국과 대립하는 것을 원치 않기 때문에 실현되지 않았다. 그러나 [지금의 나미비아에 위치한] 다마랄란드와 나마콸란드에 정착한 독일 선교사들과 상인들한테서 문제가 발생했다. 그들은 원주민과 갈등을 빚었고 영국의 보호를 요청했다. 1881년 선교사들은 영국에 포함砲艦을 파견해 달라고 요청했지만 거부당했다. 영국은 그 지역에서 유일하게 좋은 항구인 월피시 만을 병합했지만 더 이상의 영토에서 책임을 거부했다. 1883년 마침내 브레멘 상인인 뤼데리츠가 나미비아 남부의 앙그라 페케나(훗날 뤼데리츠부흐트)에 독일 깃발을 꽂으면 독일 정부가 지원을 해줄 것인지 문의해왔다. 비스마르크는 그 지역에 영국 정부가 주권이나 보호령을 주장하는지 정중하게 의사를 타진했다. 만약 영국 정부가 소유권을 주장하지 않는다면 독일이 그곳의 소유권을 주장하겠다는 뜻을 밝혔다. 영국 외교부는 답변을 주기 전에 케이프 정부와 상의해야 한다고 밝혔다. 케이프 정부는 비용 문제를 들어 그 지역에 아무런 책임을 주장하지 않겠다는 답변을 보내왔다. 외무장관 그랜빌은 순전히 형식적 문의 차원에서 아홉 달을 기다린 비스마르크에게 영국 정부는 앙그라 페케나에 주권을 주장하지 않지만 다른 열강에 의한 주권 주장은 영국의 합법적 권리에 대한 침해로 간주하겠다고 대답했다. 비스마르크는 그러한 '합법적 권리'의 증거를 요구했고, 아무런 답변도 듣지 못하자 넉 달을 더 기다린 후 1884년 4월 24일 오렌지 강부터 앙그라 페케나 사이 해안 전역을 독일의 보호령으로 선언했다. 여기에 영국은 뒤늦게 언짢아했고, 5월에 케이프 정부는 독일이 권리를 주장한 지역을 포함해 오렌지 강부터 월피시 만까지 전 지역을 지배하겠다는 의사를 밝혔다. 그러나 6월에 영국 정부는 다른 열강과 함께 독일의 합병을 공식적으로 인정했고, 그 지역은 독일령 남아프리카라는 상당한 식민지로 발전했다.

재정적으로 새로운 식민지는 성공작이 아니었다. 혈기왕성하고 호전적인 헤레로족은 독일의 현명치 못한 조치로 하루아침에 땅과 가축을 빼앗겼다. 아사와 반예속 상태라는 양자택일에 직면한 그들은 반란을 일으켰다. 길고 힘든 전쟁이 이어졌고, 양쪽 모두 잔혹하기 짝이 없었다. 1913년에 해리 존스턴*은 독일이 궁극적으로 승리한 전쟁에 대해 다음과 같이 고찰하며 설명을 매듭지었다.

현재 약 2만 명의 헤레로족만이 다마랄란드에 살고 있다고 한다. 이 영리하고 힘이 센 반투 흑인 종족이 지상에서 사라진다면 참으로 애석한 일일 것이다.…… 사막과 풀 한포기 없는 바위투성이 산지에서 진행된 긴 전쟁으로 독일인 병사와 정착민 5,000명 이상이 죽었고, 무려 1,500만 파운드의 비용이 소모되었다. 그러니 이곳 식민지 역사가 시작될 때 원주민들의 뜻을 들어주었다면 여전히 서남아프리카 지역의 절반 이상을 백인들이 차지하고 비용도 훨씬 싸게 먹혔을 것이다.

세계대전 동안 헤레로족과의 전쟁을 독일 식민정책의 잔인성의 증거로 드는 것이 관례가 되었다. 그러나 독일의 전반적 정책은 앞으로 보겠지만 마타벨레랜드에서 영국의 정책과 정확히 똑같았다. 트로타 장군이 지나치게 가혹했던 것은 사실이지만 그는 본국 정부의 지지를 받지 못했고 결국 사임해야 했다. 세계대전 이전에 유능한 권위자들은 아프리카에서 독일의 식민화 노력을 높이 평가했다. 1913년에 해리 존스턴은 "독일인들은 자신들의 잘못을 재빨리 깨닫고 또 재빨리 고친다. 그들은 상업에서처럼 통치에서 가장 좋은 원칙들을 관찰하고 배워서 완전히 숙지한다. 독일인들의 위대

---

* 영국의 아프리카 정책과 행정에 핵심적인 역할을 했다.

성을 과소평가하거나 낯선 땅에서 독일 식민지가 단명할 것이라고 평가하는 정치가는 근시안적 정치가일 것이다"라고 말했다.

세계대전의 결과 독일은 100만 제곱마일이 넘는 아프리카 영토 전체를 잃었다.

D | 영국 제국주의의 성장

대영제국은 거의 전적으로 의도적인 정부 정책이나 제국주의적 이념의 도움 없이 성장해왔다. 글래드스턴은 코브던의 신봉자로서 새로운 영토를 획득하는 것을 싫어했지만 1886년 보수당의 승리와 함께 새 시대가 시작되었다. 그때부터 19세기 말까지 제국을 위한 열망은 때로는 범죄적이고 보통은 우스꽝스럽고 언제나 역겨운 형태를 띠면서 지속적으로 커졌다. 이러한 관점의 변화에는 여러 이유가 있었다. 해외, 특히 독일과 미국에서 산업의 성장으로 영국은 세계의 공장이라는 코브던식 자부심을 더 이상 느낄 수 없었다. 따라서 으스대고 싶은 욕구는 세계 최대 제국의 소유에 환호하는 것을 가능케 할 다른 철학을 요구했다. 해외 영토는 다른 나라들도 그곳을 원한다는 것을 알게 됨에 따라 영국인들에게 더 소중히 생각되었다. 글래드스턴은 보어인과 마흐디*에 당한 패배를 묵묵히 받아들였지만 일반적인 영국인은 [보어전쟁에서 패배했던] 마주바 전투와 고든 장군의 죽음†에 굴욕감을 느꼈다. 글래드스턴 정책의 논리적 귀결인 아일랜드 자치안은 대다수가 싫어했고, 그에 대한 반발은 지배 욕구를 낳았다. 1887년과 1897년, 빅토리아 여왕의 즉위 50주년과 60주년 축제는 이러한 정서를 조장하기 위해 고안된 과시 행사의 기회가 되었다.

제국주의에는 이러한 정치적 이유와 더불어 경제적인 이유와

---

*   마흐디는 이슬람에서 메시아를 뜻하는 말로 수단에서 반 오스만, 반 서구를 외치며 봉기한 이슬람 지도자 무함마드 아마드를 가리킨다.

†   2차 중영전쟁(아편전쟁)과 태평천국군 진압으로 명성을 얻은 영국 장군이자 정치가. 수단 총독으로서 마흐디 봉기를 진압하던 중 전사했다.

좀 더 이상주의적인 이유도 존재했다. 선교사들은 기독교 세력에 의한 이교도 정복은 진정한 신앙의 확산을 촉진하기 위해 의도된 것으로 보게 되었다. 1900년 복음 전파 협회 연례 모임에서 솔즈베리 수상의 아들이자 우리 시대 가장 독실한 신자 중 한 명인 휴 세실은 이러한 논의를 전개했다.

> 많은 사람들이 이 시대의 제국적 움직임이라고 할 만한 일에 전폭적으로 함께 하고 싶어 합니다. 하지만 이러한 움직임이 그들이 바라는 바와 달리 세속적 고려로 더럽혀지지는 않을까, 말하자면 어떤 양심의 불편함을 느낍니다. 주님은 우리 마음속에 선교 사업의 중요성을 부각시킴으로써 우리가 제국주의의 정신을 어느 정도 거룩하게 해야 한다고 생각하셨습니다.

명백한 운명

미국에서 '명백한 운명'으로 불린 주장에 대해 호소한 [역사가] 존실리의 『영국의 팽창』은 더 교육받은 계급에 큰 영향을 미쳤다. 사회주의자이자 도덕 지도자이며 진보적 젊은이들의 우상이었던 존러스킨은 옥스퍼드 취임 강연에서 가장 극단적인 형태의 제국주의적 민족주의 신조를 제시한다.

> 이제 우리에게는 한 가지 가능한 운명이, 받아들이든 거부하든 한민족 앞에 놓인 가장 드높은 운명이 있습니다. 우리는 여전히 퇴보하지 않은 인종, 최상의 북유럽 혈통이 섞인 인종입니다. 우리는 아직기질에서 방종하지 않으며, 여전히 통치를 위한 확고함과 복종을 위

한 미덕을 갖추고 있습니다.…… 영국의 젊은이 여러분, 여러분은 조국을 다시 한 번 왕들의 왕좌로, 왕홀의 섬으로, 모든 세계의 빛의 근원으로, 평화의 중심으로, 배움과 학문의 여왕으로, 세월의 시험을 거친 원칙들의 충실한 수호자로 만들겠습니까? 허황된 실험과 방탕한 욕망의 유혹 아래서 말입니다. 그리고 잔인하고 떠들썩한 다른 민족들의 시샘 한가운데서 인류에 대한 선의와 낯선 용기로 모두가 영국을 흠모하게 만들겠습니까? 이것이 영국이 해야 할 일이며 그렇지 않다면 영국은 사라질 것입니다. 영국은 영국에서 가장 훌륭하고 정력적인 사람들로 구성된 식민지를 가능한 빨리, 그리고 멀리까지 건설해야 합니다. 발을 디딜 수 있는 유익한 황무지를 하나도 놓치지 않고 차지해, 그곳의 식민지 정착민들에게 그들의 가장 큰 미덕은 조국에 대한 충성이고, 그들의 첫째 목표는 바다와 육지에서 영국의 권력을 증대시키는 것이며, 함대의 선원들이 먼 바다에 떠 있다고 해서 본국으로부터 추방당했다고 느끼지 않는 것처럼 그들도 멀리 떨어진 땅덩어리에 살고 있지만 본국의 국민으로 느껴야 한다고 가르쳐야 합니다.…… 만약 자그마한 보수에도 영국에 대한 사랑으로 대포 구멍에 몸을 던지는 사람을 찾을 수 있다면 우리는 나라를 위해 기꺼이 밭을 갈고 씨를 뿌리고, 나라에 친절하고 올바르게 행동하고, 자식들이 나라를 사랑하도록 기르고, 나라의 빛나는 영광에 기뻐할 사람도 찾을 수 있을 것입니다.

이 강연은 특히 세실 로즈에게 영감을 제공한 것으로 의미가 있는데, 강연 직후 옥스퍼드에 온 세실 로즈는 이 강연을 자신의 인생의 지도 원리를 표현한 것으로 여겼다.

1890년대 내내 제국주의에 주요 문학적 영향력을 행사한 사람은 러디어드 키플링이었다. 그는 영국계 인도인들의 삶을 다룬 이야기로 시작해 오로지 인도인을 위하여 인도로 가서, 그저 의무에 대한 헌신에서 말할 수 없는 고통을 견디는 영국인에 대한 시각을 제시했다. 그러나 이내 제국의 다른 지역, 특히 남아프리카에도 관심을 갖게 되었다. 그는 앵글로색슨족의 우수성과 활력에 대한 확고부동한 믿음이 있었고, 영국이 제국의 여러 도시들에 명령하면서 영국의 인종적 순수성의 중심지로 캘커타와 홍콩도 포함시키는 것으로 묘사했다.

> 진정 너는 고귀한 혈통을 타고났고……그 혈통이 지속하는 한
> 나는 너의 잘됨이 나의 잘됨임을 알고 너는 나의 권세가 너의 권세
> 임을 알리니
> 아마겟돈의 날에도, 최후의 커다란 싸움에서도
> 우리의 집안은 함께 서며 기둥은 무너지지 않으리라

그는 기독교의 하느님을 주로 영국의 종족적 신으로 이해했다.

> …… 우리 편에서, 변치 않는 대양이
> 함께 싸운다고 안심하였다

「영국인의 노래」에서는 이렇게 외쳤다.

> 우리의 운명은 아름답도다―오, 우리의 유산은 신성하도다!

(겸손하라, 너희, 내 민족이여, 웃음 속에서도 두려워하라!)

지고의 우리 주 하느님이

깊은 바다를 마르게 하시고

우리 앞에 지구 끝까지 길을 내셨도다!

1897년 즉위 60주년 축제의 제국적 정서는 키플링의 「퇴장 성가」에서 가장 완벽하게 표현된다.

예부터 알려진, 우리 열조의 하느님,

멀리 뻗은 우리 대오의 주님,

그의 무시무시한 손 아래 우리는

종려나무와 소나무를 지배하나니

만군의 여호와여, 아직 우리와 함께 하소서,

우리 잊지 않도록, 잊지 않도록!

(중략)

눈앞의 권력에 취해 우리가 당신을

경외하지 않는 말로 함부로 입을 놀리며

이교도나 율법이 없는

열등한 종족처럼 뽐낸다면

만군의 여호와시여, 아직 우리와 함께 하소서,

우리 잊지 않도록, 잊지 않도록!

그러나 이 고아한 정서는 중요한 행사에만 해당되는 이야기였다. 비록 진정한 이상주의가 없지는 않았지만 일상생활에서 제국주의는 직설적인 경제적 동기를 지닌 더 범속한 사안이었다. 이러한 동기들은 식민지로 이주한 사람들과 단순히 돈만 투자한 사람들 사이에서 조금 달랐다. 다양한 이유로 상류층과 전문가 계급은 제국의 팽창을 지지했다. 그다지 능력은 없지만 자신의 사회적 우월성을 당연시하며 자라서, 본국 사회가 갈수록 민주화되어 간다고 느끼는 젊은이들은 '열등한' 인종들이 사는 지역에서 명령을 내리면서 밥벌이를 할 수 있는 기회를 반겼다. 영국은 인구과밀, 산업화, 법적 안정성 때문에 모험적 기질의 사람들에게는 지루하게 느껴졌고, 고독과 아름다운 주변 환경을 사랑하는 사람들에게는 가증스럽게 느껴졌다. 적지 않은 사람들이 오로지 현대 영국의 삶의 비좁고 추한 환경으로부터 벗어나고자 식민지로 갔고 그곳에서 의도하지 않게 제국 건설자가 되었다. 그들의 욕망과 성취 사이의 대비는 키플링의 더 훌륭한 시 가운데 하나인 「보어 개척자Voortrekker」에 묘사된다.

> 갈매기는 끼룩거리며 그를 뒤따르고 걷잡을 수 없는 파도는 모닥불 속에서 부서지리라.
> 그는 자신의 욕망을 알지 못한 채 지극한 신의 의지를 실현하리라
> 그리고 오래된 행성이 바뀌고, 낯선 별들이 떠오르는 것을 보리라
> 새로운 하늘 가까이에, 바람에 해진 돛을 맡기리라
> 삭구索具의 강한 욕망이 그를 앞으로 몰아가고 배고픔이 그의 손을 무장시키리라

거친 사막에서 음식을 얻고, 모래에서 변변찮은 돈을 벌기 위해

이웃의 연기는 그의 눈을 따갑게 하고 그들의 목소리는 그의 안식

을 깨트리리라

그는 남쪽이 북쪽이 될 때까지, 아무것도 얻지 못한 채, 무뚝뚝하게

앞으로 나가리라

그는 고독을 갈망하지만 그의 갈망은 그 뒤로 바짝

천 개의 바퀴와 한 민족과 국왕을 데려오리라

그는 걸어온 길을 되돌아갈 것이며 채 식지 않은 야영지에서

떠들썩한 거리를, 기중기와 발소리를 만나리라

그곳에서 도끼와 횃불로 기세 좋게 한 나라의 길을 열리라

그가 마지막으로 정복한 야생에 제국의 전초기지가 들어설 때

까지!

그러나 "천 개의 바퀴"는 다른 동기에 의해 굴러갔다. 영국을
제외한 전역에서 관세의 증가에 위협을 느낀 상업 계급은 외국의
정부가 자신들을 배제할 수 없는 시장을 확보하는 데 열심이었다.
산업가들은 귀중한 원자재와 식량 자원의 공급원으로서 열대 지방
의 정복을 환영했다. 그러나 시장이나 원자재보다 더 중요한 것은
새로운 투자처를 여는 것이었다. 도로와 철도 건설, 플랜테이션과
광산 개발, 댐 건설과 지금까지 문명의 손길이 닿지 않은 발전 도상
지역의 각종 사업은, 본국의 산업에 투자됐을 때 공장이 새로웠던
시절이나 영국에 철도가 도입되고 있던 시절과 동일한 이윤을 더
이상 얻을 수 없는 자본에 반가운 배출구를 제공했다. 게다가 신 자
본과 더불어 구 자본도 제국주의 진출을 이끌었다. 우리는 이미 오

스만튀르크와 이집트의 공채를 소유한 영국인들이 자신들의 이익을 어떻게 보전했는지를 살펴보았다. 이것은 이용가능한 곳에서 군대의 이점을 보여준다. 이리 철도의 영국 투자자들은 드루가 그들에게 사기를 쳤을 때 보상을 받을 수 없었던 반면 케디브에게 돈을 빌려준 사람들은 (자신들은 아무런 비용도 부담하지 않고) 국가의 군대를 이용해 빚을 받아내고 심지어 영국의 이집트 점령을 원한다는 이유로 애국자로 칭송받을 수도 있었다.

이제 우리가 살펴볼 남아프리카의 경우에는 인류 역사의 여명 이래로 외국 정복을 그 무엇보다 조장해온 한 가지 원동력이 추가되었다. 바로 황금과 귀금속의 유혹이었다.

E │ 영국령 남아프리카

아프리카의 대영제국이 북쪽으로 점진적으로 뻗어나가 이집트에서 남쪽으로 내려온 영토 확장 흐름과 만나게 되는 출발지가 된 희망봉은 1488년 포르투갈인들이 발견했지만 정착지가 형성되지는 않았다. 1652년에 그곳에 케이프타운을 건설한 이들은 네덜란드인들이었다. 그들은 주변 지역을 식민화했고, 낭트 칙령 폐지 이후에는 다수의 프랑스 위그노교도들에게 피난처를 제공했다. 케이프 식민지는 나폴레옹 전쟁 동안 강제로 프랑스와 한편이 되어야 했던 네덜란드를 응징하기 위해 영국에 합병되었다. 케이프는 1802년에 네덜란드에 반환되었지만 1815년에 다시 영국에 정복되어 영국의 식민지가 되었다. 많은 네덜란드인들이 영국의 지배를 싫어해서 1836년에 북쪽의 황무지로 이동해 오렌지 자유국과 트란스발을 차례로 건립했다. 이 두 공화국의 지위는 다소 애매했다. 영국은 종주권을 주장했지만 그들은 영국의 주장을 인정할 생각이 없었다. 1877년 바틀 프리어는 트란스발 합병을 선언했지만 3년간의 마찰 끝에 트란스발은 반란을 일으켰고, 그사이 디즈레일리의 후임으로 취임한 글래드스턴은 종주권의 문제를 다시금 다소간 모호하게 놔둔 채 트란스발의 독립을 허용했다.

세실 로즈와 다이아몬드
다음 20년 동안 남아메리카의 역사는 세실 로즈의 역사였다.

1853년에 태어난 세실 로즈는 시골 목사의 아들이었다. 그는 셋째 아들이었는데 큰 형은 윈체스터에, 둘째형은 이튼에 갔지만 그가 학교에 갈 때가 되자 집안의 돈이 떨어져 동네 학교에 다녔다. 아버지는 아들들이 장성할 때마다 자신의 뒤를 잇기를 바랐지만 모두가 아버지의 뜻을 거부했다. 네 명은 군인이 되었고, 두 명은 제국의 건설자가 되었다. 세실은 폐결핵 기미가 있어서 열일곱 살이었을 때 [남아프리카의] 나탈에서 농부로 살고 있는 큰 형에게 보내졌다. 그들은 면화 농장으로 얼마간 성공을 거뒀지만 1년가량 지나자 둘 다 새로운 다이아몬드 채굴지에 이끌렸다. 1871년 10월, 세실은 "몇 가지 채굴 연장과 고전 몇 권, 그리스어 사전"을 챙겨들고 농장을 출발해 대략 한 달 만에 다이아몬드 채굴지에 도착했다.

당시는 역사상 최대의 다이아몬드 매장지로 드러나게 되는 곳에서 다이아몬드 원석이 최초로 발견된 지 4년밖에 지나지 않은 시점이었다. 1867년에 스헬크 판니커르크라는 네덜란드 농부는 친구 집에 갔다가 아이들이 주워온 돌멩이를 가지고 구슬치기 놀이를 하고 있는 것을 보았다. 돌멩이 가운데 하나가 반짝거리는 것처럼 보여서 그는 그것을 가져가 전문가에게 보여주었다. 결국 그 돌멩이는 총독에게 500파운드에 팔렸다. 그다음 2년 동안 커다란 다이아몬드는 발견되지 않았다. 그 후 원주민 주술사가 주술에 사용하는 돌(원주민들은 원래는 그런 용도로 다이아몬드를 찾았을 것이다)을 판니커르크에게 보여주었고 그는 그 돌을 양 500마리와 수소 10마리, 말 1마리를 주고 구입했다. 다시 어느 무역상이 판니커르크로부터 그 돌을 11만 파운드에 구입해 더들리 경에게 25만 파운드를 받고 팔았다. 그것은 커다란 보석에게 돌아가는 영예인 '남아프리카의 별'이라는 이름을 얻었다.

다이아몬드가 발견된 지역은 오렌지 강 바로 북쪽으로 오렌지 자유국의 영토였지만 소유권이 불분명함을 이용해 영국은 그곳을 영국 땅으로 주장하는 데 성공했다. 양심의 가책을 덜고자 그들은 오렌지 자유국에 9만 파운드의 배상금을 지불하고 수천억 파운드가 나가는 다이아몬드 채굴지를 확보했다.

　로즈가 나중에 킴벌리가 되는 지역에 도착했을 때 그곳은 새로운 광산 정착지가 흔히 그렇듯 혼란스럽고 무질서한 상태였다. 그는 금방 돈을 벌기 시작했고 여건이 허용하는 한 최대한 빨리 채굴권을 사들였다. 묘하게도 그는 성공을 거둔 지 2년이 채 못 되어 1873년에 남아프리카를 떠나 옥스퍼드로 갔다. 영국의 기후에 다시 건강이 나빠진 그는 학업을 중단하고 남아프리카로 돌아갔다가 복학하는 일을 여러 차례 반복해야 했다. 학문적으로 그는 별 볼 일이 없었지만 강요된 휴학 기간 동안 백만장자이자 성공적인 정치인이 되었다. 스물여덟 살이었던 마지막 학기에 그는 다소 특이한 대학생이었을 것이다. 그러나 전체적으로 봤을 때 옥스퍼드 시절은 여러 결정적 순간에 영국 지배계급의 지지를 얻을 수 있는 기회를 제공했기 때문에 그에게 보탬이 되었다.

　로즈가 단순히 돈벌이에 혈안이 된 사람이라고 짐작해서는 안 된다. 반대로 그는 인간 운명의 심오한 문제에 대해 깊이 숙고했다. 그는 약간 망설인 끝에 신의 존재와 부재의 가능성은 똑같다고 결론 내렸다. 그러나 윌리엄 제임스의『믿음의 의지』를 예견한 듯 그는 그러한 쟁점에서 우유부단함은 좋지 않다고 느꼈고 실천적으로 신이 존재한다는 가정을 채택하기로 했다.* 다음 단계는 우주를 창

---

*　프래그머티즘과 현대 심리학의 창시자인 윌리엄 제임스는 검증이 불가능한 상황에서 검증되지 않은 믿음을 갖는 것은 타당하며 의미 있는 행위라고 생각했다.

조한 신의 목적이 무엇인지 결정하는 것이었다. 여기에 관해서는 어려움이 덜했다. "신은 분명히 세계에 평화와 자유, 정의를 가져오기에 가장 적합한 인간 유형을 만들고 그 유형이 우위를 누리게 했다. 그에게는 오직 한 인종만이 신의 이상형에 접근한 것 같았는데, 물론 자신이 속한 앵글로색슨족이었다. 그렇다면 신의 목적은 앵글로색슨족이 우위를 차지하는 것이고, 신의 역사를 돕고 그분의 목적을 이루는 최상의 길은 앵글로색슨족의 지배에 공헌해 정의와 자유, 평화의 시대를 더 가까이 가져오는 것이다."[117]

로즈는 마타벨레 전쟁, 제임슨 습격 사건, 보어전쟁을 벌여서 북부 흑인과 보어인을 차례로 영국의 지배에 복속시키고, 영국과 남아프리카 양쪽에 광범위한 정치적 부패 체제를 만들어냄으로써 "평화와 자유, 정의"를 가져오는 신의 목적을 돕는 일을 수행했다. 평생토록 그는 자신이 신의 대리인이라고 진심으로 믿었다.

경력 내내 로즈의 성공의 기반은 킴벌리 다이아몬드 생산을 지배한 것이었다. 1888년 후에 그가 주도적인 사업 파트너였던 드비어스 통합 광산은 당시 알려진 남아프리카 다이아몬드 채굴지 전부를 소유했고 전 세계 다이아몬드의 90퍼센트를 공급했다. 그는 트란스발 금광에서도 중요한 위치를 차지했지만 독점하지는 못했다. 그의 회사 남아프리카 통합 금광의 배당금은 1892년 10퍼센트에서 1894~1895년에는 50퍼센트로 급격히 뛰어올랐고 그에게 3~4백만 파운드의 연소득을 가져다주었다. 그럼에도 불구하고 금광에 걸린 이해관계는 다이아몬드에서만큼 중요하지는 않았다.

마타벨레 전쟁과 '문명화'

한편 로즈는 개인적 차원보다는 제국주의적 근거에서 영국 제국이 나중에 로디지아[지금의 짐바브웨]가 되는 북쪽 지역까지 확대되어야 한다고 판단했다. 초지 고원으로 구성된 이 지역의 남쪽 지방은 목축을 하는 호전적인 마타벨레족이 살고 있었으며 로벤굴라라는 범상치 않은 군주의 지배를 받았다. 그는 키가 크고 매우 늠름하며, 꼿꼿하고 위엄이 있었고, "몸을 전혀 가리지 않는, 아주 긴 검푸른 천 조각을 살짝 두른 것을 제외하고는 완전히 벌거벗은" 사람이었다. 그는 호전적인 부족의 여론을 자제시키는 영향력을 발휘했다. 자신의 경험 한도 내에서는 현명하고 신중했지만 전쟁이 불가피해 보일 때는 맹렬한 전사였다. 윌리엄 플로머가 로즈의 훌륭한 약전略傳에서 표현한 대로 그는 "머리부터 발끝까지 왕"이었다.

그와 그의 신민들에게는 안타깝게도 로벤굴라는 글을 읽을 줄 몰랐지만 샴페인은 마실 줄 알았다. 그는 "내 허락도 없이 늑대처럼 찾아와서 내 나라에 길을 만드는" 이용권 사냥꾼들을 싫어했다. 그러나 그들이 적절한 방식으로 허락을 구한다면 그는 사근사근하게 굴었고 말을 잘 들었다. 그의 땅에 금이 많이 매장되어 있다는 것이 알려지자 로즈는 1888년에 옥스퍼드 올소울즈 칼리지의 선임연구원이 한 명 포함된 친구 세 명을 보내 로벤굴라의 호의를 얻게 했다. 그들은 로벤굴라를 설득하는 데 완전히 성공해서 매달 100파운드 연금과 라이플 1,000정, 탄약 10만 정, 잠베지 강에 무장 증기선을 한 척 제공하는 대가로 그의 영토에서 모든 광산 채굴권을 얻어냈다. 이 협정은 러드 협정으로 알려졌다.[118]

로즈의 다음 조치는 옛 동인도회사와 유사한 권력을 갖는 특허회사를 설립하는 것이었다. 여기에는 영국 정부의 조치가 필요했고 그는 이를 고위층의 후원으로 얻어냈다. 로즈를 위해 특허장을 신청해 받아낸 고위층에는 파이프 공작(에드워드 7세의 사위), 에이버콘 공작, 앨버트 그레이(훗날 그레이 백작이자 캐나다 총독) 외 여러 저명인사들이 포함되어 있었다. 파이프 공작은 특히 유용했는데, 그를 통해 왕실도 로즈의 활동에 연루되었기 때문이다. 1889년 교부된 특허장은 원주민의 권리와 종교의 자유, 통상의 자유 보호를 보장했고, 특허장 교부 조건 가운데에는 "상기 지역에 거주하는 원주민들의 상태를 물질적으로 개선시키고 그들의 문명을 발전시킨다"는 내용도 있었다. 어찌됐든 러드 협정은 승인되었고, 회사는 다른 유럽 열강이 이미 차지한 지역을 제외하고 북쪽까지 끝없이 펼쳐진 광대한 지역을 통치하게 되었다.

한편 로벤굴라는 자신이 서명한 문서가 원래 생각했던 것보다 훨씬 멀리까지 영향을 미친다는 사실을 알게 되었다. 그는 빅토리아 여왕에게 다음과 같은 편지를 구술해 보냈다.

얼마 전 일단의 사람들이 내 나라에 찾아왔는데 그 가운데 핵심 인물은 러드[세실 로즈의 동료]라는 자였던 것 같다. 그들은 나에게 금을 캐낼 곳을 요청했고 그러한 권리에 대한 대가로 어떤 것들을 주겠다고 말했다. 나는 그들에게 내게 줄 것을 가져오면 나도 그들에게 내줄 것을 보여주겠다고 말했다. 문서가 작성되어 내게 제시되었다. 나는 문서에 어떤 내용이 담겨 있는지를 물었고, 그 속에 내가 한 말과 그 사람들이 한 말이 담겨 있다는 답변을 들었다. 나는 거기에 내 표시를 남겼다. 석 달 후, 나는 다른 경로를 통해 내가 그 문서로 내 나라의 모든 광물에 대한 권리를 넘겨주었다는 말을 들었다. 나는 내 인두나*들의 모임과 백인들의 모임을 소집했고, 그 문서를 보여 달라고 요구했다. 그 계약으로 내가 러드와 그의 친구들에게 내 전 영토의 광물권을 그들에게 넘겼다는 것이 드러났다. 그 이후로 나는 인두나들과 모임을 가졌고 그들은 그 문서에 내 말이나 그 사람들의 말이 담겨 있지 않기 때문에 그것을 승인하지 않겠다고 밝혔다.…… 나는 이 일에 대해 여왕께 진실을 알리고자 이 편지를 썼다.

몇 달 후 그는 또 다른 편지를 보내 "백인들이 황금을 가지고 나를 매우 성가시게 하고 있다. 만약 여왕께서 내가 내 땅 전부를 넘겨주었다고 알고 있다면 그건 사실이 아니다"라고 불평했다.

여왕은 백인을 배제시키는 것은 불가능하며 관련자들에게 문의해본 결과 "부족민들을 괴롭히거나 어떤 식으로든 부족민의 마을이나 밭, 가축에 피해를 입히지 않고 금광 채굴 작업을 하도록 그들에게 믿고 맡겨도 된다"는 확인을 받았다는 답신을 식민성을 통해 동료 군주에게 보냈다. 가축 절도와 관련하여 이따금 갈등이 있었지만 몇 년 동안은 아무 일도 일어나지 않았다. 특허회사의 관심사는 로벤굴라의 영토 남쪽에 있는 지역의 개발과 영국에서 금융업무에 더 쏠려 있었다. 회사의 자본금 100만 파운드는 주당 1파운드 가격으로 주식을 발행해 모은 것으로, 부자가 아닌 사람들도 회사의 주주가 될 수 있었고 따라서 로즈의 지지자들은 심지어 임금노동자 사이에서도 찾을 수 있었다. 드비어스가 20만 주, 회사 발기

---

* 줄루어로 지도자, 수장, 조언자, 부대장 등을 나타내는 말이다.

인들이 9만 주를 보유했고, 로즈도 많은 주식을 보유했다. 게다가 그가 중요한 구성원으로 참여한 이용권 합자회사United Concessions Company가 미래 사업 이익의 절반을 가져가게 되어 있었다. 세계가 이러한 사업 계획에 익숙해지고 있는 동안은 비판의 구실을 주지 않는 것이 바람직했다.

1893년 특허회사의 운영자였던 제임슨 박사는 마타벨레족을 처리해야 할 시점이 왔다고 판단했고, "로벤굴라를 쳐부수는" 일을 도울 자원자를 모집했다. 그는 모든 자원병에게 3,000모르겐(거의 9제곱마일)과 20개의 금광 채굴권을 제공했다. 더 나아가 "전리품의 절반은 영국 남아프리카 특허 회사에, 나머지 절반은 장교와 병사들에게 똑같이 분배할 것"이라고 약속했다. 이러한 다양한 보상 조치들은 통틀어 부대원 한 명 당 최소 1만 파운드에 달하는 것으로 추정되었다. 이러니 기꺼이 신을 도와 "평화와 자유, 정의"를 가져오는 일에 뛰어들 사람을 찾기란 어렵지 않았다. 10월이 되자 준비 작업이 완료되었다. 여전히 화평에 대한 희망을 버리지 않은 로벤굴라는 협상을 할 세 명의 사절을 보냈다. 영국인들은 그들의 안전을 보장하겠다고 약속했지만 사절단이 도착한 그날 세 명 가운데 두 명이 "우발적으로" 죽임을 당했다. 이로써 전쟁이 시작되었고 3개월간 지속된 전쟁으로 백인들의 소망은 모두 실현되었다. 로벤굴라는 사라졌고, 그의 부하들은 도망치거나 죽임을 당했다. 그의 왕국에는 900개의 농장과 10만 개의 채굴권이 교부되었으며, 약 10만 마리의 가축이 약탈당해 살아남은 원주민들은 생계수단이 사라졌다.

검은 아프리카를 '문명화'하는 과정에서는 백인 밑에서 일을 할 수밖에 없도록 그곳 주민들한테서 땅과 가축, 다른 전통적인 식량 공급원을 빼앗는 것이 언제나 필수적이다. 그러나 마타벨레족 영토에서는 이러한 방법이 너무 느려서 강제 노동이 도입되었다. 1896년 제임슨이 보어인에게 붙잡힌 후에 마타벨레족은 자유를 되찾기 위해 다시 필사적인 반란을 감행했지만 물론 패배했고, 그 이후로는 문젯거리조차 되지 못했다. 모든 원주민에게 연 2파운드의 세금이 부과되어 원주민들은 임금 노동으로 그 돈을 벌어야 했다. 따라서 세수와 임금이라는 두 가지 문제가 모두 해결되었다. 그러나 잘 알려진 선교사 카네기에 따르면 마타벨레족은 고마워하지 않고 이렇게 말한다.

우리 땅은 사라졌고, 우리 가축도 사라졌고, 우리 부족 사람들도 뿔뿔이 흩어졌다. 우리는 먹고살 것이 없으며 우리 여자들은 우리를 버리고 떠난다. 백인은 우리 여자들을 맘대로 할 수 있다. 우리는 백인의 노예, 하찮은 존재이며 아무런 권리나 법도 없다.

이 모든 고통으로 위대하고 유익한 목적이 달성되었다고 생각하니 참으로 위안이 된다. 노란 귀금속을 특정한 지하에서 다른 특정한 장소로, 다시 말해 거대 은행의 금고로 옮길 수 있게 되었단 소리이다.

마타벨레 전쟁의 영웅 제임슨은 로즈의 오른팔이자 그의 가장 친한 친구였다. 그의 다음 사업은 그보다는 덜 성공적이었지만 더 중요하다.

트란스발과 영국과 독일의 불화

금광 지역 바깥의 트란스발에는 영국의 지배를 참지 못하고 케이프 식민지를 떠나온 네덜란드인의 후손들이 여전히 살고 있었다. 그들은 외딴 농장에 17세기의 소박한 경건성을 유지했고, 현대 자본주의 세계를 두려운 눈길로 바라보았다. 란드에서 금이 발견되었을 때 그들은 금이 발견된 땅을 소유한 농부들이 갑작스러운 부를 얻게 되었다는 것을 깨달았다. 그러나 임대료와 세금을 받는 것을 제외하고는 이제까지 조용했던 그 지역에 밀려들어온 국제적인 한탕주의자 무리에 관여하지 않으려고 했다. 비록 (외국인을 뜻하는) 아위틀란더르가 보어인의 수를 5 대 1로 능가하게 되었지만 보어인들은 그들에게 선거권을 부여하기를 거부했고 케이프와 트란스발을 연결하는 철도 부설을 오랫동안 방해했다. 게다가 그들은 고관세 장벽을 세워 아위틀란더르들이 수입해야 하는 품목을 모두 비싸게 만들었고, 케이프 식민지와의 무역을 거의 파괴하다시피했다. 아위틀란더르들은 자신들이 그 지역에서 가장 중요한 사람이라고 느꼈다. 많은 이들이 굉장히 부자였고, 그 지역은 전 세계 금의 대부분을 공급했다. 따라서 그들은 정치권력으로부터의 배제에 분개했다.

로즈는 물론 영국 정부도 아위틀란더르들이 (이번에는) 영국인들의 귀에 좋게 들리는 "대표 없이는 과세 없다"는 구호를 내걸며 크루거 대통령에 대항해 반란을 일으키길 내심 바랐다. 1895년 동안 영국군은 인도 주둔 부대를 수에즈 운하가 아니라 케이프를 거쳐 이동시켰고, 따라서 문제가 발생할 경우 도움을 받을 수 있었다. 이 무렵 로즈는 특허회사만이 아니라 케이프 식민지의 수상도 좌지우지하고 있었다. 이 두 권위를 이용해 그는 당시 건설되고 있던 철도를 보호한다는 핑계를 들어 트란스발 국경에 있는 요하네스버그에 가장 가까운 지점에 제임슨이 이끄는 무장 부대를 배치했다. 그는 제임슨이 이끄는 부대원들의 지원 움직임에 맞춰 란드에서 봉기를 꾀했다. 그러나 란드의 '개혁가'들은 독립을 원한 반면 그는 대영제국과의 합병을 주장했기 때문에 마지막 순간에 양측은 합의에 실패했다. 이 시점에서 로즈는 적어도 당분간은 이 모험을 포기했을 것이다. 그러나 더 성미가 급한 제임슨은 1895년 12월 29일에 길을 나섰다. 1월 2일에 그와 그의 부대원들은 크루거 대통령의 시민들에게 모조리 붙잡혀 망신을 당했다.

이 사건의 결과는 뜻밖에도 훨씬 멀리까지 미쳤다. 로즈의 네덜란드 친구들은 자연히 그에게서 등을 돌렸고, 비록 로디지아는 여전히 지배했지만 그는 케이프 식민지 정계에서 물러나야 했다. 영국 정부, 아니 적어도 식민성 장관 조지프 체임벌린도 여기에 연루된 것으로 여겨졌다. 비록 그러한 혐의는 사실이 아니었지만 분명 직무태만이 존재했다. 독일 황제는 크루거 대통령에게 축하 전보를 보내 영국에서 엄청난 원성을 불러 일으켰고, 영국인 대부분은 습격 사건의 장본인들을 비난하는 것을 잊어버렸다. 제임슨과 그의 부하들은 처벌을 받도록 영국 정부에 인계되었으나 런던에 도착하자마자 각계각층의 열렬한 환영을 받았다. 제임슨은 짧은 징역형을 선고받았지만 '건강상의 이유'로 투옥과 거의 동시에 풀려났다. 영국과 독일과의 관계는 두 번 다시 회복되지 못했다. 영국 정부는 아위틀란더르들의 명분을 대변해 보어인에게 가차 없이 압박을 가했고, 이는 결국 보어전쟁으로 이어졌다. 제임슨 습격 사건

순간부터 남아프리카 문제는 인류 역사에 끔찍한 결과를 초래했다.

케이프 식민지에서 로즈의 영향력은 끝이 났지만, 다른 곳에서 그는 여전히 중요성을 유지했다. 그는 케이프부터 카이로까지 전신선을 건설하고 싶어 했다. 로디지아는 탕가니카 호와 맞닿아 있었지만, 거기부터 우간다까지는 콩고나 독일령 동아프리카를 관통해야 했다. 1899년 그는 관련 군주 두 명을 알현해 어느 쪽이 좋은 조건으로 전신선 건설을 허락해줄지 의사를 타진했다. 그는 레오폴드 국왕을 질색했다. "알현실을 나온 그는 마침 지나가던 영국 대사관 소속 무관을 보고는 그의 귀에 '정말이지, 저 인간은 사탄이야, 사탄!'이라고 속삭였다." 반대로 빌헬름 2세와는 죽이 맞았다. 그는 크루거 전보에 관한 장난스러운 말로 이야기를 꺼냈다. "그러니까, 제가 말썽꾸러기였는데 폐하께서는 저에게 매를 들려고 하셨습니다. 그런데 우리 국민도 제가 말썽꾸러기라 기꺼이 매를 들 작정이었죠. 그런데 폐하께서 직접 매를 드셨습니다. 그러자 우리 국민은 '그건 안 되지. 큰일이라 해도 그건 우리 문제야!'라고 생각했죠. 결국 폐하께서 영국 국민들의 미움을 사시고 오히려 저는 매를 전혀 맞지 않았습니다."[119]

황제는 재미있어 하면서 로즈의 요청을 수락했다.

보어전쟁의 졸전

1896년부터 트란스발을 상대하는 일은 로즈의 손을 떠났다. 대신 급진주의자로 정치를 시작한 후, 로즈만큼 열성적인 제국주의자가 되어 자신의 정책을 제대로 펴보기 위해 식민성 장관 자리를 선택한 조지프 체임벌린이 맡았다. 그는 "우리의 목표를 구성하는 신의 섭리는 우리가 위대한 통치자이자 정복자가 되는 것이다. 그렇다. 정복자이기는 하지만 오로지 지구상의 방대한 인종을 대체로 그들의 이익을 위해 그렇지만 분명 우리의 이익을 위해서도 문명화하고 다스리고 발전시키기 위한 정복자다"라고 말한다. 1898년 동안 영국에서 제국적 정서는 키치너의 수단 정복과 프랑스를 굴복시켜 파쇼다를 포기하게 만든 일로 크게 강화되었다. 1899년, 체임벌린에게는 이제 케이프부터 카이로까지 이어지는 제국의 다른 쪽 끝을 잇고, 보어인 문제를 최종적으로 처리할 때가 온 것 같았다. 그것은 물론 "민주주의를 위한 전쟁"이었다. "우리는 금광을 추구하지 않는다. 우리는 영토를 추구하지 않는다"라고 솔즈베리 수상은 말했다. 그러나 냉소적인 외국인들은 그럼에도 불구하고 영국이 둘 다를 얻은 사실에 주목했다.

보어전쟁은 영국에게 이중으로 수치였는데, 영국의 대의명분이 부당했고 영국의 군대가 초반에 패배를 거듭했기 때문이다. 유럽대륙의 정서는 몹시 영국에 적대적이었고, 보어인한테 패배를 당하자 영국인이 쇠퇴했다는 의견이 대두되었다. 프랑스와 러시아, 독일이 연합해 영국에 트란스발 공화국과의 강화를 강요해야 한다는 이야기도 나왔다. 영국은 나폴레옹 몰락 이후 처음으로 대륙에 동맹국이 있으면 유리할 수도 있다는 사실을 깨달았다.* 체임벌린은 독일에 동맹을 제의했지만 거부당했다. 영국 여론 주도층 상당수가 전시 내내 전쟁을 반대했다. [반전운동을 주도한] 로이드 조지는 체임벌린의 안방인 버밍엄에서는 경찰로 위장해 군중으로부

---

* 당시 유럽은 독일-오스트리아-이탈리아 세력과 프랑스-러시아 세력이 대립하고 있었다. 영국은 중립을 지키는 '영광의 고립' 정책을 펼쳤으나, 보어전쟁 이후 고립 정책을 포기하게 된다.

터 빠져나와야 했지만 웨일스에서는 결코 인기를 잃지 않았다. 자유당 지도자 캠벨-배너먼은 영국군이 농장을 불태우고 여자와 아이들을 집단수용소에 수용한 조치를 두고 "야만적 수단"이라고 언급했다. 전쟁이 끝나자마자 국민은 전쟁을 벌인 정당과 전쟁을 초래한 제국주의 철학에 등을 돌렸다.

두 가지가 이러한 반응을 낳는 데 일조했다. 첫째는 체임벌린이 제국을 하나로 묶는 유일한 수단으로 식품에 세금을 매기는 관세 도입 운동을 전개한 것이었는데, 배고픈 1840년대에 대한 기억으로 임금노동자들은 제국의 관세동맹이 너무 비싸게 먹힐 수도 있다는 생각을 하게 되었다. 둘째는 남아프리카 전쟁과 더 직접적으로 연관된 것이었다. 전쟁은 광산 소유주들을 위해서 벌어졌는데, 정작 그들은 값싼 노동력을 원했다. 영국 노동자들은 전시 내내 전쟁이 끝나면 그들에게 란드에서 커다란 돌파구가 열린 것이라는 이야기를 들었지만 그들의 임금은 요하네스버그의 부호들에게 너무 높았다. 흑인 노동력의 공급은 부적절하다고 여겨져 결국 반半예속 상태의 중국인 노동자들을 수입하기로 결정되었다. 노동조합 정서와 반노예제 정서가 동시에 자극되었다. 요하네스버그의 주임 목사는 이 불쌍한 이교도를 기독교 땅으로 데려온 것이 얼마나 친절한 행위인지를 지적했지만, 이 논의는 그다지 호응을 얻지 못했다. 반정부적인 도덕주의자들은 여자 없이 1만 명의 남자를 유지하는 데는 윤리적 위험이 따를 것이라고 지적했다. 정부는 중국인 노동자들의 아내들도 데려올 것이라고 발표했고, 캔터베리 대주교는 도덕 문제는 이제 안심해도 된다고 말했다. 그러나 여전히 회의적인 사람들은 여자가 단 두 명이란 말을 듣고 고개를 내저었다.

결국 국민들은 "야만적 수단"이란 발언을 했음에도 불구하고 캠벨－배너먼이 이끄는 자유당에 기록적인 몰표를 주었다. 단순한 사람들은 제국주의와 전쟁도 같이 반대표를 얻은 셈이며 새로운 정부는 평화의 길을 추구할 것이라고 기대했다. 불행하게도 자유당의 소수파는 지속적으로 제국주의를 옹호했고, 이 소수파 중에는 외무부 장관이 되는 에드워드 그레이도 있었다. 국민은 열성적으로 평화에 찬성표를 던졌지만, 그는 심지어 내각도 모르게 세계대전을 불가피하게 하지는 않았다 할지라도 적어도 전쟁이 일어날 경우 영국의 참전을 확실하게 할 프랑스와의 군사적 협상을 허용했다.

비록 로즈는 종전 직전에 죽었고 체임벌린도 2년 후에 죽었으며, 의회는 로즈와 체임벌린 시절에 저지른 잘못을 회개했지만 소수의 사람들이 음흉하고 비밀스러운 방식을 통해 영국의 정책을 오래된 나쁜 경로에 여전히 매어두었고, 조국을 현혹해 세계적 재앙으로 가는 길로 인도했다.

F | 아시아

아시아에서 유럽 제국주의는 아프리카에서보다 덜 성공적이었고 매우 다른 경로를 걸었다. 러시아의 아시아 영토는 정복된 제국이 아니라 식민지로 간주되어야 한다. 그곳은 원주민 인구가 희박했고 그들은 미국의 원주민들이 이주민들에게 저항한 것보다 반발을 덜 했다. 인도에서 영국의 지위는 1815년에 이미 확고해졌고, 우리가 다루는 시기 동안 중요한 변화를 겪지 않았다. 그러나 점진적으로 서구의 정치사상과의 접촉으로 인도와 아시아의 다른 지역에서 민족주의 움직임이 생겨났고, 세계대전 발발 직전부터 영국계 인도인들의 관심을 모으기 시작했다.

아시아에서 제국주의 경쟁에 열려 있는 지역은 오스만 제국, 페르시아, 극동이었다. 오스만 제국의 쇠퇴는 나폴레옹과 알렉산드르가 콘스탄티노플과 시리아, 몰다비아, 왈라키아를 두고 거래한 이래로 열강의 열망을 자극해왔지만 상호 간 견제로 아프리카에서와 같은 성공적인 분할이 불가능했다. 러시아와 프랑스, 영국 모두 근동에 이해관계가 있었지만 서서히 독일이 영국을 대신해 술탄의 친구 자리를 꿰찼다. 소아시아는 독일 자본의 무대가 되었고 베를린-바그다드 철도 계획은 케이프-카이로 철도 계획이 영국 제국주의자들을 흥분시킨 것처럼 독일 제국주의자들을 흥분시켰다(제국주의자들은 어느 나라 사람이든 두운법에 흥분하나 보다). 영국과 러시아는 베를린과 페르시아 만을 연결하는 관통 철도 계획에 반대했지만 세계대전이 터지기 직전에 독일에게 유리한 쪽으로 협상이 타결되었다.

이슬람 국가 중에서 가장 지적이고 예술적인 페르시아는 여러 세기 동안 실정 끝에 자유주의 사상을 채택하고 의회를 도입했다. 이것은 영국이나 러시아 어느 쪽의 구미에도 맞지 않았다. 1907년 영러협상에 따라 영국은 해군의 연료를 석탄에서 석유로 막 전환한 해군성에 매우 귀중한 유전지대를 포함하는 페르시아 남부를 차지한 반면, 러시아는 훨씬 넓은 페르시아 북부를 차지한 후 차르 체제의 전형적인 야만성으로 입헌주의자들을 탄압했다. 그 결과 이전 페르시아 영토의 1/4에 못 미치는 중부 지역만이 명목상 독립국으로 남게 되었다.[120]

　　근동에서 이러한 사건들보다 더 중요한 것은 중국과 일본에 백인의 침투가 불러온 반향이었다. 16세기와 17세기에 마카오의 포르투갈인들과 마닐라의 에스파냐인들은 중국과 일본으로 선교사와 총포를 보냈다. 일본인들은 총포를 만드는 법을 배운 후 기독교 개종자들을 근절했고, 1년에 한 차례 네덜란드 선박을 받아들이는 것을 제외하고는 유럽인들에게 굳게 문을 걸어 잠갔다. 중국은 비록 기독교에 대해 볼테르적[회의적] 시각을 견지했지만 예수회 선교사들이 일식 예측에서 자신들을 능가한다는 사실을 인정할 수밖에 없었고, 이런 이유로 그들을 계속 허용했다. 그러나 중국이나 일본 어느 쪽도 백인들이 전쟁에서 자신들을 이길 수 있다고 생각하지 않았다.

　　이 지점에서 중국과 일본은 각각 영국과 미국에 의해 정신을 차리게 되었다. 중국 당국이 아편 수입을 금지하자 영국은 중국과 1840년에 전쟁에 돌입했다. 전후 처리 조약은 세계대전 이후까지 중국에서 지속되었고, 여러 측면에서 지금까지도 유효한 시스템의 토대를 놓았다. 중국 세관은 세관장에게만 책임을 지는 관리에 의해 운영되었고 세관장은 영국이 중국의 해외 무역에서 가장 큰 비중을 차지하는 한 영국인이어야 했다. 수입 관세는 심지어 술과 (오랫동안은) 아편과 같은 품목에서도 종가세로 5퍼센트 이상을 넘지 않아야 했다. '개항장'의 숫자는 점진적으로 늘어갔는데 그 가운데 많은 곳이 바다에서 내륙으로 수백 마일 이상 들어가 있었고, 외국 열강이 집단적으로 차지하여 형식적 측면에서만 아닐 뿐 더 이상 중국의 주권이 미치지 않았다. 중국의 외국인들은 자국 법에 구속되었고 자국민에 의해서만 재판을 받을 수 있었다. 그러나 기원전 3세기 이래로 전 세계에 걸쳐 줄곧 최고의 지위를 누려왔던 중국인들은 여전히 외국인들을 위협이라기보다는 귀찮은 존재로 여겼다.

일본에서는 사태가 다르게 돌아갔다. 1853년 미국과의 통상과 문호 개방을 요구하는 페리 제독의 함대로 인해 일본인들은 17세기 초반 마지막으로 기독교 문명과 접촉한 이래로 외부세계의 군사력이 크게 진보했음을 깨달았다. 한동안 그들은 페리 제독과 곧 그의 뒤를 따른 영국인들에게 굴복했다. 통상 조약이 체결되었고 무역에 개방된 개항장이 생겨났다. 어느 서양인도 전 과정이 계획대로 굴러갈 것임을 믿어 의심치 않았다. 그리고 계획대로 굴러갔다. 단지 그 계획이란 백인의 계획이 아니라 일본인의 계획이었다. 그들은 군사적 효율성에 기여하는 유럽 문명의 요소는 무엇이든 신속하게 받아들였다. 개항장을 되찾았고 유럽인들은 일본의 법과 법정에 구속되었으며 무역은 지속되었으나, 백인만의 배타적 이익을 위해서가 아니라 대등한 관계로 이루어졌다.

1894년에 일본과 중국이 한국의 종주권을 두고 다퉜을 때 세계는 중국이 그렇게 신속하게 완패한 것을 보고 깜짝 놀랐다. 그 결과, 중국 쟁탈전이 벌어졌다. 프랑스는 남부에서 세력권을 주장했고 영국은 양쯔 강 유역에서 세력권을 주장했다. 러시아는 만주를 빼앗았고 뤼순을 손에 넣어 마침내 언제든 자유롭게 접근할 수 있는 부동항을 얻었다고 기뻐했다. 독일은 1897년에 산둥에서 두 명의 선교사가 살해당하는 행운을 누렸다. 그들은 배상으로 광저우 항과 귀중한 내륙 철도 부설권을 얻어냈다. 마지막으로 무지한 중국의 반동 세력인 의화단이 서태후의 부추김을 받아 눈에 띄는 곳마다, 특히 선교 공동체와 베이징의 공사관 구역에서 '양이'를 공격했다. 그러자 1900년에 국제적인 원정대가 파견되어 중국을 응징했다. 베이징은 유린당했고 무거운 배상금이 부과되었으며, 공사관 구역에는 외국 수비대가 주둔할 수 있는 반면 중국인은 공사관 담주변으로 집을 짓는 것이 금지되었다. 중국은 얌전해졌다. 당시는 그게 유럽의 이익을 위해서라고 여겨졌다.

그러나 4년 후 러일전쟁으로 모든 것이 바뀌었다. 청일전쟁 이후로 일본은 한국에서 자신들의 권리가 확고해졌다고 느꼈다. 그러나 러시아의 대공들은 한국에서 벌목권을 갖고 있었고, 만주에서 새로 얻은 것들의 지위를 확고히 하기 위해서는 더욱이 한국이 필요한 것 같았다. 러시아 군사 관계자들이 보기에 새로 부설된 시베리아 철도로 극동에서의 전쟁이 가능할 것 같았다. 그러나 일본이 더 강했던 것으로 드러났다. 일본은, 바다에서는 러시아 해군을 전멸시켰고 육지에서는 뤼순과 남만주를 점령하고 심양까지 진출했다. 오스만튀르크의 전성기 이래로 유럽인이 비유럽인의 손에 패배를 당한 것은 이번이 처음이었다. 그때부터 중국에서 중요한 제국주의는 일본 제국주의뿐이었고, 특히 세계대전 이래로 유럽인들은 일본의 용인 아래서만 중국에서 생존할 수 있었다.[121]

러일전쟁의 결과는 중국은 물론이고 러시아에서도 중요했다. 러일전쟁의 패배는 우선 헌법과 의회정부의 시작을 가져온 1905년의 혁명으로 이어졌고, 그다음 러시아 외교 정책을 완전히 바꿔놓았다. 극동에서의 모험은 더 이상 가능하지 않았다. 영일동맹은 프랑스가 러시아를 돕는 것을 불가능하게 만들었다. 같은 이유로 그리고 일본과의 전쟁이 시작된 1904년에 체결된 영불협상으로 인해 프랑스가 영국에 맞서 러시아를 지원하기를 기대할 수 없었다. 이로써 아시아에서 팽창 정책이 불가능해졌고, 러시아의 중앙아시아 진출이 인도 제국과 관련하여 영국을 불안하게 만든 이래로 양국 사이에 존재해왔던 적대감의 근거가 사라졌다. 그 결과 러시아의 야심은 발칸과 근동으로 향하게 되었고, 그곳에서 오스만튀르크, 오스트리아 - 헝가리 제국, 따라서 독일과 충돌하게 되었다. 이 정책은 어디에서도 영국의 이해관계와 충돌하지 않았고 오히려 영국과의 우호관계가 가능하고 바람직한 것이 되었다. 그에 따라 1907년 영러협상이 성사되고 세계대전 때까지 지속된 강대국 간의 짝짓기가 완성되었다.

극동에서 일본이 우위를 차지하면서 중국에 대한 유럽 열강의 야심도 끝나게 되었다. 따라서 열강의 상호 협상 테이블에서 건드리지 않고 남겨놓은 마지막 중요 지역도 사라지게 되었다. 이후로 지구상의 지도는 분명하게 그려졌고, 한 나라의 영토 획득은 다른 나라의 손실로만 가능해졌다. 이것은 대립을 심화하고 조정을 어렵게 만들었다. 제국주의에서 배출구를 찾은 팽창 세력들은 더 이상 멀리 떨어진 미개발지가 아니라 본국 근처에서 활동해야만 했고, 이웃나라들과 직접적으로 경쟁했다. 정치가들은 이에 따른 결과를 내다봤지만 결과를 저지할 의지와 지성은 결여되어 있었다. 무작정은 아니지만 무기력하게 그들은 파국으로 떠밀려갔다.

32

유럽의 결정권자들

1907년에 유럽 열강의 양분은 최종적 형태를 띠게 되었고, 그러한 양대 진영이 세계대전 때까지 이어졌다. 빈 회의 이래로 세계는 이전 어느 세기보다 크게 변했다. 자유와 조직이 둘 다 똑같이 증가했다. 우선 자유를 보자. 농노제가 사라졌다. 의회 제도가 없던 곳에는 새로이 도입되었고, 이미 존재하던 곳에서는 이전 시기보다 더 민주적이 되었다. 노동조합이 합법화되고, 임금노동자들에게 고용주와 어느 정도의 동등한 협상력의 수단을 제공했다. 이주가 정부에 의해 어디서나 허용되었고, 남부와 동부 유럽에 커다란 영향을 미치기 시작했다. 러시아 제국을 제외하고 종교적 관용이 확립되었다. 형법이 이전보다 덜 가혹해졌다. 언론 검열은 철폐되거나 완화되었고, 정치에서는 이전 어느 시기보다 언론의 자유에 근접했다.

조직과 관련한 변화도 그만큼 놀라웠다. 대규모 경제 조직은 철도의 발명으로 필연적이 되었고 유한책임 원칙으로 가능해졌다.

유럽과 미국에서 자본 축적은 갈수록 규모가 커졌고, 따라서 소수 거물들에게 경제력이 집중되었다. 1815년에 상대적으로 기능이 얼마 없었던 정부는 여러 새로운 방면에서 적극적인 활동을 하게 되었다. 이 가운데 가장 중요한 것은 교육이었다. 서구에서 읽고 쓰기가 가능한 사람들을 바탕으로 한 민주주의의 존재는 이전에는 오로지 작은 도시 국가에서만 가능했던 새로운 강도의 국민적 협력을 가능케 했다. 철도와 전신, 전화 덕분에 중심부의 사람이 먼 곳의 사람에게도 신속한 지시를 내릴 수 있게 되었고, 따라서 정부의 실질적 권력이 증대되었다. 아메리카 인디언들이 사냥을 하고 아프리카 족장들이 용감한 전사들을 전투로 이끌던 유럽 바깥에서는, 현대적 도시들과 기계들로 인해 사람들이 주식거래소의 영향권 안으로 들어오게 되었다.

소수의 결정권자들

1814년 이래로 세계의 모습이 바뀌어온 사실에도 불구하고 한 가지 측면에서는 중요성이 변하지 않았고 일어난 변화들도 퇴보의 성격을 띠었다. 열강의 대외관계는 빈 회의 시절처럼 여전히 소수의 개인들이 좌우했다. 그들의 권력은 이론적으로는 제한을 받았을 수도 있지만 실질적으로는 거의 전제적이었다. 동유럽의 세 제국에서 의회가 수립되었음에도 불구하고 그들의 외교관계는 알렉산드르 1세와 메테르니히 시절처럼 여전히 전적으로 황제가 지배했다. 영국에서는 외교 정책의 연속성의 전통이 외교관계에서 의회의 실질적 통제력을 배제하는 결과를 낳았다. 어느 당이 집권하든지 외교부는 1830년대에 외교부를 장악했던 동일한 휘그 가문 일원의 수중에 있었다. 프랑스에서 외교부 장관의 권력은 다른 유럽 국가들보다 덜 절대적이었다. 그러나 종신직 관료들과 특정한 사업적 이해관계 간의 동맹은 다른 곳의 독재정치에 의해 생겨나는 결과와 매우 유사한 결과를 이끌어냈다.

따라서 국가 간의 관계는 여전히 전적으로 현대화되지 않은 반면 서로에게 해를 끼칠 수 있는 능력은 가늠할 수 없을 만큼 크게 증가해왔다. 과학과 산업화는 전쟁 기술을 탈바꿈시켰고 나폴레옹 전쟁에서 파괴에 동원 가능했던 것보다 더 큰 비율의 인구를 전투와 군비 생산에 투입하는 것이 가능해졌다. 더 빠른 동원과 명령 전달로 적국을 이전 어느 시기보다 더 신속히 침략할 수 있게 되었다. 따라서 국가들은 이전보다 서로를 더 크게 두려워했다. 이러한 두려움은 강렬한 민족주의를 낳았으며, 이는 다시 더 큰 두려움을 낳고, 다시 반대편에서 민족주의가 강화되는 악순환으로 이어졌다. 민족주의와 두려움은 파멸적인 상호작용 속에서 지속적으로 서로를 증대시켜 왔고 전쟁, 특히 돌발적 전쟁을 위한 국가 기구를 촉진했다. 군대를 가장 빨리 동원할 수 있는 강대국은 적국의 영토에서 싸울 수 있기 때문이다. 육해군과 외교는 긴밀하게 협조해야 했고, 항상 경주의 출발을 알리는 최종 신호를 기다리는 사람의 상태였다.

국제관계에서 조직의 부재는 경제생활의 일면에서 조직의 부재, 즉 새로운 자본의 투자와 연결되어 있었다. 우리는 이미 세실 로즈와 레오폴드 국왕이 아프리카에서 자본 투자로 막대한 이익을 거두어들였음을 보았다. 그리고 세계 곳곳의 제국주의적 모험들도 유사한 이익을 추구했다. 이러한 이익은 때로는 정복으로, 때로는 외교로 획득되었다. 선진 산업국가에서 철강 산업은 군수 산업과 하나로 묶여 있었고, 후진적인 국가들에 군수품을 팔기 위해 끊임없이 애쓰고 있었다. 차르의 전함들이 일본에 의해 침몰되었을 때, 빌헬름 2세는 독일 회사에 새로운 배들을 주문하도록 그에게 거듭 촉구했지만 차르는 그의 동맹국 프랑스를 믿는 편을 택했다. [무기상] 바실 자하로프가 잠수함으로 돈을 벌려고 했을 때 처음에는 모든 강대국들한테서 실패했다. 그러나 마침내 그는 동포인 그리스인들에게 한 척을 판매하는 데 성공했다. 이는 오스만 제국이 두 척을, 다른 강대국은 세 척을, 또 다른 강대국은 네 척을 구매하는 것으로 이어졌고, 마침내는 루시타니아 호의 침몰'까지 이어졌다. 조선업자들에게는 처음부터 끝까지 마음에 드는 상황 전개였다. 그러한 방식으로 새로운 자본 투자는 외교적 게임과 결부되었고, 그 이익은 흔히 전쟁 위험에 의존했다.

외교 업무는 어디서나 불가사의한 것으로 취급되었고, 대중의 눈앞에 공개되면 국가 이익에 반하는 것처럼 여겨졌다. 다행스럽게도 세 동유럽 제국에서 일어난 혁명으로 정부 문서들이 이른 시기에 공개될 수 있게 되었는데, 이전 정부들이 여전히 유지되었다면 공개는 훨씬 늦춰졌을 것이다. 문서 공개 덕분에 우리는 이제 세계대전 직전 마지막 몇 해 동안 국가에 강력한 힘을 휘둘러온 초인들에 대해 그들이 마치 100년 전에 살았던 것처럼 정확하게 판단할 수 있다.

이들 가운데 가장 중요한 사람은 1814년과 마찬가지로 차르

---

* 1차 세계대전 때 독일 잠수함이 영국 여객선 루시타니아 호를 침몰시킨 사건을 말한다. 이 사건은 미국이 세계대전에 참전하는 계기 중 하나가 되었다.

와 오스트리아 황제, 나중에 독일 제국 황제가 되는 프로이센 국왕이었다. 그러나 이 세 동유럽 열강 사이에는 상대적 중요성에서 커다란 변화가 일어났다. 이제는 독일이 첫 번째였고 오스트리아가 마지막이었다. 러시아는 여전히 매우 두드러진 세력이었지만 이전 알렉산드르 1세가 갖고 있던 우위를 독일에 내줬다. 영국은 해군과 제국을 통해 여전히 강력했지만 독일에 위협을 느꼈다. 영국의 외교 권한은 1905년 말부터 에드워드 그레이의 수중에 있었고 독일에서 카이저의 외교 권한만큼 거의 절대적이었다. 프랑스에서는 외교 정책이 자주 바뀌었다. 그러나 최종적으로 승리한 정책을 밀어붙인 결정적 사람은 [대독강경책을 펼친] 델카세와 푸앵카레였다. 이 모든 사람들은 비개인적 힘의 단순한 구현이 아니라 실제로 그들의 개인적 특성을 통해 사건에 영향을 미쳤다.

유럽의 외교적 지도에서 어떤 요소들은 1871년부터 1914년까지 줄곧 고정되어 있었던 반면 다른 요소들은 상황에 따라 달라졌다. 가장 주요한 고정 변수는 독일에 대한 프랑스의 적대감이었다. 비스마르크는 이를 불가피한 것으로 받아들였고, 한편으로는 러시아와 좋은 관계를 발전시킴으로써, 다른 한편으로는 영국과 프랑스, 이탈리아가 제국주의적 모험에 나서 서로 충돌하도록 부추김으로써 이 문제를 처리했다. 비스마르크의 실각 이후 프랑스는 처음에는 프랑스-러시아 동맹을 통해, 그다음에는 영국과의 협상을 통해, 마침내는 발칸전쟁*의 결과 발칸에서 독일과 오스트리아의 지위를 약화시킴으로써, 조금씩 외교적 상황을 개선해 나갔다. 게다

---

*   제1차 세계대전 직전인 1912~1913년에 벌어진 발칸 반도 국가들과 오스만튀르크 간의 전쟁으로 배후에는 발칸 반도에 영향력을 행사하려는 러시아와 오스트리아의 갈등이 있었다.

가 미국의 금융과 산업 자원들은 전쟁이 일어날 경우 독일보다는 프랑스와 영국이 이용하기 유리하다고 생각되었다. 특히 모건의 회사는 사실상 협상국의 파트너로 간주될 수 있었다. 프랑스의 지위가 개선됨에 따라 잃어버린 영토―특히 로렌의 철광석 산지―를 회복할 수 있다는 희망이 프랑스 정치가와 산업가의 마음속에 되살아났다. 다른 열강의 희망은 소규모 전쟁으로 실현될 수 있었을지도 모르지만 알자스―로렌의 회복은 대규모 유럽 전쟁으로만 가능했다. 따라서 1904년 협상으로 영국의 지원이 확보되자마자 프랑스의 이해관계와 정책은 다른 어느 열강보다도 일급의 충돌을 가리켰다.

나약함과 허영, 빌헬름 2세

사건에 미치는 개인적 영향력으로 판단할 때 유럽에서 가장 중요한 사람은 빌헬름 2세 황제였다. 그의 어린 시절은 할아버지 빌헬름 1세와 외할머니 빅토리아 여왕의 그늘 아래서 지나갔다. 빅토리아 여왕의 맏딸이었던 그의 어머니는 왕세자 프리드리히의 아내였는데 프리드리히는 오랜 세월 왕위를 기다리다 다 죽어가던 57세에 즉위해, 몇 달 안 되는 재위기간 동안 정무에 전혀 참여할 수 없었다. 쪼그라든 팔을 가지고 태어난 빌헬름 2세는 어머니한테 사랑을 받지 못했다. 그녀는 한 오스트리아인(물론 그는 그녀의 말을 곳곳에서 되풀이했다)에게 "무례하고 볼품없는 자기 아들"과 비교해서 오스트리아 황태자를 얼마나 흠모하는지를 이야기했다. 그녀는 야심만만하고 주도적인 여성으로, 남편의 왕위 계승을 애타게 기다리며 비스마르크와 독일을 싫어하고, 자신을 영국인으로 느낀다는 사실을 애써 감추려하지 않았다. 늙은 시아버지는 도대체가 죽을 기미가 보이지 않았고—그는 아흔 살에 죽었다—그녀의 희망도 점차 사그라졌다. 그녀는 자신의 재위(남편은 완전히 그녀의 손바닥 안에 있었다)가 길지 않으리란 것을 예감했고, 이 때문에 아들에 대한 미움에 시기심까지 덧붙여져 남편의 최후를 앞두고 관계를 영영 돌이킬 수 없을 만큼 아들과 크게 다퉜다. 어머니에 대한 빌헬름 2세의 증오는 영국에 대한 증오의 근원이었다.

　　그러나 영국은 그에게 증오의 대상이면서 동시에 찬탄의 대상이었다. 붉은 인터내셔널[사회주의자 인터내셔널]이나 검은 인터내셔널[무정부주의자 인터내셔널]만이 아니라 왕실 인터내셔널이 있던 시절이 있었다. 그 시절에 북부 유럽에는 오로지 한 왕가만이 존재해 그 가문의 여러 일원이 여러 나라를 다스렸는데, 이 존엄한 가문의 공인된 수장은 빅토리아 여왕이었다. 카이저가 그녀의 손자였을 뿐 아니라 차르도 그녀의 손녀와 결혼했다. 니콜라이 2세는 약혼한 날 "이제 그녀를 할머니Granny라고 부를 수 있다"고 일기장에 자랑스럽게 적었다. 공화주의자들이 베르사유 궁전을 차지하게 된 이래로 윈저 성만큼 으리으리한 궁전은 없었다. "그랜드마마" 생전에 그곳에 초대되었을 때마다 빌헬름 2세는 속물적인 만족감을 느꼈고, 돌아와서는 그곳의 화려한 장관을 자랑했다. 영국인의 환심을 사려는 그의 노력이 너무 서툴렀기 때문에 대신들은 그에게 야단스럽게 호감을 드러내지 말라고 경고해야만 했다. 하지만 그는 영국인의 환심을 사려는 유혹을 도저히 뿌리칠 수 없었다. 영국인에 대한 증오가 그의 어머니와 결부되어 있듯이, 영국인에 대한 그의 찬탄은 빅토리아 여왕과 결부되어 있었다.

1904년 [독일 북부 항구도시] 킬에서, 카이저는 에드워드 국왕이 동석한 자리에서 자신의 대해군 정책을 변호했는데 심리적으로는 사실이었는지 몰라도 정치적으로는 그다지 현명하지 못한 변호 논리였다.

"어렸을 적에 나는 친절한 이모들과 친근한 제독들의 손에 이끌려 플리머스와 포츠머스를 방문했습니다. 나는 그 훌륭한 항구 두 곳에 정박한 당당한 영국 전함을 보고 찬탄을 금치 못했습니다. 그때부터 내게는 언젠가 나도 저런 해군을 건설하고 싶다는 소망이 생겼고, 커서 영국 해군만큼 멋진 해군을 갖게 되었습니다." 뷜로 재상은 함대가 "그렇게 감상적으로, 폐하의 개인적 성향과 어린 시절 추억의 산물로" 묘사된다면 제국의회가 예산 배정을 거부할지도 모른다고 말하며 그 연설이 언론에 공개되는 것을 막으려고 했다. 그러나 카이저는 도저히 말릴 수가 없었다.

그는 영국 국왕이 독일 해군에 깊은 인상을 받을수록 그 결과는 정치적으로 더 안 좋을 것이라는 경고를 들었음에도 불구하고 "버티 삼촌"에게 자신의 해군 전체를 구경시켜주겠다고 고집을 피웠다. 그동안 내내 그는 "그랜드마마"처럼 위엄 있는 느낌을 받고 싶어 했다.

카이저의 쪼그라든 팔은 어머니와 외할머니처럼 그의 성격에 악영향을 미쳤다. 그의 불편한 허영심 탓에 그는 언제나 빛나야 했고, 호엔촐레른 가의 수장이라는 지위 때문에 군인이 되어야만 했다. 그러나 그는 오로지 엄청난 어려움과 영웅적인 노력을 통해서 말을 타는 법을 배웠고, 그의 말은 언제나 얌전해야 했다.

예를 들어, 뷜로를 기쁘게 하고 프랑스와 영국을 화나게 만들기 위해 탕헤르*에 상륙했을 때와 같은 결정적 순간에 빌헬름 2세는 자신의 말이 너무 원기왕성한 놈일까 봐 불안해했다. 탕헤르를 방문하고 오랜 시간이 지나서 그는 뷜로에게 편지를 써 불만을 늘어놓았다. "나는 자네가 원했고 또 조국의 이해관계를 위해서, 불구인 내 왼팔로는 승마가 불편함에도 불구하고 낯선 말 위에 올랐네. 그 말은 하마터면 내 생명을 앗아갈 뻔했으니 자넨 그 게임에 내 목숨을 건 거야!"

뷜로는 여기에 이렇게 논평했다. "카이저의 여러 사랑스러운 인간적 면모 가운데에 진정한 극기의 자세로 자신의 왼팔 마비를 극복한 것만큼 더 매력적인 모습도 별로 없었다. 자신의 이러한 신체적 결함을 애써 감추려고도 하지 않고 그는 굳센 의지로 대담한 기수이자 명사수, 유능한 테니스 선수가 되었다." 이것은 매우 정당한 평가지만 여기에 그가 들인 노력은 그의 허영심을 안타까운 방식으로 발전시켰다.

빌헬름 2세의 표면적인 호전성과 대결의식, 요란한 허세는 남자답지 못한 사람으로 여겨질지도 모른다는 두려움과 불안감을 감추는 것이었다. 만일 사적인 지위를 누리는 부자로 태어났다면 그는 예술의 후원자로 더할 나위 없이 행복했을 것이다. 그는 주변을 화가들과 음악가들로 채우고, 그들한테서 자신의 그림과 음악에 대한 칭찬을 기대했을 것이다. 갈채에 대한 빌헬름 2세의 욕구는 유럽의 파멸을 가져온 요인 가운데 하나가 된 경로를 채택하는 대신

---

*   1차 모로코 위기이자 탕헤르 사건으로 불리며, 영국에 파쇼다를 양보하는 대신 모로코 지배를 인정받은 프랑스를 도발하기 위해 빌헬름 2세는 모로코의 탕헤르를 방문해 모로코의 주권을 옹호하였다.

아마추어적인 작품에 대한 약간의 정직하지 못한 칭찬으로 충족되었을 것이다. 그의 자연스러운 성정은 그가 자발적으로 고른 친구들한테서 드러나는데, 친구들 가운데 필립 오일렌부르크 백작과 가장 절친했다. 오일렌부르크는 유약하고, 감상적이고, 예민하고, 황제의 비밀 고문단의 대다수와 마찬가지로 동성애자였다. 심지어 군인사들 가운데에서도 구 프로이센의 남자다운 미덕에 반하는 반동이 자리 잡았다. 군사 내각의 총장 휠젠-해젤러 백작은 여러 차례 발레리나로 분장했다. 그는 마지막으로 발레리나로 분장했을 때 카이저 앞에서 춤을 추다가 심장마비로 쓰러져 죽어 독일 국민을 경악에 빠트렸다.

빌헬름 2세의 군림하려는 태도는 완고한 의지를 타고난 비스마르크의 그것과 달리 가장 좋은 배역을 맡지 못할까 두려워하는 배우의 아집에 가까웠다. 이것은 그가 26년간 프로이센의 절대적 지배자였던 노 재상과 잘 지내는 데 전혀 보탬이 되지 않았다. 노 재상은 프리드리히 황후한테 미움을 받는다는 유리한 점 때문에 빌헬름의 재위 첫 2년 동안은 계속 자리를 지켰다. 그러나 1890년에 두 사람의 사이는 불가피하게 틀어졌고, 비스마르크는 해임되었다.

마침 이때 독일에 결정적으로 중요한 문제, 즉 러시아와의 재보장조약 갱신 문제가 제기되었다. 1879년에 체결된 오스트리아와 독일의 양국동맹은 프랑스와 러시아 간의 동맹을 불러올 위험성이 있었다. 이를 방지하기 위해 비스마르크는 1887년에 러시아와 3년간의 비밀조약을 체결했다. 이에 따라 양국은 각자 제3국과의 전쟁 시 상호 중립을 유지하기로 동의했다. 오스트리아와 러시아는 발칸에서 상충하는 이해관계를 갖고 있었지만 비스마르크는 둘 다와 친구가 되기로 작정했다. 1866년에 몇 주를 제외하고[프로이센 - 오스트리아 전쟁이 벌어진 기간] 동유럽의 세 열강은 1813년 이래로 쭉 친구였다. 세 나라의 우호관계는 유럽의 평화를 보전하고 프랑스가 동맹국을 찾는 것을 막았다. 재보장조약이란 수단을 통해 (그러나 오스트리아한테는 비밀로 해야 했다) 독일은 세 황제 사이에서 평화를 유지하기 위해 가능한 일을 했다.

이 정책은 비스마르크의 정책이었고, 그는 인기가 없었다. 따라서 그 정책은 나쁜 정책임이 틀림없었다. 정치적 공백 기간의 혼란 속에서 독일 외교의 복잡한 메커니즘을 이해하는 사람은 단 한 명, 외교부의 붙박이 수장인 홀슈타인 남작이었다. 그는 재보장조약을 갱신하지 말라고 조언했는데 러시아 정부가 비스마르크가 아닌 다른 사람과 조약을 갱신하는 데 망설였고, 홀슈타인은 비스마르크의 재집권을 바라지 않았기 때문이다. 결국 조약은 갱신되지 않았고 러시아는 프랑스로 눈길을 돌려 1891년에는 협상을, 1894년에는 동맹을 체결했다.

홀슈타인의 비밀스런 권력

이 문제에서 처음으로 독일 외교 정책에 중요한 영향력을 획득한 홀슈타인은 가장 독특한 인물이었다. 어린 시절 그는 양떼를 들여놓은 헛간에 불이 나서 아버지가 양들을 구하려다 양떼에 짓밟혀 죽는 것을 목격했다. 이 일은 그에게 지울 수 없는 인상을 남겨 평생토록 그는 양만 보면 신경쇠약으로 쓰러졌다. 그러나 파리 대사관에 서기관으로 있는 동안 비스마르크의 명령으로 상관인 아르님

백작에게 불리한 증거를 입수할 때까지는 특별히 남다른 행동을 하지 않았다. 비스마르크는 아르님을 파멸시키기로 작정했고, 그에 따라 홀슈타인은 아르님에게 불리한 증인으로 공개법정에 출석해야 했다. 아르님은 베를린 사교계에서 인기가 많았기에 홀슈타인은 우정을 가장하고 스파이 노릇을 한 대가로 사교계에서 매장되었다. 그때부터 그는 은둔자의 삶을 살았다. 심지어 카이저도 그를 여러 차례 초대한 끝에 딱 한 차례만 만날 수 있었는데, 홀슈타인은 적절한 궁정 예복이 없다는 이유로 초대를 대부분 거절하곤 했다.

폐위된 후에 카이저는 비스마르크의 해임은 커다란 화강암을 굴려 그 아래 숨어 있던 벌레를 드러낸 꼴이라고 말했다. 어쩌면 그는 홀슈타인을 생각하고 있었는지도 모르지만 홀슈타인이 권력을 누리던 당시에는 그를 "아주 좋은 친구"라고 불렀다. 이 "좋은 친구"는 자신의 사회적 파멸을 비밀스러운 권력의 즐거움으로 대신 위안했다. 그는 오일렌부르크와 친구가 되면서 그와 동시에 자신의 "친구"를 원하면 언제든 감옥으로 보낼 수 있는 증거를 수집했다. 어느 날 밤 홀슈타인은 동성애자들의 만남의 장소로 이용되는 다소 평판이 좋지 않은 맥줏집에서 비를 피하다가 선원 차림새로 명백히 변장을 한 채 서로를 "크라우스"와 "호프만"으로 부르는 두 사람을 보았다고 한다(두 사람은 그를 보지 못했다). 그는 "크라우스"가 오일렌부르크라는 것을 알아보았다. 여러 해가 흐른 후 뷜로와 처음 만났을 때 홀슈타인은 그의 목소리를 알아차렸다. 뷜로가 "호프만"이었던 것이다. 홀슈타인은 그 우연한 사건을 계기로 의심의 여지없이 소유한 정보로 두 저명인사를 좌지우지 할 수 있었고, 따라서 두 사람의 승진에 호의적이었다. 그러나 아무리 높은 자리에 오르더라도 두 사람은 홀슈타인이 권유하는 정책을 채택하고 그가 찬성하는 임명을 해야 했다. 비스마르크가 실각한 1890년부터 1906년까지 독일의 외교 정책은 홀슈타인의 외교 정책이었다. 그는 체임벌린의 동맹 제의를 거부하라고 조언했다. 또 뷜로가, 내켜하지 않은 카이저에게 강요한 모로코 정책을 조장했다. 그가 크루거 전보를 권유하지는 않았고, 그것은 황제 본인이 한 일이었지만 그 문제가 논의되고 있을 때 자신은 그 일에 개입되지 않도록 신경썼는데 나중에 크루거 전보의 책임이 외무대신 마르샬에게 떨어질 것을 내다보았기 때문이다. 그는 마르샬을 몰아내고 그 자리에 뷜로를 앉힐 심산이었다. 떳떳치 못한 비밀을 알고 있고 권모술수에 뛰어났기 때문에 거의 모든 사람들이 그를 두려워했다. 그의 몰락은 전적으로 예상치 못한 우연한 사건에 기인했다. 1906년에 뷜로는 제국의회에서 연설을 하다 쓰러졌고, 그의 모든 문서는 임시로 부관인 치르슈키에게 맡겨졌다. 그 문서 가운데에는 홀슈타인의 사직서도 있었는데, 이전의 다른 열 차례 사직서와 마찬가지로 뷜로를 압박하기 위한 수단이었다. 그러나 치르슈키는 다른 많은 사람들과 달리 뒤가 켕기는 비밀이 없었고, 사직서에 즉시 카이저의 서명을 받았다. 홀슈타인은 이 일이 오일렌부르크 탓이라고 생각해 급진파 언론인 하르덴에게 카이저의 측근들에 관해 정보를 제공했고 하르덴이 이를 신문에 공개하게 만들어 다른 저명인사들과 오일렌부르크를 파멸시켰다. 1909년, 늙고 가난하며 거의 실명한 홀슈타인은 권력을 휘두른 시기 내내 살았던 베를린의 허름한 구역에 있는 작은 아파트에서 죽었다. 데일리메일은 부고에서 그를 "구식 프로이센 관료의 원형"이라고 언급했다. 그는 박식하고 지칠 줄 모르는 일벌레였고, 어떤 의미에서는 애국자였다. 그러나 의심이 많은 성정으로 결정적 순간마다 잘못된 조언을 했고, 그의 왜곡된 증오심은 전쟁 분위기를 조성하는 데 크게 기여했다.

독일의 외교적 고립

오일렌부르크와 그의 친구들과의 관계는 카이저의 성격의 일면을 보여주지만 러시아 황제 "친애하는 니키"에게 보낸 편지에서는 꽤 다른 일면을 찾아볼 수 있다. 1894년에 즉위한 니콜라이 2세는 사촌 빌헬름 2세보다 더 어렸고, 덜 똑똑했으며, 덜 단호했다. 따라서 그를 개인적으로 지배함으로써 러시아 정책을 독일의 구미에 맞게 할 수도 있을 것 같았다. 삼국동맹과 삼국협상이 명확한 상호 적대적 집단으로 규정된 이후에도 카이저는 이러한 희망을 버리지 못했다. 또 자신이 친애하는 사촌에게 영국이나 프랑스에 대해 안 좋게 한 말이 양국에 전달될 수 있다는 사실도 결코 깨닫지 못했다. 러프동맹이 막 체결되었을 때 그는 "니키"에게 "그 망할 악당들(프랑스)이 잠자코 있게 잘 단속"하라고 했다. 그는 전제군주가 공화주의자들을 존중할 수 있다는 사실에 괴로워했다. 대공들이 공화국의 수장과 어울리면 "공화주의자들은 자신들이 제후들과 사귀고 잘 지낼 수 있는, 정직하고 훌륭한 사람이라고 착각할 것"이다.* 게다가 "장 조레스\†가—그의 개인적 잘못은 아니지만—프랑스 국왕과 왕비의 자리에 앉아 있다는 사실을 잊지 말아야 하네. …… 니키,

---

*   [원주]두 황제의 서신 교환은 영어로 이루어졌다.
†   프랑스의 사회주의자, 정치가. 1914년 전쟁 전야에 참전 반대를 호소하다 극우파에게 피살되었다.

내 말을 믿어. 프랑스 국민들은 신의 저주에 영원히 시달릴 거네!"

　이런 논조는 프랑스의 사악함에 차르의 눈을 뜨게 하는 데 실패했다. 황화黃禍, Yellow Peril*에 관해 썼을 때 빌헬름은 더 성공을 거두었고—적어도 그는 그렇게 생각한 것 같다—석가모니에 맞서 기독교를 위한 십자군운동에 나서도록 차르를 부추겼다. 그는 러일전쟁의 발발에 아주 기뻐했고 자신의 확실한 도덕적 지원을 장담했다. 러시아가 독일이 필요로 하는 것과 같은 통상조약에 동의하기만 한다면 말이다. 그러나 차르가 프랑스 모르게 독일과 정치적 조약을 맺는 것을 거절하자 그는 뷜로에게 "이제 일본과 관계를 맺어 '파리에 한 방 먹여주자'"고 썼다.

　영국에 대한 카이저의 증오는 영국을 언급할 때마다 드러난다. 카이저는 영국을 "참견하기 좋아하는 어느 열강"이라고 언급했다. 그럼에도 불구하고 체임벌린이 동맹을 제의했을 때 그는 즉시 "친애하는 니키"에게 편지를 써서 영국의 제의 내용을 실컷 부풀린 후 짐짓 조언을 구하는 척하면서 실제로는 차르가 자신의 우정을 사기 위해 더 좋은 조건을 제시하지 않는다면 영국을 거절할 수 없다는 식으로 암시했다. 그는 1906년까지 영국에 대항하는 대륙 블록에 차르가 프랑스를 끌어들이고, 그와 니콜라이가 개인적으로 세계를 지배할 수 있다는 희망을 버리지 않았다. 1902년 9월에 그는 이렇게 썼다. "거대한 두 대륙 연합을 주도하는 두 강대국의 통치자로서 우리는 두 연합의 이해관계를 다루는 어떠한 일반적 문제에 대해서도 의견을 교환할 수 있네. 그리고 그 문제를 어떻게 처리할 것

---

*　　빌헬름 2세가 처음 사용한 말로 황인종의 부상이 백인종에게 위협이 되고 있다는 말로 인종주의적 공포를 조장하였다.

인지 합의하는 대로 우리는 우리의 동맹국이 같은 견해를 채택하게 할 수 있고 두 동맹―즉, 5대 열강―이 평화가 유지되어야 한다고 결정하면 세계는 틀림없이 평화를 유지하고 그 축복을 누릴 수 있다네." 다시 말해 그는 1815년부터 1830년까지 유럽에 반동적인 종류의 국제 정부를 제공했던 신성동맹 정책을 부활시키고 싶어 했다. 과거에는 그러한 정책으로 평화를 보전할 수 있었지만 1902년에는 불가능했다. 나폴레옹이 몰락한 후에 프랑스는 반동적이었고 또 분할되지도 않았다. 그러나 1871년 후에 프랑스는 자유주의적이었으며 알자스 - 로렌의 상실을 받아들이려 하지 않았다. 러시아와 오스트리아는 발칸과 콘스탄티노플에서 상이한 이해관계로 멀어졌고, 이는 슬라브 민족주의의 성장으로 악화되었다. 독일 해군은 영국에 적대감을 불러일으켜서 영국으로 하여금 독일에 대한 프랑스의 원한에 부채질을 하게 만들었다. 그러므로 카이저의 정책은 그 시대 독일과 여타 나라에서 공격적 제국주의와 민족주의 때문에―어쩌면 안타깝게도―더 이상 가능하지 않았다.

니콜라이를 설득할 수 있는 가장 가능성 있는 방법은 자유주의와 혁명에 대한 두려움에 호소하는 것이었다. 아니, 적어도 카이저는 그렇게 생각했던 것 같다. 메테르니히는 알렉산드르 1세가 그리스인들에게 등을 돌리게 만드는 데 이 논의를 성공적으로 써먹었다. 니콜라이 1세는 1830년 이후에 프랑스를 싫어했고, 크림전쟁에서 프랑스에 맞서 싸웠다. 니콜라이 2세의 할아버지는 혁명가들에게 암살되었는데 그들의 해로운 신조는 프랑스에서 온 것으로 볼 수도 있었다. 전제군주의 관점에서 볼 때는 영국도 별로 나을 게 없었다. 1905년 한동안은 이러한 논조가 통했다. 차르는 극동에서 패배를 당했고, 안에서는 혁명에 직면했다. 니콜라이는 러시아 발틱함대가 일본으로 가는 길에 도거뱅크 인근에서 영국 소형 어선들을 일본 어뢰정으로 착각하고 발포한 도거뱅크 사건에 영국이 펄펄 뛴 것을 두고 격노했다. 그는 카이저에게 전보를 쳤다. "영국의 행위에 대한 분노를 표현할 길이 없다." 이 호기를 놓치지 않은 빌헬름은 발트 해 인근 비외르쾨에 있는 차르의 요트에서 만나 대신들의 대동 없이 니콜라이에게 기습적으로 조약을 제의해 서명하게 만들었다. 그는 차르에게 조약에 서명한 날은 "유럽 정치의 초석이며 세계 역사의 새 장을 열었다"고 말했다. 그는 뷜로에게도 똑같은 승리의 찬가를 써 보냈다. "비외르쾨에서 1905년 7월 아침은 유럽 역사의 전환점이며 사랑하는 조국에 크나큰 구원으로, 조국은 프랑스와 러시아의 목조르기에서 마침내 풀려날 것이다."

참으로 안타깝게도 뷜로는 비외르쾨 조약이 쓸모없다고 선언했으며, 러시아 외무대신 랑스도르프도 프랑스에 대한 러시아의 의무 조항과 양립할 수 없다는 근거에서 비준을 거부했다. 뷜로는 사임을 들먹였지만 빌헬름은 그에게 다음과 같은 말로 끝을 맺는 장문의 항의 전보를 보냈다. "자네의 사임을 받아들이는 그날로 황제도 더 이상 없네! 불쌍한 내 아내와 아이들을 생각해주게!" 이런 생각(이나 다른 생각)으로 재상은 사임하지 않기로 했지만 조약은 무효가 되었다.

그럼에도 불구하고 빌리는 니키에게 마치 그들의 개인적 결정이 조약을 유효하게 만든 것처럼 굴며 계속해서 편지를 썼다. 그는 당시 막 체결된 영프협상이 자유주의적 목적을 갖고 있다고 주장했다. "프랑스와 영국의 자유주의 언론은 아주 공공연히 또 한목소리로 러시아—그들 말에 따르면 '차르정'—에서 모든 군주제적 활동과 활발한 움직임을 비난하고 '차르정'과 '제국주의', '어느' 후진적 나라들에 맞서 '계몽'과 '자유주의'의 지속과 확산을 위해 공공연히 혁명가들의 대의를 지지하고 있네. 그리고 '어느' 후진적 나라들이란 바로 우리나라와 자네 나라야. 프랑스인이 영국인에게 항상 듣는 말은 '세계에서 자유주의의 이해관계를 공동으로 옹호하고 다른 나라들에서 자유주의를 촉진하는 것'이네. 바로 유럽 곳곳에서 특히 아직 다행스럽게도 저 지긋지긋한 의회의 절대적 지배를 받지 않는 나라들에서 혁명가를 길러내고 돕자는 소리지."

같은 편지에서 그는 프랑스인들의 사악함을 잊고 영국에 맞선 동맹을 촉구했다. "미국의 측면 지원을 받는 '대륙 연합'은 전 세계가 존 불[영국]의 개인적 소유가 되는 것을 실질적으로 막는 유일한 방법이야. 존 불은 끝없는 거짓말과 술수로 나머지 문명국 사이에 싸움을 붙인 후에 내심 만족하며 자신의 개인적 이익을 위해 세계를 이용하고 있어. 우리는 지금 프랑스가 우리를 결사반대하도록 존 불이 나서서 최선을 다하고 있는 모로코 문제에서 이 해로운 원리가 작동하고 있음을 보고 있네."

그러나 아무런 소득도 없었다. 차르는 영국과의 의견 대립을 가라앉혔고 점차 빌헬름에게서 멀어졌다. 하나의 계급으로서 황제들의 이해관계 측면에서 보자면 빌리가 니키보다 더 맞았던 것 같다. 빌리한테 수완이 더 있었더라면 더 설득력이 있었을지도 모른다.

1902년부터 줄곧 영국의 정책을 결정해온 독일 해군은 카이저의 개인적 작품이었다. 우리는 이미 그가 전함에 대한 자신의 욕망이 어린 시절 친절한 이모들이 포츠머스와 플리머스에서 보여준 광경에 영감을 받았다고 설명한 것을 보았다. 그러나 거기에는 더 심각한 동기가 있었다. 그는 멀리 떨어진 곳에서 영국이 누리는 권력을 부러워했다. 쿠웨이트에서 문제가 생기면 영국 전함이 그 자리에 있었다. 사모아에서 분쟁이 일어나면 영국 해군이 관여했다. 영국 제독들 때문에 크레타 포격*은 그가 기대했던 것보다 덜 맹렬했다. 지중해로 유람선 여행을 갔을 때 그는 지브롤터에 감탄을 금하지, 아니 그보다는 니키에게 자신의 열광적 반응을 알리는 것을 자제하지 못했다. "지브롤터는 한마디로 굉장해! 내가 본 것 중 가장 장엄하네. 그것이 어떤 것인지 말로는 조금도 설명할 수가 없어. 그 자체로 장엄하며 또 그 웅장한 바위 위와 주변에 배치된 군사력으로 장엄하지." 그는 적절한 해군이 있다면 자신도 "웅장한 바위"를 소유할 수 있을 거라 생각했다. 그러한 생각은 몇 달 후 그가 차르에게 쓴 편지에서 내비친 영국에 대한 찬사와 일치한다. "영국의 오만불손함을 다스릴 뛰어난 원정은 페르시아 – 아프간 전선에서 무력시위를 하는 것일세." "그것만이 그들이 유일하게 두려워하는 것이고, 3주 전에[도거뱅크 사건을 말한다] 지브롤터의 포대와 영국 함대가 잠잠했던 것은 오로지 러시아가 투르키스탄에서 인도로, 또 페르시아에서 아프가니스탄으로 진입하는 것에 대한 두려움에서였다는 사실을 알고 있고 또 그렇다고 들었기" 때문이다. 이 충고는 차르의 흑해 함대가 갑자기 무력으로 해협을 통과해 극동으

---

* 1898년 크레타(터키인과 그리스인이 섞여서 살아가던 당시 오스만제국의 속령)에서 반란이 일어나 영국 영사를 비롯해 크레타 거주 영국인들이 사망하자 영국 해군을 주축으로 열강의 군대가 개입해 진압한 사건.

로 출항한 발틱함대에 합류해야 한다는 제안과 마찬가지로 영국에 감탄하면서 동시에 시샘하는 마음에서 나왔다고 봐야 한다. 그러나 우정을 가장한 그러한 충고는 러일전쟁과 혁명으로 인한 곤경이 영국과의 전쟁으로 도저히 덜어질 리 없는 차르에 대한 기만을 보여준다.

영국과 독일의 해군 경쟁

빌헬름 황제는 해군을 건설하면서 다른 대신들의 반대에 직면했지만, 정직하고 군사기술에만 관심이 있으며 외교에 대해서는 전혀 모르는 티르피츠 제독의 지지를 받았다. 처음에는 뷜로, 나중에는 베트만-홀베그 재상이 영국의 적대감으로부터 기인한 독일의 고립에 우려를 느꼈고, 만일 독일이 심각한 전쟁에 엮인다면 영국은 분명 반대편에 가담하리라는 사실을 깨달았다. 그들은 영국이 제의해오고 있던 해군 협정을 체결하기를 원했다. 처음에 카이저는 영국이 그러한 제안을 공식적으로 제안해오기만 하면 그것은 곧 전쟁이라고 펄펄 뛰었다. 이 문제에서 그는 티르피츠의 지지를 받았는데 독일이 싸울 준비가 되었다는 근거에서가 아니라 둘 다 단호한 어조가 영국에 겁을 줄 것이라고 믿었기 때문이다. 티르피츠와 매우 비슷한 사람으로 티르피츠를 열렬히 흠모한 영국의 피셔 제독*은 독일 해군이 "코펜하겐 당해야Copenhagened" 한다고, 다시 말해 한 세기 전 덴마크 해군에게 한 것처럼 영국 해군이 사전 경고 없이 독일 함대를 침몰시켜야 한다고 충고했다. 그리고 해군성의 문민 해군경인 아서 리(훗날 페어엄의 리 경)는 만약 전쟁이 일어나

---

*   [원주]1916년 피셔는 티르피츠에게 "그리운 티릅스"로 시작해 "지옥이 얼어붙을 때까지 언제나 당신의 친구"라고 끝맺는 편지를 썼다.

면 독일 국민이 선전포고 사실을 알기 전에 독일 해군을 침몰시켜야 한다고 연설했다. 이러한 '상냥한' 제안들은 이후 협상을 전혀 용이하게 만들지 못했다.

1912년이 되자 비록 티르피츠와 빌헬름 2세는 해군협정을 전적으로나 원칙상으로는 반대하지 않게 되었지만 여전히 매우 내켜 하지 않았다. 그래서 불가능한 조건을 부과하고 특히 다른 열강이 개입할 수 있는 일체의 전쟁에서 중립 유지를 요구해왔는데 이는 영국이 프랑스와 벨기에에 지는 의무 조항과 양립할 수 없었을 것이다. 따라서 비록 독일 정치가들은 틀림없이 위험하고 어쩌면 파멸적인 전쟁으로 불가피하게 이어지리라는 것을 알았으면서도 적대의식과 해군 경쟁을 방관했다. 해군 정책은 오로지 카이저의 책임인데 그가 다른 모든 조언자들을 무시하고 티르피츠를 지지했기 때문이다. 티르피츠의 신조는 위험지대로 묘사된 몇 년이 지나면 독일 해군이 아주 강력해져서 영국이 감히 공격하지 못한다는 것이었다. 독일이 영국과 대등한 해군 전력에 도달하는 것마저도 저지할 2국 대항기준 정책*을 영국이 발표했을 때 티르피츠는 조세 부담에 대한 두려움으로 이런 움직임은 곧 중단될 것이라고 빌헬름을 안심시켰다. 그러나 두 사람 모두 해군력 우위는 영국 정책의 고정 변수이며 해군에 대해서는 영국이 어떤 재정적 희생도 과도하게 여기지 않는다는 사실을 이해하지 못했다. 그들은 말했다. 몇 년만 더 평화를 유지하면 독일 해군은 영국 해군에 맞설 수 있을 것이라고. 흔히 그렇듯이 전쟁은 티르피츠의 '몇 년'이 지나기 전에

---

* 세계 1위의 해군력을 가진 영국이 2위와 3위를 합친 것보다 더 강한 해군력을 보유하려는 정책.

일어나고 말았다.

　　빌헬름의 해군 정책은 비현실적이었다. 독일 해군이 영국 해군을 따라잡기는 불가능했는데 전함은 비밀리에 건조될 수 없기 때문이다. 그는 영국이 프랑스와 러시아와 손잡게 만들었고, 따라서 도처에서 독일의 적을 조장해서 프랑스에서는 되살아난 실지회복주의에 대한 희망을 일깨우고, 러시아에서는 콘스탄티노플에 대한 더 강해진 욕망을 일깨웠으며, 발칸에서는 오스트리아를 무시하려는 분위기를 조성했다. 1904년부터 1914년까지 모든 외교적 대변동은 독일 해군에 대한 영국의 불안이 심각한 데서 기인했다. 그리고 결국 자신의 해군을 이용해야 할 때가 왔을 때 빌헬름은 함대를 귀한 장난감처럼 취급해 항구에 안전히 모셔두었다. 평화 시에서처럼 전시에서도 그는 자신의 해군을 너무 사랑했다.

마지막 전제군주, 니콜라이 2세

러시아 제국은 독일 제국보다 더 완전한 전제정이었다. 1894년에 즉위한 니콜라이 2세가 1905년에 일종의 헌법을 수여해야만 했던 것은 사실이다. 그러나 카이저가 차르 앞에 만병의 근원으로 내세운 자유주의를 자랑한다는 영국과 프랑스는 차르가 두마[러시아 의회]를 해산하기를 원했을 때 그에게 자금을 빌려줌으로써 그들의 동맹국이 두마를 무력하게 만드는 것을 도왔다. 그들은 최근에 발효된 헌법이 두마가 승인하지 않은 차관은 금한다는 사실에도 불구하고 차관을 제공했다. 1907년부터 1914년까지 러시아 정부는 오로지 암살로만 완화되는 가차 없는 전제주의 체제였다.

　　니콜라이는 즉위 직후에 결혼을 했고 완전히 아내의 손바닥

안에 있었다. 그의 정치는 곧 그녀의 정치였는데, 몇 가지 고정된 목표에 따라 좌우되었다. 그는 콘스탄티노플의 성 소피아 성당에 십자가를 박기를 원했다. 또 전제정을 유지하기를 원했다. 그는 종교적 관용에 근접하는 어떤 조치도 저지하고자 했다. 재상 스톨리핀*(그다지 급진주의자는 아니었다)이 유대인에 대한 몇몇 제약을 폐지할 것을 제의했을 때 차르는 이렇게 대답했다.

지금까지 내 양심은 나를 그릇된 길로 인도하거나 잘못 판단하지 않았다. 그 점에서 나는 다시금 양심의 명령을 따를 것이다. 차르의 마음은 신의 손 안에 있음을 그대 역시 믿을 것이다. 고로 내 마음이 계속 주님의 손에 머물게 두어라. 나는 전능하신 주님 앞에 내가 소유하고 휘두르는 권력과 관련하여 끔찍한 책임을 지고 있지만 언제나 주님께 내 행위를 설명할 준비가 되어 있다. 그대와 그대의 동료들이 내가 승인이나 허가를 전적으로 거부할 문제를 두고 그렇게 오랜 시간을 낭비한 것이 유감일 따름이다.

그는 러시아정교 구교도에 대해서도 똑같이 완강했다. 그러나 그들이 가망 없는 인물들이었다는 것은 인정해야 한다. 그들은 예수 이름의 철자와 의식의 특정 지점 등을 두고 정부와 의견을 달리해 남들은 할렐루야를 세 번 외칠 때 두 번 외쳤다.

한 소년이 제독을 향해 총을 쏴 가벼운 상처를 입혔을 때 제독은 이 암살 미수자가 어리다는 이유로 선처를 호소하며 사형을 감

---

*   내무대신과 재상으로 재직하면서 혁명 운동을 탄압하는 한편 자작농 육성과 같은 부르주아적 개혁을 시도했다.

형해주기를 부탁했다. 차르는 탄원을 거절하며 이렇게 말했다.

나는 잔인하게 굴거나 복수하려는 것이 아니다. 내가 지금 그대에게 하는 말은 나의 신념이자 뿌리 깊은 확신이다. 우리가 소수의 잘못된 사람들을 처형함으로써만 걷잡을 수 없는 유혈을 막을 수 있다는 것은 슬프고 부끄러운 일이지만, 이렇게 말하는 것이 슬프고 어려운 만큼이나 틀림없는 사실이다. 그대의 건강과 영혼의 평화를 기원한다. 나와 러시아를 위해 그대가 한 모든 일에 사의를 표한다.

1895년 젬스트보[시의회와 유사한 기구]의 국정 참여를 요구하는, 당시 전혀 혁명적이지 않았던 움직임이 정부 내에 있었을 때 그는 대신들의 충고를 무릅쓰고 굉장히 전제적인 연설을 했다.

지난 몇 달 동안 일부 젬스트보 모임에서 젬스트보가 국정에 참여할 수 있다는 망상을 하고 있는 자들의 목소리가 들렸다는 사실을 알게 되었다. 나는 선친과 마찬가지로 확고하고 강력하게, 온 나라를 위하여 절대적 전제정치의 원칙을 유지하기 위해 온 힘을 기울이리라는 점을 모두에게 밝히고자 한다.

니콜라이는 폐위 순간까지도 동일한 어조를 유지했다.

그러나 차르의 진정한 성격이 드러나는 것은 그러한 사안에서가 아니었다. 정치는 그에게 지루했다. 그는 아내와 자식들을 사랑했고 자전거를 타고 정원에 난 길을 다니기 좋아했으며 도미노 게임을 아주 좋아했다. 사랑하는 아내 알릭스가 발이 아팠을 때 그는 마음이 뒤숭숭했지만, 제국을 잃었을 때는 거의 알아차리지도 못했다. 1917년 2월 23일, 혁명에서 빠져나오기 위한 최후의 시도로 총사령부에 있는 동안 그는 아이들이 홍역에 걸렸다는 사실을 알고 걱정했다. 그는 차리나[러시아어로 황후]에게 전보를 쳤다. "그런 성가신 일이! 아이들이 홍역에서 빨리 낫기를 바람. 모두에게 진심에서 우러난 인사를 보냄. 안녕히 주무시길. 니키." 같은 날 그는 "매일 저녁 30분씩 하는 페이션스 게임이 무척 아쉬움. 짬이 나면 다시 도미노 게임을 해야겠음!"이라고 썼다. 폐위된 다음날 그는 전보를 쳤다. "전보 매우 감사. 이틀 만에 어머니께서 도착하심. 무척 아늑하고 좋음. 어머니의 기차에서 함께 식사를 하고 있음. 눈보라가 또 몰아침. 언제나 당신을 생각하고 당신을 위해 기도하고 있음. 니키." 무슨 일이 생기든 그는 날씨가 어떤지 살피는 것을 잊지 않았다.

니콜라이는 다정한 남편이자 상냥한 아버지였다. 얼마 되지 않는 그의 성격의 나머지 부분은 잔인성과 기만, 유약한 오만함이 뒤섞인 것이었다.

차르에게 부족한 단호함은 차리나로 완전히 보완되었는데, 맥베스 부인을 쏙 빼닮은 여인인 그녀는 남편에게 보내는 편지에서 그 혈기왕성한 여인의 대사를 거의 그대로 따라한다. 맥베스 부인은 "당신의 성품이 걱정됩니다. 당신은 따뜻한 인정이 너무 많아요"라고 말한다. 차리나는 "사랑하는 여보, 미안하지만 당신은 너무 관대하고 친절해요"라고 말한다. "더 결연히 행동하고 당신 자신을 믿으세요. 당신은 무엇이 옳은 일인지 잘 알고 있으니까 의견 차이가 있을 때는 당신의 의견을 전면에 내세우고 나머지 의견보다 당신의 의견에 무게를 두세요." 이 편지가 쓰였을 때 쟁점이 된 문제는 1915년 갈리치아 전장의 계획을 군부에 맡겨야 하는지 아니면 높은 곳에 계신 분께 영감을 받고 있는 신의 사람 라스푸틴에게 맡겨야 하는지였다. 모든 사람 앞에서 도도한 황후는 아들의 건강을 지켜주는 기적의 능력을 갖고 있다고 믿은 "우리 친구" 앞에서는 한없이 작아졌다. 다음 달 러시아 군대는 갈리치아에서 일련의 참패를 당했고, 그 와중에도 차르는 사령부에서 전보를 쳤다. "방금 무사히 도착. 날씨 좋음. 숲은 이제 완연한 초록색이고 향기로움. 곧 교회에 감. 다정한 포옹을 보냄. 전보 감사. 니키."

만사를 제 뜻대로 하려는 의지의 사람인 황후는 인간의 수단으로는 극복할 수 없을 것 같은 장애물―독일 군대, 러시아 각계각층의 혁명이나 개혁을 향한 욕망, 차레비치[황태자]의 혈우병― 앞에서 갈수록 초자연적 도움의 근원에 의존했고, 그 '성인'한테서 도움을 찾았다고 갈수록 더 열성적으로 믿게 되었다. 1916년 후반에 그녀는 차르에게 다음과 같은 편지를 썼다. "저는 우리 친구를 전적으로 믿어요. 그는 오로지 당신과 우리 아들, 러시아만을 생각한답니다. 우리는 그의 인도를 받아 이 힘든 시기를 이겨낼 거예요. 힘든 싸움이 될 테지만 신의 사람이 당신 가까이에 있으면서 당신의 배가 암초 사이를 무사히 통과하게 해줄 거예요." 며칠 후 라스푸틴 덕분에 임명된 대신들을 교체해야 한다는 목소리가 제기되자 그녀는 다정하게 애원하는 어조를 취했다. "여보, 절 믿으세요. 제가 그리 영리하지 않을지도 모르지만 저에게는 흔히 머리보다 더 보탬이 되는 강한 느낌이 있답니다.…… 사랑하는 아내를 위해서, 제발 그 문서와 이름들은 멀리하세요."

그동안 부정 축재를 일삼고 술을 마시며 흥청망청 살고 있던 라스푸틴은—신비주의자와 심령술사 행세를 하며—오랫동안 황실의 정책에 영향을 끼쳐온 사기꾼들 가운데 최후이자 최악의 실례였을 뿐이다. 사기꾼의 권력은 현대 세계에서는 말도 안 되는 일을 믿는 습관으로써만 정당화될 수 있는 차르의 지위의 비현실성에서 기인한 당연한 결과였다. 모든 개혁을 거부한 그 존엄한 부부는 오로지 환상의 세계에서 살아감으로써 자책을 피할 수 있었다.

빌헬름 2세와 니콜라이 2세는 세계대전 이전 20년 동안 세계에서 가장 막강한 권력을 누린 개인들이었다. 그들의 정책이 그들이 아니라 대신들의 정책이었다고 착각해서는 안 된다. 비록 때로는 가만 놔두었다면 결코 채택하지 않았을 결정을 내리도록 설득될 수도 있었지만 둘 다 자신들의 명령을 따를 사람들을 선택했다. 예를 들어 1905년과 1906년 독일의 모로코 정책은 뷜로의 작품이었고 카이저의 마음에 그다지 들지 않았다. 그러나 넓게 말해 대륙에서 가장 강력한 두 나라 독일과 러시아의 외교와 군대는 이 두 사람의 지휘에 맡겨졌다.

프란츠 요제프와 에드워드 7세

그 밖에 다른 두 군주도 얼마간 중요한 역할을 했는데, 바로 오스트리아 프란츠 요제프 황제와 영국의 에드워드 7세였다.

1848년 혼란기에 즉위한 프란츠 요제프는 매우 연로했고, 살면서 공적으로나 사적으로 너무도 많은 슬픔을 겪어서 그러한 불행을 자신의 팔자소관으로 받아들이게 되었다. 공적인 측면에서 그는 프로이센에 패배를 당했고, 이탈리아 영토를 잃었으며, 헝가리에 대등한 지위를 부여할 수밖에 없었고, 영토의 중요 지역에서 슬라브족의 불만이 위험스럽게 성장하는 것을 전혀 막지 못했다. 사적인 측면에서 보면 그의 불운한 동생인 멕시코의 막시밀리안 황제는 반란군에게 처형당했다. 아내는 이탈리아 무정부주의자에게 암살되었다. 아들은 자살로 추정되는 급작스러운 죽음을 맞았다. 왕위 계승자인 조카는 신분이 낮은 여자와 결혼해서 그 아이들은 상속권이 없었다. 늙은 황제는 오스트리아 군대의 비효율성을 알 만큼 오래 살았지만, 합스부르크 왕가가 사라지고 자신의 제국이 해체되는 것을 지켜보는 고통을 겪을 만큼 오래 살지는 않았다. 1914년 몇 년 전부터 그는 정무를 주로 조카인 프란츠 페르디난트 대공한테 맡겼는데, 페르디난트 대공이 군대를 부산스럽게 움직인 덕분에 황제는 위풍당당한 기동을 지켜보는 즐거움마저 빼앗겼다. 하루 종일 행진을 하고 나면 병사들은 너무 지쳐서 경례를 붙일 힘도 없었고, 불쌍한 노황제는 현대 생활의 분주함을 싫어하게 되었다. 그사이 그의 조카는 슬라브족에게 자치권을 부여해 이중 왕국을 삼중 왕국으로 바꾸는 계획을 세우고 있었다. 세르비아 민족주의자들이 페르디난트 대공의 암살을 기도한 것은 부분적으로는 이러한 정책이 남슬라브족을 합스부르크 지배로 회유할지도 모른다는 두려움에서였다.

에드워드 7세의 중요성은 대륙에서는 과장되었지만 영국에서는 과도하게 축소되었다. 그는 조카인 빌헬름 2세를 싫어한 반면 레옹 강베타*가 말한 대로 "쾌활하고도 진지한" 프랑스인들을 좋아

---

* 　프랑스의 정치가로 나폴레옹 3세의 독재에 반대한 것으로 유명하다.

했다. 프랑스도 그의 호의에 화답했다. 그는 상당히 수완이 좋았고 모든 유럽 궁정에 잘 알려져 있었다. 언제나 엄격하게 입헌 정치를 존중했지만 영국 정부가 프랑스와 더 가까워지기 시작한 이후로, 그가 정부의 정책을 이전보다 더 적극적으로 지지했다는 것은 의심의 여지가 없다. 그가 반反독일적인 데에는 세 가지 이유가 있었는데, 각각 어머니와 아내, 누이와 관련이 있었다. 빅토리아 여왕은 프로이센과 오스트리아를 열렬히 편애했다. 그녀는 파머스턴과 존 러셀이 오스트리아를 희생시켜 이탈리아 통일에 찬성한 데 화가 단단히 났고, 1870년에는 영국이 (여왕의 표현에 따르면) "전제주의, 부패, 부도덕, 공격성"을 대표하는 프랑스에 맞서 "문명, 자유, 질서, 통합"을 대표하는 프로이센 편을 들기를 바랐다.[122] 왕세자는 왕위 계승자들이 흔히 그렇듯이 부모와 의견을 달리하는 경향이 있었고, 그에 대한 반발로 프랑스를 편애하게 되었다. 그가 덴마크 공주와 결혼한 해에 덴마크에 대한 프로이센과 오스트리아의 공격은 그가 프로이센을 싫어하는 동기가 되었으며 프로이센에 대한 혐오는 슐레스비히 ‒ 홀슈타인 합병으로 더 강렬해졌다. 이때부터 그는 쭉 비스마르크를 이보다 더 나쁘게 생각할 수 없었고, 한번은 어머니에게 쓴 편지에서 비스마르크를 "사악한 인간"이라고 부른 누이 프로이센 왕세자비(나중에 프리드리히 황후)도 거기에 뜻을 같이 했다. 에드워드는 누이를 매우 사랑했고, 그녀가 아들과 다퉜을 때 누이 편을 들었다. 빅토리아 여왕은 카이저가 자신의 심기를 거스를 때면 마치 유아원의 말썽꾸러기처럼 다뤘다. 카이저가 당시 영국 수상이었던 솔즈베리 후작에 대해 불평을 늘어놓을 때 그녀는 이렇게 답장을 썼다. "지금까지 어떤 군주가 다른 군주에게 그런 말투로 편지를 쓴 적이 있는지, 그것도 자기 할머니인 군주한테 그녀의 수상에 대해 그런 말투로 편지를 쓴 적이 있는지 의심스럽구나. 나는 그런 일을 결코 하지 않을 것이고, 또 개인적으로 비스마르크 공을 비난하거나 불평한 적도 없다. 비록 그가 영국에 얼마나 숙적이며 얼마나 큰 해를 끼쳤는지 잘 알고 있지만 말이다."

심지어 황제도 그의 "할머니"의 이러한 말투에는 감히 대들 수 없었지만 "버티 삼촌"은 비록 빅토리아 여왕과 동일한 감정을 느꼈을지라도 다르게 표현해야 했다. 그는 자기 조카처럼 자제가 안 되는 사람은 아니었지만 황제의 부아를 돋우는 침착하고 우월적인 태도를 보였다. 에드워드 7세는 놀리스 경에게 "독일 황제가 날 싫어하고 틈만 나면 (내 등 뒤에서) 그렇게 말하고 다닌다는 걸 알고 있네. 하지만 나는 언제나 그에게 친절하고 잘 해줬어." 비록 그가 그렇게 "친절하고 잘 해줬지"만 전쟁이 일어났을 때 카이저는 "죽은 에드워드가 살아 있는 나보다 더 강하다니!"라고 외쳤다. 이러한 시각에는 자족감에 빠져 의회 통치를 자신하는 영국인들이 믿고 싶어 하는 것보다 더 많은 진실이 담겨 있다.

비록 국왕이 협상 정책을 좋아했고 자신의 외교로 정책의 성공을 도왔지만, 그러한 정책을 채택하기로 결정한 것은 정부였다. 보어전쟁 동안 영국은 자신들에 대항하는 대륙동맹을 두려워 할 이유가 생겼고, 그러한 상황은 삼국동맹과 이국동맹 두 진영 가운데 한쪽에 가담함으로써 가장 잘 방지할 수 있었다. 영국은 아프리카에서는 프랑스와, 아시아에서는 러시아와 마찰이 있었다. 따라서

---

*   영국이 마지막까지 망설이다 참전을 결정하고 독일에 선전포고한 것을 말하고 있다.

처음에는 독일과 친선관계를 맺는 것이 더 그럴 듯해보였다. 1898
년과 1900년에 조지프 체임벌린이 이러한 노선으로 두 차례 노력
해보았지만 독일은 냉담했다. 홀슈타인은 영국이 프랑스나 러시아
와 협상이 불가능하다는 것을 알게 되면 독일이 동맹에 대한 대가
로 요구하는 조건은 뭐든 수락할 것이기 때문에 협상을 지연시키
는 것이 더 유리하다고 조언했다. 게다가 빌헬름 2세는 이제 막 해
군을 건설하고 있었는데 영국과 우호관계를 맺고자 한다면 해군을
작게 유지해야 할 것이 분명했다. 뷜로는 우회적인 답변만 내놓았
다가 삼국협상의 수립이 홀슈타인이 믿었던 것과 달리 불가능하지
않다는 사실을 뒤늦게 깨닫게 되었다.

프랑스와의 협상(1904)은 랜스다운 경의 작품이었고, 러시아
와의 협상(1907)은 에드워드 그레이의 작품이었다. 그러나 두 정책
모두 외교부의 종신 관료들이 좌우한 것이었고, 영국에서는 혁명이
일어나지 않았기 때문에 우리는 그들에 관해 홀슈타인에 대해서보
다 더 모른다. 외교부 종신 관료들의 비밀스러운 권력, 특히 에드워
드 그레이 재임 시절의 권력은 거의 무제한적이었다. 그레이는 고
매하고 진심으로 애국자였으며, 그가 동등한 파트너로 간주한 사람
들과의 관계에서 흠잡을 데 없이 명예로운 신사이자 열성적인 제
물낚시꾼이었다. 이러한 근거들에서, 비록 그가 외국어를 몰랐고
영국 바깥으로 나가본 적이 거의 없으며 그의 아랫사람들이 하는
말이 맞는지 확인해볼 만큼 부지런하지 않았지만 영국인들은 그에
게 자신들의 생명과 재산을 의탁했다. 게다가 명예로운 처신에 대
한 그레이의 믿음은 하원에게까지 적용되지는 않았는데, 평범한 인
간들은 국제 정치를 이해하지 못한다는 귀족적 견해를 견지했기

때문이다. 그는 장군들이 프랑스와 합동 작전을 준비하는 것을 허락했고 프랑스 해군이 지중해에 집결되는 동안 영국 해군이 북해를 방어하도록 허용했다. 그는 하원에 이 모든 사항들을 이야기하지 않았고 전쟁이 일어날 경우 영국이 프랑스를 지원해야 할 의무를 지고 있지 않다고 여러 차례 확언했다. 1914년 8월 3일 그는 마침내 진실을 털어놓았다. 그때가 되자 온 국민은 들떠 있었고 그의 선견지명을 칭송했다. 그러나 그가 재직한 8년 동안에 국민이 그런 위험한 의무를 낳은 정책을 앞서서 허락하지는 않았을 것이다. 사실 1906년부터 1914년까지 기간에 영국의 외교 정책은 독일이나 러시아 외교 정책보다 대중의 통제를 더 많이 받지 않았다. 영국 외교 정책은 에드워드 그레이가 결정한 것이고, 그가 결정한 정책은 외교부의 종신 관료들이 은밀히 조언한 것이었다. 그렇다고 그들의 조언이 그레이에게 달갑지 않았다는 소리는 아니다. 그는 독일인은 무례하다고 싫어한 반면, 정중한 러시아인이 폴란드와 핀란드, 페르시아와 심지어 러시아에서 좋은 사람들이란 사람들은 모조리 무자비하게 처단하고 있는 동안 그토록 완벽한 예의를 갖춰서 그들이 영국의 지원을 어떻게 이용하고 있는지 전혀 눈치채지 못했다.

폭풍 전야의 유럽

모든 유럽이 이 소수의 독재자들의 지배에 말없이 따랐다고 생각해서는 안 된다. 러시아에서는 1905년에 실제로 혁명이 일어났고 이후에도 혁명에 근접한 움직임이 있었다. 오스트리아 – 헝가리에서는 슬라브족의 불만으로 파열이 임박했다. 독일에서는 1912년에 1/3 이상의 표를 받은 사회주의자들이 제국주의에 전적으로 반대했고, 얼마 지나지 않아 제국의회를 장악해 정책을 좌우할 듯했다. 안타깝게도 세 동유럽 제국에서 재산과 신앙의 수호는 전제정의 수호와 하나로 묶여 있었다. 그 결과 자본가들과 심지어 전쟁으로 파멸할 이들도 모험적인 정책의 옹호자들을 지지해야만 했고, 신실한 기독교도들은 그리스도 교의를 가르치는 자들의 파멸을 막고자 군사주의를 지지해야만 했다.

비록 대규모 힘들은 동유럽에서와 거의 같았지만 프랑스와 영국에서 군사주의자들의 전술은 민주주의 때문에 세부적으로 달랐다. 프랑스는 무고한 사람이 유대인이라는 이유로 위조된 문서를 통해 반역죄로 유죄 판결을 받고 악마의 섬에 유형된 드레퓌스 사건에서 막 빠져나온 참이었다. 마지막 티끌만 한 증거가 파괴될 때까지 진짜로 문서를 위조한 장본인들을 제외하고 모든 선량한 가톨릭교도들은 그가 유죄라고 믿었다. 나라가 발칵 뒤집혔다. 교회와 군대, 부자들은 반드레퓌스 진영에 가담한 반면 드레퓌스파는 무신론자, 사회주의자, 프롤레타리아였다. 드레퓌스파의 승리는 평화의 승리인 것 같았다. 영불협상과 모로코 채굴권을 둘러싼 프랑스와 독일의 갈등, 영국의 지지에 자극받은 델카세의 호전성만 없었다면 그랬을지도 모른다. 평화 진영은 델카세의 실각과 알헤시라스 회의*를 야기할 만큼 강력했다. 그러나 애국자들은 뷜로의 실책에 힘입어 델카세가 프랑스의 명예는 조금도 신경 쓰지 않는 겁쟁이들에 의해 카이저의 제물로 바쳐졌다는 전설을 자리 잡게 만들었다. 이 전설을 통해 델카세와 푸앵카레는 장차 때가 왔을 때 사회

---

* 빌헬름 2세의 탕헤르 방문으로 야기된 프랑스와 독일의 분쟁을 조정하기 위해 개최된 회의. 독일의 바람과는 달리 모로코에 대한 프랑스의 우월적 지위를 재확인하는 결과를 낳았다.

주의자들의 극단적 평화주의와 노동조합연맹, 남부 상당수 지역의 반대에도 불구하고 프랑스의 정책을 호전적으로 몰아갈 수 있었다. 사실 사회주의자들과 반교권주의자들의 평화주의는 성직자들과 금권정치 계급의 호전성의 주된 이유였다.

영국에서 반동 세력이 외교 정책을 지배한 기술은 다른 어느 곳보다 더 미묘했다. 그들은 평화의 친구들이 자신들이 승리해서 사태를 장악하고 있다고 믿게 내버려둔 채 조용히 자유당의 소수의 친구들에게 — 외교와 군대, 금융에서 — 요직을 확보해주었다. 진보적 사람들의 관심은 내정에 쏠렸다. 그중 전전戰前에 외교 정책이 훨씬 중요함을 깨달은 사람은 극소수였다. 그러나 그들의 수는 점차 늘어가고 있었고 곧 만만치 않은 세력을 형성했을 것이다.

모든 유럽 나라들에서 국제 관계에서 급진적이고 새로운 방식을 찬성하는 세력들이 강력하고 급속하게 성장하고 있었다. 몇 년만 더 있었다면 러시아와 독일에서 변화가 일어나 다른 곳에서 반향을 불러일으켰을 것이다. 그사이 옛 시스템은 유럽의 협조가 사라진 것을 제외하고 빈 회의 이래로 변하지 않은 채 지속되었다. 그러나 새로운 세력들이 권력을 장악하기 전에 옛 시스템은 유럽을 재앙으로 몰고 갔다.

전쟁 기간 동안 팽배했고 베르사유 조약에 정식으로 기술된 '전쟁 책임'이라는 관념은 전적으로 비과학적이다. 모든 나라가 소수의 사람들이 외교 문제를 처리하는 것을 방관했으며 강대국의 모든 지도자들은 전쟁이 일어났을 때 더 큰 지혜를 발휘해 전쟁을 막을 수도 있었다. 만약 전쟁이 유예되었다면 시스템의 변화를 위한 시간을 얻었을 테고, 그렇게 해서 전쟁 자체를 막았을지도 모른다. 그러나 기존 시스템, 아니 그보다는 시스템의 부재를 고려해볼 때 조만간 일어날 대전쟁은 뛰어난 정치력으로만 피할 수 있었을 테지만 그런 정치력을 기대하기는 힘들었다. 음주 운전자가 사고를 바라지 않듯이 어느 정부도(어쩌면 프랑스를 제외하고) 전쟁을 바라지 않았다. 그러나 그들은 모두 평화보다 여러가지의 국가적 이익을 더 크게 바랐다. 누구 탓이냐고 묻는 것은 교통 법규가 없는 시골의 교통사고에서 누구 잘못인지를 묻는 꼴이다. 국제 정부의 부재로 각 나라는 자신들의 명분의 궁극적 심판자였고, 그 때문에 지금도 세계대전의 발생은 이따금 거의 확실한 일이나 다름없다. 각국의 무제한적 주권은 군주들의 자존심과 민족 원칙에 대한 자유주의적 신념 양쪽 모두의 지지를 받았다. 그러나 민족의 자기주장을 이처럼 무질서하게 치켜세우는 경향은 필연적으로 1914년 전쟁 발발로 이어졌으며, 어떤 초국적 권위가 복종을 강요할 만큼 강력해질 때까지 앞으로도 틀림없이 때때로 전쟁으로 이어질 것이다.

결론

19세기는 산업기술과 정치이론 간의 갈등으로 끔찍하게 막을 내렸다. 기계 생산, 철도, 전쟁기술의 진보는 모두 조직을 촉진하고 경제력과 정치력을 보유한 자들의 권력을 증대했다. 피어폰트 모건과 빌헬름 2세는 인력을 크세르크세스[고대 페르시아의 왕]나 나폴레옹 혹은 이전 시대 어느 권력자보다 더 신속하게 더 대규모로 동원할 수 있었다. 그러나 효과적인 정치적 사고는 증대하는 권위의 집중을 따라잡지 못했다. 제도를 형성하는 데 성공한 이론에 한해서 정치이론은 여전히 군주정과 경쟁 민주주의로 나뉘어 있었는데, 전자는 본질적으로 전前산업적이었고 후자는 산업화의 가장 초기 단계에만 적절했다. 서양 사회에서 실제 정부 형태였던 금권정치는 그 존재가 인정되지 않았으며 대중의 눈앞에서 가능한 은폐되었다.

1814년부터 유럽을 지배한 정통성의 원칙은 1917년과 1918년에 몰락할 때까지 세 동유럽 제국의 정부에서 계속 유지되었다.

그들은 동맹을 통해 자신들의 체제를 유럽에 강요할 만큼 강력했고, 유럽은 1815년부터 1848년까지 평화를 누림과 동시에 전제정을 견뎌야 했다. 그 후 세 동유럽 제국은 여전히 서로 친구로 남았지만 더 이상 평화를 강요할 수 없게 되었다. 마침내 슬라브 민족주의가 가장 핵심인 다양한 원인들로 인해 세 동유럽 제국은 충돌하게 되었고, 그 결과 정통성은 세계대전이 끝나면서 정치 원리로서 세계에서 자취를 감췄다.

19세기 내내 정치 변화는 두 가지 사상 체계, 즉 자유주의와 급진주의로 일어났다. 이 가운데 자유주의는 18세기에서 유래하며 미국혁명과 프랑스혁명을 낳았다. 그것은 개인과 민족의 자유, 최소 정부를 옹호했다. 실제로 정부의 기능은 많은 자유주의자들에 의해 범죄의 예방으로 축소되었다. 농업 사회에서 자유주의는 안정 상태와 상당수 인구의 만족을 이끌어내는 데 성공했다. 그러나 자유주의 철학은 산업 임금노동자에게는 딱히 내놓을 게 없었는데, 개인들의 수중에 집중된 경제력을 제한할 방법을 제시하지 않았기 때문이다. 자유주의는 유럽과 미국은 물론 일본과 중국에서도 어느 정도 권력을 지닌 의회 정부를 수립하는 데 성공했다. 그러나 그 결과 생긴 혜택은 세계 여러 곳에서 그리 현저하지 않았다.

자유주의 이념에서 가장 효과적인 부분은 민족 원칙이다. 국가는 정통성의 원칙을 수호하는 자들에 의해 군주의 사적 영토로 간주되었다. 그러나 자유주의자들은 영토에 거주하는 사람들의 바람이 국경선을 결정해야 한다고 주장했다. 메테르니히가 위세를 누리는 동안 일어난 혁명을 열강이 진압한 것에 대한 반발로 자유주의자들은 모든 나라는 완전히 자유로워야 하며 외부의 어떤 간섭도 허용해서는 안 된다고 주장했다. 따라서 그들은 빈 회의에서 수립된 국제 정부의 맹아를 파괴했다.

민족 원칙은 독일과 이탈리아의 통일을 이끈 후 발칸으로 침투해 유럽 정치가들의 중지로도 해결하기 어려운 문제들을 야기했다. 그리고—비스마르크가 적잖게 재촉한—자연스러운 이행에 의해 민족 원칙은 민족주의의 원칙으로 넘어갔다. 민족 원칙의 옹호자들은 모든 나라는 정당한 야망을 이루기 위해 자유로워야 한다고 말했다. 민족주의의 옹호자들은 내 나라는 정당하든 정당하지 않든 간에 야망을 이루기 위해 자유로워야 한다고 말하거나 적어도 그렇게 생각했다. 이런 이행을 거쳐 자유주의는 제국주의로 탈바꿈했다.

급진주의는 자유주의와 달리 경제적 고려, 특히 초기 산업화가 초래한 고려에 의해 생겨났다. 급진주의자들은 민족에 관심을 두지 않았기 때문에 심지어 자유주의자보다 더 개인주의적이었다. 개인으로서 그들은 애국심에 이끌렸을 수도 있지만 이론가로서는 세계주의적이었다. 그들은 형법의 한계 안에서 자유무역, 자유경쟁, 자유로운 개인의 자발성을 믿었다. 그들은 특권이나 상속이 아닌 개인적 노력에 의해 정당하게 얻어낸 재산인 한 재산이 가져오는 권력에 반대하지 않았다. 그들의 철학은 자수성가한 산업자본가 첫 세대에는 어울렸지만, 모든 것이 물려받은 재산 덕분일 때도 계속해서 자신들을 자조로 이룩한 성공의 빛나는 실례로 이야기하는 이후 세대에는 어울리지 않았다. 대부분의 경제력이 소수의 독점가 수중에 있는 미국에서는 바로 이러한 사람들이 계속해서 경쟁을 진보의 원동력으로 치켜세웠다.

철학적 급진주의자들은 하나의 학파로서 오늘날 간과되기 쉬운 중요한 장점들이 있었다. 그들은 기존의 모든 제도에 효용의 시험을 적용했고 그저 역사적 관행이라는 근거만으로는 어느 것도 받아들이려 하지 않았다. 이러한 시험에서 그들은 군주정이나 귀족 제도, 종교, 전쟁, 제국에 아무런 정당한 근거도 찾을 수 없었다. 자유주의자들도 이 가운데 일부에는 수사적이고 감정적인 반대를 했지만, 철학적 급진주의자들의 반대는 논증에 근거하고 침착하며 준엄한 이성의 목소리에서 나오는 것처럼 들렸다. 종교적 박해나 유대인의 권리 제한 같은 편견들은 그들의 엄밀한 검증을 통과할 수 없었고, 그들의 영향권 아래 들어온 이들은 전쟁 영웅이나 왕족의 화려함에 이끌릴 가능성이 별로 없었다. 다른 문제와 마찬가지로 경제 문제에서도 철학적 급진주의자들은 이기심을 개인 행위의 주요 동기로 삼고 전체의 행복을 입법가의 목표로 삼아 조심스럽게 추론했다. 편견으로 잘못된 길로 이끌리면 그들의 논증에도 오류가 있었고, 그때는 소피스트적인 논변보다도 설득력이 떨어졌다. 결과적으로 그들은 논증이 틀릴 때보다 맞을 때 더 영향력이 컸고, 그들의 신념에 섞여 있는 많은 오류들을 감안할 때 기대보다 훨씬 더 유용했다.

철학적 급진주의자들의 관점은 세계를 고용주의 관점이 아니라 임금노동자의 관점에서 바라본다는 점에서 그들과 주로 갈라지는 사회주의자들에 의해서도 대체로 공유되었다. 오언은 벤담의 친구였다. 마르크스는 여러 중요한 측면에서 리카도의 제자였다. 그러나 마르크스는 급진주의자 선배들이 의심하지 못한 것, 즉 막대한 자본 축적이 어마어마한 경제력을 갖는 경향을 인식했다. 그는 정부에 대한 자본가의 영향력도 인식했는데, 반反봉건적 귀족 지주들이 정부를 여전히 장악하고 있던 시기에는 그 점이 그렇게 뚜렷하지 않았다. 그러나 마르크스가 철학적 급진주의자에게 물려받은 한계 가운데 매우 중요한 측면이 하나 있었다. 그가 보기에 프롤레타리아가 맞서 투쟁해야 하는 조직은 민족이나 가족처럼 정서적이거나 생물학적이 아닌 경제적이고 자발적인 조직이었다. 그는 프롤레타리아는 재산이 없으므로 애국심이 없거나 애국심이 있더라도 어쨌거나 자본가에 대한 투쟁을 방해할 만큼 강력하지는 않으리라고 가정했다. 이런 측면에서 마르크스는 비경제적 동기들을 과소평가했다.

현대 세계에서 지배적 힘인 경제 민족주의는 마르크스와 급진주의자들이 호소한 자기 이익 추구의 동기와 애국심을 고취하는 더 비합리적인 동기들을 결합했다는 사실에서 힘을 이끌어낸다. 냉정한 두뇌는 배당금으로, 열혈분자들은 수사적 호소로 자기편을 만들 수 있다. 이런 수단을 통해 서로 다른 학파의 표어 사이에 해로운 종합이 이루어졌다. 경쟁? 찬성. 단 민족들 간 경쟁만. 협력? 찬성. 민족 안에서. 자기 이익 추구? 찬성. 전체로서 민족의 자기 이익 추구란 의미에서. 희생? 찬성. 금권정치의 전리품에 해당 사항이 없는 개인이 민족을 위해 희생한다는 의미에서. 부富? 찬성. 민족적 영광에 기여하니까. 맹목적 돈벌이? 반대. 거대 산업가들이 하는 모든 일은 조국을 위대하게 하는 일이니까.

이것이 세계전쟁 이전 시기 내내 문명사회에서 지배적인 신조였고, 현재는 한층 더 지배적인 신조이다. 다시 말해 국가 내 고도의 조직화와 국가 간 관계에서의 무제한적 자유다. 조직은 국가의 권력을 증대시키고 국가의 대외적 권력은 전쟁이나 전쟁 위협으로 발휘되므로, 단순한 국가 조직의 증가는 전쟁이 일어났을 때 재앙만 키울 뿐이다. 그리고 전쟁의 위험이 지속적인 공포의 원인인 한 국가 내 자유도 위협받게 된다. 사회주의자로부터 국가 조직을 받아들이고 자유주의자로부터 국제적 자유를 받아들임으로써 세계는 문명의 존재 자체를 위협하는 상태를 초래했다. 현대적 산업기술과 과학기술을 갖춘 조직은 불가결하다. 일정 정도의 자유는 행복과 진보의 필수 조건이다. 그러나 완전한 무정부 상태는 한 국가 내 개인 간의 관계보다 고도로 조직화된 국가 간의 관계에서 훨씬 위험스럽다. 19세기는 국제적 조직을 만들어내지 못했기 때문에 실패했다. 우리는 과거로부터 국가를 물려받아 민족 국가로 탈바꿈시키면서 문제를 해결했다고 생각했다. 사상의 지도를 받지 않는 기술 발전의 결과, 19세기는 무계획적으로 경제 조직을 창출했지만 19세기의 철학은 그러한 경제 조직을 통제하는 법을 가르쳐주지 않았다. 경제 조직과 민족 국가의 동맹은 국제적 무정부 상태를 이전 어느 때보다 훨씬 더 심각하게 만들었다. 자유주의자와 급진주의자 모두 과학기술로 지배되는 세계에서 조직의 역할을 이해하는 데 실패했다. 이 한 가지 실패 때문에 물질적 부와 지성, 행복의 엄청난 증대에도 불구하고 그들이 지도하고자 했던 세기는 비참하게 끝났다.

미국은 우리가 다룬 시기 내내 유럽으로부터 상당히 단절되어 있었다. 다른 강대국과 멀리 떨어져 있었기 때문에 미국은 1917년까지 유럽에서 점차 성장한 군사·외교 시스템의 일부가 아니었다. 그리고 실제로 미국과 유럽이 통합되었을 때 그 통합은 주로 금융의 영향력으로 초래되었다.

　　제1차 세계대전은 어떤 측면에서는 한 시대의 종말인 반면, 다른 측면에서는 지속적인 과정의 조그만 사건에 불과했다. 전쟁은 신성한 왕권이라는 원칙을 끝장냈는데, 과거 그 원칙이 우세했던 나라들에서는 적나라한 무력의 지배로 대체되었다. 또한 전쟁은 19세기 낙관주의에서 드러나는 필연적인 진보의 신념을 반박하고 자유주의적 희망을 사라지게 했다. 그러나 현대적 경제 발전에 의존하는 정치의 측면에서 전쟁은 지난 50년 동안 작동해왔고 여전히 갈수록 강력해지고 있는 힘들이 대대적으로 표출되는 결과를 가져왔다. 특히 철과 철강 분야에서 현저한데 로렌의 철광석과 관련해서는 더욱 두드러지는 민족주의적 독점의 성장은, 대다수 사람들이 아는 것이나 정치가들이 인정하는 것 이상으로, 예나 지금이나 세계 정치에서 중요한 요인이다. 1914년 전쟁을 낳은 동일한 원인들은 지금도 작동하고 있으며, 투자와 원자재의 국제적 통제로 저지되지 않는다면 불가피하게 동일한 결과를 훨씬 더 큰 규모로 초래할 것이다. 문명사회 인류를 집단 자멸에서 구하는 길은 평화주의의 정서가 아니라 전 세계적인 경제 조직을 통해서 가능하다.

버트런드 러셀이 보는 19세기
:자유와 조직의 변증법

최갑수

1

버트런드 러셀하면, 무엇보다도 철학자, 특히 일반인에게는 난해한 논리실증주의나 분석철학의 건설자 중 한 사람으로 알려져 있다. 하지만 그는 한 세기에 걸친 긴 생애 동안 전반적으로 개혁자유주의와 반전反戰평화주의의 기조에서 다양한 활동과 저술을 펼쳤던 실천적 지식인의 표상이기도 하다. 그는 전공분야 이외에도 전쟁과 평화, 교육과 종교, 역사와 사회비평, 인생론과 문명론 등에 관해 거의 매년 새 저작을 펴냈는데, 분석철학자로서는 매우 드물게 상식에 기반을 둔, 명쾌하고 유려한 글쓰기로 많은 독자층을 확보했고 이에 힘입어 노벨문학상을 받았다. 그러니까 그는 고도로 전문화된 현대학문의 흐름에 적응하면서도 전통적인 교양세계를 살려낸 보편적 지식인이었다. 그가 한편으로 영국의 유서 깊은 귀족가문 출신이자, 다른 한편으로 흄David Hume의 경험론을 계승하는 태생적,

지적 계보를 지녔음이 이러한 면모에 작용하고 있음을 우리는 확인하게 된다.

『자유와 조직』은 러셀이 쓴 대표적인 역사서이다. 그는 서문에서 책의 주제를 다음과 같이 요약한다. "이 책의 목적은 19세기 변화의 두 주요 원인의 대립과 상호작용을 추적하는 것이다. 자유에 대한 믿음은 급진주의자와 자유주의자에게 공통적이었고, 조직의 필요성은 산업과 과학의 발달을 통해 대두되었다." 그가 19세기 유럽 중심의 세계사를 보는 핵심어로 택한 '자유'와 '조직'의 대립과 상호작용이 과연 어떻게 펼쳐질지는 책의 내용 분석을 통해 살펴볼 문제지만, 먼저 지적할 것은 이 책의 평가에서 이것이 1934년에 쓴 것임이 반드시 고려되어야 한다는 점이다. 이 시점은 한편으로 유럽의 역사서술에서 근대역사학에서 현대역사학으로의 전환이 이제 막 시작하는 시기였다. 프랑스에서 '아날학파'의 성과가 나오곤 있었지만 일반 교양층에겐 낯설었고, 영국에서 마르크스주의적 역사서술이 출현하려면 아직도 최소한 10년을 기다려야 했다. 러셀은 19세기 정치변화의 주요 원인을 경제적 기술, 정치이론, 중요한 개인들에서 구하고 있는데, 당시에 경제적 요인을 강조한 것은 상당한 혁신이었다고 평가할 수 있다. 이는 이 책이 보여주듯이 사회주의에 대한 러셀의 상당한 이해와 함께, 그와 동년배인 해몬드 부부John L. & Barbara Hammond로 대표되는 영국 토착의 사회사 전통이 큰 작용을 하였을 것이다. 다른 한편으로 1930년대는 제1차 세계대전과 제2차 세계대전의 사이의 시기로서 유럽의 몰락과 미국 및 소련의 대두가 가시화하면서도 그 역사적 의미가 아직 완연하게 드러나지 못했던 과도기였다. 바꿔 말하면 영국 주도의 '유럽의 19세기'는 종식을 고했지만 미국과 소련이 주도하는 20세기의 세계질서가 아직 명확한 윤곽을 드러내기 이전이었다. 따라서 러셀은 제국주의는 비판하되 제국과 유럽 패권의 현실은 당연시하고 있으며, 민족주의의 폐해를 역설하면서도 그 뿌리가 자유주의에 있음을 강변한다. 이런 점에서 러셀은 빅토리아 여왕 치세기의 영국 자유주의 귀족의 주류적 면모를 그대로 보여준다. 러셀은 이 책에서 자신의 친할아버지이자 영국 수상을 두 차례 지낸 러셀 경의 편지를 여러 차례 인용하고 있는데, 아무리 전통적인 대귀족 가문 출신이라도 자신의 가족사를 19세기의 일반사와 직접 연결 지을 수 있다는 사실은 그만큼 19세기 유럽사가 '영국의 세기'였음을 웅변한다고 하겠다.

그럼 이제 책의 내용을 살펴보자. 이 책은 여타의 19세기사 서술이 그렇듯이 나폴레옹의 몰락 직후 새로운 유럽을 빚어낸 '빈 회의'와 그 회의를 지배한 '정통성의 원칙'에서 출발한다. "정통성의 원칙은 넓게 말해 영토는 그 영토를 세습한 군주에게 속해야 한다는 주장이었다. 군주 자신이 어떤 보상에 대한 대가로 자발적으로 내놓는 게 아니라면 말이다." 하지만 빈 회의의 진짜 목적이 나폴레옹 전쟁의 승자들 간에 전리품을 나누는 것이었기에, 정통성의 원리는 열강의 이익과 양립할 때만이 목소리를 낼 수 있었다. 영국에 스튜어트 왕조를 복권시킨다는 것은 있을 수 없는 일이었고, 제노바는 프랑스 혁명군이 장악하기 이전에 오랫동안 독립 공화국이었음에도 '민주주의 정신'을 지녔기에 사르데냐 국왕에게 주어졌다.

정통성의 원칙에 입각하여 유럽의 정치적 지도를 다시 그린 빈 회의와 그 행동수단이었던 '신성동맹'에 대해 19세기 후반기의 평가는 대체로 매우 부정적이었다. 프랑스혁명이 일깨운 자유주의와 민족주의라는 새로운 시대의 도도한 흐름을 시대착오적인 18세기의 원리로 막아보려는 보수반동의 시도로서, 결국은 1830년과 1848년의 혁명에 의해 일거에 무너졌다는 것이다. 하지만 제1차 세계대전과 베르사유 회의의 경험은 빈 회의와 신성동맹을 새로운 눈으로 보게 했다. 19세기에 유럽이 식민지 쟁탈과 제국주의의 충돌을 벌였을지언정 내부에서는 몇몇 국지전을 제외하고는 오랜 평화기를 누렸는데 빈 회의가 재편한 국제질서가 큰 몫을 했다는 지적이다. 러셀 역시 정통성의 원칙이 갖는 시대착오적인 성격을 놓치지 않으면서도 빈 회의가 두 가지 점에서 칭찬을 받을 만하다고 평가한다. 하나는 패전국 프랑스에 대한 관용적 태도요, 다른 하나는 평화를 보전하는 수단으로서 국제 정부의 설립이다. 그렇기에 그는 빈 회의의 주인공들, 특히 러시아의 차르 알렉산드르에 대해 우호적인 편이다. 그는 이들을 일괄하여 '나폴레옹의 후계자들'이라고 불렀는데, 만약 이들이 저 세상에서 이런 별칭을 들었다면 분명히 흐뭇해했을 것이다.

2

빈 회의가 설정한 '메테르니히 체제'는 이미 1830년의 혁명으로 타격을 받았고, 1848년의 유럽혁명을 통해 결정적으로 패주했다. 무엇이 이러한 시대적 전환을 이루어냈을까? 잘 알다시피 그것은 프랑스혁명과 산업혁명이 작동시킨 근대세계의 대두요, 더 구체적으로는 자유주의와 민족주의이자, 그 주인공인 부르주아지와 민중(노동)계급이라는 새로운 사회세력의 등장이다. 그런데 흥미롭게도 러셀은 영국인 저자답게 '혁명의 세기'로서 유럽의 19세기가 갖는 역동적인 면모보다는 '산업주의'에 더 주목한다. 그러니까 러셀이 보기에 정통주의의 대립자는 혁명이 아니라 산업주의이다. "산업주의는 특정한 사고 습관들과 정치경제 체제를 낳았다. 이 중, 정치경제 체제는 당시 영국의 고유한 특성들과 새로운 생산방식의 본질적 요소들과 떼려야 뗄 수 없게 얽혀 있었다." 즉 산업주의는 귀족과 왕권을 대체할 사회세력을 일으키고, 정통성의 원칙을 대신할 정치적 교의의 출현을 촉발시켰다. 바로 이렇기에 '정신의 행진'이란 제목이 붙은 제2부는 거의 전적으로 19세기 전반기의 영국만을 다룬다.

사실 (프랑스)혁명은 정치적 사건이고, 산업주의(혁명)는 경제적 현상이지만 양자 공히 근대세계의 견인차였다. 그러기에 19세기 유럽 후진 지역, 특히 독일의 지식인들은 이 두 가지를 부러운 눈으로 지켜보면서 그 역사적 교훈을 현실적인 정치적 지침으로 이끌어내려고 고심했다. 독일 지식인들은 혁명과 산업주의가 현실적으로 상이한 심급을 지녔음에도 '시민사회'를 매개로 하는 근본적으로 동일한 역사적 흐름에 속한다고 보았으며, '부르주아혁명'이라는 역사적 개념으로 양자를 묶어내려고 했다. 그 결과 프랑스혁명은 혁명가들의 의식세계에서는 확인하기 어려운 '봉건제에서 자본주의로의 이행'이라는 거대한 역사적 과정의 절정으로 파악되었다. 또 영국의 18세기 후반—19세기 전반기의 산업화 과정에 애초 그 주역들이 느끼지 못했던 혁명적 성격을 부여했던 것이다. 따라서 러셀이 정통성의 원칙을 반동으로 밀어낸 근대적 흐름으로 산업주의에 주목한 것을 비판하긴 어렵다. 하지만 메테르니히 체제의 해체를 야기한 것이 직접적으로 19세기 전반기의 일련의 혁명들이고 보면, 정통주의의 반대명제로서 산업주의에 집중하는 것은 러셀만의 독특한 시각이라 할 수 있다.

우선 러셀은 19세기 전반기 영국의 사회정치적 현실에 주목한다. 정치권력은 거의 전적으로 귀족이 장악했고, 이들은 대지주로서 농촌을 지배했던 반면에 고전교육과 스포츠에만 열중하여 산업세계에는 무지했다. 산업화는 도시의 규모를 키우고 공장주들에게 부의 축적을 가능하게 하여 중간계급의 사회경제적 대두를 뒷받침했으나, 이들은 정치권력으로부터 배제돼 있었다. 그리고 도시와 농촌에 엄청난 규모의 빈민층이 창궐했다. 온 가족이 평생에 걸쳐 장시간 노동함에도 결코 가난에서 벗어나지 못하는 새로운 형태의 빈곤이라는 '사회문제'가 생겨났다.

하지만 이런 현실은 러셀에게 그 자체로 관심의 대상이라기보다는 그의 지적 선배인 '철학적 급진주의자들'의 대두와 이론 그리고 실천적 노력을 돋보이게 하기 위한 '사회적 배경'일 뿐이다. 한국 독자들에게 '철학적 급진주의' 하면 퍽이나 낯선 말이다. 대신 '공리주의'는 귀에 익숙할 것이다. 공리주의는 철학적 급진주의의 철학적 토대로서 가장 중요한 요소이나 양자가 동일한 것은 아니다. 보통법을 비판하는 대안적인 법학, 자유방임적인 정치경제학, 민주주의의 옹호 등도 철학적 급진주의의 다른 주요한 구성요소이다. 러셀이 철학적 급진주의 운동의 핵심인물로 꼽고 또 분석하는 이들은 맬서스, 벤담, 아버지 밀James Mill, 리카도 등이다. 그는 사상적으로는 벤담의 중요성을 강조하면서도 하나의 운동으로서 조직해낸 공로는 제임스 밀에게 돌린다. 흥미롭게도 러셀은 바로 이들의 철학적 급진주의로부터 영국 민주주의 및 자유무역주의의 계보를 이끌어낼 뿐만 아니라 심지어 오언의 초기 영국 사회주의나 노동조합주의, 놀랍게도 마르크스와 엥겔스의 사회주의까지도 그 맥을 이어받고 있는 것으로 서술한다. 마치 벤담류類의 급진주의가 이후 모든 급진주의의 지적 원조인 것처럼 그리고 있는 것이다. 그러니까 러셀은 19세기 유럽 사회정치철학의 흐름을 영국 지성사의 갈래로서 파악하고 있는 것이다.

이는 물론 선뜻 받아들이기 어려운 관점이다. 하지만 이 점에서도 우리는 이 책이 1930년대 중반의 영국에서 쓰인 것임을 고려해야 한다. 먼저 철학적 급진주의의 '급진성'이란 것이 상대적인 것임을 놓치지 말아야 한다. 그것은 1820~1840년대 영국 보수주의의 반대개념이지, 자유주의를 넘어서는 제3의 대안적 이데올로기를 가리키는 말이 아니다. 공리주의란 기존의 기득권에 대해서는 비판적이지만 철두철미하게 개인주의에 입각한 것이며, 정치경제학도 특권층의 경제적 토대로서 독점과 보호주의에 비판적이지만 시장자유주의를 천명한 것에 불과하며, 민주주의도 보통선거권, 비밀투표제, 정규적인 선거제를 보장하는 헌정개혁을 뜻하는 것이지 자유민주주의를 넘어서는 사회민주주의적 요소가 뚜렷한 것도 아니었다. 사상의 내용에서는 요즈음의 '신자유주의'와 크게 다르지 않다고 말할 수 있다. 하지만 철학적 급진주의자들이 맹활약하던 시기(1824~1840)의 한 세기 이후인 1930년대도 그런 개혁정책은 여전히 급진성을 유지했다. 영국, 프랑스 등 서구에서 막 선을 보였

714

던 자유민주주의는 심대한 위협에 직면했고, 스탈린 소련의 계획경제는 농민층의 엄청난 희생을 불렀으며, 제2차 세계대전 후의 사회복지정책이나 케인즈주의는 상상조차하기 어려운 시절이었다. 동일한 사상적 내용이 시대적 맥락에 따라 이렇게 다르게 작용할 수 있는 것이며, 역으로 이를 통해 우리는 당시 러셀이 지닌 정치적 견지의 위상을 정확하게 평가할 수 있는 것이다.

'정신의 행진'의 최후의 단계로 사회주의, 그것도 마르크스와 엥겔스의 사상을 설정한 것은 분명히 마르크스에 대한 러셀의 경의의 표시라 할 만하다. 제2차 세계대전 전만 하더라도 서구에서 마르크스에 대한 이해가 대체적으로 빈약했음을 고려하면, 이 책에서 러셀이 행한 분석은 마르크스의 사적 유물론을 경제결정론 내지 경제환원론으로 파악하는 오류를 제외한다면 훌륭한 길잡이가 됨직하다. 그는 마르크스의 사상체계를 철학적 급진주의자들과 동시대의 작품으로 보며, 1840년대 영국의 암울한 산업현실이 마르크스 정치론에서 계급적대, 증오, 투쟁성의 강조로 나타났다고 지적한다. 하지만 마르크스 사상의 근저에 증오심이 놓여 있고 이로 말미암아 계급전쟁이 강조되어 중간계급이 겁먹고 결과적으로 자유주의가 쇠잔하게 되었다는 러셀의 지적은 신중히 받아들일 필요가 있다. 이를테면 『공산당선언』은 마르크스와 엥겔스가 부르주아지나 심지어 자본주의에 대해서조차 이중 감정을 지녔으며, 보통선거권과 같은 지극히 평범한 수준의 일반민주주의의 중요성을 강조했음을 명확히 보여준다. 전체적으로 러셀은 마르크스에 대해 우호적인데, 이는 간전기間戰期 개혁자유주의의 일반적 특징의 하나이다. 그는 마르크스를 "최고의 지성"으로 부르면서, 자유경쟁에서 독점으로의 자본 축적의 논리 변화, 정치에서 경제적 동기의 중요성, 프롤레타리아에 의한 권력 장악, 국가권력을 통한 사회주의로의 이행 등을 마르크스 사상의 요체로 초들었다.

3

이 책은 1965년에는 두 권으로 나뉘어 다시 출간되었는데, 이 책의 전반부에는 『정통성 대 산업주의Legitimacy versus Industrialism: 1814-1848』라는, 후반부에는 『자유 대 조직Freedom versus Organization: 1776-1914』이라는 제목이 붙었다. 하지만 내가 보기에 전자의 핵심적인 주제어가 '자유'라면, 후자의 표제어는 '조직'이다. 바꿔 말하면 19세기 전반기의 가장 두드러진 역사적 사실이 빈 체제에 대한 자유주의의 승리라면, 19세기 후반기의 기본 추세는 자유경쟁 자본주의로부터 독점 자본주의로의 전환, 민족자결주의로부터 호전적인 민족주의로의 변화, 제국주의 및 프롤레타리아 계급정치의 등장 등, '자유'를 희생하면서 등장한 '조직'과 '평등'의 우월적 대두이다. 그러니까 러셀은 유럽 19세기 역사의 주요한 정치적 변화는 전반기에 자유주의가 승리하여 이로부터 민주주의, 산업주의, 자유무역주의, 민족자결주의, 급진주의가 목소리를 낼 수 있었지만, 후반기에는 경제적 독점, 민족주의, 사회주의, 제국주의 등이 득세하면서 자유주의가 위축되고 개인의 자유가 자유경쟁으로 축소되며 산업자본이 보수화하면서 역설적으로 보수주의가 형태를 달리하여 오히려 입지를 강화했다고 본다.

하지만 이 책의 대전제라고 할 수 있는, 자유와 조직을 대립항으로 설정하고 있는 러셀의 관점이 과연 타당한 것인지에 대해서

의문을 던질 독자도 있을 것이다. 자유와 권위가 반대개념이 아니며, 자유주의의 귀결이 결코 무정부주의일 수 없으며, 자유무역주의가 얼마든지 제국주의의 논리로 작용할 수 있기 때문이다. 그런 의미에서 자유와 조직을 상반되는 개념으로 파악하는 것은 러셀이 19세기식의 자유주의자임을 보여주는 유력한 증거이다. 실제로 영국의 자유주의자들은 산업혁명이 야기한 엄청난 규모의 빈곤과 '사회문제'에도 불구하고 이에 대한 국가의 개입을 개인의 자유에 대한 침해로 간주하여 주요한 정치세력으로서의 위상을 스스로 무너뜨렸고, 20세기 초 이래 보수당과 노동당이 주도하는 양당 체제에서 여전히 국외자로 머물고 있다.

　　러셀의 개혁자유주의적 면모는 그의 민주주의관에서도 여실히 드러난다. 그는 민주주의가 고대 그리스에 뿌리를 두면서도 근대에 들어 영국과 특히 미국에서 새롭게 만들어진 것임을 누누이 강조한다. 그런데 사실 보통선거권, 규칙적이고 정규적인 선거제, 정당정치라는 최소한의 자격요건을 내걸더라도 영국이나 프랑스에서 민주주의가 하나의 체제로서 모습을 드러냈던 것이 겨우 19세기 말엽의 일이고, 미국에서도 흑인 참정권 문제는 논외로 하더라도 크게 다르지 않았음에도, 러셀은 미국의 민주주의가 제퍼슨, 잭슨, 링컨의 계보를 통해 남북전쟁 직후에 이미 완성되어 이후 대자본가들의 출현에 따라 금권정치로 타락한 것처럼 그리고 있거니와 서구 민주주의의 계보에서 아예 프랑스의 기여를 배제시킨다. 사정이 이렇게 된 것은 그가 민주주의를 자유주의의 역사적 계보를 잇는 것으로 보아 평등이나 (인민)주권의 문제를 상대적으로 도외시했기 때문이다. 따라서 민주주의를 보는 러셀의 시각은 귀족적인 측면이 있다. 19세기 말엽에 유럽 정치의 주된 경향이 민족주의와 제국주의였음은 부정하기 어렵지만, 서로 분리하기 어려운 이 두 정치현상이 그렇게도 강력한 영향력을 뿜어낼 수 있었던 데는 사회주의와 노동조합운동으로 표상되는 계급정치 이외에 단지 금권정치로 치부하기 어려운 대중민주주의라는 미증유의 흐름이 이미 작동하였음을 생각해볼 필요가 있다.

하지만 자유와 조직을 날카롭게 대비시키는 러셀의 관점은 19세기 유럽정치사의 동학動學에 대한 남다른 이해를 가능하게 해준다. 그는 자유와 조직의 대위법을 통해 단지 유럽 각국의 내적인 발전의 추세만이 아니라 국제관계의 일반적 경향을 도출해낸다. 러셀은 유럽이 19세기에 설정한 근대국가 체제를 독창적으로 살펴본다. 그는 국민국가를 기본단위로 만들어진 복수적인 국가 체제로서 국가 간 관계를 조감한다. 그리고 그렇게 해야만 그 진면목을 제대로 파악할 수 있다고 본다. 실로 탁견이 아닐 수 없다. 이는 물론 제1차 세계대전이라는 참혹한 경험을 통해 얻어진 교훈이겠지만, 세계질서로서의 자본주의 체제와 그 상부구조로서 국제적 무정부 상태라는 관점은 1930년대가 자본주의와 근대국가 체제가 구미세계와 기껏 일본 정도만을 포괄하던 제한된 세계화의 시대였음을 고려한다면, 높은 평가를 받을 만하다.

이 책을 통해 볼 때, '조직'이란 구체적으로 두 가지 의미를 갖는다. 우선 국가의 권위 및 영향력의 확대를, 바꿔 말하면 자신의 주민 및 영토에 대한 국가의 장악력의 비약적 증대와 이로 말미암은 공공생활의 활력과 통합을 말한다. 이 책에서 이런 경향을 대변하는 대표적인 인물이 독일의 재상 비스마르크이다. 러셀은 같은 시기에 한 논문모음집에서 다음과 같이 말했다. "기계의 도입 이후에 또 다른 변화가 생겼는데, 사회가 전보다 훨씬 더 조직화되었다. 이는 거의 기계 도입 여파로 인한 것이다. 출판, 철도, 전보, 그리고 최근에 라디오가 근대국가나 국제금융과 같은 대규모 조직을 위한 기술적 수단을 제공해왔다… 내가 보기에, 근래의 가장 중요한 변화는 사회조직이 더 긴밀해지는 경향이다." 경제적 기술의 발달이 근대국가의 조직역량을 키웠다는 것이다. 러셀은 말하고 있지 않지만, 민주주의의 대두와 시민권의 실체화, 바꿔 말하면 러셀이 말하는 '정치이론' 역시 그런 경향에 이바지했다.

'조직'의 두 번째 의미는 러셀이 이 책에서 바로 미국의 사례를 통해 강조하고자 하는 것이다. "현대 세계를 탄생시키는 데는 두 사람이 지대한 역할을 했는데 바로 록펠러와 비스마르크다. 한 명은 경제 분야에서, 한 명은 정치 분야에서 개인적 경쟁을 통한 전체의 행복이라는 자유주의적 이상을 반박하고 그것을 독점과 조합국가로 대체하거나 적어도 그러한 방향으로 나가는 움직임을 주도했다." 독점의 성장은 조직의 성장이라는 일반적 경향의 일부로서, 정치적으로는 근대국가를 통해, 경제적으로는 경쟁자본주의에서 독점자본주의로의 전환으로 나타났다. 그러니까 러셀은 자본주의의 독점적 경향성을 마르크스로부터 배웠다고 스스로 지적했지만, 그는 그런 경향이 단지 경제적인 차원에 그치는 것이 아니라 정치적인 차원에까지 미치는 거대한 흐름으로 파악한다. 그러기에 이 책의 전반부의 무대가 주로 영국이었다면, 후반부의 주 무대는 미

---

*   버트런드 러셀, 『우리는 합리적 사고를 포기했는가』(김경숙 옮김, 푸른숲, 2008), 284-285쪽. 필자가 원문을 보고 일부 수정했음.

국과 독일이다.

러셀이 19세기 유럽정치사의 발전경향을 추적하는 이 책에서 미국을 주요 무대의 하나로 설정한 이유는 미국이 민주주의의 본고장의 하나로서 유럽에게 자본주의적 미래만이 아니라 민주주의의 미래를 보여주기 때문이다. 즉 자본주의는 내재적인 동학으로 자유경쟁의 단계로부터 독점의 단계로 이행하며, 이러한 경제적 변화는 민주주의를 금권정치로 이끈다는 러셀의 성찰이다. 이에 관한 러셀의 서술은 이 책에서 가히 백미에 해당한다고 하겠다. 전반부에서는 미국 독립으로부터 남북전쟁의 종결에 이르는 거의 한 세기를 다루면서 제퍼슨-잭슨-링컨이라는 세 단계에 걸친 민주주의의 발전과 계기적 발전의 역사적 근거로서 서부로의 팽창과 노예제의 폐지를 설정한다. 후반부는 경쟁 자본주의가 독점으로 이행하는 과정을 참으로 흥미진진하게 그려내는데, 여기서도 록펠러-카네기-모건의 세 단계에 걸친 이행과정이 제시된다. 먼저 석유, 철강, 철도 등 생산의 집중이다. 이어서 독점을 통한 대규모의 사업수행에서 기업가의 역할이 은행가 내지 금융가로 대체된다. 그리고 마지막으로 소유와 경영 내지 권위의 점진적인 분리이다. "금융은 록펠러와 카네기 같은 인물들의 성공에는 사소한 역할만 했지만 카네기의 은퇴와 함께 새 시대가 시작되었고 여기서 주인공은 J. 피어폰트 모건이다." "그의 권력은 그가 실제 소유한 돈에서 나오지 않았다. 그보다는 정치적 권력과 더 유사했는데 여기저기 흩어진 무수한 소주주들에게 선택된 대표자였기 때문이다."(27장)

우리에게 소중한 것은 미국 민주주의와 자본주의의 변화 및 상호교착에 관한 러셀의 통찰만이 아니라, 금권정치로의 추세에 대한 그의 경고와 성찰이다. 직접 그의 호소를 들어보자. "경쟁을 믿는 급진주의자들은 현대 대기업과의 싸움에서 언제나 패배할 수밖에 없다. 대기업의 권력은 군대의 권력에 비유할 수 있는데, 그들을 민간의 손에 맡기는 것은 군대를 민간의 손에 맡기는 것만큼 참담한 결과를 낳기 쉽다. 오늘날의 대규모 경제 조직들은 현대적 기술의 불가피한 산물이며, 기술은 갈수록 경쟁을 낭비로 만드는 경향이 있다. 대기업에 억압받기를 원치 않는 사람들에게 해법은 경제 권력을 부여하는 조직의 공유화에 있다. 이 권력이 민간 부문에 있는 한 정치적 민주주의가 부여하는 외관상 평등이란 기만에 불과하다."(26장) 오늘날 우리의 민주주의가 당면한 위기상황에 대한 진단에 시사하는 바가 적지 않은 날카로운 지적이다.

4

이 책의 제4부는 제1차 세계대전 이전의 반半세기를 다루며, 일반적인 역사서술과 유사하게 민족주의와 제국주의가 주인공 역할을 한다. 러셀은 민족주의의 뿌리가 자유주의에 있음을 강조한다. 앞서 지적했듯이 다소 특이한 파악방식이다. 그는 이 책에서 자유주의와 급진주의를 대비시키는데, 양자의 가장 중요한 차이의 하나는 후자가 국제주의적인 반면에 전자는 민족주의적이라는 점이다. 전자를 대표하는 인물이 마치니라면, 후자의 상징은 코브던이다. 그러니까 러셀에게 '민족성'의 원리란 자유주의의 핵심교리이며, 원래는 해방적 의미를 지녔다. 이를 이론화한 것이 민족자결주의이다. 그런데 러셀은 민족 원칙과 민족주의의 원칙을 또한 구분한다. 전자가 기본적으로 자유주의적이라면 후자는 제국주의적이다. 자유주의적 민족주의로부터 제국주의적 민족주의로의 탈바꿈을 상징하는 인물이 바로 비스마르크이다. 이제 민족주의는 자유주의와 결별하고 정통주의를 대신하여 보수주의의 진지가 되었다. 이런 전환을 통해 민족주의는 인도주의에서 호전적인 군사주의로 변질되고, 민주주의가 아니라 군주정이 선호하는 정부 형태가 되었다.

러셀은 4부에서 특히 다음의 세 측면에 초점을 맞춰 '조직'의 추세를 추적한다. 하나는 특히 독일에서 자본가들이 추구했던 산업의 조직화이다. 독일 역사학계에서 제2제국의 경제발전을 통칭하기 위해 '조직 자본주의'라는 용어를 사용하고 있는데, 용어의 유사함이 자못 흥미롭다. 다른 하나는 노동조직의 형성과 발전이다. 마지막으로 대중의 심리에 더욱더 굳게 뿌리내린 민족주의의 비등이다. 러셀이 보기에, 바로 이 세 힘이 제1차 세계대전 직전의 유럽을 지배했다. 그러나 4부에서 그가 전하고자 하는 메시지는 국제적 차원의 조직화가 국가적 차원의 그것에 발맞추어 진행되기는커녕 오히려 역추세가 나타나 결국 국제적 무정부 상태가 초래되고 말았다는 비관적 진단이다. 그는 민족자결권에 대해 다음과 같이 말한다. "기술적 진보를 통해 세계가 점점 통합될수록 개별 국가들에게 절대적 독립성을 허용하는 것은 점점 더 진보에 장애가 된다. 개인처럼 국가들도 전체 정부에 복종하는 법을 배워야 할 것이다. 다른 여러 문제들과 마찬가지로 이 문제에서 자유주의 철학은 현대 세계의 필요에 비해 너무 무정부적이다."(21장) 그는 "세계대전과 베르사유 체제, 쿨라크와 유대인에 대한 박해"(21장)의 경험으로부터 세계정부의 필요성을 주장하는 것인가? 잘 알다시피 그는 평화주의자로서 여러 저서를 통해 세계정부의 필요성을 역설했고, 제2차 세계대전 직후에는 현실적으로 그리고 차선책으로서 세계와 영국의 안전을 위해 미국의 패권을 옹호했다. 사실 그는 일생을 통해 미국과 영국과 같은 영어권 인민이 최고 단계의 문명의 담지자로서 소련의 야만주의 및 동방의 전제주의로부터 세계를 구해야 한다는 신념을 견지했고, 이 책에서도 이런 대서양주의가 대전제로 깔려있다.* 다만 이 책은 역사서술로서 당위의 요청보다는 진단이 우선이므로, 19세기의 실패로부터의 교훈을 강조하는 온건한 성찰로 그친다. "19세기는 국제적 조직을 만들어내지 못 했기 때문에 실패했다." "국가 내 고도의 조직화와 국가 간 관계에서의 무제한적 자유다"(결론)의 대비야말로 그 실패의 핵심적 요인이다. "1914년 전쟁을 낳은 동일한 원인들은 지금도 작동하고 있으며, 투자와 원자재의 국제적 통제로 저지되지 않는다면 불가피하게 동일한 결과를 훨씬 더 큰 규모로 초래할 것이다. 문명사회 인류를 집단 자멸에서 구하는 길은 평화주의의 정서가 아니라 전 세계적인 경제 조직을 통해서 가능하다."(결론)

이 책에서 러셀은 역사서술의 관점에서 보면 근대역사학에서 현대역사학으로의 전환의 계기를 부분적으로나마 보여준다. 이 책이 쓰인 당시의 기준으로 보자면 가히 첨단적이라고 할 만하다. 이 책의 기본 구조는 군주들이나 일급의 정치가들이 움직이는 유럽 정치적 변화의 흐름이지만, 러셀은 그 흐름에 미치는 경제적 기술의 영향을 놓치지 않는다. 이는 필시 그가 사회주의, 특히 마르크스

---

*   Irving L. Horowitz, "Bertrand Russell on War and Peace", *Science & Society*, Vol. 21, No. 1 (Winter, 1957), pp. 30-51.

의 가르침에 스스로를 노출시킨 덕분일 것이다. 오늘날의 역사서술이 '문화적 전환'을 겪은 이후에도 여전히 다소간 딱딱한 '사회적 사실들'로 채워져 있음을 고려한다면, 이 책이 갖는 19세기적 면모는 오히려 권장할 만하다. 독자들은 이 책에서 19세기 유럽사를 점철했던 인물들, 예컨대 오스트리아의 황제 프란츠, 프로이센의 국왕 프리드리히 빌헬름, 러시아의 차르 알렉산드르, 메테르니히, 캐슬레이, 탈레랑, 맬서스, 벤담, 제임스 밀, 리카도, 코브던, 오언, 마르크스와 엥겔스, 제퍼슨, 잭슨, 링컨, 록펠러, 카네기, 모건, 밴더빌트, 독일의 황제 빌헬름 2세, 러시아의 차르 니콜라이 2세, 오스트리아의 황제 프란츠 요제프, 영국의 국왕 에드워드 7세, 그리고 비스마르크 등의 개인적 자질이나 성향에 관한 흥미진진한 서술을, 그것도 러셀이 유럽 최고의 귀족 자제였기에 단지 책만이 아니라 매우 친밀한 인간관계를 통해 얻었음직한 정보들을 접할 수 있다.

또 하나 러셀에게 배울 점은 그 자신이 철학자임에도 역사를 대한 철학자연然한 '어깨에 힘줌'과는 거리가 먼 유연한 태도이다. 그는 역사가 과학이 될 수 없다고 전제하고 마르크스주의를 포함하여 특정 역사해석을 경계하고 있거니와, 자신의 전공영역으로부터 타 학문영역을 학자연한 자세로 분리시키지도 않는다. 그렇다고 그 나름의 역사철학이 없는 것도 아니다. 자유와 조직의 변증법은 러셀이 19세기를 이해하기 위해 초역사적으로 설정한 '메타 이론'이 아니라 정치변화의 동학을 설명해주는 경험적 사실로 제시된다. 따라서 그는 역사의 흐름을 행위자들의 의도나 목적, 또는 동기와 분리시키지 않는다. 자못 역사가연한 방법론이다. 이런 '실용적인' 역사철학은 — 이것을 역사철학이라고 할 수 있다면 — 말할 나위도 없이 영국 철학 특유의 경험론에서 비롯한 것인데, 학문 간의 융합이나 통섭을 강조하는 요즈음의 학문론에도 시사하는 바가 적지 않다.*

마지막으로 지적할 것은 세계대전의 참담한 경험으로부터 실패의 교훈을 이끌어내는 러셀의 성찰적 태도이다. 역사가 현재의 책임을 면하기 위한 알리바이로 작동하는 우리의 현실에서 이 책은 유럽으로부터 배울 것이 무엇인지 보여준다. 과거를 통해 현재를 낯설게 하여 미래에 관한 지침을 이끌어내는 러셀의 겸허한 자세는, '역사의 교훈'을 운위하면서도 정작 역사 자체는 외면하는 우리에게 귀감이 아닐 수 없다. 독자들의 일독을 권한다.

---

*   자유와 조직의 상관성에 관한 문제는 영국과 미국의 사회철학 내지 사회과학방법론에서 한 때 주요한 논쟁거리의 하나였는데, 이는 명백하게 러셀의 영향 탓이다. 예컨대 Stephen W. Forbes, "Freedom and Organization Reconsidered", *American Journal of Economics and Sociology*, Vol. 31, No. 2 (April, 1972), pp. 189-198; G. R. Foxall and J. N. Gutmann, "On 'Freedom and Organization'", Ibid., Vol. 32, No. 2 (April, 1973), pp. 220-223 등.

미주

1) Sandeman, *Matternich*, p. 263.
2) Creevey Papers, *1903*, II, pp.307-8.
3) Hammond, *Village Labourer*, 4th ed., p. 139에서 인용.
4) *Village Labourer*, p. 161. 이것은 1차 세계대전 이전에 쓰인 것이다.
5) *The Town Labourer* (1932 ed.), pp. 157-60
6) (아일랜드를 뺀) 영국의 첫 인구조사는 1801년에 이루어졌다. 처음 4차례 인구조사의 수치는 다음과 같다.
   1801년 10,943,000   1821년 14,392,000
   1811년 12,597,000   1831년 16,539,000
7) Clapham, *Economic History of Modern Britain* (1926), Vol. I, p. 55
8) Halévy, *The Growth of Philosophic Radicalism*, p. 13.
9) 위의 책, p. 21
10) Everatt, *The Education of Bentham*, p. 153
11) Elie Halévy, *The Growth of Philosophic Radicalism*, p. 84.
12) Clapham, 앞의 책 Vol. I, p. 545.
13) 위의 책, p. 577
14) Hammond, *Town Labourer* (1932 ed.), p. 57
15) Halévy, *The Growth of Philosophic Radicalism*, p. 510.
16) S. Baring-Gould, *The Evangelical Revival*, M.A., 1920, p. 7.
17) Gammage, *History of the Chartist Movement*, p. 23.
18) J. L and Barbara Hammond, *the Age of the Chartists*, p. 268.
19) Morley, *Life of Cobden*, I. p. 464.
20) 위의 책, p. 474.
21) 다음에 나오는 오언의 일생에 대한 자료는 주로 포드모어의 *Robert Owen, a Bography*, 1906에서 가져왔다. 콜의 *Life of Owen*도 유용하다.
22) Hammond, *Town labourer*, p. 167.
23) Cole, *Owen*, p. 177.
24) 위의 책, p. 179.
25) Clapham, *Economic History of Modern Britain*, Vol. I, p. 412.
26) Sidney and Beatrice Webb, *The History of Trade Unionism* Revised Edition, 1920, pp. 25-6.
27) Wallas, *Life of Francis Place*, Chap. VIII.
28) Wallas, *Place*, p. 274.
29) 밀이 브루엄에게 보낸 편지, Bain, *James Mill*, p. 364.
30) Clapham, *Economic History of Modern Britain*, Vol. I, p. 315.
31) Cole, Owen, p. 271.
32) Webb, 앞의 책, p. 411.
33) 마르크스의 생애와 관련하여 나는 주로 Otto Rühle, *Karl Marx: His Life and Work*(Allen & Unwin Ltd.)에 의존했다.
34) Cf. Sidney Hook, *Towards the Understanding of Karl Marx*, p. 32.

35) Halévy, *Thomas Hodgskin*, pp. 208-9, Société Nouvell de Librarie et d'édition, Paris, 1903

36) *Capital*, Vol. I. pp. 836-7

37) 민주통제연합(*Democratic Control Union*)에서 낸 *The Secret International*와 *Patriotism Ltd.*를 보라.

38) 민주통제연합에서 펴낸 *The Secret International*, p. 19.

39) Lewis H. Berens, *The Digger Movement in the Days of the Commonwealth*, 1906.

40) F.W. Hirst, *Life and Letters of Thomas Jefferson*, pp. 508-9를 보라.

41) Charles A. Beard, *Economic Origins of Jeffersonian Democracy* 곳곳을 참조하라.

42) *An Economic Interpretation of the Constitution of the United States*, 1925.

43) Claude G. Bowers, *Jefferson and Hamilton*, 1929, p. 24.

44) Alexis de Tocqueville, *Democracy in America*, Vol. II, p. 67. (Longmans, Green & Co., 1875)

45) *The March of Democracy*, I. p. 25.

46) 위의 책, p. 26.

47) Cf. M. M. Quaife, *Chicago and the Old Northwest*.

48) M. M. Quaife, *Chicago and the Old Northwest*.

49) Quaife, 앞의 책, p. 186.

50) *Abraham Lincoln: A History*, I, p. 189.

51) 위의 책, p. 17.

52) Nicolay and Hay, 앞의 책 I, pp. 41-2.

53) Mrs. Trollope, *Domestic manners of the Americans*, Chap. XV.

54) McMaster, *History of the People of the United States*, VII, pp. 184, 201, 611.

55) Nicolay and Hay, 앞의 책 I, pp. 15-16.

56) Channing, *History of the United States*, V, p. 271.

57) 위의 책, p. 250

58) McMaster, 앞의 책 VII, p. 199

59) Op. cit., VII, p. 82.

60) McMaster, 앞의 책 V, p. 333

61) 이하에 나오는 잭슨의 개인 이력은 주로 J. S. Bassett, *Life of Andrew Jackson*, 1916에서 가져왔다.

62) Tucker, *Life of Jefferson*, II, p. 64.

63) Nicolay and Hay, 앞의 책 I, p. 183.

64) Nicolay and Hay, 앞의 책 I, p. 226.

65) Nicolay and Hay, 앞의 책 III, p. 31

66) Nicolay and Hay, 앞의 책 I, p. 148.

67) Channing, 앞의 책 VI, p. 260.

68) McMaster, 앞의 책 VIII, p. 351

69) McMaster, 앞의 책 VIII, p. 349.

70) Nicolay and Hay, 앞의 책 I, p. 308.

71) Nicolay and Hay, 앞의 책 I, pp. 391-2.

72) McMaster, 앞의 책 VIII, p. 460.

73) Cf. Channing, 앞의 책 VI, p. 388.

74) 위의 책, p. 586.

75) Nicolay and Hay, 앞의 책 Vi, p. 209.

76) 위의 책, p. 84.

77) Beard, *Rise of American Civilization*, II, p. 108.

78) Bogart, *Economic History of the American People*, p. 634.

79) *High Finance in the Sixties*, pp. 47-8.

80) *High Finance in the Sixties*, p. 67.

81) *High Finance in the Sixties*, p. 72.

82) Bogart, 앞의 책, p. 581.

83) 록펠러의 부모에 대해서는 John T. Flynn, God's Gold를 보라.

84) 펜실베이니아 철도와의 계약서 전문은 아이다 타벨의 *History of the Standard Oil Company*, Vol. I, p. 281 ff.에 실려 있다.

85) John T. Flynn, *God's Gold*, p. 159.

86) Tarbell, 앞의 책, I, p. 89.

87) Tarbell, 앞의 책, I, pp. 96, 100.

88) Tarbell, 앞의 책, I, p. 278.

89) H. D. Lloyd, *Wealth against Commonwealth*, p. 161-2.

90) Tarbell, 앞의 책, II, pp. 132, 138. pp. 70-1과 I, p. 230도 보라.

91) Tarbell, 앞의 책, II, p. 388.

92) Bogart, p. 593.

93) Burton J. Hendrick, *The Life of Andrew Carnegie*, p. 51.

94) Hendrick, *Life of Andrew Carnegie*, p. 481.

95) 위의 책, p. 496.

96) John Kennedy Winker, *The Life of J. Pierpont Morgan*, pp. 126-7.

97) Ludwig, *Bismarck*, p. 51.

98) Bolton King, *A History of Italian Unity*, I, p. 79.

99) Simpson, *Louis Napoleon and the Recovery of France*, p. 48n.

100) Busch, *Bismarck*, p. 305.

101) Clapham, *The Economic Development of France and Germany*, p. 349.

102) Clapham, 앞의 책, p. 322.

103) Clapham, 앞의 책, p. 308.

104) Dawson, *Evolution of Modern Germany*, p. 170.

105) Dawson, *Bismarck and State Socialism*, p. 88

106) Dawson, *Evolution of Modern Germany*, p. 281.

107) 위의 책.

108) Dawson, *Evolution of Modern Germany*, p. 309.

109) E. D. Morel, *Red Rubber*, p. 151.

110) Sidney, *King Edward VII*, I, p. 629.

111) Morel, 앞의 책, p. 145.

112) Sir H. H. Johnston, *The Colonization of Africa* (Cambridge Historical Series), p. 352.

113) Morel, 앞의 책, p. 54.

114) 앞의 책, p. 355.

115) Morel, *The Black Man's Burden* (1920), p. 147.

116) Dawson, *The German Empire*, Vol. II, p. 178.

117) Basil Williams, *Life of Cecil Rhodes*, p. 50.

118) 로즈와 로벤굴라와의 거래에 관한 가장 훌륭한 설명은 Morel, *The Black Man's Burden*, 4장을 보라.

119) Williams, *Life of Cecil Rhodes*, p. 310.

120) 나는 『전시의 정의*Justice in War-Time*』, 171-92쪽에 수록된 "1904-1915년의 협상정책 *The Entente Policy*, 1904-1915"에서 영국과 러시아의 페르시아 분할에 관해 더 자세히 다 뤘다.

121) 중국과 일본의 제국주의는 『중국의 문제*Problem of China*』(국내 번역 제목은 『러셀 북경에 가다』)에서 더 자세히 다뤘다.

122) Sir Sidney Lee, *King Edward VII*, I, p. 303.

참고문헌

1부

Alexandre Ier et N apoléon d'après leur correspondance inédite. Serge Tatistcheff. Paris. 1891.

Correspmzdance de l'Empereur Alexandre ler avec sa Souer La Grande-Duchesse Catherine, 1805-1818.

    Edité par le Grand-Due Nicolas Michaeclovitch. St. Petersburg. 1910.

L'Empereur Alexandre Ier. Par le Grand-Duc Nicolas Michaelovitch. St. Petersburg. 1912.

Memoirs of the Emperor Alexander and the Court of Russia. Comtesse Choiseul-Gouffier. London. 1904.

Modern Russian History. Kornilov. London. 1916.

Life and Letters of Mme. de Krüdener. Clarence Ford. London. 1893.

Memoirs of Prince Metternich. Edited by Prince Richard Metternich. London.1880-82.

Metternich. Sandeman. London. 1911.

Mémoires de Talleyrand. Edités par le Duc de Broglie. Paris. 1891-92.

Memoirs and Correspondence of Castlereagh. London. 1848—58.

The Congress of Vienna. C. K. Webster. London. 1919.

Les Dessous du Congrès de Vienne.

2부

The Creevey Papers. Edited by Sir H. Maxwell. London. 1903—4.

Leaves from the Greville Diary. Edited by Philip Morrell. London. l929.

Economic History of Modern Britain.

    Vol. I. The Early Railway Age. 1926.

    Vol. 11. Free Trade and Steel. 1932.

    J. H. Clapham. Cambridge.

The Town Labourer. J . L. and Barbara Hammond London. 1932.

The Village Labourer. J . L. and Barbara Hammond London. 1932.

The Skilled Labourer. J . L. and Barbara Hammond London. 1919.

Lord Shaftesbury. J . L. and Barbara Hammond London. 1932.

The Age of the Chartists. J . L. and Barbara Hammond London. 1930.

Essay on Population. Malthus. London. 6th edition. 1826.

Malthus and His Work. James Bonar. London. 1924.

Works of Bentham. Edited by Dr. Bowring. London. 1843.

The Education of jeremy Bentham. C. W. Everatt. Columbia University Press. 1931.

Jeremy Bentham: His Life and Work. C. M. Atkinson. London. 1905.

Life of Francis Place. Graham Wallas. London. 1898.

Autobiography. John Smart Mill. London. 1873.

Principles of Political Economy and Taxation. Ricardo. London. 1817.

A Fable of the Bees. Bernard de Mandeville. London. 1724.

History of the Chartist Movement. R. G. Gammage. London. 1894.

Political Writings of Richard Cobden. 2nd edition. London and New York. 1868.

Life of Richard Cobden. John Morley. London and New York. 1908.

Life of john Bright. G. M. Trevelyan. London. 1913.

Robert Owen: a Biography. Frank Podmore. London. 1928.

Life of Robert Owen. G. D. H. Cole. London.

A New View of Society. Robert Owen. London. 1813.

History of Trade Unionism. Sidney and Beatrice Webb. Revised edition. 1920.

James Mill: A Biography. Alexander Bain. London. 1882.

Oeuvres de Saint-Simon et d'Enfantin. Paris. 1865-78.

Le Nouveau Monde Industriel. François Fourier. Brussels. 1840.

Revolution and Reaction in Modern France. G. Lowes Dickinson. London. 1892.

The Growth of Philosophical Radicalism. Elie Halévy. London. 1928.

Thomas Hodgskin. Elie Halévy. Paris. 1903.

The Communist Manifesto. Karl Marx. London. 1888.

The Condition of the English Working Class in 1844. Friedrich Engels. London. 1892.

Karl Marx: His Life and Work. Otto Rühle. London. 1929.

Socialism Utopian and Scientific. Engels. London. 1892.

Über Historzschen Materzaltsmus. Marx and Engels. Berlin. 1930.

Revolution and Counter Revolution. Marx. London. 1896.

The 18th Brumaire of Louis Bonaparte. Marx. London. 1926.

Misére de la Philosophie. Marx. Paris. 1922.

Capital. Marx. London. 1928.

Materialism and Empirio-Criticism. Lenin. London.

3부

The Digger Movement in the Days of the Commonwealth. Lewis H. Berens. London. 1906.

Life and Letters of Thomas jefferson. F. W. Hirst. London. 1926.

Life of jefferson. George Tucker. 1836.

Jefferson and Hamilton. Claude G. Bowers. New York. 1929.

Works of Thomas jefferson. Edited by W. C. Foord. 1904—5.

Economic Origins of jefferson Democracy. Charles A. Beard. New York. 1927.

An Economic Interpretation of the Constitution of the United States. Charles A. Beard. New York. 1925.

Democracy in America. Alexis de Tocqueville. London. 1875.

Chicago and the Old North-West, 1673—1835. M. M. Quaife. Chicago. 1913.

The Frontier in American History. Turner. New York. 1920.

Abraham Lincoln: A History. Nicolay and Hay. New York. 1890.

The March of Democracy. James Truslow Adams. New York and London. 1932-33.

A History of the People of the United States. McMaster. New York and London. 1913.

A History of the United States. Channing. New York. 1925.

The Rise of American Civilisation. Charles A. and Mary R. Beard. London. 1927.

An Economic History of the United States. G. S. Callender. London. 1909.

An Economic History of the American People. E. S. Bogart. New York. 1930.

The History of the Great American Fortunes. Gustavus Myers. Chicago. 1908—10.

High Finance in the Sixties. Edited by Frederick C. Hicks. Yale and Oxford. 1929.

God's Gold. John T. Flynn. London and New York. 1933.

History of the Standard Oil Company. Ida M. Tarbell. London and New York. 1904.

Wealth Against Commonwealth. H. D. Lloyd. London. 1894.

The Life of Andrew Carnegie. Burton J. Hendrick. London. 1933.

The Life of Elbert H. Gary: A Story of Steel. Ida M. Tarbell. New York and London. 1926.

The Life of J. Pierpont Morgan. John Kennedy Winkler. London. 1931.

Life Story of J. Pierpont Morgan. Carl Hovey. New York. 1912.

Trusts, Pools and Corporations. Edited by William Z. Ripley. New York and London. 1905.

Problems in Railway Regulation. H. S. Haines. New York. 1911.

The Gospel of Wealth and Other Essays. Andrew Carnegie. New York. 1900.

PART IV

Addresses to the German Nation. Fichte. Chicago. 1922.

Life and Writings of Mazzini. London. 1864—70.

A'History of Italian Unity. Bolton King. London. 1899.

Life of Mazzini. Bolton King. London. 1902.

The Rise of Louis Napoleon. F. A. Simpson. London. 1909.

Louis Napoleon and the Recovery of France. F. A. Simpson. London. 1923.

Bismarck: The Story of a Fighter. Emil Ludwig. London. 1927.

Bismarck. C. Grant Robertson. London. 1918.

Bismarck. Some Secret Pages of His History. Dr. Moritz Busch. London. 1898.

Life of Friedrich List and Selections from His Writings. M. E. Hirst. London. 1909.

Reflections and Reminiscences of Otto Prince von Bismarck. London. 1898.

Bismarck and State Socialism. London. 1890.

The Evolution of Modern Germany. London. 1914.

The German Empire. William Harbutt Dawson. London. 1919.

The Economic Development of France and Germany. J. H. Clapham. Cambridge. 1921.

Red Rubber. E. D. Morel. London. 1906.

The Black Man's Burden. E. D. Morel. Manchester and London. 1920.

History of the Colonization of Africa. Sir H. H. Johnston. Cambridge. 1913.

Cecil Rhodes. Basil Williams. London. 1921.

Life of Benjamin Disraeli, Earl of Beaconsfield. Monypenny and Buckle. London. 1910-12.

Life of Queen Victoria. London. 1902.

King Edward VII. London. Sir Sidney Lee. 1927.

Imperialim: A Study. J. A. Hobson. London. 1902.

Life of joseph Chamberlain. J. L. Garvin. London. 1932—33.

The War of Steel and Gold. H. N. Brailsford. London. 1914.

joseph Chamberlain: An Honest Biography. A. Mackintosh. London. 1914.

Nicholas I: the Last of the Tsars. Princess Catherine Radziwill. London. 1931.

The History of the Russian Revolution. Leon Trotsky. London. 1932.

The Kaiser's Letters to the Tsar. London. 1921.

Memoirs of Prince van Bülow. London. 1931-32.

Records. Lord Fisher. London. 1919.

Memories. Lord Fisher. London. 1919.

The Origins of the World War. Sidney B. Fay. New York. 1932.

Fifty Years of Europe. J. A. Spender. London. 1933.

Bismarck and the World War. Brandenburg. London. 1933.

Kaiser William II. Emil Ludwig. London. 1926.

His Excellency the Spectre: the Life of Fritz von Holstein. Joachim von Kürenberg. London. 1933.

일반 저작

History of Germany in the Nineteenth Century. Treitschke. London. 1919.

Histoire Générale di IVe Siècle à Nos Jours. Lavisse et Rambaud. Paris.

History of Modern Europe. C. A. Fyffe. London. 1892.

British History in the Nineteenth Century, 1782—1901. G M. Trevelyan. London. 1922.

색인

사건연표

연도	프랑스	영국	독일	러시아	미국	기타
1801				알렉산드르 1세 즉위	제퍼슨 대통령 취임	
1803		맬서스 「인구론」 재판 출간				
1804	아우스터리츠 전투 ✗				해밀턴, 에런 버와 결투 중 사망	
1805	대륙봉쇄령					
1806		노예무역 금지				
1807	틸지트 조약	벤담과 제임스 밀 만남	피히테, 「독일 민족에게 고함」			
1808						
1812	러시아 원정 ✗				미영전쟁 ✗	
1813			라이프치히 전투 ✗			
1814	틸레랑 전권대사	캐슬레이 외무장관		알렉산드르 1세		메테르니히와 빈 회의 의장
1815	워털루 전투 ✗			신성동맹 / 크뤼데너 남작 부인과 알렉산드르로 만남		
1816	루이 18세 즉위	로버트 오언, 사회개혁 운동 시작				
1817		리카도 「정치경제학과 과세의 원리」 출간				
1818			엑스라샤펠 회의			
1820					미주리 타협	
1821					플로리다 병합	

좌측 구분: 나폴레옹 시대 (1804 무렵) / 빈 회의 (1814) / 빈 체제 (1816)

연표 (1824–1855)

연도	구분	프랑스	영국	유럽/정치	독일	미국	크림전쟁	국제
1824				바이런, 그리스독립전쟁 병종 병사				
1829			가톨릭 해방법			잭슨 대통령 취임		
1830		7월혁명						벨기에 독립
1831			선거법 개정					마치니, 이탈리아에서 추방
1832			공장법 시행					그리스 독립
1833	빈 체제				관세동맹 체결			
1834			신구빈법 시행					
1837			차티스트 운동	빅토리아 여왕 즉위				
1838				코브던, 곡물법 폐지 운동				
1845						텍사스 병합		
1846			곡물법 폐지					
1847			공장법 개정					
1848		2월혁명 / 루이 나폴레옹 대통령 당선						메테르니히 실각
1849			항해조례 폐지			도망노예법 개정		
1850						도망노예법 개정		
1852	제국주의	루이 나폴레옹 황제 즉위						
1853							크림전쟁 X	
1854						켄자스-네브래스카 법		
1855						카리크, 제철소 설립	크림전쟁 발발	

연도	프랑스	영국	독일	러시아	미국	기타
1857					드레드 스콧 판결	
1858					링컨과 더글러스 논쟁	
1859		수에즈 운하 완성				
1861		존스튜어트밀, 「자유」론 출간		농노 해방	남북전쟁 ✗ / 링컨 대통령 취임	이탈리아 통일
1862			비스마르크 재상 취임		링컨, 노예해방 선언	
1864		제1차 인터내셔널 창립		사법제도 개혁		
1865				출판물 검열 폐지	남북전쟁 북부 승리	
1866			프로이센-오스트리아 전쟁 승리 ✗			
1867		마르크스, 「자본론」 출간			밴더빌트, 이리 철도 사건	오스트리아, 헝가리 자치 허용
1868	나폴레옹 3세 패위				록펠러, 스탠더드 오일 설립	
1870	파리코뮌	새뮬 로즈, 다이아몬드 광산 개발	프랑스-프로이센 전쟁 승리 ✗			
1871	제3공화국		독일 통일			
1881				알렉산드르 2세 암살·개혁 중단, 자유주의 탄압		
1882			삼국 동맹			
1884			아프리카 식민지 건설			제2인터내셔널 결성
1887					주간 통상법 제정	

제국주의

1888	빌헬름 2세 즉위
1889	2국 대항기준 정책
1890	서먼 반트러스트법 제정 / 비스마르크의 해임과 홀슈타인, 외교 권장
1892	스탠더드 오일 트러스트 해체
1893	마티벨레 전쟁 ✗ / 러·프 동맹
1894	니콜라이 2세 즉위
1895	제임슨, 트란스발 기습 실패
1898	엘가르, 외무장관 취임 / 파쇼다 사건
1899	제국주의 / 보어 전쟁 ✗
1901	에드워드 7세 즉위
1903	영·프 협상 체결
1904	러일전쟁 패배 ✗
1905	에드워드 그레이 외상 취임 / 탕해르 사건 / 1차 러시아 혁명
1906	에드워드 모렐, 콩고 상황 폭로
1907	영·러 협정·삼국협상 성립 / 모건, 유에스틸 설립
1912	푸앵카레, 대통령 취임
1913	발칸 전쟁 ✗
1914	1차세계대전 ✗

자유와 조직

2017년 7월 3일 초판 1쇄 인쇄
2017년 7월 10일 초판 1쇄 펴냄

지은이   버트런드 러셀
옮긴이   최파일
편집   박보람
디자인   강찬규
마케팅   이승필, 강상희, 남궁경민, 김세정
펴낸이   윤철호
펴낸곳   (주)사회평론
등록번호   10-876호(1993년 10월 6일)
전화   02-326-1182(영업), 02-326-5845(편집)
팩스   02-326-1626
주소   서울시 마포구 성산동 114-10
이메일   editor@sapyoung.com

ISBN 978-89-6435-933-4 03900